Charles Maurras

Œuvres & écrits
Volume VI

Chemin de paradis

1888-1944

Omnia Veritas

# Charles Maurras
(1868-1952)

*Œuvres & écrits*
*Volume VI*

*Chemin de paradis*
*1888-1944*

Publié par
Omnia Veritas Ltd

www.omnia-veritas.com

## HOMMAGE À L'HISTORIEN DE LA MONARCHIE DE JUILLET ........ 9
### Hommage à l'historien de la monarchie de Juillet ........... 10
#### I ............ 10
#### II ............ 19
#### III ............ 21
## LA BIENFAISANCE À PARIS ............ 31
### La bienfaisance à Paris ............ 32
## LE JOUR DES GRÂCES LE CHEMIN DE PARADIS ............ 36
#### I ............ 39
#### II ............ 40
#### III ............ 42
#### IV ............ 46
## M. PAUL BOURGET DANS SON JARDIN ............ 48
### M. Paul Bourget dans son jardin ............ 49
## CRITIQUE ET ACTION ............ 56
### Critique et Action ............ 57
## LE TOMBEAU DU PRINCE ............ 67
### I. Le 28 mars 1926 ............ 68
### II. Témoignage du Dr Récamier ............ 73
### III. La mort du prétendant ............ 75
### IV. Ceux qui ont vu Mgr le duc d'Orléans ............ 79
### V. Princes français ............ 83
### VI. À la tombe de Mgr le duc d'Orléans ............ 86
### VII. Une lettre du duc d'Orléans à M. Clemenceau ............ 89
### VIII. Le duc d'Orléans intime ............ 90
### IX. Saint Philippe et 1er mai ............ 92
### X. Magali chez le duc d'Orléans ............ 96
### XI. Le cœur de la France ............ 98
### XII. Nouveaux instantanés du duc d'Orléans ............ 100
### XIII. Autour du service funèbre ............ 103
### XIV. À Notre-Dame ............ 105
### Un règne en exil Conclusion ............ 107
### Anniversaire ............ 119
### Au tombeau de Palerme ............ 121
## RAOUL PONCHON ............ 124
### Lettre à Marcel Coulon ............ 125
## LA DÉMOCRATIE, LA MARINE ET LES COLONIES ............ 140
### La Démocratie, la Marine et les Colonies ............ 141
## LA NATION ET LE ROI LE ROI ET LES PROVINCES ............ 147
### La Nation et le Roi ............ 148
### Le Roi et les Provinces ............ 150

ALLOCUTION POUR LA RÉCEPTION DE CHARLES BENOIST À L'INSTITUT D'ACTION FRANÇAISE ................................................... **155**
   M. Charles Benoist à l'Institut d'Action française Allocution de Charles Maurras .......................................................................... 156
   Le nécessaire et le possible – Conclusion du *Canovas del Castillo* 159
LES SECRETS DU SOLEIL ................................................................. **162**
   À Pierre Varillon ............................................................................. 163
   I – Les portes de l'air ..................................................................... 164
   II – Antiquités, obscurités ............................................................. 167
   III – Nos bois sacrés ...................................................................... 173
   IV – Les deux peuples, pêcherie et bourgeoisie ............................ 177
   V – Les déchéances insensibles ..................................................... 184
   VI – Mon retour éternel ................................................................. 185
MÉDITATION SUR LA POLITIQUE DE JEANNE D'ARC ............... **188**
COMMENT JE SUIS DEVENU ROYALISTE .................................. **208**
QUATRE NUITS DE PROVENCE ..................................................... **246**
   Prologue ......................................................................................... 247
   Première nuit L'Enthousiaste ...................................................... 248
   Deuxième nuit Chœur des étoiles ................................................. 254
   Troisième nuit Les Degrés et les Sphères .................................... 259
   Quatrième nuit Météores marins ................................................. 284
DÉCERNEZ-MOI LE PRIX NOBEL DE LA PAIX ............................ **292**
   Préface ............................................................................................ 293
   Première partie : avant 1914 ........................................................ 294
      *L'Existence de la guerre (1904)* ................................................ 294
      *Sur le discours d'un Maître (1911)* .......................................... 296
      *Propos de Jean Jaurès (1912)* ................................................... 298
      *La Paix, les Progrès, les Merveilles (1913)* ............................. 299
      *Les Illusions de M. Carnegie (1913)* ........................................ 301
   Deuxième partie : après 1914 ...................................................... 304
      *Pronostic de la paix* .................................................................. 304
      *(Action française, 21 mai 1915)* ............................................... 304
      *Germanisme ou Capitalisme (1918)* ........................................ 305
      *La Démocratie et la Guerre (1917–1918)* ............................... 306
      *La Guerre, la Paix, la Justice (1924)* ...................................... 310
      *La « grande Illusion » (1924)* .................................................. 312
      *La Guerre, les Coffres-forts, les Peuples (1927)* ..................... 314
      *La Guerre et la Vertu (1927)* ................................................... 317
      *La Guerre hors-la-loi (1928)* ................................................... 321
      *Le Mal guerrier (1918)* ............................................................ 327
NAPOLÉON AVEC LA FRANCE OU CONTRE LA FRANCE ? ........ **331**
   Avant-propos ................................................................................. 332

- Chapitre I Un centenaire plein d'oubli ... 336
- Chapitre II Une erreur napoléonienne ... 344
- Chapitre III Diplomatie de Bonaparte ... 349
- Chapitre IV Génie de Napoléon et question napoléonienne ... 353
- Chapitre V Napoléon et la Restauration ... 359
- Chapitre VI De Napoléon à Lénine, ou le nerf des révolutions ... 363
- Chapitre VII L'école d'État ... 369
- Chapitre VIII La part de l'intérêt français ... 372
- Chapitre IX La dynastie ... 376
- Chapitre X Ce qui reste vivant de la tradition napoléonienne ... 380

## L'AMITIÉ DE PLATON ... 382
- I ... 384
- II ... 387
- III ... 391
- IV ... 400
- V ... 407

## POUR LE CENTENAIRE DU MARQUIS DE LA TOUR DU PIN ... 415
- Pour le centenaire du marquis de La Tour du Pin ... 416
- I L'homme ... 416
- II La vie publique ... 421
- III La doctrine ... 426
  - *I* ... *426*
  - *II* ... *427*
  - *III* ... *428*
  - *IV* ... *430*
  - *V* ... *432*
  - *VI* ... *434*
  - *VII* ... *435*

## « LA PLUS GRANDE FRANCE » ... 438
## LE « LECTEUR » JACQUES BAINVILLE ... 448
## LE NATIONALISME FRANÇAIS ET LE NATIONALISME ALLEMAND ... 462
- I Les Encycliques ... 463
- II Trente ans avant Hitler ... 463

## PLUS QUE JAMAIS... POLITIQUE D'ABORD ! ... 468
- *Introduction de* L'Étudiant français ... 469

## DISCOURS DE RÉCEPTION À L'ACADÉMIE FRANÇAISE ... 476
## LA BÉNÉDICTION DE MUSSET ... 504
## LOUIS XIV OU L'HOMME-ROI ... 518
## AUX MÂNES D'UN MAÎTRE ... 535
- *Note complémentaire : Anatole France, Maurras et Leuconoé* ... 544

## LE THÉORÈME DU CYPRÈS ... 547

**LA GOURMANDISE NATALE** .......................................................... 559
  Préface à l'ouvrage de M. Maurice Brun Groumandugi,
  *Réflexions et Souvenirs d un gourmand provençal*, ................................. 560

# Hommage à l'historien de la monarchie de Juillet

## 1888

*Texte paru dans la revue* La Controverse et le Contemporain[1] *en 1888.*

# Hommage à l'historien de la monarchie de Juillet

L'*Histoire de la monarchie de Juillet*, de M. Thureau-Dangin, conquiert tous les jours de nouveaux lecteurs. Mais elle est encore loin d'être appréciée à son juste mérite. Je voudrais l'analyser ici sommairement, et essayer en même temps une description aussi exacte que possible du talent de son auteur. On excusera ce qu'il y aura d'incomplet dans cette exposition, de précipité dans ces jugements, en songeant que ce bel ouvrage n'est pas terminé, et que M. Thureau-Dangin n'a pas dit, tant s'en faut, le dernier mot de son talent.

## I

Dans la nuit du 29 au 30 juillet 1830, Charles X ayant quitté Paris, la ville était à l'émeute et la France sans gouvernement. M. Thiers, alors simple journaliste, se souvint fort à propos d'anciennes intrigues nouées autour du duc d'Orléans par l'opposition libérale, et, sans même attendre son assentiment, mit en avant le nom de ce prince dans des proclamations qui furent affichées au matin. Déjà fort embarrassés de leur situation, troublés de leur victoire, les députés furent presque unanimes à se rallier autour de ce nom, et le duc d'Orléans, dans la journée du 31, finit par accepter le titre de lieutenant-général du royaume et le rôle de pacificateur. Rôle ingrat à cette heure. La révolution courait les rues, en rayonnant de l'Hôtel-de-Ville, où s'agitait la garde nationale, sous le commandement honoraire de La Fayette. Opposer la force à la force eût été dangereux pour ce gouvernement de quelques heures, le duc aima mieux négocier. Dans cette même journée du 31, précédé d'un tambour et des huissiers de la Chambre, et suivi de quatre-vingts députés, il quitta le Palais-Royal, et dans cet équipage plus que modeste, se dirigea vers l'Hôtel-de-Ville, au milieu d'une foule assez mêlée d'abord, mais de plus en plus houleuse, à mesure qu'il pénétrait dans les quartiers populaires. Il entra

---

[1] *La Controverse et le Contemporain,* numéro du 15 septembre au 15 décembre 1888.

néanmoins dans l'Hôtel-de-Ville et tout à coup parut au balcon, donnant le bras à La Fayette, ombragés tous les deux d'un drapeau tricolore. Ce fut une explosion de sensibilité :

— Vive La Fayette ! Vive le duc d'Orléans !

De tous les points de la place l'immense acclamation des badauds armés consomma l'établissement du trône de Juillet.

Les orateurs républicains, les historiens absolument hostiles ne reconnaissent pas à la dynastie d'Orléans une autre origine ; ils ne tiennent compte, dans la journée du 31, que du « sacre de l'Hôtel-de-Ville ». Ils avaient intérêt à représenter Louis-Philippe comme un fils ingrat de la révolution, issu des barricades, élevé sur le pavois populaire et devant sa couronne au suffrage de la nation révoltée ; il était clair, dès lors, que ce roi par la grâce du peuple était un simple prête-nom, tout au plus l'intendant de l'idée révolutionnaire, ayant pour tout mandat d'appliquer le programme qu'elle dicterait. M. Thureau-Dangin, tout en regrettant et en blâmant en termes formels la violation de la tradition monarchique, rectifie cet exposé en le complétant ; il met au premier plan dans son récit, comme elle fut dans les faits, la démarche collective des députés auprès du duc d'Orléans et les motifs qui les décidèrent à cette démarche, leur espoir qu'un Bourbon serait aux yeux de la France et de l'Europe une garantie de sécurité.

La scène du balcon ne fut qu'un incident assez secondaire au milieu des événements qui marquèrent cette journée. Mais il faut avouer qu'elle prêtait à des malentendus, et qu'à cette époque il était délicat, peut-être impossible, de les dissiper ; car dès qu'on y touchait on avait l'air de renier son origine, de rompre avec ses précédents, ce qui est toujours vilain dans la bouche des parvenus, et Louis-Philippe en était un, incontestablement. C'est ce qui explique les premières avances que faisait à son peuple, ouvriers et bourgeois, le nouveau roi des Français. Par malheur, ces familiarités contribuèrent à former la légende du roi citoyen et de la monarchie élue. Ces concessions peut-être nécessaires aux exigences du moment, on les prit argent comptant, pour la véritable « politique de Juillet ». Dieu sait quelles visées disparates on associait tous les matins à cette formule. Cela signifiait tantôt le roi soliveau, tantôt la délivrance de la Pologne ou le passage des Alpes par la garde nationale, en somme : révolution, et les esprits logiques disaient tout court : *émeute*. On était loin du jour où M. Guizot devait réprouver en pleine Chambre ce mot de révolution ; personne encore ne disait : « c'est un grand mal qu'une *révolution ;* une révolution coûte fort cher, financièrement, moralement, politiquement, de mille manières. » Personne ne le disait, mais cette vérité commençait à briller dans plus d'un esprit, à la clarté de certains événements, comme le pillage de Saint-Germain-l'Auxerrois et le sac de l'Archevêché.

De son côté, le roi venait de découvrir parmi ces clairvoyants un homme assez courageux pour exprimer la pensée commune, assez énergique pour l'imposer aux Chambres, assez haut de cœur pour braver l'opinion. Casimir Périer osa, du premier coup, renier toute parenté révolutionnaire au nom de la nouvelle dynastie : « Non, Monsieur, criait-il avec colère à Odilon Barrot, il n'y a pas eu de révolution, il n'y a eu qu'un simple changement dans la personne du roi. » Il faut souvent parler aux assemblées comme on parle aux enfants, exagérer la vérité pour la leur faire admettre. Ce mensonge ou semi-mensonge officiel était le seul moyen de conserver le trône, l'ordre par conséquent. Les « carlistes », avec le sûr instinct des profonds ennemis, l'avaient compris immédiatement. Pendant dix-huit ans, Berryer ne fit que répéter aux divers cabinets :

> — Vous êtes sortis d'une révolution, vous et l'ordre des choses dont vous faîtes partie ; c'est un fait, je l'accepte en tant que fait ; mais soyez conséquents et révolutionnaires, soyez-le en plein, gouvernez dans le sens de la Révolution.

Casimir Périer ne se contenta pas de déjouer cette manœuvre. Il osa davantage, il se fit le champion du principe d'autorité, et lui sacrifia, pour commencer, sa popularité : c'est le plus cher des biens de l'homme d'État, mais c'est le plus gênant. Songer à plaire à la galerie est toujours une entrave pour qui veut agir. Il s'en débarrassa et n'en fut que plus fort. Il reprit possession de Paris, qui jusque-là avait appartenu à l'émeute, et fit descendre la troupe dans la rue, ce que personne n'avait osé depuis les glorieuses. Dans les Chambres, il se pétrit une majorité, et cette majorité lui survécut comme de politique. Le ministère du 11 octobre était encore un ministère Périer, avec les mêmes vues, mais élargies, et dressées par M. Guizot à la hauteur d'une théorie gouvernementale, appliquées par le duc de Broglie et M. Thiers, avec un ensemble, un concert qu'on ne retrouve plus dans les cabinets postérieurs. Malgré tout, la mort de Casimir Périer[2] fut un malheur irréparable. Le parti de la résistance perdit en lui l'homme le plus capable d'en assurer la cohésion et d'en maintenir l'unité.

La série des fautes commença le jour où M. Thiers se sépara de ses collègues et fit bande à part. Trop fier pour disputer un portefeuille, le duc de Broglie se confina dans un demi-silence. M. Guizot, plus ambitieux, se mit à la tête d'un groupe, non point hostile à M. Thiers, mais réservé, attendant les actes du jeune ministre ; celui-ci se dépêchait d'agir dans le sens le plus désagréable à M. Guizot. Il débordait la majorité si difficilement réunie par Casimir Périer, et se soutenait par des votes de hasard, recrutés à la bonne fortune des débats parlementaires : politique de bascule au-dedans, de girouette au dehors, ne visant qu'à l'effet. On doute que M. Thiers se soit cru, en 1836, un très grand diplomate, mais ce qui est bien certain, c'est qu'il désirât que les autres le crussent. À quelles fantaisies ne s'est-il pas livré dans ce but ! L'alliance anglaise était depuis Juillet notre point d'appui en Europe. M. Thiers l'abandonna tout à coup. Pourquoi cela ? Parce qu'il caressait un projet de mariage entre le duc d'Orléans et une archiduchesse. L'entreprise était difficile, les ambassadeurs la déclaraient absurde, et M. Thiers n'y voyait que plus de lauriers à moissonner. Or, par malheur, il échoua ; nouveau coup de gouvernail rapprochant la politique française du cabinet de Saint James. C'est M. Thiers qui l'a donné, M. Thiers furieux de se déconvenue, ne sachant quelle attitude prendre pour la dissimuler, voulant faire la guerre uniquement pour faire quelque chose ; or, les troubles d'Espagne en fournissaient quelque lointain prétexte : si l'armée française allait faire un tour de ce côté ? Louis-Philippe refusa net, et M. Thiers trouva enfin l'occasion de faire parler de lui ; il donna sa démission, et put poser avec fracas pour « le ministre de l'honneur national ».

Soult et Guizot le remplacèrent, et cela ne simplifia rien. Il y eut deux oppositions au lieu d'une, M. Thiers au centre gauche et, au centre droit, M. Guizot lui-même, quand ses procédés trop anguleux, ses théories trop peu flexibles l'eurent éliminé du ministère Molé. Comme toutes les oppositions, ces deux centres finirent par trouver le terrain d'une entente ; M. Thiers et M. Guizot se donnèrent le baiser de paix, chacun mettant en poche un bout de son drapeau : ce fut la coalition, compromis peu honorable, dont le prétexte étonne et saisit douloureusement. On ne conçoit plus aujourd'hui que des hommes politiques de la valeur de M. Guizot aient

---

[2] En 1832. Comme celle-ci, les notes suivantes sont des notes des éditeurs.

pu admettre un seul instant la fameuse maxime : *le roi règne et ne gouverne pas ;* tout ce que l'on peut dire pour les défendre, c'est que l'expérience du gouvernement représentatif leur faisait défaut. Encore leur méprise nous paraît-elle singulière. Sous prétexte d'attaquer le pouvoir personnel, la politique de la cour, dans la personne de M. Molé, les doctrinaires ont porté à la monarchie de Juillet une atteinte dont elle eut grand' peine à se relever. Ils en furent d'ailleurs bien punis, car après le scandaleux interrègne ministériel de 1839, ils n'obtinrent pas un seul portefeuille dans le cabinet Soult.

Mais voyons, puisque nous y sommes, ce qu'était ce gouvernement personnel dont ils feignaient de craindre les plus néfastes résultats, et surtout ce que vaut ce gouvernement, si on compare sa politique à celle des divers ministères, après 1836.

M. Thureau-Dangin a tracé à plusieurs reprises le portrait du roi Louis-Philippe, un portrait peu flatteur, mais juste en toutes ses parties. Il n'a rien laissé subsister de la grotesque légende créée par la petite presse et la caricature, mais sans dissimuler le manque absolu de prestige qui nuisit tant à Louis-Philippe dans l'opinion des Français de 1830. Il a même insisté sur ce point avec une telle vivacité que la mémoire du roi de Juillet resterait en souffrance, si le lecteur ne se rappelait les mille et une circonstances où la sagesse un peu bourgeoise, un peu vantarde, un peu tatillonne de Louis-Philippe sauva notre pays. Sans ce pauvre roi qui sut s'allier à temps à « la perfide Albion » la France courait, en 1830, le danger de subir une invasion étrangère suivie d'un morcellement. Les bonnets à poils de la garde nationale n'auraient pas suffi pour intimider le czar Nicolas et M. de Metternich. Sans doute « Ulysse », comme Heine[3] et A. de Vigny se sont accordés à le nommer, fut soutenu dans les premières années par M. de Talleyrand, son ambassadeur à Londres. Plus tard, bon gré mal gré, il dut céder la direction de la diplomatie à M. de Broglie ; mais après la chute de ce dernier, Louis-Philippe eut bien le droit d'appeler son système *la conservation de nos alliances*, en dépit de la légèreté de M. Thiers, de l'indolence de M. Molé et de l'incapacité du maréchal Soult.

Cette politique ne fut pas, comme on l'a trop redit, sans aucune gloire. Ne fallait-il pas, en outre une grande souplesse diplomatique, une certaine audace, pour braver l'Angleterre en Algérie et en Portugal, l'Autriche à

---

[3] Heinrich Heine, 1797–1856, poète allemand qui vécut à Paris une grande partie de sa vie.

Ancône et en Belgique tout le continent ?[4] Notre action était impossible dans un rayon plus étendu. Le roi le comprenait. M. Thureau-Dangin nous le fait toucher du doigt ; mais l'opinion française ne se résignait pas à accepter cette impossibilité matérielle, bien indépendante de la personne de Louis-Philippe et de ses secrets désirs. C'est ce qui commença à rendre le souverain si impopulaire, impopulaire comme aucun de ses prédécesseurs ne l'avait été. On n'imagine pas que cette politique, en somme si sage, ait rencontré dans toutes les classes de la nation un accueil aussi malveillant. Terre-à-terre comme elle était, elle devait évidemment déplaire à la jeunesse d'alors ; mais cette jeunesse elle-même, sentimentale et nerveuse, vivant dans l'absolu, dédaigneuse du fait, grisée d'art et de philosophie, la tête pleine de légendes napoléoniennes et révolutionnaires, ivre du nom de France, dont des poètes historiens venaient de lui révéler le splendide passé, cette jeunesse qui rêvait pour son pays des destins gigantesques, était une infime minorité, en complète opposition de tendance et d'esprit avec le gros de l'armée électorale.

En attendant que la sagesse vînt à la jeune génération, Louis-Philippe avait le droit de compter sur la bourgeoisie, non seulement sur ses bulletins de vote, qui ne lui manquèrent pas, mais sur son appui moral, qu'elle lui refusa lâchement. Il y a là une de ces défections que l'histoire ne comprend pas. Que Vigny et Chateaubriand aient vécu retranchés dans un légitimisme intraitable et désespéré ; que George Sand, Lamennais, Lamartine aient rêvé, en présence des crises ouvrières, d'une fraternité socialiste ou républicaine ; que le juste milieu et la paix perpétuelle ne fussent pas précisément l'idéal de la petite cour d'écrivains et d'artistes groupés autour du duc d'Orléans : on conçoit tout cela. Qui dit jeunesse ou poésie dit exaltation, dit oubli de la vue nette des choses. Mais Prudhomme[5] avait l'âge, le poids, tout ce qu'il fallait pour bien voir ; l'énormité de sa bêtise explique seule la quantité d'affronts qu'il prodigua à Louis-Philippe et à sa famille, et cette opposition de dix-huit années jalouse, hargneuse, et pourtant réfléchie ; on n'a pour s'en convaincre qu'à lire les pamphlets de M. de Cormenin sur la liste civile, ou, chez M. Thureau-Dangin, l'histoire des rejets de dotations ou les débats de

---

[4] La conquête de l'Algérie avait commencé sous Charles X ; au Portugal, en Autriche et en Italie, la France et l'Angleterre soutenaient toutes deux les nationalismes libéraux, mais souvent de manière concurrente.
[5] Popularisé par le dramaturge et caricaturiste Henry-Bonaventure Monnier, 1799–1877, le personnage fictif de Joseph Prudhomme est une personnification de la bourgeoisie du XIXe siècle.

ce honteux procès de la Contemporaine, dans lequel le jury acquitta purement et simplement les calomniateurs de Louis-Philippe ; sur douze bourgeois parisiens, il ne s'en était trouvé que six pour se porter garants de l'honorabilité du roi. Prudhomme est d'ordinaire plus vigilant sur ses intérêts ; comment n'avait-il pas compris, en 1840, que sa fortune était liée à celle de la dynastie d'Orléans ? Les regrets de cette bourgeoisie, si caressée pendant dix-huit ans, furent amers après 1848, dans la détresse politique et financière qui aboutit au 2 décembre[6] ; mais à qui la faute ?

La coalition met encore en lumière l'un des plus grands défauts du régime parlementaire : la tendance des assemblées à se croire tout le gouvernement, la propension qu'ont tous les corps délibérants à engager une lutte systématique avec le pouvoir, leur jalousie de la prérogative royale, leur besoin persistant de la rogner et de la limiter. M. Thureau-Dangin ne pense pas que cet exemple soit la condamnation définitive de ce régime. Ce vice lui paraît de nature à disparaître, par une répartition plus sage des pouvoirs, sans entraîner la disparition du gouvernement représentatif. Tant mieux ; car l'histoire des événements postérieurs à la coalition accumule des charges nouvelles contre la façon dont ce régime était pratiqué sous Louis-Philippe. Une grande partie des erreurs et des fautes commises au sujet de la question d'Orient[7] n'a pas d'autre origine. L'initiative du cabinet français fut paralysée par l'ingérence de ce qu'on appelait alors la nation. Une majorité solide lui faisant défaut, il ne pouvait gouverner contre l'opinion ; devant à tout propos justifier ses moindres démarches devant la presse et devant les Chambres, il ne pouvait garder un secret ; obligé avec cela de contenter également ces deux aspirations nationales dont l'une excluait l'autre, le maintien de l'alliance anglaise contre la Russie et l'agrandissement de Méhémet-Ali, doit-on s'étonner qu'il ait, de guerre lasse, fait passer cette contradiction dans notre diplomatie et proposé sans rire le programme saugrenu dont on avait bercé la Chambre ; qu'à ce lord Palmerston[8], dans lequel l'orgueil national et la morgue personnelle se doublaient d'une

---

[6] La monarchie de Juillet sera renversée en 1848 et après une brève parenthèse républicaine le coup d'État du 2 décembre 1851 amènera le second Empire.
[7] Le qualificatif de « question d'Orient » a été appliqué au XIXe siècle à plusieurs séries d'événements qui impliquaient les puissances européennes en Asie. Durant la monarchie de Juillet il s'agit essentiellement de la révolte du pacha d'Égypte Méhémet-Ali contre l'empire Ottoman et des conséquences de cette révolte.
[8] Henry Temple Palmerston, 1784–1865. Alors ministre des Affaires étrangères anglais dans les cabinets Grey puis Russell. Il sera Premier ministre entre 1855 et 1865.

antipathie profonde contre la France, il ait tenu sérieusement ce langage : « Nous sommes vos alliés et voulons rester tels ; c'est là un grand honneur que nous vous faisons. Méhémet-Ali ne vous convient pas ; il n'en sera pas moins souverain héréditaire d'Égypte, de Syrie et autres lieux, si nous le voulons bien ; n'attendez de notre part aucune concession. »

Et M. Thiers, le « ministre de l'honneur national », incarnant les sentiments du peuple et de la bourgeoisie, n'en fit aucune. Il se roidit opiniâtrement. Avant toute rupture, le cabinet anglais obligea lord Palmerston à faire une dernière offre. On accordait à Méhémet l'Égypte héréditaire, le pachalick d'Acre, sauf la ville de ce nom, également héréditaire, « le tout, sous la condition qu'en cas de refus du pacha, le gouvernement français s'associerait aux mesures de contrainte à prendre contre lui ». M. Thureau-Dangin s'arrête ici pour déclarer qu'à cette transaction « l'intérêt, l'honneur et même l'amour-propre ont satisfaction ». Mais qu'aurait dit la galerie, dont M. Thiers était le mandataire ?

Préférer Albion à Méhémet-Ali ?

Il n'y pouvait penser. Il refusa, refusa, et la France eut un camouflet : le traité du 15 juillet fut signé à l'insu de notre ambassadeur. Si la guerre ne s'en est pas suivie, une guerre aussi désastreuse que l'a été trente ans plus tard celle de 1870, ce n'a pas été la faute de M. Thiers, des journaux et des hommes d'imagination. Il faut en faire honneur au bon sens de Louis-Philippe.

Le principal inconvénient de ce régime ainsi pratiqué, c'est donc la perversion de l'idée de gouvernement. Par la fatalité des choses, les ministres furent réduits, en plus d'une occasion, à n'être, comme M. Thiers, que de simples « manœuvriers parlementaires ». Leur activité se dépensait, se dispersait en mille riens sans issue, et surtout à ce rien plus absorbant que tous les autres, le souci de l'effet, la pose dramatique « au tribunal de l'opinion ».

M. Thiers eut à un degré éminent ce besoin de jeter de la poudre aux yeux des Chambres et du public, la faculté de perdre de vue la question principale pour s'occuper des accessoires.

L'esprit à la fois entêté et léger, impérieux, écolier et rageur de M. Thiers éclate en plein dans la fameuse question d'Orient, qui se termina par le camouflet piteux que l'on sait.

Le ministère réparateur de M. Guizot, en faisant concéder à Méhémet-Ali l'Égypte héréditaire, en obligeant l'Europe à rappeler la France dans le concert dont on l'avait bannie, sauva du moins l'honneur que M. Thiers, qui confondait trop ici sa petite personne avec la France, faisait semblant de croire perdu. Des pertes plus réelles, y en avait-il ? Je répondrai avec Thureau-Dangin et par un mot qu'il affectionne : oui et non. Oui et non pour le pacha ; il subissait des conditions plus dures qu'avant le traité du 15 Juillet ; mais l'Égypte lui resta avec ses frontières rigoureusement délimitées par la nature, et c'est peut-être à l'homogénéité de ses possessions que la dynastie de Méhémet est redevable de sa durée. Oui et non encore pour la France ; car — laissons de côté l'honneur qui fut sauf — cette guerre en vue fut pour nous une alerte salutaire. Nos arsenaux furent pourvus, nos armées un peu négligées furent mises sur un meilleur pied ; enfin, en dépit des protestations, pour parer à toute éventualité, par je ne sais quel pressentiment du dernier roi français, on décréta les fortifications de Paris, à la suite de ce réveil du sentiment national. Oui, mais de l'autre côté du Rhin on se réveillait aussi ; les cris de nos journaux secouèrent la torpeur germanique, qui reprit son allure de 1813. Selon la formule extrêmement nette d'un historien allemand (Hillebrand[9]) cité par M. Thureau-Dangin :

> — Ce fut là le jour de la conception de l'Allemagne. C'en était fini pour l'élite de la nation des idées françaises. Le courant, jusqu'alors arrêté, de l'amour de *la liberté nationale et historique* prit à jamais le dessus sur le courant *rationnel* français de *l'esprit de révolution*.

Pendant ce temps la Chambre gémissait, fort marrie de la note à payer, un milliard de prodigalités folles, disait-elle, de dépenses exagérées, d'armements inutiles, par la faute, les uns disaient du roi, les autres de M. Thiers. Par-dessus ces gémissements on entendait le fausset grêle de M. Thiers démontrant, clair comme le jour, qu'il avait dépensé 189 millions, et il en était fier, mais pas un sou de plus. Enfin, et vers la même époque, il montait à la surface de la société quelque chose que M. Thureau-Dangin étudiera plus en détail dans ses prochains volumes, mais dont il a signalé la venue : l'idée de la réforme électorale, qui devait renverser Louis-Philippe, se faisait jour peu à peu, en même temps que l'idée socialiste qui menace encore l'organisation actuelle. Le gouvernement de Juillet, c'est le premier

---

[9] Karl Hillebrand, 1829–1884, essayiste, publiciste et historien de la littérature allemande, il fut un temps à Paris secrétaire de Heinrich Heine.

de ses torts et le grief le plus sérieux qu'on puisse élever contre lui, n'avait jamais songé à donner satisfaction aux besoins moraux de la foule. Les esprits d'élite se consolaient dans l'art. Mais les autres ?

Après la fausse alerte qui venait d'exalter tous les cerveaux, les idées de Fourier, de Louis Blanc, de Pierre Leroux trouvaient un terrain tout prêt à les recevoir et à les faire germer. Notons qu'elles avaient un tour idyllique et sentimental dont le socialisme contemporain s'est tout à fait débarrassé. Quant au suffrage universel, c'est encore vers ce temps-là qu'on a commencé d'en parler. Le spectacle de la coalition n'avait pas augmenté le prestige du corps électoral et de ses élus.

— Faites voter le peuple et vous verrez que tout s'arrangera !

Encore une illusion dont l'expérience nous a bien allégés ; mais ce devait être là l'idée d'une époque où les agitateurs n'étaient pas tous sans conscience, où l'espérance du mieux n'était pas *ipso facto* traitée de chimère, d'une époque dont la nuance exacte me semble bien marquée chez M. Thureau-Dangin par les deux traits que voici : M. Thiers couvrant son parquet de cartes géographiques et, là, étendu sur le ventre, s'occupant à fixer des épingles noires et vertes, tout comme avait fait Napoléon, et Louis Napoléon, lors de sa tentative sur Boulogne, emportant à son bord un aigle vivant... !

## II

M. Thureau-Dangin m'accuserait d'avoir forcé la note des sévérités si je donnais ce qui précède comme une exacte réduction de ses quatre volumes. Je dirai donc : voilà les réflexions qu'ils m'ont suggérées. Ce n'est pas la moins curieuse vertu de cette histoire que de faire travailler les esprits les plus indifférents en matière politique ; une vertu qui a sa rançon, puisque celui qui en est doué doit accepter la collaboration de tous ses lecteurs. Mais M. Thureau-Dangin accepte de bonne grâce cette collaboration. On dirait même qu'il l'appelle. Encore plus mesurés dans la forme que modérés dans le fond, ses jugements ne paraissent jamais s'exprimer en entier. Il y a tout un arrière-fond de demi-mots, de réticences qui murmurent : *Complétez-nous, lecteur !* Très flatté, le lecteur ne se fait pas faute d'allonger le texte, en y cousant des broderies de sa façon, des commentaires de son cru ; il en exagère à plaisir les vues originales, et, si l'on peut dire, les thèses. Peut-être qu'ici cette exagération n'est pas déplacée ; car j'ai voulu mettre en saillie les côtés piquants de cette histoire et ceux-là seulement. Il est bien entendu que M. Thureau-Dangin se garde des excès dans tous les sens et des théories en tous genres, qu'il nuance les blâmes et explique les erreurs.

Toujours respectueux, quand il parle de Louis-Philippe et de ses ministres sérieux, M. Thureau-Dangin montre sans doute une certaine ironie, je ne crois pas l'avoir exagérée, à l'égard des enthousiasmes irraisonnés, des ambitions, des espoirs chimériques de la génération de 1830 ; mais de ce qu'il traite comme elle le mérite l'Église française de l'abbé Châtel et se moque des trois prophètes Confucius, Parmentier et… Lafitte, de ce qu'éclairé par les événements, il s'est dégagé de tout chauvinisme et de tout fanatisme pour apprécier nos relations internationales et nos crises intérieures, il serait injuste de supposer chez lui un parti pris de dédain pour les choses de l'esprit, ou, comme on l'a trop fait, comme je crains de l'en avoir loué trop gratuitement, l'unique souci des résultats en matière politique. Rien n'est plus éloigné de la pensée de M. Thureau-Dangin que ce positivisme gouvernemental, et l'on peut s'en convaincre à la lecture de ses belles études sur le mouvement religieux.

Personne n'a mieux décrit l'état d'indifférence dans lequel végétait encore la jeunesse, quelques années après la révolution de Juillet, et raconté, d'un accent plus ému, plus vibrant, cette renaissance du sentiment chrétien, ce mouvement ascensionnel du catholicisme de 1830 à 1848, cette série de luttes auxquelles concoururent les premiers esprits du temps, Lamennais, Lacordaire, Montalembert, Ozanam, et qui finirent par la grande victoire de la loi sur l'enseignement. Comme toutes les victoires, celle-ci n'était que la résultante de nombreux succès partiels arrêtés maintes fois par des échecs considérables. Ainsi, les vainqueurs de 1850 assistaient en somme au triomphe des idées de *L'Avenir*[10], moins l'utopie et le scandale ; mais *L'Avenir* était resté sur le carreau. M. Thureau-Dangin s'est appliqué avec un soin particulier à l'analyse des idées lamennaisiennes et des causes qui

---

[10] *L'Avenir* était un journal quotidien français dont le premier numéro parut le 16 octobre 1830. Il avait été fondé à l'initiative de M. Harel du Tancrel et de l'abbé Félicité de Lamennais, rédacteur en chef. Les principaux rédacteurs étaient Philippe Gerbet, Henri Lacordaire et Charles de Montalembert. C'était par excellence le représentant du catholicisme libéral.

amenèrent leur insuccès partiel. Ceux qui s'obstineraient à voir dans l'historien officiel de la monarchie de Juillet soit un libérâtre incorrigible, soit un empirique, un « opportuniste » sans principe régulateur, soit encore un iconoclaste aux manières polies, ceux-là feront bien de relire tout ce bel exposé, d'un trait vigoureux, aux conclusions très nettes et sagement énoncées ; toutes les pages où M. Thureau-Dangin aborde la question religieuse ont, du reste, ce caractère de fermeté nuancée de modération. Il y aurait, dans ce catholicisme d'un homme d'État, le sujet d'une intéressante psychologie. Mais le sujet m'emporte, à mon grand regret.

Que n'y aurait-il pas à dire, aussi, sur une tout autre face du talent de M. Thureau-Dangin, à propos des pages saisissantes consacrées à la conquête de l'Algérie ?

N'ayant voulu qu'indiquer le tracé général de l'*Histoire de la monarchie de Juillet*, j'ai dû négliger ce très bel épisode ; c'est un petit chef-d'œuvre dans le grand ; toutes les campagnes y sont exposées avec la lucidité de M. Thiers et plus de sobriété. Je n'en dirai qu'un mot : on peut lire ce chapitre sans recourir à la carte. Il y a telle page, la prise de Constantine, par exemple, qui peut soutenir la comparaison avec ce que nous ont laissé de plus achevé les grands historiens de l'antiquité.

## III

L'Académie française a, par trois fois, et sur le rapport de M. Taine, décerné le grand prix Gobert à l'*Histoire de la monarchie de Juillet*. Le suffrage de l'illustre compagnie et celui, plus précieux encore, de son rapporteur, me dispensent de dire que M. Thureau-Dangin a fait une œuvre littéraire. J'aimerais cependant éplucher par le menu les rares qualités du nouvel historien. Elles ressortent singulièrement dans le tas d'érudits, de chartiers et de compilateurs qui se multiplient à notre grand ennui. Non qu'il méprise le document ; il est peu de pages, dans tout ce travail, qui ne portent en note la mention « documents inédits », si chère aux fureteurs. Il a fouillé les secrètes archives du duc de Broglie, de M. de Barante, de M. de Sainte-Aulaire, de M. de Viel-Castel, correspondances, agendas, mémoires, souvenirs, notes au jour le jour ; il a passé au milieu de ces richesses et de ces séductions sans perdre son bon sens. L'odeur des paperasses ne l'a point grisé. Il n'a pas renoncé à la rédaction personnelle, ni, comme l'a fait trop souvent M. Taine, chargé les documents de le suppléer auprès de ses lecteurs.

Il pouvait se borner à ficeler un fagot, il a fait un bouquet dont chaque fleur vaut la peine d'être regardée et sentie par les connaisseurs. Parmi tant de petits faits qu'il pouvait recueillir, il n'en a pas choisi un seul qui fût banal. Tous les traits « inédits » sont intéressants ; et si l'on est curieux de savoir à quel point, en voici un quelconque. Je puise au hasard :

> Après la chute du cabinet du 1er mars 1840, le duc de Broglie fit maints efforts pour empêcher M. Thiers de faire une opposition systématique à M. Guizot, appelé au pouvoir par Louis-Philippe. Le duc de Broglie avait été, au 1er mars, comme le parrain de M. Thiers, et s'était porté caution de sa sagesse auprès des conservateurs. Ce souvenir donnait à ses avis pas mal d'autorité.
>
> — Vous avez deux conduites à tenir, lui disait-il. Une opposition vive vous concilie la gauche mais vous éloigne du pouvoir ; faîtes-vous l'homme de la gauche, et vous ne rentrez plus qu'avec une révolution. Au contraire, attendez, tenez-vous tranquille, soyez modéré, et dans six mois les cartes vous reviennent.
>
> Pendant que le duc parlait ainsi, M. Thiers paraissait touché *au point d'avoir des larmes dans les yeux.*

C'est là une des vignettes historiques qui fixent à jamais les traits des deux interlocuteurs. Irrité, tiré vers la gauche, M. Thiers avait peut-être en portefeuille les notes du discours qu'il devait prononcer le 25 décembre. Son plan était tracé. Tout à coup, la petitesse de son rôle et l'inhabileté de son plan lui sont dévoilées brusquement et trop tard. Il se sent engagé, enlisé à jamais dans cette opposition de sept ans jusqu'à son ministère de vingt-quatre heures, jusqu'à la chute de la dynastie, à la révolution pressentie par le duc. Je ne sais si le petit *speech* prêté à celui-ci par M. Thureau-Dangin fut prononcé textuellement ou forgé après coup ; mais on n'invente pas un trait comme le dernier, cette émotion de M. Thiers, touché au point d'avoir des larmes dans les yeux. Posez en regard le duc de Broglie, dans son sang-froid hautain nuancé de compassion, et n'assistant pas sans quelque surprise à cette explosion de sensibilité méridionale. Est-ce que vous n'enviez pas les témoins d'une telle scène, si elle eut des témoins ? Pour ma part, j'aurais voulu être mouche. La plupart des « inédits » de M. Thureau-Dangin me font éprouver le même désir ; ils passionnent. Quel malheur qu'il ait trouvé si peu d'imitateurs ! Nous bâillerions moins haut en lisant ses confrères, lorsque nous les lisons.

Ne pas faire bâiller, c'est déjà quelque chose. Il y a mieux. C'est d'avoir un talent original, d'apporter une conception neuve en un genre aussi vieux que l'histoire. J'appellerais volontiers cette conception, de *l'histoire autoritaire*, de *l'histoire de gouvernement*.

La marche du récit n'est pas abandonnée au hasard des événements. Les faits, alignés en série plutôt qu'arrangés en tableaux, sont déroulés selon un plan philosophique, abstrait. Encore l'auteur n'insiste-t-il que sur une certaine classe de faits, sur ceux qui peuvent donner des événements une explication véritable, et non plus seulement plausible et hypothétique, comme il suffit à tant de narrateurs. C'est pour cela que la diplomatie tient une si grande place dans l'ouvrage et une plus grande dans le souvenir des lecteurs ; car c'est visiblement à cette partie que M. Thureau-Dangin a mis le plus d'art, de talent, de passion et de vie. Il a payé de sa personne, il s'y est jeté corps et âme. Certaines expositions sont de vrais chefs-d'œuvre ; le premier ministère et la question extérieure, les affaires étrangères sous Casimir Périer, et surtout le débrouillement de cet écheveau : la question d'Orient, négociations et conséquences politiques. On serait tenté, à voir cette habileté, d'acclamer le rédacteur en chef du *Français* ministre des affaires étrangères. Il est vrai qu'on le verrait avec la même joie président du conseil ; car il démêle également bien, avec un enthousiasme communicatif, les fils des négociations qui se croisent avant la formation de chaque ministère. Il aime à respirer l'air des cabinets et des chancelleries, ces arrière-coulisses de l'histoire, à en recueillir les chuchotements. Sur la scène, on se remue davantage, on crie plus fort ; mais le spectacle est bien moins instructif. M. Thureau-Dangin suit les ministres à la Chambre, il ne s'y rendrait pas de son propre mouvement. Peu de séances parlementaires dans son histoire ; des fragments de discours ministériels, suivis, et non toujours, de l'analyse des répliques. Il dédaigne les « approbations sur divers bancs » et les « murmures » entrecoupant tous les discours, moyen usé et trop facile de donner l'illusion des mouvements d'une assemblée. Si deux adversaires comme Guizot et Thiers se trouvent en présence, il rend compte du résultat de la rencontre plutôt que du duel et de ses péripéties. Le reste de la Chambre n'existe qu'à titre de concept ; majorité, minorité, centre gauche, tiers-parti. Ce qu'il y a de pittoresque dans le champ clos parlementaire est donc négligé totalement. Ce n'est pas faute de matière. Les débats orageux n'ont pas manqué à la tribune, de 1830 à 1848. Louis Blanc en est l'écho. Maintes pages de l'*Histoire de dix ans*[11] ne sont que la transcription telle quelle du *Moniteur*.[12] Le moindre éclat de voix y est enregistré. Quel grand homme que Berryer aux yeux de Louis Blanc et de son continuateur ! Quel personnage secondaire aux yeux de M. Thureau-Dangin qui, après avoir tracé de lui un portrait exact et vivant, comme tous les portraits sortis de sa plume, après avoir rendu une fois pour toutes un hommage sympathique au grand caractère et à l'incomparable éloquence de Berryer, ne dit presque plus rien de lui dans la suite de son histoire, et se borne à signaler dans les circonstances mémorables, son apparition à la tribune.

Je ne critique pas, je constate. Je constate que, vu de chez M. Thureau-Dangin, Berryer est parmi les comparses. Je prends ici Berryer pour le représentant d'une espèce. J'entends par Berryer tout ce qui ne fut sous Louis-Philippe que verbe, qu'éloquence, qu'explosion mélodieuse de sentiments, sans résultat positif appréciable. Si M. Thureau-Dangin n'était qu'un politique, je n'aurais manifesté aucun étonnement de cette omission. Mais le politique est doublé d'un artiste, on le verra plus loin. Or je m'étonne que l'artiste n'ait pas débauché le narrateur, ne l'ait pas fait sortir de sa route pour écouter un moment ces belles sonorités, pour admirer ces belles têtes, pour retracer quelque drame parlementaire ou révolutionnaire, le procès des ministres de Charles X, ou les insurrections lyonnaises, ce qui eût fait un si beau pendant à la sombre peinture du choléra à Paris. Oui certes je m'en étonne ; je m'aperçois ensuite qu'il y a là évidemment une victoire du peintre sur lui-même, une réaction de la volonté sur le tempérament, un effort couronné de succès, et à ce titre je l'admire.

Quand j'ai bien admiré, je cherche les raisons pour lesquelles M. Thureau-Dangin a retenu son pinceau, et, quand je les ai trouvées, elles me semblent tout à fait identiques aux raisons pour lesquelles Louis Blanc a brossé, plutôt qu'il n'a écrit tant de pages frissonnantes. Louis Blanc n'a pas décrit pour le plaisir de les décrire les insurrections de Lyon, et M. Thureau-Dangin ne s'est pas tu sur le même sujet pour le plaisir de se taire. Tous deux ont obéi aux mêmes préoccupations politiques et sociales. Une seule

---

[11] Louis Blanc publie sous ce titre en 1841 un ouvrage sur les dix premières années du règne de Louis-Philippe. Il sera complété ensuite par l'*Histoire de huit ans* d'Élias Regnault qui couvre les années de 1840 à 1848.

[12] De 1789 à 1869, le *Moniteur* publiait les débats des assemblées françaises et remplissait un peu le rôle du *Journal officiel* quand ce dernier n'existait pas encore.

différence : Louis Blanc était révolutionnaire et M. Thureau-Dangin est conservateur. Si peu probant que fût le récit d'une révolte et si vaines que pussent paraître les légendes dont on l'environnait, il y avait là une machine de guerre à manœuvrer contre la monarchie, et Louis Blanc n'avait pour but que sa destruction. Inversement M. Thureau-Dangin doit redouter les surprises du sentiment. L'amour des phrases vides est bien affaibli chez les Français de 1887. Toutefois il peut avoir ses regains. De même pour la politique sentimentale, de même pour les engouements révolutionnaires. Sommes-nous bien certains qu'une excitation un peu forte ne les ranime pas en nous, si désillusionnés que nous pensions être ? M. Thureau-Dangin n'en est pas plus certain que nous. C'est pour cela qu'il se garde de donner aucune secousse, et l'on me permettra de trouver ses scrupules fort sages.

Le souci de l'hygiène sociale l'accompagne partout. S'il traite de la littérature de 1830, il ne la considère que sous ces deux rapports comme exprimant les mœurs de l'époque et comme ayant exercé une influence sur ces mœurs. Dirai-je que je le regrette ? Oui et beaucoup. D'abord cela fera des quiproquos. Plus d'un sot adressera à cette littérature les critiques que M. Thureau-Dangin n'adresse qu'aux sujets par elle choisis. Il était en second lieu éminemment apte à dire en homme de goût ses impressions littéraires, beaucoup plus apte selon moi que les deux critiques auxquels il a recouru trop exclusivement. Le Sainte-Beuve des *Portraits* traversa pendant tout le règne une crise de jalousie littéraire dont il ne se défit jamais complètement à l'égard de ses anciens amis plus favorisés de la « Muse », Quant à M. Nisard, appréciateur distingué des œuvres du passé, il a toujours paru condamné à bien des erreurs sur ses contemporains, privilège qu'il partageait avec M. Villemain. Quelque lutin leur brouillait les idées aussitôt qu'ils touchaient à certaines dates.

Enfin, il n'est jamais indifférent au prestige d'un règne que les lettres y aient été représentées avec plus ou moins d'éclat ; il est sans doute bien ridicule à un monarque de commander un rapport sur les progrès de la poésie depuis le glorieux jour de son avènement ; mais le lustre des écrivains rejaillit toujours quelque peu sur « le trône qui les protège » ou qui ne les protège pas. Il manquerait quelque chose au premier empire si Napoléon n'avait pas eu Chateaubriand pour adversaire et Madame de Staël pour souffre-douleur.

Musset pouvait être bien indifférent à Louis-Philippe et Louis-Philippe à Musset ; c'est de 1830 à 1848 que l'un a fait ses chefs-d'œuvre et que l'autre a régné. Ils s'en vont côte à côte à la postérité, et si le premier porte quelque auréole, il devient impossible à l'autre d'en éviter le reflet. Tant pis si je m'explique mal, mais je regrette bien le morceau de critique littéraire, purement littéraire, que pouvait nous donner M. Thureau-Dangin.

Les belles pages qu'il a écrites prêtent à des malentendus. Je ne me lasserai pas de le répéter, ni même de le démontrer, quoique ce soit très clair. Ainsi M. Thureau-Dangin signale la fermeture des salons qui résulta de la révolution, l'invasion de la rue dans les lettres, le passage d'un souffle révolutionnaire. Il a mille fois raison. Mais pourquoi s'en plaint-il ? Tout le XVIIIe siècle avait travaillé dans les salons, pour les salons, sur les salons. Le XIXe découvrit une autre matière et des sujets nouveaux. Au point de vue de l'art, est-ce bien regrettable ?

Un littérateur serait peut-être tenté de dire à l'historien : le sentiment révolutionnaire est l'un des plus propres à inspirer un grand lyrique ; il unit, en effet, deux sentiments qui s'excluent d'ordinaire, une tristesse accablée, une explosion de joie : tristesse du présent, joyeuse aspiration vers un état meilleur. Quant aux désespoirs absolus et mornes, comme il y en eut aux environs de 1830, ils consument le poète ; mais cette vie qui se ronge elle-même, est un spectacle dont la tristesse poignante peut inspirer des œuvres de premier ordre.

Ainsi prenons Alfred de Vigny. Certes, comme le dit M. Thureau-Dangin, Vigny n'est pas le même homme après 1830, le chevalier trouvère, « enthousiaste, fidèle à son Dieu et à son roi, jaloux de l'hermine de sa muse ». Il est bien devenu « un analyste méfiant, triste, boudeur, amer, revenu de tous ses rêves de jeunesse, ayant perdu ses croyances religieuses, comme ses affections politiques, sans que rien les ait remplacées ». Rien, et dans l'effroi de sa pensée solitaire et nue, il a écrit tous ses chefs-d'œuvre. Son *Journal* est encore lisible après les *Pensées* de Pascal. Le chevalier trouvère écrivait de fort jolies choses, *Le Bal*, *Dolorida* ; il laissait subsister bien des mièvreries dans *Eloa* ; *Moïse* même eût gagné à être composé plus tard, à l'époque des *Destinées*, c'est-à-dire de la *Bouteille à la mer* et de la *Colère de Samson*, de *L'Esprit pur* et de *La Maison du Berger*. Le grand ébranlement qu'avait reçu tout son être moral le poussa au sublime où il ne serait jamais monté sans cela. Sans dire avec Musset[13] que

Les plus désespérés sont les chants les plus beaux,

---

[13] Dans *La Nuit de mai*.

il est sûr que les émotions les plus intenses fécondent le mieux le talent, quelle que soit leur couleur et leur tonalité, quel que soit l'état morbide ou salutaire où elles plongent l'homme qu'elles ont frappé. Rien de plus délicat, de plus rebelle aux thèses que les rapports du tempérament moral et du génie artistique.

Autre exemple : Musset. Tout ce qu'a dit M. Thureau-Dangin sur la vie du poète est dit admirablement, il l'a montrée de plus en plus assombrie par les « spectres de sa jeunesse ». Que n'a-t-il remarqué que dans sa poésie se produisait un phénomène absolument opposé ? À mesure que l'existence du poète s'abaissait davantage, sa poésie — effet de réaction — s'épurait et montait dans un ciel plus calme et plus serein.

Les premières négations, celles de Mardoche, sont les plus insolentes. Plus tard, un rayon d'idéal illumine le front de Franck et de don Juan, et selon le mot de Stendhal, Musset prête au doute de Rolla l'accent de la prière. Dans les *Nuits*, il atteint à l'idéale pureté de Lamartine et de Milton ; les derniers vers qu'il composa furent *L'Espoir en Dieu*, le *Souvenir*. Aucun de ces poèmes ne dit l'agonie intellectuelle et morale dans laquelle le poète se mourait…

Toutes ces chicanes sont le fait d'un certain littérateur qui ne sait pas le premier mot des questions sociales. Mais moi qui suis juge, il faut bien que je tombe d'accord avec M. Thureau-Dangin sur tous les points de sa thèse. Oui, les convenances littéraires ayant été supprimées par la révolution de 1830, un débordement s'en est suivi qui est encore menaçant pour la société. C'est là un fait incontestable. Le malheur est que cela figure dans une *Histoire de la monarchie de Juillet* et soit dans le cas d'être pris pour un tableau des lettres sous ce règne, alors que la pensée de l'auteur n'est pas allée si loin. *La Révolution de Juillet et la littérature*, tel est le titre du chapitre. Si cette étude inspirait à quelqu'un le désir de faire plus ample connaissance avec M. Thureau-Dangin, je supplie le nouveau lecteur de ne pas oublier ce titre, et de ne pas perdre de vue l'étroite relation qui unit ce fragment à l'idée générale du livre. L'auteur se réserve peut-être de couronner son œuvre par un tableau complet, absolument littéraire, de la production artistique sous Louis-Philippe. Il aurait l'occasion d'y faire figurer plus d'un grand écrivain oublié dans sa première ébauche, — Théophile Gautier, pour ne citer que celui-là — et de signaler les origines de la poésie et du roman contemporains. Mais laissons les *postulata*, et notons la tendresse qu'il a témoignée dans tout ce chapitre pour « l'équilibre et la discipline des intelligences et des consciences ». C'est le goût des autoritaires ; nous rencontrons une seconde fois le mot par lequel j'ai tantôt défini son talent d'historien.

Mauvaise définition. Car elle est incomplète. Ce mot d'autoritaire n'embrasse que la moitié du talent de M. Thureau-Dangin. À côté du politique doctrinaire et libéral, il y a l'artiste, l'historien par plaisir, le voyant et le peintre. Mais que voit-il et que peint-il ? Par des raisons d'utilité sociale, il ne peint pas tout ce qu'il voit. Il s'abstient de toucher à certains sujets ou, s'il les indique, c'est par des mots abstraits. Devant les scènes tumultueuses qui pourraient inspirer des sympathies révolutionnaires, il refoule, il contient ses qualités de peintre ; en revanche, il leur donne une libre carrière dans le genre inoffensif du portrait historique. Quiconque se présente à l'horizon de la monarchie de Juillet est croqué sur-le-champ, parfois portraituré en buste ; on peut même admirer dans la galerie de M. Thureau-Dangin quelques grands personnages étudiés de pied en cap. Enfin il s'est permis — beaucoup plus rarement — de ciseler un cadre à ses plus vivantes peintures. La scène du prétoire où comparurent, l'un défenseur, l'autre accusé dans un procès de presse, Michel de Bourges et Godefroy Cavaignac, est un véritable modèle.

> On vit se lever un avocat petit, trapu, chauve, le regard ardent, ayant dans tout son être quelque chose de fort, mais de grossier et d'un peu paysan. Personne ne le connaissait. Il sortit des bancs et se plaça au milieu du prétoire, comme pour se donner un champ plus libre : l'œil fixé sur les juges, il commença. L'auditoire fut étonné tout d'abord et bientôt saisi ; agitant d'une main convulsive ses notes éparses, l'orateur avait des bondissements et des éclats de bête fauve ; le geste était d'une trivialité impérieuse et redoutable ; le mouvement puissant, la parole d'une rudesse et d'une nudité affectées, avec une recherche de mots populaires ; et surtout, on sentait brûler dans cette rhétorique la flamme sombre des haines, des audaces et des colères démagogiques ; tels furent les débuts de Michel de Bourges sur la scène parisienne.

Le portrait de Cavaignac est plus long, trop long pour être cité, je le regrette bien, car on y sent, chez M. Thureau-Dangin, un mélange d'estime sympathique pour ce « paladin de la démagogie » avec une espèce d'horreur sacrée pour l'homme qui osa le premier s'écrier en plein prétoire : « Messieurs, je suis républicain ! »

Ces beaux encadrements ne sont pas très nombreux. L'auteur aime à s'en tenir au simple portrait, dont il sait varier et multiplier les formes. Tantôt il fait une étude de psychologie politique (les Lieutenants de Casimir Périer) ; tantôt, en plein compte rendu, d'un grand coup de crayon il enferme un caractère, une silhouette morale ; ailleurs un croquis fort soigné, dix, vingt à trente lignes, avec des traits savants, de multiples retouches à la façon de La Bruyère, des parallèles très étudiés, chaque phrase faisant vis-à-vis à une autre, chaque mot ayant un mot qui lui répond, sans que la vérité perde rien à ce jeu artistique, sans que les coquetteries et les balancements de l'expression portent la moindre atteinte à la justesse des idées. C'est en cela surtout qu'apparaît toute l'originalité de M. Thureau-Dangin, c'est en cela qu'il est un maître, en cette fusion si réussie de la matière dans le moule et de l'idée dans l'expression.

Il est vrai qu'il ne tient obstinément ni pour l'un ni pour l'autre de ces deux éléments ; il sait faire au bon endroit les plus pénibles sacrifices. Je l'ai montré déjà, mais il faut y revenir. L'obsession de l'unité, fatale aux philosophes, se rencontre quelquefois chez les historiens. Trouver la direction d'une vie, la dominante d'un caractère, est leur souci perpétuel. S'ils la trouvent, c'est fort bien. Le portrait n'en sera que plus beau ; il ne sera que plus facile de l'exécuter. Mais si on ne la trouve pas, cette unité, comme il arrive cinq fois sur sept quand on a affaire aux hommes du XIXe siècle ? Bien des peintres l'inventeraient, et beaucoup l'ont inventée, l'ont imposée à leur modèle arbitrairement. En pareil cas, M. Thureau-Dangin se résout sagement à subdiviser son travail ; il s'efforce de saisir les différentes attitudes du personnage dont il n'a pu apercevoir les traits généraux, il le prend tel qu'il le voit, modifiant sa pose à mesure que les circonstances se modifient. Le portrait de Villemain professeur, député, ministre, est un bon exemple de ces petits tableaux en trois ou quatre médaillons. Il se pourrait que le goût personnel de l'auteur le portât à ces compositions très analytiques. Il renonce volontiers aux bénéfices de l'unité, même devant les types qui nous paraissent faciles à envelopper dans une formule simple. Toute vérité générale a son côté particulier, un lien qui la relie à la contingence des événements ; c'est cette relation que M. Thureau-Dangin s'attache à exprimer. Il est donc obligé d'en recommencer l'étude, aussi souvent que les événements changent ces relations. Que de portraits, tous admirables, du seul roi Louis-Philippe ! Cela revient à dire que l'artiste qui est en M. Thureau-Dangin, préfère le côté vivant des choses à leur aspect scientifique ; il s'intéresse donc aux petits faits, aux nuances psychologiques, aux jeux subtils des consciences politiques.

De là ces traits vifs et nets qui vous retracent en deux lignes une physionomie, une situation : c'est La Fayette « citoyen de tous les États, garde national de toutes les cités » ; c'est Dupont de l'Eure, « esprit obstiné et court », toujours prêt à offrir sa démission « avec une sorte d'indépendance bourrue » ; c'est M. Thiers orateur et « son art merveilleux, sans jamais fatiguer, de ne jamais se fatiguer lui-même » ; c'est le maréchal Soult, faisant chambrée tantôt avec Molé, tantôt avec ses adversaires, « manche brillant auquel on pouvait adapter des lames de toutes formes et de toutes trempes ». On en trouve comme cela à toutes les pages. À côté de ces éclats de style, il faudrait pouvoir donner une idée des plus délicats procédés de M. Thureau-Dangin, de la façon ingénieuse dont il obtient dans tous ses tableaux des milliers de dégradations et des changements progressifs dans les images qu'il suscite. Mais chaque touche ici ne vaut que par les touches avoisinantes, il est donc impossible d'en détacher aucune, impossible de donner le moindre échantillon du premier, de l'essentiel mérite de M. Thureau-Dangin ; allez après cela faire des études critiques et donner l'idée d'un livre à qui ne l'a pas lu !

# La Bienfaisance à Paris

## 1888

*Cet article a paru dans* La Réforme Sociale *du 1ᵉʳ août 1888.*

## LA BIENFAISANCE À PARIS

S i ce livre[14] franchit la Manche et le Rhin, son titre étonnera ceux des blonds enfants d'Arminius et d'Albion qui recueillent pieusement les malédictions quotidiennes lancées par leurs journaux sur la Babylone moderne. Et s'ils ouvrent *Paris bienfaisant*, ils verront « qu'en notre pays, parfois si calomnié, il n'est pas une secte, pas une théorie spéculative, pas un groupe si exclusif qu'il paraisse, qui ne soit animé par l'amour du bien, ne cherche à en faire et ne contribue de la sorte à la grandeur nationale ».

Il faut remercier M. Maxime du Camp d'avoir fait la preuve de cette charité, il importe que l'étranger la connaisse ; il importe surtout que nous ne l'ignorions pas. Ces annales nous enseignent à ne pas désespérer de notre salut social. À côté des plaies hideuses que nous devons être les derniers à nier, il est encourageant de voir tant d'infirmiers et d'infirmières s'empresser à leur pansement. L'œuvre de M. du Camp, qui ne manque pas de grandeur, a donc son utilité. Depuis plusieurs années, il s'y dévoue et son succès va croissant. Après des travaux littéraires dont la fortune fut douteuse, après des études d'histoire contemporaine beaucoup plus intéressantes et connues, ses derniers livres attirent l'attention de tout esprit que sollicite un peu le problème de la rénovation morale. Nous ne saurions pour notre part en laisser passer aucun sans le souligner tout au moins. *Paris bienfaisant* le mérite d'ailleurs. Dans un ouvrage antérieur, *La Charité privée à Paris*, l'auteur avait de préférence relaté les actes de bonté dus au catholicisme. Le cadre, assurément, n'avait rien d'étroit. Néanmoins, la bienfaisance de Paris le déborde. Les indifférents ont leurs associations charitables, les protestants et les juifs également. On en jugera par quelques exemples.

*L'Œuvre des libérées de Saint-Lazare* est la première étudiée. Fondée par M<sup>elle</sup> de Grand-pré, nièce d'un aumônier de la prison, le but qu'elle poursuit est d'empêcher la récidive des misérables qu'une faute, un délit, parfois un accident ont jetées dans cet enfer où grouillent tous les résidus féminins de Paris. Croire qu'elle obtient toujours ce résultat dans la majorité des cas, ce

---

[14] *Paris bienfaisant*, par M. Maxime du Camp, de l'Académie française. 1 volume, in8o, Paris, Hachette.

serait ignorer quels pièges sans nombre les bas-fonds des grandes villes tendent à la femme ; l'action de l'œuvre est surtout préventive ; tantôt elle rapatrie des aventurières que l'expérience a désabusées tantôt elle empêche la chute d'une pauvre fille, plus malheureuse que coupable, dans le bourbier pénitentiaire. Pourtant les vraies libérées ne sont pas sans lui donner quelques prises. Avec son vestiaire, elle les habille, et elle les héberge dans ses petits asiles, pendant qu'elle leur cherche du travail. En 1886, 1 412 femmes ont passé au vestiaire ; 216 y sont retournées, « réclamant l'intervention ou les conseils de la Société, ou venant lui apporter le témoignage de leur gratitude ; celles-là ont la volonté de bien faire et y réussissent. Plus du sixième, ajoute M. du Camp, c'est beaucoup. » La Société ne s'occupe pas des détenues pour délits administratifs, qui, livrées à la prostitution, sont condamnées à demeurer où elles sont ; rien à faire avec elles.

Rien à faire, non plus, avec certains individus voleurs de profession parce qu'ils le sont de nature ; il serait naïf d'espérer leur amendement ; mais tout auprès, dans les mêmes prisons, se trouvent des coupables par ignorance, ou par faiblesse, ou par malchance, qu'un bon milieu social pourrait suffire à régénérer. M. de Lamarque pensait à eux lorsqu'après 1871, il fonda *l'Œuvre du patronage des libérés* qui travaille à leur sauvetage, à ce moment psychologique de la sortie de prison. Elle accueille les hommes à l'asile de la rue de la Cavalerie, les femmes rue Lourmel, procure à celles-ci comme à ceux-là un travail rémunérateur et, aux cas de rechute, ne repousse personne avec trop de rigueur. Mais je n'ai pas à insister : les membres de notre dernière Réunion annuelle ont visité les asiles de la Société de patronage sous la conduite de son éminent président, M. Bérenger et le compte rendu qui a été publié ici est présent au souvenir de tous.[15]

Les associations protestantes se distinguent par leur esprit pratique et utilitaire. Ainsi le pasteur Robin exerce le patronage sur *les Enfants insoumis* de sa religion, en leur ouvrant, rue Clavel, 7, une école industrielle. Les uns sont internes, les autres externes, mais tous voués à la cordonnerie, rien qu'à cela ; c'est fâcheux, et toutefois c'est fatal. Cette nécessité d'un travail unique — et d'un travail sédentaire — est la plus forte objection que l'on puisse élever contre les établissements professionnels de cette sorte. — Non loin de l'école et toujours rue Clavel, a été fondé, sur la même initiative bienfaisante, un asile temporaire, pour les périodes de chômage. Dans leur maison de la rue de Reuilly, qui est d'une propreté anglaise et d'une régularité qui sent

---

[15] Voyez le rapport de M. H. de Caumont dans *La Réforme sociale* du 1er juillet (t. VI, p. 43).

bien son méthodiste, les diaconesses ont installé une école maternelle qui reçoit, débarbouille et fait chanter des marmots de tous les cultes ; puis, une sorte de refuge ouvert aux filles pauvres qui se sont « dérangées », — école professionnelle pour celles que le vice a seulement touchées, maison de correction d'un régime fort doux pour celles dont l'inconduite a noirci un casier judiciaire ; pour ces dernières, « un tiers des résultats moraux doivent être enregistrés comme excellents ; un tiers comme offrant de bonnes garanties, mais sujets cependant à péricliter ; un tiers comme nuls[16] ». Protestante encore, l'entreprise d'évangélisation d'une de ces curieuses cités de chiffonniers qui ceignent Paris, *la cité du Soleil,* dont les jeunes membres sont instruits gratis par une œuvre *ad hoc* et, en vacances, sont transportés avec de bons soins dans une villégiature quelconque sous les arbres et au soleil...

Nous touchons au luxe, direz-vous ? En effet, puisque nous approchons de la « charité d'Israël ». Par exemple, c'est là que la communauté est étroite et que les liens de solidarité se serrent fortement ! En revanche, le cercle de la bienfaisance se rétrécit et, à mon avis, s'amoindrit moralement. Sans doute, c'est fort beau de payer à ses coreligionnaires des hospices qui sont des palais ; il est beau de dépenser des millions, sans liarder, pour éviter des violations de la loi de Moïse et procurer aux fils de Jacob des viandes timbrées par le *Schohet :* avouerai-je pourtant que cet exclusivisme me semble mesquin ? Je voudrais que les israélites parussent se souvenir des mots qui accompagnaient le louis d'or de don Juan : « Va, va, je te le donne pour l'amour de l'humanité.[17] » On répondra que les héroïnes de la pitié telles que M$_{me}$ Coralie Cahen sont clairsemées dans le monde juif, comme le sont dans tous les mondes toutes les héroïnes. Aussi n'est-ce pas cela que je réclame, mais tout bonnement la preuve d'un sentiment de sympathie plus large que la solidarité nationale ou confessionnelle. Vous me citerez en réponse le dispensaire de M$_{me}$ Furtado-Heine. — Et puis ? C'est tout, je crois.

Les derniers chapitres de M. du Camp contiennent de singuliers détails sur l'exploitation de la charité parisienne par une légion d'aigrefins. Très justement, il ajoute que la meilleure forme de l'assistance est celle qui donne

---

[16] M. Maxime du Camp a constaté au cours de toute son enquête que la proportion de l'amendement au vice s'éloignait rarement du rapport de 1 à 3.
[17] Molière, *Don Juan*, acte III, scène 2. Rappelons que Don Juan veut donner un louis à un pauvre qu'il veut faire jurer en échange de sa libéralité. « Non Monsieur, j'aime mieux mourir de faim » répond le pauvre. Don Juan lui donne tout de même le louis « pour l'amour de l'humanité » avant de partir précipitamment. (n.d.é.)

aux misérables les moyens de se relever. Les distributions d'argent aboutissent cent fois sur une à des gaspillages qu'évite par son organisation et son fonctionnement l'œuvre de l'assistance par le travail. C'est un progrès.[18]

L'enquête, en son ensemble, est donc satisfaisante aux yeux de l'enquêteur, et je n'y contredirai pas, du moment que M. du Camp ajoute qu'il reste beaucoup à faire. Mais ce qui est fait est-il toujours bien fait ? Voilà une question que j'aurais aimé qu'il traitât. Très fourni de documents, il pouvait en quelques mots éclairer bien des illusions ou dissiper bien des scepticismes. Or à toutes les pages de son volume, il s'exprime sur un ton de bienveillance tellement continue que l'on finit par croire à de simples politesses d'académicien. Cela sent le rapport destiné à la lecture publique. On lit cela comme on lirait un article d'un journal officieux de la bienfaisance ; on y accorde exactement le même degré de foi ; on éprouve un obscur besoin de rencontrer sous sa main un volume de Drumont ou quelque chose d'analogue... Que M. du Camp me pardonne de formuler ces vagues souhaits, car ils n'enlèvent rien à la reconnaissance qu'il mérite pour nous avoir promenés dans le jardin du bien et nous avoir démontré qu'on le cultive.

---

[18] Ce n'est là toutefois qu'un très modeste commencement, et l'on se demande s'il ne serait pas opportun de tenter à Paris une « organisation de charité » à l'exemple de ce qui a été fait avec succès à Londres et en Amérique. Voyez sur ce sujet l'intéressant travail de M. A. Warner dans *La Réforme sociale* du 15 janvier dernier (t. V. p. 1).

# Le Jour des Grâces
# Le Chemin de Paradis

1895

> Un point de perfection comme de bonté ou de maturité dans la nature...
>
> *La Bruyère.*

> *... quem quo anno Sybaritae reppererunt et perierunt.*
>
> *Lampride*[19]*,*
> *Vie d'Héliogabale, 29.*

---

[19] « *Sybariticum missum semper exhibuit ex oleo et garo, quem quo anno Sybaritae reppererunt et perierunt.* » Soit : « Il [Héliogabale] eut toujours à sa table le mélange d'huile et de *garum*, comme les Sybarites l'inventèrent l'année où ils périrent. ». Il s'agit du chapitre trentième de la vie d'Héliogabale dans l'*Histoire auguste*.
*Les notes sont imputables aux éditeurs.*

*À Raymond de la Tailhède.*

Les illustrations sont reprises de l'édition de luxe du Chemin de Paradis en 1927, ornée d'aquarelles de Gernez.

# I

Dans une grotte, à mi-chemin d'Héraclée et de Sybaris, il habitait un vieillard qu'on renommait pour sa sagesse. Il avait reçu les paroles de Pythagore et plus d'une fois Empédocle l'Agrigentin avait passé la mer pour méditer auprès de lui. Il se nommait Euphorion et, tout en cultivant les lis et les verveines de son petit jardin, il s'appliquait à conformer ses mœurs à la nature.

Ses deux esclaves, un matin, lui demandèrent la faveur d'aller à Sybaris célébrer la fête des Grâces, dont le jour approchait.

« Je le veux, répondit le sage. Il ne nous faut point négliger les divinités du plaisir. La première des trois Charites[20] tient à la main un osselet ; et par là, elle nous fait signe de nous livrer de temps en temps aux jeux variés et aux danses. La seconde, parée du myrte, nous apprend que l'amour est l'ornement de notre vie ; malheur aux orgueilleux qui s'éloignent trop des baisers. Pour la troisième, la ceinture de roses fraîches qui entoure son col et ses flancs délicats nous avertit qu'elle préside aux banquets enjoués où circulent avec les viandes les caresses légères et les coupes de vin au miel.

« Qu'à toutes trois aillent vos vœux. Et abandonnez-leur l'apparence de vos pensées. Mais si vous tenez à vieillir, que leurs voluptés ne pénètrent point très avant dans vos cœurs. Craignez le sort d'Hylas[21] qui connut pleinement la couche des nymphes ; il ne put supporter cette abondance de plaisir. Sa douce vie céda à l'embrassement des déesses. Ainsi l'avaient réglé les dieux. C'est pourquoi soyez sages et faites un heureux retour ; ni Pétilis, ni Métaponte, ni la vénérable Héraclée n'égalent Sybaris dans l'art d'accommoder toutes sortes de joies. »

Les serviteurs promirent ce que voulut Euphorion. Au lever du soleil, ils prirent le chemin du sud qui, le long de la mer, parmi les lauriers et les menthes, menait aux murs de Sybaris. Le vieillard vaqua seul à ses travaux de chaque jour ; il les estimait des plaisirs. La serpe en main il émondait les jeunes figuiers, entait les oliviers sauvages, disposait les sarments fleuris autour du portail de sa grotte, afin que les regards fussent réjouis dès le seuil. Quand il avait cueilli les grappes de muscats, il prenait les plus lourdes et il

---

[20] Charites, ou Kharites, nom grec des trois Grâces, Aglaé, Euphrosine et Thalie.
[21] Jeune héros grec à la beauté légendaire, dont Hercule fit son amant. Au cours de l'épopée des Argonautes, il fut enlevé par les nymphes d'une source où il s'était arrêté pour boire, et disparut avec elles au grand désespoir d'Hercule.

les consacrait au-devant du buste de Pan. Le reste était foulé, car on approchait de l'automne ; et, sautillant dans le cuvier d'où ruisselait le moût vermeil, le vieillard composait des poèmes dorés à la guise de Pythagore, y célébrant par-dessus tout cette harmonie des choses qui renaît éternellement. Ensuite, d'un style d'argent, il creusait des planchettes afin d'y graver ces prières et de les suspendre en tableaux au tronc des jeunes pins.

## II

Dans la nuit du cinquième jour, comme il admirait la lenteur des esclaves à lui revenir et qu'il se demandait si ces pauvres amis ne l'avaient oublié à la ville, il vit du côté du midi, sur la mer, et bien que le soleil se fût couché depuis longtemps, une faible lumière ; elle avait le teint de la rose et tranchait doucement sur les feux argentés qui descendaient du clair de lune. Las de la contempler, Euphorion ferma les yeux.

Il était adossé à la muraille du rocher, défendu par la treille contre l'intempérie, et les embûches des étoiles. On l'eût pris pour un homme assis qui regardait le ciel. Mais il dormait et ses fontaines murmuraient dans la demi-ombre.

La couleur blonde de la mer dura jusqu'au matin et, moins instruit des lois du monde, le vieillard, au réveil, eût pu se demander si l'aube, ce jour-là, n'était point levée au midi. Il descendit parmi ses fleurs. Mais son inquiétude était telle qu'il ne voulut point les toucher. Il erra sous les arbres et craignit de flétrir les beaux fruits pendus à leurs branches. Puis il s'allongea[22] sur la terre et, devant les concombres et les autres légumes, s'adonna aux œuvres plus viles qui, ne voulant aucun effort, le laissaient à sa rêverie.

Vers le milieu du jour, comme il achevait de tresser ensemble pour sa provision de l'hiver une douzaine d'oignons roux, des pas pressés sonnèrent au bas de la montée.

Euphorion cria :

« Est-ce vous, Syron, Icétas ?

— C'est moi, dit une voix prochaine. »

---

[22] Notre texte est celui amendé par Maurras en 1921. Le texte de 1895 : « *Mais* il s'allongea... »

Et Syron apparut. Icétas ne le suivait point. Le vieillard, effrayé, n'osait demander des nouvelles, car les mains, la poitrine, les cheveux de Syron étaient noirs de fumée. Mais une flamme singulière éclairait son regard.

« Maître, fit-il d'abord, vous lisez dans la destinée. Notre Icétas a eu le sort du jeune Hylas.

— Quoi, Icétas a donc péri ?

— Si c'est périr que de se rompre sous l'effort de la volupté, tout Sybaris et tout son peuple ont péri de la main des Grâces.

— Vraiment, Syron, le peuple entier de Sybaris ? »

Le serviteur montra du doigt la tache pourpre de la mer que le puissant soleil n'avait point effacée et qui s'accroissait au contraire. Les flots semblaient de sang.

« Regardez, maître, regardez le reflet de la flamme. Que de richesses dévorées ! Et dans peu d'heures l'eau du fleuve[23] en aura couvert les débris ! »

Euphorion, versant des pleurs, offrit à son esclave le pain, les figues sèches et le fromage blanc qui rendent la vigueur après les dures traversées. Il y joignit (car il le traitait plutôt en disciple) quelques larmes d'un vin mûri sur le coteau et qui avait le goût des fleurs.

Quand il l'eut ainsi restauré, il le pressa d'âpres questions sur le genre de mort d'Icétas et des Sybarites.

---

[23] En 1895 : « ... l'eau d'un fleuve... »

## III

« Vous le savez, Euphorion, reprit enfin ce serviteur, Sybaris, depuis cinquante ans, est devenue l'admiration de la Grande Grèce et du monde. Ses murailles sont faites de marbres rares et incrustées de purs joyaux. La plupart de ses toits reluisent comme l'or, les plus pauvres sont argentés. Tous s'envolent près des étoiles. L'art de ses architectes passe ce que les Athéniens ont eux-mêmes trouvé de plus accompli. Heureux citoyens ! Ils parlaient une langue infiniment douce à l'entendre et d'année en année augmentaient leur trésor de délices et de beautés. Mais le plus merveilleux était bien leur religion. Ils ne prodiguaient à leurs dieux ni libations ni hécatombes. Vanités ! disaient-ils. Mais ils travaillaient de tout cœur à leur ressembler. Comme vous suivez la nature, ô religieux Euphorion, ils imitaient les Olympiens et principalement Jupiter et Vénus qui sont les plus heureux de tous. Une fête n'était qu'un prétexte public à l'usage des voluptés.

« C'est ainsi qu'ils ont fait honneur aux trois Grâces divines de trois heureuses découvertes faites par leurs artistes pendant ces derniers temps. Un de leurs musiciens leur avait enseigné la nouvelle figure d'une danse qu'ils chérissaient ; c'est pourquoi, tout hier, tant que le soleil a réjoui le ciel, nous avons, Icétas et moi, suivi les mouvements de la belle cité qui dansait sur les places, qui dansait dans les rues, sur les terrasses des maisons et jusque dans les chambres closes. Les chevaux qui passaient, attelés à des chars ou montés par des cavaliers, partageaient l'ivresse commune et célébraient, par des gambades accordées selon la mesure, la fragile divinité qui joue aux osselets dans la demeure de Vénus.

« Puis, à la flamme de Vesper, quand le soleil se fut couché, dix jeunes filles délicates et dix jeunes garçons, les mieux faits qu'on eût pu trouver, apparurent sur le théâtre et révélèrent l'invention qu'une prêtresse de Vénus avait imaginée à la gloire de Sybaris[24]. Euphorion, la bienséance me défend de te dire, car tes cheveux sont blancs, les divines folies qui suivirent cette leçon. La deuxième des Grâces veillait sur la cérémonie. Des bûchers de myrte brûlaient aux angles de la scène. Une seconde fois, les dix couples charmants s'étreignirent d'un même cœur. Tout le théâtre en proie au délire sacré, les hommes s'élancèrent sur leurs compagnes qui, renversées, les yeux au ciel et palpitantes[25], sentaient couler des nues de pourpre une telle douceur qu'il sembla que les dieux précipitaient dans les artères une rivière de nectar.

« Et la nuit fut plus surprenante. La troisième Grâce y dressait çà et là ses touffes de rosiers fleuris. Un cuisinier de la cité avait mis au jour un chef-d'œuvre dont les hommes mortels n'avaient jamais conçu l'idée. Autant que

---

[24] En 1895 : « ... apparurent sur le théâtre. Leurs membres nus ne trahissaient aucune imperfection. On les laissa monter sur un immense lit d'ivoire au milieu des lanternes. Ils se pressèrent de baisers. Les rites connus accomplis, comme les spectateurs se penchaient dévorés de fièvre curieuse, ils révélèrent l'invention qu'une prêtresse de Vénus avait imaginée à la gloire de Sybaris et ils l'exécutèrent. »

[25] En 1895 : « ... s'élancèrent sur leurs compagnes palpitantes qui, renversées, les yeux au ciel, ... »

j'ai pu le comprendre aux paroles des serviteurs, c'est un simple mélange d'huile et des œufs du Garus, ce poisson si vulgaire ici. Le secret tient à la façon dont les Sybarites le font macérer dans le sel et à l'art dont ils versent goutte par goutte l'huile dans la saumure. Les dieux savent comment, il était né de là une ambroisie incomparable. On la servait brûlante, parfumée d'ail et relevée d'une bordure de miel[26].

« Dans le palais qui tenait lieu de salle de festin, les citoyens étaient rangés au nombre de dix mille ; et dix mille étrangers, reçus sans distinction de nation ni de qualité, hommes libres, esclaves, prenaient leurs places où ils voulaient. Les appétits étaient puissamment aiguisés par les danses du jour et les baisers du soir. Des désirs surhumains gonflaient les tempes couronnées. Un poète se poignarda afin de succomber à la fleur de cette espérance.

« Ce beau trépas fut acclamé comme d'heureux augure. Le vin de rose circula. Enfin les jattes désirées, apparaissant en longues files, répandirent le doux parfum. Un frémissement d'aise fit trembler tous les lits. Mais il est incertain que les lits n'aient point tressailli avant les convives. Arrivé le dernier, j'étais couché à terre et sentis la terre ébranlée. Mais je fis comme tous les autres. Je me jetai sur la merveille ambroisienne. Va, tu pourrais, Euphorion, rassembler tous tes souvenirs et mêler dans la double coupe une goutte des meilleurs vins que les terrasses de Sicile, de Crète et de Chios ont mûris depuis cent années, tu n'auras point l'idée de l'ivresse où je fus plongé. L'arôme des déesses m'entourait comme un vêtement. Des lyres immortelles soupirant au plus haut des airs, le souffle des neuf sphères emportait ma pensée comme le flot soulève les carènes sur l'Océan.

« Je finis toutefois par sortir de ce rêve ; toutes les têtes, languissantes, pendaient sur le tapis. J'entendis près de moi comme un faible soupir de corde qui se brise ; c'était ton Icétas, il exhalait son âme. Ses joues très belles souriaient. Ses lèvres, refermées, ne demandaient plus de bonheur. Je tentai de le secouer. Il était mort, vraiment. Un silence profond s'était établi.

Seulement, par instants, quelqu'un passait de volupté. Il s'éteignait aussi des torches ; et l'obscurité se faisait. N'ayant pas pris part au festin, les esclaves de Sybaris se jetaient sur les restes, se gorgeaient, aspiraient la minute éternelle enfermée dans chaque bouchée et, autour de la salle immense, le long des escaliers qui menaient aux cuisines, attendaient les lèvres ouvertes

---

[26] On reconnaît ici la recette de la poutargue, thème qui reviendra à de nombreuses reprises dans l'œuvre de Maurras.

que le bonheur touchât aux limites de la nature et qu'ils fussent mûrs pour mourir.

« Comment fis-je pour me lever ? Je sais que la terre grondait et mugissait sous moi d'une manière étrange. Embrassant du regard toute l'étendue du banquet, je vis que j'étais seul vivant. J'enjambai des cadavres et sortis dans la nuit. Il pleuvait des charbons ardents et de noires poussières. Tout le ciel s'embrasait d'un incendie mystérieux. Le front de ce palais, la plus grande beauté qui se pût admirer au monde, avait sans doute été frappé du feu supérieur. Ce chef-d'œuvre se consumait justement par la pointe dont il menaçait l'empyrée. Et toutes les maisons, avec leurs pierreries et leurs métaux précieux, flamboyaient ainsi par la cime.

« Je me laissai couler le long des remparts ; car les portes étaient fermées et, bien que nul ne les gardât, un homme seul n'eût pu mouvoir les leviers monstrueux qui maintenaient chaque verrou. Je roulai au fond du fossé, heureusement à sec. Au bout de quelques pas, voilà que je heurtai une troupe d'hommes armés ; ils avaient un langage dur, des voix rauques, des poings grossiers qui me meurtrirent. J'en vis d'autres, un peu plus loin, qui en grande hâte creusaient sous le clair de lune une tranchée d'environ cent pieds de largeur. Auprès de ces ouvriers luisaient des glaives et des lances[27]. J'osai leur demander ce qu'ils faisaient là à cette heure. Mais ils me saisirent et, plus cruellement que les premiers ne l'avaient fait, me rouèrent de coups. Ensuite ils me chassèrent violemment vers la campagne, m'interdisant avec de grands serments et des plaisanteries de rentrer jamais dans les murs.

« Un bouvier que je rencontrai non loin me demanda si je n'avais pas aperçu son troupeau qu'un parti de soldats venait de lui ravir. Et, comme je l'avais aperçu en effet, ces soldats, me dit-il, arrivent de Crotone sous la conduite de Milon le Pythagoricien. Ils venaient prendre Sybaris et, redoutant les inventions par lesquelles ce peuple défiait ses voisins dans l'art de la guerre, ils creusaient vers le nord un immense canal par où jeter l'eau du Crathis[28] sur la délicate cité. Je passai mon chemin, riant des hommes de Crotone qui pillaient et qui insultaient[29].

« S'ils se fussent montrés plus honnêtes, je serais revenu sur mes pas leur faire savoir qu'ils travaillaient en vain[30]. Mais je continuai ma fuite. De

---

[27] En 1895 : « Des glaives et des lances luisaient auprès de ces ouvriers. »
[28] C'est effectivement ainsi que Sybaris fut détruite en 510 avant J.-C.
[29] En 1895 : « ... riant des soldats de Crotone qui m'avaient insulté. »
[30] En 1895 : « ... j'eusse couru les avertir qu'ils travaillaient en vain. »

temps en temps je me retournais pour les contempler qui s'épuisaient en mille efforts, défonçaient le sein de la terre, poussaient les eaux vers les palais déjà soumis au feu du ciel qu'ils n'apercevaient pas, étant trop voisins des remparts, et déployaient les précautions les plus fines de l'art des sièges contre une population de cent mille morts bienheureux. »

# IV

Comme le vieil Euphorion restait muet à son histoire, Syron reprit :

« Maintenant, maître, me voici, car j'ai marché toute la nuit. Je veux vous consoler du trépas de notre Icétas.

— Moi, je voudrais, Syron, que tu me tires d'inquiétude. Comment peux-tu me faire un semblable récit, ayant participé à ces fêtes des Grâces ? Tu honoras les deux premières des Charites par des danses et des baisers. Et tu as savouré, jusqu'au fond, me dis-tu, la troisième des joies de Sybaris ?

— Cela est vrai, cher maître.

— Et la troisième Grâce qui voulait, en échange de tant de voluptés concédées, le don de votre vie, ne l'as-tu pas frustrée, Syron ? car tu déclares avoir goûté aux mets qu'elle inspira. Mais peut-être auras-tu mêlé aux voluptés des Sybarites un peu de cette retenue que je t'enseignai au départ.

— Je suis bien sûr, Euphorion, d'avoir tout oublié de ce sage avertissement. Dès le seuil riant de la ville, mes résolutions s'envolaient. Seul, un hasard dut me sauver, ou peut-être Pallas, désireuse de vous apprendre la fin de Sybaris. Je suis sûr de m'être enivré de la nourriture divine. Ce fut une heure si parfaite, je m'y sentis si clairement le semblable de Zeus que tout mon sang eût pu couler sans que j'eusse à me plaindre[31], car la nature ne me réserve rien au-delà. »

Le malheureux Syron n'avait point discerné comme les sourcils de son maître se rapprochaient à chacune de ses paroles, ni quelle indignation lui gonflait les vaisseaux du front contre celui qui pouvait vivre après avoir été le semblable de Jupiter. Mais il continuait sa folle jactance :

« J'ai vu cela, Euphorion. Oui, je l'ai traversé, ce délicieux moment, dont Ulysse lui-même eût refusé de revenir... »

---

[31] En 1895 : « ... sans que je me plaignisse... »

En même temps, dans son emphase, il tendait la poitrine faite de muscles vigoureux où la jeunesse florissait.

« Ne m'abuses-tu point ? dit le sage avec ironie.

— Non, maître. J'ai connu cette mortelle volupté. Vous voyez pourtant que je vis...

— Tu as vécu, misérable ! cria Euphorion. » Et il le traversa de son style d'argent poli.

Par cette plaie, Syron versa tout son sang sur les fleurs. Mais le pieux vieillard s'applaudissait de sa conduite.

« Il ne convenait pas, disait-il en lui-même, de laisser subsister un aussi parfait sacrilège. Ce Syron avait offensé la loi même de la nature. Rien d'entier ne demeure au monde, et la perfection entraîne la mort. Dès que l'homme confine à Dieu, il est juste qu'il n'ait plus que faire de vivre. Tous ceux de Sybaris ont obéi à ce décret. Une Parque devait éclore de la félicité qu'ils allaient accomplir. Mon Icétas a pris toute sa part de leur fortune. Et Syron a reçu de moi le juste complément qui lui revenait. »

Le vieillard vécut plusieurs jours dans de telles pensées. Il négligea ses fleurs qu'il avait la coutume de transporter, avant les pluies d'automne, à l'abri d'un rocher, sous un toit de roseaux. Elles dépérissaient. Et lui-même ne songeait plus à cueillir d'aucune herbe ni à rien préparer pour son aliment. À la fin, il comprit que tous ces signes étaient le langage de la nature. Sans doute, en châtiant Syron par une inspiration soudaine, s'était-il élevé[32] au plus haut point de la sagesse ; la terre réclamait ses os. Il se résolut à mourir, ce qu'il fit un matin que le vent d'équinoxe soufflait, au pied de son rocher et devant le buste de Pan.

---

[32] En 1895 : « ... il s'était élevé... »

# M. Paul Bourget dans son jardin

## 1900

*Ce texte a paru dans* La Chronique des livres *tome I, juin-décembre 1900, p. 35–38.*

## M. Paul Bourget dans son jardin

Bien que je n'aie pas embrassé la pénible carrière de M. Adolphe Brisson[33] et que les « promenades et visites » où excelle ce brillant chroniqueur ne soient, à dire vrai, ni de mon fait, ni de mon goût, je viens de visiter M. Paul Bourget dans son ermitage d'Hyères. Ces trente-six heures charmées sous le toit bienveillant du conteur, du psychologue, du moraliste le mieux informé de notre temps, et encore du plus subtil et du plus grave, valent la peine qu'on les produise en public. Elles expliqueront les traits d'une vie nouvelle ou du moins elles les rendront précis et évidents. Que mon hôte me pardonne l'indiscrétion ![34]

Il n'y a pas longtemps que M. Paul Bourget était un mondain déclaré et en quelque sorte, profès. Le vers d'*Edel*[35], qui est fameux,

*Le ciel d'automne était couleur d'un gant gris perle,*

ce vers ne donnait pas une idée exacte de la moitié de la vie de M. Bourget. Paris, et le Paris le plus frivole, était son centre. Fort ami des voyages et des villégiatures à l'étranger, c'était dans la vie parisienne (fleur assez naturelle et assez directe, après tout, du sol et de l'air de Paris) qu'il aimait à goûter ce qui est le meilleur de la vie humaine, après les ivresses du travail de l'esprit : les plaisirs, les détentes et les dernières extrémités de la vie nerveuse.

---

[33] Adolphe Brisson (1860–1925) avait repris les *Annales politiques et littéraires* fondées par son père Jules Brisson en 1883. Son épouse Yvonne Sarcey était la fille d'un autre critique redouté, Francisque Sarcey. Nullement opposé au nationalisme dans sa jeunesse, il allait devenir en 1903 le critique dramatique du *Temps*, journal officieux de la Troisième République.
*Les notes sont imputables aux éditeurs.*
[34] Ce texte été publié dans la *Gazette de France* (20 mai) et dans *La Chronique des livres* en 1900, dans le *Dictionnaire politique et critique* (fascicule 3) en 1932, dans le recueil *Triptyque de Paul Bourget* en 1931 et enfin dans *L'Action française* du 4 février 1943. Notre texte est celui de *La Chronique des livres*, nous donnons les variations significatives par rapport au texte du *Triptyque*, dont tout ce premier paragraphe et absent.
[35] *Edel* est un ouvrage en vers de Paul Bourget, en 1878.

Paris a des sages et Paris a des femmes. Près de ses bibliothèques, il a des salons. Ces deux ordres de liens tenaient M. Bourget et je crois que, par-là, quelque chose d'artificiel pesait sur la force naturelle de son talent.[36] Il fallait l'admirer, sans doute ; mais dans nos clans de petits rêveurs inflexibles, l'admiration s'était accommodée d'un peu d'ironie. On disait : — Paul Bourget se livrera-t-il ?... On insistait : — Découvrira-t-il un jour la simple nature ?[37]

Un très beau jour, il l'a découverte. Et ce jour-là il nous a laissés. Il est parti. Sans abandonner Paris tout à fait, il s'est composé une solitude paisible où il se réfugie pour cinq mois de l'année. C'est une solitude à deux : celle qui ne fatigue point l'homme des malheurs de sa propre image. Solitude lointaine et profonde, qui associe aux méditations et aux rêves, sous le plus beau ciel qu'il y ait, le frais encens de fleurs et les sels violents de la mer.

Hyères est moins gâtée que Saint-Raphaël et que Nice par les architectes et les agents-voyers. Encore n'est-ce pas Hyères que Bourget a choisie : c'est Costebelle. Costebelle est un admirable pli[38] d'une montagne couverte de pins, qui interdit aux hôtels et aux casinos la vue des îles et de la mer. On a laissé à Costebelle presque toute la sauvagerie primitive. Son enceinte de vieux bois résineux n'a souffert d'aucune impiété. Quelques jardins y sont enclavés avec discrétion et prudence. Un rude, un salubre parfum circule ainsi sur le coteau. Droits, et minces, gris et rugueux, les antiques fils de la terre gardent au sol sa physionomie.[39]

La maison de M. Bourget s'appuie à cette molle pente que la nature a chargée de bois. Elle est entourée de parterres faits de main d'homme. Là, vingt essences, étrangères ou indigènes, fraternisent. J'ai remarqué qu'elles se mélangent sans se heurter et cependant sans se confondre. Quelqu'un a senti qu'il ne fallait rien outrer, et ménager les transitions. Aloès[40] et palmiers accueillent les yuccas et raccordent l'étrangeté de ces Africains avec les arbustes naturels au pays. Ceux-ci atteignent, par la force de leur végétation, à l'arborescence parfaite. Nos sombres kermès provençaux[41] prennent ici une teinte claire, légère, et leurs branchages tortueux, étalés au soleil, y forment

---

[36] En 1931 : « de son talent ».
[37] En 1931 : « la nature ».
[38] En 1931 : « repli ».
[39] En 1931 : « conservent au sol sa beauté ».
[40] En 1931 : « Agaves ».
[41] En 1931 : « chênes nains ».

des haies[42] profondes et magnifiques. De grand cèdres tournoient paresseusement vers le ciel. Enfin, au milieu des aubépines presque géantes, de vastes Champs de roses font une nappe de parfum.[43]

Parmi ces roses de toutes sortes et de toutes nuances, le soufre et le feu jusqu'au blanc pur et au rouge vif, M. Bourget me montre, dans un calice qui s'effeuille, de grandes cétoisnes[44] bronzées, mortes de plaisir dans la nuit : « Voilà, dis-je, des roses, prises du jardin d'Épicure. » Au nom du fils de Néoclès[45], une sorte de contrariété se marque sur le visage de M. Paul Bourget. Visiblement, Épicure ne lui plaît guère. J'avance le nom d'Épictète, pauvre esclave qui ne dut jamais posséder ni jardin, ni rosier. « Eh ! quoi, me réplique mon hôte, vous allez voir que j'ai beaucoup mieux qu'Épictète », et le voilà qui me conduit au détour d'une allée devant un petit monument novo-gothique[46] en pierre du pays : c'est la chapelle du jardin. La messe y est dite chaque dimanche et, tous les jours de la semaine, l'auteur du *Disciple* mesure le degré de ses analyses à l'ombre austère de cette croix.

Il est devenu un fervent chrétien. Ceci doit s'entendre au sens strict.[47] À d'autres, encore plus libertins, la simple profession d'amis du catholicisme. M. Paul Bourget croit. Il voit. Il sent, dit-il, la vérité pratique du dogme chrétien. Et c'est peut-être pour mieux songer à ce dogme qu'il s'est réfugié ici, entre la petite chapelle et les œuvres complètes de M. de Bonald, toujours entr'ouvertes dans son cabinet de travail.

Si je savais résumer les conversations que j'ai eues avec lui, on verrait, quelle place tient le christianisme dans la conception politique de M. Paul Bourget. M. Bourget observe que dans l'économie profonde de la nature, l'individu humain tient un rôle de paria. « L'individu n'est pas une unité sociale », enseigne le Play. « La société se compose de familles et non d'individus », enseigne Auguste Comte. Et l'on n'a jamais rien établi de sérieux contre ce double fondement de la philosophie des sociétés. Telle est la loi d'airain. Mais l'individu, c'est vous et c'est moi : comment nous

---

[42] En 1931 : « déterminent des haies ».
[43] En 1931 : « étendent leur parfum ».
[44] Nous écririons « cétoines » comme le porte l'édition de 1931. La cétoine est un gros scarabée à l'éclat métallique.
[45] Diogène Laërce : « Épicure, fils de Néoclès et de Chérestrate, Athénien du dème de Gargettios, de la race des Philaïdes. » *Le Jardin* est la désignation traditionnelle de l'école épicurienne.
[46] En 1931 : « néo-gothique ».
[47] L'édition de 1931 insère ici : « À d'autres, le catholicisme d'État ! »

consoler d'une destinée aussi dure ?[48] Il n'y en a aucun moyen terrestre. Le bonheur individuel est chimérique sur la terre. On ne voit même pas de développement assuré à l'individu. Il est toujours accidentel et hasardeux. L'univers ne se soucie point du salut individuel.

Ce développement, ce salut, le Christianisme apprend aux hommes à le concevoir et à l'espérer ailleurs : par la foi et par l'espérance, il détache les hommes des grossières compétitions naturelles ; par la charité et l'amour il les détermine à adoucir autour d'eux ces compétitions. L'individu, si négligé par la nature quand elle a organisé la cité des hommes, se résigne à sa condition par la vive pensée de la cité de Dieu. Il y ajourne[49], pour ainsi dire, la note de ses réclamations personnelles. La violence de ses vœux et de ses désirs rencontre au haut du ciel sa soupape de sûreté.

Je m'exprime physiquement. Les images de M. Paul Bourget sont moins voisines de la terre, ainsi que ses pensées. Ai-je besoin de dire qu'il n'a point limité au style sa réforme intellectuelle et morale ? Il a premièrement corrigé ses anciennes œuvres : la nouvelle édition qu'il en donne, chez Plon et Nourrit, témoigne que nulle phrase hétérodoxe n'a été tolérée ni parmi les *Essais de psychologie contemporaine*, où l'on notait, dans l'édition de 1883, des doutes sur la possibilité de l'essence divine, ni parmi les *Études et Portraits*. Secondement, les nouveaux romans de M. Paul Bourget, sans pouvoir jamais « être mis dans toutes les mains » (M. Gaston Deschamps est seul assez naïf pour supposer qu'il existe de pareils livres ![50]) ne sacrifieront en aucun cas la règle des mœurs à la fantaisie esthétique. Troisièmement, enfin, romans et études seront, je crois, des œuvres de sensibilité chrétienne, mues dans l'ordre chrétien et mises au service d'une pensée chrétienne. Songez aux *Drames de famille* parus le mois dernier.[51] Les lecteurs auront remarqué dans le drame de *Résurrection* que tout le récit se ramène à l'analyse d'un phénomène mystique : littéralement d'une sorte de transubstantiation. Un autre drame, *L'Échéance*, pose avec dureté la thèse de la réversibilité des

---

[48] En 1931 : « de cette destinée ».
[49] En 1931 : « Il y ajourne, il y reporte, pour ainsi dire... »
[50] On trouve ici dans *La Chronique des livres* une *note de la rédaction* : « On ne s'étonnera pas de trouver ici cette appréciation ; le propre de la critique étant d'être indépendante, la responsabilité des articles de *La Chronique des Livre* n'incombe qu'à leurs auteurs respectifs, sans engager en rien l'esprit intégral de la Revue. » La parenthèse sur Gaston Deschamps est supprimée dans l'édition de 1931. Gaston Deschamps (1861– 1931) était archéologue, écrivain et journaliste, il fut député du Bloc national dans la Chambre bleu horizon.
[51] L'édition de 1931 précise la date en note : « Avril 1900. »

mérites. Si le reste du livre est plutôt sociologique, ceci est nettement chrétien. Qu'est devenu l'adolescent qui, jadis, avec une nuance d'impertinence renaniste et de regret baudelairien balbutiait un « Notre Père qui étiez aux cieux » ?

En très peu d'années, ce jeune homme a décrit un circuit immense.

Mais, tout compte fait, son christianisme est moins surprenant encore que son évolution vers la Monarchie. Celle-ci n'était commandée que par la raison. Il y fallait donc le concours direct et constant des maîtres préférés de M. Paul Bourget, depuis Honoré de Balzac jusqu'à Hippolyte Taine. Il y fallait aussi la leçon des événements. Tout cela pouvait faire défaut ou revêtir d'autres figures : tenait donc à de légers fils. Mais le retour à la théologie chrétienne exprime, au contraire, l'être entier de M. Bourget, je veux dire les énergies mystérieuses de sa vie physique, les éléments fondamentaux de sa personne sensitive. N'oublions pas ce qu'il a écrit des besoins de l'âme mystique.[52]

Tel croyant qui cesse de croire, disait-il à peu près, peut retrouver, en bien des cas, l'équivalent de Dieu : l'amour de la Patrie, celui de la Liberté, vingt passions, cent enthousiasmes lui peuvent servir de guide et d'étoile. L'âme mystique ne s'en paye point. Il faut Dieu à cette âme. Si elle a cru, elle recroira, sans se l'avouer tout d'abord et, peu à peu, avec conscience… Je serais bien surpris, si, approfondissant de la sorte un état d'âme contemporain, M. Bourget n'avait montré, dans cette, page, un repli secret de son cœur : l'auteur des *Aveux* s'y confessait, quoique à demi-mot.[53]

Au reste, son rêve mystique ne cessa jamais d'être assez apparent. Il y a du mysticisme latent, du christianisme diffus, bien qu'on l'ait contesté, dans les thèses de Dumas fils. Mais les sources du mysticisme sont plus vives encore dans les thèses de Paul Bourget, M. Gaston Deschamps[54] lui-même pourrait observer à l'œil nu, sans autre instrument que sa perspicacité naturelle, quel souci de la vie morale accompagne l'auteur de *Mensonges*, de *Cruelle Énigme* et de *Crime d'Amour* dans les plus scabreuses enquêtes ! « Qu'est-ce qui est bien ? Et qu'est-ce qui est mal ? » Il en a décidé fort tard. Mais il ne s'arrêta jamais d'y porter sa curiosité. Or, ce sont bien là des

---

[52] Précision ajoutée en 1931 : « Dans son portrait de Dumas fils, vers 1882. »

[53] L'édition de 1931 introduit ici une note : « Mon ancien maître, celui qui devait être Mgr Penon, ne s'y était pas trompé. Dès 1884, il m'annonçait l'évolution religieuse de Paul Bourget. »

[54] La mention de Gaston Deschamps disparaît en 1931 : « Le premier imbécile venu peut observer, sans autre instrument… ».

curiosités surnaturelles et mystiques.[55] La nature et l'expérience ne posent nulle part en termes absolus la question morale. Le premier maître de Bourget, Taine, n'y croyait guère. Mais Bourget en sentit l'aiguillon presque continu. Un stoïcisme tendre le gardait pur de paganisme. Il priait Zeus comme Cléanthe, quand il se croyait loin de Dieu. Aucun charme de nymphe, aucune bonté de déesse ne lui firent perdre de vue ce qu'il appellerait l'éternelle unité morale.

Et le voilà qui médite l'*Imitation* et l'Évangile dans le plus beau jardin, et le plus délicieux. Autre Moine des îles d'Or ! Cependant, toutes les voluptés peuplent le fond de ces retraites inviolables. On imagine, sous les pins, la Villa d'Horace, modeste, visitée des futiles amours. On devine, sous un cyprès mystérieux, quelque Folie, refuge de la cruauté de Valmont. Tant de roses élèvent çà et là leur sombre parfum que la Terre et la Mer, tout incorporées dans la nuit, ne forment plus qu'une vaste coupe fleurie où s'abreuvent les mânes de Ronsard et d'Anacréon.

> — Versons ces roses dans ce vin,
> En ce bon vin versons ces roses
> Et boivons l'un et l'autre, afin
> Qu'à nos jours les peines encloses
> Prennent en boivant quelque fin...[56]

Oui, une[57] belle, forte et voluptueuse nature, enivrant les hommes mortels, les encourage à multiplier leurs ivresses. Ce voisinage capiteux n'a point effrayé M. Paul Bourget. Il n'a point redouté d'être sollicité à vider la coupe de roses. Et la tentation de revivre les perversités de Paris ne l'a pas effrayé non plus. Bravant tant de mollesse et d'enchanteresses douceurs, il a élevé en ces lieux le Château de son Âme.[58] De la nature même, et de la plus païenne, il extrait, il sublime, il filtre de terribles breuvages métaphysiques. Dans ces électuaires, le fiel dégouttera du suave miel des plus fraîches fleurs.[59]

---

[55] « Et mystiques » disparaît dans l'édition de 1931.
[56] Ronsard, *Versons ces roses près ce vin*.
[57] En 1931 : « cette ».
[58] En 1931 : « il a élevé en ces lieux, devant les Stoechades antiques et pour ainsi dire, contre elles, le Château de son Âme et l'Échelle de sa Méditation. »
[59] En 1931 : « le fiel va dégoutter du miel des plus douces fleurs ».

*Medio de fonte leporum...*[60]

De la fontaine des délices, la petite bulle d'amertume file déjà ; il la recueille artistement et tous ceux qui reposent avec lui sur les fleurs en devront ressentir, avec lui, la pointe inquiète.

*... In ipsis floribus angat !*

Un moraliste nous est né, et s'arme, et se perfectionne pour nous, un mélancolique, moraliste chrétien. Du fond du « val d'amour » de « la cassolette d'encens » que notre Mistral a chantés, s'élève, droite, svelte, mais sans vain ornement, une sévère colonnette[61] qui indiquera la vertu. Beaucoup de païens de ma sorte ne se sentent point rassurés et, comme au temps où Bourdaloue montait en chaire, ils se disent tout bas, les paroles du grand Condé : « Attention, voilà l'Ennemi. »

---

[60] Lucrèce, *De rerum natura*, vers 1126.
 *Necquicquam, quoniam medio de fonte leporum*
 *surgit amari aliquid quod in ipsis floribus angat...*
Soit : « Mais en vain, car du sein même de la source des plaisirs sort je ne sais quelle amertume qui serre le cœur parmi les fleurs mêmes... »
[61] En 1931 : « la sainte columelle ».

# CRITIQUE ET ACTION

## 1924

# CRITIQUE ET ACTION[62]

À l'époque où parurent la plupart des études littéraires classiques de ce volume, on discutait beaucoup de deux ou trois idées directrices. Aujourd'hui, on les respire comme dans l'air du temps.

Nos débats acharnés, nos copieuses analyses, nos exécutions rigoureuses ont-elles eu quelque part au changement du goût public ? Pour le dire, il faudrait commencer par savoir si la critique peut aider aux apparitions de la vie.

De 1885 à 1900 les plus belles étoiles brillaient sur notre ciel, plusieurs levées depuis longtemps, d'autres montant sur l'horizon. Ce n'est certes pas le bien ou le mal dit d'Anatole France, de Maurice Barrès, de Moréas, de Paul Bourget, de Frédéric Mistral ou de Théodore Aubanel qui pouvait ajouter de la flamme à leur flamme vive. Seulement, tout le monde ne leur accordant pas l'attention, l'admiration ou la piété dues, il n'était peut-être pas inutile de conseiller au public de lever le nez dans leur direction.

Peut-être aussi que ces beaux chœurs supra-terrestres n'ont une conscience expresse ni de tous leurs accords (qui ne se voient bien que d'en bas) ni de tout leur pouvoir sur la végétation de nos humbles parterres ; les conseils ou les prières de la critique peuvent servir à éclairer et à débrouiller tout cela.

Enfin, bien des nuées et des fausses lumières voguaient de conserve avec ces beaux astres pour tenter d'en capter, d'en intercepter la splendeur : troisième utilité d'une critique militante et justicière. Elle chasse l'écornifleur et l'importun ; en servant les meilleurs, elle fait déguerpir les moins bons.

S'il est prématuré d'attribuer la qualité d'une renaissance classique à l'effort de ces dernières années, elles ont vu la fuite éperdue de bien des Barbares.

Cela aussi servait.

L'esprit et le visage humains n'ont probablement reparu et repris possession de leur règle que parce que

... le Centaure et sa race inutile

---

[62] Préface à *Barbarie et Poésie*, ce texte y porte le titre de *Réflexions préalables sur la critique et sur l'action*.
Les notes sont imputables aux éditeurs.

Dans l'âpre Scythie allaient fuir.[63]

Chaque moment de l'histoire littéraire a les Barbares qu'il mérite ; les nôtres se faisaient reconnaître à leur prétention d'apporter des modèles de classicisme et d'humanité.

Sans cette marotte fâcheuse on les eût volontiers acceptés à leur place, dans la modeste succession de leur père Hugo.

On n'eût certes boudé ni à *l'azur phosphorescent de la mer des tropiques*, enchantant les sommeils d'un *mirage doré*[64], ni à cette *brune Lagide*, ouvrant *dans l'air charmé* certains bras d'ambre qui n'avaient que le tort de se laisser *mettre* des *reflets* d'un rose un peu vif.[65]

Toutes ces bonnes mèches de romantisme pittoresque eussent été les bienvenues. Mais il était question de tout autre chose ! Ces couleurs vives étaient étiquetées beautés ; ces grosses symétries, harmonies achevées et pures. On criait à la cinquième essence de la perfection et de la concentration poétiques pour quelques douzaines de sonnets mécaniques ou des strophes sans cohérence. Plus cette apparence de tradition était favorisée par l'usage fréquent des thèmes antiques, plus il était indispensable de montrer qu'on n'y était pas pris.

— Mais alors !... Alors votre jeunesse a été insurgée ! Alors vous avez fait la révolution contre nos grands-pères !

Je n'ai pas l'intention de cacher que ces usurpateurs florissants n'ont pas été ménagés par notre jeunesse ; ce fut précisément par de telles révoltes que nous nous montrâmes fidèles à la tradition légitime.

Un vocabulaire captieux ne doit pas donner le change. Il y a sous les mots un sens bien convenu qu'il ne faudrait pas altérer. Le nom de Tradition ne

---

[63] De Raymond de la Tailhède, *Ode à Maurice du Plessys*, extrait de la septième strophe (sur neuf) :
    Car n'avons-nous pas vu le sépulcre s'ouvrir
    De Ronsard, du pieux Virgile,
    Tandis que le Centaure et sa race inutile
    Dans l'âpre Scythie allait fuir.
Dans le texte d'origine, le verbe « allait » est bien écrit au singulier. Le « mauvais poète » désigné sous le nom de Centaure est vraisemblablement Lecomte de Lisle. Ce poème date de 1892 ; il a paru en exergue du recueil de Maurice du Plessys *Le Premier Livre pastoral*, dans lequel on trouve de manière quasiment symétrique un poème de Maurice du Plessys, *Les Centaures*, précisément dédié à Raymond de la Tailhède.
[64] Extraits des *Conquérants*, de José-Maria de Heredia (*Les Trophées*).
[65] Extraits du *Cydnus*, de José-Maria de Heredia (*Les Trophées*).

veut pas dire la transmission de n'importe quoi. C'est la transmission du beau et du vrai. Le nom de Révolution ne veut pas dire brusque changement quel qu'il soit. Il signifie quelque chose comme cela, et, de plus, autre chose : l'abaissement du supérieur par l'inférieur.

C'est en négligeant ces compléments de signification que l'on travaille utilement à confondre tout. C'est moyennant ce procédé que la querelle de la Tradition et de la Révolution a été ramenée à une pauvre petite question de temps et d'âge :

— La jeunesse détruit, la vieillesse conserve. À l'une la nouveauté et l'impertinence ; à l'autre, le respect d'une antiquité immobile. Peu à peu, tout s'arrange : ce qui était d'abord trop vert mûrit et se dore, ce qui était trop mûr pourrit et s'oublie. Nos romantiques de talent seront promus, classés ; les classiques ne sont que romantiques arrivés à la position de non-activité ou de retraite. Ce qui vit, verdoie et guerroie, fait la Révolution par l'étonnement qu'il provoque, puis, séché, rangé dans la niche, forme la Tradition.

Reposant sur des jeux de mots qui ne sont pas des jeux d'esprit, ces doctrines relativistes ont été mises en avant par des esprits qui valaient beaucoup plus ou beaucoup moins qu'elles : un Stendhal, un Émile Deschanel.[66] Mais quelques jeunes écrivains ont voulu les repeindre à leurs propres couleurs.

On peut s'y divertir comme au paradoxe d'un soir. Mais, à multiplier les calembours de cette sorte, le français ne s'entendrait plus. Confiné dans ces pauvretés, l'art poétique se confondrait avec la chronologie. Il s'ensuivrait que le nouveau n'est pas seulement agréable, désirable, amusant ; cette épice deviendrait l'essentiel ou le principal. Pour faire du nouveau qui fût excellent, il suffirait de casser du vieux, le marteau se portant de préférence sur le buste en honneur. Le Hugo ayant été grand et beau pour avoir nié et cassé du Racine, il suffisait donc de nier, de casser du Hugo pour devenir grand et beau à son tour.

... *Faire le contraire ! Faire autre chose !...* Ce système du contrepied nous représente encore l'une des plus médiocres façons de suivre. D'autant plus qu'on se trompe sur les faits invoqués ; Hugo et les siens, s'ils ont nié et cassé quelque chose, n'ont pas nié, n'ont pas cassé le buste de leur prédécesseur immédiat, de celui qui était beaucoup plus voisin d'eux que Racine et

---

[66] Émile Deschanel (1819-1904), fut professeur au Collège de France et sénateur de la Gauche Républicaine.

Voltaire. Ils n'ont pas nié, ils n'ont pas cassé André Chénier, ils l'ont même, pour une part notable et souvent heureuse, imité et continué.

D'un côté, donc, le balancement des imitations ou des oppositions est plus complexe qu'on ne l'imagine. D'autre côté, les générations avides et curieuses qui naissent à la vie ne se contentent plus de ce jeu historique ; elles essayent de toucher et de définir quelque chose de durable et de consistant. Elles jugent bizarre que le nom de la tradition soit invoqué pour la cause de Hugo, de Robespierre ou de Calvin qui signifie essentiellement le contraire. Quelle tour de Babel ! disent ces jeunes gens. Ils n'ont pas tort.

Si Monsieur votre père vous a légué la tuberculose et si, vous refusant à exclure de la succession cette tare, vous vous abstenez de faite ce qui pourrait être appelé par dérision une révolution de santé, vous maintiendrez sans doute, en quelque façon, une tradition paternelle, mais vous la violerez sous un autre rapport, plus important. Il se trouve, en effet, que Monsieur votre père, avant la maladie, plus que la maladie, vous a aussi légué l'étincelle de l'existence. C'est au nom de la vie transmise qu'une médication, même radicale et chirurgicale, s'efforce de combattre le subtil petit atome morbide qui s'est transmis aussi, qui s'est multiplié, qui a pullulé aussi, mais qui, au lieu de vous faire vivre, veut vous faire mourir. De quelques quartiers de noblesse qu'il se décore, quelques nombreuses générations qu'il se prévale d'avoir empoisonnées, ni la dignité du passé, ni l'honneur de l'antiquité ne sauraient lui être accordés en partage.

Dès lors, si vigoureusement, même si violemment que l'on attaque le microbe du Romantisme et de la Révolution, on ne sort pas de la Tradition, on la sert, et le service se mesure à l'énergie de cet effort, fût-il qualifié d'agression par des insensés.

Que les microbes de la gangrène ainsi combattus réclament et protestent comme des diables, rien de plus naturel. Mais la Tradition s'en moque, pour se placer au point de vue de l'homme entier et de l'intérêt de sa vie.

Dans l'ordre animal, le travail de l'instinct fait spontanément le choix de l'aliment contre le poison, comme du vital contre le mortel. La part de l'animalité et de son infaillible instinct est heureusement si forte dans l'histoire du genre humain, et même de l'esprit humain, qu'il faut en concevoir un puissant préjugé en faveur de tout ce qui dure. Ce qui dure est ce qui a réussi à vaincre le temps. La durée est le fruit des épreuves de l'expérience ; grave indice du vrai et du bien. Mais il convient de vérifier les indices ; aucun n'est décisif, et, quand la tradition devient système ou méthode, elle réclame le concours de l'expérience et de la raison.

La critique est illuminée par les feux continus de la Tradition, mais nulle tradition n'est pure ni sûre sans critique préalable ; plus celle-ci, raisonnable, juste, énergique, fera place nette en s'appliquant à ne détruire qu'absurdités et injustices, mieux elle permettra mouvement, action et progrès.

Nulle digne critique n'applique des principes morts à des œuvres vivantes. Le public pourra s'en apercevoir du reste s'il feuillette ces vieilles pages dont aucune ne cesse de manifester la joie ou la peine, l'enthousiasme ou la fureur que donnaient à la jeunesse de l'auteur les livres qui plaisaient ou qui ne plaisaient pas. Mais, comme il n'avait pas la présomption de croire ses confrères justiciables d'une quinte de son humeur, il a dû s'occuper de faire voir que ses plaisirs étaient décidés par le beau, ou ses déplaisirs par le laid, et c'est à quoi servaient les raisons déployées en arrière de ses passions. Je ne vois pas d'autre façon de s'excuser, pour qui exerce ce plaisant métier de juge-bourreau. Si spontané que soit le goût, il doit éclairer et justifier ce qu'il sent. C'est la charge du bon critique, ou si l'on veut sa Charte. Mais, qu'il y satisfasse, il a tous les droits.

J'ai lu quelque part qu'il faut lui imposer un surcroît d'obligations qui s'appellerait courtoisie, ou peut-être modération, ou même frigidité. C'est un moyen d'obtenir la stérilité. Il n'est pas de critique utile, de pensée opérante et tendue à l'action qui se soit laissée soumettre à cette servitude nouvelle. Les professeurs mondains qui l'ont proposée ou admise osent bien soutenir qu'ainsi l'ont entendu les grands hommes qui sont reçus pour nos modèles universels. Il suffit de rouvrir nos livres de classe pour nous rendre compte de l'erreur grossière ou du mensonge naïf. Les inventeurs de cette fable en sont parfois si gênés eux-mêmes qu'il leur faut changer le vocabulaire ; par exemple, le mot de *véhémence* leur sert à qualifier chez le rude Démosthène, chez le lumineux et ardent Bossuet, une vertu que ces messieurs appelleraient *violence* si le bon français ne leur faisait peur.

La violence de tous ces grands hommes reste patente. C'étaient d'honnêtes gens, incapables de fadeur et qui ne mâchaient pas les termes. Ils auraient bien ri, et Racine avec eux, si on leur eût chanté que la raison, la mesure et l'humanité consistaient à parler de toute chose à demi-mot, comme une confidente de Bérénice.

En critique littéraire proprement dite, il suffit de voir de quel ton le bon Horace recevait les méchants poèmes :

*Non homines, non Di, non concessere columnae !*[67]

Et Ronsard ! Et Malherbe ! Et Despréaux, qui, rencontrant M. de Lignières, saluait *de Senlis le poète idiot*.[68] Et Molière ! Et Racine, auteur des plus effroyables épigrammes de toute la langue ! Et le nonchalant, l'enveloppant La Fontaine, si sévère quand il s'y met : *ceci s'adresse à vous, esprits du dernier ordre !*[69] Sans parler de Voltaire et de la bonne moitié de son œuvre ! La discourtoisie généreuse, l'oubli loyal de toute miséricorde, non pas envers les gens que l'on doit respecter (pas tous) mais bien envers leurs œuvres, cette rondeur, cette dureté véridique, ce trait qui veut et doit blesser correspondent à un office privé et public. La violence pour la violence est puérile ; il est une violence due à de justes objets. On aurait tort de recevoir comme un signe de vertu morale ou de raffinement intellectuel ce qui n'est que la marque d'une circonspection proche voisine de la peur. Le vrai crime d'excès n'est pas où l'imaginent de faux prudents. Il existe une médiocrité si insolente et effrénée qu'elle équivaut souvent à la folie furieuse.

Quelques-uns sont de braves gens qui voudraient ne se faire d'affaire avec personne. Alors, qu'ils ne se mêlent de rien ! Comment se sont-ils fourvoyés dans la critique ? Sur un terrain où le jugement, l'action, la discussion sont indispensables, leur présence est un embarras.

C'est parfois un scandale. Si, disposant des hautes chaires, des grands journaux, des revues inter-océaniques[70], une critique se contente d'assister

---

[67] Horace, *Art poétique*, vers 373. Montaigne (*Essais*, livre II, chapitre 17) a rendu cette citation célèbre. Le sens de la phrase entière (ces mots précédés de « *Mediocribus esse poetis* ») peut se résumer ainsi : « Contrairement à d'autres domaines, la poésie ne tolère pas la médiocrité. Ni les hommes, ni les Dieux, ni les colonnes ne l'admettent ». Le mot *colonne* est souvent traduit par *libraire*. Certains auteurs évoquent même des panneaux d'affichage, comme si la Rome antique connaissait les colonnes Morris. On peut plutôt penser (cf. la légende de saint Siméon Stylite) aux terrasses qui surplombaient la majorité des constructions, à hauteur du premier étage, sur lesquelles se juchaient les orateurs pour haranguer le public. La bonne traduction serait alors « tribune de place publique ».
[68] Despréaux, *Épître* VII, vers 89. François Pajot de Lignières (1628–1704), auteur de libertinades diverses, fut souvent attaqué par Boileau, notamment dans l'*Art poétique* (livre deuxième, vers 191–194) :
   Il faut, même en chansons, du bon sens et de l'art
   Mais pourtant on a vu le vin et le hasard
   Inspirer quelquefois une Muse grossière
   Et fournir, sans génie, un couplet à Linière.
[69] *Le Serpent et la Lime* (fable 16 du livre V).
[70] Allusion transparente à la *Revue des deux mondes*.

en paix à la forte houle du faux et du laid en élevant quelque faible protestation au passage de ce qui est trop sale ou trop vil, elle peut bien pousser, chamarrer son auteur. En manque-t-elle moins à ce qui est son objet et sa raison d'être ? Tout s'est passé comme si elle n'eût pas existé.

Des transformations utiles se sont produites, elle y a été complètement étrangère ; d'autres se sont donné la peine d'avoir une pensée, de l'expliquer, de la prouver, de la soutenir et de recruter à cette Vérité, sous Zeus pluvieux ou serein, des générations d'adhérents et de militants. Un soldat des deux guerres, le colonel du Paty de Clam, chantait gaiement après qu'il eut remporté le Quesnoy à la tête de son régiment :

> Quand on partagea le butin
> On n'peut dire que j'n'eus rien...

Il avait le Quesnoy. C'était le vrai butin. Il n'y en a point d'autre. Avons-nous pris notre Quesnoy, mourons gais et contents ; sinon, hâtons-nous de le prendre. L'acte nécessaire accompli est le seul bien qui ne trompe pas.

Il est permis à tout le monde d'éprouver faiblement le goût d'écrire pour agir. On peut écrire pour écrire et parler pour dire des riens. Cependant, il est vrai que les mêmes esprits indifférents aux Lettres ont, de tout temps, manifesté leur bonne volonté, leur désir d'action efficace sur un objet particulier : la critique morale.

Sincèrement, beaucoup d'entre eux auraient aimé à réagir contre les licences du théâtre et du roman. Les pages qu'ils ont écrites depuis cinquante ans sur ce sujet se compteraient par centaines de mille et par millions. Qu'ont-elles obtenu ? Qu'ont-elles déterminé ? Rien ou peu de chose. C'est un fait. Mais que disaient-elles ? Hélas ! Sur ce chapitre, on résumerait le demi-siècle de deux ou trois grandes publications par une ligne d'interjections monotones :

> *— Ah ! C'est fort ! Ho ! C'est trop fort ! Hi ! C'est de plus en plus fort !*
> *Où va-t-on ?*
> *Où nous mène-t-on ?*

De si ridicules défenses ont aggravé le mal au lieu d'y mettre fin.

Là comme ailleurs, on ne détruit que ce qu'on remplace. Pour obtenir la réaction désirée, il eût fallu produire, introduire, faire accepter des types de force et de vertu idéale qui fussent capables de féconder les cœurs. À défaut d'un Corneille, un esprit cornélien. Par son idée de la patrie, l'Action française a plus fait pour la santé morale de notre jeunesse que toute la séquelle de prêcheurs de vertu qui s'étaient déguisés en moralistes littéraires. Quelques-uns s'arrêtèrent au génie et au goût de M. Edmond Rostand. Le choix du héros soulignait la misère des intentions, la pénurie et la timidité des idées, le goût secret, invétéré et passionné du médiocre en toute chose.

Pendant ce temps, la Barbarie littéraire déclinait sans cesse. Ceux qui l'avaient personnifiée la défendirent peu. Comme ils avaient souci d'eux-mêmes, leurs mesures furent prises pour garder le haut du pavé dans les nombreuses entreprises de l'Édition, du Journalisme, de l'Université, de la Politique ou même du Monde, de façon que le gendre ou le cousin, le beau-père ou le petit-neveu fussent partout présents sur quelqu'un des points stratégiques d'où l'opinion publique peut être dominée par la complaisance et les intérêts. Cette méthode industrielle réussit à maintenir dans une fraîcheur relative un certain nombre de réputations et d'influences que le libre jeu de la vie aurait défaites rapidement. Après qu'on a chassé l'hérédité de la vie politique où elle est bienfaisante, il est piquant de voir sa contrefaçon, le népotisme, s'introduire et s'étendre dans le domaine de l'esprit où il n'a rien à voir.

C'est pourquoi ces gens installés, pour imposer, selon l'expression comtiste, un certain respect matériel de ce qui ne mérite que la risée, ont gardé toute leur rancune à notre critique affranchie de vénérations sans motif. La pointe en était bien entrée. Elle n'est pas sortie. La cuisson a duré plus de vingt ans. Quelle passion que celle du ressentiment littéraire ! N'est-ce pas Bourget qui l'a dit ? Ni la politique, ni même l'argent ne lui sont comparables ; cela tient à ce qu'elle intéresse au vif ce moi dont bien peu se libèrent, et ainsi cause-t-elle des réactions dont le ridicule est exquis.

Des esprits bienveillants ont souvent pris la peine de déplorer que nos positions à peine conquises eussent été abandonnées pour la vie politique.

Ils se trompent, elles n'ont pas été abandonnées. L'effort a été divisé. On a dû ajouter à la critique littéraire l'action sur la place publique. À qui la faute ? Il ne dépendait de personne que le règne barbare eût ses assises extérieurement à l'Esprit, dans la structure même de la Cité. Le Barbare d'en bas, le Barbare de l'Est, notre Démos flanqué de ses deux amis l'Allemand et le Juif, firent peser un joug ignoble sur l'intelligence de la patrie. Il fallait ébranler ce joug ou en accepter les effets naturels. C'est l'alternative de tous les temps. Quand les meilleurs d'Athènes eurent perdu l'indépendance, le génie et le goût de la race n'y firent rien, l'esprit succomba après le rempart. Une polémique littéraire lucide conduisait à une polémique sociale et politique. Telle était la volonté des circonstances, on n'avait pas le choix. Déjà de fort loin, il est vrai, les règles de la vie collective et les lois du gouvernement m'avaient beaucoup intéressé. Ces règles et ces lois ne sont pas sans rapport avec les principes qui président à l'art du poète quand il met en ordre son peuple d'idées et de mots, de couleurs et de sons ; ainsi le veut l'unité de l'esprit humain. Cette analogie des deux plans m'a rendu des services continuels, et l'habitude d'évoquer tour à tour leurs images complémentaires m'aura aussi aidé à rendre moins indifférents à la chose publique les esprits passionnés pour l'ordre universel.

Aujourd'hui tous les intérêts politiques et mentaux coïncident si parfaitement qu'il peut être bon de montrer ce qui était dit de leur convergence dans une série de travaux vieux de vingt et trente ans.

Les éléments en ont dormi pendant ce quart de siècle dans la cave de mes amis les éditeurs Champion. Honoré Champion, le père, avait eu le premier l'idée de ce recueil. Son fils Édouard avait reçu ma décision ferme depuis de longues années. Georges Valois[71] a joint ses instances aux leurs. Après tout, pourquoi pas ! Exécutons-nous.

Histoire littéraire ? Non. Chronique ? À peine. On ne trouvera même pas ici l'exposé d'un corps de doctrine, mais, en des sujets très nombreux, il sera facile de prendre cette doctrine sur le fait.

Quelle doctrine ? Simplement, suivant l'observation de Charles Le Goffic, elle tendait à rappeler aux gens qu'ils avaient un cerveau.

Elle tendait *vers un art intellectuel*.[72]

Des quatre livres qui composent le volume, il n'y en a que deux, le premier et le troisième, qui concernent directement le type de poètes barbares auquel nous en avons. Mais il n'est pas question de matières très différentes dans l'autre moitié du recueil où j'ai tenu à prendre du large, en examinant à propos de critique ou même de roman, la méthode, les

---

[71] Georges Valois était directeur de la Nouvelle Librairie nationale. Un an après la parution de *Barbarie et Poésie*, il rompait violemment avec l'Action française ; coups bas et attaques venimeuses allaient se succéder plusieurs années durant. Il est très vraisemblable qu'au moment de la rédaction du présent texte, les relations entre Maurras et Valois étaient déjà tendues et conflictuelles ; mais Maurras joue le jeu et présente Valois en confident et ami.

[72] *Barbarie et Poésie* est paru avec ce surtitre « Vers un art intellectuel », premier élément d'une collection à venir qui n'eut pas de successeur.

procédés, parfois les matières de l'art en général. Cette matière n'est délimitée par rien. Il n'est point de sujet absolument rebelle au poète, qui les peut transfigurer tous. J'avoue néanmoins qu'il y a des idées et des sentiments qui sont particulièrement préparés pour la poésie, véritables produits demi-finis que le maître n'a plus qu'à polir et à lustrer en y mettant le sceau et la griffe. J'ai mêlé aux morceaux de critique, de clinique pure, des réflexions conduites sur ces thèmes divers ; elles sont propres à élucider l'esprit de ces vieilles campagnes dont les prétextes renaissent toujours. Quelques études, fantaisies, parfois simples exercices de logique élémentaire, aideront à ce résultat, je l'espère ; qu'ils traitent du plagiat en littérature, de la longévité des membres de l'Académie française ou de l'essai de cosmologie générale qui prit pour centre une héroïne de Gustave Flaubert, la variété des points de vue successifs permettra au regard de mieux fixer l'objet.

Exhumé par l'amitié de Jacques Bainville, tiré à part dans le *Pigeonnier*, le petit dialogue *Ironie et Poésie* trouve ici sa juste place. Le lecteur averti n'aura point de peine à déterminer le sens et la portée du débat engagé entre Pierre et Paul. La critique de Pierre ne vise nullement toute ironie versifiée, mais bien celle de Henri Heine. Elle ne vise pas non plus toute la poésie de Heine, mais seulement son ironie.

Il est inévitable que l'on discute longtemps de Henri Heine. Ce qu'il a de clair, de vif, de rapide semble l'affranchir de la Germanie. Mais il était absurde de le prendre pour quelqu'un de chez nous. Le mot juste paraît avoir été dit dans une rencontre fameuse de Catulle Mendès et de Jean Moréas :

— Prendre Heine pour un Français ! disait le Juif avec scandale.

— Il n'a rien de Français, disait l'Hellène ravi.

— Mais, observait Mendès, il n'est pas non plus Allemand !

— La vérité... commença, en hésitant un peu, Moréas.

— C'est qu'il est Juif, lança Mendès.

— Je n'osais le dire, répondit Moréas.

*Chemin de Paradis, août et novembre 1924.*

# Le Tombeau du Prince

1927

# I. Le 28 mars 1926

Quelle douleur ! Une douleur où la déception ressentie doit se teinter de quelque honte, le bon Français, serré au cœur, étant près de se demander s'il n'y a pas lieu de rougir un peu de la France ! Mais la France n'y pouvait rien. Ce sont, abusés, joués et bernés, les Français de 1894–1926, qui n'ont pas su, qui n'ont pas pu, qui n'ont pas osé vouloir prendre aux cheveux l'occasion magnifique, une possibilité de grandeur et de force que ce temps leur offrait et dont les âges à venir leur marchanderont les pareilles !

Quelle douleur ! Le Prince[73] était notre Roi, notre roi légitime sans doute. Mais il était bien autre chose pour nous. Il était notre recruteur et notre animateur. Il était celui dont la voix avivait, réveillait, il y a trente ans, dans les profondeurs des âmes vivantes, tout ce que le souvenir d'une grande nation contient d'immortel.

Ne nous lassons pas de le répéter, Henri V, comte de Chambord, avait restitué les principes sans lesquels rien n'eût pu renaître. Philippe VII, comte de Paris, adaptant ces principes aux nécessités administratives et sociales du jour, les avait ainsi dégagés de tout archaïsme. Mais le duc d'Orléans, mais Philippe VIII, mais « Philippe », comme nous disions, fort des idées, fort des doctrines de ses prédécesseurs, s'était engagé, pour sa part, bien au-delà : il était entré dans le vif des actions et des réactions nationales les plus confuses. Il avait discerné, dès l'avènement en exil, quelles luttes s'engageaient entre les forces de la vie française et les puissances de décomposition. Il avait pris parti pour l'armée, pour la patrie, pour le drapeau traîné dans la boue, contre la coalition des métèques et des juifs. Il avait annoncé sa volonté de séparer la maçonnerie de l'État, de dégager l'autorité et le commandement de l'infini bavardage des assemblées, enfin de s'appuyer, contre la fortune anonyme et vagabonde, sur l'armée et sur le peuple. Ces manifestations vieilles d'un quart de siècle, sont d'une époque où le mal, moins sensible qu'aujourd'hui, n'avait pas encore été vérifié par les terribles expériences d'une guerre de quatre années, d'une paix médiocre et menteuse ; idées bien en avance sur leur temps, quelle fortune elles ont faite ! Quelle pénétration profonde dans toutes les couches de la population !

---

[73] Louis Philippe Robert d'Orléans, duc d'Orléans, prétendant au trône de France de 1894 à 1926 comme Philippe VIII, né le 6 février 1869 à Twickenham, au Royaume-Uni, décédé le 28 mars 1926 à Palerme, en Sicile.

Les royalistes socialement haut placés ignorent trop ces magnifiques répercussions de la plus royale des paroles. Elle est allée au cœur d'un grand nombre de ces bons Français que l'on appelle de petites gens, sans doute parce qu'ils ont l'esprit fier et le cœur généreux. Le nationalisme ardemment populaire et, si j'ose ainsi dire, démophile, du prince eut pour effet direct, graduel et profond d'affranchir la notion de la royauté. À dater du duc d'Orléans, on n'était plus royaliste parce que l'on était né tel : on se disait tel du seul fait qu'on était né Français et, véritablement, à proportion qu'on se sentait meilleur Français. Qu'importait la condition, la fortune, le rang ! On allait au jeune roi parce qu'il personnifiait les facteurs de durée et de solidité de la patrie, facteurs plus précieux aux petits qu'aux grands et aux pauvres qu'aux riches. De 1894 à 1926 on peut dire qu'une partie de la haute société parisienne s'est ralliée à la République, mais on peut dire aussi que, dans le même laps, une partie considérable du gros peuple et de la petite bourgeoisie, autrefois républicaine, a viré de bord et mis le cap sur la monarchie. Nos réunions de Luna-Park le démontrent assez ! En avril 1924, visitant au 2e secteur les électeurs dévoués que nous y comptions, nos candidats étaient souvent conduits à traverser d'inimaginables taudis. Un jour, notre cher ami regretté Marcel Azaïs serra le bras de Marie de Roux[74] :
— *Et voilà, dit-il, nos douairières !* Ces bons et pauvres vrais Français, qui n'avaient pour tout bien que leur intelligence politique et leur foi nationale, c'est la voix du duc d'Orléans qui les avait rejoints, appelés, mis en marche vers son étoile.

Qu'on ne renverse pas l'ordre des faits ! Les dates sont là. Les dates prouvent que cette politique nationale et populaire fut l'œuvre personnelle du duc d'Orléans, puisque c'est elle qui persista dans la succession de ses conseillers ou ministres *in partibus*. Les tempéraments des hommes, même leurs idées, ont pu différer. Fidèle à sa pensée et à sa volonté, sa politique n'a pas dévié, ni varié d'un iota ; autoritaire et anti-parlementaire, décentralisatrice et nationale, mais, avant tout, il faut oser le dire, profondément traditionniste et légitimiste. Le prince était fier de toute sa race, spécialement de sa branche et de sa Maison, dont il n'oubliait ni ne désavouait rien. Cependant, il y avait des scissions historiques dont il

---

[74] Marie de Roux, marquis de Roux, 1878–1943, avocat, historien et journaliste, il fut l'un des principaux activistes du mouvement monarchiste français d'entre deux guerres. Il a consacré sa vie à l'*Action française* dont il était l'avocat et l'un des collaborateurs réguliers. (n.d.é.)

souffrait en tant que Français, et ce retour philosophique se traduisait en quelques maximes profondes, qui, tombées de sa bouche, ont puissamment remué quiconque les entendit. Cet homme d'action et tourné de tout son cœur vers les réalités prochaines, dévoilait en de tels moments, d'étranges trésors de réflexion et de mélancolie. Peu d'esprits auront aussi pleinement aspiré à la réconciliation nationale ! Bien peu auront souffert au même degré de nos divisions !

Était-ce de ce mélange complexe, singulier, unique, que naissait la grâce brillante de sa personne ? Les dons physiques le comblaient. Ni la majesté de la taille, ni la beauté du visage, ni l'air de force et de santé qui émanait de lui ne suffisent pour expliquer la puissance incomparable de son attrait. Ses familiers disaient : *Je l aime*. Les passants, les visiteurs d'un jour étaient empaumés. Il lui suffisait d'être Lui. Que de Français le rencontrant à l'étranger, celui-ci dans les rues de Bruxelles, celui-là dans le canal de Suez, ou en chemin de fer le long du Nil, le quittaient émus, éblouis ou bouleversés d'un contact de quelques minutes !

Quelques paroles fugitives, jetées sans y penser, avaient fixé les cœurs. Simples conquêtes de hasard ! Qu'il y joignît un peu d'attention, qu'il reçût dans son cabinet tel ancien ministre républicain, qu'il se prêtât aux questions d'un journaliste hostile ou perfide, qu'il donnât quelques heures à l'étude en commun de l'une ou de l'autre des difficultés du moment, l'impression était la même, la réception officielle valait la rencontre furtive, et l'on y goûtait par surcroît le sentiment des hautes facultés d'intelligence et de caractère, une mémoire d'ange, une rare puissance d'attention, un pareil esprit d'organisation et d'assimilation, et cette rapidité du jugement motivé qui, jointe à la volonté hardie et à la prudence, forment le principal indice de chef.

Je n'écris pas d'oraison funèbre. Je voudrais seulement que le temps et l'espace me fussent accordés pour ébaucher de simples mémoires. Mais le moment n'est pas venu. Peut-être bientôt saura-t-on ce qui a été contesté, nié, offusqué, passionnément travesti par tout ce qui avait intérêt à maintenir le gaspillage et le verbiage républicain. Puissent ceux qui, sans le vouloir, y ont collaboré, avouer quelque jour, le jour où tout finira par apparaître, combien leur frivole et légère fable a contenu d'offense à une vérité qu'ils ignoraient peut-être, mais qu'il leur eût été facile de découvrir !

Il est mort ! Il est mort. Ce grand Prince, ce fils de nos Rois est de ceux que l'on pleure comme un autre homme, comme un simple compagnon en humanité. C'est qu'il avait plus que la familiarité : l'amitié, la bonté et aussi je ne sais quelle soudaine douceur de cœur éveillée aux alertes de la vie et qui savait donner des signes exquis de sa véracité et de sa beauté. Notre ami René Theetten, avec qui je fus à Londres en 1916, se souviendrait peut-être de l'extraordinaire vivacité de l'inquiétude éprouvée par le prince au sujet de l'un de ses serviteurs que, pendant quelques heures, on avait cru égaré dans cette ville de la Bible ! Il était impossible de ne pas ressentir jusqu'au fond de l'âme une telle synthèse d'esprit militaire, patriarcal et princier. D'autres hommes et d'autres princes ont pu réunir les mêmes qualités. L'admirable était ici qu'elles rayonnaient : tout les publiait, le port, le pas, la voix, le regard, le sourire. Quelle révélation pour le pays, si le sort l'eût voulu ! Je ne donnais pas à la France quinze jours pour en délirer.

De ce délire nécessaire, de cette popularité légitime d'un principe sauveur, la France est frustrée durement. Pour nous qui conservons du moins le riche et puissant écrin de nos souvenirs, ce que nous perdons est encore peu de chose en comparaison de ce que la France perd : le chef-né, le chef de droit et de raison qui eût été le chef aimé ! Il y a peu d'exemples d'une méconnaissance plus complète et plus douloureuse, ni de plus lamentable dilapidation d'un plus beau trésor : ce silence de quarante ans en un sujet où l'acclamation s'imposait ! On ne s'en étonnera plus quand l'histoire secrète de notre temps commencera à filtrer. Le pays a été trahi de mille manières. La trahison s'est exercée envers lui, contre lui par la dissolution de son armée, la ruine de ses défenses matérielles, la protection des espions et des traîtres, l'abandon des bons serviteurs, la destruction des services de vigilance : on saura, on dira comment et pourquoi la même trahison s'est donné carrière dans la calomnie organisée et méthodiquement propagée par tous les moyens de la Finance internationale et de l'État antinational, contre un Fils de France exilé de son pays et de sa fonction.

Un quart de siècle de dur labeur aura permis au mouvement de l'Action française bien des triomphes. Pour triompher d'une diffamation impalpable et omniprésente il eût fallu pouvoir montrer, directement, personnellement, au Peuple intéressé le noble innocent diffamé, ce qui était bien impossible tant que la République restait debout ! L'iniquité non réparée sur la tombe qui nous déchire apporte un grief de plus contre le régime d'imposture et d'abaissement qui se meurt.

Car il importe de le dire, si grand que fût le mort, si puissante que soit la mort, nulle disparition, nulle catastrophe ne peut venir à bout, en France, de la Monarchie. Nos légistes surent l'écrire : *le roi de France ne meurt pas.* Ce n'est point par servilité, mais par patriotisme que, le dernier soupir du règne à peine exhalé, les portes de la chambre mortuaire s'ouvraient à deux battants, et le magistrat désigné criait à la Cour et au Peuple : *Le roi est mort, vive le roi !* Quand la nation n'arrête pas, pourquoi l'autorité mère de la nation souffrirait-elle une interruption parricide ? Les bons Français fidèles à leur tradition historique n'ont pas besoin d'aller se promener à Versailles pour voir des députés jeter dans une urne le nom des candidats de leurs factions et procéder ainsi à leur petite guerre légale. La doctrine monarchique n'organise pas la guerre mais la paix. Elle a disposé de tout à l'avance, dans un ordre que les siècles n'ont pas altéré. L'antique loi salique, l'arrêt nationaliste du XIVe siècle se retrouvent tels quels dans la Constitution de 1791, au fort de la Révolution, qui maintenait encore un principe de cohérence, de continuité et d'autorité : « La royauté, dit-elle, est indivisible et déléguée héréditairement à la race régnante, de mâle en mâle, par ordre de primogéniture, à l'exclusion perpétuelle des femmes et de leur descendance... »

Hier, deux heures après-midi, du souffle expiré de Monseigneur le duc d'Orléans, la délégation héréditaire a passé sans interruption en la personne de Monseigneur le duc de Guise, que le même droit investit de la même autorité à laquelle s'attachent les mêmes respects, les mêmes dévouements et les mêmes fidélités, riche d'efforts nouveaux qui se déploieront vers un avenir plus heureux.

Comme tous ses prédécesseurs, le prince si noble que nous pleurons, dut, à l'heure suprême, éprouver dans son patriotisme et dans son esprit politique, la seule consolation humaine et terrestre qui fût possible, car il s'est dit que ni son œuvre ni son espérance ne finissaient, mais que l'une et l'autre seraient très pieusement recueillies par des mains dignes d'elles : elles seraient conduites, elles seraient transmises, elles iraient naturellement et glorieusement à leur terme, jusqu'à ce qu'enfin la plus vaine, la plus faible, la plus onéreuse des Républiques cède la place qu'elle usurpe au plus beau Royaume qui soit sous le ciel.[75]

---

[75] Maurras reprendra cette expression presque mot pour mot, un quart de siècle plus tard, dans sa *Prière de la fin*, poème composé à Clairvaux en juin 1950 :
    Le combat qu'il soutint fut pour une Patrie,
    Pour un Roi, les plus beaux qu'on ait vus sous le ciel...

## II. Témoignage du Dr Récamier

3 avril 1926

Le docteur Récamier accompagnait le prince dans tous ses voyages du Pôle à l'Équateur. Il l'a accompagné pour sa dernière course, dans les montagnes de la mer Rouge et aux sources du Nil Bleu. Il ne l'a pas quitté à son lit de mort. Je ne crois pas qu'un témoignage soit plus précieux ni montre plus clairement de quel tour de vive et ronde amitié le petit-fils d'Henri IV usait à l'égard de ses serviteurs. Le docteur Récamier m'écrit :

> Vous l'aimiez et il vous le rendait bien… Vous aviez bien vu ce qui était vraiment royal dans cet exilé dont toute la vie n'a été qu'une souffrance de ne pouvoir rentrer dans son pays, dont tous les souvenirs heureux se rapportaient au temps de son enfance où il vivait en Normandie…
>
> Il me disait pendant ce dernier voyage : « Maurras me comprend à voir remuer mes lèvres ; je n'ai pas besoin de parler fort pour me faire entendre de lui. » Et avec sa gaieté habituelle, il mimait le geste ordinaire de votre main qui quitte votre oreille, et l'inclinaison de votre tête lorsque vous avez compris et approuvez.[76] Les lignes qu'on va lire devraient porter en épigraphe le grand mot de Bossuet sur « *le patriotisme inné dans le cœur des rois* » :
>
> Il y a peu de jours, voyant passer un navire japonais, nous parlions de la guerre russo-japonaise et je rappelais au prince combien alors, dès le début, il avait prévu avec justesse les résultats de ce conflit et il me répondit à peu près :
>
> *« Ce n'était pas difficile à prévoir ; les Japonais étaient animés du patriotisme le plus ardent depuis l'empereur jusqu'au dernier des portefaix, tandis que la haute société russe était sceptique et le peuple mécontent, sans idéal.*

---

(n.d.é.)

[76] D'une autre lettre du docteur Récamier, on me pardonnera d'oser extraire ces mots, publiés dans l'*Action française*, du 10 juin 1926 : « Moi qui n'appartiens à aucun groupement et qui ai vécu avec Monseigneur jusqu'à sa fin, je suis prêt à témoigner de son indéfectible confiance en vous, en vous Maurras, jusqu'à sa mort. »

> « *Le patriotisme est tout pour une nation. Voyez quel magnifique avenir s'ouvre devant l'Italie, du fait du patriotisme exalté qui l'entraîne. Ce qui se passe en France actuellement me semble grave non à cause de la plaie d'argent, qui n'est pas mortelle, mais par le fait que des Français, des membres du Parlement, puissent se dire antipatriotes sans soulever une réprobation unanime.* »
>
> Cette idée de la grandeur de la patrie française le dominait et avait pris cette forme, ne pouvant faire mieux, de travailler à réunir le magnifique musée d'histoire naturelle qu'il destinait au Muséum.
>
> Le pauvre prince rêvait parfois de mourir en mer, disant que ce serait le tombeau naturel d'un voyageur et d'un marin comme lui. Mais je crois qu'il désirait en réalité que son corps fût porté en terre française, à Dreux. Un peu de terre française était pour lui une relique.
>
> Il est mort dans son lit, en exil, tenant dans sa main cette petite boîte d'argent pleine de terre de France qui ne le quittait jamais.

Voici maintenant qui nous introduit au plus intime de l'homme :

> Monseigneur a demandé un prêtre en pleine connaissance, et, quand je l'ai conduit près de son lit, je l'ai entendu qui disait en souriant : « On vous dira que je suis un peu musulman, parce que j'aime l'Afrique, mais ne craignez rien ; le roi de France est très chrétien. J'ai toujours été croyant. » Ce sont, je crois, textuellement, ses paroles, presque les dernières.
>
> Mon cher ami : *le roi est mort, Vive le roi !* Mais un ami est mort que personne ne remplacera, ni pour vous ni pour moi.

Tel est ce mystère de la mort quand il se reflète dans un grand cœur. Et voici le rite funèbre :

> Sa Majesté la Reine de Portugal[77] est arrivée avant la mort de son frère, accourue au premier appel de Naples où elle se trouvait. S.A.R.

---

[77] La princesse Amélie, 1865–1951, l'aînée des huit enfants du comte de Paris, née à Twickenham, épouse le prince héritier du Portugal en 1886. C'est le faste de ce mariage qui provoquera en réaction le vote de la loi d'exil qui contraindra le comte de Paris et le duc d'Orléans à partir pour l'Angleterre quelques mois après. (n.d.é.)

Madame la duchesse d'Aoste[78], malheureusement à Milan pour une réunion de charité, je crois, a voyagé jour et nuit, mais n'est arrivée qu'après la mort, aujourd'hui.

La Reine a voulu, malgré mes objections, assister le prince dans son agonie avec tout le profond attachement qui les unissait l'un à l'autre depuis l'enfance, lisant elle-même les prières des agonisants avec son courage habituel, veillant à ce que l'on mît sur le corps le crucifix et le drapeau français. C'est une noble princesse ; que Dieu la préserve de toute contagion !...

Les lois sanitaires sont très strictes ici. Il ne nous a pas été possible d'accompagner le prince au cimetière où il reposera jusqu'au retour en France qui demande des délais. Nous sommes en quarantaine, mais, au moins, les deux princesses et Monsieur et Madame de Baritault et quelques serviteurs ont pu conduire le cercueil jusqu'à ce parc que le duc d'Orléans aimait tant, et ce petit cortège n'avait rien de la banalité des funérailles officielles...

Quelle douleur ! C'est le mot qui nous sort sans cesse du cœur. Et je lis et relis cette dépêche de Khartoum, le dernier signe que j'aie eu de Lui, simple accusé de réception d'une longue notice qui le poursuivait depuis Palerme : affectueux et vif comme un cri de confiance répondant à une parole de dévouement.

## III. La mort du prétendant

3 avril 1926

Le *Times*, comme toute la presse anglaise, n'a pu s'empêcher de consigner avec étonnement « les longs articles sympathiques » consacrés au duc d'Orléans par l'immense majorité des journaux français. L'organe de la Cité croit discerner là un signe de respect pour le représentant d'un régime « à l'égard duquel beaucoup de bons républicains éprouvent *encore* au fond du cœur une certaine chaleur de sentiment dans le trouble des temps présents... »

---

[78] Hélène, 1871-1951, la troisième de la même fratrie, cadette du duc d'Orléans, également née à Twickenham, devenue duchesse d'Aoste en 1895. (n.d.é.)

J'ai souligné l'encore. Il est de trop. Ce que le *Times* prend pour une survivance est au contraire une nouveauté. M. William Martin s'est exprimé là-dessus avec une rare clarté au *Journal de Genève*. Son article sur « La mort du Prétendant » est assez « objectif ».

M. William Martin commence par comparer à l'atroce description de la mort de Louis XIV dans Saint-Simon la mort « obscure » du chef de la Maison de France après un exil de quarante ans. Cette obscurité fait pourtant un rayon de sombre lumière qui remplit le monde et qui l'apitoie. Le rédacteur du *Journal de Genève* se défend contre la pitié, puisqu'il prend position contre la loi d'exil. Il la tient pour une loi de majesté, qui fait partie des accessoires de la royauté légitime. Mais il ajoute :

> On ne nous croirait pas si nous disions que le « règne » de Philippe VIII tiendra une grande place dans l'histoire du monde. Mais on aurait tort, inversement, d'en sous-estimer l'importance. Le duc d'Orléans laisse une œuvre — du moins une œuvre qui a été faite sous son nom. Et n'est-ce pas là la prérogative royale ?

Cette œuvre ne se fût jamais faite sans lui. J'ai exposé lundi, dans mon hommage funèbre, comment Monseigneur le duc d'Orléans avait rallié les premiers d'entre nous qui soient venus à la Monarchie. Sans son programme des années 1894, 1895, 1896, 1897, 1898 et 1899, je n'eusse jamais pu écrire en 1900 l'*Enquête sur la monarchie*. Notre fondateur Henri Vaugeois[79] ne vit le prince qu'en 1901. Je ne lui ai été présenté, pour ma part, qu'en 1902. Ces dates règlent tout. Il faut en prendre son parti : le règne en exil du duc d'Orléans a été un gouvernement personnel. M. William Martin continue :

> Lorsque, le 8 septembre 1894, Philippe d'Orléans succéda à son père, le comte de Paris, une certaine inquiétude se manifesta dans l'opinion. Qu'allait faire ce jeune homme impétueux ?
>
> Il ne fit rien, en apparence, ni coup de tête, ni extravagance. Mais, *il laisse le parti royaliste infiniment plus vivant qu'il ne l'a trouvé*. Au moment où il est monté sur ce trône putatif et itinérant, le royalisme, anémié par un mouvement continu de ralliement, allait se mourant.

---

[79] Henri Vaugeois, 1864–1916, cofondateur de la *Revue d'Action française* en 1899 avec Maurice Pujo. (n.d.é.)

Il n'était plus le fait que de quelques nobles vieillards, blasonnés et fatigués.

Aujourd'hui, l'Action française a rallié au roi des milliers de jeunes gens ardents et enthousiastes. Elle a suscité une mystique [*mais non, une logique ! mais une logique de feu*] et a revivifié le royalisme. *Il est certain que Philippe VIII meurt soutenu par les prières de plus de partisans que n'en avait son père.*

L'Action française a fait davantage. Elle a donné un programme au prétendant [*non, elle l'a reçu de lui*], elle a créé, de toutes pièces une doctrine royale. Cette doctrine, inspirée des formes du passé, est essentiellement moderne par son contenu. Les peuples ne se passionnent plus pour la politique. Ce qui intéresse, ce sont les problèmes sociaux. Le temps est passé où l'on se faisait tuer pour le suffrage universel. Tant d'héroïsme nous fait sourire. Aujourd'hui, le régime qui saura organiser la production, protéger l'ouvrier et accroître la prospérité commune recueillera une popularité facile.

Malheureusement pour lui, M. Charles Maurras se meut dans une contradiction. Si les peuples s'intéressent plus au contenu d'un régime qu'à sa forme, comment les enthousiasmer par l'institution royale ? Comment les persuader que, *seul*, le roi sera capable de ramener le bonheur sur cette terre ?

Diable ! La contradiction n'est pas de celles dont on ne puisse sortir ! Est-ce que l'épuisement des formes démocratiques ne plaide pas très instamment pour le roi ?

On ne peut pas nier que les excentricités du Parlement, au cours de ces derniers mois, et l'incapacité notoire des partis à placer l'intérêt national au-dessus de la politique, aient détaché de la démocratie de nombreuses sympathies. *La plupart des Français admettent aujourd'hui que les choses n'allaient pas plus mal sous les rois et la mystique révolutionnaire a perdu beaucoup de terrain.*

Cela dit, M. William Martin croit qu'il serait « d'un singulier aveuglement » d'espérer le triomphe de la Monarchie. Et pourquoi ?

Pour une raison de principe et pour une raison de fait. La raison de principe est que toute la doctrine de l'Action française repose sur un *a priori* erroné. Le roi seul, nous dit-on, a la stabilité et la durée nécessaires à la défense des intérêts nationaux. Le roi seul peut se placer au-dessus des partis. Seul le roi peut s'identifier à la Patrie.

Il y a du vrai dans cette théorie. Elle était vraie sous Louis XIV. Elle ne l'était déjà plus sous Charles X. Elle le serait bien moins encore demain. Un roi qui reprendrait son trône par un coup d'État serait un homme de parti, exposé à toutes les vicissitudes des révolutions, et uniquement préoccupé de maintenir son régime. Loin d'être stable, absolu et indépendant, il serait dans la main de ses partisans et à la merci d'un coup d'État de ses adversaires.

Admettons. Bien qu'il y ait 1° à dire ; 2° à taire… Car enfin le coup de main de l'adversaire, on y veillerait… Bah ! admettons. Ce roi si combattu en fait ne le serait pas en droit. Il n'aurait pas ce que la République a dans le dos : une Constitution, une Loi, un Ordre, une Doctrine, qui prêchent à ses partisans l'instabilité, la discontinuité, l'incohérence, le désordre, le droit divin de la lutte des partis, enfin tout ce qui est contenu de légalement et de légitimement anarchique dans l'esprit républicain. Si l'on croit que ça ne fait pas une différence !

M. William Martin poursuit :

> La continuité est, en politique, une admirable chose. Nous en convenons. La continuité de la monarchie, au cours de huit ou neuf siècles, a fait la France grande. Mais la continuité, troublée par sept révolutions, ne peut pas se rétablir aujourd'hui — comme si rien ne s'était passé.

M. William Martin oublie ce qu'il a dit qui *s'est passé* aussi : un dégoût de la mystique révolutionnaire, le regret des révolutions. Cela existe. La France voit ce qu'elle était avant ses huit révolutions. Elle voit ce qu'elle est depuis. La comparaison l'a instruite.

Quant à la grève générale, aux mouvements populaires (ou ouvriers) dont M. William Martin menace éventuellement la restauration royaliste, ces informations retardent. Nous n'avons pas l'innocence de ce pauvre Kapp.[80] Et nous ne sommes pas aussi éloignés du peuple, de ses intérêts, de ses besoins et de ses passions, que veulent bien l'imaginer M. William Martin au *Journal de Genève*, et M. Clément Vautel au *Journal* tout court. Avant de rallier « les masses », nous avons travaillé les élites, créé des cadres, organisé une pensée et un sentiment. Le reste viendra et vient.

Si le « royalisme » de 1926 est « plus fort qu'en 1894 », comme l'avoue M. Martin, l'efficacité de cette force se révélera ou peu à peu ou tout d'un coup. « Dangereuse », alors ? Non, libératrice !

## IV. Ceux qui ont vu Mgr le duc d'Orléans

4 avril 1926

Ceux qui se plaignent de la forme abstraite, générale et, pour tout dire, patriotique de notre campagne en faveur de la Monarchie et des Rois me font penser à un beau jugement de mon vieil ami regretté Frédéric Amouretti sur Fustel de Coulanges : — C'était un homme d'une profonde sensibilité, mais, comme il était clairvoyant et raisonnable, l'histoire des hommes de France qu'il a écrite s'est appelée *Histoire des institutions*.[81]

Ah ! oui, nous avons parlé des principes autant et plus peut-être que du Prince. Mais il n'en était que plus facile d'aimer le prince et c'était même justement et précisément pourquoi nous l'aimions. Nous nous disions sans cesse que la beauté majeure du régime royal tient à ce que, dans le cas de déchéance et d'infériorité personnelles, l'institution est plus forte que la

---

[80] Le 13 mars 1920, une brigade de 6 000 corps francs commandée par Wolfgang Kapp marche sur Berlin pour contraindre le gouvernement de la République de Weimar à revenir sur sa décision de dissoudre les Corps francs. L'armée refuse de tirer sur les insurgés et le gouvernement est contraint de s'enfuir à Stuttgart. Kapp forme alors un nouveau gouvernement provisoire. Mais il est alors confronté à une grève générale de quatre jours déclenchée par les partis de gauche, qui bloque toute l'économie, et à la résistance des fonctionnaires berlinois. De plus, la Reichsbank refuse de financer davantage ses troupes. Le 17 mars, Kapp est contraint de fuir vers la Suède. Il revient néanmoins en Allemagne ou il est arrêté. Il décède en 1922, avant son procès.

[81] Numa Denys Fustel de Coulanges, 1830–1889, a écrit une *Histoire des institutions de la France*, Paris, 1874, reprise en plusieurs volumes dans l'*Histoire des anciennes institutions françaises*, Paris, Hachette, 1901-1914.

personne, mais, dans le cas inverse, quand l'héritier était comme celui-ci un homme de premier plan, toute l'économie sociale et nationale devait ruisseler des bienfaits que lui prodiguerait, dès son aurore, sans effort, du simple fait qu'il succéderait à son père, un chef de pareille valeur.

Beaucoup d'amis nous écrivent pour exprimer le vif sentiment, l'empreinte profonde qu'ils ont reçus des audiences du duc d'Orléans. On m'approuvera de citer cette lettre d'un militant ancien, dévoué jusqu'à la passion :

> J'ai eu, en janvier 1914, le très grand honneur de voir Monseigneur le duc d'Orléans en audience particulière et d'être retenu par lui à déjeuner. Vous avez exprimé les sentiments qu'éprouvaient tous ceux qui s'approchaient de lui, Charme enveloppant, bonté affectueuse, simplicité exquise, intelligence lumineuse et éclairée, tout cela dominé par la majesté et la grandeur du souvenir de sa grande lignée.
>
> Je n'étais pas le seul à avoir subi ce charme. J'avais rencontré à ce déjeuner, notamment, le petit X..., qui venait prendre le vent — et qui a enseveli ce souvenir dans un de ses innombrables tiroirs à accessoires — le Z... et le sympathique N... Nous échangions le soir, dans le rapide qui nous emportait vers Paris, nos pensées, et j'entends encore le petit X... me dire dans le couloir d'où, à travers la glace, je regardais mélancoliquement s'enfuir le paysage belge, cette terre de Belgique et d'exil, j'entends encore X... me dire : « Oui, c'est un grand prince ! Quel dommage qu'on ne puisse pas l'utiliser ! » Ce sentiment, nous l'avions tous, Oui, quel dommage, mais comme il ne tenait qu'à lui, X..., et à quelques autres, d'aider à hâter l'heure où, roi de France, le pays aurait pu l'utiliser, au lieu de chloroformer cette opinion publique qui, elle, ne savait pas ! Ah ! les coupables que tous ces gens-là, qui ont sacrifié la France à la démocratie !

Oui... Les coupables. Mais oublions-les pour un jour. Pensons aux bienfaiteurs. Pensons à ceux qui ont bien servi. Quelques personnes m'écrivent pour exprimer leur étonnement. Comment ai-je pu, de 1897 et même 1896 jusqu'à 1902, militer pendant cinq et six ans entiers pour un prince que je n'avais jamais vu ? Je ne l'avais pas vu, mais je l'avais lu. J'avais suivi ses admirables, ses incomparables avertissements à la France de l'Affaire

Dreyfus, véritables et premières prophéties d'avant-guerre. D'abord rétif, puis intéressé, puis saisi aux entrailles, je n'avais pu me tenir de céder à l'appel, essentiellement national, du petit-fils des fondateurs et pères de notre nation. Sa voix portait sur tout ce qu'il y avait de français au fond de mes idées et de mes sentiments.

Nulle attraction, nulle tradition de famille ne me disposait particulièrement à cela. J'étais, comme la plupart des Français de la classe moyenne, partagé entre toutes les nuances symboliques de notre drapeau divisé. Il y avait du bonapartisme, du légitimisme irréductible, du libéralisme, du républicanisme et même du socialisme qui coulait au vif de mon sang. C'est l'esprit qui a départagé tout cela et m'a aiguillé, orienté ; d'abord l'esprit des maîtres du XIXe siècle, depuis Maistre, Comte et Le Play ; mais ensuite l'esprit des manifestes du duc d'Orléans, esprit social et national : capable de résoudre les tendances contradictoires, il les a unifiées pour toujours.

Mais le hasard s'en est mêlé, le beau hasard qui fait bien les choses. Pendant les années critiques de l'Affaire, j'ai assisté d'abord de loin, puis de plus près, aux conférences de quelques-uns des amis et des conseillers du Prince. Qui n'eût été sensible à l'admirable figure si loyale, si énergique, si ardente d'André Buffet ?[82] Ce Français de Lorraine, le loyalisme même et la vérité, était alors l'interprète et le lieutenant le plus direct de la pensée royale. Il parlait du prince avec une simplicité, une mesure, une clarté pleine de respect et d'amour. Le contraire d'un courtisan. Le contraire d'un partisan. Le type du Français, du Français de l'est, robuste et lucide, Français avant tout. Je ne l'ai jamais vu qu'occupé de rapprocher les Français de leur Prince, la Patrie de ses destinées. Avec un tel homme on pouvait avoir confiance.

Il y en avait un autre près de lui, très différent, mais tout semblable par le dévouement, par le cœur. Comme il n'habitait pas habituellement Paris, mais Bordeaux, je ne le connus qu'à la fin de 1898. Nos jeunes amis d'aujourd'hui ne peuvent pas savoir ce qu'il y avait d'électricité dans l'air en ce moment-là. La situation, tout compte fait, était moins grave

---

[82] André Buffet, 1857–1909, est un militant nationaliste et monarchiste français. Proche de Paul Déroulède, il fréquente les milieux royalistes et patriotiques, devient l'un des proches conseillers de Philippe d'Orléans. En 1900, il est condamné à dix ans de bannissement par la Haute Cour sous le chef de complot contre l'État suite à sa participation au coup d'État manqué organisé par Déroulède et plusieurs membres de la Ligue de la patrie française. Le comte Eugène de Lur-Saluces écopa de la même peine et tous les deux s'exilèrent à Bruxelles. Durant son exil, Buffet demande au duc d'Orléans que Paul Bézine lui succède. (n.d.é.)

qu'aujourd'hui. Mais elle était ressentie avec plus de force. C'était *l'armée ou les juifs ; la peau de l'état-major*, du Service des renseignements, de l'information, de l'organisation de l'armée française, ou *la peau du traître Dreyfus*. Je venais de prendre la défense du malheureux colonel Henry[83], j'avais avec moi toute la nation française, peuple et soldats, plèbe et patriciat, tout le monde. Seuls, çà et là, quelques robins infatués et autant de salonnards boudaient aux vivacités nécessaires qui avaient encouru les censures de M. Reinach. Donc, une belle après-midi, je vis arriver rue Baillif, à la *Gazette de France*, accompagnant notre directeur, M. Janicot, un homme en veston bleu, jeune encore, taillé en force, le teint vif, le visage calme, le geste rapide et, je dois le dire, très intelligemment rythmé. À peine M. Janicot nous eut-il présentés, le comte Eugène de Lur-Saluces, on le reconnaît, me pressait les mains en me disant combien il était avec moi dans la défense du malheureux officier supérieur cruellement tombé dans l'embuscade juive. Nous causâmes un instant du malheur des temps. La minute d'après, la conversation n'avait pas trop changé, mais elle avait bondi au plan supérieur : M. de Lur-Saluces parlait de son Prince, qui était déjà notre Prince. Avec quelle passion ! Avec quelle espérance !

J'avais déjà recueilli les souvenirs si émouvants du colonel de Parseval, ancien gouverneur militaire de Monseigneur le duc d'Orléans, mais Saluces ajoutait, d'une façon saisissante pour moi, à des souvenirs personnels, le commentaire d'une réflexion puissante et riche, les comparaisons d'une immense lecture, en un mot quelques-uns des éléments essentiels d'une philosophie de la monarchie. Ce gentilhomme si cultivé portait en lui tout ce que Bonald, Maistre, Blanc de Saint-Bonnet, Veuillot avaient élaboré pour nous depuis soixante-quinze ans. Il allait jusqu'à Taine et Bourget. Nous arrivions avec d'autres auteurs, classés plus à gauche, et tout aussi concluants en faveur de la réorganisation nationale et royale, de Renan à Barrès, de Fustel à Proudhon, à Guesde, à Lafargue. Les idées se croisaient moins pour se contredire que pour se composer et, toujours, au centre de

---

[83] Hubert-Joseph Henry, 1846–1898, officier français, l'un des protagonistes importants de l'affaire Dreyfus : ce lieutenant-colonel, convaincu d'avoir fabriqué un faux accusant Dreyfus, est arrêté le 30 août, et se suicide le 31. Pour le parti dreyfusard, c'est l'annonce d'une victoire totale, et pour le parti anti-dreyfusard, le découragement. Maurras rentre alors dans la bataille en publiant dans la *Gazette de France* son article « Le Premier Sang » qui renverse la situation. Il y déplace le débat, le portant prioritairement sur la défense de l'armée et de l'intérêt national. (n.d.é.)

ces préoccupations générales la figure splendide du prince apparaissait pour leur offrir un centre vivant de réalisations magnifiques.

Les lecteurs de l'*Enquête sur la monarchie* savent que je n'exagère rien. Ce que j'en dis n'est que pour éclairer les autres. Un roi peut régner de très loin. Ce mélange de présence politique et de pouvoir quasi spirituel est si certain que cette *Enquête* n'eut pas besoin d'être achevée et mise aux pieds du prince ; dès les premiers entretiens de Buffet et de Saluces, publiés en juillet et août 1900, le prince daignait m'adresser sous forme de lettre la confirmation, la ratification éclatante de l'essentiel des idées que ses deux amis, ses deux témoins, alors bannis par la Haute Cour, avaient émises sur la réforme des réformes : la réduction de l'étatisme et le principe décentralisateur. Je ne lui avais pas été amené. Il avait suffi qu'un modeste écrivain fournît une preuve d'activité et de bonne volonté pour sa cause, il y répondait sans retard, et de la façon la plus propre à toucher quiconque désirait voir reparaître au sommet des affaires françaises un peu de prévoyance patriotique, un peu de sagesse, de raison et d'intelligence !

Nous pouvons travailler, agir, progresser, gagner encore, vaincre enfin, nous n'oublierons jamais, nous ne nous consolerons pas.

## V. Princes français

4 avril 1926

Nos confrères du *Figaro* n'ont pas eu tort de saisir l'occasion du deuil qui nous frappa pour montrer à leur public ce qu'ont été, en avant de Monseigneur le duc d'Orléans, deux hommes très représentatifs de sa race. Son auguste père le comte de Paris[84], et le comte de Chambord.[85]

Le *Figaro* a publié le récit dressé pour le comte de Paris d'une visite faite en 1873 au comte de Chambord par un écrivain royaliste, Jules Poulailler (Paul Lloret), mort récemment doyen de la Société des gens de lettres. Je voudrais citer toute cette page historique. En voici du moins un passage essentiel, relatif à cette « réconciliation de la Maison de France » dont l'esprit de chimère et l'esprit de parti ont vainement tenté de diminuer la portée :

---

[84] Louis Philippe Albert d'Orléans, comte de Paris, 1838–1894, « Philippe VII ». (n.d.é.)
[85] Henri Charles Ferdinand Marie Dieudonné d'Artois, 1820–1883, duc de Bordeaux, puis comte de Chambord, « Henri V ». (n.d.é.)

— Vous savez, reprit aussitôt Monseigneur, que la réconciliation de la Maison de France est complète ?... Ah ! le comte de Paris est le plus honnête homme que je connaisse. Les journaux vous ont rapporté notre entrevue. Je vous la dirai à mon tour :

« Le cérémonial du 5 août avait été ordonné bien à l'avance ; la formule de l'acte de soumission que M. le comte de Paris devait me faire en m'abordant avait été rigoureusement arrêtée ; Paris se présente : immédiatement il commence à réciter les phrases strictement imposées par le protocole ; mais moi, l'émotion me saisit, les larmes me viennent aux yeux, je me précipite dans ses bras, je lui dis de ne pas poursuivre, je l'embrasse plusieurs fois avec effusion, en le pressant sur mon cœur, et de mes doigts je lui clos la bouche. Il résiste et persiste à continuer jusqu'au bout, quoi que je fasse... *Ah ! l'honnête et loyal caractère !* »

M. le comte de Chambord continue son récit. Il se livre au plus complet éloge de M. le comte de Paris ; il vante aussi les hautes qualités, l'admirable franchise, la belle gaieté du duc de Chartres[86], en ce moment auprès de lui, à Frohsdorf, et avec le caractère duquel il sympathise extrêmement. Il daigne m'entretenir du bonheur qui l'envahit, de cette réconciliation, qui lui est personnellement si précieuse et qui constitue pour la nation un gage important, car elle affermit le trône, les droits héréditaires du comte de Paris, en ne laissant plus subsister aucun doute sur les intentions du roi à l'égard de son auguste parent.

Je louais et remerciais tout à l'heure les bons et loyaux serviteurs de Monseigneur le duc d'Orléans. Qu'il me soit permis de donner un souvenir à ces fusionnistes ardents, dignes des « politiques » auxquels Henri IV a dû sa couronne, qui, pendant un quart de siècle, travaillèrent à réconcilier Bourbon et Orléans et qui virent enfin l'effort couronné. La question du drapeau soulevée plus tard reste un malentendu d'origine parlementaire. « Je n'ai pas été compris », disait le comte de Chambord au marquis de La Tour du Pin, qui l'a raconté.

Ces souvenirs ne seraient pas complets si l'on n'y ajoutait une évocation d'avenir. Nous la trouvons au *Gaulois* dans cet extrait du livre de

---

[86] Frère cadet, 1840–1910, du comte de Paris. (n.d.é.)

Monseigneur le duc de Guise[87], *Sous le Danebrog*, en mémoire de son séjour dans l'armée danoise.

> L'article 4 de la loi du 23 juin 1886 s'exprime ainsi : « Les membres des familles ayant régné en France ne pourront entrer dans les armées de terre et de mer, ni exercer aucune fonction publique ni aucun mandat électif. »
>
> J'étais fils d'un officier, qui fit campagne en Italie aux côtés de l'armée française, puis combattit aux États-Unis dans les rangs de cette république américaine qui dut sa naissance à l'aide décisive des vieilles troupes de France, d'un soldat qui se jeta dans la mêlée, durant la néfaste guerre de 1870, sous un nom d'emprunt que consacra la croix de la Légion d'honneur ; j'ambitionnais donc, comme tant d'autres fils de colonels, l'honneur de servir mon pays sous le pantalon rouge ; mais j'étais né prince, la loi m'atteignit ; j'étais Français, il ne me restait qu'à m'incliner et je dus aller à l'étranger pour y apprendre à servir ma patrie.
>
> En Danemark, ce petit pays si sympathique, ma sœur aînée[88] était mariée à un fils du roi. Mon départ pour Copenhague fut décidé. J'y arrivai au mois de décembre 1891, suivi de mon fidèle serviteur Arthur, ancien zouave, décoré de la médaille coloniale, et dont j'avais depuis de longues années apprécié le dévouement.

Les services rendus à la France par la princesse Marie Valdemar sont familiers à tous ceux qui ont suivi notre histoire diplomatique depuis 1890. Le vieux roi du Danemark d'alors était surnommé le grand-père de l'Europe. Toutes les cours se réunissaient dans la sienne. Tous les fils de la politique internationale s'y nouaient et s'y dénouaient. Quel séjour privilégié pour la

---

[87] Jean Pierre Clément Marie d'Orléans, 1874–1940. Le fils aîné de Louis Philippe, mort à Neuilly en 1842 d'un accident de cheval, avait deux fils, le comte de Paris et le duc de Chartres. Le comte de Paris eut, sur ses huit enfants, quatre fils, dont deux moururent en bas âge. Lorsque le duc d'Orléans devint Philippe VIII, son suivant dans l'ordre de succession était son frère Ferdinand, duc de Montpensier, alors âgé de dix ans ; puis suivait le duc de Chartres et ses deux fils survivants, Henri âgé de 17 ans et Jean de 12. Le duc d'Orléans n'eut pas de descendance, Henri mourut en 1901, son père le duc de Chartres en 1910, enfin le duc de Montpensier en 1924, ce qui faisait du duc de Guise l'héritier, futur Jean III. (n.d.é.)

[88] Marie, 1865–1909, première fille du duc de Chartres, épouse le prince Valdemar du Danemark en 1885. (n.d.é.)

France si, au lieu d'un gouvernement faible, divisé, discontinu et instable, elle avait possédé, elle aussi, une race régnante, un chef, une direction, une tradition !

# VI. À LA TOMBE DE MGR LE DUC D'ORLÉANS

## 17 avril 1926

Du triste voyage que nous avons fait, Pujo, Bainville et moi, je ne veux donner que deux mots d'impression rapide.

Devant la tombe de Palerme où s'arrête, où se brise, par une espèce de scandale, un des grands destins de l'Histoire, devant ce qui reste du prince exilé dont l'œuvre constante aura été de rapprocher la royauté de la France, j'ai mentalement récité au nom des Ligueurs innombrables que nous représentons, la formule rituelle que, depuis janvier 1905, ils ne cessent en nombre croissant de contresigner :

> Français de naissance et de cœur, de raison et de volonté, je remplirai tous les devoirs d'un patriote conscient.
>
> Je m'engage à combattre tout régime républicain. La République en France est le règne de l'étranger. L'esprit républicain désorganise la défense nationale et favorise des influences religieuses directement hostiles au catholicisme traditionnel. Il faut rendre à la France un régime qui soit français.
>
> Notre unique avenir est donc la Monarchie telle que la personnifie Monseigneur *le duc d'Orléans*, héritier des quarante rois qui, en mille ans, firent la France. Seule la Monarchie assure le salut public et, répondant de l'ordre, prévient les maux publics que l'antisémitisme et le nationalisme dénoncent. Organe nécessaire de tout intérêt général, la Monarchie relève l'autorité, les libertés, la prospérité et l'honneur.
>
> Je m'associe à l'œuvre de la restauration monarchique. Je m'engage à la servir par tous les moyens.[89]

---

[89] Il s'agit du serment prêté par les adhérents à la Ligue d'Action française, fondée en 1905. (n.d.é.)

Vingt et un ans ont donc passé ! Les rigueurs de la mort remplacent le nom de Monseigneur le duc d'Orléans par celui de Monseigneur le duc de Guise. C'est tout ce que peuvent les forces matérielles sur l'idée, sur l'institution de la Monarchie nationale : une simple substitution de personne. Le roi de France ne meurt pas, vive le roi !

Admis à l'audience de Monseigneur le duc de Guise, nous avons éprouvé le chaleureux accueil d'une bienvenue magnifique, telle que l'annonçait le noble appel du 7 avril *Aux amis du duc d'Orléans*.

Les paroles dites par le prince ? Les mots prononcés ?

Pas un mot qui ne soit contenu dans la déclaration émouvante que toute la presse française a répercutée.

> *Chef de la Maison de France par la mort de Monseigneur le duc d'Orléans, j'en revendique tous les droits, j'en assume toutes les responsabilités, j'en accepte tous les devoirs.*
>
> *Je remercie tous ceux dont l'affection et le dévouement ont adouci les quarante années d'exil de Celui que Dieu vient de rappeler à Lui.*
>
> *Exilé moi-même à mon tour, ainsi que mon fils, je leur demande de reporter sur nous leur fidélité et leur attachement.*
>
> *Je compte sur la discipline de chacun pour atteindre le but de tout Français : la grandeur et la prospérité de notre chère Patrie.*

Mais, de vive voix, reprises d'un ton de simplicité forte avec l'éloquence de l'âme, ces fières convictions, filles du devoir national le plus sacré, auraient, je crois, touché n'importe quel Français quel que fût le climat politique de sa pensée. Pour ma part, elles m'ont ému au-delà de ce que je peux exprimer, et je me répétais secrètement la haute parole du vieux Sage qui veut que toute organisation politique (toute Ville, disait ce Grec[90]) ait eu pour fondement l'amitié. Le cœur d'un Roi, même en exil, est le lieu où se croisent et s'unifient toutes les amitiés qui sont dignes de la patrie.

Nous ne nous sommes pas éloignés sans acquérir une certitude précieuse sur un bruit surprenant et presque merveilleux qui, au moment de notre départ, courait Paris quant aux dispositions testamentaires de Monseigneur le duc d'Orléans. Notre confrère *La Liberté* et l'Agence Stefani y avaient fait des allusions, mais sous une forme dubitative et avec des points

---

[90] C'est Aristote qui met l'amitié au fondement nécessaire — mais pas suffisant — de la cité dans sa *Politique*. (n.d.é.)

d'interrogation. Il n'y a plus sujet de douter, et l'on peut en parler sans hésitation, les volontés du prince sont bien celles que l'on a dites.

Cela est bien vrai, Monseigneur le duc d'Orléans a demandé à être inhumé en terre de France, à Dreux, il a formé l'espoir que le gouvernement, quel qu'il fût, ne pourrait refuser ce bonheur à ses cendres et, dans cette espérance, le prince a demandé que ses obsèques conservent le caractère tout privé d'une cérémonie de famille, interdisant toute manifestation politique et comptant sur ses amis pour l'exécution fidèle de cette volonté. Mais, dans le cas contraire, s'il était impossible de fléchir la loi des factions, si la dépouille mortelle d'un fils de France ne pouvait reposer dans sa chère patrie, eh ! bien, ordonnait-il, qu'on la jette à la mer en vue des côtes de France !

Je ne résume pas un texte, que je n'ai pas vu : tel en est le sens. Est-ce beau ! Et, depuis le testament de Sainte-Hélène, a-t-on rien lu dans cet ordre d'aussi passionnant ? Ceux qui ont connu un peu Monseigneur le duc d'Orléans retrouvent là le sublime plan sur lequel se mouvaient naturellement cette imagination, ce cœur, cette pensée de héros national qui promena dans les réalités de l'histoire contemporaine une ardeur de patriotisme dont la Légende seule a rêvé jusqu'ici.

Celui qui fit ce vœu d'avoir les mers de France pour asile s'il n'obtenait pas un coin de la terre de France que ses aïeux avaient séculairement rassemblée, ce prince magnanime n'aura certainement pas à subir la tragique extrémité de son désespoir. On ne voit pas le gouvernement, qui préférerait à de simples et intimes funérailles à Dreux, la vaste cérémonie nationale et populaire qui, au large du sol interdit, précipiterait, par exemple, en vue de la côte normande, devant l'estuaire du grand fleuve des Capétiens, au son du canon, dans les plis amers de quelque linceul tricolore, les restes de Celui à qui la loi d'exil aurait refusé tour à tour l'air et la terre de la patrie ! L'humanité, la pudeur, l'esprit politique seront d'accord pour une solution décente. Mais, il faut le redire, quelle énergique et sombre beauté de cœur traduit l'autre parti si fermement envisagé ! Les poètes en frémiront. Et, cette fois, leur tremblement sera compris et partagé par tout ce qu'il y a de bons cœurs, d'âmes droites, de volontés patriotes en ce pays-ci. Pas vrai un Français qui n'en doive conclure que celui-là, au moins, était des premiers de chez nous !

Ce qui sera sera ! La question du transfert, de l'inhumation définitive, ne peut se poser que dans quelque temps. Mais il ne peut y avoir d'inconvénient à révéler la belle pensée qui enrichit d'un trait nouveau l'héritage des sentiments que la *France éternelle* a su inspirer à ses fils.

# VII. Une lettre du duc d'Orléans à M. Clemenceau

## 20 avril 1926

À l'heure où les dispositions testamentaires du prince étaient connues du peuple français et commençaient à déchirer le voile, tissé de sottises et de calomnies, qui séparait de la Patrie le premier de ses citoyens, il nous est permis d'échapper au reproche d'indiscrétion en contant l'histoire, si belle, en publiant le document, si beau, que Maxime Real del Sarte a mis à notre disposition.

C'était en février 1919. Notre ami se promenait dans Londres avec le prince qu'il adorait et qui l'aimait beaucoup. Tout à coup, les journaux de l'après-midi font leur apparition, annonçant en manchette une fausse alerte : *l'armistice est dénoncé*. Le prince se contente de froncer les sourcils, mais la promenade se termine en silence. Peu de jours après, Maxime, rentré à Paris, recevait la lettre suivante :

> Londres, 18 février 1919.
>
> Mon cher Maxime,
>
> Je sais, parce que tu me l'as dit, que l'âme d'artiste de M. Clemenceau n'a pas hésité, malgré la fermeté de tes convictions royalistes, à te recevoir, à t'encourager, à te pousser à produire des œuvres qu'il apprécie. Je ne saurais m'en étonner, car si la foi républicaine de M. Clemenceau le place à l'opposé de tout ce que je représente, nous pourrons toutefois nous rencontrer sur des terrains qui, en dehors de la politique, touchent au rayonnement, à la gloire de la France.
>
> Les arts sont un de ces terrains, il en est un autre : celui du patriotisme. C'est sur celui-là que je te demande de te placer et, puisque tu as la possibilité d'approcher M. Clemenceau, de lui communiquer mon plus ardent désir. Le voici : si l'armistice est dénoncé, si la guerre se réveille, je demande instamment à M.

Clemenceau de ne pas mettre d'opposition aux nouvelles démarches que je pourrai faire pour aller rejoindre les armées et me battre pour la France.

Je ne demande ni grade ni situation particulière, j'irai n'importe où, sur le Rhin aussi bien qu'en Orient, aux colonies ou ailleurs, sur terre comme sur mer, car je souffre trop, d'une inaction involontaire sans doute, mais qui me paraît coupable quand la France, ma patrie, lutte pour sa liberté, sa sécurité, son avenir, et que tous les Français, du plus petit au plus grand, luttent, souffrent et meurent pour Elle. En disant cela à M. Clemenceau, dis-lui que c'est un Français qui parle à un Français, rien de plus. Il comprendra ; l'élévation de ses sentiments, la noblesse de son cœur, son ardent patriotisme m'en sont garants.

Je t'embrasse.

Ton affectionné,

Philippe.

J'ai vu, j'ai touché avec une émotion que l'on comprendra, l'original de cette lettre magnifique. Chaque fois que Maxime voulait la montrer à ceux à qui il tentait de communiquer sa passion pour le Prince, il commençait par dire : — Tenez, je vais ouvrir une fenêtre sur l'âme, sur l'esprit, sur le fond de cette haute nature, je n'ajouterai rien, vous aurez compris.

Bien des Français l'auraient compris de même s'il avait été moralement ou matériellement possible de leur montrer le vrai visage de ce vrai chef...

## VIII. Le duc d'Orléans intime

**23 avril 1926**

Léon Daudet a reçu cette belle lettre d'un ancien serviteur du prince que nous pleurons :

> J'ai eu l'honneur, après la mort de Monseigneur le duc d'Aumale, de reconstituer les établissements vinicoles du Zucco, et pendant quatre ans, directeur de ces établissements, j'ai pu approcher plusieurs fois par jour, durant ses séjours en Sicile, notre cher disparu.

Sa bonté, sa simplicité, sa beauté lui attachaient tous les cœurs. Il causait avec moi et ma famille en ami ; chaque matin, pendant les vendanges, je prenais avec lui le petit déjeuner à 5h1/2 du matin, puis il partait à cheval avec ses vendangeurs. Bien souvent, il descendait dans les caves que j'avais installées à son goût et nous causions, il s'intéressait à tous les travaux, donnait ses avis et toujours avait un mot gracieux pour le serviteur le plus humble. Oh ! les délicieuses soirées passées auprès de Monseigneur dans les jolis jardins du Zucco, où quelques musiciens italiens nous charmaient de leur musique entraînante !

Atteint de malaria et désirant rentrer en France pour l'éducation de notre fille unique, j'emportai les regrets de mon prince dont les dernières paroles furent : « Je vous remercie de tout ce que vous avez fait pour moi ; je ne vous dis pas adieu, mais au revoir dans notre patrie où la Providence nous réunira, j'en ai l'espoir », et il me remit un certificat élogieux que je garde comme une relique sacrée avec plusieurs signatures de sa main vénérée.

Monseigneur le duc d'Orléans achevant à cinq heures le petit déjeuner du matin et montant à cheval à la tête de ses vignerons ; c'est une image populaire digne de tous les vieux contes, si vrais ! que la France faisait sur la vie privée de ses rois.

## 26 avril 1926

Il faut juxtaposer à cette page coloriée le grave et sobre chapitre de la *Revue des idées et des faits*, où M. Jules Leclercq, membre de l'Académie royale de Belgique, résume la seconde exploration polaire du Prince, celle qui est racontée dans un beau livre très émouvant, *La Revanche de la banquise*. Voici les dernières lignes de l'article de M. Leclercq :

> La dernière croisière du duc d'Orléans ne fut pas aussi heureuse, on le voit, que celle de 1905. Le prince y rencontra mille revers, et, dès le titre de son livre, on pressent les déceptions que lui réservaient cette fois les glaces polaires qui savent parfois donner un démenti au vieux dicton *Audaces fortuna juvat*. Quelle épreuve pour un homme d'action que cette longue et monotone captivité pendant laquelle il

fut réduit à faire du filet pour tromper l'ennui du désœuvrement !
« Depuis Clairvaux, écrit-il résigné, cela ne m'était pas arrivé ! » Le
charbon qu'il fallait jeter à la mer pour sauver la *Belgica*, c'était la
route vers le Nord, ou peut-être, qui sait ! vers l'est, vers le Japon, à
l'exemple de l'illustre Nordenskjold.[91] Et ainsi fut irrémédiablement
compromise une expédition qui aurait pu racheter, par une chance
ultérieure, les malchances du début.

Cette relation d'une croisière contrariée par tant d'infortunes ne
s'en lit pas moins avec un intérêt soutenu ; en dépit de toutes les
adversités, le prince ne se départit jamais de sa calme philosophie.
D'un bout à l'autre du récit, règne un accent bien français, de belle
humeur et de confiance tranquille, même devant les périls les plus
imminents. Si le duc d'Orléans ne fut pas favorisé par les heureuses
circonstances qui favorisèrent sa croisière au Groenland, il n'en a pas
moins rapporté une moisson précieuse de documents biologiques et
botaniques et une contribution importante à la géographie et à
l'histoire naturelle des régions polaires.

Quand il ne pouvait pas servir la France sa patrie, il servait la science,
patrie idéale de la pensée : quelle merveille que ce musée des chasses et des
pêches du Prince, installé au Manoir d'Anjou[92] et ouvert jusqu'ici à un petit
nombre de privilégiés !

## IX. Saint Philippe et 1ᵉʳ mai

1ᵉʳ mai 1926

Pas un des lecteurs habituels de l'*Action française* n'effeuillera le dernier
jour du calendrier d'avril sans éprouver au cœur un resserrement
douloureux. Il y avait trente-deux ans que, ce jour-là, les royalistes

---

[91] Adolf Erik Nordenskjöld, qui découvrit le passage du Nord-Est en 1878-1879, et non son fils Otto, explorateur de l'Antarctique. (n.d.é.)

[92] À Woluwe-Saint-Pierre, en Belgique. En 1913, Philippe d'Orléans, loue puis achète le domaine comprenant un château construit entre 1896 et 1907. Après de nombreux travaux d'agrandissement et de restauration, il s'y installe et lui donne le nom de *Manoir d'Anjou*. (n.d.é.)

opposaient à la sombre férie révolutionnaire les réjouissances de la fête du Roi.

Le Roi du Travail, disaient-ils. Le roi de ces métiers où fraterniseraient, dans le sentiment du même intérêt social et national, les organisations ouvrières et les organisations patronales. Qu'est-ce qui voile cet intérêt et empêche de le sentir ? C'est le régime d'élection et de partis qui a besoin de la lutte de classes comme le cristal a besoin de son eau-mère pour se former. Ôtez ce régime, assurément tout ne devient pas parfait, les rivalités de position et d'intérêt, les passions de classes subsistent, mais vous en avez fait disparaître le stimulant essentiel, l'excitant capital. Vous avez réduit au silence la voix perfide de la loi mauvaise qui dit, chaque matin et chaque soir, qu'il est bon, qu'il est beau, qu'il est normal, utile, bienfaisant et avantageux pour chacun et pour tous de se livrer des batailles perpétuelles et de vivre sans cesse dans les élans furieux de la haine, de la jalousie, de l'envie, parce que par-là, et par là seulement, peuvent et doivent se produire les désignations de l'autorité, les nominations de chefs, les renouvellements de pouvoirs !

Ce conseil pernicieux, une fois effacé des tables de la loi, nous ne rentrons pas dans le paradis perdu, nous ne passons pas à la Terre promise, et tout ne devient pas parfait comme au coup de la baguette de l'enchanteur ; non, mais nous revenons à l'état de simple nature, non pas bonne, non pas féroce, mais cependant capable de bien comme de mal, de paix comme de guerre, d'accord comme de division. Nous avons simplement fait disparaître les conditions artificielles qui nous condamnent au désaccord, à la guerre, aux tiraillements éternels. Parce qu'elle fait disparaître la République, la Monarchie devient facteur de progrès social, car elle élimine une cause permanente de trouble et de régression.

Voilà ce que nous disions, et il faut le redire. Il faudra le redire, très particulièrement, pour la fête de Monseigneur le duc de Guise, car la Monarchie de Monseigneur le duc de Guise jouit des mêmes propriétés que la Monarchie de Monseigneur le duc d'Orléans. Mais il est vrai que, durant les trente-deux ans de son règne exilé, celui-ci, continuant les vues de son auguste père, reprenant aussi celles du comte de Chambord, avait beaucoup insisté sur le caractère de paix sociale inhérent à la Monarchie : la *Lettre sur les ouvriers*, qui est, si je ne me trompe, de 1865, avait acquis avec le temps, la vertu et l'autorité d'une Charte. Toute notre politique en a été inspirée ici. Ce qu'il y a d'unilatéral et, par conséquent, de révolutionnaire, dans le syndicalisme, nous a toujours paru dangereux, mais nous n'avons jamais cessé d'espérer que le splendide effort spontané d'organisation ouvrière qui n'a cessé en France depuis un siècle et qui s'est surtout accusé depuis vingt-cinq ans servirait un jour à la reconstitution de l'État (au lieu d'en combiner la ruine) dès qu'il aurait été affranchi des politiciens destructeurs et de l'élection dissolvante.

On a raison de dire que c'est aux conservateurs qu'il convient d'instituer en droit et d'accorder en fait ce qu'il y a de juste dans les revendications ouvrières les plus extrêmes. Encore faut-il que ces bons esprits conservateurs soient incorporés à l'État et placés dans une situation politique indépendante. Tant qu'ils sont esclaves de l'élection, leur situation restant fausse, leur bonne volonté est paralysée. On verra comment tout à l'heure.

Notons pour le moment que les législations ouvrières les plus hardies et les plus généreuses de l'Europe moderne appartiennent à des États qui ne dépendaient nullement de l'élection : l'Allemagne des Hohenzollern, l'Autriche des Habsbourg. En 1904, Bebel[93] faisait déjà remarquer à Jaurès combien la condition des ouvriers de la Monarchie allemande était supérieure à celle des ouvriers de la République française. On dit la même chose aujourd'hui lorsque l'on écrit que la bonne législation ouvrière d'Alsace-Lorraine lui est venue d'Allemagne. Cependant, le vrai est qu'elle ne lui est pas venue d'Allemagne ; elle lui est venue de la Monarchie en Allemagne, c'est-à-dire d'un régime assez fort et assez sérieux pour que le bien-être des travailleurs n'y fût point l'enjeu des partis, mais fût étudié sérieusement et recherché en lui-même, pour le bien général de l'État et de la nation : le programme social n'y était pas une affiche, mais une véritable série de réformes réelles jalonnées et échelonnées dans le temps.

Je comprends et, dans une certaine mesure, j'approuve ceux qui reprochent aux « partis de droite » d'avoir négligé le chapitre des réformes sociales, bien que le reproche ne soit mérité ni par les royalistes dont les idées sont arrêtées depuis fort longtemps sur ce point, ni par certains groupes de catholiques non moins fidèles aux enseignements de Le Play et aux méthodes

---

[93] August Bebel, 1840–1913, était l'équivalent allemand de Jean Jaurès, aussi barbu, pacifiste et collectiviste que son homologue français. Co-fondateur du SDAP (*Sozialdemokratische Arbeiterpartei*, parti ouvrier social-démocrate) en 1869, il prend position l'année suivante contre les crédits d'armement et s'en trouve condamné pour haute trahison. Son party devient le SPD en 1890 et il en prend la présidence en 1900. (n.d.é.)

de l'Œuvre des Cercles.[94] Mais on comprend aussi la position inverse, timide ou réticente, de ces conservateurs que l'on supplie ou que l'on presse d'engager leur parole sur une ou plusieurs réformes de l'ordre social industriel. Ils approuvent, ils adhèrent, ils signent, mais ils restent sceptiques, car, disent-ils, la surenchère est trop facile et il est dangereux de l'affronter ; on se condamne fatalement à devoir tôt ou tard dire non pour son compte en un point où l'adversaire continuera de faire monter l'enchère de prix imaginaires et de promesses en l'air. Il promettra le Vent, les trésors de la Mer, les mines de la Lune et le bon peuple continuera d'applaudir, tandis que le candidat sérieux et sincère hésitera, contestera et, finalement, échouera. Comment en serait-il autrement ?...

Ces conservateurs ont raison en partie ; ils auraient raison tout à fait s'ils sentaient que les maux dont ils se plaignent ne sont pas essentiellement attachés au programme social : la surenchère contient des risques graves dès l'instant où elle tend à faire élire un souverain et à nommer un chef, c'est une des faces de la nocivité du régime électif. Mais ce régime est bien celui où la question ouvrière ne peut guère être débattue honnêtement ni surtout réglée paisiblement entre autorités sociales, je dis autorités ouvrières et autorités patronales. Elle y devient rapidement un facteur de révolution.

Ne me dites pas : *l'Angleterre*. L'Angleterre a des mœurs électorales qui ne sont pas les nôtres, et ces mœurs vont en s'effaçant parce que ses deux partis historiques ne sont plus seuls en lutte et que le parti purement ouvrier y introduit des éléments inattendus. Pour le passé, la magnanime et bienfaisante action du parti *tory* n'eût pas été possible si le « franc jeu » eût suggéré ou permis aux *whigs* les violences et les cynismes dont on est saturé de ce côté du détroit.

Aussi a-t-on vu des hommes de droite d'un esprit large, d'une charité merveilleuse et même d'une prévoyante et vigilante sagesse, perdre, en vérité, tout sang-froid au seul énoncé d'un programme social et de réformes ouvrières. Ils se trompent. Ils font erreur. Nous ne les avons jamais suivis, mais il y a quelque justesse au fond de leur argument favori : — On commence par Albert de Mun, et l'on finit par Marc Sangnier[95] et par les abbés démocrates...

---

[94] Les Cercles ouvriers, fondés aux lendemains de la Commune par Albert de Mun, avec René de la Tour du Pin, Felix de Roquefeuil et Maurice Maignen. (n.d.é.)
[95] Marc Sangnier, 1873-1950, est un journaliste et homme politique français. En 1894, il fonde *Le Sillon*, journal prônant un « christianisme démocratique et social ». Le journal

Quelqu'un qui a bien connu l'illustre orateur catholique me disait un jour que M. de Mun ne se fût jamais rallié à la République s'il eût prévu que son programme social, le programme social du comte de Chambord, transporté dans le cadre républicain, produirait des effets tels que la démocratie chrétienne et que le Sillon ! Ce développement démocratique malsain que Renan prévoyait pour toute République en France guette aussi, de manière inévitable, tout mouvement social de tendances républicaines dans les conditions du régime électif. Le programme de revendications justes y est fatalement débordé par l'intérêt électoral, et celui-ci poussant, de sa nature, à forcer les promesses, rien n'y existant qui puisse marquer le point d'arrêt ni jouer le rôle de frein, il s'ensuit que les honnêtes gens y sont destinés, soit à la défaite, soit à la duperie, soit enfin à la corruption et même, fréquemment, à ce triple malheur.

Encore une fois, les doléances faites sur ce chapitre au nom des petits et des humbles par des esprits très jeunes et des cœurs innocents sont touchantes et sont plausibles. Là comme ailleurs, il ne faut pas trop les contrarier. Il faut leur dire : essayez ! après les avoir avertis. Ou l'essai les gâtera pour toujours, ou, le bon naturel l'emportant, ils reviendront, un peu battus de l'oiseau, mais éclairés, instruits, enrichis par l'expérience, et leur premier mot sera pour nous dire : — Décidément, c'est vous qui avez raison, *politique d'abord*. Il faut changer le cadre politique. Rien d'important n'est possible sans ce nettoyage et ce déblaiement ; autant vaudrait couvrir de berceaux ou d'écoles maternelles un sol où tomberaient à la cadence de 50 ou 60 par heure des obus de 420. Commençons par échapper à la mitraille républicaine. Un régime normal rendra possible bien des choses charitables, généreuses et justes. Un régime anormal, qui les corrompt, les rend corruptrices à leur tour.

## X. Magali chez le duc d'Orléans

**6 mai 1926**

---

devient rapidement l'organe des Instituts populaires créés par Sangnier. À partir de 1906 une violente polémique de presse oppose Sangnier et Maurras. Condamné par le pape Pie X en 1910, Sangnier se soumettra mais abandonnera peu après l'action religieuse pour se consacrer à l'action politique et, dans l'entre-deux-guerres, au pacifisme. (n.d.é.)

Renvoyons à une autre fois ce que j'ai recueilli du Stanislas[96] de Cannes, et des jardins de la villa Saint-Jean. Cela me vient d'un très vieux temps. J'ai des souvenirs plus proches. Ne dois-je pas en faire part à nos lecteurs et amis ?

Qu'ils jugent. C'était pendant la guerre, en 1916, à Londres, où le prince nous avait conviés. Je vois encore ce petit salon du Savoye, suspendu sur la Tamise, dont la brume épaissie étendait, à midi, comme une demi-nuit. Le visage du Prince, si spirituel et mobile comme toujours, semblait tantôt céder et tantôt résister à cette affreuse décoloration de l'air et des choses. Il songeait aux champs de bataille d'où on le bannissait, à ses amis combattants et mourants, à tout cet immense peuple de France qu'il ne quittait jamais de pensée ni de cœur. Je me permis de faire une allusion mélancolique au soleil voilé, presque absent, non sans ajouter, en sourdine, je ne sais quelle malédiction familière contre les climats hyperboréens... L'expression changea, le ciel intérieur flamba, et, de cette voix douce et gaie, bien connue de tous ceux qui l'ont approché, le prince lança : — Oh ! je vous vois venir avec votre soleil ! Si on vous écoutait, je sais bien ce que vous feriez. Nous serions obligés, nous autres, à Paris, tous, oui, tous ! de parler votre provençal.

Il riait et feignait une grande horreur.

— Monseigneur, répondis-je, mon ambition n'est pas si haute. Mais il y a un peu de cela, je l'avoue. D'ici quelques années je me réserve d'adresser au roi un placet pour le prier de rétablir l'ancien théâtre des Italiens au bénéfice de la langue provençale ou de la langue d'oc. Car il est bien certain que notre français du Midi porte la musique infiniment mieux que celui du Nord.

— Pour cela, vous n'avez pas tort ! dit le Prince. Par exemple, la chanson de Magali, dans Gounod, est tellement moins sonore, et moins chantante que dans Mistral.

Et, le coude posé sur un bout de table, il se mit à chanter avec une parfaite justesse d'inflexion et de diction :

*O Magali, ma tant amado*
*Mete la testo au fenestroun !*
*Escouto un pau aquesto aubado*
*De tambourin me de viouloun.*

---

[96] L'Institut Stanislas, à Cannes, fondé en 1866 par les Frères Marianistes.

Avec cette mémoire d'ange, qui ne lui fit jamais défaut, il attaquait le couplet :

*Es plèn d estello aperamount...*

« Sommes-nous, dit-il, en Provence... »[97] Le vieux vers de la Psyché de La Fontaine me revenait en mémoire. Nous n'étions même pas à Versailles ! Nous étions à Londres. Le descendant et successeur des quarante Rois qui créèrent notre unité murmurait près de moi l'aubade illustre du poète dont son auguste père avait été le correspondant et l'admirateur. Et les syllabes provençales tintaient justes et pures comme des gouttes d'or dans une aiguière de cristal. Je ne pus m'empêcher de demander au prince par quel miraculeux privilège lui, resté si Normand de cœur, écolier d'Eu, marin de Dieppe et du Tréport, avait pu attraper à ce point notre intonation de « *mocos* ».

« Vous oubliez, dit-il, que j'ai passé trois ans au Stanislas de Cannes ; que voulez-vous qu'on y apprenne sans le provençal ? »

Que ces paroles vieilles de dix ans soient dédiées à nos amis de Basse Provence, spécialement à ceux qui, l'autre jour, ont assisté au service célébré à Cannes, sur la demande et aux intentions de LL. AA. RR. le duc et la duchesse de Vendôme ! La langue et les chansons de Cannes méritent d'être incorporées au souvenir du magnifique prince que nous pleurons.

## XI. LE CŒUR DE LA FRANCE

### 6 mai 1926

Clément Vautel, bon moraliste, critique moins sûr, nous avertit que nous faisons fausse route ; les peuples se conduisent par la passion, non par la raison, notre propagande est ordonnée de travers, au lieu d'essayer de montrer la vérité toute nue au peuple français, nous devrions l'habiller et la déguiser à son goût.

Je remercie M. Vautel du conseil, j'en ferais mon profit si je le croyais bon. Malheureusement cela ne m'est pas possible.

---

[97] Jean de la Fontaine, *Éloge de l'Oranger* in *Les Amours de Psyché*. (n.d.é.)

Où a-t-il pris que l'on *ne* veuille ici parler *qu à* la raison ? De la démarche du prince Gamelle[98] aux manifestations pour le culte de Jeanne d'Arc, en passant par toute la suite des sentiments nationalistes et antisémites, la place offerte aux passions spontanées du cœur paraît assez vaste. La propagande d'idée et de doctrine éclaire et avive la propagande de sentiment ; en quoi la contredit-elle ou l'amoindrit-elle ? La rage *d opposer* ce qui peut être *composé* apparaît un peu trop dans ces topos faciles.

Maintenant le cœur de la France est-il aux Bonaparte, comme le croit Vautel ? Cela a été. Cela est-il encore ? La jeunesse française en est-elle au même point que les jeunes *Déracinés*[99] de 1890 ? Je prends un fait : notre génération militaire, celle des hommes de 55 à 60 ans, qu'elle fût républicaine, bonapartiste, royaliste, a été élevée avec une mélopée de noms de bataille qui commence à Valmy et finit à Solférino, en passant par Jemmapes, Marengo, Austerlitz, Friedland et Wagram : de 1900 à 1914, nous avons, nous qui parlons, instruit, élevé, exalté une incomparable jeunesse, celle dont les milliers et les milliers de sacrifices ont donné, aux premières années de la guerre, l'exemple de l'héroïsme le plus pur, et nous l'avons, il faut le dire, instruite, élevée, exaltée sans céder une ligne ni un point au programme império-révolutionnaire du stupide XIXe siècle, de sorte que Bouvines, Orléans, Marignan et Rocroy ont repris leur place historique au milieu et même au-dessus des trophées jacobins, consulaires et impériaux, ceux-ci étant même quelque peu négligés, par une réaction naturelle dont il faut convenir. Le fort de la splendeur impériale, son aspect de gloire sublime, quoique stérile, était donc en baisse dans une grande partie de la génération de la guerre et de la victoire.

Au surplus, si l'Empire est resté tellement puissant sur les cœurs, comment se fait-il que rien n'en sorte aujourd'hui ? Pas un acte. Pas un homme, Pas une idée-force. Rien qui rallie, rien qui agisse, rien qui porte en avant. Nous sommes des docteurs en *us*, c'est fort bien. Seulement les docteurs en *us*, sur le plan de l'idée et de l'action royaliste, rallient des dévouements de toutes les sortes, ils groupent depuis vingt-cinq ans des

---

[98] En 1890, Philippe d'Orléans, âgé de vingt-et-un ans et toujours sous le coup de la loi d'exil, débarqua clandestinement à Paris afin d'y faire son service militaire dans l'armée française. La presse ayant été mise au courant de son projet, le gouvernement fut fort embarrassé et le prince condamné à deux ans de prison. Il fut finalement libéré au bout d'à peine quatre mois de captivité et l'aventure lui valut le surnom populaire et affectueux de prince Gamelle, en référence à la gamelle des soldats. (n.d.é.)

[99] Référence au roman de Maurice Barrès. (n.d.é.)

hommes, tellement prêts à sacrifier vie et liberté qu'ils ont à leur actif des milliers de jours de prison et que le revolver des assassins, loin d'éclaircir leurs rangs, les resserre et les reforme plus nombreux et plus puissants que la veille. Que l'on date comme on voudra le règne du prince Victor[100], ses trente-six ou ses quarante-deux années ne montrent rien de tel. Alors ? Où est le sentiment ? Où est la passion ? Où est le cœur ? Le cœur qui n'agit pas, est-ce un cœur bien sincère ? Clément Vautel serait aimable de nous le dire.

Au demeurant, il vient toujours une heure où le sentiment est sommé de donner ses raisons. Elles sont tantôt bonnes, tantôt mauvaises. Ici elles sont nulles. Le sentiment impérialiste, si sincère fût-il, a toujours échoué toutes les fois qu'il a dû s'entendre dire : — Vous annoncez une réforme, et vous ne changez rien. La France meurt du système électif, vous lui apportez le plébiscite. La démocratie nous tue, vous la couronnez. Nous nous épuisons dans l'étatisme, et vous nous apportez le renfort de César. Il n'y a rien de plus anachronique ni de plus intempestif que votre système. Vous êtes des gens de 1799, date à laquelle vous avez eu votre raison d'être. Mais en 1926, elle est évanouie ou renversée.

## XII. Nouveaux instantanés du duc d'Orléans

### 19 mai 1926

Nos lecteurs ne se lassent point de feuilleter avec nous les belles images brillantes que Monseigneur le duc d'Orléans a laissées dans l'esprit de ses fidèles et de ses amis. Ils nous sauront gré de publier ces deux nouvelles silhouettes, tirées d'une lettre de notre cher et excellent Bertran de Balanda, qui fut longtemps le président des fédérations royalistes de la Catalogne française.

> … J'eus le très grand honneur d'être reçu deux fois par le Prince. Au cours de la première audience qu'il daigna m'accorder, il m'embrassa tout d'abord en me remerciant de ce que j'avais fait pour

---

[100] Le prince Victor Napoléon, 1862-1926, qu'une querelle de succession opposa à son père le prince Jérôme, d'où la remarque de Maurras sur la datation de son « règne ». (n.d.é.)

lui au cours de la campagne électorale, en me présentant comme royaliste et en développant le programme royal.

Puis, sur son expresse insistance, je dus lui parler longuement de ma carrière militaire. Ses questions se pressaient avec une vivacité et un intérêt dont seule était capable une âme de soldat. Brusquement, le prince me pose cette question :

« Quel est donc, mon cher ami, le moment de votre carrière militaire dont vous vous souvenez avec le plus de satisfaction ?

— Monseigneur, lui dis-je, c'est la période de quelques mois au cours de laquelle j'eus l'honneur d'être le chef indépendant d'une colonne de cavalerie dans le Sud algérien, où je dus prendre des responsabilités souvent redoutables. »

Je vois encore le geste rapide qui suivit ma réponse. Le prince me saisit vivement le bras, j'entends encore sa voix pleine d'une émotion contenue :

« Comme je vous comprends, mon cher ami, l'amour de la responsabilité est la marque du chef. »

Souvent, depuis lors, cette parole du duc d'Orléans est revenue à ma mémoire !

La seconde fois, j'eus la bonne fortune de faire le voyage de Bruxelles en compagnie de Jules Lemaître et de Capus. Ce dernier était ou paraissait sceptique et ne se privait pas de nous laisser comprendre qu'il était convaincu que nous étions, dans notre attachement pour le Prince, les jouets de notre imagination.

Tout de même quand son tour d'audience arriva, je sentis qu'il se mettait en défense contre cet entraînement d'imagination qu'il avait semblé nous reprocher. Visiblement il cherchait dans la blague et le mot pour rire un dérivatif à un mouvement émotif possible.

Son entrevue fut assez longue ; au sortir de l'audience, je l'interrogeais des yeux, me contentant de dire : « Eh ! bien », et Capus levant le bras en l'air, répond simplement : *« Que voulez-vous, il m'a semblé avoir devant moi l'Histoire de France. »*

Cri admirable et spontané d'un Français peu suspect d'emballement, expression parfaite de l'impression produite par le grand prince en qui s'incarnait, se matérialisait pour ainsi dire l'histoire de la Patrie.

Il y aura un jour, dans l'histoire de France, quelques pages qui s'appelleront le chapitre du remords national, elles s'appliqueront aux trente-deux années de règne en exil de Monseigneur le duc d'Orléans. Tout ce qui pensera en France souffrira de l'affreuse sottise des tristes temps qui auront vu et connu ce grand Prince, mais ne l'auront ni reconnu, ni acclamé, ni utilisé.

## 30 mai 1926

Un de nos amis briards nous communique une vieille lettre. Lettre d'avant-guerre. La lettre d'un général français, nullement royaliste, qui, avant de connaître le Prince, avait déclaré n'être nullement attiré par lui et qui n'était allé à Bruxelles que pour céder à son entourage, peut-être pour se délivrer d'instances presque importunes qui le harcelaient depuis sa mise à la retraite. Bref, cette lettre est d'un Français qui, à contre-cœur, avait demandé et obtenu l'audience royale :

> Mon cher ami, je viens de voir Monseigneur le duc d'Orléans. Je l'ai quitté le cœur me battant vite ; impossible d'être plus grand seigneur, d'être plus roi ; avec cela charmeur jusqu'au bout de l'ongle.
> Imaginez un homme grand, très joli de figure et de tournure, très élégant, respirant la force, la santé, la jeunesse, les gestes doux, câlins si je peux m'exprimer ainsi, et cet ensemble éclairé comme le sont les personnages de féerie qui tombent tout à coup sous un jet de lumière électrique. Chez le duc d'Orléans, on dirait que cette lumière électrique part de son cœur pour se répandre à profusion sur sa personne par tous les pores de sa peau, en lui donnant une majesté royale.
> Intelligent, vivant, rieur, français et français instruit, au courant de tout, sachant son Europe comme moi mon village, adorant l'armée, la voyant juste et le reste aussi.
> Quand je suis entré, il s'est jeté à mon cou et m'a embrassé en me disant : « Enfin ! je vous attendais ; je me disais, il ne viendra donc pas ? » Et cela avec une grâce, un charme que je ne saurais dire : c'était le roi ; c'était notre roi !
> Sans être inspiré comme Jeanne d'Arc, j'ai pensé immédiatement que je l'aurais reconnu entre mille courtisans. Comme il vous

plairait ! Comme il plairait si on le connaissait ! À son premier mot, à son aspect, j'ai répondu mal à ses questions. Que voulez-vous ? j'étais ému.

J'ai même fait la gaffe, après lui avoir parlé tantôt à la deuxième, tantôt à la troisième personne, de l'appeler : mon général ! Comme je m'en excusais, il m'a dit « Ne vous excusez pas, vous ne pouviez me faire plus de plaisir. Eh ! bien, que pour vous je sois toujours le général. »

Bref, je suis sorti enthousiasmé, le disant à tous ceux que je rencontrais et, seuls, ceux qui m'ont vu les premiers, pourraient témoigner de ma grosse et véritable émotion. C'est le roi, mon cher ami, croyez-moi.

Comme j'aurais voulu défiler devant lui à la tête d'un régiment ou d'une brigade. Il est fait pour avoir les honneurs de cent divisions de cavalerie ! Et dire qu'au lieu de cela j'ai passé ma vie à défiler devant des André[101], des préfets et des présidents de la République. J'y songeais avec amertume.

Vous qui êtes jeune, qui avez encore de belles années de commandement devant vous, soyez plus heureux que moi ; je vous le souhaite et le souhaite à mon pauvre pays.

La belle vérité ! Et la douloureuse tristesse de cette vérité si belle !... Notre prince n'aura pas été souvent appelé « mon général », cent divisions de cavalerie ne lui auront pas rendu les honneurs pour lesquels il était né et fait. Une seule consolation : son sang nous reste, et le sang de France est si beau !

## XIII. Autour du service funèbre

### 15 mai 1926

Le jour même où Madame la duchesse de Guise conviait à Notre-Dame tous les Français fidèles, exactement tous les Français patriotes, au service de son auguste frère, la voix autorisée d'un vieil ami s'élevait de nouveau pour

---

[101] Le général André, nommé en 1900 ministre de la Guerre avec pour principale mission d'épurer l'armée de ses éléments conservateurs ; il s'illustre avec l'affaire des Fiches, c'est lui qui a été giflé par le député nationaliste Gabriel Syveton durant une séance de la Chambre, geste qui ressouda la majorité parlementaire malgré le scandale. (n.d.é.)

évoquer la merveilleuse silhouette du prince dont nous suivons le deuil. M. François de Baichis, qui commanda longtemps le bateau sur lequel Monseigneur le duc d'Orléans aimait à naviguer, a reçu du docteur Récamier, médecin et compagnon du Prince, une lettre assez pareille à celle qu'on a lue plus haut. Nous y recueillerons avec piété, avec douleur, quelques tristes détails que nos lecteurs peuvent ignorer encore :

> J'aurais bien voulu, dit le docteur, entraîner Monseigneur dans l'Arctique, et renouveler le voyage de la *Belgica*, mais c'est le centre africain qui l'attirait. Je l'ai suivi dans le Barh et le Ghazal et cette année dans les montagnes de la mer Rouge, et dans le désert, entre l'Abyssinie et le Nil Bleu. Voyage très fatigant, chaleurs torrides, points d'eaux éloignés, eaux stagnantes.
>
> En rentrant à Palerme, il semblait cependant heureux de se revoir chez lui. Il s'est mis à tailler des arbres avec acharnement, si bien qu'il se mettait en sueur, et il a pris un frisson…
>
> Le médecin appelé a reconnu une broncho-pneumonie qu'il a pensée grippale. Après deux jours de grosse fièvre, la température est tombée, et Monseigneur semblait en convalescence, lorsque brusquement les urines sont supprimées par congestion rénale, une éruption de purpura hémorragique est apparue, et le prince a succombé doucement en trente-six heures.
>
> J'ai reconnu des éléments de variole, rares mais nets, avant sa mort, et je pense qu'il est mort de la variole hémorragique ; on me dit que ces symptômes peuvent être ceux du typhus.
>
> Il est certain que pendant tout le voyage nous avons été entourés d'Arabes couverts de vermine.
>
> La veille, je l'avais prévenu que son état était grave, et il s'était confessé en pleine connaissance ; après, je crois qu'il ne s'est pas rendu compte des progrès du mal…
>
> Pendant les années passées à bord de la *Maroussia*, vous avez parcouru presque toutes les mers d'Europe, visité les grandes villes maritimes, vous l'avez vu, le duc d'Orléans, reçu dans la plupart des cours souveraines, où il était accueilli en ami, en parent, et vous avez été à même de constater l'élévation et la pondération de son esprit, la sagesse de ses appréciations.

Vous savez avec quelle joie mêlée de tristesse, alors que son yacht, côtoyant les rives de France, dans les eaux territoriales, interdites à l'exilé, il contemplait ces caps, ces golfes et ces villes ; et lorsque la terre de France disparaissait sous l'horizon, il retournait dans son exil un moment oublié.

Et dans cet exil, il suivait avec attention, toutes les questions politiques, militaires, sociales qui intéressaient sa patrie toujours présente dans son esprit. Je me plais à constater que ce prince si attaqué et décrié pendant sa vie, par ceux-mêmes qui auraient dû le défendre, va laisser un souvenir magnifique.

Devant la mort, un certain chœur de bas intérêts doit se taire ; les voiles déployés contre la vérité, sans se déchirer tout à fait, s'atténuent ou s'entrebâillent, et la vérité peut briller. Ce qu'elle montre, en un tel jour, ne fait qu'un médiocre honneur à l'intelligence et au patriotisme des citoyens. On le voit enfin, ce grand prince. À côté de quel beau règne avons-nous passé ! Quel chef nous avons négligé ! Quelle politique nationale aurait été possible, de 1894 à 1926, qui nous aura été interdite par le simple effet de l'ignorance, de l'étourderie et du préjugé !

Ce peuple, qui voulait se donner ou se trouver un chef, il avait reçu de l'histoire un chef-né autrement brillant, avisé et habile que tous ceux que le choix versatile a pu désigner : ceux-ci ont été tour à tour acclamés et renversés, mais le seul qui les surpassât, de valeur et de position, a rendu sa grande âme sur la terre d'exil, où il repose dans la désolation solitaire. Voilà ce qu'ont fait les coalitions des petits intérêts ennemis de l'intérêt national, voilà à quel affreux gâchage moral ont conspiré les mécanismes centrifuges et l'esprit destructeur inhérent à tout système républicain en ce pays-ci. Le spectacle est si dur qu'il arrive, ou très peu s'en faut, à faire taire la voix du profond regret personnel qui pleure notre prince, et nous ne songeons plus qu'au désastre de la Patrie.

## XIV. À NOTRE-DAME

**10 mai 1926**

Ce qui s'est vu à Notre-Dame ne peut être communiqué. Les assistants diront aux provinciaux, aux pauvres Parisiens absents le rendez-vous du roi

Henri, mais il n'y a point de mots pour leur exprimer comment l'arrière-petite-fille de Henri IV est entrée dans l'église, a salué son peuple, en a reçu les salutations muettes, qui furent plus ardentes qu'une acclamation !

Nous savons maintenant comment la majesté royale peut être tempérée et ainsi sublimée par la vivacité française. Nous avons appris qu'un regard plein de deuil tendu vers la France éternelle peut aussi sembler reconnaître chacun et remercier tous. Nous avons vu venir à nous, des profondeurs de l'histoire, la puissance du charme capable de cueillir des milliers de cœurs étonnés, — et, la révélation accomplie, la merveille acclamée, à voix basse, dans tous ces cœurs, je désespère, quant à moi, des termes qui définiraient cette rencontre de la Royauté et de la Patrie. Cependant un grand fait a été ressenti : tous ces Français, toutes ces Françaises ont suivi l'office des morts dans l'esprit lumineux des idées d'espérance qui, sans se détourner des sphères de l'au-delà, s'appliquaient sans effort à la résurrection de la Monarchie et de la Patrie.

Il serait inconvenant, je crois, d'insister sur ce qu'il y eut de glorieux et de triomphal dans cette heure de méditation commune sur le plus cruel de nos deuils. L'éclatante ressemblance physique de Madame la duchesse de Guise et de son auguste frère avivait la douleur, mais, sans la consoler, en tirait un nouveau et puissant motif de vie et d'action. Le vaisseau de la cathédrale est immense, son parvis est spacieux, une foule innombrable faisait honneur aux vastes progrès de l'idée nationale et de l'espérance royale. Mais si, fermant les yeux, l'on voulait réfléchir, on se sentait le cœur serré de ne point trouver là tous les Français dignes de ce nom, tous, tous, jusqu'au dernier, afin de les saisir et de les envelopper ensemble dans ces évidences, pour un instant splendides, de la nécessité de retrouver l'unité et du moyen unique d'y parvenir enfin !

Nous étions nombreux ? Pas assez. Nous étions résolus ? Il faudra l'être davantage. Nous considérions d'un œil avide et clair nos conquêtes d'hier et celles de demain ? Eh ! bien, peut-être encore n'y pensions-nous pas autant que le méritait le radieux avenir de la Monarchie. Ceux et celles qui ont vu cela se sont retirés, tous et toutes, en emportant au cœur le clair sentiment chaleureux d'une haute réalisation commencée.

Paris, à Notre-Dame, a vu, touché, senti ce que serait cette autorité naturelle, douce, simple, humaine et enfin digne de la France, une fois qu'elle aurait été recréée par les vœux convergents de l'intelligence du pays et de son instinct : l'autorité du chef de la famille. Chef avec tout ce que de tels mots comportent d'ordre, de sécurité, de progrès, de grandeur. On calculait, on travaillait, on espérait. Hier, on a vu, et cette austère déploration de la Mort a remué tout aussitôt quelques germes d'immortelle vitalité.

# Un règne en exil
# Conclusion

Comme le comte de Paris son père, comme son arrière-grand-père le roi Louis-Philippe, comme le duc de Bordeaux et le roi Charles X, Monseigneur le duc d'Orléans, mort loin de sa patrie, dort dans une terre étrangère. Pour les Français nombreux qui ont pris son deuil, ce n'est pas seulement une vie qui s'arrête, c'est un règne qui cesse, le règne de Philippe VIII, commencé en 1894. Celui de Philippe VII datait de la mort de Henri V, en 1883. Maintenant c'est Jean III. Ne sera-ce qu'un règne en exil, comme furent les autres ? Une éloquence triviale peut toujours se permettre de noyer insolemment ces noms, ces signes et ces titres aux cendres du même charnier. L'histoire nationale et la politique attentive y regardent de près avant de dénier toute réalité présente aux vestiges brûlants de pareilles grandeurs.

La succession, à elle seule, représente beaucoup de choses, car elle signifie les droits et les devoirs. Il se peut, puisque tout se peut, que le monarchisme soit une erreur. Mais enfin, s'il était une vérité ? Et si la conservation de la France était liée au rétablissement de la royauté héréditaire ? Il serait douloureux et un peu ridicule que la découverte et la propagande de cette vérité coïncidassent avec un phénomène d'extinction ou d'effacement dans la race des rois.

Que le pays puisse compter, pour un temps illimité, sur la présence, la bonne volonté, le labeur renaissant de la dynastie fondatrice, cela n'est pas la seule condition du salut public, mais c'en est une, nécessaire, et sans elle nous pourrions bien être réduits un jour ou l'autre, comme le furent, tour à tour, les neuf dixièmes des nations de l'Europe, à aller nous chercher une maison régnante hors des frontières de la patrie. Les Français d'autrefois étaient fiers d'avoir des rois de leur sang. L'avantage d'un règne autochtone est assuré par la fidélité de nos princes à l'ordre de leur sang malgré la dureté des épreuves que cela comporte. Monseigneur le duc de Guise vient d'en donner un beau et noble exemple : la fonction peut renaître tant que les fonctionnaires-nés se tiennent prêts à la tenir.

En fait, qu'apportent-ils ? Qu'apporte à la France la fonction des princes ? On peut répondre : une tradition, la tradition du bien public, et l'on peut définir laquelle. Une critique indépendante commence à reconnaître que la manière de gouverner propre à la royauté des Capétiens, des Valois, des Bourbons tenait de près à la loi d'existence et de développement de ce pays-ci. D'autres régimes lui ont donné de la gloire en lui appliquant telles ou telles idées en vogue, mais la gloire a péri, et la vogue est tombée, sans nous laisser de grands profits, tout au contraire ! À mesure que le XIXe siècle s'éloigne et que l'on en voit mieux les gains et les pertes, le bloc des gouvernements império-républicains qui s'étendent de 1792 à 1815 et de 1848 à 1926, ne semble plus valoir, pour le rendement matériel, ni pour le progrès moral, le bloc monarchique qui va de 1815 à 1848. Ici la paix, et là, la guerre. Ici, l'organisation et la production ; là, la consommation, la dépopulation. Ici, une armée et une marine fortes, qui ne font pas la guerre (ou si peu), mais permettent à une diplomatie intelligente, mesurée et fine de nous servir utilement ; là, des armées immenses inhumainement décimées, une marine en décadence régulière, une politique extérieure, d'abord bruyamment fanfaronne, qui nous a conduits par étapes à la situation de peuple assisté. La tradition révolutionnaire peut s'accommoder de cette courbe dégressive ou régressive, car il importe peu à la Révolution, chose universelle, il ne lui importe pas spécialement que la France existe ou n'existe pas. Une tradition monarchique enveloppe au contraire les vues d'intérêt national. Il lui est naturel de répugner aux diminutions séculaires de ce pays qu'elle a formé. Les règnes en exil incarnent donc une certaine loi du *France d'abord*, une certaine volonté de la *France éternelle*, ces beaux mots étant pris au sens littéral et concret, non pas d'une France idéale, vue en rêve oratoire, mais d'un territoire, d'un peuple, de son nombre, de sa fécondité, de sa richesse et de sa dignité. Notre personnel politique recruté surtout dans l'Université et dans le Barreau, ne distingue pas toujours assez clairement ce caractère d'énergique et profond réalisme qui est propre à la tradition monarchique. Mais, comme les réalités nous manquent, et qu'elles manqueront de plus en plus, ce réalisme a quelques chances très prochaines d'être apprécié et d'être regretté.

Le règne en exil représente ainsi un droit historique et un intérêt national. Son troisième caractère est de ne point se présenter sous les traits d'une revendication chagrine, d'une réclamation juridique ; la royauté semble marcher au-devant d'une sorte d'acclamation. Cela tient à ce qu'elle est essentiellement paternelle. Franz Funck-Brentano l'a parfaitement démontré : l'ancienne monarchie est sortie du toit domestique, la magistrature royale est une charge de famille, auréolée par la religion. On risque de raidir et de dessécher un peu ces vénérables origines en ne parlant que d'un contrat entre la royauté et le peuple, à moins qu'on n'entende par là un contrat de mariage, un pacte entre deux graves et profondes sympathies collectives, chargées d'intérêts solennels.

Dans quelques provinces fidèles, où beaucoup de familles sont restées attachées à leurs princes, la réciprocité de l'affection est restée sensible et touchante, jusque dans le très petit peuple. Du temps du comte de Chambord, on voyait de pauvres servantes et de simples paysannes pleurer de joie et d'espérance pour quelque mouchoir blanc arboré au bout d'une canne d'enfant. Du temps du comte de Paris, de bonnes dames de fort petite bourgeoisie avaient des larmes dans la voix pour rappeler que Louis-Philippe avait envoyé ses fils au lycée, ou pour faire admirer sur l'écu de cinq francs une ressemblance, d'ailleurs frappante, entre le profil du roi citoyen et celui du grand roi.

Sans doute, de tels sentiments n'étaient en vigueur que dans certains milieux et certaines localités. Chacun a pu les y surprendre. Beaucoup ont pu croire assister à leur disparition. Ces sentiments ne disparaissaient pas, ils se transformaient. Ils se transformaient sous l'action des princes eux-mêmes : le plus original de l'activité politique des princes a tendu en effet à retrouver ou à reformer cette forte unité de cœur de la France que nos convulsions ont ruinée.

Le comte de Chambord, qui avait préféré son principe à tout, appliquait ses dernières années aux préparatifs d'une action directe qui eût fait de lui le héros de la résistance et de la renaissance religieuse dans le pays. Le comte de Paris, d'abord occupé d'une vaste manœuvre électorale dont il mesura vite l'inanité, appuya le mouvement nationaliste du Boulangisme, parce que, en dépit du grave risque de débander son propre parti, il jugeait que le nécessaire et l'indispensable était tout d'abord de rejoindre et de ressaisir dans leurs profondeurs les sentiments vivants, les ébranlements réels du pays. Il y avait de cela dans le Boulangisme : une explosion de patriotisme offensé, un cri de confiance et d'espérance vers un jeune chef militaire, une réaction du bon sens, de l'honnêteté, de l'esprit d'autorité contre un parlementarisme anarchique et profiteur, c'était bien une houle de sensibilité nationale, de bon sens soldatesque et plébéien, et il était salubre de s'y retremper. Nul principe ne s'y opposait et tout le passé y inclinait au contraire ! Sans l'ombre d'un sacrifice de conscience, le règne en exil se jeta donc dans l'aventure populaire. On put croire qu'il s'y perdait ; il n'y perdit que des électeurs et des partisans, pour un laps d'années assez court. Après avoir repris un contact désiré, l'idée royale était restée elle-même.

La valeur de cette nuance sera comprise et appréciée si l'on veut bien se rappeler que, fort peu après le boulangisme, entre 1890 et 1892, lors des conseils de ralliement à la République venus du Vatican, une autre occasion s'était offerte d'avancer et de gagner dans l'esprit public : du moment que l'Église devenait républicaine, n'allait-il pas être avantageux pour la monarchie de se teinter d'esprit anticlérical ? Cela fut conseillé. Cela fut rejeté. Le comte de Paris répondit qu'il était le roi très chrétien. Peu de temps après avoir donné cette double leçon de souplesse conciliante et d'intransigeance absolue, ce prince s'éteignit, entouré de l'estime ardente de quiconque l'avait connu, admiré des lecteurs capables de le suivre dans ses hautes études économiques et sociales, mais, malgré son effort, tenu encore assez éloigné du cœur du pays.

Il n'avait travaillé que pour l'avenir.

Quand Louis Philippe Robert d'Orléans vint en France, à l'âge d'un an, c'était après la chute du second Empire. Les circonstances étaient affreuses. L'atmosphère lugubre. Comme tous ceux de cette triste génération, les premières paroles qui le frappèrent se rapportaient à la défaite conçue et ressentie comme une humiliation sans mesure. Au commencement du XIXe siècle, Waterloo n'avait pas diminué le sentiment de notre valeur militaire et l'avait exalté peut-être : la Garde était morte et ne s'était pas rendue. Mais, à Sedan, une armée avait capitulé en rase campagne, une autre armée trahie s'était rendue en rendant Metz. Strasbourg était tombée. Après Strasbourg, Paris ! Cette liste cruelle, telle qu'on la récitait dans tous les foyers, prenait un sens plus dur dans la famille de grands soldats qui environnaient le jeune Prince. Son père n'avait pas été admis à combattre, mais le duc de Chartres, son oncle, avait pu servir à la faveur d'un déguisement, et, si le général Henri d'Orléans, duc d'Aumale, s'était vu refuser par des esprits jaloux un commandement qui eût été brillant, habile, efficace, son autre grand-oncle, le prince de Joinville, avait été vu aux armées. La rumeur des armes nationales brisées berça donc toute cette enfance et la rendit pareille à toutes les autres enfances de la nation. Le jeune Philippe grandit dans le même deuil que toute la partie saine de sa génération. À quinze ans il savait par cœur son Déroulède ; à trente, son Barrès. Un dauphin de France ne fait pas de politique : celui-ci, en 1886, à dix-sept ans, s'était contenté de souffrir la rigueur de la loi d'exil, mais, quatre ans plus tard, quand sonna l'heure du tirage au sort des Français de sa classe, le duc d'Orléans déjoua la surveillance de son gouverneur militaire, et s'échappa avec son ami Honoré de Luynes, atteignit Paris, demanda à servir comme simple soldat. Cela lui valut deux ans de prison dont il fit cinq mois, et les contemporains se rappellent quelle émotion détermina par toutes les nuances de l'opinion la démarche d'un prince qui réclamait ainsi une gamelle de conscrit !

Quelques calomnies qu'on eût multipliées dès lors, une impression de haute faveur subsistait, lorsque en septembre 1894, le duc d'Orléans, investi par la mort de son père, donna les signes d'une volonté directrice.

L'un de ses premiers actes fut d'adresser à Déroulède, à propos de sa pièce *Messire Du Guesclin*, une lettre qui faisait son propre portrait : « Ce n'est pas le prétendant qui vous félicite, c'est un Français... C'est un prince que touche la justice rendue à ses aïeux. C'est un soldat remerciant un soldat. *La royauté n'est pas un parti*, dit votre Du Guesclin : Henri IV, qui conquit son trône moins par son épée que par le plébiscite des cœurs, avait la même pensée lorsqu'il se disait *de la religion de ceux qui sont braves et bons.* » Le plébiscite des cœurs ! Il avait vingt-cinq ans. Grand et svelte, beau comme un jeune dieu, promenant sur la vie et ses tentations ces étranges yeux bleu de France où les extrêmes nuances de rêverie alternaient avec le regard le plus aigu, le plus direct, qui ait jailli d'une prunelle d'homme d'action, il semblait naturellement destiné à la clameur de ce plébiscite unanime. Un fidèle et ardent ami de son père, Mgr d'Hulst, avait écrit peu d'années auparavant :

« Il est d'une séduction extraordinaire. Je ne puis m'empêcher de trembler pour lui, car il a un de ces regards qui allument tout ce qu'ils rencontrent, et il est avec cela d'une spontanéité, d'une ingénuité hardie qu'on ne rencontre plus guère chez les jeunes vieux d'aujourd'hui... Seigneur, ayez pitié de mon petit prince ! et, par lui, rendez un peu de poésie et d'espérance à la vieille France... ! »

Dans l'ordre de la politique stricte, peu d'hommes ont mieux su le secret d'attirer les amis, de les fixer, de troubler les indifférents et les ennemis. Mais, trop sensé, trop attentif aux choses, pour se fier uniquement à ce magnifique prestige personnel, sa pensée se portait d'elle-même sur les malentendus qui avaient séparé la couronne de la nation : moins pour les dissiper, car il les savait déjà morts, que pour en abolir les traces au moyen d'éclatants services nouveaux. Un instinct l'en avertissait, il ne s'agissait plus de tracer des contours de lois constitutionnelles, ni de frapper des principes en axiomes, mais d'entrer dans les pleines eaux de la vie française, de se mêler à elle, d'y compter comme serviteur et comme soldat. À hauteur de prince et de Roi, cela va sans dire, mais en mettant la main, soi-même, aux besognes de citoyen. En janvier 1895, lors de l'élection du Président de la République, il avait fait figure de grand électeur de Félix Faure contre Henri Brisson : les intérêts nationaux étaient avertis qu'ils pouvaient compter sur lui. *Je dis qu'il y a là quelqu'un*, écrivait alors un homme du centre, M. Joseph Reinach. Ce quelqu'un apparut clairement, au poste de pilote, dans la longue tempête que souleva pendant quatre ans le procès de police militaire internationale de 1897. Dans cette Affaire, son attitude éclatante équivalut à une action pratique, ses paroles retentissantes le lièrent aux volontés et aux émotions de la France, il incarna enfin ce que souffrait et désirait l'immense masse nationaliste d'alors. « C'est l'armée qu'on veut détruire et c'est la France qu'on veut perdre. » Ce « cri de douleur et d'indignation » correspondait aux calculs des habiles comme à l'instinct et à la conscience des simples. Ses appels répétés, il faut s'en souvenir, eurent vite fait de franchir toutes les bornes des partis monarchiques. Des hommes obscurs purent s'étonner dans les profondeurs du pays que la voix du prince ne ralliât point tout le monde comme elle les ralliait, eux. Ardente et ferme, cette voix royale sonnait aussi la modération et la réflexion. On a beaucoup dit et cru le contraire. Mais on ne l'a pas vu. Ces manifestes sont royaux autant que nationaux. Ils disaient qu'il y a une question juive. Ils n'en tiraient aucun effet d'agitation vaine. On ne peut calomnier le fameux *Manifeste* de San Remo qu'à la condition d'en parler sans l'avoir lu. C'est une page d'homme d'État. Les *guerres de races et de religion* y sont désavouées dès le premier mot. On n'y fait pas non plus de vaine diatribe contre l'argent : on invite l'argent à la modération et à la sagesse. La fortune terrienne y est défendue contre la fortune anonyme et vagabonde, celle-ci est pressée, conjurée, de collaborer avec la fortune immobilière au lieu de la menacer d'asservissement. Tout cela est profondément prévoyant. Vingt-sept ans d'histoire postérieure en témoignent. Le cycle de ces instructions et de ces appels au pays composent un répertoire tel que la prophétesse Cassandre elle-même aurait pu l'envier au duc d'Orléans.

Il fut vaincu, mais avec la France. Il ne m'appartient pas de sonder les raisons pour lesquelles les conciliabules des partis nationaux crurent devoir repousser la main tendue de ce Fils de France et la solution, vraiment impartiale, qu'il apportait. En l'éliminant, on n'organisa point la victoire, on roula tout le monde dans les draps du même revers. La Haute Cour envoya dans le même exil des chefs de groupe aussi parfaitement rivaux, pour ne pas dire ennemis, que Déroulède, Marcel Habert, André Buffet, Lur-Saluces et Guérin. Bientôt, les ministères André et Pelletan purent s'acharner librement sur la France, les effectifs et les crédits, les programmes et les constructions furent réduits ou arrêtés, le Service des renseignements, œil de l'armée, fut aboli, la voie fut grande ouverte à l'espionnage international et l'idée nationale subit le même échec que les forces de la Patrie. Seulement, alors que l'antisémitisme républicain et le nationalisme républicain succombaient, à ce moment précis, les idées du duc d'Orléans développèrent une vertu de fécondité, un pouvoir d'influence auxquels on ne s'attendait pas.

Ces idées attiraient, groupaient, conquéraient. Elles faisaient de nouveaux royalistes. Des hommes qui avaient toujours appartenu aux partis de gauche, ou qui n'étaient d'aucun parti, s'enrôlaient dans le mouvement. Cela ne s'était jamais vu. En 1885, M. Vacherot, l'historien de l'École d'Alexandrie, s'était bien déclaré, dans *Le Soleil* d'Édouard Hervé, pour la monarchie héréditaire, mais cette espèce de *pronunciamiento* académique était resté isolé comme un cas d'idéologie élevé et froid. Cette fois, il y avait un courant, ou plutôt plusieurs courants, où confluait la substance cérébrale et nerveuse de la nation. Beaucoup de jeunesse. Mais une jeunesse qui se renouvelait, au lieu de s'épuiser, d'année en année. Toutes les hauteurs sociales y participaient, mais surtout leur palier médian, celui de ces classes moyennes qui pendant cinq cents ans ont dirigé toutes les évolutions et toutes les révolutions de la France.

On a fait honneur de cet effet à l'*Action française*. Servante du Prince, l'*Action française* ne pouvait pas ne pas travailler dans cette direction. Mais il ne faut pas renverser les rôles. Les actes décisifs du prince ont eu lieu entre 1894 et 1900. Ils ne doivent donc rien aux chefs de l'*Action française*, que le prince ne connaissait pas et qui ne le connaissaient pas à cette date déjà ancienne. Les conseillers se renouvelèrent : André Buffet et Lur-Saluces succédèrent à Dufeuille ; Paul Bézine, Roger Lambelin, Hector du Poy suivirent Saluces et Buffet. Le plan ne varia jamais, le prince suivait la ligne qu'il avait choisie en vue de retrouver le cœur de la France et d'y rétablir l'ancienne amitié. Aussi, dix et vingt ans plus tard, lorsque, en des assemblées où se coudoyèrent l'ouvrier et l'employé, le bourgeois, l'intellectuel et l'artiste, de vastes auditoires commencèrent à appeler, à espérer, à acclamer le roi, ce n'était plus une Vendée ou une Bretagne exprimant des fidélités particularistes, c'étaient, à Paris même, les représentants de toutes les régions, de tous les métiers, de tous les milieux, véritable et sincère abrégé du pays. Une élite ? Disons plutôt une armature, un réseau d'armatures subtiles et vivaces, insinuées dans toutes les profondeurs de notre nation.

Mais, ainsi posée par le prince sur des plans d'intérêt national, une renaissance royaliste ne pouvait pas s'étendre sans déterminer simultanément une renaissance de la nation. Le roi reconstruisait son trône dans le futur, mais, dans le présent, il aidait la nation à se ressaisir.

Il faut se rendre compte de ce qu'avait été l'œuvre du gouvernement républicain entre 1900 et 1912. Les noms propres ne diraient plus rien aujourd'hui. Tel qui, dans cette longue période d'affaissement politique voulu, avait coopéré à la diminution du pays, s'est depuis révélé patriote de cœur et d'âme. Tel groupe, tel parti, connu au long de ces douze années par son extrême indifférence au salut public, s'est dévoué ensuite à la reconstruction de ce qu'il avait laissé détruire. Dans l'ébranlement général, rien n'avait tenu ni duré, rien n'avait été à l'abri des variations, que la claire pensée du roi en exil. Tandis que, par la loi, par la presse, par les écoles, l'on s'était efforcé d'éteindre et de raréfier le sentiment national, comme l'on avait affaibli et amoindri la défense de la nation, l'Exilé avait discrètement accompli le travail inverse. Quand donc la menace de la guerre contraignit le gouvernement républicain à renverser une politique funeste, à revenir et à réagir, il fut obligé de s'apercevoir que les avis du prince avaient déjà fait faire la moitié du chemin aux éléments les plus vivaces du pays. M. Barthou et M. Millerand s'efforçaient de rétablir l'armée au point où elle était en 1897, M. Delcassé reconstruisait une marine, M. Poincaré remettait en honneur l'esprit national et même l'esprit provincial, conformément à la stricte doctrine royaliste : toutes ces phases d'un relèvement commandé par la menace des monarchies ennemies ne ressemblaient point mal à une réorganisation monarchique française faite sans le roi mais bien souvent au nom du roi. L'opposition antipatriote le faisait remarquer avec fréquence et insistance.[102] Si le roi était dehors, il n'était pas absent, son pouvoir spirituel d'abord combiné à la réaction barrésienne et déroulédienne avait fini par aboutir à une action matérielle qui, pour être indirecte, était pourtant son œuvre et remontait jusqu'à lui, sans qui elle n'eût jamais été. Un courtisan eût pu lui dire : — Voyez, Monseigneur, au fond, c'est vous qui recrutez et qui enrôlez ces soldats, réorganisez ces états-majors, obtenez ces crédits, construisez ces navires, veillez par ces ambassadeurs et par ces ministres aux orages que tout annonce...

Mais le duc d'Orléans n'aimait ni les courtisans, ni la courtisanerie, ni même la cour.

Le duc d'Orléans était un homme d'action et d'action directe. Il n'était point capable de se consoler par un fantôme de pouvoir. Quand il en avait fini avec ces longues réceptions d'amis inconnus où il avait pu vérifier son étrange pouvoir d'ensorcellement, quand il avait donné les grandes directives destinées à lui rouvrir sa patrie, parlé de corrections essentielles à introduire dans le régime représentatif, demandé la séparation de la franc-maçonnerie et de l'État, il aimait à partir pour quelqu'un de ces lointains voyages dans les mers du Pôle, dans les déserts de l'Afrique, où ses yeux, ses mains, tout son corps pouvaient travailler, avec sa pensée, à servir la patrie, la science, la civilisation. Cette vie vraiment active était celle qui l'enchantait. Les solitudes le gorgeaient de cette âpre tristesse à laquelle inclinait son mélancolique destin. Au retour, il pouvait constater que son royaume intellectuel et moral s'était étendu, que son autorité ne cessait de s'accroître, mais que l'ensemble du pays glissait, de tout son poids, à des risques terrifiants. Alors, ni les succès de l'explorateur et du navigateur, caps reconnus, îles découvertes, variétés d'animaux marins ou de volatiles captées, classées, nommées, magnifique Musée constitué d'un voyage à l'autre, ni les heureux progrès de sa cause dans la jeunesse de la Patrie, ne pouvaient arracher l'exilé à la sombre amertume de ses prévisions condamnées à ne point servir. Ceux qui le virent au début de 1914 témoigneront de la violence des pressentiments qui l'assiégeaient à ce moment-là.

Un conspirateur d'aventure se fût réjoui. Un prétendant professionnel aussi. J'ose dire que, si l'on veut aller jusqu'au fond de son âme, Monseigneur le duc d'Orléans n'était pas un prétendant. C'était un roi. Le cœur du roi tremblait qu'on ne fît du mal au royaume. Le premier coup de

---

[102] Voir, en particulier, le livre de Marcel Sembat en 1913 : *Faites la paix, sinon faites un roi*, et la *Renaissance de l'orgueil français* de M. Étienne Rey.

canon lui fit écrire à ses amis : *Attention ! plus de politique ! Face à l'ennemi !* Ensuite il demanda à combattre sous nos drapeaux. Lui dont la voix, l'esprit, avaient tant contribué à leur renaissance, il se vit refuser l'entrée des armées. Il essaya des armées belges : elles servaient sur le sol français, impossible ! Même réponse pour l'armée anglaise. Ni l'Italie, ni la Russie, ni l'Amérique ne se montrèrent plus humaines. Agha-Khan ne put lui ouvrir les troupes hindoues. Une étroite surveillance exercée à Londres lui interdit tout enrôlement clandestin. Ces demandes et d'autres durèrent deux ans et plus. Notre gouvernement, qui avait pris la responsabilité du premier refus, avait fait de vagues promesses. Quand il fut sommé de les tenir, il se déroba... Quel désespoir ! Aucun découragement : le duc d'Orléans était très gravement malade au moment de l'armistice victorieux ; à peine convalescent, en février 1919, comme l'on annonça que les hostilités allaient reprendre, le prince expédia un ami chez M. Clemenceau pour recommander sa cause au dictateur républicain : « Je ne demande ni grade, ni situation particulière, j'irai n'importe où, sur le Rhin aussi bien qu'en Orient, aux colonies ou ailleurs, sur terre comme sur mer, car je souffre trop »[103].

Les épreuves de la paix ajoutèrent aux peines que la dure « inaction involontaire » avait fait souffrir. Il était parvenu, à force de volonté, de régime, de *travail manuel* dans son parc du Manoir d'Anjou, à reconstruire solidement l'édifice de sa santé physique, car il tenait, disait-il, à « être paré » à tout événement ; il était fier, comme il voulait bien nous le dire, de rencontrer un peu partout, quelque terre lointaine qu'il abordât, un écho grandissant de la pensée royaliste française, déjà maîtresse de réaction nationale et de direction politique. Le vrai est de dire pourtant que ni il n'espérait, ni il ne désespérait. Il attendait. En attendant, il interdisait d'ajouter aux difficultés nationales, il se faisait un devoir étroit de protéger toute action, même républicaine, qui fût capable d'améliorer ce qu'il s'agissait de sauver. Il parlait avec intérêt des hommes au gouvernement, sans préjugé contre leurs intentions, sans illusion sur les moyens que leur proposait le régime, conjurant, au surplus, tous ses amis, tous ses serviteurs de coopérer de toute leur âme à n'importe quelle œuvre de bien public, mais, soudain, s'arrêtant avec une sombre tristesse sur des phénomènes d'abandon national que rien n'expliquait.

---

[103] Lettre à Maxime Real del Sarte, publiée ci-dessus *in extenso*.

Sa grande joie était de laisser flotter sa pensée sur quelque trait du visage de la Patrie. Nous n'oublierons jamais, pour notre part, de quel regard il examinait, un soir, une petite collection de photographies représentant l'angle de la place de la Concorde qui donne sur la rue de Rivoli : « Là », disait-il comme s'il se fût parlé à lui-même, « le ministère de la Marine... Puis, la rue... la rue... », il nommait chacune à son tour. Que, dans ses voyages, il eût occasion de rencontrer un Français, sa physionomie exprimait une telle joie, la bonté qui transpirait dans ses paroles et ses attitudes était si puissante qu'un interlocuteur de rencontre et de passage était saisi, conquis à jamais : combien nous l'ont écrit, prêtres, fonctionnaires, soldats, marins, sous la fascination de cette haute mine, de ce port merveilleux, de ce beau et triste regard. Tout en lui annonçait une grande race de la nature. On saluait, on s'inclinait, on ne pouvait plus oublier : une figure de la France, une forte incarnation du patriotisme français avait traversé l'obscur chemin de la vie, et l'on en gardait le rayon.

Le croirait-on ? J'en demande pardon à nos intellectuels de Sorbonne, s'il en subsiste : cet homme, si intelligent, ouvert à tout, capable d'imaginer à son plaisir toutes les formes les plus flexibles et les plus fuyantes du sentiment et de la vie, était absolument fermé à toute compréhension de l'anti-patriotisme. On a lu plus haut quelle conversation significative il avait eue bien peu de jours avant sa mort avec son médecin et ami très fidèle, le docteur Récamier. Monseigneur le duc d'Orléans avait toujours admiré que, sur ce point, la République n'eût pas su imposer une discipline obligatoire et automatique. Point d'État normal, en effet, sans une Patrie respectée. Mais certains États sont des monstres, et il n'est pas contraire à leur logique de monstres de favoriser leurs ennemis au dépens de leurs serviteurs. Ce magnanime serviteur traînait donc son exil comme il avait traîné l'inaction militaire. Les *quarante Bourbons tombés à l'ennemi* l'avaient poursuivi de leur gloire : maintenant, c'était la terre de France qui s'imposait à sa mémoire, le suivait de son souvenir. Lui-même l'écrivait en réponse à une belle lettre du jeune duc de Luynes :

> Depuis quarante ans bientôt que je suis exilé, que de fois je suis parti vers des régions lointaines pour chercher, en travaillant de mon mieux pour la France, à échapper à la désespérante obsession de notre frontière barrée ! Et si je me consacre à mes collections, si je vis pour ainsi dire de mes Musées, c'est que là je me sens un peu plus près de

la France à qui tous ces souvenirs sont destinés. J'ai vu rentrer en France, grâce à l'amnistie, des condamnés de droit commun, des insoumis, des déserteurs. Moi qui avait tant voulu servir ma patrie et qui n'ai pu avoir ni cet honneur, ni cette joie, je reste banni ! Je vieillis dans la tristesse d'un long exil, Dieu veuille qu'avant de mourir j'aie la consolation suprême de revoir mon pays.

C'est à ce moment que des malheureux nous disaient :
— Votre prince existe-t-il ? La France veut-elle de lui ?
Cette France ignorante criait par tous ses bulletins de vote quelque chose comme « vive ma mort ». Cette folie n'étonnait pas le Prince. Il avait prévu le dimanche noir.[104] Il l'avait prédit à Jacques Bainville. L'idée de tous les malheurs lui était familière. La volonté de servir ne le quittait pas. Pour compléter ses collections, il était reparti pour l'Afrique, méditant les oublis, les méconnaissances et les ingratitudes. Subitement, la mort passa, grande révélatrice, et la vérité se fit jour comme dans un éclair.

Cet éclair du 28 mars 1926 est appelé à durer peut-être. On y voit et l'on y verra le Fils de France à son dernier soupir, serrant entre ses doigts la petite boîte d'argent qui contient un peu de terre de France, on l'entend murmurer la parole testamentaire : « Je voudrais reposer à Dreux... Si le gouvernement y consent, que mes funérailles soient toutes privées, que mes amis s'abstiennent de manifestations politiques, je remercierai mes amis... Si Dreux m'est refusé, je demande à être immergé en vue des côtes de France... » Jadis, Barrès, intéressé par les idées monarchiques, s'objectait à lui-même que les *puissances de sentiment* ne lui paraissaient pas se prononcer pour elles. Il y a vingt-six ans de cela ! Au bout de cette vie, au terme de l'action nationale et royale ainsi conduite, après les émouvants efforts d'une volonté et d'une sensibilité héroïques, orientées vers le *plébiscite des cœurs*, il semble bien que Barrès, si sa grande ombre pouvait se relever parmi nous, redirait ce qu'il avait déjà confié à Eugène Marsan[105] : sur beaucoup de points, et dans la jeunesse surtout, les *puissances de sentiment* tendent de plus en plus à terminer le schisme dont la France a souffert. On ne peut plus écrire que les idées soient d'un côté, avec les intérêts, tandis que l'instinct et

---

[104] Le dimanche 11 mai 1924, triomphe électoral du Cartel.
[105] Écrivain et journaliste français, né à Bari en 1882, mort en 1936. Compagnon d'armes de Maurras dès les premières années, il tint longtemps la chronique littéraire de l'*Action française* quotidienne sous le pseudonyme d'Orion. (n.d.é.)

le sentiment seraient de l'autre : Monseigneur le duc d'Orléans aura usé sa vie pour changer cela et l'on peut affirmer avec certitude qu'il y est véritablement parvenu. Il a *nationalisé* l'idée, le sentiment et le mouvement monarchistes.

La nation peut désormais s'abandonner comme il peut arriver à tous les peuples, mais chaque fois qu'elle sera tentée de songer d'abord à elle-même, il ne lui sera pas possible d'échapper au souvenir des nobles Exilés qui lui gardent les maximes de la restauration et les principes du véritable redressement. Le douloureux visage de ce Philippe VIII toujours errant, qui expira en mendiant une tombe dans sa Patrie, ne pourra manquer de reparaître de saison en saison dans tous les songes du patriotisme inquiet. Il en deviendra le symbole. Il en résumera les espoirs de résurrection.

# ANNIVERSAIRE

**26 mars 1927**

Il y aura un an lundi prochain que Monseigneur le duc d'Orléans s'éteignait à Palerme, au choc d'un mal rapide que l'arrière-petit-fils de saint Louis avait, sans doute, rapporté d'Égypte ou de Syrie. Ce souvenir ravive quelques-uns des signes visibles d'une douleur que le temps n'atténuera point. Tous ceux qui ont servi le duc d'Orléans l'ont aimé. Tous ceux qu'il s'était attachés s'étaient donnés à lui pour toujours. Comment ? Par le prestige de quel charme ? Il me serait difficile de le dire assez bien. J'ai confiance dans le beau recueil des souvenirs du docteur Récamier, qui sont annoncés. Le compagnon fidèle, le confident, l'ami saura trouver les mots à la ressemblance du Prince, les paroles capables d'émouvoir et de renseigner.

Ceux qui l'ont connu comme moi ne seront jamais consolés du destin de ce merveilleux Fils de France si parfaitement formé à la mesure de son peuple, et aussi de son temps, si bien fait pour régner et pour gouverner à son heure et que les circonstances seules, peut-être un simple retard de l'opinion, une nonchalance de l'esprit public ont ainsi privé de son bien, de sa charge, de son fardeau.

Ce fardeau, on peut dire qu'il l'a cherché toute sa vie, il en a porté le deuil quarante ans avec une expression de désir généreux et de nostalgie douloureuse, qui est inséparable de son grand souvenir. Trop pénétré du sentiment de sa dignité pour courir la popularité ni rien tenter qui ressemblât aux démarches d'un candidat, il était naturellement populaire, animé de cette bonhomie souveraine qui s'allie à la majesté. Le plus beau, l'un des plus intelligents des princes de notre temps, il avait l'allure et l'étoffe d'un roi. D'un grand roi. Il avait ce rayon de volonté gracieuse qui persuade et qui commande, qui emporte et fascine, qui prend l'imagination et le cœur tout en disant : « Je veux. » Qui ne se souvient des retours de Carlsruhe ou de Gênes, de Londres ou de Bruxelles, après la première audience de ceux d'entre nous qui s'étaient ralliés à sa voix !

J'ai failli me donner l'illusion d'entendre cette douce voix dans l'après-midi d'hier en allant enfin visiter à la Bibliothèque nationale les cahiers, les devoirs de latin de Louis XIV enfant, qui y sont exposés, dit-on. Un contretemps m'a détourné du pèlerinage rêvé. Ce sera pour quelqu'un des jours de cette octave ! Devant le reliquaire, je me rappellerai avec quelle bonté d'autres manuscrits, d'autres exercices latins du jeune grand roi, me furent ouverts et communiqués feuille à feuille, un soir de l'autre année, au manoir d'Anjou, par mon prince attentif et grave. Les pièces dont les journaux ont donné la description ces jours-ci sont certainement sœurs de celles que possédait Monseigneur le duc d'Orléans et qu'il montrait avec un respect si pieux ! Les syllabes des mots de son commentaire me reviendront peut-être devant le legs sacré de la race, les signes émouvants de la tradition. Si je ne les retrouve pas, je ressens jusqu'au fond l'angoisse que donnaient de tels trésors maniés en terre d'exil.

On croit que Louis XIV recueillit le seul fruit des labeurs de son admirable prédécesseur. On se trompe. Lorsque le roi eut sa majorité, la France sortait d'anarchie. Mais il se mit au travail, lui et ses hommes. Peu d'années du commandement d'un seul, appliqué avec énergie à l'ordre, à la puissance, à la juste gloire, tirèrent du chaos les magnificences égales ou supérieures à ce qu'avaient vu François Ier, Louis XII et même saint Louis. Telle est la plasticité de la France entre les mains de son chef-né. La fortune y est toute proche des ruines, il lui suffit de se sentir gouvernée et conduite vers les hauteurs qui lui conviennent, sans caprice, mais sans faiblesse, avec le sens du juste, du noble et du beau. Ni les déperditions, ni les déliquescences du XIXe siècle ne faisaient un obstacle à la prompte renaissance de la Patrie par la royauté. Le duc d'Orléans, rétabli, eût entraîné, je voudrais oser dire : il eût empaumé tout son monde, et les oppositions auraient été facilement réduites par ce brillant mélange de générosité, de finesse et d'autorité.

Que manqua-t-il donc ? Ce fut, je crois, vers le début, en 1899, lorsque l'occasion favorable se présentait, un degré de préparation intellectuelle et morale que le pays possède aujourd'hui, qui alors n'était pas atteint ; ni les honnêtes gens ni les patriotes n'étaient fixés sur la véritable cause de nos malheurs publics. On ne savait pas qu'elle s'appelait République. Cela ne s'est vu que plus tard, à l'époque où les événements trop rapides ne permettaient plus beaucoup de jeu à notre politique intérieure. Dès 1914, n'importe comment, n'importe à quel prix, il ne s'est plus agi que de tenir et puis de vaincre, et le mot d'ordre sauveur ne pût être différent de celui que donna le duc d'Orléans ; mais son *France d'abord* aura été l'un des éléments de la victoire, et l'histoire impartiale se devra de le constater.

La maladie l'avait à plusieurs reprises dompté et le déclin de la victoire assombrit ses dernières années. Il s'étonnait du déclin du patriotisme. Une de ses dernières paroles fut son cri douloureux sur le détachement manifesté par des hommes publics à l'égard de la patrie et de son drapeau. Là était le cœur de son cœur. La petite boîte d'argent contenant un peu de terre de France, qu'il serrait entre ses mains pendant l'agonie, donne la juste idée du sentiment qu'il avait reçu de ses pères et que Philippe VIII a transmis à Jean III.

Nos rois sont les hommes de la race et du sol. Telle est la plus haute utilité publique de leur fonction. Le centenaire de leur interrègne fournit en leur faveur une preuve aussi forte et plus forte peut-être que le millénaire de leur règne fondateur, créateur, unificateur.

## Au tombeau de Palerme

**Lundi 28 mars 1927**

La messe du bout de l'an de Monseigneur le duc d'Orléans a été célébrée samedi, 26 mars 1927, afin d'assurer au plus grand nombre possible de nos amis travailleurs, employés, bénéficiant de la semaine anglaise, le moyen de prendre leur juste part de ce deuil de famille, car, ainsi que disait un jeune parisien qui me ramenait, « aucun de nous ne l'a oublié ».

Le souvenir resté vivant d'un noble prince que si peu d'entre nous avaient eu la faveur d'approcher donnait aux Comités royalistes et à l'Action française largement le droit d'anticiper le rendez-vous anniversaire : les quatre immenses colonnes de signatures publiées au numéro d'hier suffiraient à justifier notre avance de deux jours. Mais enfin c'est aujourd'hui que tombe la véritable date funèbre ! Il y a une année aujourd'hui, cette foudre nous a frappés.

Ceux qui ont visité, comme nous l'avons fait en avril dernier, Maurice Pujo, Jacques Bainville et moi, la chapelle palermitaine qui, pour un temps, garde les cendres de notre prince, n'ont pas fini d'en méditer la dure et poignante désolation. Quelle simplicité sauvage ! Quel isolement ! Depuis les obsèques, nul Français n'y était venu avant nous. Après nous, des marins, des touristes, des voyageurs de commerce appartenant à nos organisations de fidélité ont fait un détour par la Sicile pour saluer ce tombeau modeste, à l'entrée du cimetière du Saint-Esprit, y laisser une gerbe, et en rapporter quelques pincées de fleurs champêtres cueillies dans le voisinage du monument. Il est donc là, redisions-nous, le cœur étreint, et toute cette flamme de résurrection nationale, qu'il incarna deux âges d'homme ! Les mêmes tristesses redites, dans les mêmes termes, par un grand nombre de cœurs français, font, sans doute, en s'associant, une lourde plainte. Mais le nombre et le sens des communes douleurs en dégagent aussi l'espoir. Pas un de ces Français en deuil qui n'ait présente au cœur l'antique certitude qu'un roi de France ne meurt pas.

C'est en revenant de Palerme que nous eûmes, à Naples, l'insigne honneur de la première audience officielle de Monseigneur le duc de Guise, au palais de Capodimonte, chez S. A. R. Madame la duchesse d'Aoste, auprès de S. M. la reine Amélie qui est allée, aujourd'hui même, faire célébrer à Palerme, sur la chapelle de la tombe, cette messe de bout de l'an que les princes font célébrer en Belgique, à Dreux, à Larache, à Neuilly. Nous jetons sur ce court espace d'un an le bref regard chargé des mélancolies de l'épreuve ; mais qu'y recueillons-nous, de nouveaux signes favorables et nouveaux bons présages tirés de la course des choses ?

Ce deuil cruel a réveillé un élément, un aspect neuf de l'idée royaliste. Sur le cercueil d'une personnalité rayonnante, en qui s'incarnaient tous les meilleurs rêves du chef royal, la France a vu briller la vive et claire image de la famille couronnée : le roi, la reine, le dauphin, les princesses, tout ce qu'il semble qu'elle eût désaccoutumé d'aimer, elle l'a découvert avec admiration, ravissement, tendresse. Les Parisiens réunis à Notre-Dame le 15 mai 1926 en furent les témoins éblouis. Et ce qui s'est passé, depuis, dans l'ordre du resserrement national l'a confirmé : *avec quelle fermeté, si digne d'un roi !*

Il n'y a donc qu'à persévérer et à redoubler, jusqu'au jour prochain que tout nous annonce. Alors nous n'aurons pas à fréter un navire pour ramener en vue des côtes de France les restes du plus patriote de tous les princes ni pour les immerger à l'embouchure de la Seine, redevenue le fleuve du roi ; la République ne sera plus, elle-même, qu'un souvenir mauvais, et, le plus rationnel, le plus naturel des régimes, le seul qui soit conforme à la nature de la France et à sa raison nous aura ramené l'autorité, les libertés, la prospérité et l'honneur. Alors, avec l'esprit de réorganisation et de sécurité, montera librement au ciel l'expression des grandes certitudes françaises, et leur essor brillant ne pourra manquer d'être accompagné des éclats d'une grande joie. Cependant, les hommes de ma génération essuieront des larmes furtives.

Ils penseront à lui, à lui qui a tant fait pour la sûre échéance d'un si beau jour, et ce prince resté si jeune dans leur esprit réveillera leur propre jeunesse avec la chanson d'autrefois :

> Notre jeunesse en fleur
> Vous a donné son cœur,
> Roi magnanime !
> Menez-la jusqu'aux cieux
> De cime en cime
> Sur vos pas glorieux !

Et ainsi, depuis cette sainte cendre royale jusqu'à l'écume inconsistante de ces strophes légères prises du *Chant d'assaut des Camelots du roi*, tout aura rempli son destin, servi et agi pour la France.

# Raoul Ponchon

## 1927

*Texte paru comme préface au* Raoul Ponchon *de Marcel Coulon (Grasset, 1927).*

## LETTRE À MARCEL COULON

Mon cher Ami, en repassant tous les souvenirs innombrables que me suggère votre livre, je ne puis m'empêcher de jeter les yeux de temps en temps sur un bouquet de pins, de mûriers et de chênes qui me fait réfléchir aux caractères les plus anciens et les plus récents de notre amitié d'esprit ; je vois des branches qui divergent à partir de la fourche : au fur et à mesure qu'elles s'élèvent, un mouvement, précis comme une volonté, semble les incliner les unes vers les autres, les assembler, les arrondir, il leur suffirait d'allonger les pointes extrêmes pour se rencontrer de nouveau quelque part dans le ciel.

Que de jours ont passé depuis que nous vivions enfermés au même faisceau ! C'était le temps de Moréas, le temps où la grande œuvre de Jean Moréas mûrissait : disons le début de la dernière décade du siècle écoulé. Nous errions en bande par le Quartier Latin et nous nous asseyions à des terrasses de cafés où il se consommait beaucoup moins d'alcool que d'une certaine ambroisie qui n'était pourtant pas cet hydromel hindou que Dumézil, impitoyable, assure avoir vu mousser sur l'Olympe. Les uns nous comparaient à de jeunes homérides suivant leur Homère nouveau, les autres à des Scythes armés de la lance et de l'arc pour rétablir l'ordre à Athènes. « Le pauvre F.A.C. »[106] Cazals nous criblait de charges peintes et de brocards chantés, tandis que son maître Verlaine faisait pleuvoir les traits vénéneux que nous lui rendions.

Ni votre bonheur, ni le mien, n'avaient de pareil. Nous assistions, charmés, à peine enivrés de ce charme, à une naissance tantôt lente comme une fructification, tantôt vive et soudaine, véritable pluie de printemps : la naissance des *Stances* et d'*Ériphyle*, d'*Iphigénie* et des *Silves*, peut-être même, car vous êtes des plus anciens, à l'aube étincelante de ce *Bocage moral et plaisant* pour l'amour duquel Moréas jeta au vent une partie de son *Pèlerin passionné*. Le vent n'emporta rien ou rapporta fidèlement toute chose. Nous aurions rattrapé au vol le moindre feuillet.

---

[106] Frédéric Auguste Cazals, de son vrai nom A. des Cadensals, souvent désigné à l'époque par ses initiales. *Comme celle-ci les notes suivantes sont des notes des éditeurs.*

Quelques points de repère me permettent, mon cher Coulon, de vous faire asseoir au milieu de nous bien en avant de 1895, *puer intonsus* de ta troupe. Votre visage imberbe, immobile et grave, aurait fait augurer d'une carrière de juriste et peut-être de juge, n'eût été votre ardente passion de la poésie pour laquelle nous ne pouvions concevoir un partage.

En ce temps-là, cette passion comportait autre chose que l'amour des bons vers : la haine des laids. Nous nous intéressions au bonheur de la Poésie française, exactement comme au destin de quelque jeune Dame rencontrée boulevard Saint-Michel. Même sollicitude, même intimité familière, même ardent dévouement. C'était de l'amour : il ne fallait pas laisser la Poésie s'égarer, il ne fallait pas la salir. Le petit père Faguet[107] nous l'a assez reproché ! nous étions fort capables de répéter vingt fois, au cours du même article, un distique qui nous plaisait, mais c'était cent fois, c'était mille que nous savions vouer à la haine des hommes et au dégoût des dieux les couplets symbolo-parnassiens qui nous déplaisaient. Ainsi le *Centaure et sa race inutile*[108] étaient-ils priés de reprendre la route du désert avant d'avoir causé de vergogne ou d'offense à l'enfant merveilleuse qui reflorissait devant nous. Si le Barbare était reconduit un peu vivement, cet excès de vivacité avait une cause. Nous étions indignés de l'injustice volontaire infligée par d'intéressés cabaleurs à l'homme divin qui nous avait été député par Athènes, pour le salut de notre langue et pour le réveil de nos arts. Le tort que le public trompé faisait à Moréas, et qui s'aggravait avec les années, déchaînait en nous un terrible démon de stricte justice à l'égard de tous ses rivaux couronnés. Aucun rimeur contemporain ne tenait la comparaison devant ce frère de Chénier : son génie, sa doctrine menaçaient de dures éclipses les favoris de la fortune, confondue misérablement avec la vraie gloire ; nous sentions une Joie féroce à montrer de combien de façons leur bonheur était usurpé. À la rage, au dédain, s'ajoutait un désir de propagande réparatrice, et chaque trait nouveau de la scandaleuse méconnaissance rallumait nos fureurs en décidant

---

[107] Émile Faguet, 1847–1916, régna sur la critique : professeur d'université, influent critique aux *Débats*, collaborateur d'un grand nombre de revues littéraires, membre de l'Académie française, rédacteur de manuels scolaires et d'histoires littéraires et poétiques, couvert d'honneurs variés, il illustre la culture officielle de la IIIe République avant-guerre.

[108] Raymond de la Tailhède, *Ode à Maurice du Plessys*, 1892 :
>Car n'avons-nous pas vu le sépulcre s'ouvrir
>De Ronsard, du pieux Virgile,
>Tandis que le Centaure et sa race inutile
>Dans l'âpre Scythie allait fuir ?

de représailles exemplaires sur des places choisies avec un art de bourreaux chinois.

De semblables rigueurs, qui servaient la justice, servaient aussi la dame de nos pensées. Elles dégageaient les autels de la Poésie et rangeaient ses serviteurs en bon ordre sur les pentes confuses qui s'élèvent depuis le bas degré des commencements et tâtonnements nécessaires jusqu'aux libres sommets de la perfection. Une juste hiérarchie en était rétablie dans les sentiments et dans les idées.

Sans nier les plaisirs certains qui peuvent sortir d'une poésie de seconde classe et même en les éprouvant comme tout le monde, nous disions qu'il importait de nous souvenir qu'il y avait mieux, et que le sublime était là : les délices inférieures sont des traîtresses quand elles le font oublier. Comme les titulaires de ces petits plaisirs, débauchés qui s'encanaillaient chez de petites muses, étaient désignés par leurs noms et par leurs prénoms, comme le « motif » ne manquait jamais d'être inscrit à la base du pilori, l'exécution servait la cause impersonnelle d'une foule de vérités salutaires trop insolemment oubliées.

Au lieu de gémir sous nos coups, les sacrifiés auraient été plus sages de s'en faire honneur. Ils auraient fini par trouver une espèce de joie à servir de support à des leçons utiles. Dans cinquante ou cent ans on ne se souviendra guère d'eux que pour quelques défauts brillants mis en valeur par nos censures. Le pauvre abbé Delille[109] est tiré de son oubli, qui n'est pas plus juste qu'un autre, par le seul ridicule d'ingénieuses périphrases qu'on a censurées à propos.

Chateaubriand, qui eut de très hautes parties de critique, comparait la postérité à quelque grand Pasteur qui ne voit que les cimes. Faut-il munir d'une longue-vue ce juge sommaire ? Il en serait bien encombré ! L'appareil qui rapproche les distances ou qui amplifie les détails dénature le rapport des êtres et la proportion des objets.

Une justice menée vivement, rondement et d'ensemble n'est pas aussi éloignée qu'elle en a l'air de la véritable : il lui suffit d'être administrée de bon cœur, en conscience, sans calcul d'intérêt ni souffle de haine, pour l'amour des beautés qui ne sont point nées et pour ce qu'il convient de les aider à naître.

---

[109] Jacques Delille, dit l'abbé Delille, 1738–1813, qui se consacra à la poésie descriptive savante, toute de périphrases. Il est souvent cité comme l'exemple des poètes sans originalité du XVIIIe siècle.

À ruminer ces théories de la justice, je m'aperçois que j'en remonte à mon curé : critique et poète, mon cher ami, il se trouve en effet que vous êtes aussi juge de profession, attaché au ressort de Paris, et, si je ne me trompe, à la douzième Chambre. Un de ces jours, vos accusés vous nommeront « mon Président », et qui sait si je ne vous enverrai pas ma bottine ?

En attendant il me souvient du soir où vous avez laissé Moréas pour Thémis et la Poésie pour le Code : je n'oublierai jamais votre dîner d'adieu, car il fut succulent et l'on eut au dessert une remarquable surprise.

Le citoyen Bracke, que nous appelions Desrousseaux[110], helléniste aussi barbu que vous étiez glabre, était alors quelque chose comme notre Dorat ; il passait comme on l'a bien dit pour le conseiller technique de l'École Romane, cumulant ces hautes fonctions avec la charge de premier greffier des poèmes de Moréas, qui, fort ennemi de la plume, les dictait à peine trouvés et arrêtés. Beaucoup de premiers jets des *Stances* sont ainsi de la main de Bracke.

Les fameux manuscrits du poète, exécutés comme des pensums grandioses sur un papier couleur de soleil, n'ont été calligraphiés que plus tard. Ce soir-là, votre soir, Desrousseaux, plus taciturne que d'ordinaire, paraissait écouter des voix. Puis, nous le vîmes se lever, et, roulant un peu les épaules, il se mit à chanter. Il chantait, cela va sans dire, nos compliments, nos vœux, nos amitiés, votre avenir. Son refrain était naturellement « À Nevers » puisque c'était la belle ville où vous étiez envoyé comme substitut. Petits vers, rimes riches, ce n'était pas facile à mettre debout. Il me souvient d'un *forever* ou, peut-être mieux, d'un *never* qui souleva, comme une triche, des protestations passionnées. Tout s'apaisa vers la minuit, et, le lendemain, l'on aurait eu du mal à reconnaître votre chanteur anglicisant dans l'impassible secrétaire qui, la plume levée, sous le monocle étincelant du poète divin, épiait l'effusion de quelque grand vers nouveau-né.

---

[110] Alexandre-Marie Desrousseaux, 1861–1955, dit Bracke, parfois Bracke-Desrousseaux. Helléniste réputé, Bracke-Desrousseaux adhère au marxisme, rejoint le Parti ouvrier français puis la SFIO lors de la fusion des différents courants socialistes mais restera toujours une grande figure du guesdisme. On lui doit l'adoption du sigle SFIO par les socialistes français en 1905. Député de la Seine de 1912 à 1924 puis député du Nord de 1928 à 1936. Il fut également conseiller municipal de Lille. Il a été le premier traducteur en français de Rosa Luxemburg. Tout cela explique sans doute l'ironique *citoyen* que lui accole Maurras. Il ne faut pas le confondre avec son père, Alexandre Desrousseaux, chansonnier qui eut son heure de gloire.

… Nous nous sommes perdus, nous nous sommes retrouvés, nous nous sommes perdus encore.

En ma qualité de vieux lecteur de ce *Mercure* que l'on a eu raison d'appeler la *Revue des Deux Mondes* de notre génération, je vous ai suivi à distance, heureux de voir que tous vos dossiers de justice ne vous faisaient pas quitter les Lettres d'un pas. Mais, d'année en année, il fallait bien me rendre aux signes de la réaction assez sensible que vous manifestiez contre l'ancien corps de sentiments, d'idées et de goûts qui nous avait si étroitement rassemblés.

On raconte que votre compatriote Guizot, s'apercevant qu'il avait fait de mauvaises études, les recommença. Votre esprit attentif, votre goût curieux a-t-il voulu aussi reprendre et, en quelque sorte, retoucher par toutes sortes de nouveaux essais les expériences littéraires de votre jeune temps ? Sans doute aussi pour vous remettre en garde contre de nouvelles conclusions trop précipitées, avez-vous échangé des sympathies imprévues avec des personnages qu'anciennement nous n'avions pas beaucoup prisés. Mais ainsi ont été revues vos positions, cela les a fortifiées. Il n'est pas de meilleur travail que cet effort contre soi-même. Avec autrui, la lutte éprouve ; contre soi elle endurcit, stimule, définit et accroît. Cette lutte achevée (oh ! le plus tard possible !), cet équilibre retrouvé, l'intelligence devenue sa propre maîtresse, enfin cet espèce d'élargissement obtenu, il ne reste plus qu'à savoir ce que l'on fera de ses biens.

Je suppose qu'à ce moment de maturité vous vous êtes fixé dans un mode de critique tendu tout entier aux plus vastes, aux plus complètes, aux plus difficiles obligations de ce noble exercice.

Vous vouliez tout d'abord vous décrire exactement votre auteur, acquérir l'assurance de l'avoir senti en plein et à fond. L'exposé que vous en faisiez, aussi indépendant que possible des passions, des influences de doctrine, et du simple désir de telle ou telle orientation des Lettres françaises, ne se développait, en somme, que pour dire ce que vous voyiez être, ce qui était : le vrai. « Le vrai seul. » Notre grand Sainte-Beuve a prétendu aussi ne vouloir que cela.

Mais il faisait bien d'autres choses et il ne s'en vantait pas ! Il classait et jugeait, et (quoi qu'on en dise) presque toujours fort bien ! Vous, content de porter la robe et la toque au Palais, n'êtes que témoin à la ville. Non qu'il n'y ait maint jugement d'insinué par mots ou par gestes, mais l'inclination de votre goût secret fait repousser avec ennui, moins comme négligeable que comme impossible ou trop difficile, cet effort de jugerie littéraire qui nous animait autrefois. Jamais il ne vous semble que l'on puisse tenir un compte suffisant de tout. Ma seule réplique possible est qu'à compter sans cesse, le compte ne finira point.

Je suis loin de nier le plaisir de tenir et de manier les valeurs, de les faire couler entre les doigts, tinter l'une sur l'autre, comme métaux distincts, et, d'approximation en approximation, les coter au plus juste sans jamais se résoudre complètement, ni à poser le chiffre, ni à tirer, d'estimations ainsi poussées à fond, les vérités définitives, les utilités précieuses, les solides profits de pensée qui y sont inclus. Ils y sont en effet. Vous les voyez et les sentez, mais quel soupir d'impatience quand on vous presse de les dégager ! Vous aimez mieux vous enfoncer un jour dans Moréas (et sur la matière de son art, sur le fond de son caractère vous avez trouvé bien du neuf et du juste) ou dans Barrès, ou dans Anatole France. Une autre fois, c'est Leconte de Lisle ; une autre, le vaste Remy de Gourmont, ou Jean-Henri Fabre, l'historien des insectes, chez qui vos indolentes flâneries vous arrêtent, vous tirent en avant, vous arrêtent encore. Néanmoins vous avez beau faire ! vous arrivez. Le but touché, vous en jouissez comme un autre, et souvent mieux qu'un autre, après avoir usé, jusqu'aux pires abus, de tous les plaisirs du chemin. Mais cette attention infinie, grappillant des détails si nombreux et si différents, aura manqué vingt fois de me brouiller avec vous pour jamais !

Faites-vous tant de cas d'un tel ? Ou de tel autre ? Faut-il vous suivre jusqu'à l'adoration de celui-ci ? Ou de celui-là ? Vos larges études me changent en un véritable sac d'objections. Je ne puis m'empêcher de leur reprocher encore de vous distraire – en vous amusant – d'un certain nombre de points importants, faits ou principes, que nous considérions dans notre jeune âge comme le plus utilement opposés au mal des modernes, les plus propres à guérir ou à médicamenter judicieusement tout ce pauvre siècle en folie. La plupart du temps le malade vous a paru bien plus intéressant que le rêve de le traiter. L'aviez-vous consulté ? Il eût peut-être accordé quelque intérêt au remède et à la guérison... Hélas ! ces indulgences n'ont-elles pas fini par vous faire perdre de vue pour toujours le gracieux visage de la déesse Hygie[111], présidente et patronne d'une Critique des Poètes qui s'arme, pour leur bien, de l'arc d'Apollon. N'en doutez-pas, notre jeune Dame des anciens jours, elle aussi, aurait reconnu comme dans un miroir l'idée

---

[111] Hygie, fille d'Asclépios, déesse mineure attachée à la bonne santé, à la propreté, à l'hygiène formée sur son nom.

supérieure de la perfection de son charme dans les yeux, sur le front de la jeune déesse

Qui porte dans ses mains la force et la santé.[112]

Sous le nœud rayonnant de sa chevelure dorée, Hygie était fort belle ; il y a au musée de la rue de Patissia, à Athènes, deux ou trois exemplaires de sa délicate petite tête, venus, je pense d'Épidaure[113], et qui sont bien près de valoir le torse et la cuisse splendide de l'Amazone décrochés de la même frise. Nous pouvons honorer Hygie sans déshonneur, nous avons bien le droit de la préférer aux baudelairiennes « beautés de langueur » qui ne nous ont que trop séduits, vous et moi. Je dis bien : moi qui parle, car me soupçonnez-vous de m'être trouvé sans péché ? La coulpe que je bats rudement sur votre poitrine est aussi la mienne, soyez tranquille ! Mais c'est sur les principes que j'ai marqué de la fermeté, quand vous étiez de ces méchants qui les raillèrent, rêvant même que l'on pourrait céder, ou composer là-dessus. Cela, non !

Non et non ; il m'est d'autant plus facile de m'opiniâtrer au bord de mon glacis de guerre que ces confessions sont écrites à l'occasion du beau, du bienheureux retour que vous venez de faire aux rivages de la vertu.

La vertu, oui : Ponchon ! Il n'y a point d'auteur d'une santé esthétique plus éclatante, comme il n'y en a point qui montre une telle évidence de rectitude et de solidité. Ni le siècle, *ni l'âge, ni l'orage*[114], n'y feront rien. J'aurais parié, en ouvrant votre livre, qu'il vous serait difficile d'en écrire beaucoup de lignes sans lui mettre à l'épaule, comme une pourpre de triomphe, son titre incontestable, sa haute, sa certaine, son éblouissante qualité de poète classique. À vous voir aborder si gaillardement chez Ponchon, comment voulez-vous que votre vieil Ancien ne s'écrie pas que vous venez de toucher au port ?

Disons à *un port !* vous êtes encore trop jeune et trop vivace pour ne pas repartir comme un simple enfant de Laërte. Vous vous rembarquerez vers les Syrtes et les Cyclades, vers les royaumes de Circé et les îles de Calypso,

---

[112] Vers de Musset dans *La Nuit d'août*.
[113] Le culte de Hygie était attaché à celui de son père Asclépios à Épidaure, en Argolide. Maurras évoque un peu plus haut Apollon car le culte d'Asclépios était lui-même lié à celui d'Apollon : les guérisons miraculeuses d'Épidaure étaient attribuées conjointement aux deux divinités. Enfin la mention des statues d'amazones s'explique par une célèbre amazonomachie qui décorait le fronton ouest du temple d'Asclépios à Épidaure. Il n'est plus vraisemblable que les œuvres citées viennent « de la même frise ». Sans doute faut-il voir dans ces détails assez précis des souvenirs personnels datant du séjour de Maurras à Athènes en 1896.
[114] Ces mots sont un souvenir de la *Réponse à M. Charles Nodier*, de Musset.

mais enfin, pour une heure au moins, le temps, le son d'une belle heure, vous vous serez reposé à Raoul Ponchon ; vous vous serez arrêté là, l'espace d'un volume et non d'un seul, car d'autres doivent suivre à la même gloire. Celui que notre Moréas appelait justement un *véritable grand poète* reçoit par vous son dû devant une assemblée de tous les lettrés.

Alors, pour nous faire plaisir, mon cher ami, récitons-nous quelques vers de votre poète. *Le Vin de mon ami*, si vous voulez bien :

> Ah ! sapristi ! le bon vin
> D'où qu'il vint,
> Ami, que tu m'as fait boire !
> Quand il viendrait du Brésil,
> Je dis qu'il
> Est digne du Saint Ciboire.
> Est-il de belle couleur !
> Quelle fleur
> Lui peut-être comparable !
> Un rubis vu près de lui
> N'est que nuit,
> Tout parfum que misérable.
> Il est frais entre les dents,
> Et dedans
> La gorge il met de la joie,
> De même qu'il rend au cœur
> Sa vigueur,
> Sans inquiéter le foie.
> Il n'est pas de ces vins fous,
> Lesquels vous
> Flanquent d'abord une tape.
> Pacifique et naturel
> Il est tel
> Qu'il somnolait dans la grappe.
> Ses éléments éthérés,
> Par degrés,
> Montent, par lente poussée,
> Mais ne prennent pas d'assaut
> En sursaut

Le palais de la Pensée,
C'est un paisible et serein Souverain,
Qui, dans sa cour enchantée,
Avance à pas de velours,
Si peu lourds
Qu'on ne peut s'en faire idée.
Pourtant, à son pas discret,
On dirait
Que ses courtisans s'éveillent
Qui dormaient en l'attendant…
Dans l'instant
S'éveillent et s'émerveillent.
Et lentement, et petit
À petit,
Les rythmes, comme des pages,
Commencent à frétiller,
Babiller,
Et mènent de grands tapages.
Un rêve dans mon cerveau,
Tout nouveau,
Se lève comme une aurore,
Plus ingénu mille fois,
Qu'en les bois,
Une fleur qui vient d'éclore.
Et voici que mon esprit
S'attendrit
Sur nos misères humaines,
Et que je dis des méchants :
« Pauvres gens !
Pitié pour ces phénomènes !

Plus d'une fois, les jeunes écrivains qui faisaient des enquêtes sur le plus grand poète du temps se sont entendu répondre :

— C'est Ponchon.

Ce n'est pas autrement que, au XVIIe siècle, l'auteur d'une enquête pareille, qui n'était autre que le grand Roi, s'entendit répondre par Despréaux : « Sire, c'est Molière ». Boileau n'aurait peut-être pas répondu de même à un autre que Louis XIV. Il lui appartenait de révéler au Roi ce qu'il y avait chez Molière de majesté. Eh ! bien, de nos jours le Roi-Public doit être averti, éclairé et fixé sur celui qu'il aurait de basses tendances à prendre pour un simple amuseur plein de vin. Oui, Ponchon est un grand poète. Non, il n'est pas excessif de l'appeler le premier du temps, bien que sa modestie charmante ait quelquefois trouvé l'honneur exagéré. Avec quelle joie je vous l'entends affirmer et confirmer, mon cher ami, et combien l'abondance de vos raisons, aussi nombreuses que les incomparables textes cités, fera plaisir à tous les véritables amis de cette pure poésie que tant de sots mettent à l'épreuve !

Grâce à vous on lira, on approchera, on goûtera, on admirera. L'on n'admirera point une Muse si naturelle sans en retirer des plaisirs qui ne vaudront pas simplement pour la satisfaction platonique de l'oreille, de l'œil, de l'imagination. Cela ira au cœur, cela fera du bien, cela tirera d'erreur, cela délivrera du mal. Quelques zigzags que fasse le poète, il aide à penser droitement, sainement en des affaires d'art littéraire (et presque de morale) que la prétention et l'emberlificotement dénaturent.

Eussiez-vous borné votre tâche à dessiner exactement, impartialement, les traits distinctifs de cette belle figure d'homme de bien, oui, de bienfaiteur, il y aurait quelques autels à vous élever, mais vous faites tellement mieux quand vous parlez de lui avec cette passion dans l'affection qui est due, ne vous contentant point de la vérité froide, déployant un enthousiasme qui vous fera autant d'amis que vous devez avoir de lecteurs ! Le public français en sera élevé à cet état de haute réceptivité dont il est besoin pour apprécier tout à fait cette beauté simple et sans grimace, courante, populaire et aussi très savante, mais néanmoins reconnaissable à tout ce que la fausse élite dédaigne : la franchise et la vérité. Ponchon peut vous aider à nous débarrasser de bien des faux goûts dangereux.

Nous avons été des premiers à convenir du péril qu'il pourrait y avoir à parquer le chœur des poètes dans la stricte auréole de la splendeur du clair. Mais il y a un autre risque, autrement sérieux, à les maintenir obligatoirement dans le cercle des phosphorescences de l'ombre. L'auréole du clair ne s'arrête pas tout d'un coup, ses lumières extrêmes vont en se dégradant, elles se décomposent presque à l'infini, et l'on se rend compte qu'en somme, peu de richesses lui échappent. On ne sacrifie rien en commençant par le beau centre de la radieuse clarté. Si, au contraire, l'on commence par rompre avec la zone claire, le dommage est immédiat : en admettant qu'on perde par le premier abus quelques délices difficiles ou captieuses (et même discutables, sauf pour un petit nombre de réussites, dont la rareté ne fixe nullement le prix) l'autre abus, c'est bien simple, par ses perpétuels « combats de nègres dans la nuit », donne cours au charlatanisme des mystagogues, arrête l'expression du premier, de l'ample, du direct, fausse ou brime les libertés du naturel et de la vie.

Car l'ironie est bien plaisante : le dernier stade de l'affranchissement romantique aboutit, dans les conditions que voilà, à mettre les poètes dans une espèce de cachot que nous pourrions traiter de seconde Bastille, les hommes de 1830 se flattant d'avoir pris ou brûlé la première.[115] Que de pudeur, que de contrainte, que de scrupule et de mauvaise honte ! On a peur du libre et du net. La critique a suivi la poésie dans cet étouffoir. Cela me fait admirer d'autant plus chez vous la libre allégresse, le flegme imperturbable, la piété sincère de l'admiration et du blâme. Tout occupé en principe de votre héros vous ne prenez de conclusions sur autre chose qu'avec la sobriété des grands sages, mais il est vrai qu'elles tombent à pic.

Il faudrait donner en exemple les pages utiles, équitables et vraies, ou, quand il l'a fallu et comme il l'a fallu, vous avez invité vos lecteurs à rendre toutes les grâces dues à Messieurs Jean Richepin et Maurice Bouchor, ces membres bien heureux d'une incomparable amitié, pour la belle part qu'ils ont prise à la vie mentale de Raoul Ponchon, à ses lectures, à ses études, soucis littéraires, préoccupations philosophiques et morales. Ils ont pourvu en somme à son « institution ». Ils l'ont informé, renseigné, renouvelé, mentalement ravitaillé. C'est par eux, dites-vous, que beaucoup de considérations sont entrées dans la tête splendide et oscillante de ce Bacchus indien[116] qui n'est pas soutenu par le couple des Nymphes. Hé ! les deux bons amis qui servirent de Nymphes lui auront accordé appui, réconfort,

---

[115] *Les hommes de 1830* en raison de la mention du romantisme faite plus haut, d'autant que la Révolution de juillet se donnait volontiers pour l'écho de celle de 1789.

[116] On sait que Bacchus était censé avoir conquis l'Inde dans un voyage mémorable. Mais pourquoi Maurras convoque-t-il ici sans autre raison que le vin ce souvenir classique ? il faut sans doute y voir une référence non dite à Caius Marius, qui se comparait dit-on au *Bacchus indien* pour justifier son amour du vin. Or Marius, vainqueur des Cimbres et des Teutons qui s'illustra en particulier en Provence, est une figure familière à Maurras, qui le cite souvent. Faut-il voir plus encore et citer Ponchon dont les vers de la *Chanson vineuse*
>Je ne distingue plus
>Jésus-Christ de Bacchus,
>La Vierge de Vénus

firent en leur temps un petit scandale et ne pouvaient qu'être très bien connus de Maurras ?

parfois direction, jusqu'à ce point précis de l'heure sacrée et soudaine ou son âme divine le ravit et l'emporte au-delà de l'esprit borné des mortels. Après avoir un peu détesté Richepin et Bouchor[117] depuis vingt ou trente ans, j'avoue que la fraternité que met en valeur votre livre m'a arraché des sentiments de sympathie, des propos de bénédiction. Tel est le prestige des choses bien dites quand elles sont pensées parfaitement.

Laissez-moi vous féliciter aussi, en avant de tous vos lecteurs, de ce que vous avez su dire du « travail » de Ponchon.

Ces fortes lignes, qui dureront, il me semble, pour la nouveauté et pour la justesse, forment le point de ce beau livre où l'examen, l'étude et le portrait tournent comme il convient à la plus tendre *Apologie* ou plutôt (car, si l'on put accuser Socrate, nul n'accuse Ponchon) au plus moral des panégyriques. Langue, style, image, pensée, tout est exposé et loué, conduit au degré de modèle, à son rang de type exemplaire ; votre ouvrage en acquiert un aspect de critique active et militante qui nous rajeunit tous les deux, mais qui vous met au front le frais chapeau de fleurs où la pomme de pin somme la rose cyprienne et le vert laurier phœbien.

Ne me prêtez d'ailleurs aucune pensée de tuer le moindre veau gras. Mais, voyez-vous, nous avons beau faire ! Il faut bien rendre hommage à ce qui rapproche les hommes et les lie entre eux. Sans tout accorder à la vie des personnes, il ne serait point sage de s'en détacher tout à fait. Nous estimons, nous honorons cette haute fascination qu'exercent les images de la vérité rationnelle, l'ivresse des idées, des mesures bien prises et justement remplies : il est clair que cela passe tout, en effet. Mais dans l'ordre des Lettres, il y a autre chose. Heureux ou malheureux, notable ou obscur, on est de son âge. Nous nous trouvons marqués pour appartenir à la génération qu'illustra, enseigna, modela et orienta le fondateur et chef de l'École romane. Là, nous avons formé, en outre, la subdivision des « Romans », du Midi.

Je ne dis pas du mal des Nordiques ! L'un nous venait de Lille, il était merveilleux de voir avec quel admirable acquis d'érudition, de perspicacité et de goût ! Un autre avait bondi de l'Ardenne sauvage, haut et roux comme un faune, appliqué à chanter la course des naïades, la fuite des eaux sous les

---

[117] Détestation littéraire peut-on penser : le revirement de Jean Richepin (1849–1926) vers le nationalisme à la faveur de la guerre, revirement qui en fit une cible privilégiée des milieux pacifistes, ne pouvait le faire détester de Maurras ; quant au poète et auteur dramatique Maurice Bouchor (1855–1929), on ne voit pas quoi lui attribuer de bien saillant qui motiverait autrement cette détestation.

branches, l'ondulation verlainienne d'un chœur agreste à travers bois. Un troisième prenait racine dans le sol parisien, avec les nobles qualités du terroir illustre : vif, dépouillé, sec et ardent, complexe et tendu, magnifique surtout dans la pure mélancolie ! Je ne ferai grâce à personne de la bonne mesure, là où elle convient. Mais usons, tout de même de nos justes raisons de nous estimer. Puissions-nous oublier les splendeurs, les vigueurs, les puissantes sublimités lyriques et pastorales de La Tailhède, il faudrait écouter encore notre maître lui-même, car Moréas n'est jamais plus beau que dans l'évocation du ciel et du sol nourriciers :

> Oui, c'est au sang latin, la couleur la plus belle…
> Thétys qui m'a vu naître, ô Méditerranée…

Ne vous a-t-il point appelés, presque par les noms de votre ville et de la mienne ?

> Coupez le myrte blanc aux bocages d'Athènes,
> À Nîmes le jasmin…
> Aux Martigues d'azur allez cueillir encore
> La flore des étangs…

Rien ne servirait d'enchérir pour nous exagérer l'influence de nos berceaux ni même de nos voisinages. Ils ne sont peut-être pas si amis que cela ! L'archéologue ou le paléontologue vous le dirait : dans les grottes de la première histoire humaine, les graffiti languedociens font de tout autres signes que les graffiti provençaux ; il y aurait entre eux des différences vastes et profondes comme le Rhône qui nous traverse. On peut se consoler en pensant que, s'il en est ainsi, il doit y avoir des diversités autrement fortes entre les riverains de Loire ou de Lys et nous deux ! Ne soyons pas trop dupes de ce bel art d'approfondir les distinctions et les oppositions qui parvient à creuser le moindre fossé en abîme. Votre canton est protestant, le mien est catholique : quelle autre affaire si nous mettions la loupe dessus !

Tout pesé, il restera vrai que des affinités décisives ont dû jouer aujourd'hui et jadis pour nous réunir. Il y a un Sud-Est, il y a un Midi, il y a une aire des dialectes de langue d'oc, ces éléments déterminateurs ont agi au dedans de la grande détermination nationale. On abuserait des catégories naturelles en disant que les barres verticales ou horizontales de la carte changent quelque chose au vrai ou au faux, à l'égal ou à l'inégal, au rond ou au carré. Un poème n'est pas beau parce qu'il est d'un fils d'Athènes comme Moréas, ou d'un enfant de Napoléon-Vendée comme Ponchon, une idée n'est pas juste parce qu'elle va d'accord avec les affinités de nos substructures vivantes, mais, sa justesse une fois connue, une fois que nous sommes assurés de sa vérité et de sa beauté, n'aimons-nous pas y goûter en sus des joies de l'esprit pur, l'aveu subtil et fort de ces ressemblances profondes, écho secret du mouvement de l'antique rythme animal qui tendit à la dresser et à la mouvoir ? Que le beau et le vrai nous fassent des signes d'amitié fraternelle, qu'il y ait lieu d'y reconnaître quelque chose comme le *tremblement d'une mer natale*[118], de tels concours de félicité nous mettent, comme disait Goethe, en harmonie avec nous-mêmes et avec l'Univers ; cela nous est d'autant plus cher que cela n'est pas dû : il n'y a rien de plus gratuit au monde, et rien ne garantit que rien en nous ait mérité pareille rencontre, Si donc ce rapport existe, comme il arrive, et s'il jaillit des terres maternelles un idéal accord avec d'éternelles et d'universelles beautés, saisissons-nous, nourrissons-nous de cet honneur inattendu, fruit unique et doré de ce « royaume de la grâce » qu'a décrit Maurice Pujo : sachons nous en gorger et nous en saturer, non sans un fier élan de reconnaissance pieuse pour les pères augustes qui nous l'ont procuré.

Une grande part de ce que vous avez écrit de notre Ponchon se rapporte à cette merveilleuse vertu des races et des climats latins.

Votre chaude critique de ce beau et bon poète des vins de France, de ce fils de Ronsard, de ce neveu de La Fontaine, ira au cœur de tous nos amis naturels aussi rapidement qu'elle est allée au mien. La très vaste famille de l'esprit français qui déborde toute frontière ne manquera pas de vous harceler de remerciements de félicitations, et surtout de prières afin que vous continuiez sans retard le sacré labeur commencé, car on dit que vous n'êtes qu'au début de votre cycle *panponchonique* et déjà l'on répète le vieux cri des dignes buveurs : — Encore ! Encore !

Osez donc, je vous prie ! Hâtez-vous donc de déboucher la tonne future pleine de ce bon vin que demandait Horace au roi de son festin d'hiver :

> Pour dissiper le froid, mets la souche dans l'âtre,
> Et, Thaliarque, à flots, verse-nous ton vieux vin...[119]

---

[118] Mots de Jean Moréas, dans *Le Pèlerin passionné*, *Je naquis au bord d'une mer...*
[119] Citation imprécise d'Horace, I, 9, v. 5–8.

Ainsi le grand maître de la critique et de la lyre, direct ascendant de Ponchon, conjurait-il de ne rien ménager contre la mauvaise saison. Nous sommes comme lui. Nous avons besoin d'avoir chaud, Nous avons besoin de vous lire et de vous lire sur Ponchon. J'appelle donc, à cor et à cri, le second volume en vous priant de me tenir pour le plus assidu, le plus reconnaissant et le plus ami des lecteurs.

*Chemin de Paradis, 11 novembre 1927.*

# La Démocratie, la Marine et les Colonies

## 1928

*Ce texte a paru dans* Les Cahiers de la république des lettres, des sciences et des arts *no 10, a avril 1928.*

# La Démocratie, la Marine et les Colonies

Il y a huit ans, un fonctionnaire qui traitait des questions coloniales, ayant lu dans le livre de M. Thibaudet un exposé critique des objections élevées dans mon *Kiel et Tanger* contre la politique coloniale de la troisième République, s'était dispensé de remonter à la source : il affirma que je rejoignais Barrère et sacrifiais les colonies aux principes. Cette infirmité, ajoutait-il, ne m'était pas personnelle, elle était due à ma triste nature de Français et à ma fâcheuse catégorie de politicien chauvin.

Y aurait-il donc dans le cas du Français quelque chose qui l'« indispose » contre la politique coloniale et l'induise à la « détester » ?

Ce vocabulaire sentimental présente assez mal la question. Voyons les faits. Notre France est un isthme qui nourrit quantité de marins et de négociants postés par la nature au bord de ses deux mers. L'immense développement de ses côtes ne donne qu'une faible et imparfaite idée du puissant intérêt qu'elle aurait à naviguer et à coloniser. Mais, à l'extrémité ouest de l'Europe, elle reçoit sur une frontière mal affermie la forte pression d'un continent sur lequel les civilisations germaniques n'ont servi, les trois quarts du temps, qu'à organiser, armer et lancer sur elle les barbaries mongoloïdes issues de la profonde Asie. Le problème se pose donc sous la forme simple et brutale de l'alternative : êtes-vous pour ceci, la résistance au choc oriental, ou pour cela, l'expansion maritime et coloniale ?

Une politique rationnelle évite de tout ramener à *vive ceci* ou *à bas cela*. Ceci doit vivre sans que cela doive être abattu. On peut et l'on doit se prononcer pour les deux développements, auxquels il suffit de donner des numéros. La défense contre l'invasion germanique a le numéro un, parce que c'est le salut. L'expansion à l'ouest et au sud, d'ordre alimentaire et vital, a le numéro deux. C'est encore un bon numéro.

La priorité appartient à la politique continentale, moyennant laquelle nous parvenons à ne pas mourir. Mais l'on invoquerait à tort je ne sais quelle loi de notre histoire qui voudrait que notre succès sur le continent fût toujours acheté par des revers maritimes, et vice versa... Le fondateur de notre marine, François Ier, fut aussi le redoutable et souvent l'heureux adversaire de la maison d'Autriche ; Richelieu, qui porta à Vienne le coup décisif, fut aussi le reconstructeur de notre puissance navale. Je sais bien que Colbert et Louvois ne s'entendaient pas, mais, au-dessus d'eux, était Louis XIV, et, sous son règne comme sous celui de ses deux successeurs, la difficulté naturelle d'harmoniser deux fortes politiques, l'océanique et l'européenne, ne fut jamais une impossibilité. Choiseul et Vergennes en trouvèrent même la voie, et le renversement des alliances, le pacte de famille montrent que des problèmes compliqués ne sont nullement insolubles quand on se place au centre des choses et que l'on sait concevoir raisonnablement.

La vieille France a connu les revers maritimes et coloniaux ? Il nous est arrivé de perdre à la fois l'Inde et l'Amérique ? Mais les malheurs d'alors diffèrent des erreurs d'aujourd'hui en ce que, si nombreux et graves qu'ils aient été, leur ensemble accuse beaucoup moins d'imprévoyance et d'absurdité. En effet, le premier développement colonial avait été uni intimement à la naissance et aux progrès de notre marine — marine et colonies avaient décliné en même temps, par suite de la même incurie passagère ; leurs décadences simultanées rendaient ainsi un témoignage du sens pratique et du bon sens des Français d'autrefois. Lorsque nos pères négligeaient leur marine, ils ne prétendaient pas s'intéresser à leurs colonies. Lorsqu'ils voulaient des colonies, ils construisaient leur marine. Ils savaient qu'on ne traverse pas la mer à pied sec et que, si l'on part pour les îles, il faut posséder quelque moyen d'établir un va-et-vient. La renaissance coloniale était subordonnée dans leur droit commun à la renaissance navale : quand il voulut prendre sa revanche des traités de Paris, le successeur de Louis XV, qui n'était que Louis XVI, commença par s'assurer d'une flotte.

Notre malheur maritime et colonial est consommé au traité de Paris de 1763. Moins de vingt ans s'écoulent, et c'est le traité de Versailles de 1783 ! Un continent est arraché à l'Angleterre, notre vieille rivale a été balancée et parfois battue sur toutes les mers. Le monde avait eu plusieurs fois ce spectacle. C'est le dernier. On l'avait eu aux siècles précédents, pendant des périodes variables, et toujours relativement brèves, car rien ne pouvait empêcher que nous fussions avant tout de fond rural : la structure géographique de notre pays ne nous rendait pas aussi claire qu'aux Anglais la nécessité de la maîtrise des mers et de l'essaimage colonial. Mais enfin, si avant Louis XVI, sous les rois, ses aïeux, nous avions eu tantôt des décades, tantôt des jours d'égalité navale avec les plus puissants maîtres de la mer, cela ne s'est plus vu après Louis XVI et nos rois une fois partis.

Voilà le grand fait. Bacon mettrait cela sur ses tables d'absence et sur ses tables de présence. Nous verrions les variations. La troisième République nous a donné un grand empire colonial, et il n'est pas exact que nous lui en fassions aucun reproche. Nous ne disons pas : *il ne fallait pas acquérir des colonies*. Nous disons : *il fallait avoir un programme naval et l'exécuter*. On ne l'a ni exécuté ni conçu. Toute initiative coloniale doit s'appuyer sur une marine forte. Voilà ce que nous reprochons à la République d'avoir oublié.

Nous avons laissé la marine française victorieuse, forte, les colonies en voie de reconstitution par la volonté et le labeur des Choiseul et des Louis XVI. La Révolution détruit le tout. Notre marine est incendiée de nos mains. Nos colonies sont immolées à des dogmes métaphysiques. Malgré tout son génie et tout son effort, ni le premier consul, ni l'empereur n'arrive à réorganiser l'immense capital englouti dès 1790. Effort et génie sombrent à Trafalgar ! C'est dix ans avant Waterloo que la suprématie anglaise est établie pour un siècle. Vient la Restauration. Période courte, mais moralement, intellectuellement, financièrement, politiquement si énergique, si fructueuse, que le cœur de tous les Français devrait souffrir des extravagances que des esprits inconsidérés disent et écrivent de Louis XVIII et de Charles X. La marine se reconstitue, le corps des officiers renaît. On fait figure à Navarin, et, trois ans plus tard, on est maître de partir pour Alger. Notre ancienne rivale, alors notre amie, essaye de nous en empêcher : de Londres, de Paris, et même en Méditerranée. Le ministre de la Marine baron d'Haussez envoie faire f... cette opposante. La flotte part. Alger est conquis. Là-dessus, nous faisons une révolution. Au point de vue maritime à tout le moins, nous n'avons jamais rien fait de plus bête... 1848 peut-être... Et encore !

Depuis, la République s'est annexé les îles et les presqu'îles, elle a créé sur tous les rivages des dépôts, des stations, des forts et des bureaux. Les colonies anciennes, comme le Sénégal, se sont agrandies à perte de vue. La Tunisie s'est ajoutée à l'Algérie. Le groupe de la Réunion, de Nossi-Bé et de Mayotte s'est accru de l'immense Madagascar. L'Afrique nous a vus remonter les fleuves, cerner les lacs, envahir les déserts et les marécages. Mais, quant aux moyens d'assurer les communications de toutes ces contrées avec la mère patrie, pour y maintenir son drapeau, cette affaire primordiale, cette condition de toutes les autres n'a jamais occupé que secondairement nos hommes d'État. Je contai déjà cela en 1905 dans *Kiel et Tanger*. Le cas de M. Hanotaux et de ses collègues de 1895 n'est pas isolé. Tous ses successeurs se sont habitués au scandale d'un empire colonial sans marine !

De temps en temps, un publiciste ou un ministre, un amiral ou un député, particulièrement doué du sens de l'évidence, fait remarquer que, entre Diégo Suarez et Marseille ou Dakar et Bordeaux, il y a de l'eau ; cela étant, il n'est peut-être pas superflu d'y mettre des bateaux garnis de canons pour la traverser. On convient aussi que notre matériel de mer n'a mais eu le nombre suffisant ni la qualité convenable, car il ne correspond qu'aux nécessités de la défense métropolitaine et de quelques petites colonies de plaisance, comme nous en avons aux Antilles et dans l'Hindoustan. Un vaste empire voudrait être défendu autrement. Le nôtre est un empire ouvert, démuni et sans résistance, richesse offerte aux cupidités du plus fort. Nos explorateurs et nos trafiquants nous auront fait exécuter dix fois le geste de prendre : personne n'a songé à nous organiser en vue de retenir. Nos actions d'Asie et d'Afrique, toutes déterminées par des affaires financières, demeurent naturellement exposées à finir comme de très mauvaises affaires. Pour expliquer un tel procédé, l'inconscience de la République, son absence de mémoire et de prévision doit entrer en ligne de compte : si médiocre ou si nonchalant qu'on veuille le supposer, aucun régime n'eût conçu ni supporté, en les connaissant, ces incohérences. Il faudrait reculer les frontières de l'ineptie pour imaginer un gouvernement qui, de propos délibéré, demanderait : « Partirons-nous coloniser sans nous construire une flotte ? »

Un petit État sûr de sa neutralité, la Belgique, ne l'a pas osé, et c'est le roi Léopold II, appuyé sur l'adhésion de l'Europe entière, qui a tenté le Congo à titre personnel ; la création d'une marine belge aura été l'idée fixe de ses derniers jours ; elle est reprise et continuée par le jeune disciple qui l'avait soutenue comme prince héritier. Ainsi les paradoxes les plus heureux tendent eux-mêmes à rentrer dans la loi. L'esprit humain est inhospitalier à certains contresens. Il ne les pense pas, s'il peut lui arriver d'en subir les effets. Aussi bien, dans notre politique coloniale, n'y eut-il pas de faute proprement dite, parce qu'il n'y eut pas de conception. L'oubli de la marine fut un simple cas d'absence matérielle, de lacune physique dont personne ne peut être dit responsable. Le responsable d'une telle faute n'existe pas. Nul ne le trouvera, la troisième République n'a jamais eu en son centre aucun organe capable de porter cette charge. Ni intelligence, ni volonté, ni sens de la direction, rien d'humain. L'impulsion était partie de la Bourse de Paris ; une fois en marche, la machine administrative alla, courut, roula, vola vers le but indiqué, tant qu'elle trouva des chemins ouverts, mais à la mode des machines, sans rien penser et sans se soucier de rien.

Il y a une succession d'actes de diplomatie et de force qui nous a valu *tant* de « possessions » lointaines. Le nom de politique coloniale ne leur convient en rien. Ces accidents discontinus, entraînés les uns par les autres, nullement conduits les uns en vue des autres, ne font point une politique. Comme le disait M. Boisneuf, député de la Guadeloupe, le 10 décembre 1921 : « ... La République n'a pas de programme colonial d'ensemble : seuls les régimes monarchiques se sont préoccupés de l'organisation coloniale qui tient dans les ordonnances de la Restauration de 1825 et 1828, dans la belle loi du 24 avril 1833 et dans les sénatus-consultes du 3 mai 1854 et du 10 juillet 1856. Depuis la troisième République on ne trouve aucune loi organique coloniale. »

Cependant, l'immense empire ainsi constitué est devenu l'objet de la convoitise de nos voisins, dans la mesure où sa conservation est mal garantie. Il y a bientôt vingt ans, on comprenait, on constatait ce cours de choses déjà ancien et il m'était possible d'écrire à cette époque : « Depuis vingt ans que s'y appliquent nos trésors, une partie des territoires coloniaux est renouvelée. Ils ont pris figure française — le pire est devenu le meilleur par notre art. Nos soldats, nos administrateurs, nos colons mêmes, tant en Extrême-Orient que sur divers points de l'Afrique, ont perfectionné l'ingrate matière et stimulé les populations. Tout cela a grandi, est devenu prospère, a du moins reçu un fort tour de charrue. Une grande richesse a été ajoutée, de main d'hommes, à l'état primitif du Tonkin, du Congo et de Madagascar. Le peuple de proie qui viendra nous les ravir ne perdra ni l'or, ni le fer, ni le sang qu'il y versera, car il trouvera mieux qu'une terre vierge : un pays jeune et le vieux fruit des expériences et des entreprises de l'ancien monde. Ce qu'on nous laissait conquérir voilà vingt ans valait bien peu. Ce qu'on peut conquérir sur nous a déjà son prix, qui augmente de plus en plus. »

Donc, par ses colonies, la troisième République aura rendu la France merveilleusement vulnérable. On a bien soutenu que leur perte ne lui infligerait qu'un dommage moral. Faut-il compter pour rien l'évanouissement de vingt ans d'efforts militaires, administratifs et privés ![120]

Notre empire colonial nous est nécessaire.

Nous avons besoin de lui pour maintenir et pour nourrir notre puissance métropolitaine ; c'est seulement avec son empire colonial que la France atteint aux cent millions d'habitants qu'espérait le général Mangin pour nous permettre d'équilibrer nos ennemis sur le continent. Mais l'empire sera coupé et nos cent millions d'hommes seront privés de communication s'il nous manque la liberté de la mer. Cette liberté, une flotte l'assure. Et nous ne l'avons pas ? Et nous ne la construisons pas ? Ou nous ne la construisons qu'à petits morceaux !

Pourquoi ? Par la seule raison que nous vivons sous le régime de la « femme sans tête », comme disait Sembat.

En France, la marine a toujours été l'affaire d'un seul. Tous nos fondateurs de marine et tous nos constructeurs de flotte en sont les témoins ; c'est en matière de marine que se vérifie l'axiome d'Albert Sorel, historien républicain : l'expression naturelle d'une grande Angleterre, c'est une grande assemblée ; l'expression naturelle d'une grande France, c'est un grand roi. Plus que toute chose humaine, la marine est chose royale. Pour la mener à bien, il faut commencer par retrouver un roi.

---

[120] Ces deux derniers paragraphes sont repris du chapitre XVII de *Kiel et Tanger* : « Le pouvoir du roi d'Angleterre : nos colonies ». D'autres notations dans le présent texte en sont reprises moins expressément. (n.d.é.)

# La Nation et le Roi
# Le Roi et les Provinces

## 1928

*Textes parus dans la* Revue Fédéraliste[121] *en 1928.*

# LA NATION ET LE ROI

Si l'on me demandait de définir la situation de la France sous la troisième République, je demanderais la permission de la comparer à l'ancienne condition de Metz ou de Posen ; comme à Posen et comme à Metz, l'autorité publique s'efforçait de désarmer, de dépouiller et de dénationaliser l'habitant ; comme à Posen et comme à Metz, cette autorité publique était exercée par une puissance étrangère. Seule différence : les Alsaciens-Lorrains et les Polonais étaient victimes des hasards de la guerre ; notre malheur résulte du hasard des révolutions. Les révolutions ont permis à un peuple étranger, à une confédération de peuples étrangers de s'élever sur nous et de régner sur nous. En s'emparant des bureaucraties de l'État, en présidant aux comédies électorales, en réglant la parade parlementaire, l'Étranger de l'intérieur peut encore tromper un petit nombre de bons Français amis d'une illusion qu'ils estiment commode. Mais cette illusion, ils la paient : leur consentement aux fictions constitutionnelles les promène de déconvenues en déconvenues, et l'histoire de leur opposition ne se compose que de culbutes.

Au contraire, les Français qui, voyant à quel ennemi ils avaient affaire, ont reconnu qu'il s'agissait d'une lutte pour l'indépendance de la nation, ces Français-là ont éprouvé d'abord l'intime plaisir de comprendre ce qui se passait devant eux. Ils ont compris comment la République, incohérente en toute chose, n'est pas incohérente dans son œuvre contre l'église et autour de l'école. Ils ont vu pourquoi ce régime inconstant et discontinu en tout montre, au contraire, un admirable esprit de suite dans son effort pour désorganiser nos armées de terre et de mer. Un État ordinaire ne prend pas plaisir à se dissoudre, à s'affaiblir ni à se démoraliser. Rien de plus naturel quand un État se trouve secrètement mené par les étrangers de l'intérieur.

On peut s'accommoder de cet envahisseur, même reconnu. On peut aussi lui proposer des traités et des alliances. Jeanne d'Arc aurait pu, a dit un homme d'esprit, demander le *Home Rule*[122] à Bedford. Les plus

---

[121] La *Revue Fédéraliste*, 1928, no 100, *Guirlande à la Maison de France*, préface de Georges Bernanos.

[122] Terme anglais désignant l'autonomie revendiquée par les Irlandais entre 1870 et 1914. (n.d.é.)

parlementaires voudront bien m'accorder néanmoins que la vierge lorraine fut dans son droit en se proposant de chasser les Anglais de notre patrie. C'est au même dessein que se sont arrêtés, depuis trente ans, un certain nombre de bons Français inaptes à servir les Juifs et les métèques. Et ce dessein n'est pas sans inconvénients. Mais il offre des avantages. On risque d'y laisser sa peau ; on ne risque pas d'être dupe. En dénonçant la fable de la légalité, on échappe à la nécessité d'observer les règles du jeu contre un adversaire qui triche.

Le nationalisme français implique donc une action révolutionnaire. Mais depuis trente ans quelques-uns des principaux directeurs de ce mouvement ont compris que, le mal venant de l'État, du pouvoir, toute tentative nationaliste se doit de commencer par nationaliser le pouvoir. Cette maîtresse vue, qui rallia tant de dévouements et d'intelligences et qui soulève aujourd'hui un peuple, n'aurait jamais été possible sans un fait historique immense et dont les conséquences ne font guère que commencer ; le programme énoncé à la même époque par Monseigneur le Duc d'Orléans, digne et légitime héritier des Pères de notre patrie, correspondait exactement à cette insurrection nationale. Et certes, le royal programme n'avait rien d'absolument neuf : de tous temps, les chefs de la Maison de France, qu'ils fussent sur le trône ou au fond de l'exil, avaient connu, par position et grâce d'état, les nécessités vitales de la nation. Ce n'est pas d'esprit politique, mais plutôt d'énergie et de volonté que manquèrent soit Louis XVI, soit Charles X. Le cœur des rois de France se rendit toujours compte des besoins du pays ; mais, le pays n'a pas toujours été sensible à leur instinct de vigilance patriotique et ce fut par un hasard providentiel que, dans les années 1897, 1898, 1899 et suivantes, les paroles du Roi vinrent tout d'un coup éveiller un écho durable et profond parmi les douleurs et les désirs du peuple français. Nos concitoyens tressaillirent de joie et, d'une joie plus forte que tous leurs préjugés, quand ils entendirent le jeune descendant de leurs anciens rois prononcer des discours tels que ceux de San Remo et d'York-House, et formuler toutes les promesses de renaissance que postulait et souhaitait le malheur des temps. Ils se sentaient broyés sous la botte de l'Étranger, et le Roi invoquait le génie de la race et le génie du sol. Cosmopolis apparaissait maîtresse de la patrie, et le Roi de France déclarait vouloir rendre la patrie à elle-même. « Tout ce qui est national est nôtre...

J'ai défendu l'armée, honneur et sauvegarde de la France. J'ai dénoncé le cosmopolitisme juif et franc-maçon, perte et déshonneur du pays. » Ces appels rallièrent le nationalisme français. Ils lui épargnèrent les erreurs et les douloureuses pertes de temps qui ne furent pas ménagées aux nationalistes allemands avant Bismarck et le roi de Prusse, aux nationalistes italiens avant Cavour et le roi de Piémont. D'emblée, nos patriotes eurent le bonheur de rencontrer ce principe vivant, un Prince qui fournit à la réaction des sentiments et des intérêts nationaux l'objectif rayonnant de la royale majesté.

Comme de juste, l'ordre royal n'enleva rien de sa passion, de sa force, ni de sa chaleur au mouvement nationaliste qui s'y incorporait. Le vieil esprit conservateur, qui ne conserve que le mal, avait émigré dans l'opinion libérale et républicaine, et ce fut de concert avec des royalistes éprouvés, tels que André Buffet, Lur-Saluces, le marquis de la Tour du Pin Chambly, l'abbé de Pascal, que l'Action Française développa d'année en année ses offensives les plus hardies. Quand de nouveaux venus, de toute classe, de toute condition et de tout parti se mettaient en marche vers le fils des héros de leur vieille unité, nos plus anciens noms historiques s'associaient au mouvement de la Révolution pour le Roi. Que parle-t-on de vieux ou de nouveaux royalistes ! Conscrits et vétérans se sont amalgamés dès le premier jour.

## LE ROI ET LES PROVINCES

Le 18 août 1900, de Marienbad, Monseigneur le Duc d'Orléans adressait à un royaliste français l'inoubliable lettre *sur la Décentralisation* : « La décentralisation, c'est l'économie, c'est la liberté, c'est le meilleur contre-poids comme la plus solide défense de l'autorité... » Vous savez la page par cœur. Permettez-moi de vous en redire les derniers mots : « J'y donnerai ma première pensée. La question sera mise sur le champ à l'étude avec la ferme volonté non seulement d'aboutir, mais d'aboutir rapidement. — Je tiens à ce qu'on le sache. »

Seulement ces promesses semblaient n'être, vous le voyez, que pour le lendemain de la Restauration. Elles paraissent ne pouvoir absolument s'appliquer qu'après la prise de possession du pouvoir. Et, dès lors, on pouvait élever d'autres objections.

C'est que la République nous a donné de nouvelles habitudes d'esprit. Jadis l'opinion publique flétrissait les chefs et les princes qui s'oubliaient. Le régime démocratique a fait de l'infidélité politique une sorte de règle dont personne n'a plus le cœur de s'étonner. Ce régime de l'irresponsabilité a déteint sur les hommes qui le composent et sur le public qui le souffre. Le manque de parole a désormais force de loi. Il suffit d'ouvrir le recueil des professions de foi électorales. Les candidats promettent tout ce qu'on veut et ensuite n'y pensent plus. Et les électeurs n'y pensent guère davantage ; il semble presque convenu de part et d'autre que personne ne prend au sérieux les conventions de cette basse littérature.

On en est venu à trouver presque naturel que, dès son origine première, dès la première Révolution, le parti républicain ait acclamé la décentralisation, l'autonomie des pouvoirs locaux, sans jamais en tenter l'application effective. Le droit fut bien inscrit dans une Constitution, mais il fut convenu que l'exercice de ce droit serait suspendu « jusqu'à la paix ». La paix se fit, mais la décentralisation ne se fit jamais. Depuis cent trente-cinq ans, on a vu croître et embellir l'oppression de toutes les libres organisations sociales par le jeu naturel du despotisme administratif fondé sur la démocratie. De temps à autre, quelque républicain, quelque groupe républicain élève le cri : « La République sera décentralisée ou elle ne sera pas. » Mais ce n'est pas une opinion originale, Proudhon avait déjà crié : « Qui dit République et ne dit pas Fédération, ne dit rien. » Et nous continuons d'avoir la République sans avoir la Fédération. À la vérité, ce que nous avons est tombé au-dessous de rien.

N'en accusons pas les républicains. Si quelques-uns, si beaucoup d'entre eux promettaient en purs charlatans, il en était aussi qui désiraient de bonne foi simplifier les rouages administratifs ou libérer les pouvoirs locaux. Clemenceau, par exemple, ou Brisson, ont parfaitement pu concevoir dans leur opposition quelque goût sincère pour certains programmes décentralisateurs. Au Gouvernement, c'est un fait, ils sont devenus centralisateurs féroces. Cela est vrai de tous : radicaux, modérés, opportunistes, progressistes, socialistes ou libéraux. Osons le dire, pour tenir une promesse, il ne suffit pas de le vouloir. Il faut pouvoir. Et chacun de ces messieurs, une fois installé au ministère de l'Intérieur, a pu toucher du doigt qu'il ne pouvait pas décentraliser s'il tenait à vivre et même, s'il voulait ne pas tuer sa propre autorité, qu'il lui fallait centraliser à tour de bras.

Dans la lettre que je viens de vous rappeler, Monseigneur le Duc d'Orléans leur disait pourquoi : « Aucun pouvoir faible ne saurait décentraliser ». La faiblesse républicaine tenant à ce que le pouvoir y repose sur l'élection, la nécessité de tenir les électeurs pour « faire » l'élection oblige à renforcer les rouages administratifs interposés entre ces électeurs et leurs maîtres élus. C'est le *b-a ba* de l'Action française. Pour qui a bien compris cette vérité, un projet de décentralisation démocratique apparaît nécessairement comme la plus inconsistante des utopies ou la plus amère des dérisions. Quand on a une fois montré aux républicains cette impuissance inévitable, ceux qui ne peuvent le comprendre sont certainement de l'espèce des nigauds, et ceux qui passent outre après l'avoir compris sont probablement de la variété des fripons.

Il est vrai que la France, l'activité française, l'immortelle force française étouffe de plus en plus dans le réseau des Constituants, des Conventionnels, du premier Consul. Un mouvement d'esprit, très vif, très profond et très général, s'est donc fait jour en faveur de la décentralisation. Et, dès lors, la friponnerie ou la nigauderie des industriels de la politique se sont coalisées pour essayer de faire croire, par des artifices divers, à leurs intentions, à leurs projets, à leurs plans réfléchis d'une décentralisation plus ou moins prochaine. Ces plans et ces projets, précédés de leurs exposés de motifs, nous les avons bien vus et lus. Ce sont de très pauvres démarquages, ce sont des plagiats très vulgaires d'une antique et traditionnelle pensée royaliste qui remonte à Louis XVI qui fit plus que de la rêver. Comme disait si fièrement le comte de Chambord, « la décentralisation est une de nos doctrines ». Un Clemenceau, un Briand, un Ribot ont pu se figurer qu'ils n'avaient qu'à étendre la main pour s'approprier les idées de nos rois, mais les idées ne se volent pas comme un simple milliard des Congrégations, et les jeunes gens qui venaient parfois se plaindre à nous que tel ou tel groupe, tel ou tel ministre républicain nous eût « pris notre programme » doivent se souvenir de la tranquillité de notre réponse :

— Qu'ils le prennent ! leur disions-nous.

Malheureusement pour la France, ils ne pouvaient rien nous prendre, ils ne nous ont rien pris. Une réforme politique ne se fait pas dans le pur éther de l'indéterminé.

Elle a ses conditions. Le Roi de France est placé par la nature de son pouvoir dans les conditions qui lui permettent d'accorder, sans dommage pour lui, bien des libertés nécessaires. Le chef d'État républicain, ou le parti qui fait ce chef, est un chef-esclave, placé dans des conditions telles que la tyrannie centraliste est l'outil nécessaire de son autorité. Il est conduit par tout ce qu'il a de forces agissantes, par tous ses intérêts vivants et conscients, à s'attacher les citoyens en qualité de fonctionnaires ou de sportulaires et à absorber toute la société dans l'État.

Ces humiliantes nécessités doivent créer des habitudes d'esprit. Ces habitudes-là, vous les connaissez : un petit esprit césarien, un désir de tracasserie et de vexation tatillonne, né de l'ombrageux sentiment de ce qu'un pouvoir ainsi possédé renferme d'instable, de caduc et de misérable. De là, des mœurs étroites, mesquines, sans générosité, sans franchise. Mais, inversement, un état d'esprit tout contraire tel que celui de l'auguste fils du Comte de Paris, légitime héritier du Comte de Chambord, suggère une largeur de vues, une généralité de pensées qui le dispose à simplifier et à assouplir les divers éléments des services soumis à l'autorité morale de son antique Droit et de son exil transitoire. Un tel prince aimera l'honnête liberté de ses serviteurs. Il pourra donc leur dire, comme Monseigneur le Duc d'Orléans dans la belle lettre que je rappelle : « Je ne me prononcerai pas sur le détail. Un Prince qui aurait la prétention de le régler d'avance sera peu de chose. Un Prince qui ne se déclarerait pas sur les principes ne serait rien ». Expression très pure d'un caractère pleinement, profondément, instinctivement décentralisateur.

Eh bien ! dans ces conditions intellectuelles et morales, il devait arriver que, du fond de l'exil, ce Prince, pénétré des principes essentiels de la politique, saisît volontiers toute occasion de traduire une telle pensée par des actes concrets. Il y a déjà bien des années, la division régionale fut essayée par Monseigneur le Duc d'Orléans, autour de Bordeaux, de Toulouse, de Lyon et dans les provinces de l'Est. Les succès variés de ces épreuves partielles ont étendu peu à peu le système. La division générale qui a suivi n'a pas été une simple anticipation de l'avenir. Cet acte a ses racines dans le passé. Il en continue d'autres. Il se classe à la suite d'actes antérieurs. Consécutivement à chaque promesse, l'exécution régulière en est poursuivie. Tandis qu'un Gouvernement établi, mais établi sur des bases aussi fausses que fragiles, démontre chaque jour sa parfaite impuissance et sa déloyauté méthodique, un Gouvernement qui demeure à construire prolonge sans faiblir sa pensée maîtresse par des actes qui en dégagent une par une toutes les conséquences de bonne foi et de bon sens.

Monseigneur le Duc d'Orléans n'a pas eu besoin de régner pour donner aux républicains l'énergique leçon de politique expérimentale dans laquelle il a fortifié son autorité en développant la fonction de ses Délégués et en étendant les franchises de ses fidèles.

Voilà des résultats, ils sont effectifs. Ils permettent d'en concevoir et même d'en prévoir bien d'autres. Monseigneur le Duc d'Orléans disait en

1900 que la décentralisation comporte « un problème d'organisation géographique ». Le problème n'a été qu'effleuré par l'institution de cadres nouveaux. Les assemblages de provinces que forme chacune des dix délégations régionales « tendent à se rapprocher » des délimitations traditionnelles et rationnelles, sans pouvoir encore se confondre avec elles. Mais il est satisfaisant pour la pensée, il est émouvant pour les éléments profonds de notre cœur français, de constater que les grandes lignes de la réédification nationale sortent déjà de terre et dessinent le monument.

Cette émotion est pleine d'encouragement et d'espérance. Marcel Sembat, socialiste, a écrit que, fatalement, si les choses restaient ce qu'elles étaient, l'idée royaliste remplacerait l'absence d'idée républicaine. Les choses ne sont pas restées ce qu'elles étaient. Les choses ont fait comme les idées. Elles se sont transformées de plus en plus, mais dans notre sens.

# Allocution pour la réception de Charles Benoist à l'Institut d'Action française

1929

*Paru dans les* Cours de l'Institut d'Action française, *n°19, janvier 1930.*

# M. CHARLES BENOIST À L'INSTITUT D'ACTION FRANÇAISE[123]
# ALLOCUTION DE CHARLES MAURRAS

Ce n'est pas sans une vive émotion que l'un des premiers fondateurs de l'Institut d'Action française se lève pour accueillir et, comme on disait autrefois, pour haranguer M. Charles Benoist à l'entrée de cette maison, de cette vieille et solide maison.

Je n'ai, certes, pas à vous présenter ce maître. Je n'ai pas à louer ce maître et ce chef. Mais enfin, aujourd'hui, celui qui se tient à la place que j'occupe doit exprimer l'acclamation intérieure de tant de bons Français informés ! Pour eux tous, pour nous tous, Mesdames et Messieurs, Charles Benoist exprime une synthèse rare : celle de la science politique et de l'expérience politique, l'une et l'autre tendues et menées à leur perfection.

Toutes les fois que je remonte de trente et même de quarante ans le cours de mes réflexions personnelles, je ne manque pas d'y rencontrer une image, alors déjà distincte dans mes travaux d'étudiant l'image de l'auteur des *Sophismes politiques du temps présent*. Il signait Sybil. Mais le masque était bien percé ! En apprenant que le prétendu Sybil songeait à une action politique électorale et parlementaire, chacun de nos contemporains se demanda comment M. Charles Benoist s'y accommoderait non seulement des rites, non seulement des mœurs, mais encore des principes de la démocratie. Mon cher Maître, vous avez cru, alors, ce que tous, tant que nous sommes, nous avons cru à un moment quelconque, bref ou long, de notre existence, et ce n'est certes pas Bernard de Vesins qui y contredira : nous avons cru que le jeu des accidents de l'histoire était peut-être plus large et plus libre que ne le comportaient les vues de l'esprit. Des principes pouvaient être essentiellement faux ; entre les mailles de leur réseau pourraient s'insinuer des actions patriotiques et des services nationaux qui, sans améliorer le régime en lui-même, et bien malgré lui, permettraient cependant de maintenir la France ou de défendre la société.

---

[123] Séance d'ouverture de l'année scolaire 1929–1930, tenue à la Maison des Centraux, rue Jean-Goujon, le 12 novembre 1929. M. Charles Benoist présidait, assisté de Charles Maurras et de Bernard de Vesin.

Nous l'avons tous cru plus ou moins. Nous avons tous rêvé de distinctions parfois prudentes, parfois héroïques, à la faveur desquelles la Démocratie et la Vie sociale, la République et la Nation française s'accorderaient pour un instant. Nous savions la difficulté, même l'impossibilité. Nous espérions les vaincre toutes deux !

C'est l'expérience qui nous a chassés les uns après les autres de cette honorable et pernicieuse illusion.

Mon cher Maître, nous avions recueilli ici, en votre absence, mais non, certes, dans la carence de votre amitié, quelques bribes au moins de la science politique jadis enseignée par Sybil. Pendant ce temps, vous meniez l'expérience, vous la développiez, vous lui donniez toutes les formes ingénieuses que dicte à un esprit bien né une énergique volonté d'aboutir. De la république proportionnaliste, dans laquelle vous aviez réussi à fédérer Jaurès et M. Poincaré, à la république bleu horizon où, sous vos yeux, l'élément national, dissocié par le régime, n'a pas su faire entendre les leçons de la guerre, bref, de 1895 à 1925, mon cher Maître, que d'inventions ! Que de créations habiles et sages de votre part et de la part de ceux qui sentaient et voyaient comme vous ! Il a bien fallu voir ce qui était : le régime électif, le régime parlementaire rendait tout inutile. Habillez-les en bleu, habillez-les en rouge, comme disait à peu près le roi de Naples : les institutions républicaines gâtent tout ! Elles arrangent tout pour que la France fiche le camp.

C'est à ce point de l'expérience, mon cher Maître, que votre sens national s'est cabré. Devant le péril national, il n'y a plus de république qui tienne ! La République viole les *Lois de la politique française*[124], vous l'avez démontré, et démontré si fortement que personne, absolument personne n'a contesté la démonstration. Jules Lemaître avait établi que nous vivions sous le gouvernement des pires : fussions-nous gouvernés, en république, par les Meilleurs, il apparaîtrait, grâce à vous, mon cher Maître, que leur gouvernement transgresserait encore les lois, les grandes lois d'unité dans l'espace et dans le temps, qui sont indispensables à un État français.

Cela dit, et je devrais dire cela fait, car de tels dires sont des actes, le public vous a vu retourner au chevet du patient, c'est-à-dire, hélas ! du peuple français, et, dans un second ouvrage qui fortifie le premier, vous avez passé en revue les *Maladies de la démocratie*.[125] Quelques-unes profondes,

---

[124] Arthème Fayard éd.
[125] Éditions Prométhée.

quelques autres bouffonnes, toutes fort cruelles pour la patrie, ces maladies sérieusement étudiées ne nous présentent pas une simple vérification de la conclusion monarchique. Votre terrible diagnostic nous fait un devoir, un devoir grave, urgent, de nous dépêcher, de ne pas perdre un temps précieux, et enfin de nous rendre compte que le mal chemine : le malade en pourra mourir.

Ainsi nous conduisez-vous au troisième terme d'une trilogie glorieuse. Vous aviez résolu, dans les *Lois*, la question *que faire ?* en répondant : *la monarchie*. Vous avez, dans le volume des *Maladies*, apporté des raisons nouvelles et pressantes de faire cette monarchie. Dans le troisième de ces grands livres, dans celui dont vous voulez bien nous apporter la primeur aujourd'hui, vous répondez au *comment faire ?* en étudiant la figure et la pensée, les procédés et la manœuvre politique d'un restaurateur de monarchie, le grand *Canovas del Castillo*.[126]

Bien que mêlé fort jeune à la politique de son pays, Canovas, professeur à l'Athénée de Madrid, avait, lui aussi, commencé par être un théoricien : la fermeté de la doctrine soutenait celle du caractère. Mais il était de l'espèce de ces savants qui veulent voir et éprouver pour bien agir, pour mieux agir. Sa biographie magnifique, parue en grande partie dans la *Revue universelle*, a déjà éclairé et fait réfléchir beaucoup d'entre nous. C'est donc en toute simplicité, mon cher Maître, que je vous prierai, une fois encore, d'agréer notre remerciement. Mais, dans cette salle de l'étude, dans cette maison de la contemplation désintéressée, en raison même des certitudes qu'y enseignèrent des hommes comme le cardinal de Cabrières, Paul Bourget et Jules Lemaître, comme Léon Daudet et Jacques Bainville, au nom des vérités à répandre, au nom des erreurs à exterminer, laissez-moi affirmer qu'une pensée sans nulle action qu'elle produise et qui l'épanouisse reste une pensée infirme, une pensée incomplète, une pensée presque inhumaine.

Nous enseignons ici qu'il faut rétablir la monarchie.

Nous enseignons pourquoi.

Nous enseignons comment.

Rien n'en vaudra la peine tant que ces bonnes leçons de monarchie n'auront pas été incarnées dans l'événement. Ce que nous enseignons et ce que nous prêchons, il est indispensable d'ajouter que nous le ferons.

---

[126] Écrivain et homme d'État espagnol (1828–1897) conseiller et ministre d'Alphonse XII. Il fut assassiné par un anarchiste. (n.d.é.)

Et je crois même, mon cher Maître, que vous êtes un peu en train de le faire.

*Prenant alors la parole, M. Charles Benoist expose l'idée centrale de son ouvrage sur Canovas, attendu par Maurras depuis trente ans, et que vient de publier la* Revue universelle *; puis il donne lecture de la magnifique conclusion dont nous reproduisons ci-après les dernières lignes.*

# Le nécessaire et le possible – Conclusion du *Canovas del Castillo*

… Nous qui ne voulons pas mourir, nous ne pouvons aller au-devant de notre destin que sous un gouvernement fort, conscient de sa force, digne de sa fortune, maître du lendemain et de la suite des lendemains.

Quoi donc ? La Dictature, non pas à la romaine, non pas juridique, établie par la loi, pour un objet spécial, pour un temps déterminé ; mais, au sens courant, la dictature de rue et de carrefour, de l'homme qui passe sur un cheval blanc ou noir, dans un refrain de chanson, la dictature tyrannique, despotique, satrapique, la dictature « nègre » ? Dans la meilleure des hypothèses, la moins mauvaise de ces dictatures de rencontre, c'est le pays joué aux dés.

L'Empire, grade supérieur, suprême dignité, dans Rome déjà déclinante, divinisation de la Dictature ? Il y a, — et celle-ci l'est par excellence, — des formes de gouvernement, créations spontanées du génie, qui supposent le génie à chaque génération. C'est leur faiblesse. La force de la Monarchie traditionnelle, c'est qu'elle peut s'en passer : et, plus elle est ancienne, mieux elle s'en passe, parce que l'individu y est pris dans la série, il est lui, plus tout ce qu'il y a eu avant lui et tout ce qu'il y aura après lui. Ce qui compte, ce qui importe, c'est beaucoup moins le Prince que sa famille ; ce n'est pas le Roi, mais la lignée des Rois. Une dynastie toujours la même dans une Monarchie toujours renouvelée.

Un des cris les plus beaux qui aient traversé les âges fut jeté à Florence, en 1513, par un pauvre secrétaire de la Chancellerie, républicain contraint à désespérer de la République. C'est l'inoubliable *Exhortation à délivrer l'Italie des barbares* :

> On ne doit pas laisser passer cette occasion, afin que l'Italie voie, après si longtemps, apparaître son rédempteur. Et je ne puis exprimer avec quel amour il serait reçu... avec quelle foi obstinée, avec quelle pitié, avec quelles larmes ! Quelles portes se fermeraient pour lui ? Quels peuples lui refuseraient l'obéissance ? Quelle jalousie lui ferait obstacle ? Quel Italien lui refuserait le respect ? *À chacun pue cette barbare domination.*[127]

Dans la vie de tous les pays, il arrive toujours un moment où ils se sentent foulés par des barbares, dont ils aspirent à être délivrés : barbares du dedans et du dehors ; invasion de hordes étrangères, ou agression de bandes formées à l'intérieur, nées de l'audace du vice encouragée par la défaillance du pouvoir. Ni contre les unes, ni contre les autres, la République démocratique ne saurait être une protection, encore moins une sûreté. C'est un régime sans ressort, parce que c'est une République sans vertu, même en ne prenant le mot que dans son acception de *virtu*, la qualité virile, ce qui fait l'homme.

À ce moment, quand le pays n'en peut plus, et, sans vouloir peut-être encore autre chose nettement, n'en veut plus, il faut que le Prince veuille. Que le Prince veuille fortement. Point n'est besoin d'avoir la majorité dès la veille, on l'aura dès le lendemain. Depuis les commencements de l'histoire, il n'y a pas d'exemple qu'un changement de régime ait été l'ouvrage d'une majorité. Le vœu public a toujours été la volonté d'un homme ou de quelques hommes, si cette volonté a été assez puissante et assez persévérante pour produire l'événement.

La Restauration espagnole est venue de l'exil. Toutes les Restaurations viennent de l'exil. Le jour où la nécessité s'impose, une frontière ne l'arrête pas. Non plus que ne l'arrête l'éternité qu'une Constitution se décerne à soi-même dans un article déclaré sacro-saint. Ce jour-là, sans qu'on sache comment, le nécessaire devient le possible, et le possible, à son tour, devenu le nécessaire, s'accomplit, sans qu'on sache pourquoi.

L'heure arrivée, la condition préalable remplie, alors :

Qu'il paraisse donc, Celui qui viendra délivrer la Nation de cette barbarie ! « Qui que tu sois, implorait Barrès dans la fièvre de sa jeunesse, Axiome, Religion ou Prince des hommes ! »

Non ! pas qui que tu sois.

---

[127] Machiavel, *Le Prince*, ch. XXVI. (n.d.é.)

Mais vous, qui êtes l'héritier de quarante rois de votre sang, le successeur de soixante-dix rois de nos trois races, — rois, pendant quinze siècles, des Francs, de France et des Français, — Vous dont la Maison a fait la Patrie !

Charles Benoist.

# Les Secrets du Soleil

## 1929

# À Pierre Varillon

Cher Ami,

Ce petit livre vous appartient. Il est à vous depuis la belle fin de journée d'août 1926, où ce pays est un peu devenu le vôtre, vous en souvient-il ? Nous venions d'arriver sur les planes hauteurs d'Arbois[128] et de Vitrolles, au-dessus du Griffon, nous dominions la grande vasque où rayonnait l'étang de Berre. Notre ami Jean Longnon qui courait, les cheveux au vent, sur le bord extrême de la falaise, semblait poursuivre le soleil qui se couchait en grande pompe, dans une succession d'arceaux de pourpre striés d'or, et l'illumination qui ne fermait pas les espaces annonçait même un peu quelle suite de profondeur s'ouvrirait avant les étoiles.

Cher ami, ce soir-là, tant de nuées couleur de rose étincelèrent, tant de traits pénétrants lancés d'un arc divin découvrirent et multiplièrent toutes ces grandeurs, que vous dûtes sentir ce qu'il y a de trouble et d'inquiet en des évidences si pures ! Ainsi a dû vous venir à l'esprit le titre de ces feuilles, tel que vous me l'offrîtes un peu plus tard : *Sub sole mysteria*. Je n'eus que la peine de le traduire, avec le sentiment de gratitude un peu confuse, un peu jalouse, que vous devinez bien dans le cœur ombrageux de votre vieil hôte natif de ces solitudes et vétéran de leurs mystères, que ni le faune, ni l'ermite, ni même l'antiquaire ne lui ont éclairci : eh ! bien, vous les sentiez, le craigniez, les nommiez déjà au premier de vos pas sur notre rivage.

Pareil avantage échut, il y a longtemps, à un jeune Abbevillois qui, travaillant avec mon compatriote Raynouard, lui éclaircit rapidement une difficulté de langue d'Oc sur laquelle l'auteur du *Lexique roman* s'était acharné en vain.

L'homme de Brignoles eut un cri :

— Ah ! ce Picard, il l'a *cependant* trouvé !

Sainte Beuve soutient que cette prouesse savante avait étonné, dans le cœur de Raynouard, je ne sais quel « dédain » de Provençal à Picard. Mais Sainte-Beuve rêve ! Que le beau Dieu d'Amiens nous préserve, nous et les nôtres, d'une telle erreur ! Cependant, cher ami, vous nous veniez de plus

---

[128] Afin de ne pas ici en faire trop et là trop peu, nous avons choisi de ne documenter aucune des références toponymiques utilisées par Maurras, sur Martigues même et sur ses confins provençaux. Cartes et guides touristiques sont faits pour cela !
*Comme celle-ci les notes suivantes sont des notes des éditeurs.*

près que la Picardie, votre belle province n'est pas si loin de notre Rhône, et vous aviez des titres à mener, sur nos bords, ce premier triomphe !

Ces *Secrets du Soleil* sont à vous, de toute façon ; leur juste hommage puisse-t-il vous porter bonheur !

## I – Les portes de l'air

Le Français, l'Étranger qui regagnent Paris après leur saison de Côte d'azur prennent le train du Nord sans se soucier des pays qui s'étendent entre Marseille, où l'on quitte la mer, jusqu'au Rhône, où l'on joint les royaumes de Mistral. Seule, une course en avion avertirait de ce qu'il reste à visiter. Ce moyen de contrôle supérieur échappe à beaucoup, mais les pèlerins qui m'écoutent me sauront gré un jour si je tourne leurs pas, leurs chevaux, leurs machines dans la direction d'une petite contrée austère et brillante, qui vers le Ponant les appelle.

— Au sortir de Marseille, prenez, leur dirai-je, la montée dite du Terme, ainsi nommée d'un tronc de pilier antique, fort effacé, qui la couronne. Cette route se glisse entre la chaîne de l'Étoile et la pointe de Garlaban ; elle vous rendra en moins de cinq lieues en un palier de démarcation, sur un point de partage d'où vous pourrez noter de profonds changements depuis la forme de la terre jusqu'à la nuance de l'air.

… Ici finit le territoire de Marseille. Ici s'ouvre le pays d'Aix, par une large plaine belle comme une mer. Mais, courant l'étroite corniche qui verdoie entre Cadolive et Simiane, peut-être aurez-vous peine à quitter du regard le grand mur azuré et dressé sur le nord, magnifique Montagne que les plus anciens habitants du pays avaient commencé par appeler Ventûri, autrement dit, peut-être, l'autel et le trône des Vents.

Cette sœur du Ventoux, qu'il fallut transformer en montagne de la Victoire quand elle eut présidé au digne carnage de Marius, étend du levant au couchant une haute dentelle de roche fine, teintée d'argent bleuâtre, déposée et drapée sur de longues bandes de stratifications qui, dénudées ou buissonneuses, vert sombre ou rouge vif, semblent gémir en s'étirant du fardeau de sa majesté. L'ensemble fait songer à quelque puissant rempart continu qui surplomberait une ligne de fortification de fortune. D'autres yeux préfèrent y voir un vaisseau de haut bord échoué près des astres, posant sur les houles de fange une fière ligne de flottaison. Quelque analogie qu'on lui cherche, les allusions distinctes aux ouvrages faits de mains d'homme ne cessent de jaillir de ce monument naturel.

Mais ne nous bornons pas à l'admirer des versants du Pilon-du-Roi, Approchons et tournons autour de sa beauté.

Au fur et à mesure que nous descendrons dans la plaine, la chaîne horizontale va se raccourcir et se ramasser puis s'arrondir, et, abandonnant tout à fait sa longue figure couchée, elle tendra à la verticale, elle dégagera ce dessin d'un beau cône dont la coupe triangulaire domine peu à peu le reste du pays pour en devenir le sommet et comme le chef, auquel le sol et ses mouvements, les terrains et leurs formes doivent se rapporter ; bientôt, ils paraîtront en découler et en dériver tout entiers.

Avançons. Descendons. Obliquons un peu sur la gauche, Le soleil se couche droit devant nous, à la dure rafale d'un vent de montagne et de mer qui n'est plus du tout le zéphyre prudent qui circule à l'abri de l'Alpe ou des Maures, ou de l'Esterel, sous les bonnes falaises qui défendent Nice, Cannes, même Marseille. L'air déplacé n'est plus le même. Moins chaud. Plus vif. Au ciel demeuré pur se nouent et se dénouent toutes sortes d'écharpes et de banderoles légères qui, sans prétendre à la qualité de nuages, en éveilleraient la pensée. La plaine penche à l'occident, mais ses bords se relèvent, et voici l'ourlet du plateau. De ce lieu dit le Réaltor, où coulait jadis un ruisseau tortueux, où roulent maintenant les eaux douces canalisées de la Durance vers le Port marseillais, nous tenons le dernier balcon de l'avant-dernière terrasse d'où le regard puisse embrasser les étendues terrestres, palustres, maritimes, du bas pays. D'ici, la mer intérieure de Berre s'épanouit comme une rose. La nappe pourprée de Caronte l'unit, dans le lointain, à la mer scintillante au-delà de laquelle rampe le dragon noir du Rhône, opaque, impénétrable, même à la lumière du soir.

Avons-nous changé de contrée ? Qu'est-ce à travers le ciel, que ces fumées d'airain, brouillées d'argent fluide ? Qu'est devenu, derrière nous, le solide éther bleu, au grain dur et serré qui ne laisse pleuvoir que d'éternels midis ? Le beau ciel bleu de la Provence n'est point évanoui, mais que nous veut cette douce grisaille, modératrice du rayon de l'archer divin ? L'élégante décoloration des terrains fait, il est vrai, valoir toutes leurs finesses. Les brutalités sont éteintes. Il naît, de toutes parts, une harmonie étrange entre des nuances fondues que, là-bas, le soleil semblait exclure et dévorer. Eaux incertaines, air translucide, frémissement d'une vie nerveuse contrariée, le paysage est transformé d'esprit et de cœur. Il a suffi du repli de quelques collines pour y concentrer les haleines de ces étangs salés qui reçoivent et qui repoussent les émanations de la mer.

Sur ce banc de hauteurs, sorte de quai céleste qui forme la bordure et presque la frontière de notre ancienne principauté de Martigues, je ne puis errer seul ni m'asseoir à l'écart sans évoquer un pays assez ressemblant que décrit Philon[129] le juif, au fragment bien connu qu'a traduit Racine : le rivage de basse Égypte que les Esséniens avaient choisi pour leur retraite favorite.

> Ceux d'entre eux, dit Philon, qui sont les plus éminents en sainteté, sont envoyés de toutes parts, ainsi qu'une espèce de colonie, en un lieu qu'ils regardent comme leur véritable patrie. Il est situé au-dessus de l'étang Marie, sur une colline assez plate et assez étendue, et il ne peut être placé plus commodément si l'on regarde la sûreté du lieu et la bonté de l'air que l'on y respire. Je dis que l'on y est en sûreté à cause du grand nombre des maisons et des bourgades dont il est environné ; et quant à la pureté de l'air, elle provient des vapeurs continuelles qui s'élèvent de cet étang et de la mer qui en est proche, et dans laquelle il se décharge ; car les vapeurs de la mer étant aussi subtiles que celles de cet étang qui s'y décharge sont épaisses, il s'en fait un mélange qui rend la température de cet air extrêmement saine.

L'imagination a vite fait de superposer au paysage antique celui que j'ai sous les yeux. Mais où Philon traite d'hygiène et des qualités du bon air, dues ou non à l'échange des respirations d'eaux légères ou denses, je me contenterai de louer sa limpide finesse, le jeu exquis des éléments complémentaires engagés dans un ciel si beau ! Quelle Provence particulière ! Je suis tenté de dire : quel soleil spécial ! Comme nous sommes loin de la Rivière Orientale et de ses rudes hémicycles de porphyres éblouissants ! Voici que le véritable *aere perso*[130], assorti au regard de la sage déesse, monte de nos lagunes sous la feuille indécise des tamaris. Au voyageur sagace de voir et de comprendre ! Mais il comprendra d'autant mieux qu'il s'abstiendra de parler de *petite Venise !* Au peintre de se débrouiller ! Je trouve sur ma rive un si grand nombre de chevalets et de

---

[129] Philon d'Alexandrie, philosophe hellénistique néo-platonicien de la première moitié du I$^{er}$ siècle.

[130] « L'air obscur » (ici celui du crépuscule) : il s'agit d'une citation de Dante au chant V de l'*Enfer*.

pliants posés en rond autour de telle ou telle « vue » délectable que je ne suis plus maître de retenir mon vœu, d'arrêter là l'effort descriptif de la plume. Les visibles beautés de la petite ville appartiennent à d'autres arts, mieux armés. L'invisible me reste. À moi de le poursuivre et de le saisir, s'il se peut.

## II – Antiquités, obscurités

Ainsi, cette église, cathédrale ou plutôt primatiale, vous plaît ? Vous êtes sensible aux lueurs changeantes de ce petit port ? Vous riez de plaisir devant ce quai oblique où des barques légères attendent tristement ? Le rythme lent d'une vie naturelle si étrangère vous a peut-être intéressé et même conquis ! Mais la même curiosité née de l'air doré et du ciel en fleur ne peut-elle pas faire songer à vous demander quel peuple y travaille, ce qu'il a en tête ou au cœur, d'où il vient, ce qu'il fait, et comment tout ce monde a vécu depuis qu'il est là ? Pour ma part, ce n'est pas sans une espèce de serrement de cœur que ma pensée de fils erre à travers ce vague et flottant passé maternel où je voudrais tout reconnaître, retrouver et savoir ! Plus nous apparaît belle et brillante cette aire illuminée où florirent nos morts, vallons, îlots, collines, campagnes, jardins, marécages, plus il est irritant d'y chercher à tâtons dans une demi-nuit des reliques et des tombeaux.

Car ce peuple est là depuis très longtemps, il est pauvre de gloire, mais non d'ancienneté. Son origine a donné lieu à quelques disputes entre amateurs de chartes et producteurs de diplômes. On écrit que les plus anciens certificats de vie de la ville de Martigues ne peuvent guère remonter au-delà du XIIIe siècle, témoin tel parchemin signé et scellé par un archevêque d'Arles entre 1200 et 1300 : ides de janvier 1223, point sur l'i. C'est possible. Ce n'est pas sûr. Qu'est-ce que cela prouve ? On peut, en gros, jurer que tout ce qui est écrit a été. Mais tout ce qui a été n'a pas été écrit ?

Par exemple, l'Ordre religieux et militaire des chevaliers de Saint-Jean de Jérusalem fait remonter son origine à un pèlerin de Martigues qui est sur nos autels. Or, ce bienheureux Gérard Tenque, que la première croisade a trouvé établi à Jérusalem, ce qui le fait naître vers 1040, aurait-il eu la fantaisie de choisir son berceau dans une localité qui ne sut naître que deux siècles après lui ? Naturellement la critique peut dire que Gérard, simple mythe solaire, n'a jamais existé ou qu'il ne s'appelait point Tenque, un chroniqueur disant

*Gerardus tunc*, « Gérard alors » qui aura été traduit Gérard Tunc, ou Thunc, ou Tonc, ou Tenque, ce qui se meut dans l'ordre des choses possibles. Mais, que nous fait Gérard et son antiquité si le nom de Martigues et de son étang, *Marticum stagnum*, l'un des plus vieux de la Provence, se réfère au cycle de Marius ?

Quand ce général démagogue passa en Gaule pour y barrer la route à la première grande invasion germanique, cent quatre ans avant Jésus-Christ, il menait dans ses camps une prophétesse syrienne du nom de Marthe afin d'inspirer de la confiance à ses soldats, peut-être aussi pour raffermir la sienne. Marius et Marthe, gravés sur un rocher non loin des Baux, ne remplissent pas seulement la contrée des Alpilles. Si, de l'un quelconque des trois clochers de Martigues, l'on décrit d'ouest en est une circonférence du rayon de deux ou trois lieues, la pointe du compas tombe dans la région de Fos-sur-Mer, *fossae Marianae*, hameau rocheux près d'une grève au lieu-dit le Cap Saint-Gervais dont les eaux et les sables regorgent de monnaies, d'amphores, de lécythes et de sarcophages de toute époque. De là partit le vaste canal qui, par quelque branche du Rhône, fit communiquer Saint Remy, ou Glanum, où campait Marius, avec la grande mer qui le ravitaillait, par le port grec déjà ancien de Stoma ou Stouma, dont un étang à demi desséché garde le nom de « bouche » ou d'embouchure ; nos cartes le traduisent « étang de l'Estomac »... L'éperon de la citadelle de Fos fait penser à la coupe orientale de l'Acropole, mais il se dresse sur un plat désert semé de lacs et de salines, traversé de rigoles et de canaux, sorte de campagne romaine où chemine à pas lents la tristesse historique d'un viaduc en ruines, aujourd'hui limité à quatre ou cinq arcades rompues ou bouchées. Comme pour confirmer l'alternance des souvenirs grecs et latins, l'un des miroirs d'eau que voici s'appelle Lavalduc, *Vallis ducis*, vallée du chef. Juste au-dessus de ses eaux, plus basses que la mer, apparaît au nord et à l'est, une ligne de faibles hauteurs nues, irrégulières et mornes. Une chapelle porte au fronton le chiffre de 1614, son abside au toit de pierres plates remonte bien au XIIe siècle, mais le parvis est orné d'une colonnette gréco-romaine surmontée d'une croix, au pied de laquelle j'ai fait déposer une base de colonne de marbre trouvée à trois cents mètres de là. Un mur romain. Des tours médiévales à soubassements paléo-grecs. Une profusion de tombeaux : sept ou huit cents, taillés à même la roche, presque tous pareils, ne différant que par la stature des morts qui l'habitèrent, enfants, femmes ou hommes faits, et semés à perte de vue dans le désert, la terre végétale abondant à ces creux de roche et donnant vie à d'âcres bouquets de sarriette, de lavande et de romarin. Tous les pauvres noms que peut écrire l'histoire paraissent un peu jeunes pour cette nécropole. Qu'est-ce que Saint-Blaise, Château-Veyre, Castel-Veyre, *Castellum vetus* ? Il faut remonter, remonter. Un hémicycle de bas-fonds desséchés mais humides encore, Pourra, Citis, fait penser à la colonie maritime des Avatiques, dont les vestiges et la mémoire furent chers aux érudits locaux de 1800 et de 1820. Leurs successeurs ont changé d'avis. Puis l'avis a changé encore, on revient à *Maritima !* Ce qui ne change point, c'est le poids de mystère et de poésie qui ne cesse de croître en ces solitudes antiques sur lesquelles passe et repasse, à peu près seul au monde, le même glorieux et triste soleil.

Ceint de remparts, construits au moyen âge contre les Maures, sinon par eux, le hameau voisin de Saint-Mitre porte sur son escarpement une église assez ancienne ; le bénitier est fait d'un autel retourné que charge une inscription, *IVNONI*, à la reine des dieux. Plus à l'est encore, passé la riante ville de Saint-Chamas, un petit édifice de lignes pures, de proportions parfaites, le Pont Flavien, sur la Touloubre, achève d'attester l'origine, l'esprit, le goût de la contrée ; plus de cent ans après Auguste, l'art de la Grèce mère n'avait pas fini d'animer ses colons provençaux, et cette double porte d'or nous consolerait presque de n'avoir pas ou de n'avoir plus, comme Arles ou Nîmes, des Maisons Carrées, des Arènes, des Théâtres à montrer au jour. Mais le sous-sol n'a pas été fouillé, ou si peu ! À quelques centaines de mètres du Pont, entre le moulin de Merveille et Coup d'œil, que de bons géographes nomment « Cap d'œil », les temps clairs, autrefois, laissaient distinguer sous les eaux les ruines vraisemblables de la vieille Mastramèle ou Marthamèle, en grec Marais de cette Marthe, qu'il faut bien placer quelque part, quand on ne veut point la loger à Martigues même.

Les algues et le sable ont-ils tout recouvert ? Je n'y ai jamais rien vu, pour ma part. Mais, les pêcheurs le disent, je n'ai pas eu de chance.

Embarqués sur l'étang de Berre, prions le rameur qui nous mène de nous dire le nom du beau triangle lumineux qui ferme l'orient du côté de la terre et n'espérons pas qu'il réponde Sainte-Victoire, selon le vocabulaire des paysans, villageois et bourgeois terriens. Le marin dit : Daleubre, ou, suivant les bouches, Delubre, ce qui veut dire *Delubrum*, autrement dit temple, qui passa pour commémorer la victoire d'Aix, *Delubrum victoriae aquensis*. Telle est, après deux millénaires, cette fidélité du langage marin ! Elle vaut mieux, étant plus sûre, que la pierre inscrite et la pierre taillée.

Repassons par Martigues, et suivons au midi la rive de Caronte, étang au nom paradoxal : *stagnum currens*, est-il conté, l'étang qui ne stagne pas et qui court agité de tels mouvements alternatifs que notre confrère Eugène Montfort l'a pu comparer à la course rapide de quelque grand fleuve. Deux ou trois rangées de faibles collines bordent ce couloir fluvial. On les surmonte, et l'on atteint le vallon spacieux qui, de Saint-Pierre à Saint-Julien, recouvre le plus copieux de nos gisements d'antiquités classiques, briques, métal, inscriptions. Des deux églises qui le gardent, du levant au couchant, l'une abrite sur son flanc droit de hautes figures de pierre dorée, assez semblables à celles de l'arc de Saint-Rémy. On veut y voir Protis, Gyptis, Euxène[131], la scène de la coupe offerte qui décida de la destinée de Marseille, et l'on ose ajouter que les héros fameux en profitèrent pour nommer le point du pays qui s'appelle Sénéime et qu'une dérivation complaisante tire de ENEIMEN : *soyons ensemble, accordons-nous, entendons-nous, marions-nous...* Là se serait dressé l'autel nuptial de la Grèce et des Gaules. Est-ce autre chose qu'un tombeau de quelque famille puissante ?

L'autre église tient sous l'ombre de son clocher une stèle d'autel revêtue de majestueuses inscriptions, nominativement datées de Tibère et provenant d'un temple octogone qui a été rasé quelque cent mètres plus bas. M. de Gerin-Ricard n'avait pas fini de le déterrer que, un peu plus près de la mer, au lieu-dit de Ponteau, qui évoque, en dépit de l'accentuation, le grand souvenir virgilien,

*... Pontum adspectabant flentes*[132],

le déblai du nouveau chemin de fer a révélé le pourtour d'un petit temple que jalonnent encore les bases de colonnes. Ponteau et Saint-Pierre sont maintenant inventoriés, aux vacances, par une jeune et docte archéologue lyonnaise. Je ne manque point de l'interpeller, chaque retour :

— Eh ! bien, mademoiselle, qu'avez-vous trouvé cette année ?

---

[131] Personnages mi-historiques, mi-légendaires, participant à la fondation de Marseille. Euxène et Protis sont les chefs de deux flottes phocéennes, Gyptis est la fille du roi celte de la contrée, qui choisit Euxène pour époux en lui offrant la coupe.

[132] Virgile, *Énéide*, V, 613-615.

> Assez loin, en retrait sur une plage isolée, des Troyennes déploraient la mort d'Anchise, et toutes *regardaient la mer profonde, en pleurant*.

Bon an, mal an, Melle P... n'est jamais à court. Tantôt quelques modestes sous impériaux. Tantôt, comme en 1927, l'amorce possible d'un cimetière romain et, en tout cas, sur une haute dalle, taillée à six pans, l'inscription *RVSTICA NEBRVM*, qui ne lui dit rien, ni à moi. Mais M. Jullian nous renseignerait.

Enfin, en 1928, dans les mêmes parages, à Couronne-Vieil, une autre voix amie m'a poursuivi pour m'annoncer la mise au jour d'une mosaïque dont il est difficile de méconnaître la fraîcheur.

C'est je crois par ici, malgré quelques avis contraires, entre Ponteau et la tour de Bouc, qu'en 1802, un chirurgien du pays, M. Terlier, arrière-grand-père du secrétaire actuel de l'Académie d'Aix, détacha d'un petit autel et donna à l'Académie de Marseille la curieuse stèle de marbre connue sous le nom de Bas-relief d'Aristarché. Les derniers oracles de la critique veulent que cette Aristarché n'ait été qu'une Iphigénie importée là par quelque pieux ou facétieux capucin. On précise, même sans l'ombre de raison, de preuve ou d'indice : c'est un capucin d'Amalfi...[133] à la bonne heure ! Le vieux problème se résout d'autant plus aisément que l'on en change la donnée et qu'on fait abstraction du texte de Strabon rapportant tout au long l'histoire d'Aristarché qui ne manque ni d'importance ni d'à-propos, tel que je l'ai transcrit autrefois dans Anthinéa.

— Mais, disent nos critiques, votre pays n'a jamais eu de marbre, du moins de ce marbre blanc-là.

— Manquait-il de bateaux pour en importer ?

Un tel débat n'en finirait jamais. C'est pourquoi je soumets aux augures un cas tout nouveau. En août 1925, le jeune peintre Robert Le Veneur errait par l'île de Martigues, qui est notre quartier principal. Au fond d'une remise où s'ébattait un coq, dans un rai de soleil, il entrevit un morceau de colonne dont le galbe l'intéressa. C'était un chapiteau assez bien conservé. Il commença par supposer que l'objet provenait de quelque chapelle ou église du XVIIe siècle ou du XVIIIe. Mais il fallut se rendre à l'évidence. Le chapiteau corinthien était bien un antique. On a eu la bonté de m'en faire présent. Je l'ai mis devant ma maison. C'est du marbre. Vient-il d'Amalfi ? D'où vient-il ? Quand nos hypercritiques auront délibéré sur la présence imprévue d'acanthes immortelles dans ce petit jardin, en ressortira-t-il quelque ancienne manœuvre de Jésuites ou de Carmes s'il n'y a plus de

---

[133] Port de Campanie, sur le golfe de Salerne, autrefois florissante république maritime indépendante.

Capucins pour endosser ? Leur arrêt rendu, je compte promener nos juges à travers le pays, leur montrer les deux pinces de la Voie aurélienne, entre lesquelles il paraît compris, à moins que l'une d'elles ne l'ait percé de part en part, en passant par Martigues même. Je leur ferai voir les traces innombrables d'une population qui dut être florissante, peut-être débordante, si l'on en juge par les vestiges et les témoignages ; peut-être quand ils auront vu, comprendront-ils les conclusions auxquelles je me suis rendu depuis longtemps.

Elles sont provisoirement énormes. Elles consistent à poser qu'après tout c'est peut-être, en effet, dans ces parages mêmes qu'il faut que les Phocéens aient premièrement abordé, les Phocéens de l'an 600. Là, ils purent se dire, comme ils s'y virent en effet, sur les bouches du Rhône. *Ostio Rhodani amnis*[134], dit Justin. Il n'y a rien qui ressemble au Rhône autour de Marseille. Mais, par ici, le bourbeux Cœnus est reçu et vomi de l'étang de Berre dans l'étang de Caronte qui en prolonge le cours rapide, auquel pouvaient bien se mêler, à de hautes époques, quelques bras détournés du Rhône lui-même. En tout cas, ce fut là, ce ne fut point ailleurs que put être rencontré par les Phocéens un roi des Cœnomanes. Il n'y avait pas plus de Cœnomanes que de Cœnus aux bords de Marseille dont les indignes s'appelaient, je crois, Albiciens. Et la côte où brille Marseille est d'une remarquable pauvreté archéologique.

N'hésitons plus à imaginer la première Marseille riveraine du Cœnus et des eaux de Marthe ; à l'île « Marseillès », sous la tour de Bouc, par exemple ! Cela n'empêchera point de penser que cette Marseille archaïque ait pu changer de place assez souvent ; tout a changé de place ici, et il faut comprendre pourquoi.

Comme le sont, sans exception aucune, et absolument toutes les autres portions de l'isthme français, ce rivage méditerranéen est un territoire essentiellement envahi. Ses premiers colonisateurs durent être Ligures ou Ibères avant d'être Grecs. Tous ensemble craignirent les Carthaginois, qui

---

[134] Justin, dans l'*Abrégé des Histoires philippiques*, 43, 6–7 :
> *Itaque in ultimam Oceani oram procedere ausi in sinum Gallicum ostio Rhodani amnis deuenere, cuius loci amoenitate capti, reuersi domum referentes quae uiderant, plures sollicitauere.*
>
> « C'est pourquoi, ayant osé s'avancer en direction du rivage ultime de l'Océan, ils arrivèrent dans le golfe gaulois à l'embouchure du Rhône, et captivés par le charme de ce lieu, une fois de retour chez eux, ils attirèrent davantage de gens en racontant ce qu'ils avaient vu. »

craignirent les Romains, qui finirent par craindre les Goths, qui craignirent eux-mêmes les Normands, qui craignirent les Maures, qui n'ont pas cessé d'être craints jusque vers notre année 1830 date de la prise d'Alger par la marine de Charles X. Que, de nos jours, comme on l'annonce, l'Islam se réveille, il n'est pas dit que l'épouvante millénaire ne se réveille pas sur le même sujet. Cela n'est dû qu'à la configuration de notre planète.

Alors ce qui a été recommencera, comme on l'a vu ailleurs en 1914 ! À l'invasion barbare, l'éternel exode reprend pour toutes les agglomérations où l'on ne se sent pas en nombre suffisant pour tenir. Les habitants du petit bourg quittent leurs maisons basses, montent sur les collines où ils se fortifient, s'arrangeant pour durer autant que le péril. Quand le péril s'éloigne, le pêcheur accourt repeupler les cabanes ou les bâtiments du rivage. En un mot comme en cent, les papiers du XIIIe ou XIVe siècle dont l'archiviste fait état emportent un gros risque de prendre pour naissance un simple renouveau et de donner pour ville fondée ce qui n'est que la ville rebâtie et restituée.

Rebâtie, où ? Au même endroit ? Cinq ou six cents mètres plus loin ?

Pour donner une idée de la confusion qui faisait suite à toutes ces ruines, il suffit de noter que, à Martigues, le moyen âge ne nous a pas légué une ville, mais trois. Elles fusionnèrent par un Acte d'Union qu'avaient préparé l'intervention personnelle et la présence du roi Charles IX, mais signé seulement en 1581. Pour l'attester et le symboliser, on arbora une bannière tricolore, où le blanc de l'Île, le rouge de Jonquières, le bleu de Ferrières se retrouvaient par parties égales. Ces quartiers réunis eurent du mal à vivre en paix, l'antagonisme antique fut lent à mourir. Il n'était pas éteint vers 1860 :

— Monsieur, disait un marguillier de l'Île au visiteur étranger qui le félicitait de l'érection du clocher de Jonquières, j'aimerais mieux voir mon clocher de l'Île par terre que ce clocher de Jonquières debout.

Telle est la solidité des fureurs du génie local dans ce pays instable, dont les aspects familiers n'ont cessé de changer à vue d'œil, bien avant que les « travaux » dont on se plaint fussent suspects de l'enlaidir.

## III – Nos bois sacrés

Chacune de nos générations aime à dire que *Martigues n'est plus Martigues* pour l'avoir ouï proférer à ses parents qui l'ont recueilli de leurs pères, ceux-ci des pères de leurs pères, dans tous les temps. La vieille cité provençale que les nigauds s'obstinent à déguiser en dogaresse n'aura bientôt plus que deux îlots et trois ponts. J'ai connu trois îlots, quatre ponts. Nos ascendants immédiats parlaient de quatre ou cinq îlots, de je ne sais plus combien de ponts fixes et de ponts-levis. Le pont tournant passait encore pour une nouveauté fort curieuse au temps où je suis né. On en pose un second. Je fais grâce des lamentations qui poursuivent le travail des foreuses, des dragues et des pics.

Il n'est pas douteux qu'à une époque très récente l'aspect général du pays était de beaucoup plus vert. Une vaste forêt le couvrait lorsque Stendhal, en mai 1838, longeait « le canal, le délicieux lac de Martigues » en notant cette solitude que l'année précédente, qui est celle des *Mémoires d'un touriste*, ne lui avait pas découverte. Il se promettait de le « faire », c'est-à-dire, ce semble, d'en fixer en quelques mots le caractère ou de revenir en jouir. Vingt ou trente ans plus tard, ce doux aspect sylvestre n'était pas effacé encore quand le peintre Ziem[135] adressait de Martigues à son illustre ami Théodore Rousseau une lettre pour laquelle je donnerais, pour ma part, toutes ses Venises truquées[136], tous ses Martigues faux. « À chaque pas », écrivait-il au haut de la page, « des Claude[137] et des Poussin ! »

« Imagine, dit-il encore, la forêt de Fontainebleau avec des lacs salés au bord d'un cap oublié des civilisateurs. Le pays est encore vierge et antique comme ses habitants... Le paysage ne le cède en rien aux beautés de la Grèce... Vous n'en reviendrez pas ; les beaux torrents couverts d'arbres remplis de lierre, d'une fraîcheur inouïe et des steppes aromatiques dans des collines rocheuses à perte de vue... » Ces cris d'enthousiasme, mêlés de conseils de route, sont accompagnés du schéma des étangs, quelques-uns revêtus d'inscriptions fautives mais aux marges couvertes de commentaires exaltés. « Jugez de la vue que j'ai de l'atelier, jardins, lacs, collines, vus de face, à l'ouest, Bouc, le port, la pleine mer ; à droite le pays se mirant dans le lac, et l'autre lac par-dessus les maisons, derrière forêts et collines antiques... Sur la forêt et les collines, pins d'Italie, lauriers gigantesques... Les forêts sont de pins, de cyprès, de chênes-verts-liège et de platanes... »

---

[135] Félix Ziem (1821–1911), artiste peintre très réputé à son époque. Il installa un atelier en 1860 à Martigues, où un musée portant son nom fut ouvert en 1908.
[136] Ziem séjourna également longuement à Venise, dont il fit d'innombrables toiles. On a dit que c'est en référence à ses peintures que Martigues a été plus tard appelée la « Venise provençale » ; c'est possible, bien que la chanson qui popularisa cette appellation date de 1934.
[137] Comprendre : Claude Lorrain.

Hélas ! ces trois pauvres quarts de siècle à peine écoulés, que sont devenus les vastes bois sacrés comparables à une forêt de Fontainebleau ? Ces *frigida Tempe* ?[138] pleins de torrents couverts de lierre, et leurs couverts de chênes et de lauriers géants ? Nos platanes n'étant même plus formés en bocages, mais alignés, apprivoisés, le long des routes et des cours, il ne nous reste de cette Arcadie bien perdue que les remords de n'en avoir pas cru nos Anciens quand ils en peignaient le délice. Mais nous en croyons ce barbare ! Car tout s'explique. Les hommes de ma génération se figurent malaisément ce paradis. Mais il exista, il dura tant que le régime de la propriété et de l'héritage permit de respecter les forêts protectrices des sources qui donnaient à boire au pays. Nos révolutions, aggravées de la rage d'échanger toutes les richesses du sol contre un argent comptant fugitif eurent vite fait de jeter à bas les forêts. Ce massacre dut commencer au second quart du XIXe siècle pour finir aux années soixante. Ceux qui sont nés vers 1868 ne retrouvent dans leurs yeux d'enfants que le dur relief de terres ocreuses que la mer animait et que dorait le ciel, uniquement plantées des essences dont la feuille ne change pas : oliviers et cyprès, tamaris et pins. Le canal d'arrosage que nous avons vu construire a corrigé cette détresse ; il nous a dotés de prairies, de potagers et de champs de roses. Cela compensera-t-il la verte sylve naturelle ainsi rasée, tondue, brûlée depuis deux âges d'homme ou ces blondes pinèdes qui ne cessent pas de brûler depuis trente ans ? Quelle qu'ait été la variation de ces deux ou trois aspects, il est de fait que néanmoins le style a subsisté. Nous l'avons toujours ressenti. « Forêts et collines antiques ! Partout des Claude et des Poussin ! » Hauteur ou plaine, chaque lieu continua de nous faire entendre la même musique des lignes et leurs justes balancements.

Grande leçon qu'il faut comprendre : le jeu de l'eau dans la lumière, les dégradations du soleil dans la splendide poussière d'eau, le profil des cornes rocheuses et le feu qu'elles réverbèrent doivent, au fond, dépendre aussi peu que possible de ce que peuvent et de ce qu'osent le génie et la force de l'homme, qu'il abatte les arbres, creuse le sable ou pompe la boue. Aucun rapport réglant ces beautés de la terre ne tient à la vertu chétive du labeur

---

[138] *Les fraîches Tempé.* C'est une citation fameuse de Virgile (*Géorgiques*, II, 469). Tempé, vallée étroite et encaissée qui est l'une des communications principales entre la Macédoine et la Grèce, est prise par Virgile comme un nom générique pour parler de vallées profondes et fraîches. On peut remarquer que le vers suivant de Virgile est celui qui donne à Hugo le titre de son poème *Mugitusque boum*.

bien ou mal faisant. Cela est si certain, et les cadres supérieurs de toute existence se modifient avec une telle lenteur, que le moment où l'industrie moderne s'est jetée avidement sur Martigues aura été aussi le même où les amateurs et professionnels de paysages y ont fait le cercle le plus nombreux. Notre îlot central de Brescon peut être écorné pour la commodité des chalands et des remorqueurs ; pas un des colloristes qui l'assiègent matin et soir n'en sera véritablement dérangé, leur enthousiasme cessera peu. Pourquoi même baisserait-il ? Mistral a mis en tête de son poème de Calendal les vers d'Adolphe Dumas, qu'il ne faut pas se lasser de redire :

> Les vagons dans les corbeilles
> emportent tout et vite, vite, vite,
> mais n'emportent pas le soleil,
> mais n'emportent pas les étoiles

Pour ce qui doit être laissé en route, et qu'il nous faut sacrifier à d'autres beautés nouveau-nées, il sera équitable de ne pas oublier qu'en définitive toutes les constructions géométriques du monde ont pu et dû commettre de semblables dévastations.

Lorsque, sur les déserts de l'empire pharaonique, des princes savants ou des prêtres fous d'orgueil eurent élevé le quadrangle aigu et rigide de pierres de feu, feu figé, réglé, assez bien nommé Pyramide, on a pu et dû pleurnicher sur telle disgrâce subie par quelque détail pittoresque de la vallée du Nil. Ni le Pont du Gard, ni le château de Versailles n'ont échappé à ce reproche d'altérer des coins de nature agréables. Nous avons longé le Réaltor tout à l'heure. Peu d'endroits au monde dégagent une émotion comparable à ce qui plane et joue, frémit et chante sur la cime des roseaux de ce lac artificiel. Le débouché du tunnel de la Nerthe sur le port de Marseille en a chassé les bruits de troupeaux, les chansons de pâtres ; l'humble regret vaut-il qu'on lui sacrifie cette gloire ? Les ingénieurs du canal de navigation de Marseille au Rhône ont évidemment un très dur devoir. Ils ont à transfigurer le pays qu'ils mutilent, ils ont à lui verser un charme nouveau. Mais la double courbe régulière d'un quai de pierres blanches allongé sous l'arche du ciel pendant une lieue et demie peut égaler, passer la plus magnifique merveille : cela dépend d'eux et d'eux seuls, le cadre naturel qui leur est donné est incomparable, les arts de la raison sont libres de s'y déployer. À quelque décadence que soit tombé le sens de la construction dans l'âge moderne, il convient d'attendre l'impression de nos yeux devant l'ouvrage terminé. Mais les plans tiennent du sublime. Les travaux commencés ne vont même pas sans me remplir d'un certain espoir. À mon dernier passage, il est vrai, le désespoir l'a emporté. Le nouveau Pont Tournant recule les limites de la laideur. Puisse notre air salin, si heureusement corrosif, mordre, ronger, ruiner au plus vite ces poutres métalliques et leur triste ajustage, fruit d'un rêve déshonoré.

## IV – LES DEUX PEUPLES, PÊCHERIE ET BOURGEOISIE

À moitié rassuré pourtant sur l'avenir du paysage, est-il permis de l'être sur la population ?
Elle est composée des alluvions les plus variés.

Le territoire de Provence ouvre du côté de montagnes, il est béant vers l'Italie et vers l'Espagne, vers l'Afrique et vers l'Orient.

Il me souvient qu'autour de mil huit cent soixante-quinze, certaine famille dite des Mansourah, venue d'Égypte, assurait-on, avec Bonaparte, avait gardé tous les traits de son origine, cheveux crépus, pelage sombre.

On n'en parle plus aujourd'hui. L'œuvre assimilatrice est faite. Les sangs sont réunis.

Voici plus singulier : vers la même époque, sur un pilotis qui n'avait pas beaucoup changé de propriétaires depuis 1550, mon quai natal portait encore les témoins irrécusables du passage des bandes scandinaves de Guiscard.[139] On les eût beaucoup étonnés en leur révélant leurs ancêtres, car ils parlaient en provençal, sentaient en français, ou jugeaient à la romaine ; mais telle forte carnation, tel teint transparent, tels yeux glauques en disaient long sur l'antécédent séculaire. Au quai voisin l'apport punique se manifestait par d'autres silhouettes géantes, mais brachycéphales et brunes.

Or, voici qu'à la génération qui suit (je parle de ce que j'ai vu), les géants tyriens auront perdu de leur stature ; leur teint s'est éclairci, tandis que les colosses nordiques ont bruni à fond. Unis l'un et l'autre à des filles du pays, l'une élégante, l'autre belle, l'ancêtre scandinave et le vieil Africain ont restitué sous nos yeux des types helléno-latins frais et purs.

---

[139] Robert Guiscard (l'Avisé), chef viking parti de Normandie vers 1040 pour conquérir l'Italie du Sud et la Sicile, dont il chasse les Byzantins et où il fonde un royaume.

Tout s'est passé comme si, des deux parts, on eût subi un pôle d'attraction plus constant, plus ferme, plus fort, et comme si les survivants de l'immigration eussent subi les vigoureuses volontés de quelque race aînée, dont les caractères quasiment immuables formeraient un noyau devenu tenace à proportion des assauts endurés.

Tel est le passé. Telle paraît bien en avoir été la loi.

En sera-t-il toujours ainsi, maintenant que l'on n'a plus affaire à des envahisseurs successifs, mais à cinq ou six hordes simultanées ? Italiens, Espagnols, Hellènes ouvrent sous nos yeux des cafés et des restaurants pour eux seuls, en attendant leurs écoles et leurs églises. La plupart des Algériens, fort nombreux, employés aux « travaux », appartiennent sans doute au groupe kabyle et berbère, variété maure de l'homme méditerrané. Mais les Arméniens sont des plus nombreux.

Certains étrangers doivent souffrir plus que les autres des vivacités du climat, car nous ne sommes pas une Côte d'azur : la mortalité aux âges critiques est sérieuse. L'esprit de changement et de vagabondage naturel aux instables populations maritimes doit aussi se faire sentir. Bien des tentes plantées sont repliées presque aussitôt. Cependant, le pays attache et retient. Il semble que beaucoup de nouveaux venus aient réussi à prendre racine. On avait commencé par se loger tant bien que mal dans les délabrements du vieux quartier central de l'Île. Maintenant, on achète ces masures, on les répare, on s'y installe, et l'on est chez soi. Il sera sage de ne former aucune prévision hâtive sur cette nouvelle population et ce qu'il peut en advenir. Le fait est qu'elle ne vit point en trop mauvais termes avec les premiers occupants.

Le fond primitif se compose, pourrais-je dire, de deux peuples.

Le principal, celui qui tient solidement au pays, est formé des pêcheurs. Ils sont là deux mille environ, actifs et paresseux, rieurs et graves, anarchistes et traditionnels, dépensiers et âpres gagneurs. Autrefois leur corporation comprenait un Grand Art et un Petit Art. Le premier usait de tartanes pontées qui allaient travailler en Méditerranée, et ne rentraient que le samedi. On raconte qu'il y a un quart de siècle environ, les pêcheurs du Grand Art gagnèrent beaucoup d'argent. La mer avait été propice, le thon, le mulet et le loup avaient bien donné. Ils crurent que cela n'aurait pas de fin, et ils retournèrent à la vieille passion séculaire qui leur fit inventer jadis la martingale : nos graves patrons de tartanes se mirent à jouer comme ils ne l'avaient jamais osé. En un hiver, ils eurent tout perdu. Comme on dit là-bas, ils étaient « rôtis » (les Italiens en pareil cas ne sont que « frits »). Bateaux, agrès, tout fut perdu, vendu, et le prix dévoré ; depuis cette folie, le Grand Art de la pêche n'est plus représenté que par quelques couples de chalutiers appartenant à des compagnies.

Le Petit Art subsiste. Ceux qui l'exercent sur des barques non pontées, appelées en général des bettes, ne laissent pas de constituer encore la plus importante pêcherie du front maritime français au midi, soit que l'on considère le produit du travail, le nombre des marins que la flotte enrôle annuellement, la connaissance du métier, ses coutumes, ses vieilles mœurs. Il serait difficile de sous-estimer ce trésor. En sauvera-t-on les vestiges entre lesquels j'ai pu glaner ?

Quelles belles prières étaient récitées avant de jeter les filets ! *Notre Père, donnez-nous du poisson, assez pour en donner, en manger, en vendre et nous en laisser dérober.* Le matin, au soleil levant, le mousse, après avoir éteint la lampe romaine pendue devant la Bonne Mère, ôtait son bonnet et disait gravement sur un rythme de psaume : — *Saint Soleil, bon lever ! Et nous autres bon jour, santé, liberté, longue vie !* Lorsque le soleil se couchait, le même mousse officiait : — *Bonsoir patron et mariniers, toute la compagnie ! Que le bon Dieu conserve la barque et les gens ! Et celui qui ne dit pas « ainsi soit-il », le cul de la bouteille lui échappe !...* Pour détourner la dure malédiction, chacun criait : *Amen !* Le mousse disait encore : — *Bonsoir patron et marins, toute la compagnie ! Vierge, patronne du pauvre pêcheur, faites que dans le filet il y ait du poisson du golfe. Que le bon Dieu conserve la barque et les gens !* Requiescant in pace. Amen. Cette antique population était religieuse, les confréries d'hommes et de femmes étaient nombreuses, les chapelles subsistent, le culte de Notre-Dame-de-Miséricorde que l'on appelle couramment « la Vierge » (montons à la Vierge !) son culte n'a pas diminué, sa chapelle est tapissée d'ex-voto de toutes dates ; son trésor, gardé à la cure, s'il a été pillé à la révolution s'est vite repeuplé de dons et de legs, croix d'honneur, médailles militaires, sautoirs, colliers, anneaux, poissons, coquillages d'or ou d'argent, sifflets de bord, filets de pêche exécutés dans les mêmes métaux précieux, que la noire statue arbore sur sa robe blanche dans les grands jours. Il n'y a pas longtemps encore que le 3 mai de chaque année, pour la fête de l'Invention de la Croix, les pénitents blancs et les pénitents bleus partaient de bon matin, l'un d'eux même pieds nus et chargé d'un lourd crucifix, pour aller vénérer, à quelque trois lieues, non loin du cap Couronne, cette anse de rivage où la barque de Lazare, de Marie et de

Maximin, passe pour avoir abordé dans la course incertaine des Saintes à Marseille.

Nos bons aïeux avaient toujours été si curieux de reliques et de pèlerinages que, en 1728, comme finissait la Régence, ils remuaient ciel et terre pour obtenir des consuls de Manosque, siège d'une importante commanderie de Malte, « l'os du bras gauche appelé humérus » qui avait appartenu au corps du bienheureux fondateur de l'Ordre, notre compatriote Gérard. Mais l'ossement sacré ayant été placé dans une chapelle de l'Île, les deux autres quartiers firent de violentes émeutes jusqu'à ce que l'Archevêque, un fort bon homme, se résolût à faire prendre au riche trésor manoscain « deux os considérables des costes » que Jonquières et Ferrières purent se partager. Il faut lire la lettre de demande et de remerciement ; il faut voir la liste des présents envoyés par Martigues en échange de ce trésor spirituel : la charretée de poisson frais, le gros paquet de la célèbre friandise dite poutargue, ou selon l'orthographe de Rabelais, boutargue, conserve d'œufs séchés, tirés de l'ovaire des muges comme l'on tire le caviar de l'esturgeon.

> Le muge, bétail de mer, trésor des gens de Martigues
> qui tiraient les œufs dont il est plein
> et les confisent en poutargue
> et dans leurs jours de fête et de joute,
> ils s'en régalent... (Mistral)

Au XVIIe siècle, Tavernier, l'auteur des *Six voyages*, ayant trouvé de la poutargue eu Asie Mineure, l'avait prise pour du caviar. Mais de nos jours, Moréas ne s'y trompait pas ; il l'eût vite reconnue pour l'*afgotarakon* de ses étangs de Missolonghi, dont les riverains sont qualifiés de têtes de muges à cause du noble produit. À la différence d'un beau poisson dont l'offrande doit agréer sans plus, une poutargue offerte revêt à Martigues un caractère quasiment rituel d'amitié et presque d'hommage, qui tient de très près à ce corps vénérable des mœurs et des coutumes du métier de la mer, mi-civiles, mi-religieuses, dont le prolongement explique un reliquat d'extrême bonhomie, d'amitié sociale puissante et heureuse, que la politique a pu gâter sans l'anéantir.

Chez les mêmes pêcheurs, le régime du mariage est resté antique. S'il a évolué, il n'a pas disparu.

Les fiançailles se célèbrent assez habituellement à l'époque dite de la seconde communion. Lui a treize ans. Elle en a douze ; les accords solennels se sont faits entre les familles.

Après le pacte, les enfants peuvent « se parler ». Ils se parlent surtout à cette heure du soir où, par la longue rue qui traverse les trois quartiers, les jeunes filles vont remplir les cruches à la fontaine ; leur compagnon légal ne les quitte guère d'un pas. Or, ce manège pouvait s'étendre sur une douzaine d'années, car, avant la dernière guerre, le garçon de dix-huit ans qui allait au service devait quelque quarante-quatre mois à l'État, ce qui fixait à vingt-deux ou vingt-trois ans les justes noces. Que le premier enfant naquît au bout de trois ou quatre mois, était-ce grave ? demandait un bon curé. On se le demande avec lui.

Mille causes travaillent à dissoudre de telles mœurs. Elles périront tout entières avec le petit peuple qui les pratique, si nulle bonne volonté ne parvient à concilier l'effort industriel et commercial de Marseille et de la nation avec l'existence de ce nid de pêcheurs. Le sauvetage n'est pas impossible et il est facile. Il suffirait d'indemniser la classe qui vit de la mer, comme l'on a indemnisé les propriétaires et paysans qui vivaient du sol. Une flotte du Grand Art pourrait être ainsi reconstruite, nos pêcheurs retrouveraient au large ce qu'ils vont perdre de leurs étangs si riches encore ; seulement il faudrait se hâter !

Mistral a relaté qu'à la fin du XIXe siècle, Martigues fournissait cent inscrits maritimes aux vaisseaux de l'État. Ces dernières années, les inscrits n'étaient plus qu'une trentaine.

Pour 1927, il y en a eu *un*.

À côté des pêcheurs (au-dessus, croit-on, répétons : à côté) il existe un autre élément de population reconnaissable à deux traits : elle parle français autant et plus que provençal, elle échappe à l'obligation des gros travaux, elle pratique les habitudes de vie demi-bourgeoise si commune en pays français ! Mais les autres bourgeois français « viennent » du peuple. Ceux-ci n'en sortent point, ils paraissent y retourner. Cette petite bourgeoisie ne ressemble pas mal au résidu d'une classe que les circonstances auraient fait déchoir par degrés d'un état d'instruction, de loisir et de culture. Le flâneur qui parcourt les voies principales, bordées de maisons plus ou moins neuves, n'y peut trouver de grandes lumières sur ce passé, mais les rues latérales et leurs ruelles font admirer une véritable profusion d'anciennes bâtisses de pierre dorée, percées de portes et de fenêtres de style, où l'art des constructeurs, le choix des matériaux, le soin de l'ornement attestent une certaine aisance matérielle et les préoccupations de l'esprit. À l'intérieur, que les marchands ont pillé pendant ces dernières années, abondèrent longtemps les glaces, les trumeaux, les meubles de prix, les vieux livres solidement reliés. Tout ce que l'Amérique nous arrache aujourd'hui, cette petite bourgeoisie ou ce gros peuple l'accumulait encore il y a cinquante ans ! Essayons d'entrevoir ce qui s'est passé.

De temps immémorial, et bien que cet imposteur de Notre-Dame les ait traités « d'hommes maritimes et demi-barbares », les gens de Martigues étaient connus pour l'entrain de leurs fêtes, leurs joutes, leur danse effrénée. *La vivo Martegalo* dont parle Mistral était de leur invention. Le poète macaronique Antoine Arène avait salué Reynier de l'île de Martigues : *dansarum lo capitanus.* Le XVIe siècle s'étant achevé en combats, ces joyeux « bragards » ne s'y étaient pas montrés méprisables ; avec ma chère petite ville originelle de Roquevaire et la tour de Toulon, Martigues fut des trois places de Provence qui résistèrent aux Impériaux de l'amiral Doria. Pendant les guerres de religion, la ville à peine réunie s'était de nouveau subdivisée et nos quartiers se partageaient entre les deux cultes, puis entre le Roi et la Ligue. Bataille, siège, assaut, reprises, trahisons, massacre, épidémie, toutes les misères !

On connaît sur ce point

> ... un trait assez bien inventé
> Autrefois à Racan, Malherbe l'a conté.[140]

Cette gasconnade du grand Normand est recueillie dans la *Vie de Malherbe* : « Il m'a encore dit plusieurs fois, écrit le disciple fidèle, qu'étant habitué à Aix depuis la mort de M. le grand prieur, son maître, il fut commandé de deux cents hommes de pied devant la ville de Martigues qui était infectée de contagion et que les Espagnols assiégeaient par mer et les Provençaux par terre, pour empêcher qu'ils ne communiquassent le mauvais air, et qui la tinrent assiégée par ligne de communications si étroitement qu'ils réduisirent le dernier vivant à mettre le drapeau noir sur la ville avant que de lever le siège. »

Le dernier vivant ! Presque aussi grand fanfaron que puissant poète, Malherbe faisait subir à nos bons aïeux le même sort qu'à ces deux moitiés

---

[140] La Fontaine, *Fables*, III, 1 : *Le Meunier, son Fils et l'Âne.*

de Ronsard qu'il ratura successivement un jour d'humeur et qui ne s'en portent pas plus mal. Mais les survivants de la peste et du siège durent rire de ce massacre digne de l'Ajax furieux. Car une de leurs arquebuses l'avait blessé autrement qu'en pensée ou figure de rhétorique. C'est l'ère qui suivit cette vengeance malherbienne où, très exactement, doit se placer notre âge d'or. Pareils en cela à beaucoup d'autres Français, notre grande prospérité est marquée à ce chiffre du XVIIe siècle. Le retour de la paix civile fit affluer les autres biens. Dès la première moitié du règne de Louis XIV, l'essor avait été si vif que la population s'était élevée à seize mille âmes. Quinze frégates se balançaient dans le port de Bouc, notre fenêtre sur la Mer, et Vauban y reconstruisait le fort qui commençait à dégoûter les Barbaresques de nos étangs. À Jonquières, la chapelle de l'Annonciade élevait son quadrilatère lambrissé d'or. Au milieu de l'île montait, sur des pilastres corinthiens parfaitement purs, la jolie église jésuite qui avec l'ancien hôtel de Pradines, devenu la Mairie, nous répète le goût robuste, l'esprit équilibré, les puissants instincts de l'époque. Cela donna le ton aux monuments civils de la ville et de la banlieue, sur lesquels il n'est pas impossible de découvrir tels mascarons directement inspirés du grave Puget. La petite ville tournait à la capitale de pays.

La peste de 1720 marque un arrêt d'accroissement, non la décadence. C'est alors que le pays fut abandonné par une ancienne aristocratie locale qu'un manteau d'écarlate avait distinguée, paraît-il. À la place de cette élite mystérieuse, d'autres classes dirigeantes se reformèrent avec les moyens locaux, qui paraissent avoir été abondants. Un petit collège ecclésiastique, vivant de ses fondations propres, épargnait aux enfants de la classe aisée l'ennui de s'expatrier pour s'instruire. Jusqu'à la Révolution, ils reçurent sur place un bon enseignement secondaire, mathématiques et latin. Si l'on ouvre le registre des délibérations municipales, dans lesquelles sont recueillis pas mal de discours impromptus, on peut admirer, sous un amas coutumier de fautes d'orthographe, la correction, la clarté, l'élégance, quelquefois l'éloquence du français écrit et parlé. Martigues y apparaît la digne suffragante de cette ville d'Aix, qui était réputée l'Athènes du Midi. Quelles traces j'en trouve encore dans le langage le plus courant ! ne serait-ce que cette brise qui se lève après déjeuner, sur les deux heures, et qu'on appelle galamment le Vent des Dames, comme un éventail de Watteau.

## V – Les déchéances insensibles

Mais qu'est-ce donc qui permettait à la communauté ce joli petit luxe et cet usage d'ornements qui sont coûteux ? Il n'est pas très difficile de le savoir. Le bien y venait de la mer. Non pas de la mer poissonneuse ; de la mer trafiquante, celle qui charrie les denrées du cabotage et du long cours. Nos « Maîtres de la hache », c'était le nom officiel du patron charpentier, construisaient et lançaient quantité de navires qui allaient, partie aux Échelles, partie au Indes occidentales. Les actions et les parts de cette flotte nourricière étaient réparties entre beaucoup de gens. L'activité de leurs petites fortunes, suspendue par le Blocus continental, recommença sous la Restauration et le gouvernement de Juillet. Elle fut brisée, elle s'interrompit, et puis s'amortit d'elle-même quand le capitalisme évinça les ports secondaires, centralisa les entreprises pour tout absorber.

J'ai vu dans mon enfance quelques-uns de ces co-propriétaires de petits bâtiments. À présent, je n'en connais plus. Bien des familles ont ainsi tout perdu. Quelques-unes se sont sauvées comme elles ont pu, les unes en allant travailler ailleurs ou en entrant dans les fonctions publiques, armée, marine, douanes, administration, les autres en exerçant sur place quelque honnête petit commerce qui ne fît point trop de contraste avec la dignité oisive de l'ancienne vie. La lente dérogation, qui a demandé plusieurs générations, s'est faite sans heurt, rupture ni scandale, de demi-mésalliances en mésalliances complètes. Ce qui s'est fait ainsi explique le reste. Descendues d'un degré à quelque condition inférieure à celle de leurs grands-parents, de nombreuses recrues ont communiqué à leur classe nouvelle une politesse de mœurs et de langage, une distinction de sentiments et de tenue, un goût, un attentif respect des usages, des formes et des rites, qui peuvent étonner le curieux et l'observateur. Il n'est pas jusqu'à la forme physique apparente qui ne se ressente de délicatesses et d'affinements qui sous-entendent et trahissent l'éducation d'un long passé. Quelque crédit qu'il faille accorder au beau sang de la Vénus populaire, il y a des profils, il y a des attaches, il y a des détails du noble édifice humain que les races ne produisent pas spontanément ; les beautés civilisées sont acquises par de lents degrés, ces nobles filles de l'esprit et de la chair supposent un travail d'épuration, de sélection et de perfectionnement ; rien n'y supplée l'effort accumulé et les filtres successifs des générations. Qui les voit face à face en chair et en os ne peut les admirer, ni les méditer sans entendre sourdre et jaillir le grand beau vers naïf d'Anselme Mathieu, qui est peut-être de Mistral :

> Les trois quarts du Midi, sommes de bonne famille
> Et tel dans un guéret
> Vous le voyez labourer
> Qui pourrait se signer Comte de Vintimille.

Une trace, diffuse mais lumineuse encore, de cette antiquité à demi perdue, concourt ici à l'on ne sait quel charme de bonté générique, bien dénué de prétention comme d'orgueil, mais non pas de cette fierté qui met en relief le souvenir des peuples. Quand un pays ajoute à la noble splendeur des corps l'action forte et vivace d'un vieil esprit local, il n'est point incapable d'assimiler des apports étrangers massifs ; alors d'anciens lambeaux épars redeviennent axes et, autour de ces axes, tournent et se composent les dépôts adventices accumulés par toute sorte de pèlerins.

## VI – MON RETOUR ÉTERNEL

Encore faut-il qu'un axe subsiste ! La petite classe moyenne qui vient d'être décrite ne peut vivre et durer qu'autant qu'elle sera portée par une classe assez nombreuse de pêcheurs indigènes, sur laquelle fonder, et dans laquelle se résorber au besoin. Que cette pêcherie disparaisse, tout le reste est perdu. Ce serait illusion que d'imaginer le contraire. La ville, posée sur les eaux comme une mouette, est née du seul produit des eaux et l'ancienne marine du commerce qui est disparue ne peut pas renaître. Les œuvres du capitalisme marseillais ne la ressusciteront pas. Le canal de Marseille au Rhône y peut-il grand'chose ? Notre place sur le trajet semble trop proche de Marseille et de Saint-Louis pour que le moindre arrêt utile puisse y être marqué. Les gens sensés dans le pays s'en sont bien aperçus ; j'ai déjà raconté ce qu'ils disent :

— Nous verrons passer des bateaux.

On le verra aussi longtemps qu'il y aura des yeux pour ce spectacle. Ces yeux se fermeront. D'autres se seront-ils ouverts dans les mêmes lieux ? Ou sur les deux îlots qui restent, les derniers toits en ruines ne se seront-ils pas rapidement dépeuplés ? C'est le secret des temps. Le plus prévoyant ne peut calculer qu'à côté. Des cités ouvrières fondées de-ci, de-là, pourront abriter les immenses fourmilières sans nom, que les industries du rivage auront recrutées en tous lieux ; elles auront sans doute leurs comptoirs, leurs économats, leurs coopératives, tout ce que le travail moderne et son ingénieux machinisme veut et doit entretenir à son ombre. Mais l'organisme original qui fait le centre de notre antique république et de notre ancienne principauté, l'art de la pêche et la corporation des pêcheurs, lien vivant des îlots et des rivages de Martigues, comme des vieilles et nouvelles bourgades qui l'avoisinent, n'est-il pas condamné au dessèchement de la mort ?

Il n'y aura certainement plus de Martigues, si l'on continue à refuser d'y sauver la corporation qui est seule capable de perpétuer l'identité d'une vie et d'un art.

Ainsi, nos incertitudes de l'avenir font-elles un peu trembler la ligne d'horizon ; à peu près de même manière que les petites énigmes inquiétantes ou irritantes de notre passé prochain ou lointain. Quelque effort que l'on fasse pour les débrouiller, le soleil radieux continue de jouer sur de difficiles mystères.

Que la bonté du génie des lieux ait permis de surprendre tel doux secret trop défendu, la piété naturelle qui me conduit et qui m'assiste enlève à cet effort le mérite, mais non la joie. Il n'est point de sujet sur lequel il y ait plus de plaisir à me répandre, et je ne saurai jamais me défendre de me comparer à ces capitaines de l'ancienne marine à voile, qui, étant nés ici, ne pouvaient s'empêcher, à peine sortis de Marseille, de retourner l'antenne vers le goulot de Bouc pour tenter d'entrevoir une pointe des trois clochers. Cela était plus fort qu'eux, disaient-ils.

Il est vrai que c'est infiniment plus fort que nous ! Les chaînes souples et puissantes par lesquelles l'esprit de la patrie nous tient, s'alourdissent encore quand les aveux de raison et d'expérience permettent d'imputer à la face du lieu natal ce double caractère de toute beauté vraie ; d'abord une splendeur commune qui emporte tous les suffrages, puis la subtile qualité qu'il appartient au très petit nombre de démêler. Nous en sommes là, je crois bien ; nous pouvons dire de la terre maternelle qu'elle est très belle ; nous pouvons nous persuader de la nature unique et secrète de sa beauté. Par-là se justifient les complaisances excessives de nos retours continuels sur un thème constant, toujours repris, que nous ne traitons qu'en tremblant.

L'extraordinaire serait que l'assaut brisé et la tentative vaincue n'aient pas pour effet régulier de rallumer un désir, et presque un besoin, de revenir à cet impossible portrait de constantes merveilles dont on a le cœur ivre et plein. Cesserai-je ? Serai-je dépité ou découragé, et quand ? Défaites et retours, serments et dégoûts, rien n'y fait ; le naturel invétéré résiste, et le désir l'emporte. Certains jours de départ, l'œil suit le grand oiseau planeur et pêcheur qui tourne en cercle. Son aile étendue ne paraît plus battre que pour scander les deux syllabes du nom de l'adieu. Ce rythme de vol désespère, mais le cri d'âme en peine est tout fait vain ! Aussi vain que le « Martigues n'est plus Martigues » de nos bons parents, inattentifs à l'opiniâtreté de la vie. On ne se sépare pas de soi-même ; on ne se change pas à plaisir ! Même, change-t-on ? Personne ne s'en va, très peu de gens se quittent, toute chose conspire tellement à durer que pour quiconque assiste à la vie de son cœur, il faut douter même de la fin des passions. Mystère lumineux de ma belle petite ville, je ne puis vous dire qu'un au revoir si le Dieu ami le permet !

# Méditation sur la politique de Jeanne d'Arc

1929

À L'ASSOCIATION DES JEUNES FILLES ROYALISTES DEVANT
LAQUELLE FURENT PENSÉES TOUT HAUT QUELQUES-UNES
DE CES INCOMPLÈTES MÉDITATIONS
AU NOM DE L'ACTION FRANÇAISE RECONNAISSANTE
HOMMAGE TRÈS RESPECTUEUX DE L'AUTEUR.

*Malgré Malherbe, beau poète, malgré Richer, bon historien, et Chapelain, mauvais poète, il faut avouer que nos ancêtres de la grande époque ont observé devant la chevauchée d'Orléans et de Reims, même devant le bûcher de Rouen, une attitude pieuse, mais contrainte. Cet objet extraordinaire les frappait d'un étonnement immobile. Nous avons été tirés de cette stupeur par les dures commotions qui se prolongent en nous depuis cent quarante ans. Si le désespoir d'égaler la parole à la réalité put imposer quelque silence à nos pères, l'aiguillon des maux publics a ému nos contemporains dans la direction du « haut miracle » dont ils apprenaient le désir.*

*Tant que la France, heureuse, a été retenue ou est revenue vite dans les voies de son développement ordonné, elle paraît s'être montrée assez oublieuse, sinon tout à fait ingrate envers Jeanne. Mais, aux jours difficiles, quand il a fallu se ressaisir et se rassembler, le souvenir de la Libératrice a été réveillé par la force d'affinités, reconnues et senties jusqu'à l'âme, entre la paisible guerrière et les claires images des misères de notre temps.*

*Nos épreuves ont fait voir cela peu à peu. Elles ont opéré comme le statuaire qui frappe la pierre à grands coups pour en faire sortir une ressemblance divine. Plus les misères qui avaient suscité et appelé la Pucelle se sont renouvelées, plus nous avons dû soupirer après le retour de la forte vertu et du bienheureux sacrifice qui, d'Orléans à Reims et de Reims à Rouen, finirent par fructifier dans le règne Victorieux.*

*Notre soupir disait à la jeune fille vêtue en chevalier, brandissant l'épée innocente : — Comme tu répètes mon rêve ! Comme j'aime et honore le meilleur de moi dans ton cœur !*

*L'honneur que rend un peuple aux hautes parties de lui-même ne saurait se confondre avec le culte béat décerné en bloc à ses éléments quels qu'ils soient. Ces apothéoses, ces canonisations de la multitude ne choisissent guère ! Ici, l'Église et la Patrie ont cueilli la fleur de la fleur. Mais cette fleur est vraie. Elle porte avec soi le charme de son naturel. Les senteurs du terroir s'en exhalent avec une force hardie, une émotion tranquille, une profonde et persistante fidélité. Cette image historique tendra donc nécessairement à s'élever de plus en plus au rang de modèle et de loi. Mais de loi juste, de modèle mesuré et humain. Peut-être un jour pourra-t-on dire qu'après nous avoir délivrés d'un joug étranger l'héroïne nous a légué une pensée qui nous défend et qui nous sauve d'autres périls qui ne sont pas non plus de chez nous : fausses vertus ou faux progrès, développements artificiels, plans de réformes prétendues, mais incompatibles avec l'être de la Patrie.*

D'ores et déjà, la connaissance exacte du personnage de Jeanne d'Arc porte son grand bienfait car elle nous permet de distinguer ce que les orateurs révolutionnaires et les historiens romantiques ont pitoyablement confondu. Cette héroïne de la Nation n'est pas l'héroïne de la Démocratie. Tout autorise et tout détermine aujourd'hui à dégager fortement cette différence, hors de laquelle il n'y a qu'oubli, déviation complaisante, ou déduction d'erreurs de fait. Cette belle enfant de la France était-elle seulement une fille du peuple au sens de l'ignorance, de l'inculture, de l'inéducation que postule cette épithète ? La vérité de l'histoire n'est guère favorable à l'intérêt de classe et de faction qui ne peut qu'affadir la personne de Jeanne d'Arc. Sa vraie figure serait plutôt celle d'une petite bourgeoise française, de cette bourgeoisie rurale qui composait, qui forme encore le plus touffu et le plus vivace élément du pays : classe moyenne très étendue, si étendue qu'il n'y eut jamais beaucoup de « peuple » en France ; classe surtout conservatrice, car rien n'a duré sans elle ; classe révolutionnaire, car rien n'est fait d'un peu neuf, ni un peu vivement, sans son concours actif. Jeanne en était si bien, elle était si peu adhérente à ce que nous appellerions à contre-sens soit un prolétariat flottant et sans racine, soit une paysannerie asservie, qu'on lit distinctement dans sa pensée et dans son cœur, les trois idées directrices de l'ancien Tiers-État français : le Patrimoine maintenu et la Patrie sauvée par la Royauté rétablie.*

Le cinquième centenaire de l'acte du 8 mai 1429, délivrance d'Orléans par la Sainte de la Patrie, a été fêté dans des conditions dont l'histoire discutera. Ces belles et nobles solennités ont donné lieu à des spectacles de reconnaissance nationale dont il est difficile de ne pas éprouver une ardente satisfaction. Les cortèges de Jeanne d'Arc se sont déroulés dans Paris dans la splendeur et dans la paix.

Avec Pujo et ses premiers lieutenants, Plateau, Maxime Real del Sarte et Lucien Lacour, les hommes de l'Action française avaient été les initiateurs de cette œuvre de paix publique : il nous est impossible de ne pas ressentir jusqu'au fond de l'âme la force et la chaleur de cette joie commune. Mais cela nous donne le droit de regretter que l'allégresse nationale n'ait pas été complète et que, précisément, les conditions morales, politiques et même religieuses de la France contemporaine soient telles que cette union en ait été comme amoindrie et rapetissée. Je ne pense pas seulement à l'absence des Princes et des bons citoyens exilés, je ne m'arrête pas au caractère un peu misérable de cette union républicaine qui a toujours l'air d'être faite aux dépens de quelque chose et sur le dos de quelqu'un. Mais il faut regretter surtout les vérités de la Politique française : elles font partie de l'histoire de Jeanne d'Arc, elles ont été mises à la porte des fêtes de Jeanne d'Arc.

Les orateurs officiels se sont accordés à négliger ce point essentiel que, pour entreprendre la libération de la patrie, Jeanne ait dû commencer par aller droit au Dauphin, reconnaître le droit de son sang et le faire suivre, acclamer et sacrer jusqu'au parvis de Reims. L'essentiel esprit de la mission de Jeanne d'Arc est que le salut national s'opère par l'œuvre du Roi. Cet intermédiaire royal ne pouvait être de la fête, mais il faut convenir qu'il a été absolument frustré de tout l'honneur.

On ne peut s'en montrer surpris. Mais il est difficile de se défendre de quelque tristesse indignée. Jeanne d'Arc n'était point ingrate envers la dynastie fondatrice. Des dévots d'aujourd'hui le sont. Elle associait couramment à la libre terre de France le nom du Roi libérateur. Avant qu'elle eût quitté Vaucouleurs, elle disait presque à tout venant : — *Faut-il que le Roi soit chassé du royaume et que nous devenions anglais !* Est-il possible d'honorer Jeanne d'Arc sans prendre garde à cette connexion d'un nationalisme fidèle avec la piété due aux pères de la Patrie ?

Contre toute vérité et toute justice, l'on s'est ingénié et l'on a réussi (par de véritables tours d'éloquence) à escamoter le royalisme de Jeanne d'Arc.

Ces accrocs à l'histoire, ces torts faits au passé ne sont peut-être pas aussi politiques qu'ils en ont l'air. En tout cas, ils auront l'inconvénient de pousser des orateurs et des littérateurs moins scrupuleux encore à d'autres fraudes, à d'autres tricheries, dont l'esprit monarchiste ne sera plus seul à souffrir. Au moment même où nous nous plaignons de voir les plus hautes autorités se réunir pour chasser de l'histoire de Jeanne d'Arc cette monarchie nationale qui en fait l'un des pôles, l'on me dit que des entreprises de cinéma éliminent de la même histoire tout l'élément religieux. Il ne sera que juste de protester contre cette mutilation. Mais ne l'aura-t-on pas introduite en consentant à un premier tronquage tout aussi scandaleux ? *Hodie mihi, cras tibi !*

Je n'essaierai point d'apporter des lumières dans le soleil, je ne vais pas m'évertuer à démontrer le royalisme de Jeanne d'Arc, non pas même ce qu'elle y mettait de son cœur et de son esprit. Il serait bien présomptueux d'oser la peinture des sentiments de cette héroïne sacrée. *Un grand cœur*, plein de grâce, de pitié et d'amour, a dit fort bien Mme Marie Gasquet, une haute *gentillesse*, aimait à redire Barrès, compose un domaine mystérieux, fermé à l'analyse. Les profanes ont devoir de n'y point entrer, surtout depuis qu'aux dignités et aux grandeurs communes sont ajoutés les caractères qui l'élèvent sur les autels.

S'il m'était accordé un jour de rêver la plume à la main sur cette histoire incomparable, j'aimerais, je l'avoue, de m'en tenir à une série de méditations qui porteraient expressément, uniquement, sur l'esprit et sur la raison de cette Française excellente, comblée de tous les plus beaux dons de l'intelligence de son pays. Son premier historien, Edmond Richer, voulut écrire d'elle, dans notre langue et non en latin, en raison, dit-il, de la beauté du « français » qu'elle avait parlé. Richer vivait au commencement de ce XVIIe siècle, qui s'y connut en matière de belle langue. Chez Jeanne d'Arc, la parole drue et fine, toujours pleine de sens, suivait aussi l'esprit le plus vif, le plus aisé qui ait jamais chanté sur l'arbre natal. Tout le contraire de cette mystique hallucinée et somnambule qu'une certaine légende a voulu imposer ! L'un de ses traits distinctifs est de voir et de dire, en tout, les raisons brillantes des choses : la première beauté de ses discours et de ses actes tient au degré de lumineuse conscience qu'ils manifestent. Nul être humain n'aura mieux su ce qu'il faisait et pourquoi il le faisait. C'est le triomphe de l'intelligence limpide.

Ce caractère ajoute donc une grande importance aux diverses modalités sous lesquelles le royalisme de Jeanne d'Arc résolut une crise nationale qui menaçait d'être mortelle. Ces modalités qu'elle a choisies ont été voulues. Pas une qui n'ait un sens et qui, par conséquent, ne doive contenir une indication. La réflexion et peut-être même la rêverie, pourront tenir quelque place dans ce travail. Je me suis appliqué à garder leur accord avec des données d'histoire certaines.

Je ne crois pas qu'aucune objection d'ordre théologique puisse être faite ici. Il va sans dire, et je le dirai, qu'en toute occasion Jeanne écoutait ses Voix, invoquait l'autorité de ses Voix, mais, de quelque ciel supérieur qu'elle les sentît s'épancher, elle ne les recevait pas sans les comprendre, elle leur obéissait comme à des ordres intelligibles et sages, qui, pour déconcerter l'égoïsme, la paresse ou le petit esprit des gens, ne lui apparaissaient pas moins conforme à tout ce que sa raison naturelle lui avait appris d'élevé. L'impératif de la morale moderne se formule en un *fais cela* inexpliqué, assez brutal. Les voix de Jeanne d'Arc, non moins catégoriques, étaient cependant rationnelles et faisaient sentir leur motif. Ainsi le voulaient ses habitudes d'esprit : l'*extraordinaire* de sa mission *surhumaine* devait lui être confirmé et garanti par tout ce qu'elle y reconnaissait de sagesse ordinaire, de réconfort *humain*.

De très bons maîtres m'ont enseigné autrefois qu'il n'y avait pas d'opposition entre le naturel et le surnaturel : le surnaturel se contente de compléter et de surélever la nature. Mon commentaire restera au-dessous de ce qu'aurait pu dire dans le même sens un croyant : considérer que des moyens divins sont humainement bons, et même excellents, revient à déclarer que le supérieur domine, commande et contient l'inférieur. Ce n'est pas une découverte.

Il n'est pas défendu de comprendre ce que l'on nous dit, même du plus haut de l'Éther.

Des militaires ont montré que, pour chasser l'Anglais de France, Jeanne d'Arc a été le premier capitaine et, en tout cas, l'un des premiers qui usèrent de l'artillerie en rase campagne. Ces spécialistes font aussi remarquer qu'entre deux formes d'action militaire, entre deux opinions de techniciens, comme on dit aujourd'hui, entre deux partis de conseil de guerre, elle saisissait toujours, avec une impétuosité d'esprit merveilleuse, le pratique, le court, le prompt, le décisif. On a bien raison de signaler ces éléments du génie de Jeanne, toute son histoire les crie : à les faire connaître, on se rend mieux compte des chemins par lesquels elle est allée droit à son objectif. Personne ne critique les historiens compétents qui attirent l'attention sur ce point ; tout au contraire, on les en félicite. Tirons-en cette conséquence : s'il y a une connaissance précise, s'il y a même une science des moyens militaires de Jeanne d'Arc, rien ne donne le droit de douter qu'il y ait également une science ou un art de cette Politique par laquelle Jeanne a servi son patriotisme inspiré.

Sa mission lui vient du ciel, et l'objectif exprimé par sa lettre à Bedford est l'affranchissement complet du territoire.

Les voix célestes descendent dans son cœur de l'arbre enchanté et, si loin que s'étende la terre en France, elle la voit, comme elle la désire, délivrée de l'envahisseur. Le principe de son devoir est religieux ; l'objectif en est national, sa conscience l'obligeant au patriotisme et, en cas d'invasion, à l'effort libérateur : ce que l'on peut appeler proprement la Politique de Jeanne d'Arc ne commence qu'au choix des moyens.

Ces moyens, une fois qu'ils ont été mis en œuvre et qu'ils ont réussi, apparaissent les seuls possibles et les seuls au monde, on ne veut pas imaginer qu'il pût y en avoir d'autres du temps de Jeanne d'Arc. Quelle erreur ! Quelle grande erreur ! Erreur extrêmement nuisible, en tout sujet, parce qu'elle empêche de voir clairement ce qu'a dû insérer dans la trame des événements l'énergie et la libre invention d'un héros !

Les contemporains et les contemporaines de Jeanne ont eu ou pu avoir beaucoup d'autres idées que celles qu'elle a eues en fait. Les contemporains et les contemporaines de Jeanne ont tracé ou pu tracer des plans bien différents de ceux qu'elle a tracés, suivis et imposés.

Par une contradiction bien humaine, les mêmes esprits qui méprisent un peu le nom et l'histoire de Jeanne d'Arc s'ingénient à nous suggérer que, de notre temps, elle eût été républicaine. C'est à voir. Ce qui est sûr, c'est que, *de son temps*, le républicanisme et le démocratisme ne lui ont été interdits que par son bon sens naturel, car, au XVe siècle, on pouvait fort bien être démocrate ou républicain, rien n'était plus courant. On l'était en France ou hors de France. Ne croyons pas que nos erreurs ou que nos vérités soient nées de la pluie d'hier.

Je dois oser le dire, même au plus jeune et au plus brillant des publics, il n'y a point d'idée qui n'ait déjà circulé et même un peu traîné dans la pensée de l'homme ! Ceux qui pensent qu'il ne pouvait y avoir de parlementarisme vers l'an de grâce 1429 plaisantent. Le parlementarisme est une institution médiévale, née de l'anarchie médiévale, et que l'Angleterre a fait durer jusqu'à nos jours. Il était très facile de la réveiller dans la France de 1429.

L'Europe regorgeait encore de républiques le long de la mer du Nord et des mers d'Italie.

De même, en ces temps si lointains et si proches, il y avait eu et il devait y avoir encore, comme aujourd'hui, comme demain, des épidémies de politique mystique. Pour ne citer que le plus illustre de nos anarchistes chrétiens, Savonarole, qui, moins sage que Jeanne d'Arc, voulut pour sa patrie florentine, une théocratie directe, ne fut brûlé que tout à la fin du XVe siècle. À peine deux générations d'hommes le séparent de notre héroïne.

Ces rappels historiques sont dominés par ce fait général qu'il y a dans l'esprit humain des possibilités de vérité et des facultés de lubie et d'obnubilation qui ne finiront qu'avec lui. De tout temps, par exemple, il s'est trouvé des spécialistes si férus de leur spécialité que la partie et le métier leur cachait l'ensemble des choses. Jeanne eut affaire à eux comme aux autres toqués de son siècle et c'est sur eux qu'elle dut faire prévaloir la politique de la raison. Pour fixer nos idées, imaginons l'un de ces échanges de vues si fréquents, disons un de ces conseils réunis autour du Roi, ou non loin du Roi, à Chinon, à Poitiers, à Orléans, à Troyes, à Reims ; malgré l'éloignement, il n'est pas impossible d'entendre que ce qui y était dit pouvait ressembler aux histoires dont nous avons aujourd'hui l'oreille et l'esprit rebattus.

Après la délivrance d'Orléans, les militaires, tout à leur art, qui est un bel art, s'indignent à l'idée de prendre la route que demandait Jeanne dans la direction de l'est et du nord. Ce qu'il leur fallait, tout de suite, c'était la conquête de la Normandie, et leur course à la mer n'était pas absurde en soi. La victoire normande eût arraché à l'ennemi son principal fief sur le continent, l'eût coupé de ses communications, et je ne suis pas sûr qu'une bonne tête de soldat français n'ait pas imaginé, pour couronner cette victoire, quelque capture de la flotte anglaise qui eût permis une pointe offensive chez messieurs les Goddons. Si tentant que fût le projet, Jeanne s'y opposa. Jeanne dit non. Pourquoi ? Elle obéissait à ses voix. Mais ses voix allaient d'accord avec les vues saines du politique sage qui eût calculé qu'en définitive l'heureuse aventure du débloquement d'Orléans, accomplie comme elle l'avait été, représentait, malgré tout, un beau risque et un beau miracle, mais que, pour le reste, il fallait agir selon la nature des choses. Or, toute cette nature demeurerait en l'air, faute d'un commandement politique affermi. Avant de rien tenter de nouveau, il fallait qu'il n'y eut plus de Dauphin, si gentil put-il être, mais bel et bien un Roi, un Roi certain pour tous, un Roi reconnu, acclamé, un Roi, enfin, sacré. Politique d'abord ! La base politique consolidée en premier lieu, les opérations militaires viendraient ensuite. Elles seraient rapides, ou elles seraient lentes, mais l'essentiel serait fait, le présent serait arrêté, l'avenir assuré.

Pas de grande entreprise militaire avant l'assurance politique fondamentale. Naturellement, tant que le roi hésiterait et délibérerait sur cette marche nécessaire, si conforme à son intérêt capital, on pourrait guerroyer ou escarmoucher sur la Loire, ne serait-ce que pour tenir l'armée en haleine. Mais, de par Dieu, répétait Jeanne, point de campagne de Normandie avant que le royaume ait son roi bien établi, bien reconnu, bien oint ! D'abord la monarchie en règle, devait dire Bismarck dans un autre sentiment et dans le même esprit que Jeanne d'Arc. C'était l'évidence. L'absurdité, qui consistait à mettre la charrue devant les bœufs, éclatait grâce à l'héroïne.

La politique patriote ne passait point par la Normandie. Elle passait par le moyen ordinaire (ou moyen de l'ordre), celui qui a déjà servi et qui y servira, de tout temps en France : le Roi.

Au siècle précédent, c'est par le dauphin Charles, depuis nommé le Sage, que l'ordre et la victoire sont revenus au parti français. Au siècle qui suivit celui de Jeanne d'Arc, siècle des furieuses dissensions religieuses, c'est encore autour du roi que « les politiques » rallieront le peuple et les grands afin de refaire unité, puissance et prospérité. Bien avant Charles V, l'anarchie féodale a été débrouillée par la police et par la justice du roi. Bien après Henri IV, alors que vingt-trois ans de guerre terminés par deux invasions eurent épuisé le pays, la « Restauration » de la paix intérieure et extérieure, financière et militaire, maritime et diplomatique ne sera possible que par le Roi. On pourrait remonter plus haut dans nos origines, et l'on y reverrait que la France, configurée comme elle est, languit dans la stagnation, ou s'agite, se déchire entre des partis, ouvre sa porte à l'étranger tant qu'elle obéit à un gouvernement collectif et tant qu'elle n'est pas gouvernée par un seul qui succède à son père et qui fraie la voit à son fils. Aussi la personnalité politique de la France ne s'est-elle réalisée pleinement, avec ordre et progrès, en capitalisant ses acquisitions, que sous la direction du Roi. En s'adressant au droit héritier des Capets, c'est au « moyen » classique, normal, essentiel qu'avait recouru Jeanne d'Arc. Le moyen de l'ordre : *ordinaire !*

Mais voici le point décisif.

Qu'y a-t-il de plus important dans l'ordre monarchique ? Est-ce l'unité de commandement ? Ou l'origine du pouvoir ? Par l'unité est réalisé un bien immense, sans lequel tout va en pagaïe et en sacrifices inutiles : nous l'avons vu pendant la guerre, tant que le pouvoir militaire n'a pas été unifié entre les Alliés et tant que le pouvoir politique français n'a pas été séquestré en de fortes mains. Mais l'unité de pouvoir est quelque chose de divers tant qu'elle ne dure pas, tant qu'elle peut devenir objet de contestation, et de compétition régulière ou périodique : si toute notre victoire va en fumée, c'est que les chefs civils se succèdent, se renversent et se remplacent, que pas un n'est certain de sa fonction, que chacun peut vouloir la lui enlever et que *la loi, la loi elle-même,* est aujourd'hui du parti des compétiteurs, puisqu'elle recommande la compétition : s'il n'y avait que le choc des passions et des intérêts humains qui s'acharnent à disputer un fauteuil ou une couronne, il n'y aurait que demi-mal et l'on pourrait rêver d'un combat décisif au bout duquel il y aurait un vainqueur qui établirait un peu de calme et de tranquillité. Mais, de nos jours, rien de pareil : c'est *la constitution légale* qui, par un paradoxe fou, autorise et ordonne ce changement, ce mal, qu'elle appelle le bien, et qui, sous prétexte de tout renouveler, gâche tout.

Nos aïeux, moins sots que nous, étaient plus pratiques et plus sages.

Ils admettaient que tous les gouvernements ont des défauts et que la perfection n'est pas de ce monde : à la poursuivre par un *ôte-toi de là que je m'y mette* perpétuel, ils n'auraient abouti qu'à notre comble de misère, d'incohérence et d'incapacité. Ils avaient vu, dans les pays voisins, des dynasties sanglantes, lourdes de crimes, se changer peu à peu, d'âge en âge, en souverainetés paisibles, sérieuses et, finalement, compétentes dont les peuples se contentaient. À plus forte raison devaient-ils s'arranger, quant à eux, de ces Capétiens, les plus purs et les plus honnêtes princes de l'univers, hommes sages, droits justiciers, souvent débonnaires, esprits modérés et sagaces, amis du petit peuple quoique très grands seigneurs, le miroir et l'honneur de la chrétienté. Non seulement ils s'accommodaient de tels rois, mais ils les adoraient et s'en montraient singulièrement fiers, au témoignage de tous les étrangers. À cet orgueil secret, à ce respect affectueux, à cette véritable foi féodale s'ajoutait le sentiment presque religieux noté par Renan et dont la cérémonie du sacre était le signe vivant. En sorte que les républiques de l'époque pouvaient se déchirer d'année en année autour de leurs échevins et de leurs podestats ; les trônes électifs, brigués par des princes rivaux, pouvaient interrompre à chaque génération les plus beaux desseins politiques : pendant longtemps, assez longtemps pour enraciner la confiance des peuples, la loi de succession de la maison de France, par sa simplicité, et par sa fermeté, avait permis au « roi », au Roi par excellence, de prolonger sur les hommes mourants un règne immortel. Le roi de France ne mourait pas. La France grandissait. On sentait déjà s'éveiller dans les cœurs, mémoire et prescience, la reconnaissance confuse de la grande nation que, d'âge en âge, cette politique formait. L'absence de compétition écarte autant de maux que l'unité de commandement provoque et assure de biens, mais la désignation préalable du chef héritier comporte en outre un bien positif qui lui est propre : elle seule permet à l'Homme de vaincre le Temps.

Comme on comprend que la pensée d'un tel bien, si voisin, et par analogie, de l'éternité ait, en quelque sorte, ébloui de sa clarté et fasciné de sa vertu l'âme de l'Enfant raisonnable et sainte !

La guerre de Cent Ans avait cependant ouvert la crise du bel héritage. Si le principe anglais l'eût emporté, c'en était certainement fait de l'unité nationale, de la civilisation nationale.

On ne saurait trop admirer Jeanne d'Arc comme vivant reflet de l'énergique résistance instinctive de son pays. Provinces éloignées ou nouvellement réunies firent à ce moment des prodiges de fidélité. Les gens du Midi en sont particulièrement fiers, car les Armagnac composaient le parti fidèle et notre comte de Provence René, René d'Anjou et de Lorraine, s'il fut un moment ébranlé, finit par nous représenter au sacre de Reims, car il y portait l'oriflamme.

Pierre Champion a démontré avec force que, pour les hommes de ce temps, la patrie, c'était la justice. Ne peut-on pas traduire : *Juridiction ?* Ou même dire, dans le même sens, que *la patrie, c'était la légitimité ?* L'élément proprement patriote de l'œuvre de Jeanne d'Arc est légitimiste. Ce qui fait le caractère de son œuvre politique, c'est d'avoir voulu *reconnaître, affirmer, annoncer, consacrer* le roi légitime. Le reconnaître pour elle-même, au nom du peuple, l'affirmer à Charles VII induit à en douter de par la honte de sa mère. L'annoncer au peuple, à l'armée, au monde, que la révélation et les prodiges qui l'accompagnaient émurent au-delà de toutes les espérances. Enfin le consacrer pour unir le ciel et la terre, et sceller dans les cœurs tous les liens d'autrefois. Cette héroïne nationale est l'héroïne de la dynastie. Nous ne lui devons pas seulement le Victorieux, mais tout ce qui succède régulièrement à Charles VII et, en premier, le grand rassembleur des terres françaises, l'incomparable Louis XI, son fils.

On dit : — *Est-ce que Jeanne d'Arc savait ces choses ?...* Mais peut-on en douter ? Les bonnes têtes doctrinaires n'étaient pas rares parmi les clercs ès lois du conseil du roi. Autour de Philippe-Auguste, on avait sur l'Allemagne des idées qui manquèrent à M. Briand et à M. Viviani. Autour de Philippe le Bel on créait l'Administration. Jeanne recevait ou concevait les idées éternelles de la politique française qu'illuminait son beau génie. Sa langue, nette et forte avec les soldats, prend toutes les hauteurs nécessaires quand il faut affirmer les droits sacrés de la couronne. À Patay, elle s'écria : « Nous les aurons », comme un simple bonhomme de 1914. Mais quand il s'agit d'écrire au duc de Bedford qu'il ne tiendra jamais le royaume « de Dieu, le roi du ciel, fils de sainte Marie », « mais le tiendra le roi Charles, vrai héritier », c'est un Discours du Trône où la majesté le dispute à la poésie. On n'y trouve pas ombre de faute d'orthographe.

Mais jusque dans ces conseils du Roi, ou ces conseils royaux, pour peu que les fidèles fussent endormis ou fissent semblant de dormir, manquait-il de voix religieuses ou même sacristines pour murmurer à Jeanne un *Voyons, Jeanne !* un peu scandalisé ?

Elle qui parlait sans cesse du *Roi du Ciel*, qu'avait-elle à faire de ce roitelet de la terre ? Évidemment, le royaume était malheureux. Mais de quoi ? Des péchés de ses rois, sans oublier les fautes des régnicoles.

La reine-mère, abominable et traîtresse, avait perdu, avec le pays, tous ses droits. Son fils menait une vie dissolue qui faisait vergogne à la chrétienté. Et la légende ajouta même : — *Cette dame de beauté ! Cette Agnès Sorel !* Légende qui anticipe de dix ans. — Mais, reprenaient les malignes voix, ce dauphin, n'était-il pas triste, mou, fainéant ? Quelle force avait-il, et quelles ressources, dans la cour besogneuse où il dînait de deux petits poulets sans chair et de la queue d'un maigre mouton ! Non, non, les voix de Jeanne n'avaient pas pu la rallier à cette cause-là, ainsi perdue d'avance ! Au demeurant, si pour régner en France, le Seigneur ne voulait ni de l'Anglais puissant, ni de l'opulent Bourguignon, si le ciel tenait à relever la couronne des lys, il fallait commencer par une expiation des Princes et du Peuple, de tous les Princes, de tout le Peuple. Des processions, des pèlerinages, des grand'messes et des messes basses chantées d'un bout à l'autre du royaume, comme vous nous le demandez, Jeanne, à la bonne heure ! Nous ne nous séparons de vous que sur un point : *non seulement cela est nécessaire, mais, en outre, c'est suffisant*. Rien d'autre n'importe ! Absolument rien.

Qu'au surplus le roi commence par devenir le digne fils de Louis IX, le saint roi ; que ses soldats, un par un, que tous ses sujets, jusqu'au dernier, deviennent des héros et des saints ; que, par leur œuvre de mortification et de charité, ils en arrivent à s'ouvrir enfin à toutes les grâces, et vous n'aurez plus le moindre combat à livrer, ô Pucelle sainte ! Qui sait même, ô très bonne Jeanne, si votre oriflamme ne suffira point à la direction, à l'administration, au gouvernement ? Notre peuple d'anges et d'archanges sera tellement droiturier qu'il n'y aura métier de gendarmes, ni de prévôts, ni de sénéchaux, ni de juges. Dites un mot : un tel paradis sera sur la terre qu'Anglais et Bourguignons deviendront des agneaux. Voilà, Jeanne, votre mission, la seule, la vraie ! Dieu n'a pas besoin des tueries. Dieu n'a pas besoin des soldats ! non plus que de princes ! non plus que de rois ! Arrière les baïonnettes ! Et vive le Pape de Rome !

Doutez-vous que Jeanne ait pu entendre ce discours, ou le discours pareil, de quelque disciple prématuré de M. Marc Sangnier ?

Je ne fais pas d'anachronisme. Tels faux mystiques de son temps, qui avaient des rapports avec les hypocrites du même temps, osèrent accuser cette libératrice et pacificatrice d'avoir pris goût aux combats auxquels l'avait réduite l'envahisseur-agresseur : dans le texte de la rétractation prétendue, l'évêque faussaire Cauchon avait introduit une phrase où Jeanne était censée s'accuser (je cite les pièces) d'avoir désiré *crueusement l'effusion du sang humain*. Telle fut la pensée des amis de l'ennemi. Telle elle est encore, vous la connaissez bien, car, si elle est fort ancienne, elle ne manque pas non plus de modernité. Peut-être que Jeanne voyait cela d'avance.

Cependant, elle répondait qu'une bataille sainte était nécessaire. Pour que Dieu donne la victoire, les gendarmes batailleront. C'est presque son mot textuel.

Sans qu'elle eût versé elle-même une seule goutte de sang, cette vierge guerrière n'a cessé de vanter les vertus des batailles et l'honneur de l'épée.

Elle était, dans l'âme, soldat. Pourtant la jeune fille en qui l'histoire libérale aime à louer la préfiguration certaine de la nation armée, n'a pas conçu un seul instant le réveil national comme une sorte de levée en masse, de jacquerie patriotique. Elle et le Grand Ferré sont deux ! Plus encore que guerrière, elle a la tête militariste et hiérarchique. Elle n'a pas ameuté les paysans de son village : elle est allée trouver le seigneur du pays. Encore s'est-elle gardée de le convier à lever la jeunesse du Bar et des provinces voisines : son sens de l'ordre est tel qu'il a volé droit au sommet ! Point de chef, point de peuple : point de Roi, point de France. Comme il n'y a point de roi, elle en fera un. Elle ne le créera pas de rien ; elle ne rêvera ni de nouvelle dynastie, ni de dictature féodale ou cabochienne, mais elle n'aura de cesse que le Dauphin ne soit le Roi.

Son amour de la paix et son horreur du sang ne la dressaient donc point contre les puissances du monde. La bataille devant être, il fallait que la bataille fût, non pour établir une pandémocratie dans la République chrétienne, mais pour que, sous le Roi du ciel, régnât très régulièrement un Roi de la terre, dans un royaume organisé en vue du minimum de faiblesse humaine et du maximum d'ordre naturel.

Jeanne d'Arc n'est donc pas sillonniste. Jeanne d'Arc veut en France la « monarchie en règle », précisément parce que un Bismarck ne l'y eût voulu au XVe siècle plus qu'au XIXe. Jeanne ne croyait pas à la naissance spontanée de l'ordre. Elle pensait ce que devait nous enseigner notre maître La Tour du Pin : pour imposer un ordre, il faut une autorité et, en France, ce ne peut être que le sceptre, le glaive, la main de justice du Roi. Ce roi se consacre et s'achève à Reims. Tout d'abord donc, allons à Reims, comme les pâtres de Noël vont à Bethléem.

C'était en se pliant à la loi naturelle du royaume de France qu'elle estimait remplir les volontés surnaturelles que ses voix faisaient descendre du ciel. Aussi les saintes âmes qui l'avaient instruite de l'art de Condé et de Turenne l'éclaireraient-elles de l'esprit politique de Louis XI, au cardinal de Richelieu et de Louis XIV. Dans le cachot de Rouen, elle a déclaré un jour que ses voix ne la quittaient pas, mais, ajoutait-elle, *Je les entendrais mieux si j'étais en quelque forêt !* La puissante forêt de pierre qui élance et recourbe ses arcades fleuries au-dessus du berceau ecclésiastique de Reims était aussi propre que son *Bois chenu* à la révélation distincte des vérités humaines qui ont orienté sa carrière mortelle, et sans doute son cœur en a-t-il recueilli plus de lumière encore et de consolation que des rameaux bruissants de l'arbre des fées ; ce cœur d'initiée à la loi éternelle devait jouir à Reims, avec parfaite plénitude, du meilleur et du plus beau des spectacles accordés à l'ordre terrestre : une nation laborieuse, une armée bataillante et victorieuse, la paix publique retrouvée et rétablie par un bon conseil et, dans la fleur de sa jeunesse, le roi, le juste roi par qui tout bien devient possible, le bon seigneur apte à reprendre son gouvernement d'ici-bas !

Cela ne veut pas dire, cela n'a jamais voulu dire pour personne, ni pour Jeanne d'Arc, ni pour nous, que chez le grand Mogol, aux pays d'Égypte ou de Garbe, un roi soit partout nécessaire au salut commun. Ces peuples sont divers, leurs mœurs, leurs races, leurs terroirs permettent et ordonnent d'autres lois que chez nous. Mais, pensant à la France, telle qu'elle est faite, on reconnaîtra, comme Jeanne, qu'il faut le Roi. Pareillement, la libératrice voyait combien, de son temps, le désordre politique présidait, commandait aux autres désordres et, tant qu'il subsistait, les soutenait et les aggravait tous. Elle avait assez d'imagination pour se figurer — ce qui nous est également possible — un état de choses très différent qui eût commandé une action différente : par exemple, les maux de la fin du XVIe siècle coulant de source à peu près exclusivement religieuse, il ne fut pas possible de les guérir tant que le prince légitime, qui était de la religion de Coligny et de Calvin, n'eut point quitté son hérésie. Mais au XVe comme au XXe siècle, en ce pays de France, il en allait autrement : vers 1927, la centralisation démocratique est telle qu'il faut tout d'abord « tenir » l'état politique, ou l'on ne tient rien, l'on n'avance à rien : vers 1420, les exactions du gouvernement anglais dans le désordre féodal étaient telles qu'il fallait également procéder par voie politique. Cela est ou était ainsi parce que cela était ou est ainsi. Ces directions découlent de l'état des choses et de leurs rapports. La ressemblance des situations historiques fait coïncider les conduites. Il peut en sortir les mêmes succès. Notre *Politique d'abord* vaudra chez nous comme il valut pour le siècle de Jeanne d'Arc aussi longtemps que dureront les conditions qui le commandèrent.

— Doucement ! ou plutôt, tout beau ! répondaient alors les parlementaires et gens de loi. Est-ce que, Jeanne, vous ne pensez pas qu'avant la chevauchée rémoise qui nous rende un chef droiturier, il serait utile de faire un bon appel à tous les prévôts, juges, maîtres et docteurs favorables à notre seigneur-roi, en énonçant sa royauté et souveraineté, nonobstant tous les actes nuls et de nulle valeur, passés, à Paris ou à Troyes, avec l'ennemi ? De la sorte, le Roi arriverait à Reims muni de parchemins scellés de bons sceaux qui établiraient sa justice et lui ouvriraient le parvis.

Ne croyez pas que je fasse parler M. Piou. Le moyen âge aura été l'époque la plus juridique de l'histoire. Il ne faudrait pas croire que les formalités du constitutionalisme d'alors aient inspiré à Jeanne d'Arc autre chose que du respect. Mais, dans n'importe quelle affaire terrestre, Jeanne envisageait tout d'abord l'essentiel, et ici l'essentiel c'était le prompt rétablissement de l'autorité centrale, sa reconnaissance rapide par le pays entier. Pour le reste, on aurait le temps d'aviser.

Cette restauration nécessaire à la France était ainsi redevenue son but immédiat, elle coupait court avec la vivacité et l'audace qui l'apparentent aux types les plus nets de l'Homme français. Sans doute cet Homme-là n'a jamais dédaigné certificats, papiers signés chez le notaire ou chevalier ès lois. Mais tout cela menace de bien des longueurs ! Jeanne se montrait déjà impatiente des délibérations du Conseil du Roi :

« Notre Dauphin, ne tenez pas davantage tous ces conseils si nombreux et si longs, venez vite prendre la couronne à laquelle vous avez droit ».

Et cela bousculait un peu les bons serviteurs de la Forme. Jeanne d'Arc, contre Bridoison, ô la belle constante physiologique !

Mais l'objection suprême était faite par d'autres parlementaires qui seraient aujourd'hui agents électoraux. Dans cette espèce plus démocrate que libérale, on se faisait, comme on dit, un monstre de l'opinion publique. On alléguait l'étendue des pays hostiles, le nombre des forteresses anglaises entre Orléans et Reims.

N'imaginons pas une simple occupation anglaise. L'affaire s'était compliquée d'une guerre civile dans laquelle l'ennemi était le fondé de pouvoir ou le podestat d'un parti, parti qui ne voulait à aucun prix du roi de Bourges.

Or, cette prétendue volonté nationale ne causait aucune espèce d'intimidation à Jeanne d'Arc. Elle en riait visiblement avec ses capitaines. Elle eut ri davantage si quelqu'un lui eût proposé quelque beau Champ de Mai dans les vertes plaines de Loire, où l'on eût convié le peuple de France à voter !

Peut-être, en effet, lisait-elle aux profondeurs de l'avenir, ce plébiscite de mai de 1870, qui donna ces millions de voix à l'empereur des Français, avec la promenade populaire du Quatre Septembre suivant qui le renversa sans difficulté : ainsi vont les amitiés et les inimitiés de la foule. Notre fille des champs n'était pas démocrate. Je ne crois pas qu'elle ait beaucoup argumenté contre les scrupuleux et contre les couards qui auraient voulu s'assurer l'assentiment du « peuple » pour en frapper d'effroi le Régent d'Angleterre et le Duc de Bourgogne.

Elle dit : — *Partons !* On partit.

Comme il le fallait bien, on se heurta à la résistance de Troyes. Ces Troyens étaient, quoique Champenois, des Bourguignons terribles et des Anglomanes fieffés : vainement Jeanne d'Arc dicta-t-elle pour les *seigneurs bourgeois de Troyes* une belle lettre où elle les nommait « très chiers et bons amis », « loyaulx Français » et leur garantissait sûreté corps et biens, s'ils venaient au-devant du gentil Roi pour faire bonne paix dans le « saint royaume ». Les seigneurs bourgeois répondirent qu'ils résisteraient jusqu'à la mort, « l'ayant juré sur le sang de Notre-Seigneur ». Ils demandaient secours à Bedford, aux Rémois, aux Châlonnais, ils l'eussent demandé en Chine ! Avant de se battre comme des lions, ils défiaient si âprement l'armée royale qu'il fut question pour celle-ci de lever le camp et de retourner sur la Loire.

Jeanne décida, imposa presque la constance. Prêchant l'audace, elle multiplia si bien les préparatifs du terrible assaut que, tout d'un coup, les portes s'ouvrirent, l'évêque et les bourgeois sortirent de la ville, apaisés et soumis. Quelques jours auparavant, Jeanne avait été traitée par eux de « cocquarde » autrement dit hâbleuse. Ils la saluèrent envoyée de Dieu, dans la lettre où ils écrivaient aux Rémois qu'ils s'étaient rendus au légitime héritier de saint Louis, « attendu que son bon droit n'est pas douteux » et que « c'est un Prince de la plus grande discrétion, entendement et vaillance que *issit de piéca* (qui soit sorti depuis) de la noble Maison de France. »

On peut toucher ici la philosophie pratique de Jeanne d'Arc.

Ni la vaillance, ni la force, ni l'épée, ni le canon ne créent le droit. Il faut commencer par l'avoir. Mais quand on l'a, surtout quand on l'a bien, quand on en est absolument sûr, et qu'on n'hésite pas à le servir de toutes ses forces, qu'on ose tout pour l'imposer, on peut compter sur l'adhésion rapide des docteurs et du peuple qu'ils traînent après eux. Un fameux Prussien, Frédéric II, exagéra depuis cette vérité en l'étendant à ses faux droits sur la Silésie. Mais la fraude n'affaiblit en rien une leçon qui court l'histoire. Le peuple détrompé, le bon peuple tiré hors de son erreur possède alors le don charmant et naïf de l'enthousiasme pour couvrir, dorer, embellir ses revirements légitimes.

Les bourgeois de Châlons ne furent pas moins épris du roi de Jeanne d'Arc que les bourgeois de Troyes : toujours aux Rémois, ils écrivirent que c'est « un roi sans pareil, doux, gracieux, piteux et miséricors, de belle personne, de beau maintien et de haut entendement. »

Tel est le prestige de la personne du Roi. Jeanne y avait pensé. Joseph de Maistre ne l'avait pas oublié en écrivant la belle page où, du fond de l'émigration, il prédisait la soudaine allégresse de la restauration de Louis XVIII. Les scènes de l'histoire ne sont pas monotones, car le décor et l'accident les colorent sans cesse, mais quelques lois constantes cernent de lignes immuables leur paysage très varié.

Maistre, calculant l'avenir, se rappelait peut-être la vivante leçon de Jeanne, dont la leçon va tout juste à rebours des méthodes légalitaires. Qu'eût donné un appel au peuple lancé selon la règle, avant toute leçon efficace ? Travaillé par les complices et bénéficiers de l'ennemi, trompé par les sergents et les argentiers de l'Anglais, le bon peuple eût été capable de marcher à peu près partout comme l'avait fait d'abord le peuple de Troyes, au rebours du patriotisme et de la raison, et de donner une majorité écrasante au parti de Bedford. Il se prive si peu de le faire aujourd'hui !

Mais voilà qu'une minorité énergique s'en mêle : elle est unie, menée et lancée au combat par une idée vraie, par une suprême résolution ; la situation est donc vite renversée par les coups d'audace, et il n'est besoin ni de hache, ni de canon pour ébranler les murs, ouvrir les portes, faire apparaître et faire briller, sous l'alluvion étrangère, la vérité des sentiments et des intérêts nationaux. Que le Roi paraisse, il sera suivi ! André Buffet disait que le parlementaire substitue une explication à une attitude. C'est cela même ! Jeanne vit et fit voir ce que devait valoir la seule présence du Roi.

Les faits parlent. Si la politique de Jeanne est royaliste, n'est-elle pas aussi un peu Action française ? Et, si éloignée que se sente notre pensée terrestre de cet astre allumé dans un éther si pur, est-ce que nous pouvons nous défendre d'avouer le profond et l'ancien magistère qu'exerça sur nos cœurs cette politique de Jeanne d'Arc ?

Parcourons, je vous prie, nos axiomes fondamentaux.

Rien ne se fait dans la cité des hommes sans une règle d'ordre étendue à toutes les fonctions. Il en est de plus hautes que cette fonction de police, mais elle est la première, elle l'emporte, *dans la suite du temps*, même sur le religieux, le moral et le militaire, *politique d'abord*.

Dans un pays sujet au déchirement des partis, si surtout ce pays est envahi et démembré par les ennemis du dehors, il n'y a rien de plus nécessaire que la monarchie c'est presque un pléonasme : le gouvernement de l'Un met fin aux divisions et aux compétitions. C'est par lui qu'il faut commencer : *Roi d'abord*.

Les puissances morales et religieuses, au premier rang de toutes, la religion catholique, représentent un bienfait de première valeur, et l'un des devoirs capitaux de la Monarchie est de les servir. Mais l'organisation religieuse ne suffit pas à tout : sainte Jeanne d'Arc elle-même constitue ou plutôt reconnaît le Roi de la terre de France régnant au nom du Roi du Ciel.

Enfin, si les lois civiles sont saintes, si la consultation des sujets, la représentation méthodique des intéressés sont des choses utiles, si l'opinion est bonne à interroger pour savoir et entendre la vérité, tout cela, si précieux soit-il, reste néanmoins secondaire ; le devoir de l'autorité est d'abord de conduire : une décision prompte fait, les trois quarts du temps, ce qu'il y a de plus propre à entraîner et à réconcilier tous les cœurs ; à l'exemple de Jeanne d'Arc, l'Action française a toujours demandé un roi qui règne et qui gouverne dans le droit fil des traditions et des intérêts du pays.

Les hauteurs du noble sujet qui n'a été abordé ici qu'en tremblant nous accuseront-elles d'une sorte d'irrévérence pour en détacher et en isoler ainsi le détail ? On s'en console en se disant que l'analyse ne sera pas inutile si elle contribue, en quelque mesure, à montrer comment, à cinq siècles de distance, les mêmes sentiments, les mêmes méthodes, les mêmes doctrines peuvent avoir la même part à l'action fructueuse pour le salut de la même patrie. De fortes et durables valeurs morales, supérieures aux personnes mortelles, font les nations. Les grands peuples vivent par l'immortel. On observe qu'ils durent par leurs dynasties. Mais ils ont les dynasties qu'ils ont méritées. Le solide honneur de la France est de se prévaloir de la plus belle des races de rois. À son lit de mort, face à l'éternité, dans une agonie imprégnée du sentiment religieux le plus sincère, et le plus profond, comme il faisait son examen de conscience tout haut devant sa cour, Louis XIV dit gravement :

— Je m'en vais, mais l'État demeure toujours. Continuez à le servir, Messieurs.

Telles sont les paroles de l'espérance terrestre. Est-elle impie ? Il ne me semble pas qu'il puisse être interdit de saluer en Jeanne d'Arc sa fidélité à ce qu'il y a de plus solide et de plus vivace, l'État, le Roi, dans la structure de son ouvrage, notre Patrie.

# Comment je suis devenu royaliste

1930

*Texte paru dans* La Revue de Paris[141] *en 1930, repris dans* Au signe de Flore *puis dans les* Œuvres capitales.

Bien qu'on l'ait beaucoup dit, je ne suis pas *né* royaliste. Je ne suis même pas tout à fait un « Blanc » du Midi[142], comme Barrès aimait à l'écrire. Les amateurs de pittoresque se sont souvent servis de cette étonnante figure des *Rois en exil*[143], Élysée Méraut, pour expliquer mes idées sur la Monarchie ou pour illustrer mon culte des Princes. La vérité, plus complexe, est aussi plus simple.

Le cas de ma famille (paternelle ou maternelle) est celui de l'immense majorité de la petite bourgeoisie au XIXe siècle, très divisée sur la politique ; les ménages eux-mêmes s'y sont trouvés en désaccord sur bien autre chose que la forme du gouvernement ou les principes d'autorité et de liberté ! Leurs divergences ont été morales, religieuses, et ont paru gagner les suprêmes racines de la conception de la vie.

Souvent aussi était-ce d'apparence pure. J'en pourrais donner, pour les miens, des signes variés. Mon père et ses sept frères et sœurs avaient reçu de leur père une collection de prénoms tirés de Plutarque ou de Tite-Live, l'aîné

---

[141] Ce texte est paru pour la première fois sous le titre *Confession politique* dans *La Revue de Paris* (livraison de juillet-août 1930, pages 5 à 42). Il a été ensuite repris l'année suivante en ouverture de l'ouvrage de souvenirs politiques *Au signe de Flore*, puis dans les *Œuvres capitales* (parues en 1954), en introduction au tome II (*Essais politiques*), sous le titre raccourci *Confession*.
La version originale se compose d'un premier développement structuré en quatre sous-parties notées I à IV, suivi de la reprise d'un texte de jeunesse sur Hécatée de Milet, lui-même articulé en huit sous-parties notées A à H, puis d'un second développement qui comprend deux sous-parties notées V et VI. La version d'*Au signe de Flore* est peu différente, mais les parties I et II sont fusionnées, si bien que les numérotations deviennent I à III, A à H, IV et V.
Dans les *Œuvres capitales*, ces deux dernières sous-parties ne sont pas reprises ; le texte est ainsi amputé d'un tiers.
Nous avons repris ici, pour les deux premières parties, le texte des *Œuvres capitales*, et pour la troisième, celui d'*Au signe de Flore* en précisant à chaque fois que nous l'avons jugé intéressant les modifications apportées par rapport à la version originale de 1930.
Les numérotations A à H ont été gardés. Les numérotations IV et V ont été supprimées par souci d'unité avec le texte repris des *Œuvres capitales* et bien qu'elles figurent dans *Au signe de Flore*.
[142] Dans le texte de 1930, l'ensemble de l'expression *Blanc du Midi* est placée entre guillemets. Dans la version de 1931, seul le mot *Blanc* est distingué. Est-ce plus qu'une simple nuance ? (n.d.é.)
[143] Œuvre d'Alphonse Daudet, 1879. (n.d.é.)

appelé Romain, le second Aristide, un troisième Sabin, un autre Camille... tandis que leur bonne mère, déclarant ne rien entendre à tous ces faux dieux, n'appelait ses enfants que par les noms chrétiens de Jean-Baptiste, Joseph, Gustave, etc. Ce qui ne l'empêchait pas de s'appeler elle-même Apollonie et de me léguer l'extraordinaire prénom de Photius qui était héréditaire dans sa propre famille. Son arrière-petit-neveu, mon cousin au troisième degré le docteur Charles Poutet, qui s'appelle aussi Photius, ne sait pas plus que moi comment cet équivalent grec du « Lucien » latin nous est venu par le cours des générations.

Nous ne nous connaissons aucun aïeul phanariote ni hellène. Quelque Grec de Marseille aura-t-il servi de parrain à un ascendant éloigné ? L'explication est vraisemblable, mais ce n'est pas ainsi que l'avait entendu la malice villageoise, et l'on en avait fait un bon conte anticlérical.

L'un quelconque de nos grands-pères, déjà féru de costume antique, voulant baptiser son fils Phocion, l'alla dire à la sacristie. Le curé de Roquevaire, à moins que ce ne fût celui d'Auriol, jeta un cri d'horreur :

— Mais c'est un hérétique, mais c'est un schismatique ! Mais votre Phocion a séparé Byzance de Rome ! Il ne sera pas dit qu'un de mes paroissiens s'appelle jamais Phocion. Je le baptiserai Photius...

Notre aïeul, s'excusant d'en remontrer ainsi, soutint que Phocion ne pouvait être reconnu coupable d'aucun schisme : nullement théologien, mais orateur, général d'armée, quatre siècles avant que l'Évangile fût prêché dans Athènes, vraiment ce n'était pas sa faute s'il avait ignoré le vrai Dieu.

— C'est vous qui confondez, repartit le bon prêtre, c'est Phocion qui s'est placé hors de l'Église, votre enfant sera Photius, ou rien !

Ainsi fut fait et, malgré les protestations, le registre paroissial porta, garda, perpétua le malencontreux Photius, et les parents se rattrapèrent en daubant à l'envi sur l'ignorance de leur pasteur : ils ignoraient eux-mêmes les trois ou quatre Photius du Martyrologe, antérieurs au schisme et très légitimes patrons, un des saints Photius s'étant même honoré par la défense des arts plastiques contre les briseurs d'images[144] qui le mirent à mort sous Léon l'Isaurien.

Quoi qu'il en soit de la gravité de ces désaccords ou de ces fantaisies dans l'ordre des croyances, il ne faut pas beaucoup remonter dans le passé de la France pour atteindre une couche tout à fait unanime de bons sujets du Roi. Le grand-père paternel dont je viens de parler, était un abonné fidèle des

---

[144] Dans le texte de *La Revue de Paris* en 1930, Maurras écrit « Iconoclastes ». (n.d.é.)

*Débats* royalistes, pendant la Restauration. L'heure approchait sans doute où les folles rancunes du vicomte de Chateaubriand et les complaisances coupables de Bertin allaient débaucher bien au-delà de la brillante équipe littéraire, le malheureux public qui la lisait et la suivait. C'est avec de bons royalistes que l'artifice libéral fabriqua peu à peu des républicains.

Il dut en être de beaucoup de modestes familles ainsi que de la nôtre. Leur bibliothèque dit l'histoire de leurs idées. Lectrices ardentes de *La Monarchie selon la Charte*, puis du *Consulat et l'Empire*, elles finirent par les pamphlets de Lamartine et ceux de Proud'hon. Tel est le glissement du siècle. Une trentaine d'années plus tard, mon père était gagné à la duperie de l'Empire libéral. Mais, ulcéré par Sedan, et devenu le client du *Bien Public*, il mourut en 1874 plein d'espérance dans Monsieur Thiers. Son frère aîné était resté orléaniste intransigeant. Deux de ses cadets tournèrent à la République exaltée, un peu enragée, même communarde.

Extrêmement stricte en matière religieuse, ma mère avait été élevée dans l'horreur de la Révolution. Un bisaïeul arrêté et emprisonné avait échappé par miracle. Le président du tribunal révolutionnaire d'Orange, ancien garçon d'auberge, à qui il avait eu l'esprit de donner autrefois de larges pourboires, se porta fort de son civisme et le fit relâcher. Mais la détention avait dû être longue. Ma mère m'a souvent montré avec émotion le mince étui que l'on glissait dans la soupe du prisonnier et qui lui apportait l'écriture des siens. Je n'ai plus retrouvé cette petite épave, mais je conserve encore la clochette fêlée des messes clandestines célébrées pendant la Terreur. Là était, là durait le cœur des idées politiques léguées par ma grand-mère, morte à Martigues avant ma naissance.

En février 1848, on revenait en bande à la maison de ville par le chemin de Paradis, alors très passager ; ma mère et ses sœurs, toutes petites filles, qui marchaient en avant, apprirent les premières les journées de Paris et la Révolution. Elles se mirent à courir pour supplier les gens de *ne rien en dire à leur mère*. Quant elle fut bien assise au coin de son feu on lui apprit l'avènement de la deuxième République, elle s'évanouit.

Si forts que fussent ces exemples et ces impressions, l'esprit de ma mère inclinait aux idées libérales. Elle pensa très longtemps que 1789, bien différent de 1793, avait signifié un affranchissement, scellé une juste révolte, détruit de longues iniquités. Le mécanisme de l'ancienne organisation de la France ne lui apparut que beaucoup plus tard ; elle approchait de la cinquantaine, et j'étais plus que grand garçon, quand une lecture très complète de Mme de Sévigné la fit compatir aux soucis et aux tribulations que donnait à la pauvre marquise le régiment acheté à monsieur son fils ; ainsi distingua-t-elle l'ancien équilibre historique des services et des honneurs. En aucun temps, je dois le dire, elle n'avait manifesté la moindre foi dans une bonne République, et M. Thiers ne lui avait paru estimable qu'au titre de fourrier des princes d'Orléans.

— Mais ton père pensait le contraire, avait-elle soin d'ajouter, il ne croyait pas à la monarchie.

— Et ton père à toi, demandais-je, qu'est-ce qu'il était, en politique ?

Mon grand-père était né de légitimistes ardents. Le grand cri d'adoration de sa mère était : « *Mon Duc de Berry* », le prince à la mode. Demeuré carliste sous le gouvernement de Juillet, il finit par céder, comme le reste de la Marine française, aux beaux dons séducteurs, vaillance, grâce, esprit populaire, tour familier, du Prince de Joinville, sous les ordres de qui il avait navigué. Un jour, que j'ai lieu de placer après les années 40, ce Prince charmant lui fit l'honneur d'une visite dans sa propre maison. Qui fut bien attrapé ? Ce furent les petites filles, qui, attendant le fils du Roi, se figuraient la toque à plumes, le haut-de-chausses, le justaucorps collant des Contes de fées : il fallut faire la révérence à un bel officier de marine en petite tenue !

— La première déception de ma vie, disait souvent ma mère, en riant. Elle n'en avait pas moins gardé un très grand faible pour la branche cadette ; la fusion, puis la reconnaissance régulière du Comte de Paris la comblèrent d'espoir.

Pour ma part, je subis d'autres influences et fus d'abord pour Henri V. Rien, n'est plus clair en moi que le souvenir de la haute vague de Légitimisme qui, au lendemain de la guerre, passa sur un grand nombre de familles françaises. Je ne parle point du tout des familles aristocratiques ou grand'bourgeoises, je parle du peuple et de ces éléments du peuple avec lesquels j'avais contact : ma bonne, les amies de ma bonne, dont beaucoup étaient aussi « blanches » et plus « blanches » que leurs maîtresses.

Ne raillez point et ne riez point. On écoutait venir sur les routes les chevaux blancs qui ramènent le Roi. Henri Dieudonné venait rétablir le principe d'autorité d'où sortent des deux forces sociales : le commandement et l'obéissance. Il venait rétablir l'ordre humain avec l'ordre divin… Je n'ai jamais pu lire les belles stances du discours de l'abbé Lantaigne dans *L Orme* du mail[145] sans qu'une mémoire docile émût en moi, toute pareille, la vieille chanson d'une certaine « Miette ». « Miette du Château », disait-on, sur la prairie de Roquevaire, et au pèlerinage de Saint-Jean de Garguier. J'étais de la troupe d'enfants qu'il lui arrivait de garder pêle-mêle quand les autres domestiques s'en déchargeaient. Je revois ces bords du Riou et de l'Huveaune, ou ces pelouses du Château, qui appartenait, je crois, aux oncles de Mgr Castellan, aujourd'hui archevêque de Chambéry. Le moyen de rendre Miette éloquente était, je le savais, d'attacher à ma canne rouge mon petit mouchoir blanc. Alors, elle parlait, alors, elle chantait comme l'abbé Lantaigne : *Il viendra, il viendra, il va revenir, notre Roi ! Il n'y a que les méchants* (li marrias) *pour le craindre. Il est si bon ! Il est si beau !* La voix était mouillée de larmes, et son fidèle cœur la faisait monter en tremblant.

C'est aux mêmes moments qu'en Languedoc courait la ronde ouvrière et paysanne :

> *S Enri V deman venié !*
> *A ! quinto festo !*
> *A ! quinto festo !*
> *S Enri V deman venié !*
> *A ! quinto festo acô sarié !*
> *l'anarian tôuti !*
> *l'anarian tôuti !*
> *E menarian nostis enfant !*
> *Nosti journado*
> *Sarien pagado*
> *Rén que de peço de vint franc !*
> « Si Henri V demain venait
> ah ! quelle fête !

---

[145] Œuvre d'Anatole France (1897), premier volume de la série *Histoire contemporaine*. L'abbé Lantaigne y tient un long discours favorable à la monarchie, mais surtout hostile à la république — discours au demeurant plein de force, de cohérence et de conviction. Mais l'homme qui le prononce ne tient pas le meilleur rôle dans le roman ; intriguant pour devenir évêque de Tourcoing, cet austère supérieur du grand séminaire ne témoigne d'aucune indulgence pour personne, vitupère et condamne tout ce qui l'entoure au nom de la rectitude de la Foi, voit la main du Diable partout, ce qui transforme ses élèves séminaristes en anticléricaux virulents bien plus sûrement que ne l'aurait fait la propagande athée. Nul d'ailleurs n'est épargné dans ce roman féroce. Aragon prendra, entre autres, prétexte des passages à consonance antisémite de *L'Orme du Mail* pour proclamer de façon ordurière sa détestation d'Anatole France, juste après la mort de celui-ci.

Ah ! quelle fête !
si Henri V demain venait !
Ah ! quelle fête ce serait !
« Nous irions tous, nous irions tous,
et nous mènerions nos, enfants,
Nos journées,
seraient payées
toutes en pièces de vingt francs ! »

L'imagination créatrice du peuple était entrée en jeu. On avait vu passer le Roi sur le pont d'Avignon. Il était avec la reine, ils allaient à Paris.

— Et elle était belle, la Reine, Louise ?...

Louise Espérandieu, en service à Aix chez nos voisins de la place des Prêcheurs, était native de Sénas, sur la Durance, elle avait servi à Avignon, elle y avait vu le carrosse. Très vivement Louise reprochait à ses maîtres de se faire une idée peu gracieuse de la Comtesse de Chambord :

— Mais non ! mais non ! Une grande, belle femme. Tenez ! voyez !

Et Louise faisait la Reine, mélange de douceur et de majesté qu'on admirait en chœur. Cela était affirmé avec tant de feu que j'ai cru fort longtemps à une apparition mystérieuse du Comte et de la Comtesse de Chambord à Avignon, pour quelque voyage secret, entre 1871 et 1875. Les plus fortes autorités m'ont assuré de concert qu'il n'y avait rien de plus impossible. Mais en l'honneur de ce voyage très fabuleux, combien de V. H. V. (vive Henri V) aurai-je sculptés au canif sur ma table de collégien, pendant que mon voisin de salle d'études lui dédiait des vers dont j'ai retenu le premier :

Quelle bonté sur son visage est peinte !

Les *Lettres vendéennes* du Vicomte Walsh[146], lues et relues chaque année aux vacances, avaient sans doute stimulé et développé cet état d'esprit qui me paraissait devoir durer autant que la vie. Il n'en fut rien. Vers ma douzième ou treizième année le vent, qui tournait, emporta toutes ces ferveurs royalistes. Un certain abbé Ricard, conférencier à la faculté de théologie, ayant pris La Mennais pour sujet de leçons qui faisaient courir

---

[146] Joseph-Alexis, vicomte Walsh (1782–1860), écrivain légitimiste, auteur entre autres des *Lettres vendéennes, ou correspondance de trois amis en 1823*, ouvrage paru en 1825. (n.d.é.)

tout Aix, j'eus la curiosité de lire les *Paroles d'un Croyant*[147]. Ce fut un autre coup de foudre. Les tirades enflammées, les images bibliques, leurs cris saccadés, haletants, et leur suite d'hallucinations fantômales m'initièrent à la philosophie de la liberté, à la doctrine de l'affranchissement par l'insurrection. Le monde m'apparut divisé en oppresseurs et en opprimés, exploités et exploiteurs ; tous les riches, méchants ; les pauvres, divinement bons ; chacun des signes du pouvoir ou de la richesse correspondant à quelque corne de la Bête ; toute révolte populaire justifiée, arrosée de bénédictions : cette sorte de Spartacisme, nourri de sentiments pieux et d'une notion exaltée de justice divine ou d'humanité indomptable (*mais l'âme se rit d'eux, elle est libre*), ne permettait absolument qu'un type de régime, la théocratie révolutionnaire.

Je m'étais donc fait républicain théocrate, et sans bouder aux conséquences, communauté de biens, égalité absolue des parents et des enfants, des maîtres et des élèves : — *N'appelez personne votre père, car vous n'avez qu'un père et il habite dans les Cieux. N'appelez personne votre maître, car vous n'avez qu'un maître et il habite dans les cieux !* Bref, le *Sermon sur la montagne* et le *Magnificat*, mais détournés du sens spirituel et céleste ; frénésie qui, doublée d'une fameuse crise de romantisme littéraire, dura quelque trois ou quatre ans.

C'était une assez folle impasse. Je sentais vaguement l'absurde. Une observation, une raison naissantes m'obligeaient de temps en temps à me dire moi-même ce que j'objectai plus tard à M. Marc Sangnier : — *Voyons ! les époques de foi, le moyen âge de Saint Louis n'ont même pas conçu ce gouvernement direct de Dieu et du Pape. Qu'est-ce que cela peut signifier au temps présent, quand la foi au Maître des choses est rabattue dans le for intérieur d'une minorité ?...*

Cependant nul régime que celui-là ne me semblait fondé en droit et c'est pourquoi, dans la période qui s'étend de ma seizième année aux approches de la vingtième, je dus entrer à pleines voiles dans un parti d'indifférence. J'étais las d'adhérer au sentiment ou à l'humeur, et les querelles politiques me paraissaient des fantaisies vouées aux contradictions éternelles. Ce scepticisme était de source religieuse et, lorsque j'eus perdu la foi, je

---

[147] Cet ouvrage paru en 1834 marque la rupture de Lamennais avec l'Église. Le Pape Grégoire XVI condamnera les erreurs de Lamennais quelques semaines plus tard, dans l'encyclique *Singulari Nos* du 25 juin 1834. (n.d.é.)

persévérai dans l'état de sans-parti ou bientôt, mon vieux Schopenhauer aidant, de contemplateur à demi-bouddhiste.

Par une contradiction qui n'étonnera que ceux qui ont oublié leur jeunesse, je sentis, au même moment, s'éveiller en moi, extrêmement vif, un goût de curiosité désintéressée sur le rapport précis que peuvent soutenir les institutions ou les lois avec la faiblesse ou la force des États, l'heur ou le malheur des sociétés. Tout à fait insensible aux préférences personnelles (je n'en avais plus), aux préséances théoriques (toutes s'annulaient à mes yeux), ma réflexion tendait, avec une véritable passion, vers le problème latéral du *rendement de chaque régime*.

Légitimes ou non, fondés sur la liberté ou l'autorité, accrochés à un principe ou à un autre, que valaient au total, pour le salut et pour la prospérité des sociétés, le *régime A*, ou *le régime B*, ou *le régime C* ?...

J'avais lu, on s'en doute, avec un solide profit, Taine et Le Play. Leur manière de traiter la question s'était imposée toute seule. Je retrouvais Joseph de Maistre je le relisais mieux, ainsi que Bossuet, et j'approchais Comte et Renan. Comte, mettait en déroute la pernicieuse et factice opposition des intérêts du gouvernant et du gouverné, car celui-ci trouve son plus sérieux avantage à être dirigé et guidé quand, tout au fond, la charge du chef est bien faite pour décevoir les ambitieux et les cupides, beaucoup plus que pour les payer :

> On va d'un pas plus ferme à suivre qu'à conduire...

Renan acheva de me rendre sensible le service que toute élite, sincèrement absorbée dans les soucis supérieurs, rend et doit rendre, même sans le vouloir, à toute multitude. Je dois quelque chose à l'école empirique et historique anglaise. Sumner Maine et Lyall, les Indianisants ajoutèrent aux leçons de l'enquête française une, information élargie : systématique et aventurée, mais pleine de sens.

Détaché de tous les systèmes, j'étais seulement tombé en arrêt, au chapitre des idées-mères, devant trois curieux caractères de la vie de l'homme en société :

— d'abord sa passion de changer, de modifier, de transfigurer les produits bruts de la nature au moyen de son industrie comme pour y incorporer, avec ses sueurs, son esprit, comme pour humaniser ces matériaux, se les assimiler, les rapprocher de lui-même, avant que de les boire ou de les manger ;

— en second lieu, le caractère successif et non simultané de l'immense labeur de notre espèce : les hommes ne sont pas tous réunis en un même instant, sur une même ligne de départ, ainsi que le caprice d'un Démiurge aurait pu l'établir ; leur position est autre, car ils se suivent par larges équipes, leur succession se développe sur une série de centenaires et de millénaires dont on n'aperçoit ni le terme ni le début ; et cela ne peut qu'ajouter à leurs différences personnelles, qu'accentuer et redoubler la disparité de leurs moyens et de leur fortunes[148] ;

— troisième caractère : l'homme ainsi embarqué dans la suite du temps, son travail n'est pas arrêté, et n'est même pas limitable au plan de sa vie personnelle ; l'homme se plaît à constituer et à transmettre des réserves d'épargne matérielle, dites Capital, ou des réserves spirituelles, dites Mémoire ou Tradition, qui président à la politique et aux mœurs, aux sciences, à la poésie et aux arts.

Combien tout serait différent sans ces trois propriétés de la nature de l'homme !

Si l'on n'était industrieux, vivrait-on en société ? Si l'on ne se développait dans le temps, y aurait-il ni génération ni famille ? Et l'unité du genre humain pourrait-elle exister sans ce capital que les révolutionnaires de ma jeunesse surnommaient *infâme* et que j'appelais, moi, *divin* ?

Quelques circonstances exceptionnelles peuvent détendre de tels liens, sans les desserrer tout à fait, comme il est arrivé de la surabondance temporaire des ressources naturelles, en Amérique : on y a redoublé la production individuelle, on y a réduit l'épargne privée ; mais l'inégalité n'aura pas cessé d'y grandir.[149]

---

[148] Cette dernière phrase est absente du texte de 1930. (n.d.é.)
[149] Ce paragraphe était rédigé ainsi dans le texte de *La Revue de Paris* :
> Le capital préexistant dote et honore les hommes, les pare et les polit dès leur venue au monde, sans que ces animaux heureux aient rien fait pour cela. Même l'attrait en est si fort qu'il les provoque au travail, à l'intelligence et à l'invention. Ce qui rassemble ce capital bienfaiteur est donc très bonne chose ; ce qui le dissipe est moins bon. Bon, le travail ; bonne l'épargne. Et, comme l'énergie de l'homme perd en puissance ce qu'on peut désirer lui gagner en extension, c'est bien au siège étroit et stable du foyer des familles que la production, l'acquisition, la conservation ont le plus de chances de réussir, les goûts trop personnels y étant modérés et réglés par des amours toutes prochaines, la générosité y étant soutenue par le souffle robuste d'un égoïsme sain. Ainsi se tiennent et se lient la puissance, la durée et l'hérédité ; ainsi, la

Le socialisme communiste pourrait à la rigueur appliquer sa loi de l'égalité théorique à un genre humain qui naîtrait et mourrait tout entier dans le même jour : les besoins d'ordre et de justice seraient concentrés sur un même rang de coureurs, dans un espace immobile. Il suffirait de deux ou trois verges de fer, telles que la Faim et l'Amour, pour réduire au travail ce milliard d'éphémères ; l'égalité et l'autorité pourraient s'y combiner pour produire la prospérité d'un instant.

Mais, si tout est coulé dans le Temps, si les âges se succèdent, et les générations, aucune force humaine ne peut empêcher les plus aptes, les plus laborieux, les plus forts de prévoir des vicissitudes, d'envisager des risques, de prendre des garanties, d'élever des défenses, pour eux-mêmes d'abord et puis pour la chair de leur chair. Garanties inégales. Défenses mesurées à l'industrie et à l'ingéniosité de chacun. Ce régime de pure inégalité, surtout s'il est accumulé longtemps, est bien capable d'entraîner des injustices de répartition, soit en lésant presque à coup sûr les faibles dans le juste calcul de leur part de labeur, soit aussi en livrant les puissants à la démesure de leurs propres passions ; actifs, sobres, avides, cette dure faculté d'épargne et de travail peut tendre à ne leur laisser presque rien du fruit qu'elle procrée, et tout bien finit par aller s'entasser dans les sècheries des greniers ou des coffres-forts. Je n'exagère point la part ni la fréquence de ces beaux succès[150] : quand ils sont conscients de devoirs égaux à leurs droits, les patriciats peuvent se réduire à un degré disciplinaire de sacrifice et de privation que prendrait en horreur la plus misérable des plèbes.

Mais contre les abus de l'appropriation, le communisme se prévaudra en vain du nom de l'ordre et de la justice. Il n'y aurait bientôt plus rien à ordonner, au moral ni au matériel, si la loi communiste arrachait aux plus qualifiés des humains leur juste pouvoir de produire, de jouir du produit ou d'en réserver une part pour leurs descendants. Une grande partie des richesses, créées *par* et *pour* quelques-uns, se convertit, peu à peu, en bienêtre et en bien-aise de tous.

Dès lors, la question était tout à fait simple : *voulais-je ou ne voulais-je pas de l'existence, de la production de ces biens ?* Si je la voulais, il fallait me

---

constitution des grandes familles, la réunion de vastes biens, la possibilité d'éducation et de culture. Quelques circonstances exceptionnelles peuvent détendre de tels liens, sans les desserrer tout à fait, comme il est arrivé de la surabondance temporaire des ressources naturelles, en Amérique : on y a redoublé la production personnelle, on y a réduit l'épargne privée, sans cesser d'accuser des inégalités grandissantes. (n.d.é.)

[150] Dans le texte de 1930, Maurras utilise le mot « excès ». (n.d.é.)

résigner ; le profit en irait tout d'abord à ces créateurs privilégiés ! Je pouvais préférer que ces biens ne sortissent point du néant ; sous cette absurde condition, je pouvais préférer mon désir de l'égalité, l'élever au-dessus de tout comme l'obélisque de mon désert. Tel est le rendement du dogme démocratique essentiel, quand il veut que *l'inégalité soit le mal*. Mais le fait est qu'elle est un bien. Non le bien unique. Non le souverain bien : l'inégalité n'est pas Dieu. C'est un bien qu'il faut accorder avec les autres, spécialement avec ceux qui permettent à tout le monde de vivre. Un régime d'inégalité, limitée par l'action d'une autorité qui la freine, sauvegardera même les devoirs de justice et de charité qui veillent à la vie et au développement de ces moins doués, de ces moins pourvus qu'on appelle déshérités par un véritable abus de langage.

Il n'y a point de déshérités. L'homme est un héritier.[151] Le mendiant qui dévore son pain noir au coin d'une borne bénéficie de l'œuvre de vingt siècles comme de l'épargne de milliers d'aïeux. La pitié, la pitié réelle due à ce malheureux et à ses semblables futurs, est justement la raison qui prescrit de ne pas oublier, autant que le fait notre siècle, la juste protection due à la semence des Forts. Car, outre l'Initiative et l'Invention qui leur appartiennent neuf fois sur dix, ce n'est que leur semence qui fait ce capital par qui tout avance. Il n'est point de progrès sans elle. Se protégerait-elle toute seule ? Quelquefois. Non toujours. Il serait imprudent de trop se fier aux ressources d'Un seul quand il est perpétuellement en danger d'être recouvert par la coalition de Tous ou de Beaucoup.

Du Nietzsche, alors ? Erreur. Malgré son « méditerranisons la musique », dont mon incompétence appréciait confusément la portée, l'auteur de *Zarathoustra* me fit, au début, une espèce d'horreur que j'ai exprimée plusieurs fois. Le « soyons dur » me paraissait un contresens. Fermeté, bienveillance, rigueur sur soi, libéralité pour autrui, tels me semblaient être les signes distinctifs de toute vraie supériorité chez les hommes. Si, donc, il me fallait nommer, après Aristote et Platon, Pascal et Bossuet, Comte et Renan, un écrivain qui m'ait désigné, du droit fil de son rayon, les convenances naturelles de l'homme et de la société, je ne devrais pas écrire le nom de Nietzsche, mais celui d'un philosophe belge assez oublié qui professa à l'Université de Liège, M. Delbœuf : non qu'il m'ait enseigné, à vrai dire, grand'chose, mais pour l'excitation et pour l'allégresse que me donna son originale façon d'utiliser certaines figures de la chimie pour la

---

[151] Dans le texte de 1930 : « l'homme est un héritier, sa nature est aristocrate. » (n.d.é.)

position de nos problèmes sociaux. Son démon de l'analogie le conduisait à d'agréables comparaisons entre le jeu du peuple gras avec le peuple maigre et les alternances de produits stables avec les composés volatils, le produit inférieur ou démocratique de telle réaction étant appelé « sulfate de soude », et « acide chlorhydrique » le fier composé patricien. On m'excusera de ces amusettes.

Elles eurent leur utilité pour l'ensemble des libres opérations de l'esprit que je menai sur mes ruines de théocratisme lamennaisien et de premier royalisme sentimental. Le germe déposé par les miens avait aussi semé une préférence énergique donnée au bien sur le mal, au salut et à la conservation sur la dégradation et la chute. Mais comment conserver ? Une chose était laissée en blanc : le concret, le pratique. Je n'imaginais pas quel régime serait à désirer pour la France, je ne me le demandais même pas, mais j'étais sur la voie que m'avait découverte le tranquille exercice de la pensée. La Démocratie bien exclue, la République m'imposant une méfiance croissante, je n'étais pas encore royaliste.

C'est peu de dire que la politique active ne m'attirait pas. Je la tenais plus qu'en horreur ; presque en mépris. Patriote et même assez bon citoyen, j'avais fait ma première émeute à l'âge de dix-neuf ans, le 2 décembre 1887, place de la Concorde, avec deux cent mille autres Parisiens, à l'unanime cri d'*À bas les voleurs*, pour renverser M. Jules Grévy dont le propre gendre, Daniel Wilson, avait été convaincu du sordide trafic de la Légion d'honneur ; mais j'étais comme tant d'autres, qui voient la liaison entre la gestion politique et le cas physique ou moral du pays, et veulent y fermer les yeux. Si ma propre doctrine m'en faisait un reproche, je l'endormais en considérant que le mal démocratique était définitif et insurmontable. Osais-je en consentir à la mort de la France ? Pour cela non. Mais j'y pensais le moins possible.[152]

Le premier Boulangisme m'avait répugné par son aspect de démagogie. Je me rendis peu à peu à ses allures de réveil national, et l'évolution conservatrice du Général me décida même à avaler, pour l'amour de lui, un assez dur crapaud ; majeur en 1889, et vivant rue Cujas, au cinquième arrondissement, je donnai mon premier bulletin de vote au juif Naquet, bien que je fusse antisémite de cœur ![153]

---

[152] Cette dernière phrase est absente du texte de *La Revue de Paris* en 1930. (n.d.é.)
[153] Alfred Naquet (1834-1916), médecin et chimiste, ce député d'extrême gauche sera en 1884 à l'origine de la loi sur le rétablissement du divorce. Il se ralliera corps et âme au général

La vérité profonde est que l'indiscipline des partis de droite avait été si souvent blâmée devant moi que j'avais voulu débuter par la plus méritoire des obéissances. Il ne me déplaisait pas non plus de voir un prince comme le Comte de Paris, qui passait pour ? « parlementaire », s'allier de la sorte au peuple et à l'armée. Néanmoins, j'étais sans foi dans sa Restauration, je croyais la monarchie morte, en me demandant quelquefois si, tout au contraire, l'avenir n'était pas à quelque « cinquième dynastie » !

En 1890, malgré la secousse donnée à l'opinion par l'arrivée du jeune duc d'Orléans réclamant sa gamelle de conscrit dans l'armée française, j'estimais Léon XIII un fameux politique pour s'être éloigné du « cadavre des anciens partis ». Mais, bien que j'eusse écrit pas mal d'articles, surtout littéraires, dans son *Observateur français*, premier organe du ralliement à la République, les partis nouveaux ne m'attiraient que par intermittences très faibles, car les droites républicaines ne me semblaient pas beaucoup plus fraîches que leurs voisines de bancs, et c'est à la *Gazette de France* que l'esprit politique et social me semblait tout au fond le plus satisfaisant et le mieux lié. De toute façon, la Monarchie parlementaire, comme la République parlementaire, me semblait tourner le dos aux postulats essentiels de toutes mes études.

Un historien de grand talent, polémiste de premier rang, M. Thureau-Dangin, avec qui j'eus l'honneur de deux entretiens, me fit l'effet d'un homme d'un autre âge : comment son goût éminent de l'Ordre s'attachait-il à un régime de verbiage et de compétition sans limite ? Comment ne discernait-il pas que le règne du Parlement stimulait et favorisait tous les défauts de l'esprit gaulois, mais ne pouvait en tempérer ni en corriger un seul ? Sans que je fisse aucun effort pour la propager ou même la communiquer, la clarté croissante de cette pensée solitaire redoublait l'activité de ma recherche, et j'en tirais les nouvelles et flagrantes joies de la certitude.[154]

---

Boulanger et sera quelques années plus tard impliqué dans le scandale de Panama. Maurras a conservé ce passage dans le texte des *Œuvres capitales*, bien que de telles paroles fussent rapidement devenues imprononçables après la Libération. Il ne semble pas que dans sa fameuse distinction entre *l'antisémitisme d'État*, qu'il revendiquait, et *l'antisémitisme de peau*, qu'il condamnait avec force, il y ait eu une place pour un antisémitisme « de cœur » ou de sentiment. (n.d.é.)

[154] Texte de 1930 : « les joies nouvelles et les flagrantes voluptés de la certitude évidente ». (n.d.é.)

Cela n'allait pas sans écrire beaucoup de choses que je ne gardais pas pour moi.[155] Intéressée à bien trop d'objets à la fois, mon activité se divisait entre de petites bibliographies de philosophie qui me passionnaient, des commentaires sur les poètes, des essais d'économie politique et sociale. Verlaine autant que Taine, Bonald autant que Moréas furent mes dieux. Le même jour, Barrés trouva deux articles de moi, l'un dans la très jeune *Revue Indépendante*, l'autre dans la vénérable *Réforme sociale*. Comme il plaisantait cette dispersion : « je ne sais où je vais », lui dis-je, en toute vérité.

Je conserve de lui un curieux feuillet de diagnostic sur ma vie littéraire future où, sous le signe d'un vagabondage intellectuel à la Diderot, j'étais justement comparé à une mer de lait pleine de germes divergents, en voie d'éclosion successive, sans que le rapport en fût visible encore. Cependant tel vieil article de journal ou de revue, remontant à la vingtième année, ou, un peu plus tard, telles pages de mon *Chemin de Paradis* (la *Préface*, le conte des *Serviteurs*) trahirent, au-delà de ces fermentations incertaines, une vague communauté de direction et de sens. Je peux dire qu'à cette époque la Politique commençait à m'apparaître justiciable des critères du vrai et du faux. Une science ? Non, le mot me semblait ambitieux et prématuré pour un ensemble encore peu lié. Mais, à défaut d'un corps de notions interdépendantes, j'entrevoyais une suite de connaissances établies avec solidité et susceptibles d'être graduellement ordonnées.

Sous la longue chute des ans, il ne m'est pas possible de penser à ces heures de méditation et de découverte sans en ressentir encore la commotion, l'enthousiasme, la lumineuse et chaude satisfaction. L'effort que j'appliquais aux analyses de la vie des peuples anciens et modernes me semblait riche en résultats fructueux ; chaque fois qu'une cause de la maladie ou de la santé sociale, de la perte publique ou du salut commun devenait quelque peu sensible et palpable, une ambition presque satisfaite frémissait en moi. J'ai perdu ou brûlé presque tous mes mémoriaux[156], mais j'en ai retrouvé le reflet fidèle dans une page plus récente qui en garde comme la vibration.

---

[155] Dans *La Revue de Paris* en 1930, Maurras ajoute ici en forme d'aveu : « J'ai trop écrit, trop tôt, et un peu partout. » (n.d.é.)

[156] Dans les textes de 1930 et 1931, Maurras précise : « mémoriaux de ce temps », pour continuer ainsi : « mais j'en ai retrouvé le reflet très fidèle dans une page de sept à huit années plus récente qui me garde la vibration des allégresses d'alors ». La datation « sept à huit années » disparaît dans les *Œuvres capitales* ; faut-il y chercher une signification ? (n.d.é.)

Un mot utile m'ayant sauté aux yeux dans un volume que je lisais, j'avais cru, en le méditant, boire d'un trait toutes les poésies de la Connaissance. Le meilleur moyen d'en donner une idée sera de transcrire, tout simplement, ce monologue, dont je prie d'excuser l'emphase en faveur de sa sincérité et même de sa vérité.[157]

### MÉDITATION SUR HÉCATÉE DE MILET PHILOSOPHE IONIEN

A. — Un gros livre que je désirais depuis trois saisons vient de m'être apporté ce soir, le grand traité des *Formes littéraires de la pensée grecque* (Alcan) par M. Henri Ouvré. Henri Ouvré est connu depuis quelque temps de quiconque fréquente la belle antiquité.

Il a conté la vie et commenté les discours de Démosthène (Oudin). Il a mis en nouvelles, en contes, en récits chaque stade du rêve et de l'imagination hellénique dans son petit volume de mythes sacrés, composés, comme il dit *Sur les marches du Temple* (Perrin). Mais ce n'est pas de lui, ni même de son livre que je veux parler.[158]

J'ai ouvert le livre, et bien au hasard. Mais béni soit le livre, j'y trouve aussitôt à songer. Tout au bas de la page 160, l'auteur parle des derniers annalistes grecs, ceux-là qui précédèrent les historiens et les géographes. « Ces logographes, dit-il, méritent le nom de savants. Ils connurent par occasion l'allégresse que nous donne la vérité, la possession du renseignement petit, mais indestructible, atome qui restera identique dans toutes les synthèses ultérieures. » Et M. Ouvré rappelle le commencement d'un ouvrage d'Hécatée, en faisant remarquer le ton d'enthousiasme scientifique (et de mépris pour les ignorants) qui éclate dans cette phrase :

« Moi, Hécatée, Milésien, je dis ces choses et j'écris comme elles me paraissent, car, à mon avis, les propos des Hellènes sont nombreux et ridicules. »

M. Ouvré constate que, en effet, s'il y a bien des fables chez Hécatée, il y a aussi des détails concrets et authentiques sur les peuples, les villes, leurs sites et leurs fleuves. Par son désir de posséder

---

[157] Une phrase supplémentaire conclut ce paragraphe dans les textes de 1930 et 1931 : « Ce qui excède, vers la fin, la limite de l'expression personnelle et fait allusion aux sentiments d'une collectivité y sera expliqué à temps. » (n.d.é.)

[158] Ce paragraphe a été supprimé de l'édition des *Œuvres capitales* et y a été remplacé par une ligne de points. (n.d.é.)

la vérité, de la dégager des *on dit* et de l'isoler des contradictions humaines, ce gauche critique, cet humble et maladroit collectionneur de faits participe de la majesté du savoir humain. Il y a fourni sa contribution : « Je dis ces choses... » Et les choses que disait le vieil Hécatée sont vérifiées aujourd'hui. « À mon avis, les propos des Hellènes sont nombreux et ridicules... » Et, de longs âges après sa mort, des hommes inconnus, menant leur vie aux mêmes bords que le vieil Hécatée, reconnaissent qu'il est impossible de ne pas être de son avis.

Avoir raison, c'est encore une des manières dont l'homme s'éternise : avoir raison et changer les propos « nombreux et ridicules » de ses concitoyens. Hellènes ou Français, en un petit nombre de propositions cohérentes et raisonnables, c'est, quand on y réussit seulement sur un point, le chef-d'œuvre de l'énergie.

B. — « Les propos des Hellènes sont nombreux et ridicules. » Excusez-moi si les paroles du vieil Hécatée me poursuivent. Elles me semblent de la nouveauté la plus fraîche par leur application. Dans le temps d'Hécatée, l'histoire et la géographie étaient au premier rudiment. Jusque-là certaines histoires s'étaient transmises, et l'on s'était toujours enquis et pourvu de quelques indications topographiques, plus ou moins éclaircies de *figures*, avant de mettre en route soit une flotte, soit une armée. Mais, parce que les expéditions lointaines étaient rares, on ne s'occupait guère de démêler le véritable du fabuleux : peut-être même qu'un récit moins chargé de mensonge ou de fiction eût été moins couru et moins applaudi qu'une hâblerie pure. Tout le monde ayant un intérêt à mentir comme à entendre des mensonges, le fabricant des contes ne se gênait aucunement avec le public qu'il ne gênait point.

Mais peu à peu, quand les rapports des peuples s'étendirent et s'accrurent, tant par le progrès des besoins que par celui des industries destinées à les satisfaire, quand il y eut des matelots qui s'embarquaient pour une lointaine contrée, des armateurs qui y lançaient leurs bâtiments et des négociants qui les remplissaient de leurs richesses, la nécessité du contrôle éveilla naturellement l'esprit critique. Il y eut des récits exacts quand on sentit l'intérêt de l'exactitude, et, l'intérêt croissant, le progrès fut constant. Si l'on compare le vieil Hécatée, né avant Hérodote, à Strabon qui vécut du temps d'Auguste et de Tibère, ce progrès continu, poursuivi au sein du même monde et en exécution de la même cause maîtresse, fait l'enchantement du regard. Les « propos nombreux et ridicules » se sont tantôt évanouis, tantôt rangés à la limite de la connaissance comme de simples motifs d'ornementation ; ces fables qui, jadis, servaient d'explication et de support à tout sont devenues à peine sensibles.

Le dernier progrès de l'analyse et du savoir les résoudra en cendres et en fumée, quand les nécessités nouvelles auront poussé les hommes à des aventures nouvelles.

C. — « Les propos des Hellènes sont nombreux et ridicules », les miens ne paraîtraient ni moins nombreux ni plus sérieux au vieil annaliste ionien, si, revenu au milieu de nous, il pouvait penser que mon propos se borne au cercle de la science historique ou géographique.

— Eh ! dirait-il, voilà un peu trop d'apparat pour en arriver à conclure que les Européens du XXe siècle de l'ère chrétienne sont plus avancés dans la connaissance de la terre et des peuples que nous l'étions vingt-cinq siècles en deçà.

— Vieil Hécatée, lui répondrais-je, vous auriez bien raison si j'arrêtais là mon dessein. Mais, Père vénérable, il est un peu plus étendu. Votre géographie et votre ethnographie ne m'étaient qu'un chemin détourné pour y parvenir. Tout ce que j'en disais servait d'acheminement à la Politique. C'est à la Politique que votre phrase de ce soir m'a rendu attentif.

D. — En politique, vieil Hécatée, nous ne sommes pas beaucoup plus avancés aujourd'hui que vous ne pouviez l'être, cinq ou six siècles avant Jésus-Christ, pour la description de la terre et l'histoire des hommes. La politique balbutie, et ses bégaiements mis à la suite les uns des autres font une interminable théorie de « propos nombreux et ridicules » comme ceux que vous reprochiez aux Hellènes de votre temps. De quel effroyable chaos d'absurdités sans nombre cette politique moderne est issue, je ne sais pas si vous pouvez vous en faire idée suffisante.

Vous êtes né, vous avez vécu en un monde où la sagesse politique était presque aussi nécessaire que de nos jours de bons renseignements commerciaux. Vos villes, vos États qui avaient leurs révolutions, leurs tyrannies, leurs catastrophes reconnaissaient pourtant certaines grandes lois contre lesquelles il n'y a pas d'exemple (mais je dis d'exemple certain) qu'ils aient osé s'insurger. Par exemple, vieil Hécatée, de tous temps vos foyers furent les premières pierres de vos cités : quelque dévergondage que dût se permettre plus tard, en des temps moins durs, l'imagination presque sémite d'un Platon, on n'essaya jamais de les mettre en pratique. Croiriez-vous, homme des vieux temps, qu'il y a, de nos jours, une grande peine à faire recevoir d'un cercle de gens raisonnables ces deux positions, cependant évidentes et qui se complètent :

1. L'individu n'est pas une unité sociale.
2. La première unité sociale, c'est la famille ?

Voilà ce qui n'est accueilli, de notre temps, vieil Hécatée, que par des discussions sans fin.

Dites que les intelligences un peu affaiblies n'entendent plus très bien le sens des vocables. Dites que, remarquablement épaissies ou ramollies, les cervelles ne possèdent peut-être plus la force d'attention qui est indispensable à l'appréhension de ces vérités. Dites que, occupés d'autres travaux, la plupart de nos sages ont beaucoup délaissé ce genre d'études ou s'y sont parfois égarés. Ces excuses, qui ont leur valeur, sont d'une insuffisance qu'il convient de sentir. Il y a de nos jours des esprits distingués qui connaissent le sens des mots. Il y a des cervelles assez souples et fortes pour soutenir avec constance et promptitude les mâles assauts de Pallas. Enfin, sur ce sujet lui-même, ces esprits fermes ont pensé. Ils ont même pensé le vrai.

Nous avons un philosophe mathématique, né au Midi, qui, par la voie mathématique, a trouvé et prouvé que, en effet, l'individu n'est pas une unité sociale et que la première unité sociale, c'est la famille. Nous avons aussi la même proposition découverte et démontrée par un philosophe physicien, né dans le Nord, et qui n'usa dans sa découverte et les preuves de celle-ci que de la voie des sciences d'expérience. Le premier de ces philosophes ne crut ni à Dieu ni à diable. L'autre, cher Milésien, fut un chrétien pieux. Si les preuves de l'un ou de l'autre, si les preuves des deux ensemble n'avaient pas été jugées assez fortes, il me semble que leur rencontre et leur accord présentaient un phénomène assez merveilleux pour impressionner le public ou, du moins, à défaut du public, les principaux et les plus sages...

(Il n'a pas échappé à nos lecteurs que j'essaye ici d'attirer l'attention d'Hécatée philosophe ionien, mort il y a vingt-cinq siècles, sur le théorème fondamental de la Politique, tel que l'ont formulé de nos jours Le Play, chrétien, normand, praticien de l'induction, et Comte positiviste, languedocien, praticien de la déduction. Hécatée de Millet ne me donnant aucun signe d'improbation, je continuai de converser avec lui.)

Le public, Hécatée, vaut aujourd'hui ce qu'il valait de votre temps. Comme il est plus nombreux, ses propos sont aussi, comme vous disiez bien, plus nombreux et plus ridicules. Mais il est moins bien encadré. Il n'est plus encadré du tout. Vous aviez un corps des principaux et des sages. Il n'y a rien de tel chez nous. Comme il suffit pour être qualifié sage de passer quelques examens ou de moduler sous prétexte de discours quelques cris confus, la profession de chef, de magistrat et de prince, appartient au premier venu qu'il convienne à la multitude de regarder. Vous n'avez aucune idée de cela.

Le croiriez-vous, mon Hécatée ? Les dignes délégués de cette multitude vaine se sont assemblés hier dans l'édifice destiné en apparence aux plus saintes délibérations. Il y avait quelques semaines qu'ils ne s'y étaient rencontrés. Savez-vous quel a été leur premier travail ? Ils ont voté presque à l'unanimité (moins huit voix) l'affichage aux deniers publics d'un ramas de calembredaines et d'inepties, composé, voici un peu plus d'un siècle, par la réunion des plus pauvres têtes que notre France ait jamais portées.

L'article premier de ce *factum* plus qu'indigent déclare que les hommes naissent libres. Hélas ! vieil Hécatée, devant nos principaux et parmi les meilleurs de ces principaux, parmi ceux qui siègent à droite et qui ont mérité le beau titre de Cornichons, vous seriez obligé de parler fort longtemps avant de faire entendre que, de toutes les créatures, l'homme est peut-être ici la moins libre à sa naissance, étant incapable de marcher comme fait le poussin nouveau-né, de discerner et de prendre sa nourriture autour de lui, ni même de s'assimiler le moindre élément du dehors. Quand, le cordon coupé, il a cessé de dépendre de sa mère, il dépend de sa nourrice, puis de son pédagogue, puis de son père, et de son chef, tout cela pour son plus grand bien : il ne s'accroît qu'à cette condition. Si l'homme dont nous parlons n'est pas un sauvage, s'il est d'une civilisation opulente, à proportion que cette civilisation est plus avancée cet homme dépendra davantage, il sera engagé dans un plus grand nombre de liens. La liberté n'est pas au commencement, mais à la fin. Elle n'est pas à la racine, mais aux fleurs et aux fruits de la nature humaine ou pour dire mieux de la vertu humaine. On est plus libre à proportion qu'on est meilleur. Il faut le devenir. Vieil Hécatée, que vous ririez ! Nos hommes ont cru s'attribuer le prix de l'effort en affichant partout dans leurs mairies et leurs écoles, dans leurs ministères et leurs églises, que ce prix s'acquiert sans effort. Mais afficher partout que chacun naît millionnaire vaudrait-il à chacun l'ombre même du million ? Le même *factum*, Hécatée, prétend en outre que le but de toute association politique est la conservation des droits naturels et imprescriptibles de l'homme. Nous savions que le but de toute cité, c'est la vie, non seulement la vie humaine, mais la vie animale, la vie individuelle de chacun, aucun de nous n'étant viable sans « l'association politique ! » L'affiche votée par quatre cent six voix contre huit ajoute que le principe de toute souveraineté réside essentiellement dans la nation : votre temps n'avait pas encore oublié de noter que tous les pouvoirs viennent des dieux maîtres du monde, autrement dit de profondes lois naturelles que l'homme n'a point faites et auxquelles il faut bien que l'homme se conforme s'il ne veut point périr ! L'affiche dit : la loi est l'expression de la volonté générale. Vous sentiez qu'elle est l'expression des nécessités et des convenances du salut ou de la prospérité du public ; auriez-vous sans cela nourri des prêtres aux frais de l'État ou écouté les sages qui furent vos législateurs ?

E. — Hécatée, ô vieux mort et enseveli bienheureux, je ne troublerai pas ta cendre d'une analyse plus complète des sottises qu'on affichera par toute la France. Tu en as idée maintenant et tu peux mesurer l'égale sottise de nos nobles et de nos gueux. Ils se valent parfaitement. Tous les propos nombreux et tous les propos ridicules que tu as pu recueillir sur la source des fleuves, sur leurs cours, sur la langue et les mœurs des populations, tous les amas de fables qu'il t'a diverti de détruire sur ces objets ne sont rien auprès des imaginations qui se débitent parmi nous sur la politique.

Comme tu leur parlais d'une voix ferme, vieil Hécatée, pour les choses que tu savais : « Moi, Hécatée le Milésien, je dis ces choses, et j'écris comme elles me paraissent !... » Quant aux propos nombreux et ridicules des Hellènes, ton enthousiasme du vrai en faisait justice, et tu savais que l'avenir en ferait justice après toi.

Puissions-nous t'imiter, et parler aussi bien sur les choses que nous savons !...

Mais c'est ici que change le ton de mon monologue. Il s'oriente vers la pratique. Si tout ce qui précède est conforme à mes sentiments de spéculateur isolé, tels qu'ils pouvaient être éprouvés de 1892 à 1895, ce qui suit porte une autre date : 1901... En 1901, j'avais bien cessé d'hésiter devant l'action politique proprement dite. Me trouvant déjà entouré de compagnons, d'amis, qui pensaient comme moi, et je pouvais écrire :

Quelles que soient nos origines et quelles que soient nos méthodes, même quelles que soient nos philosophies divergentes, il est en Politique des vérités que tout établit, que rien ne dément, et contre lesquelles le verbiage de l'orateur ou la manœuvre de l'intrigant ne feront que pitié. Elles triompheront ainsi que triomphèrent les renseignements d'Hécatée, au fur et à mesure que le monde sentira le besoin de les vérifier.

F. — Mais le monde en aura besoin. Le monde aura besoin de la vérité politique comme il a eu besoin de la vérité géographique et ethnographique, par un jeu naturel des nécessités qui l'animent. La brusque augmentation de valeur donnée à la planète depuis cinquante ans a sans doute développé un peu partout le nationalisme, c'est-à-dire le sentiment et la conscience de chaque groupe ou territoire donné ; il y a un nationalisme dans les moindres sous-groupes du monde slave, il y en a un au Japon, un en Chine, un aux Philippines et tous les germes nationaux ne sont pas encore sortis. Le Nationalisme est le grand fait du monde moderne. Mais le nationalisme, partout où il le peut, exhale comme un souffle de conquête et d'absorption tantôt pacifique et tantôt guerrière : un puissant impérialisme. De sorte que ceux qui naguère parlaient de réduire toutes les questions politiques, soit, en un sens, à des questions morales, soit, en un autre sens, à des questions économiques, seront bientôt forcés de nous avouer que toutes, présentement, se ramènent à un grand problème de Mécanique ou, pour mieux dire, de Physique politique. À la meilleure organisation politique, des faits manifestes, viendront décerner le pouvoir de régner sur les autres faits et de leur mesurer ainsi la vie ou la mort ; l'état présent du monde où l'ancienne Europe est dissoute, après avoir dissous l'ancienne chrétienté, n'autorise ni d'autres prévisions, ni même d'autres rêves.

On aura besoin de la Politique, l'empirisme d'autrefois ne suffira plus, on prendra en horreur les fables et leurs fabulistes, la blagologie et ses blagologues, parce que l'on sera dans la nécessité absolue de savoir ce qui fait les peuples prospères, les civilisations florissantes, les citoyens riches, paisibles et heureux. On l'étudiera probablement sur beaucoup de ruines. Heureux qui, averti par les ruines d'autrui, se mettra le premier à ce salutaire examen !

G. — Aujourd'hui, nous ne voyons pas l'avantage matériel de notre parole. Nous étant donné la peine d'étudier et de réfléchir, nous savons ; et le savoir ne nous sert de rien. Je veux dire qu'il ne sert de rien à notre patrie. Ceux que nous avions convaincus ont encore dans l'oreille le poids de nos discours ; ce plat rhéteur qui passe, ce chiffon de papier qu'on lit, n'importe quelle distraction le leur fera oublier. Quoi d'étonnant ? Deux cent mille cadavres ont jonché nos campagnes, voilà trente ans : mais ils n'ont pas encore persuadé nos concitoyens de la vérité qu'ils montrèrent à Renan *que la démocratie est le grand dissolvant de l'institution militaire*. Ce sont des patriotes qui flattent la démocratie ![159] Il n'y a pas encore d'intérêt assez vif pour faire préférer aux fables politiques une vérité politique. Comme pour la géographie du temps d'Hécatée, c'est de fictions que le public a faim et soif, c'est de fictions que les fournisseurs de ce public se sont approvisionnés le plus largement : oui, le meilleur de ce public, les meilleurs de ses fournisseurs, je dis les royalistes et je dis les nationalistes !

H. — On pourrait imposer la vérité de force. Les dégâts que pourrait entraîner cette imposition seraient de peu, en comparaison

---

[159] Dans *La Revue de Paris* et *Au signe de Flore*, on lit à cet endroit la phrase suivante, relative à l'actualité d'alors, que Maurras a retirée du texte des *Œuvres capitales :* « Vainement M. de Vogüé, dans *La Liberté*, l'autre soir, à propos des notes de Villebois-Mareuil au Transvaal, invoquait-il ce beau témoignage taché de sang. » (n.d.é.)

de tant de dégâts futurs qu'elle épargnerait. Je ne crains pas de dire que, pour un esprit libre et un bon esprit, voilà l'espoir le plus sacré.

Mais cet espoir peut être trompé. L'énergie organisatrice peut ne point faire son coup d'éclat au temps nécessaire. Elle peut le faire et le manquer. Elle peut ne point le manquer et son entreprise, bien commencée, finir mal.

Car tout est possible.

Ce qui est impossible, c'est que l'art, c'est que la science de la Politique, plus nécessaires chaque jour, se composent sur d'autres bases que celles que nous ont déterminées nos maîtres et que nous essayons d'affirmer après eux : de nos petits faits bien notés, de nos lois prudemment et solidement établies, de nos vérités, incomplètes, mais en elles-mêmes indestructibles, de là et non d'ailleurs, la science politique s'élèvera. Nous sommes — à trois ? — à quatre ? — à cinq ? — à dix ? nous sommes Hécatée le Milésien. Placés aux commencements de notre science, nous avons néanmoins le droit de répéter la fière et dédaigneuse profession du savoir : « Moi, Hécatée le Milésien, je dis ces choses et j'écris comme elles me paraissent, car à mon avis les propos des Hellènes sont nombreux et ridicules. »

Répétons cela fermement.

Ces dernières paroles sonnent bien un départ, enseignes déployées, pour aller, pour voler à la conquête des intelligences sur le programme d'une action.[160]

Il reste à exposer comment j'en arrivai là : que s'était-il passé entre ce mouvement décidé et la contemplation immobile qui m'avait d'abord retenu ?

Immobile... Immobile... C'est, il faut l'avouer, beaucoup dire, et, si je fais une révision attentive de tous mes premiers souvenirs, il convient de rabattre un peu du fakirisme dans lequel je croyais m'être retranché. Une autre Politique m'avait, pour ainsi dire, ressaisi par dessous et plus profondément.

La politique que j'avais méprisée était celle des partis, à la conquête de leur aliment dans l'État ; c'étaient les aboiements pour ou contre les constitutions, ou les rivalités entre l'opportunisme, le radicalisme et le

---

[160] Ici se termine la méditation sur Hécatée le Milésien et le texte publié dans les *Œuvres capitales*. (n.d.é.)

socialisme naissant. Mais, de bonne heure, de façon à peine consciente, j'avais été gagné par trois sentiments alors nouveaux et qui auront tenu, depuis, une place croissante dans la vie civique française.

Dès les tous premiers pas que je fis dans Paris, dans la matinée du 2 décembre 1885, j'avais été frappé, ému, presque blessé du spectacle matériel de ces belles rues et de ces grands boulevards que pavoisait, du rez-de-chaussée jusqu'au faîte, une multitude d'enseignes étrangères, chargées de ces noms en K en W, en Z que nos ouvriers d'imprimerie appellent spirituellement les lettres juives.[161] *Les Français étaient-ils encore chez eux en France ?* Quiconque tendait à poser cette question éveillait en moi des mouvements confus d'approbation ou d'adhésion.

Mais, d'autre part, aux jours qui suivirent, comme je visitais avec une ardeur d'admiration que je n'oserais exprimer, les Musées où reposent tant de grandes forces amies : Poussin, Lorrain, Vinci, Titien et Raphaël, les immenses dépôts de livres, les collections de signes matériels de la valeur et de la noblesse du genre humain, j'étais également saisi de la qualité périssable de ces trésors et du risque dont ils sont grevés à toute minute : soit l'usure du temps, soit la rage des éléments, soit surtout la folie iconoclaste et incendiaire des hommes, et la pensée du moindre coup que porterait, par exemple, à une Galerie du Louvre, à un salon de l'Arsenal ou de la Mazarine, le boulet ennemi comme en 1870, ou le jet de pétrole comme en 1871, m'inspirait les passions d'une crainte et d'une pitié plus qu'humaines. Mon droit à la garde et au maintien de tant de trésors m'apparut le premier des droits.

D'un troisième côté, ma Provence m'était devenue beaucoup plus chère, de loin. Je relisais, même je découvrais quelques-uns des grands poètes de l'étonnante Renaissance qui achevait de donner là-bas sa plus haute flamme avec Aubanel, qui allait mourir en 1886, avec Roumanille, qui disparut en 1891, avec Mistral heureusement éloigné encore des magnificences de son couchant de 1914. Leurs vers nous possédaient, mon frère et moi : ils nous poursuivaient. Le petit logement parisien en bourdonnait de jour et de nuit. Ma mère assurait en riant que j'avais appris le provençal à Paris. Taquinerie à part, c'était bien Paris qui m'avait rempli de ce grand amour pour la langue

---

[161] Rien d'étonnant à ce que Maurras ait préféré faire passer ce texte à la trappe pour l'édition définitive ! Sans doute jugeait-il que le récit passionnant qui suit ayant déjà été repris en maints endroits, il n'était plus nécessaire de poursuivre après le « dialogue » avec le vieil Hécatée. (n.d.é.)

de notre peuple, pour ses légendes pleines de sagesse et de poésie, ses coutumes fidèles, ses jeux, ses proverbes spirituels, ses mœurs si variées, que, seule, unifiait l'égale beauté de son ciel. Il m'avait paru ingénieux. d'entreprendre une sorte de géographie poétique du pays, replaçant chaque poète et aussi chaque poème dans le paysage qui l'avait nourri ou qu'il reflétait. Ce désir d'inventorier le génie de nos moindres lieux me conduisit naturellement à l'étude de notre histoire, belle, sinon heureuse, et à me rendre un compte exact du mal vraiment mortel que nous faisait, depuis 1789, le nivellement et le conformisme nés de la centralisation[162] : la renaissance mistralienne n'aura été, au fond, que la réaction d'une élite devant l'uniformité imposée par le jacobinisme à une population qui en souffrait à son insu.

Quand les vacances me ramenaient à Martigues, je m'enfermais dans nos Archives pour en tirer une suite d'étonnements que rien n'épuisait : les libertés de la vie locale étaient donc à situer en avant de la nuit du 4 août ? notre force, notre politesse, notre éducation, notre véritable civilisation avaient donc précédé la prise de la Bastille ? il eût fallu pouvoir aller dire cela à Victor Hugo, qui venait malheureusement de mourir.

Un *Éloge d'Aubanel* couronné par la société des félibres de Paris m'introduisit dans le milieu de poètes et d'artistes que dominaient un certain nombre de députés et de sénateurs méridionaux, démocrates traditionnels possédés du génie électoral, rompus aux méthodes parlementaires. Leurs conversations, fort libres, qui ne cachaient que fort peu de chose, m'aidèrent beaucoup par la suite à pénétrer soit le mécanisme, soit l'esprit de la République. Je dois témoigner que c'étaient de fort braves gens, quelques-uns légèrement débraillés à la Gambetta, mais bons camarades et meilleurs vivants, amis des livres et des idées. Ils firent grand accueil à mon discours de bienvenue sur les *Trente beautés de Martigues*[163], puis me bombardèrent secrétaire général de leur revue mensuelle le *Viro-Souléu* (le *Tournesol*) et m'accueillirent même dans une espèce de saint-des-saints que présidait chaque soir au Café Voltaire le plus fin et le plus lettré, la tête la plus chantante, mais le plus mauvais caractère qu'il m'ait été donné de connaître jamais c'était Paul Arène. Là aussi je connus M. Pierre Laffitte, le successeur d'Auguste Comte à la direction du Positivisme, et Baptiste Bonnet, l'auteur

---

[162] Ces deux mots en remplacent deux autres utilisés dans le texte de *La Revue de Paris* en 1930 : « un dessèchement et un abrutissement. » (n.d.é.)

[163] On en trouvera le texte dans mon livre *L'Étang de Berre*.

un jour fameux des *Mémoires d un valet de ferme*, que lui avait généreusement traduits Alphonse Daudet.

Il faut avouer que tout ce monde y avait vécu tranquille jusqu'au jour où notre jeunesse le troubla je dis la mienne et celle de Frédéric Amouretti. Mon aîné de cinq ans, historien et géographe de carrière, préparant l'agrégation, né à Toulon, mais originaire de Cannes, tout frais arrivé d'Aix où il avait connu mes condisciples, maîtres et amis, Frédéric Amouretti était rapidement devenu mon frère de pensée et d'âme. Le rêve de l'action, l'imagination de l'action, qui m'occupait à mon insu, le possédait à son escient. Si bien qu'à nous deux,

D'animaux malfaisants fîmes un très bon plat.[164]

Ni la littérature du Café Voltaire, ni l'agréable cour d'amour que l'on allait faire une fois l'an à Sceaux ne remplissaient vraiment le dessein mistralien, ni la mission du Félibrige : nous nous en aperçûmes, et résolûmes d'y ajouter un effort en faveur de la renaissance des provinces historiques, et même de leur fédération, disions-nous en souvenir de la constitution fédérative de l'ancienne France dont parlent tous nos vieux auteurs.

Comme les félibres de Paris entreprenaient chaque année un voyage dans quelque région du pays d'Oc, nous en profitâmes pour affirmer cette pensée et l'accréditer parmi les jeunes gens que nous visitions. En 1890, j'avais eu l'honneur et le plaisir de persuader, en traversant Agen, le poète Jean Carrère qui a fortement marqué, depuis, en d'autres domaines. L'année suivante, 11 août 1891, la parole enflammée de Xavier de Magallon fit un splendide accueil à la félibrée de Martigues que Mistral en personne avait présidée. Puis, l'hiver venu, quand le président du félibrige, Félix Gras, rendit leur visite aux pèlerins du Café Voltaire, nous lui lûmes une déclaration[165] qui précisait la volonté de mener une campagne en règle pour la régénération de pouvoirs locaux amortis ou domestiqués.

Le programme apparut gros d'ambitions et de dangers. Le Gouvernement s'en émut, paraît-il : des représentations furent faites par le préfet de la Seine au vénérable M. Sextius Michel qui cumulait les fonctions de président du félibrige de Paris, de franc-maçon fervent et de maire du

---

[164] D'après la fable de La Fontaine *Le singe et le chat*. (n.d.é.)
[165] C'est la fameuse *Déclaration des jeunes Félibres fédéralistes* (que l'on trouvera, également, dans *L'Étang de Berre*). (n.d.é.)

XVe arrondissement. Entre lui et, nous, une procédure commença, qui fut vive et ne fut point courte. L'accusation était fermement soutenue par M. Laffitte. Comme j'alléguais contre celui-ci les vues fédéralistes du *Système de politique positive* et le poussais dans ses derniers retranchements, « Eh bien », prononça d'une voix mourante le directeur du Positivisme, « dans cette affaire-là, Auguste Comte s'est trompé ». Le plafond ne s'écroula point, ni les lustres ne s'éteignirent.

Après deux années de débats mon exclusion fut prononcée : douze « jeunes félibres » donnèrent leur démission et, sur-le-champ, nous allâmes fonder de l'autre côté de la Seine, une « École parisienne du Félibrige » qui vécut quelque temps au Café du Centre, près des Arts et Métiers, puis revint se fixer aux Cadrans place Saint-Michel et finalement au café Procope, où elle, brilla durant plusieurs belles années, jusqu'au premier éclat de l'affaire Dreyfus qui brouilla tout le monde et qui nous dispersa.

Cependant, les Anciens du Café Voltaire nous traitaient de réactionnaires. Il y avait bien des réactionnaires chez nous, mais aussi des républicains sang de bœuf, Auguste Marin, Jules Ronjat, Adrien Frissant, bien d'autres. Étais-je tellement réactionnaire moi-même ? On a vu quelles doctrines je mûrissais. Mais je n'étais pas royaliste et il m'arrivait aussi d'éprouver, en plus d'un cas, l'obscur regret de me trouver classé à droite soit par mes tendances d'esprit, soit par la couleur des journaux auxquels je donnais ma collaboration : cette étiquette n'allait-elle pas opposer des difficultés de surcroît à la renaissance de nos groupes provinciaux ? L'excellent Baptiste Bonnet nous entendant parler de fédéralisme avait tranquillement compris féodalisme, et s'imaginait que nous voulions lui faire battre les étangs pour assurer le sommeil de son seigneur ! J'étais résolu à saisir toute occasion de nous montrer étrangers aux catégories politiques et (très sainte simplicité !) d'entretenir de bonnes relations avec toutes.

Ma première visite au marquis de La Tour du Pin, rue de Solférino, à son journal *La Corporation*, est de cette époque : comme je lui parlais de nos amis républicains décentralisateurs, l'auteur des *Aphorismes de politique sociale* esquissa le plus beau, le plus sceptique des sourires. Nous invitions à nos soirées des littérateurs politiques tels que Lintilhac, déjà sénateur, et même, il m'en souvient, M. Gaston Doumergue, alors jeune député. Je conserve sa lettre d'acceptation. Il vint. Nous le reconduisîmes du boulevard de Strasbourg au pont des Saints-Pères en faisant de louables efforts pour le convertir ! Mais, ignorant sa confession, il m'échappa de lui parler du calvinisme sans amitié...

Très encouragés, très soutenus par Mistral, nous entretenions des intelligences et des correspondances avec beaucoup de localités des trente-trois départements de langue d'Oc, « jusqu'au Velay, jusqu'au Médoc »[166], partout où l'on nous signalait quelques chances de jeunes recrues. Nous les visitions, ou les faisions visiter. Nous nous efforcions de fonder des groupes, surtout en Provence, et vers Nîmes, Montpellier, Toulouse, où étaient nos relations nombreuses, nos vives amitiés. La Fédération régionaliste française a dû sortir un peu de là.

Entre temps, Barrés faisait de sa « Cocarde » le plus amusant des journaux. Sur la formule : *nous sommes individualistes et décentralisateurs*, les esprits les plus différents, les partis les plus opposés (du collectivisme des députés Gabriel et Eugène Fournière à l'anarchisme de Pierre Denis, ancien secrétaire du général Boulanger), juifs pratiquants, bons catholiques, libre-penseurs intolérants se supportaient ou se déchiraient là-dedans. N'étant pas du tout individualiste, mais, par compensation, trois ou quatre fois décentralisateur, je pouvais seconder Barrés au rez-de-chaussée du journal, intitulé la « Vie intellectuelle », où furent publiés mes premiers « Criton ». J'y faisais aussi campagne contre les étrangers domiciliés auxquels je donnai le nom des Métèques Athéniens auxquels Michel Clerc venait de consacrer une thèse de doctorat, et que reprit un peu plus tard le roman de Binet-Valmer.[167] Je protestai contre la hideuse démolition des murailles d'Antibes et défendis le droit de nos populations aux courses de taureaux, ce qui ne me valait aucun sourire de madame Séverine.[168] Au bout de six mois, Barrés s'aperçut que son administrateur, Juif marchand de papier, abusait indignement de la position. Comme il le secouait, l'autre mit la main sur son cœur et répondit d'un mot épique : « Moi, monsieur Barrès, je n'ai pas de délicatesse. » Il voulait gagner de l'argent. Ce n'était pas pour cela que Barrés avait pris « *La Cocarde* ». Il la quitta. Nous la quittâmes à sa suite, tous, René Boylesve emportant la fin de son premier roman, *Le Médecin des*

---

[166] Mistral, *Lis Isclo d'or* : « Jusqu'au Velai, fin-qu'au Medò ». (n.d.é.)
[167] Jean-Gustave Binet, dit Binet-Valmer, écrivain maurrassien, ancien président de la *Ligue des chefs de section et des anciens combattants*, qui employa pendant quelques temps comme secrétaire le jeune Georges Simenon. (n.d.é.)
[168] Pseudonyme de Caroline Rémy (1855-1929), écrivain et journaliste. (n.d.é.)

*Dames de Néans* qui était en cours de publication et qu'il offrait en sacrifice à la solidarité barrésienne !

Cette campagne de six mois avait remué des idées, ému des sympathies, fait lever des haines. Mais je restais frappé du peu d'écho éveillé par nos déclarations provinciales. Cependant, nous avions débordé les frontières des pays d'oc ; nous avions essayé de galvaniser Bretagne, Flandre, Vendée, Lorraine. En écoutant les plus adroits des politiciens du régime, j'avais fini par prendre garde qu'ils ne gouvernaient que par la centralisation, de laquelle dépendait leur réélection ; ils n'y toucheraient pas, ils ne pourraient pas y toucher. Mais, ce public, dont on défendait l'intérêt vital, d'où venait son indifférence ? Tant de villes, petites et grandes, refusaient l'avenir en se montrant insensibles à notre effort pour réveiller la vie locale : quelle indifférence, quelle apathie !

Mais ces exclamations revenaient à résoudre la question par la question. On ne nous eût fait de réponse enthousiaste que si le mal profond avait été moins général. Il fallut du temps pour compter le nombre et l'épaisseur des masses de poussière obscure que l'Administration avait superposées à la personnalité de tous nos pays. La difficulté principale tenait à l'ingratitude des avantages attachés à toute réforme d'une qualité un peu noble. Celle-ci ne signifiait ni les besoins immédiats des agitateurs, ni la convoitise spontanée des foules. Elle revenait tout entière, au cas supérieur et privilégié, et en quelque sorte royal, des améliorations qui sont urgentes, mais d'une urgence qui ne prend pas les gens à la gorge ; besoin vital, mais ignoré. Ces réformes indispensables peuvent et doivent se faire *par en haut*, moyennant le savant mélange de diplomatie et d'autorité qui suppose un Pouvoir énergique et sage. Notre chimère était de vouloir l'opérer d'en bas par la libre réaction du public. Même dans l'hypothèse improbable où quelque circonstance soudaine l'eût doublée de passions vivaces, la chimère n'était pas exempte du grand risque de déchirer, non pas, on l'a trop dit, l'unité nationale, mais la cohésion de l'État : un certain courant d'anarchie sous-jacente serait aussitôt devenu sensible à fleur de sol. La seule vue du félibrige mistralien agité de rivalités violentes, malgré la majesté de l'œuvre et le haut ascendant du chef, fortifiait ces appréhensions : que serait-ce quand il ne s'agirait plus de langue ou d'orthographe mais des compétitions d'intérêt urbain et rural, qui joueraient à plein, sans le contrepoids d'aucun pouvoir fort !

Un moment, je m'étais arrêté aux remèdes héroïques.

— Soit ! pensai-je, l'expérience prononcera ! Le débridement complet des libertés locales fera carnage des mauvais et des faibles, sélection des bons et des forts...

Je fus vite obligé de me dire que la vie du pays ne pouvait être comparée à l'expérimentation d'un sérum. La France n'est pas un cobaye ! La cause du fédéralisme étant juste et sainte, il fallait entreprendre de la servir par un autre biais.

Que vouloir alors ? Il me souvient d'une promenade sur les hauteurs de la Californie de Cannes, en compagnie de Frédéric Amouretti et de son ami Joseph Béranger, le même « bourgeois de Cannes » qui l'avait accompagné chez Fustel de Coulanges quelques années auparavant.[169] L'air embaumé, le ciel ardent nous soufflaient les désirs de notre espérance. Comment douter de rien, au bel endroit où tout était en fleur ? Oui, alors, que vouloir ?

C'était bien simple : un nouveau journal et dans des conditions meilleures ! Mes deux hôtes en avaient fait un dans leur ville natale en 1888 et 1889 avec notre, ami commun Xavier de Magallon : pourquoi ne pas reprendre l'aventure de ce *Réveil de la Provence* mais sur le même théâtre que *La Cocarde*, à Paris ? On la pousserait à fond avec les mêmes idées. On s'efforcerait seulement d'élargir à la mesure des grands maîtres du XIXe siècle l'idée de réforme conservatrice que la presse de droite tendait à laisser décliner. Ce serait par la tête, par le gouvernement, que l'œuvre de décentralisation serait abordée !

Quel gouvernement ?

Mes amis étaient, l'un et l'autre, royalistes militants. Moi, je me demandais toujours si leur drapeau dynastique ne nuirait pas au juste essor du mouvement rêvé. Vieille objection que se sont faites tant d'autres recrues de l'Action française ! Je l'ai roulée longtemps, très longtemps pour mon compte. Avant d'en éloigner les autres, j'ai dû la chasser de moi-même. Ces scrupules étaient absurdes. Du seul point de vue du succès brut, il y avait avantage à produire un programme complet de l'État central et des États périphériques. Si affaibli que parût alors le parti royaliste, après le Boulangisme, après le Ralliement de Léon XIII, il restait fort sage d'en utiliser et d'en intégrer toutes les valeurs. Mais le royalisme mis à part, j'avais plaisir à abonder dans tous les autres chapitres du juvénile programme.

Que de fois j'aurai repensé à cette libre et lointaine conversation, soit en rédigeant la revue d'Action française, soit en dirigeant le journal ! Alors,

---

[169] Voir également le récit de cette visite dans *L'Étang de Berre*.

comme dix ou vingt ans plus tard, nous voulions tenir la truelle et l'épée, faire construction et bataille, polémique et doctrine ; puis recruter des orateurs, enfin grouper du monde, ajouter à l'écrit et à la parole l'organisation, l'action dans la rue. Volontaires du Pape, Croix de Feu, Jeunes patriotes, fils légitimes ou bâtards des Camelots du Roi et des Étudiants d'Action française, vous flottiez dans les rêves de ce crépuscule si beau ! Une sorte de pré-Action française se répandait ainsi du ciel sur la terre. Mais le réel devait étrangement dépasser ces images confuses, dont la suite immédiate fut d'ailleurs égale à zéro.

Seul, le cours de mes idées en fut un peu infléchi. Nous redescendions vers la belle ville par ses coteaux fleuris, vers les plantations de tubéreuses, où de jeunes paysannes achevaient leur cueillette de la mi-été. Je ne sais comment ce doux et calme paysage qui pendait sur la mer me rappela ce que mes père et mère m'avaient conté de leur premier voyage dans ce paradis quand ils eurent dépassé Toulon, qui leur était familier, les honneurs du pays leur furent faits par un ministre du Saint Évangile de nationalité anglaise, qui parlait trop bien le français, et qui savait mieux qu'eux, fils et fille de Provençaux, le nom et le passé des villages et des rivages ! Cela remonte à 1865. Je n'étais pas né.

Les compatriotes de lord Brougham, et nos autres envahisseurs d'Europe et d'Amérique n'avaient pas eu le temps d'y commettre tous leurs dégâts : le pays conservait alors presque tout son charme sauvage. J'avais, maintenant devant moi les effets du trentenaire qui avait suivi : pêle-mêle de villas mauresques, de castels gothiques et de casernes allemandes entrechoquant ses toitures disgraciées. Nous qui rêvions de Provence, étions-nous assez bien servis ! C'était Cosmopolis. Toute cette laideur ne durant que pour s'aggraver, que pourrait-il en être dans trente nouvelles années ?

Vraiment, est-ce qu'une autre France, une France moins envahie, et plus maîtresse d'elle-même, n'aurait pas mieux tenu et mieux gardé cette incomparable Corniche ? Une politique générale, une politique de vue d'ensemble, voilà ce qui avait manqué, disais-je. Amouretti, ni Béranger n'y contredisaient. À quoi leur avait-il servi d'essayer d'enseigner à leur petite ville que « les étrangers » qui l'enrichissaient apportaient un genre d'exploitation plus nuisible qu'utile au bien véritable de tous ? Tout le monde voyait que, si la terre avait enchéri, le prix de la vie avait monté d'autant, mais quelque chose d'inappréciable avait disparu : le plaisir d'être chez soi et de vivre entre soi. Hélas ! combien le sentaient ? Pour avoir comparé ces hôtes productifs au charbon de Saint-Étienne ou aux troupeaux de porcs de la vieille Serbie, *Le Réveil de la Provence* avait failli sombrer sous l'émeute. Là comme ailleurs les intérêts particuliers canonisés, divinisés, dévoraient l'intérêt général des provinces et de la patrie. L'important était donc de rendre un centre fort, une âme vivante, un clair esprit, à ce bien public déchiré.

D'autres plaies demeurées ouvertes nous donnaient la même leçon. Strasbourg, Metz tenaient à nos plus anciennes pensées. Né si loin du théâtre de la dernière guerre, je me rappelais qu'elle avait occupé le premier horizon de ma petite enfance ; dès avant le milieu de ma troisième année, j'avais vu mon père et ma mère, front contre front, et les yeux pleins de larmes, suivre sur un grand atlas le cours irrésistible de l'invasion. Je me rappelais tels Messins qui, ayant opté pour la France et réfugiés à Aix, y habitaient la même maison que nous : famille admirable, vieux père, vieille mère, une fille célibataire, deux fils officiers sur trois, tous unis par l'affection et la religion du Pays perdu. À certains jours ils retiraient d'une cassette, enveloppés de chiffons de soie, les pauvres morceaux d'un pain noir, le pain du Siège, le prenaient, le tenaient, pieusement entre leurs mains et se le passaient comme une relique.

Je revoyais d'autres Lorrains, mon professeur de huitième, un abbé Jeannin qui se trouvait être le parent ou l'allié de l'abbé Wetterlé, et M. Wetterlé lui-même, qui avait été notre surveillant au collège pendant quelques mois : leur sérieux, leur gaieté, leur courage m'émerveillaient. À Paris dès mon arrivée j'avais recherché par prédilection ces hommes de l'Est : Barrès, René Marc Ferry et d'autres, puis le général Mercier, et leur ambiance morale liait étroitement la reprise de leurs Provinces, les libertés de ma Provence et la commune reconstruction française. Mais je voyais, de plus en plus, combien cette reconstruction, toujours nommée dans les programmes, avançait péniblement dans les faits. Mes deux Cannois en profitaient pour me vanter la propriété et la force de l'outil monarchique. Même alors, cela est certain, je ne me sentais pas royaliste.

Je le suis devenu : beaucoup de mes amis ont jugé que ce fut par le péril soudain où la République impuissante jeta la nation en cédant tout aux Juifs dans l'affaire Dreyfus. J'ai dû le dire et le penser : rien n'est plus exact, sans l'être absolument. La conversion de mon esprit est antérieure d'un an à l'Affaire, elle date des premières semaines que j'ai vécues hors de France, mon voyage de Grèce au printemps de 1896.

Sorti de mon pays je le vis enfin tel qu'il est. Que je fus effrayé de le voir si petit ! Comme il apparaissait isolé et flottant dans le vaste monde, différent de l'idée, que je m'en faisais ! Jusque-là j'étais vaguement fier de certains actes de relèvement, tels que l'alliance russe : dans Athènes, le cœur me saigna pour le genre et le nombre des difficultés que cette espèce de protectorat tsariste imposait par tout l'Orient, pour les menaces et les dangers qui en résultaient ! Ailleurs on se heurtait au monstrueux développement scientifique, économique, financier, politique, militaire de l'Allemagne, et je ne pouvais m'empêcher de décrire à la *Gazette de France*, qui m'avait envoyé là-bas[170], la silhouette ultra-prussienne[171] de l'aîné des princes grecs, cependant fils de la plus française des races royales étrangères !

Le nationalisme universel, étendu jusqu'en l'Amérique, s'imposant à mes yeux, tout le bien qu'il arrivait à des étrangers amis de dire de mon pays était d'une qualité tout à fait extérieure à mes nécessités essentielles : son avenir et sa grandeur. Un jour que mon confrère M. Gabrielidis, directeur de l'*Acropolis*, me menait à la découverte du joli monument chorégique de Lysicrate et semait notre promenade de beaux vers indolents et doux de Verlaine, je ne pus m'empêcher de le remercier et l'interrogeai avec brusquerie sur notre influence dans le Levant. Sans hésiter il répondit par allusion au sort tragique Athènes : « *Graecia capta ferum victorem...* »[172] Je demandai, en vive réplique, ce qu'Athènes avait pu valoir sans la liberté !

— Nous étions donc si bas ? Était-ce possible ? Le traité de Francfort ? Nos provinces prisonnières ? Cela remontait à un quart de siècle : comment n'était-ce pas en partie réparé, en partie oublié ? C'est que, avant 1870, il y avait 1815 et Waterloo, 1805 et Trafalgar. Je savais l'histoire de la Marine : je ne l'avais jamais bien imaginée ni sentie. De l'Acropole et du Pirée, des hauteurs de l'Hymette et du littoral d'Éleusis, quand les ressouvenirs attiques faisaient trêve, mes yeux couraient la face de la Mer qui fut notre Mer et, de Constantinople à Chypre ou d'Alexandrie à Ceuta, je ne voyais que notre ruine et le progrès des anciens rivaux triomphants. Malte, fille de Rhodes, née de l'hospice de Saint-Jean de Jérusalem, cet hospice fondé par un pèlerin de Provence, lui-même issu de ma vieille petite ville, cette île de

---

[170] Allusion aux *Lettres des Jeux olympiques*, parues dans la *Gazette de France* en 1896, puis reprises dans *Anthinéa*. (n.d.é.)

[171] Voir *Anthinéa*, page 244.

[172] *Graecia capta ferum victorem cepit, et artes intulit agresti Latio*. Horace, *Ep.* II, 1, 156 : « La Grèce conquise conquit son farouche vainqueur et porta les arts au sein du Latium rustique. » (n.d.é.)

Malte était occupée depuis cent ans par l'Angleterre : qu'y faisait-elle à notre place ?

— Et, me disais-je aussi *quelle est la date du dernier assaut donné à Gibraltar par une armée française ?* Redescendu en ville, je compulsai les dictionnaires et vis que, de 1792 à 1815, vingt-trois ans de guerre à l'Angleterre n'avaient pas touché, ni tenté de toucher à cet orgueilleux avant-poste du garnisaire britannique en Méditerranée : nous l'avions assiégé pour la dernière fois pendant la guerre d'Amérique, sous le tyran Louis XVI !

Cependant bien des guerres (et lesquelles !) avaient eu lieu au siècle écoulé : de toutes ces morts violentes de milliers de Français, combien d'utiles ? Nos guerres démocratiques n'avaient servi de rien. Je me récitais à voix haute le rapport du Comité de Salut Public du 14 octobre 1794 : sous les tyrans « forts de l'industrie nationale », « dans toute guerre une province nouvelle était la récompense de notre politique et de l'usage de nos forces ». Alors le Pacte de Famille tendait à nous mieux établir au midi de l'Europe par Naples et par Madrid. Alors l'acquisition de la Corse préludait à deux autres opérations de nos rois : prise d'Alger et conquête de l'Algérie. Ces lumières brutales bouleversaient, autant que ma carte du monde, ma projection de l'histoire de France et accusaient le point à partir duquel notre plan s'était incliné pour déterminer nos glissades : les Mers perdues avec la première République et le premier Empire, le Continent avec le second Empire et la troisième République ! La cause était commune : du tréfonds de ma conscience le nom du seul topique utile commençait d'émerger.

Dans la traversée du retour, un incident presque ridicule servit de couronne à ces réflexions.

Nous étions sur un paquebot marseillais. Compagnie, capitaine, équipage, tout le monde était du pays, hormis les passagers : quel petit nombre de Français ! Était-ce donc pour le compte des autres races que nous labourions cette mer de Thésée et d'Ulysse, de Pythéas et de Duilius ? Heureusement, le cuisinier, qui avait dû naître au quartier Saint Jean, avait rédigé le menu dans un anglo-français si consolant que le rumpsteack y était figuré en « ronstec ». Je m'abandonnais en silence à la joie d'une transcription libre et belle, quand, de l'autre côté de la table, une dame aux joues colorées, aux dents fortes, saisit le crayon d'or qui parait son maigre corsage et, farouche figure d'une Grande-Bretagne vraiment reine des flots, effaça d'un trait vif notre pauvre provençalisme pour rétablir la forme insulaire offensée. Il ne serait pas dit que j'aurais pu battre une dame... Mais, par-dessus les verreries, les plats et les fleurs, je lui assénai le regard de l'homme ruiné, dépouillé, et qu'on met hors de sa maison. Vit-elle ? Comprit-elle ? Ou reproduisait-elle l'invariable définition virgilienne que donne Paul Bourget des Anglais en voyage :

*Et penitus toto divisos orbe Britannos ?*[173]

À moins qu'elle n'ait ri de ma faible rage impuissante ! Un peuple menacé d'éviction n'a qu'un droit : méditer en silence, décider avec fermeté.

Le fait est que, de ce moment, la destinée de la France a commencé de m'être claire ; je me représentais cette nation parée de tant de qualités sérieuses, qui n'ont point faibli, et de tant de charmes toujours brillants, réduite aux conditions d'une véritable orpheline.[174]

Qu'est-ce donc que ces fiers Anglais ont ou avaient de plus que nous ? La fidélité à leur ordre, au sens de leur salut. Cette fidélité, je ne l'avais pas reniée, mais je l'avais perdue de vue. On l'avait perdue pour moi, avant moi. Si l'esprit national avait dérivé sur le plan inférieur, ce n'était ma faute. Était-ce celle des Français contemporains ? Je ne songeais d'abord qu'à eux. J'oubliais mes pères et les pères de mes pères. Quand on veut juger du bien ou du mal, du progrès ou de la décadence d'une personne, on prend pour mesure la durée moyenne de l'existence. Mais, pour former le même jugement sur un État, il faut regarder, à l'échelle des siècles et voir, non les hommes, mais la durée de la nation. Il était parfaitement injuste de reprocher aux Français qui vivaient en 1896 de n'être ni aussi actifs, ni aussi puissants, ni aussi influents que les Anglais du même millésime : ces derniers profitaient, comme ceux-là souffraient d'une accumulation de circonstances antérieures. Mais, cette part faite aux conditions, il n'était que plus nécessaire d'examiner à quoi tenait leur bon ou leur mauvais enchaînement.

Qu'est-ce qui a relié, uni, dans le Temps les générations et les actions de nos voisins, rivaux, amis et ennemis ? Et qu'est-ce qui nous a déliés, divisés

---

[173] Virgile, *Ecl*. I, 67 : « Ou bien chez les Bretons tout isolés du monde. » On trouve une mention très proche dans le *Dictionnaire philosophique* de Voltaire, à l'article « orthographe », dont Maurras se souvient peut-être ici : « Les Anglais sont bien plus inconséquents : ils ont perverti toutes les voyelles ; ils les prononcent autrement que toutes les autres nations. C'est en orthographe qu'on peut dire d'eux avec Virgile (*égl*. I, vers 67) : *Et penitus toto divisos orbe Britannos.* » (n.d.é.)

[174] Dans le texte de *La Revue de Paris* figure ici un court paragraphe : « Nation sans chef, père, ni roi. » (n.d.é.)

et séparés nous-mêmes ? Pour une part éminente, la succession des actes d'un peuple manifeste la succession des pouvoirs qui l'ont gouverné. À Londres et à Berlin, dans la période où florirent Berlin et Londres, le gouvernement a été dynastique ; il l'était à Paris quand Paris florissait. La suite, dynastique crée la cohérence des pouvoirs d'un empire. L'étymologie, le dirait à défaut de l'histoire, et non pas seulement parce qu'elle écarte le jeu épuisant des compétitions, électives et parlementaires, mais parce qu'il est beau et bon que l'autorité du chef, du Souverain, ne soit pas[175] un pouvoir fabriqué de main d'homme, qu'il soit fils de l'Histoire et de ses poésies, qu'il nous vienne du fond des âges et que les siècles nous l'apportent, nous le nomment, nous l'imposent *tout fait*, tout auréolé de son droit, le *droit* des chefs que légitime la part qu'ils ont su prendre à la fabrication du pays.

Quel était notre chef légitime à ce moment-là ? Quinze ans auparavant, un vieillard enthousiaste et mystique, prêtre ou pape de la royauté plus que roi, diadémé des épreuves et des majestés du malheur, Henri V. Jusqu'aux trois ou quatre plus récentes années, il avait eu pour successeur un prince administrateur et soldat, dans, la force de l'âge, réfléchi et savant, dont les familiers savaient la sagesse hardie, Philippe VII.

« Mon cher ami », me disait certain connaisseur, « s'il ne fût pas né sur les marches du trône, il est impossible de dire à quelle haute situation son mérite personnel n'aurait pas élevé monsieur le Comte de Paris ».

Enfin un tout jeune homme, dans le beau de sa fleur, mais qui déjà donnait de hautes marques de mérite, Philippe VIII : symbole antique, toujours frais, des constants renouveaux d'un même pouvoir par un même sang, tableau vivant de la symétrie et du parallélisme du sort des chefs-nés et de leur nation, le même hasard de naissance créant les nationaux dans un pays, les rois dans une dynastie... Ce hasard secondé par l'éducation n'avait pas fait si mal les choses !

Je ne cessais donc de m'imaginer ce qu'eût été, ce qu'eût pu être notre France si, aux lieux et places de tant de secousses interruptives, séparatrices, énervantes, ces trois continuités se fussent succédé, depuis 1830 ou 1848 jusqu'à ce jour de mai 1896 !

---

[175] Le texte de 1930 porte : « n'apparaisse pas. » (n.d.é.)

L'évidence m'en arrachait *enfin* l'aveu : il nous fallait rétablir enfin ce régime si nous ne voulions être les derniers des Français.[176] La décision de mon royalisme intellectuel était prise. Elle ne devint effective qu'au bout d'un an.

---

[176] Une phrase supplémentaire de conclusion figure ici dans la première rédaction : « Pour que vécût la France, il fallait que revînt le Roi. » (n.d.é.)

# Quatre nuits de Provence

1930

# PROLOGUE

La journée va finir sans flammes, j'ai prié qu'on n'allumât point. Que le soir monte avec ses fumées incertaines : le détail, l'accident, l'inutile y seront noyés, il me restera l'essentiel. Ai-je rien demandé d'autre à la vie ?

Donc, çà et là, dans ses transparences divines, traversées de soudaines opacités, le Soir léger et pur se rend, peu à peu, à la Nuit. Sur la pente gauche du ciel, le croissant couleur de perle s'élève, glisse, coule à l'autre versant, pareil aux concessions d'une rêverie fatiguée qui se replie sans hâte et ne faiblit pas sans honneur. Cette face souffrante pourrait décliner en silence. Mais l'accent de sa flamme morte insiste, de très haut, et m'impose, en quelque manière, le ressouvenir du refrain d'un beau chant entendu, il y a de longues années, et qui n'a rien perdu de sa force sur ma pensée. Ses délices renaissent, leur voix remplit mon ciel, devenu tout entier musical et sonore :

*Va, mon ami, va,*
*La lune se lève !*
*Va, mon ami, va.*
*La lune s'en va !*

L'astre, étonné, a fait une halte apparente. Ma veille est suspendue aussi, mais non le cours de mes pensées qui se précipitent, et les petits flots qu'elles roulent valent en nombre et en vertu les parcelles étincelantes dont l'éther est criblé.

Le glissement lunaire reprend. J'ai quitté la fenêtre d'où je le regardais, et m'éveille sur ma terrasse provençale, un peu scandalisé du temps que je dissipe à subir la révolution nocturne des songes : car je les reconnais pour de simples échos du passé.

Qu'on leur pardonne, ainsi qu'à moi ! Ces hôtes anciens d'une mémoire minutieuse et tenace ont d'abord été convoqués, s'il m'en souvient, comme les témoins du mouvement originaire de ma pensée : ils comparaissent devant moi pour m'aider à écrire un Mémorial intellectuel. Mais je vois bien qu'ils se moquent des témoignages et ne sont animés d'aucun désir étranger à leur joie de vivre ou plutôt de survivre.

N'étant plus rien que ce qu'ils sont et ne voulant rien d'autre, ils marchent et ils parlent, ils pleurent et ils rient sur le théâtre intérieur sans autre objet que de reparaître tels qu'ils furent, non sans se retourner de temps en temps, pour me dire qu'il ne m'est pas permis de *les laisser mourir*.

Pas plus que moi, ils ne s'étonnent de leur étrange résistance aux forces de ruine. Ils sont fidèles, étant vivaces, et me remplissent à mon tour de l'horreur d'un oubli qui doit les coucher avec moi. C'est pour cela que je redis à mes homuncules si vifs, en les dévisageant et en les nommant un par un :

*Va, mon ami, va.*

Un seul point me surprend, le charme que je trouve au jeu de mes ombres heureuses.

Mais rien n'en délivre mon cœur, il est le prisonnier de ces figurines d'enfance que durant un demi-siècle je me suis montrées, racontées et presque chantonnées, à moi, il est vrai, pour moi seul...

*Va, mon ami, va,*
*La lune s'en va !*

Qu'elle aille ! Seulement ne la suivez pas, vous autres, vieux amis, condamnés à passer comme elle ! Restez, attendez, revenez, pour revivre et briller, pour me baigner encore, pendant ces quelques nuits, d'un rayon du jour éternel.

# Première nuit
# L'Enthousiaste

Ceci remonte à l'âge où je ne connaissais en somme que le jour.

La première note contraire m'est venue d'une lampe de porcelaine blanche que mon père aimait beaucoup, car il n'en voulait point d'autre pour travailler. En même temps que le verre de vin de Bordeaux qui lui servait de goûter, notre vieille bonne la lui montait au bureau du premier étage, dès que nous revenions du chantier des navires où j'avais joué tout l'après-midi. La petite flamme très pure tournoyait lentement sur l'escalier monumental, qui m'initiait aux premières ombres. Bien que, en ces temps reculés, l'on me couchât avant le repas du soir, je n'ignorais pas que mon père ne laissait à personne le soin de redescendre cette chère lumière. Je l'avais vu, une fois ou deux, la déposer sur la table d'un air heureux. Ce devait être à certains jours de fête oubliés : on m'asseyait, je mangeais ma soupe, on m'envoyait au lit, mais, en suivant Sophie après avoir embrassé père et mère, je disais au revoir à l'urne translucide d'où pointait la petite langue dorée qui faisait la guerre aux ténèbres.

C'est sans doute pourquoi ma veillée du 24 décembre 1873 apporta une déception. La table était chargée de gâteaux et de fruits : raisins secs, raisins frais, dattes, nougats, amandes, azeroles, jujubes. Mais la lampe n'y était point : à sa place, deux longs flambeaux de cuivre, plantés de tristes cierges comme je n'en avais vu que sur les autels.

Ma mère a senti mon regard. Elle dit gravement :
— C'est pour la bénédiction du feu. Je demande :
— Pourquoi ?
— Pour la Noël, le feu nouveau.

Elle s'est assise. Mon père est à sa droite. Moi, à gauche, agité de pensées auxquelles toute certitude manquait.

Oh ! je savais par cœur que le fils de Dieu était né cette nuit, et que j'allais le voir entre le bœuf et l'âne, les bergers et les rois. J'étais admis à la fête, parce que j'étais grand et que je lisais les lettres fines du journal. Mais la vague solennité imprimée à toutes les choses me pesait. J'en éprouvais un tel souci que les gourmandises nombreuses me tentaient sans trop m'appeler.

Mais, comme Sophie apportait la grosse anguille dorée au four, que l'on sert, aux veilles de Noël, dans nos ports de pêche, je m'étais mis à considérer un certain flacon de muscat avec beaucoup d'amour, et Sophie voulut bien m'en verser un travers de doigt, contre la règle qui réserve le vin doux pour la fin. Ma mère la blâmait, mon père en souriait, mais le feu de l'éclair brillait et courait déjà dans mes veines : je le compare encore à de rapides alternances de lune et de soleil, or liquide, argent vif, qui me chauffaient le cœur, me déliaient l'esprit et d'un seul coup m'ouvraient la conscience et la mémoire toutes grandes. Je suis sûr de n'avoir rien oublié des conversations qui suivirent, et, malgré tant d'années, je les redirai mot pour mot.

Cette extase visible avait mis d'accord mes parents. Ils riaient tous les deux et se rappelaient l'un à l'autre la tribu des petits cousins qui récoltaient ce vin doré et nous l'avaient cédé bon prix. C'étaient des Maurras comme nous. Ils vivaient au lieu-dit des Baraques, au Pont de l'Étoile, près de Roquevaire, au bord de l'Huveaune.

Tout Martigues parlant de l'arrivée du nouveau doyen, mon père dit :
— Il est bien jeune, ton curé.
Ma mère répondit :
— C'est un beau défaut, il s'en corrigera tous les jours.
Mon père :
— Il le faudra bien.
Au bout d'un temps :
— Il me paraît enthousiaste.

Le sourire d'accord parfait, à peine revenu, fut troublé, sans pitié, d'une voix perçante :
— Dis, qu'est-ce que c'est qu'*enthousiaste*, papa ?...

Je m'adressais à lui, dès que je le pouvais, comme à un trésor d'explications, toujours prêt à se répandre sur mes curiosités rallumées. La veille, sur la route, au retour de la promenade, deux chasseurs m'ayant intrigué, l'un par la forme de son fusil, l'autre par un cerceau de couleuvres sanguinolentes qu'il portait au bout d'un bâton, mon père prit l'arme, l'ouvrit, la démonta et me donna l'idée du chargement par la culasse avec une clarté que je n'y mettrais pas aujourd'hui. Passant aux reptiles, que je ne connaissais que par mon arche de Noé, il m'en fit l'histoire naturelle en quelques mots dont le sens brilla et dura.

Ces leçons mémorables me remplissaient de confiance, de courage, d'avidité. Mais est-ce qu'*enthousiaste* allait être plus difficile à expliquer que *fusil Lefaucheux* ou *serpent* ?... Quatre yeux, inquiets jusqu'au désespoir, semblaient accuser le questionneur d'exigence. Mon père, soucieux, méditait-il le vers d'Ovide :

*Est deus in nobis, agitante calescimus illo ?*[177]

Le dur, c'était de l'expliquer. Moi, j'étais bien tranquille, car enfin mes parents avaient employé ce mot, ils devaient savoir ce qu'il voulait dire !

La réponse vint. Claire ?... Un peu moins que d'habitude, d'abord.

Mon père commença par me regarder de côté et même en dessous, en assurant qu'il répondrait dès que je lui aurais répondu :
— Que dis-tu au Bon Dieu avant de te coucher ?...

---

[177] Ovide, *Fastes*, VI, 5 « Il est un dieu en nous, qui nous anime. » (n.d.é.)

Je récitai sans faute :

— « Mon Dieu, je vous donne mon cœur, donnez-moi le vôtre, rendez le mien semblable au vôtre. »

— Et alors, dit mon père, qu'arrive-t-il ?...

— Je ne sais pas.

— Tu le sais très bien. Quand tu as bien fait ta prière, le lendemain tu es bon et sage, et tu as plaisir à l'être. Ton bon ange est content, tu es content comme lui : tu es gentil avec ta mère, avec moi, avec Sophie, avec ta marraine, avec Marie de l'Enclos, *c'était la paysanne*, avec Baptistin, *son mari*, avec Michel et Maria, *leur fils, leur fille*, avec Fidèle, Tom, *nos chiens*, avec Patteton, *mon chat*, avec tout le monde.

Cette énumération me plaisait sans me plaire et me donnait le sentiment qu'*enthousiaste* était loin ; on m'amusait : voulait-on me le faire oublier ? Ma petite figure devait se contracter, je le sentais bien !

Mon père reprit :

— C'est alors que le Bon Dieu t'inspire toutes sortes de bonnes idées. S'il t'envoie un pauvre ou s'il s'habille en pauvre lui-même et que tu lui portes notre sou, tu en ajoutes un de ton fonds, et son remerciement te fait sauter de joie.

— Alors, « ENTHOUSIASTE », c'est mon bon ange, dis ?...

— Un peu, pas tout à fait.

C'était justement là le type de réponse qui m'exaspérait.

— Ou bien, est-ce comme mon pauvre frère Romain qui est au ciel ?...

— Pas tout à fait non plus. Ton frère et ton bon ange te bénissent quand tu es ainsi, mais ton EN-THOU-SIAS-ME est en toi, il est à toi, ne vient que de toi et du Bon Dieu qui est partout, même dans toi ; c'est ce qu'il faut que tu comprennes.

Je ne comprenais pas très bien.

Pour mieux serrer le mot et la chose, il parla alors de mes *transports*. Nous appelions ainsi les grands élans que je prenais pour lui sauter au cou, le bond que je faisais pour voler dans les bras ouverts de ma mère.

— Alors, dis-je, Monsieur le Curé fait des transports ?...

Si jeune que fût ce curé, j'avais peine à me le figurer sautant au cou de qui que ce fût.

— Non. Ce que tu nous fais parce que tu nous aimes, un prêtre enthousiaste le fait vers le Bon Dieu. Il le fait sans remuer, en priant, en Le regardant.

J'ouvrais de grands yeux. Ma mère suivait le dialogue et le surveillait attentivement. J'ai su depuis que mon père était loin d'égaler ou même de partager sa foi. Satisfaite et ravie, presque étonnée du tour qu'avait pris la leçon, mais doutant que j'eusse compris, elle accourut à l'aide.

J'avoue que ses paroles ne me parurent saisissables que par degrés. Il me souvient des mots, confusément du sens. Elle parlait de la bonté qui, animant les hommes de bien, par exemple un bon prêtre, le mènent si loin et si haut qu'il en perd de vue les petits morceaux de boue de la terre...

Ces termes figurés m'auraient laissé perplexe si l'accent de sa voix ne m'eût fasciné, d'autant mieux que le geste des mains, dont elle accompagnait l'admirable éclair de ses yeux, semblait verser, comme eux, des pointes de belle lumière. Ce geste ascendant et rythmé, qui partait de son cœur et qui s'élargissait en forme de gerbe, me rendait à peu près sensible l'acte du bon curé qu'un feu intérieur jetait à la poursuite et à la conquête des autres cœurs ; mais, s'élevant tout seul, pour montrer le chemin, il s'arrêtait pour leur faire signe et retourner vers eux comme la pointe du jet d'eau qui retombe dans le bassin.

... On est prié de me pardonner ces longueurs manifestes, qui me sont douces. Les lentes arabesques dessinées sur le mur par le mouvement musical des mains de ma mère s'échappaient et se délivraient en spirales légères qui me soulevaient avec elles, plus haut que le toit des maisons, la cime des collines, des clochers et des tours. Ainsi me sentais-je ravi au rendez-vous supérieur de toutes les merveilles entendues, lues et peintes, que j'appelais tout bas le ciel : beau ciel qui tantôt se brisait contre le plafond de la salle, tantôt le perçait et l'ouvrait pour laisser voir la Vierge habillée de rayons qui donnait le sein au petit Jésus : notre jeune curé était agenouillé avec dévotion devant elle, et toute la paroisse derrière lui.

Que fallait-il de plus ?... J'avais voulu savoir : savais-je, ne savais-je pas ?... Le muscat aidant, je m'endormis de tout mon cœur.

Quand je rouvris les yeux, la Crèche, qu'un rideau m'avait cachée tout à l'heure, brillait de nombreuses lumières ; les rangs de petits cierges alternaient avec des soucoupes où germait le blé vert. Des tapis de mousse profonde figuraient la prairie devant l'étable et le berceau, un blanc nuage de farine jouait le champ de neige, et des miroirs, semés de-ci de-là, annonçaient le gel des ruisseaux. Un peuple de statuettes rustiques apportait ses présents à l'Enfant Jésus, et, devant lui, Sophie psalmodiait à demi-voix des Noëls dont je reconnus certains couplets : celui de l'hôtelier qui refusa d'ouvrir à la Vierge et à saint Joseph parce qu'il s'était déjà levé trois fois ; le Noël des Rois Mages sur leurs chameaux chargés de gardes du corps et de pages ; enfin le Noël de la décision, le plus beau, celui qui met en marche les bergères et les bergers en chœur,

> *À Betelèn*
> *Toutis ensèn !*

L'air uniforme auquel étaient pliées toutes les chansons de Sophie mettait ma mère en belle humeur.

— C'est, dit-elle, *Femme sensible* sur l'air de *Malbrouck*.

Elle me prit sur ses genoux et me fit croquer une datte dont elle avait enlevé le noyau, qu'elle tournait et retournait, devant mes yeux vagues, pour me faire admirer un petit *O* sur le revers.

— Cet *O* est marqué là, dit-elle, depuis la halte sous le palmier, dans la fuite en Égypte. Quand le petit Jésus aperçut les beaux fruits, il se mit à crier : « O ! O ! »

Je ne sais si l'historiette satisfaisait mon père. Il exposa des vues assez précises sur mon éducation. Bien que je n'eusse pas six ans (on disait : six ans moins un quart), le jeune curé lui avait promis de me mettre bientôt au latin.

— N'est-ce pas trop tôt ?... dit ma mère.

— Ce n'est jamais trop tôt. Et puis j'ai demandé aussi qu'il soit enfant de chœur. Il le sera, je l'ai été. J'y tiens. Mais je veux que, en servant la messe, il se rende un peu compte de ce qu'il chantera.

— C'est cela, reprit ma mère, il ne dira pas de sottise au Bon Dieu. C'était un de ses grands soucis, elle ne priait qu'en français.

— Amen, dit mon père en riant.

Nous étions, ce soir-là, à dix jours de sa mort. Un coup de froid nous l'enleva, le 3 janvier, à soixante-deux ans. Je le revois, l'œil brillant, le rire subtil, la voix jeune. Ma mère, plus grave, m'intimidait souvent. Lui, jamais. Je n'éprouvais pas le besoin de lui faire ma cour.

Cependant, je me retournai vers elle, ayant grand soif :

— Maman, donne-moi une goutte de ta bonne eau.

Je trouvais un goût délicieux à l'eau de son verre où il ne tombait pas une larme de vin. Eus-je satisfaction ?... On commençait à me trouver bavard. Je me rendormis peu à peu.

Mais je fus réveillé encore. Il était beaucoup plus tard. La belle figure romaine de mon père s'inclinait avec une sorte d'inquiétude sur mon petit lit. Avais-je un peu trop remué ?... Des coups nombreux tombaient du clocher de l'église de l'Île, de l'autre côté du canal. À la réplique, je comptai jusqu'à douze. Le doigt levé pour m'instruire encore, mon père dit :

— Minuit.

Debout dans la demi-ombre, ma mère ajouta :

— L'heure du mystère.

D'un bond, je fus sur l'oreiller :

— Qu'est-ce que c'est, l'heure du mystère, maman ?

— L'heure des loups. Va, dors !

Ils ont parlé ensemble. J'obéis. Fut-ce récompense ?...

Cette nuit de Noël porta en couronne un beau rêve.

Je me revois habillé d'un costume d'enfant de chœur, aube blanche, robe rouge, calotte rouge, dans notre église illuminée, mais parfaitement vide. Sophie, me tenant par la main, me conduit à l'enthousiaste jeune curé. L'étole en croix sur la poitrine et la chape au dos, il officie pour moi seul, afin de m'apprendre à tenir, à garnir et à balancer un bel encensoir de vermeil, dont les chaînettes, entrechoquées, élèvent le son clair et pur souvent entendu à la messe, — *tin ! tin ! tin !* — que le Songe nomme tout bas ma leçon de Latin.

## DEUXIÈME NUIT
## CHŒUR DES ÉTOILES

Comptons. De ma Noël de 1873 à celle du bel an de Dieu 1929, comme disent nos Almanachs, il a bien dû couler quelque chose comme vingt mille de ces grandes nuits du Midi que Racine trouvait plus belles que les jours de Paris ! En raison de mon temps d'expatriation volontaire, à peine en aurai-je connu un faible tiers.

Si je les ai quittées, me quittèrent-elles jamais ? Leur splendeur générale ni leur feu singulier n'aura cessé de se déployer sur ma vie.

Entre toutes, il me convient de n'en pouvoir oublier une, qui, dans la huitième année de mon âge, m'introduisit au ciel étoilé.

Un soir d'été, à Roquevaire, Sophie, en nous couchant, m'avait confié la nouvelle : nous irions à la Sainte-Baume le lendemain. Un char à bancs conduit par un nommé Vernis, de la Destrousse, nous chargerait de très bonne heure, sans doute au milieu de la nuit, afin d'être là-haut avant le soleil... Elle n'eût point à m'éveiller. J'avais gardé les yeux ouverts dans une pénombre embaumée où j'entendais mon jeune frère gémir, se plaindre, s'étirer...

Nous allions remonter le ruisseau sacré de l'Huveaune, nous allions voir perler et bouillonner, sous leur roche-mère, les chaudes larmes du ruisseau de la Pénitence...

*D un certain magister le rat tenait ces choses.*[178]

Je tenais celles-ci de la maîtresse de pension de ma mère, ancienne amie de la famille, personne érudite et pieuse, qui, m'ayant pris en amitié, aimait à me décrire les innombrables pèlerinages de la Provence, qu'elle savait sur le bout du doigt : la Sainte-Baume la rendait d'autant plus éloquente qu'elle n'y manquait pas d'y flétrir la présence sacrilège d'une prétendue statue de la Clairon provenant du tombeau de M. de Valbelle. Je buvais ces récits, m'y embrouillais un peu et finissais par faire d'étroits rapprochements entre la Pénitente éternelle, accroupie dans les bois sous le voile doré d'une chevelure brillante, et cette actrice parisienne, amie, amie coupable, du grand seigneur libertin. Je savais bien laquelle était, matin et soir, transportée par les anges, mais je n'étais pas sûr que l'autre ne l'eût pas rejointe en leur compagnie. Ces mélanges d'historiette et de religion étaient si forts et si durables qu'ils se réveillèrent, aux années suivantes, quand nous recommençâmes la même excursion ; mais, à la première, tout fut dominé par un phénomène physique. Je me frottais les yeux. Nous nous levions tous deux. Quelques petites lampes erraient autour de nous, pour éclairer, sous des angles inattendus, certains paniers de provisions, ficelés de la veille, en ligne au bas de l'escalier ; plusieurs autres étaient reconnus à tâtons. Je sentis une grosse main velue me tirer au dehors. C'était le cocher Vernis, presque irrité de nos lenteurs.

En même temps, ma mère me poussait en avant. Puis, sa voix s'éleva :
— Mais regarde ! regarde !

Une fraîcheur légère et caressante nous venait de la grande porte, ouverte sur l'arc de la nuit. Je levai la tête, et reculai, plus qu'ébloui, transverbéré, car, de la profondeur de ces fraîches ténèbres, très loin, très haut,

---

[178] Jean de la Fontaine, *Fables*, VIII, 9, *Le Rat et l'Huître*. (n.d.é.)

l'invraisemblable multitude de disques d'or, cloués sur un ciel sec et sombre, déployait, devant nous, les cercles convergents de leurs myriades de feux, et ces lumières suraiguës, ces flammes qui perforaient et qui déchiraient, étaient bien différentes des pâles feux crépusculaires que j'avais vus suinter de la paix des beaux soirs : leurs épis flamboyants poussaient comme des épées et des piques sur le tremblement de mon cœur. Quelle angoisse ! Elles étaient trop, accouraient de trop de côtés... L'universel assaut inévitable imposait, après une véritable épouvante, je ne sais quel hébétement douloureux. L'effet en était si puissant que je faillis tomber à la renverse.

Sophie m'avait vu chanceler, elle crut à quelque malaise, et se frappant le front, gémit d'avoir oublié que *je craignais la voiture*. Jugeant que l'odeur du cuir et du crottin produisait déjà son désastre, elle courut à la cuisine et rapporta en triomphe le remède infaillible contre toutes les formes de mal de mer.

Rien de plus simple. Figurez-vous un gros grain de sel de cuisine replié avec soin dans un papier gris, fort rugueux. Elle le suspendit à mon cou comme une médaille, assez bas pour toucher le creux de l'estomac. En même temps, elle murmurait des paroles de dévotion (ou de magie) dont je n'ai conservé qu'une rumeur farouche et vague.

Le fait est que cela suffit. Raffermi et remis d'aplomb, je marchai comme un petit homme, pénétrai la Nuit sans effroi et m'installai dans le char à bancs comme si des millions de lieues d'espaces stellaires ne m'eussent point vidé leurs torrents de flammes dans le cerveau. Équilibre. Assurance. Possession de moi absolue.

Le remède avait donc agi. Amulette ? Imagination ? Ou quoi ? Ni les ressauts du char sur la pierraille de la montée, ni la grêle des flèches d'or qui nous suivit jusqu'au matin, ni même cette haute et lente sensation du vertige dont nous pénètre le déplacement régulier des sphères célestes ne m'imposèrent le moindre trouble physique. Mon œil ravi put suivre en paix l'essaim douloureux des globes sublimes, qui s'envolait en bon ordre au-dessus de nous. Peu à peu, devenu familier de leur majesté, je m'appliquai à reconnaître et à nommer quelques-uns de ces ornements de la Nuit dont j'avais aperçu les figures sommaires dans l'atlas de camarades plus avancés : les Ourses, la Polaire, le Bouvier sous-tendu comme un cerf-volant, Cassiopée en forme de chaise-longue, et cet interminable chemin de Saint-Jacques qui part du bas du ciel et monte en serpentant vers des hauteurs confuses dont j'ambitionnais de connaître, quelque jour, le terme et le sens.

Je regardais, sondais, cherchais. Toute mon âme se perdait d'admiration, de curiosité, d'espérance.

Pourquoi faut-il que mes notions de la carte du Ciel aient si peu avancé depuis ? Comment ai-je pu demeurer à l'état flottant, sans accéder jamais à cette Reine des sciences, autrement qu'en badaud et admirateur du dehors ? Ni mon vieux maître Anatole France, ni Camille Flammarion, que je dévorai de bonne heure, ne réussirent à m'embaucher dans leur troupe d'initiés. Toute vie est faillite, mais entre tant de desseins que j'aurai formés, il m'est physiquement pénible d'avoir laissé tomber celui-ci. Comme, si je tire ma montre, il m'intéresse de concevoir avec précision que les rapides de Marseille et de Paris se croiseront en un tel point, entre telles gares dont je sais les noms, il me plairait et conviendrait de pouvoir, à toute heure de jour et de nuit, en quelle juste maison des cieux l'inflexible étoile du Nord, de sa fronde certaine, lance et loge à coup sûr telle et telle constellation !

Le regret de mon ignorance s'accroît du souvenir des splendeurs généreuses qui s'étaient prodiguées à moi, du haut de la nuit : n'avaient-elles pas éloigné toute horreur, tout vertige ? substitué au trouble des yeux et du cœur les sécurités de la connaissance, les joies de la nomenclature ? et, du compte paisible de la haute merveille, éclairé déjà mon esprit ?

Mais je ne peux non plus m'empêcher de me demander si mon premier trouble eût été dissipé aussi vivement sans l'aide, le concours et la médiation du pauvre petit grain de sel de Sophie : n'est-ce pas lui qui, le premier, arrêta ma panique ? Ne m'a-t-il pas rendu la liberté, la paix de l'admiration ?

Un gris-gris ? Ce n'est pas impossible. Je ne garantis point que les paroles bredouillées par Sophie quand elle m'ajusta son collier de sel aient été absolument orthodoxes.

Et, si j'en doute, c'est à cause d'une scène de petite sorcellerie à laquelle, bien malgré elle, mais par elle, j'assistai peu après.

C'était toujours dans notre jardin de Roquevaire. Elle souffrait d'une rage de dents, tous les remèdes échouaient.

— Émilie, dit-elle enfin à la jeune bonne, vite, vite ! va dire à ta mère de m'enlever le mal aux dents.

Émilie s'éloigna en courant dans la direction de la tannerie toute proche, où son père, homme barbu, nu jusqu'à la ceinture, raclait des peaux de bête dans un air empesté. Flairant quelque mystère, je demandai à accompagner Émilie, en expliquant que j'avais des coléoptères à chercher dans le tan : on n'avait qu'à fouiller un peu cette poudre d'écorce de chêne, pour mettre au jour de superbes rhinocéros gros comme le pouce et dont la dure élytre brune donne une idée de force géante. Cette fois, je laissai les énormes petites bêtes où elles étaient et suivis Émilie jusque chez sa mère. La patronne de la tannerie logeait au premier. Sur les murs de la salle-cuisine, étincelait, en images d'Épinal, la galerie multicolore des grands hommes de la démocratie : Gambetta, Thiers, Pelletan le père, Garibaldi, Esquiros, et bien d'autres...

— Mère, dit Émilie, Sophie a mal aux dents, il faut le lui ôter, elle m'envoie vous le demander.

La vieille femme était assise sur une chaise basse. Elle se leva lentement, jeta trois sarments sur la cendre du foyer, trois bûches sur les sarments, emplit d'eau une marmite qu'elle mit à bouillir et, au premier frémissement, y projeta trois pierres rondes... Cette absurdité me rendait béant. Elle, à croppetons, et l'œil clos, se prit à faire à toute vitesse un nombre incroyable de signes de croix à rebours, en versant, avec la même rapidité, un flot de hautes paroles incompréhensibles, qui ramenaient constamment la voyelle *a... rabla fla, rabla, fla, fla*, c'est ce que j'en ai retenu. La cérémonie fut très longue. L'eau était presque évaporée quand la sorcière, armée de pincettes, saisit les galets un par un et les rejeta derrière elle, d'un air inspiré.

— C'est fait, dit-elle à sa fille, le mal aux dents est enlevé, tu peux l'aller dire à Sophie.

Quelques minutes plus tard, Sophie nous en faisait part elle-même.

Le grain de sel de la voiture est-il sorti du même sac que ces diableries ? Ou faut-il y voir une innocente superstition paysanne ? De toute façon je suis sûr que mon père eût énergiquement réprouvé ce recours équivoque et superstitieux : les sorciers, les enchanteurs et les diseurs de bonne aventure lui paraissaient fort à leur place dans la musique et la poésie, il les chassait implacablement de la vie. Le premier livre dont il m'eût fait présent fut un volume des *Contes* de Perrault : il faisait beaucoup de cas de ces jolies fables, mais n'eût jamais souffert qu'on négligeât de les traiter de contes faits à plaisir. Un remède de bonne femme, une histoire de revenants l'horripilaient. Avait-il tout à fait raison ? Cette haine des préjugés était-elle sans préjugé ? Il m'est arrivé de penser que notre vieille servante, accordée dans son cœur à tels secrets qui lient le monde, fidèle au merveilleux de son enfance et de son pays, n'avait peut-être pas tout à fait tort non plus contre l'homme du dix-neuvième siècle qu'elle appelait, en pleurant, « le pauvre Monsieur ».

# Troisième nuit
## Les Degrés et les Sphères

Deux mois plus tard, l'heure sonnée de mes études secondaires nous conduisit dans cette ville d'Aix, que l'on appelle bonne, qu'il faudrait dire belle ; mais sa gravité me glaça. Je ne l'ai aimée que de longues années après l'avoir quittée. Il est vrai que j'ai dû finir par reconnaître à ses hautes façades, aux balcons et aux cariatides de ses vieux hôtels, plus d'une affinité avec le caractère de ma petite ville natale et, même, de façon profonde, avec les éléments de ma propre pensée. Cela ne s'est éclairci que plus tard.

J'avais appris avec une véritable consternation que nous habiterions, comme mes cousins de Marseille, une tranche de maison, un étage...

— Au premier, me disait-on.

— Eh ! quoi, même pas au rez-de-chaussée ? Pas de plain-pied avec une rue, un quai, une place ?

— Mais, répondait ma mère, nous allons être sur la place des Prêcheurs.

— Est-ce une place où l'on s'amuse ?

— Tu t'amuseras au collège. Cela m'entrait mal dans l'esprit.

Quand je récapitule ces neuf années pleines de lumière où, par la grâce d'Aix et de plusieurs Aixois, tout me fut découvert sur le plan de la connaissance, je ne puis me défendre néanmoins de noter quelle diminution cette vie nouvelle entraîna, sur un autre plan, très caché.

Jusque-là, nous avions passé à Martigues l'hiver entier, la première moitié du printemps, la seconde moitié de l'automne, nous réservions à Roquevaire le plein de la belle saison ; mais dans cette vallée de l'Huveaune, comme au bord de l'Étang de Berre, je menais une vie dont j'éprouve aujourd'hui quelque confusion à déterminer la nature.

D'après tout ce que j'ai pu voir, il y a peu d'enfants dont on se soit plus occupé. À la différence de mes deux frères, aîné et cadet, j'étais né chétif, maigre, hâve et de peu de poids, mais assez éveillé et décidé à vivre. Je jouais bien, me battais bien. Dans la bande nombreuse des petits garçons et surtout des petites filles qui prenaient leurs ébats, dans les après-midi d'hiver, devant la maison, sur le Quai natal, il y en avait peu d'aussi remuants. Je n'obéissais qu'à ma mère, mais il est vrai, au seul mouvement de ses yeux. Un de mes grands plaisirs était de la deviner ; un autre, de me faire son petit perroquet.

Elle disait un soir que les autres mamans *rentraient leurs poulettes* et qu'elle allait *rentrer son coq*. Le lendemain, au couvre-feu, je n'eus rien de plus pressé que de déclamer :

— Mesdames, vous pouvez rentrer vos poulettes, maman rentre son coq. Le coq s'était choisi une petite femme

> *Et lui faisait sa cour*
> *En jouant du tambour.*

Elle en avait mal à la tête, et s'en plaignait à fendre l'âme. Je lui disais avec passion :

— Marie, quand nous serons grands, tu te feras religieuse. Moi, je me ferai prêtre. Ainsi nous nous verrons souvent.

Une petite fièvre ne cessait de m'agiter, paraît-il. C'était peut-être ce qui me rendait attentif à toute chose avec un mélange d'application et d'impatience. « T oupiles », me disait Sophie : tu t'acharnes ! Son opinion était que je finirais *par tuer un âne à coups de figue*.

On n'aurait fait que rire de mon mouvement perpétuel sans le mal que l'on avait à me nourrir. Je ne voulais de rien. Après un sevrage tardif, au bout duquel j'avais eu grand'peine à comprendre que mon lait avait été donné au petit Jésus, qui ne le rendrait plus, nul aliment ne me tentait. Je n'aimais ni les sucreries ni les salaisons. Il fallait la croix et la bannière ou, comme disent les Provençales, il fallait *faire pèlerin*, pour m'imposer la plus insignifiante becquée. Ma mère demandait ou faisait demander presque chaque jour à nos bons voisins, les André, les Arnauld, les Granier, rangés sur le Quai près de nous, s'ils n'auraient pas à table quelque chose de bon pour son petit qui ne mangeait pas : alors étaient mis à mes pieds tous nos plus magnifiques butins de terre et de mer, pyramides d'oursins, jattes de champignons ou bottes d'asperges sauvages, amandons plus jeunes et plus frais que des amandes vertes (car la tendre coque se mange, et elle est délicieuse), fèves fraîches au jambon froid, laitues longues qui se grignotent toutes crues avec un peu de sel, gratins dorés de sardines et d'épinards, daubes aromatiques, pot-au-feu succulents comme on n'en trouve pas dans le Nord de la France, qui n'y met que du bœuf : ici, en plus du bœuf, du mouton et même du porc, représenté par de grosses saucisses salées avec des pattes de poule pour la liaison.

— Et, vraiment, me dira Daudet, vous aviez le cœur de refuser tant de bonnes choses ?

Je refusais toujours et tout : le cochon rôti à la sauge et le pilau de crabes, la vinaigrette de foie de rougets et la caillette de foie de porc, les loups grillés et les soles frites à l'huile d'olive, les olives, même farcies, et ces larges turbots nommés, à la grecque, des rhombs. Je refusais les bouillabaisses de poissons de Saint-Pierre, de rascasses et de baudroies, dorées d'un beau safran, ou bien noires comme l'Érèbe en raison des petites seiches que l'on y plonge, dignement rehaussées d'une sauce au piment dite « rouille » qui n'a point volé sa réputation de réveiller les morts. Ni saveur, ni arôme ne me mettaient en appétit, et Sophie prononçait que je n'avais *ni goust ni gousto*, trope hardi m'attribuant une insipidité qui n'était qu'indifférence et dégoût.

Mais commençant à me connaître, cette savante fille s'était ingéniée, et elle avait trouvé ! Armée d'une simple soupe de riz à l'eau, elle allait s'asseoir dans une des barques nombreuses amarrées devant nous et, comme je m'y précipitais pour y sauter aussi, elle m'arrêtait : je devais payer le passage, avaler une cuillerée. Puis elle enjambait le bordage de la barque suivante, sans me permettre de l'y suivre qu'au même prix marqué. Combien de fois le jeu recommençait-il et dans combien de barques jusqu'au suprême grain de riz ! Ainsi arrivait-il de remonter le Quai jusqu'à la maison du curé, mais non sans que j'eusse tenté de forcer le passage, elle inexorable et plus forte ! Trempée et ruisselante, à demi morte de fatigue, mais couronnée et victorieuse, brandissant le trophée de l'assiette vide, elle me ramenait pendu à son tablier, recevant d'un air de déesse les compliments et remerciements mérités.

Mais elle exploitait la victoire en m'obligeant à écouter de longues moralités sur la prodigieuse méchanceté de l'enfant qui refuse la nourriture alors que tant de pauvres pleurent parce qu'ils n'en ont pas : elle me citait ceux que je voyais tous les jours, deux petits Savoyards, ramoneurs, décrotteurs et mendiants, Cyrille et Jean-Marie, ou, pour me faire plus de honte, elle remontait à sa vieille petite enfance des froides montagnes de Die, certains hivers pleins de loups et de neige, où ses frères et elle n'avaient guère que du pain noir avec un peu de porc salé. Par bonheur, son allégresse d'imagination et de cœur savait vite verser au tableau de misère un trait de soleil clair et gai : par exemple l'histoire d'un pauvre hère de chez nous, ivrogne et malchanceux, qui avait rarement de quoi faire manger les siens ; alors, au plafond de leur galetas, par un bout de ficelle, ils pendaient un anchois, leur unique bien, et père, mère, enfants, dansaient et chantaient tout autour, puis, munis d'un croûton, qui passait de main en main, essayaient de racler au vol une bribe du petit poisson qui sautait mieux qu'eux.

— Mais, disais-je, Sophie, est-ce que tu ne crois pas que la ficelle est un peu forte pour tenir un petit anchois ?

— Ils doivent la mettre très fine, répondait Sophie imbattable.

— Mais alors, en dansant, qu'est-ce qu'ils chantent, Sophie ?

— Qu'est-ce que tu veux qu'ils chantent ! *La chanson de Quichet*, naturellement !

Les Provençaux nomment *quichet* de l'anchois broyé, « esquiché », qu'on étend sur une large croûte de pain et qu'on présente à un feu rapide. Ceux qui préparent cette rôtie ont le droit immémorial de chanter en famille :

> *Quicho, papo !*
> *Quicho, mamo !*
> *Quichen touti !*
>
> « Broyez l'anchois, papa ! Broyez l'anchois, maman ! Broyons-le tous ensemble ! »

Sophie avait raison : qu'eût-on chanté de mieux autour de l'anchois suspendu ! Presque aussi insensible à la faim de ces pauvres qu'à mon propre devoir de boire et de manger, j'aurais bien voulu entrer dans leur ronde ! Il n'y avait que le mouvement qui m'intéressât.

Sophie avait un peu moins à faire l'après-midi, au chantier des navires où elle me menait, si le temps était beau. Là, quand j'avais bien regardé le charpentier fendre son bois ou le scier de long, le calfat manier le rabot, chauffer la poix, caler l'étoupe, ce bon air imprégné de sel, de goudron et de tan m'aidait à faire honneur, sur le coup de quatre heures, à ma côtelette dorée. Pourtant je n'y touchais qu'à la condition qu'il me fût permis de la partager avec un petit camarade de mon âge qui apportait, pour son écot, une poutargue incomparable. Il s'appelait Fouquet. Son père était un Fouque, pêcheur mort en mer, si j'ai bonne mémoire : *le bateau lui avait passé dessus* ; son grand-père, *marchand voilier*, disait l'enseigne peinte au-dessus de leur magasin.

Nous sommes restés bons amis toute notre vie, Fouquet et moi. Nous ne nous sommes perdus de vue qu'il y a un an parce qu'il s'est donné le tort de mourir le premier. Quand les vacances me ramenaient, nous ne tardions point à nous rencontrer dans la grand'rue, sur quelque pont. On s'arrêtait, et l'on causait. Il n'omettait jamais de rappeler nos âges : — Quarante... Cinquante... Soixante... Soixante et un... Nous étions rarement d'accord sur le compte, car il portait l'année en cours et je ne chiffrais que la révolue. Ce retard l'étonnait. Il se voyait père et grand-père, au lieu que, au laps des mêmes années, je me suis contenté d'amasser et peut-être d'enseigner un peu de sagesse. Mais la vue de Fouquet avait la vertu de me rajeunir, et je nous revoyais, lui et moi, dans la fleur de notre cinquième ou sixième année.

Croira-t-on (mais la méchanceté du monde n'est pas d'hier) qu'en ces temps pastoraux Fouquet fut la victime d'une calomnie, quelques jaloux ayant prétendu qu'il avait donné un coup de hache à sa petite sœur au point de lui trancher ou, selon d'autres, de lui entailler le doigt ? Il n'y avait pas un mot de vrai. Doux, gentil, incapable d'une violence, tel j'ai toujours connu Fouquet. Mais, si mensongère fût-elle, cette rumeur rendait ma vieille Sophie soucieuse. Elle savait très bien qu'il ne lui fallait pas exagérer ses précautions ni ses défenses, car, sans Fouquet, il n'y aurait plus moyen de me faire goûter... Et, d'un autre côté, l'affaire comportait une hache, une arme ; toutes les armes inquiétaient Sophie. Elle ne voulait pas voir un fusil. L'assurait-on qu'il n'était pas chargé :

— Chargé ou pas chargé, j'en ai peur. C'était un principe.

Donc, existait-il une hache à la disposition de mon petit ami ?

— Fouquet, dit-elle, *mount es lou picoussin*, où est la hache ?...

— *À l'oustau*, répondit Fouquet. À la maison.

De plus en plus préoccupée, elle soupira, réfléchit et dit :

— *Vai lou querre*, va la chercher.

Fouquet apporta la hache, que Sophie plaça à ses pieds.

— *Aro*, dit-elle, *anas jouga*. Maintenant, allez jouer.

Nos jeux nous rejetaient parfois du côté des grandes personnes. Sophie craignait qu'à la faveur de quelque bataille l'instrument dangereux ne fût dérobé. Elle le ramassa, s'assit dessus, et, désormais tranquille, reprit, non sans majesté, son tricot.

... Attarderais-je ce récit à des babioles pareilles si je n'avais l'espoir qu'elles éveilleraient chez d'autres la mémoire attendrie d'une élite de bons serviteurs tout pareils ?

— *La servante au grand cœur ?...* Mais non, ce n'est pas ça : pas du tout ! Cette emphase, ce ton, Sophie en aurait ri. Les âmes sont plus simples et, ainsi, tellement plus belles ! Ni la mélodramatique tension baudelairienne, ni même l'émotion savamment filée de Lamartine dans son beau livre de *Geneviève* ne correspondent à la vérité.

Notre Sophie avait peut-être essayé de « vivre sa vie ». Le certain est qu'elle a vécu, tout naturellement, la nôtre, et la mienne d'abord. Nos joies étaient ses joies, nos revers siens, siennes nos épreuves ; tout cela lui appartenait comme à l'écorce l'arbre, au fossé le talus. Elle défendait nos intérêts mieux que nous. Je la vois sur le pas de la porte, achetant du poisson ou quelque article de ménage, et mon père, qui rentre, entend un gros prix. Il s'approche, s'étonne, mais, s'il examine l'objet, — *Cela, dit-il, le vaut*. Le marchandage est arrêté net, mais cette métaphysique de la valeur a mis Sophie hors d'elle. Elle nous en reparle après de longues années, les bras au ciel, et accusant *le pauvre Monsieur* de n'avoir jamais su acheter.

Incapable d'une indélicatesse ou d'une fraude pour son compte, la seule idée de notre avantage lui compose une sorte de raison d'État domestique, ses droits en étant élargis ou ses scrupules relâchés.

Née catholique, et le sachant, car les protestants sont nombreux dans son pays, elle n'était pas dévote, mais très croyante. Tout aussi souvent que ma mère et mes tantes, elle répétait : *Si le Bon Dieu veut*, l'humble formule conditionnelle mise à tous leurs moindres desseins. En revanche, une autre formule qu'elle tenait de sa propre mère, et qui lui servait de prière du matin et du soir, nous déroutait complètement. Elle était seule à la comprendre. Ce n'était pas du français. Ce n'était pas du latin. Haut-provençal ? Dauphinois ? Les mots en étaient tous si serrés et si imbriqués les uns aux autres qu'il était impossible de les détacher. Il nous fallut à ma mère et à moi, après bien des audiences, de pénibles efforts de décortication pour réussir à isoler les deux versets qui précédaient l'*Ensinsoiti* (moyenne prise entre l'*Ensinsiegue* de langue d'oc et l'*Ainsi soit-il* de langue d'oui). Le reste demeurant tout à fait inintelligible, ce finale disait :

> *matin e sèr*
> *jamai verrai la flamo dis Enfer.*

Quel n'a pas été mon étonnement, lorsque, un grand quart de siècle après la mort de Sophie, j'ai rencontré les mêmes paroles au terme de l'antique et rustique oraison que sauve de l'oubli un beau livre de Mme Léon Daudet ![179]

---

[179] *Comment élever nos filles*, par Mme Léon Daudet, page 32.

Cette prière, dit Pampille, doit venir du fond des siècles de l'Histoire de France, avec son charme étrange et son mystère de sous-bois. Je la transcrirai après elle :

> Trois vierges, trois saints
> S'en allaient en pleurant
> Rencontrèrent le petit saint Jean
> — Où allez-vous ?
> — Je vais voir le petit Jésus
> Mort sur la croix
> Les pieds cloués
> Les mains attachées
> Le côté percé
> Une couronne d'épines sur la tête.
> Ceux qui diront cette prière
> *Soir et matin*
> *Jamais ne verront la flamme de l Enfer.*

Sans doute ce finale peut servir de passe-partout à beaucoup de formules pieuses. Mais je crois être sûr de me rappeler que Sophie bredouillait au commencement quelque chose d'assez pareil à *tres viergi, tres sant...* Quoiqu'il en soit d'un souvenir sans certitude, de telles coutumes religieuses initient au milieu natal de Sophie. Ses parents devaient être de très bonnes gens de la plus vieille souche de notre robuste paysannerie montagnarde. Elle-même m'a raconté que sa mère, appelée Jeanne, se rappelait fort bien la Révolution :

— Ah ! mes enfants, que vous ne voyiez plus ce que nous avons vu !

J'étais déjà grand garçon qu'un abbé doctrinaire étonnait Sophie et même l'indignait en prétendant que la Révolution continuait encore :

— Mais, lui demandait-je, Sophie, qu'est-ce que c'était que la Révolution ? Bonne philosophe, elle mit au présent le temps de ses verbes :

— *Es quand touti se tuion !* C'est quand tout le monde s'entre-tue.

Partie à quinze ans de la Motte-Chalençon, elle avait fait, de place en place, de maison en maison, une cinquantaine de lieues en zigzag, dans la direction d'Avignon, qui semble avoir été l'acropole de sa jeunesse avec sa Grand'place et son Jacquemart, qu'elle prononçait Jacoumart, avec un *ou* presque muet. Malgré le séjour qu'elle y fit et ses stations du Rhône et de la

Crau, avant l'arrêt définitif dans la région de nos Étangs, elle avait gardé certains accents de sa montagne et disait *de pèn* au lieu de *de pan*, *la mèn* au lieu de *la man*... À ces nuances près, je lui dois, comme j'en ai témoigné ailleurs[180], à peu près tout ce que je sais des proverbes et du langage populaire de mon pays. Les instincts d'un bon sang, avivés par l'expérience et servis par une intelligence très vive, donnaient une saveur puissante à sa vieille parole, une franchise unique à l'expression du sentiment et de la pensée. C'était une fille très fière. Mais elle ne l'était de rien autant que de nous, et surtout de moi ; je me trouvais être un peu sa chose et son œuvre : ce qu'elle avait gardé, nourri, en somme sauvé.

Le mariage tardif de mon père et l'arrivée des enfants avaient d'ailleurs commencé par l'importuner un peu, car *le pauvre Monsieur* l'avait beaucoup intéressée aux arts de la table, qui étaient devenus impossibles, disait-elle, quand il y eut *de petits pieds dans la maison*. Mais à peine avaient-ils été là, comme ces petits pieds avaient été soignés, choyés, enveloppés ! Mon frère aîné, âgé de deux ans, ayant attrapé, selon les uns, le croup, selon d'autres une fluxion de poitrine, elle avait fait le vœu d'aller nu-pieds en pèlerinage jusqu'au rocher de la Bonne Mère, s'il guérissait. « *L auriéu fa !* », je l'aurais fait, répétait-elle, les yeux au ciel. Mais il mourut. C'était trois mois avant ma naissance. J'héritai de ces tendresses désespérées.

... Si l'optimisme est ridicule, combien le pessimisme est superficiel ! Il y a plus qu'injustice, légèreté, à mettre en doute certain grand fond de bonté des êtres. Je ne feindrai pas d'ignorer ce que la dure vie en fait. Mais le pire ingrat ne saurait oublier comment les deux rebords du premier chemin de ma vie furent ornés et illustrés des chefs-d'œuvre de l'affection qui se prodigua sans compter.

Sophie n'y fut point seule. J'ai ouvert les yeux aux lumières d'une véritable petite foule amie qu'il m'est impossible de séparer de l'idée de mes premiers pas. J'ai grandi parmi les sourires d'une clientèle morale empressée comme une cour et tendre comme une famille.

Comment s'était-elle formée ? Je ne puis l'expliquer que par l'œuvre de mes parents, la sympathie qu'ils s'étaient attirée dans leurs deux résidences d'hiver et d'été, les bons offices rendus, malgré leurs modestes moyens, leur bon cœur et leur bonne grâce, un goût naturel de bien faire et aussi, comme dit le peuple, de faire plaisir. Pour les remercier, leur petit enfant fut comblé. Né, comme il le disait, dans la Perception, puisque son frère aîné, son père,

---

[180] *La Musique intérieure*, lettre-préface à Daniel Halévy. (n.d.é.)

ses grands-pères, bisaïeul, trisaïeul, étaient percepteurs ou, avant 1789, receveurs, mon père, percepteur lui-même, était rompu à la savante diplomatie de village qui décide les contribuables riches ou aisés à payer leurs parts les premiers, afin de pouvoir patienter pour la rentrée des petites cotes. Par son art, un métier ingrat devenait bienfaisant, presque populaire. Ma mère l'y avait aidé. Elle apportait ses titres. Mon grand-père, officier de marine et plus tard maire du pays, avait aimé pareillement à se faire aimer. À Toulon, ses visites aux bureaux de la Majorité étaient ponctuées de salutations ironiques : — *Cet animal de Changarnier* (il ne s'appelait que Garnier) *vient demander quelque chose pour quelqu'un de Martigues !* Aux affections qu'il lui légua, sa fille, toute jeune femme, avait ajouté un ascendant personnel dont je ne veux dire que ce trait assez beau. Un très vieux paysan, né chez nous, était à l'agonie, mais refusait de voir le prêtre. Ma mère accourut avec celle de ses sœurs qui n'était pas mariée : *Mon pauvre Lazare, Monsieur le Curé est là. Sa visite ne fait pas mourir…* Mais le bonhomme se jugeait très bien portant. « Madame » insistait. Il entr'ouvrit un œil mourant et fit ses conditions : il se confesserait, on l'administrerait ; seulement, en cas de malheur, on lui promettait bien de faire passer son cercueil (mais il disait : « ma caisse »), *devant la maison de Madame*.

Bref, en vertu de vieilles mœurs plus durables qu'on ne le dit et qu'il est fou de croire éteintes, un petit public plus attentif encore qu'il n'était ami me regardait, m'aidait à vivre, non sans commettre la grande erreur de parler trop souvent de moi, car l'oreille, que j'avais fine, ne laissait rien passer.

Surtout à la campagne, les bonnes, les paysannes, les artisanes, m'accablaient d'attention et de gâteries. Une seule, âgée de treize ou quatorze ans il est vrai, me contrariait de toute son âme, mais je me vengeais en traitant cette Clara de Prussienne, *Cla-a la P-ussienne !*

Les autres, s'accordant à me trouver bon « avocat », ne me taquinaient guère que pour me demander *si j'aurais bientôt lu tous les livres* ou pour me faire recommencer mon millième récit du Déluge universel, ou certaines leçons de Droit constitutionnel d'où il résultait clairement que le maréchal de Mac-Mahon avait été nommé président de la République.

Satisfaites, ravies, elles couraient à leurs armoires qui s'ouvraient toutes seules, pots et bocaux se débouchaient et laissaient ruisseler les fruits à l'eau-de-vie, cerises agriotes, raisins muscats pleins d'esprit et d'arôme, qui m'emplissaient de joie et aussi de fierté, car je les avais gagnés par mon éloquence. Comment, dans une note de son roman *Noël Granet*, l'admirable poète marseillais Victor Gelu ose-t-il bien parler de l'avarice des paysans de Roquevaire ?... Fort âpres au travail, il n'y a pas de rustiques plus généreux. Ces hommes fiers, ces femmes rieuses, souvent marquées d'un type de beauté antique, me prodiguaient une amitié qui n'avait qu'un tort, celui de stimuler à l'excès ma jeune arrogance.

Je les aimais aussi. J'aimais ce pays de jardin fermé, si différent des horizons découverts de l'Étang de Berre, mais qui en formait le complémentaire pour l'éducation de mes yeux et de tous mes sens. Nous vivions au dernier gradin d'une vallée fraîche et ombreuse, à peu près au niveau des prairies vert et or qui longent l'Huveaune et l'accompagnent jusqu'à la Mer, avec un berceau de grands arbres inclinés sur le petit fleuve celto-ligure, frère lointain de l'Yvette et des Yvelines de l'Île-de-France.

Neuf ou dix ans auparavant, à l'occasion du mariage de mon père, mon oncle avait fait complanter, de toutes les essences de fruits et de fleurs du pays, quelques mètres carrés d'une bonne terre, dont nous avions le plein rapport. Le raisin, la prune, la pêche, l'abricot, la noisette, l'orange, s'échappaient à l'envi de cette corne d'abondance, pêle-mêle avec la rose et le *syringa*. Sol aqueux et ciel enflammé. Jamais les défilés de la Nuit et du Jour ne me sont apparus dans un ordre si beau. Devant notre petite maison parfaitement orientée, et comme pour donner une idée des règles du monde, le soleil se levait précisément à gauche, sur Bassan, rocher bleu, arrondi en mufle de fauve ; il se couchait à notre droite sur le cône sévère de Garlaban et, dans son majestueux arc de cercle, pas un rayon, pas un reflet des célestes chaleurs ne pouvaient nous être épargnés : à peine tamisés par un groupe léger de tilleuls, d'ifs et d'arbousiers formés en bosquets devant nous. Nous ne savions pas ou nous savions mal que ce lieu de la France était l'un des plus anciennement occupés et peuplés. Nous ignorions que M. Camille Jullian eût relevé, sur un rocher voisin de quelque cent mètres, la mystérieuse épitaphe de Derceia, fille de Venilatus, et qu'à moindre distance, sous de grands peupliers et des houx, abattus depuis, les troupeaux venaient boire dans un sarcophage gallo-romain, aujourd'hui brisé, à moins qu'il ne soit perdu dans quelque musée. La jeune folie du Présent vagabondait par-dessus ces pauvres et nobles vestiges, comme l'avaient dû faire de nombreuses générations d'enfants, mes prédécesseurs, sans autre souci que leurs jeux. Le soir venu, sur les deux notes du cri de la chouette, il fallait bien rentrer, et, comme il n'était pas facile de m'arracher au buis odorant des parterres, à mes plantations de concombres et de géraniums, on m'invitait à venir passer en revue les personnages du papier peint qui couvrait la salle à manger : chacun avait reçu de moi quelque nom de parent ou d'ami, de paysan ou de domestique ; je lui adressais la parole et, des voix complaisantes faisant la réponse en mon nom, la comédie se prolongeait et rendait moins amères les cérémonies du coucher. Comme il n'y avait pas de tapisserie semblable dans notre maison de Martigues, j'avais insolemment donné à ma ville natale le surnom de Mal-Tapissée.

Mais dès notre rentrée d'hiver, je retrouvais à Mal-Tapissée, d'île en île, de canal en canal, mon autre galerie de chères figures vivantes depuis Marie et les petites filles du Quai, jusqu'à mon bon Fouquet sur le chantier du Cours. Quand j'avais assez joué avec lui, Sophie me lavait et me frictionnait ; son moyen de couper court aux protestations était de me demander ce que je lui donnerais quand je serais grand :

— Je te donnerai une belle robe, une belle maison et un petit bateau pour te promener sur l'eau.

— Et puis ? disait Sophie.

— Je te donnerai un jardin avec des roses et des vignes qui grimperont, avec un puits d'eau fraîche, avec un grand bassin où tu pourras prendre ton bain...

— C'est tout ce que tu me donneras quand tu seras grand ?

— Non : je te donnerai des rideaux.

— De vieux rideaux de coton blanc comme ceux de ma chambre !

— Pas du tout, de beaux rideaux rouges comme ceux du salon de compagnie de maman !

— Qu'est-ce que tu pourras me donner encore ?...

— Un peu de vin (la pauvre, comme sa maîtresse, buvait de l'eau), un peu de vinaigre, un peu d'huile et un peu de sel. Du bois pour te chauffer, et aussi du drap noir pour te faire un châle pendant l'hiver...

La liste des présents, dont personne ne me demandait où je les prendrais, s'allongeait ou s'abrégeait au goût des heures, mais leur flot ruisselant avait fini par faire des jalouses entre les amies de Sophie, qui nous écoutaient en tirant l'aiguille des coutures ou la navette des filets. L'une, pour qui j'avais beaucoup de considération (c'était la propre mère du sacristain boiteux de l'église de l'Île), se jeta au travers de mes munificences et demanda sa part :

— Et moi, la vieille Caste, qu'est-ce que tu me donneras quand tu seras grand ?

Je n'y avais jamais pensé. Sincère, je restai muet. L'autre se déchaînait :

— Tu vois ! Tout pour Sophie ! Rien pour la vieille Caste ! La vieille Caste, tu l'envoies chauffer au soleil. Au soleil, la vieille Caste, au soleil !

L'indignation, sentie, la faisait crier en cadence et, aux grands jours, presque chanter. Alors, je lui prenais les mains comme pour le rondeau que me faisaient danser les petites filles :

*Le rondeau Nouveau :*
*Capitaine, capitaine !*
*Le rondeau*
*Nouveau*
*Capitaine de vaisseau !*

Mais, en entrant en danse, la vieille y adaptait ses propres paroles et je ne sais plus sur quel air nous chantions tous les deux : *Au soleil, la vieille Caste, au soleil !* Sous le ciel d'hiver éclatant qui rendait mon inhumanité moins cruelle, je goûtais, quant à moi, à la haute allégresse de donner et de refuser, qui fait le principal de la vie des maîtres des choses.

Pour ne rien ôter d'essentiel à cette descente curieuse jusqu'aux derniers fils des racines les plus déliées de première existence morale, je dois relater un souvenir de beaucoup antérieur à tout ce qui est rapporté ici et qui me marque la rencontre de moi-même, l'éveil net, distinct, conscient, d'un sentiment de la vie personnelle. Cela eut lieu au cours d'une marche de quelques minutes que je fis seul, ce qui m'étonne encore, et au bout de laquelle je me vois arrêté, immobile, à l'angle de notre vieux Pont Saint-Sébastien, aujourd'hui Pont Marceau, alors élevé en dos d'âne, avec des parapets de pierre qui contenaient d'informes débris antiques : têtes d'animaux, il m'en souvient bien. Une idée inouïe vient de me traverser et, à vrai dire, de me percer. L'idée : *Moi, Moi.* Qu'était-ce, *moi ?* qu'est-ce que j'étais ? je prononçai à haute voix mon prénom suivi de mon nom, en substituant un *S* au *Ch*, faute de savoir prononcer. Néanmoins je prononçai sans difficulté : *Moi, moi.* Remis en marche, de nouveau arrêté sur le sommet du pont, mon regard abaissé suivait la vibration du bord inférieur de ma petite robe. Que m'était tout cela à moi ? À moi, ces alentours… ? Faibles forces naissantes, essor des biens imaginaires dont je devais combler Sophie, mais non la vieille Caste, tout ce flot remontant de la source *moi, moi,* qu'était et que voulait ce jaillissement d'inconnu ? Je me le demandais beaucoup, et même trop.

Sans la fermeté d'esprit de ma mère qui le suivait de près, ce penchant eût fort bien tourné aux caprices d'enfant gâté, aux grimaces d'enfant prodige. J'étais encore extrêmement jeune, elle ne perdait pas une occasion de m'avertir avec exactitude de notre situation et de ce qui en pouvait résulter : nous étions sans fortune, je devrais travailler beaucoup ; et de bonne heure, dès que j'aurais mes grades ; étant l'aîné, le Chef, il dépendait de moi que mon jeune frère pût ou non achever son éducation.

Très sensible aux cruelles nécessités matérielles que la demi-ruine des siens lui avait fait subir, elle pratiquait, avec le goût et l'art de se passer de l'argent, la double vertu de l'épargner et de l'employer. Fort active, levée avant nous tous, la dernière couchée, les plus vives complaisances de l'amour-propre l'appliquaient à nous élever à la dure, dans l'oubli de tout superflu, en frappant d'un mépris altier les besoins fictifs et coûteux de *paraître*, pour veiller de grand cœur à l'être et au réel. Il a bien fallu nous rendre compte plus tard que, non seulement notre robuste santé générale s'est ressentie de ce dressage spartiate, mais la bonne habitude imposée nous faisait vivre satisfaits à très bon compte, dans une atmosphère d'indépendance où je peux dire que nulle fierté juvénile ne heurta rien qui l'humiliât.

Sauf deux ou trois jeunes garçons, fils de petits fonctionnaires comme mon père et aussi les cadets du futur archevêque de Chambéry (avec lequel il me souvient d'avoir joué aux barres comme j'avais six ans et qu'il en avait dix-huit), je ne voyais que mes camarades d'école. À Roquevaire, chez les Frères, il y avait beaucoup de petits paysans. À Martigues...

Mais, à Martigues j'ai suivi non pas une école, mais deux.

Libéral, et croyant à l'Amérique imaginaire des Tocqueville et des Laboulaye, mon père était (ou peu s'en faut) partisan de ce que nous appelons l'école unique : il jugeait que son fils devait commencer ses études sur les mêmes bancs que les enfants du peuple : Louis-Philippe n'avait-il pas envoyé ses fils au lycée ? En vertu de ce beau raisonnement il m'avait fait inscrire à l'école communale, et conduit par la main chez l'instituteur. L'essai ne fut pas très heureux. Trois ou quatre séances avaient suffi pour me mettre au courant de tous les plus gros mots dont se servaient mes compagnons. Presque aussi savant que Vert-Vert, incapable de m'en cacher, je n'ouvrais plus la bouche sans mettre la maison à feu.

— Qui t'a fait la classe aujourd'hui ? Je répondais sans hésiter :
— Monsieur Laguèche.

— Il ne s'appelle pas Monsieur Laguèche, il s'appelle Monsieur Laurent.
— Nous l'appelons Laguèche, parce qu'il est louche de l'œil.[181]

Innocentes et effroyables, de telles mœurs mettaient ma mère en larmes et consternaient Sophie. Mon père prit enfin sa canne et son chapeau, mais ce ne fut pas pour représenter à l'instituteur la nécessité de châtier le vocabulaire des jeunes mousses. Homme de sens, il alla droit chez le curé pour le prier et le supplier d'ouvrir une école libre dont le petit public fût seulement un peu choisi. L'école qu'il sollicitait ne fut prête que quelques mois après sa mort, et j'y fus dès le premier jour. Le vicaire, M. l'abbé Burel, qui gardait un culte pour mon père, en était le directeur. Il avait pour adjoint un ancien séminariste, nommé Jacques Richaud, qu'une santé délicate avait éloigné des ordres majeurs : il nous enseignait avec cœur tout ce qu'il savait et savait fort bien. C'est lui qui, me voyant dévorer je ne sais quelle sèche chronologie de Romulus à Jules César, me fit cadeau de l'*Histoire romaine* d'Émile Lefranc où tout est raconté d'une façon vivante. Ce beau livre remplissait mes loisirs à la nouvelle école.

Installée, à l'origine dans une petite chambre au troisième étage Grand'rue de l'Île, elle emménagea l'année suivante d'abord rue de l'École-Vieille, puis au Trou du Mat, bref s'étendit et prospéra. Je dois déclarer que le ton y fut toujours parfait. Pas un de mes petits camarades qui n'eût ce que ma mère appelait la politesse du cœur. Ils sortaient d'une élite de pêcheurs, d'artisans et de commerçants. Mais, sauf ceux qui étudiaient pour être prêtres, la plupart retardait sur moi, ce qui ne laissait pas d'élever une petite cloison entre nous.

Le sentiment qu'ils m'inspiraient touchait parfois à la jalousie. Ils vivaient entre eux, je n'étais pas tout à fait des leurs, leur provençal m'échappait souvent, comme le sens exact des murmures qu'ils échangeaient en riant. Pourquoi le nom de mon autre patrie, Roquevaire, les mettait-il si fort en joie ? Je finis par savoir qu'il y avait à Martigues un individu surnommé Roquevaire à qui appartenait un âne dont la queue était mal coupée. Eux n'avaient pas à demander ces choses ! Ils les savaient sans les avoir apprises. Et puis, ils rentraient seuls, ou en groupe, à leurs maisons, au lieu qu'on venait me chercher. Ah ! comme ils étaient libres. Je l'étais fort peu quant à moi. Hors de mon cercle domestique où je continuais à tyranniser, cette distinction représentait une charge.

---

[181] En provençal, *guecho*, louche

Il y en avait d'autres. Le jour illustre où je dépouillai la robe des filles pour être promu petit homme, avec chemisette empesée, culotte et le reste, mon premier mouvement avait été de tirer mon linge au-dessus de la ceinture afin de le faire bouffer et bouillonner : ainsi faisaient les petits gamins qui passaient en dansant devant nos croisées et ainsi, tout pareil à ce débraillé de bonne nature, m'est apparu plus tard le flottant du drapé antique ; mais ces idées de l'autre monde firent la risée de Sophie : elle se hâta de tirer et de renfoncer ma chemise, de serrer mes bretelles, de boutonner gilet, veston, telle étant, disait-elle, la tenue d'enfants comme il faut, non d'enfants de personne ! Quand elle m'eut auréolé, vers l'occiput, d'un chapeau de feutre noir à larges revers, dits *à la Rabagas*, et muni de rubans qui pendaient plus bas que l'épaule, je me sentis habillé comme un petit singe. Sophie prononçait : petit *prince*.

J'en étais là de ces grandeurs quand notre installation à Aix me mêla brusquement à une nombreuse troupe d'enfants et d'adolescents de toute origine, mais dont beaucoup, par l'âge, le savoir, la fortune ou le train de vie, se trouvaient à un échelon supérieur. Plusieurs portaient très gentiment ces beaux noms de Provence, que notre peuple honore et bafoue tour à tour. Mais, tandis que, à Martigues, parents, maîtres, serviteurs n'avaient cessé de me répéter que *noblesse oblige*, voilà que, à Aix, les mêmes personnes prenaient un petit air pointu pour donner à entendre que la noblesse véritable n'était pas du nom, mais du cœur. Assurément ! Rien de plus vrai, mais que m'avait-on dit jusque-là ? Je ne le remarquai point sans malice.

Avant Aix, je n'avais qu'une lueur très fugitive de la distribution des rangs sociaux, connaissant mieux les rois d'Homère que les ducs et les comtes de la cour des rois francs. Une sottise que je fis dira mon ignorance. C'était dans les deux ou trois ans qui précédèrent l'entrée au collège. Un beau jour demeuré si proche dans ces lointains brillants ! Nul effort pour le raviver. Les yeux clos, je retrouve et me nomme en chantant, ce samedi d'août 1874 ou 1875,

*Un jour a été que tout était lumière,*
*Vie et douceur...*[182]

Le bel après-midi finit, après avoir été fort chaud, dans notre petit jardin fleuri de Saint-Estève. Ma mère a la visite des dames de Cabre-Roquevaire,

---
[182] Victor Hugo, *Les Rayons et les Ombres, Guitare*. (n.d.é.)

vieille famille autrefois reine du pays. Malgré les revers de fortune, qui leur ont fait quitter le Château, la mère et la fille n'ont pas voulu s'éloigner du village ; entourées du respect de tous, elles vivent de petites rentes, auxquelles s'ajoute le produit de la Recette des Postes allouée par l'Empire ou l'Ordre moral. Je les aimais beaucoup, surtout Mademoiselle, dont le jeu favori était de me faire passer et repasser à travers son guichet, *comme une lettre*, disait-elle, *comme un petit paquet mal recommandé qu'on timbrait de grosses caresses*.

Ce soir-là, elle ne veut pas jouer : assise sagement entre sa mère et la mienne, elle parle de toutes choses : *Oui, Madame... Non, Madame... Merci, Madame...* Elle trempe des gâteaux secs dans du vin de Malaga.

L'heure avance. Le soleil est tombé de l'autre côté de la haute montagne. Ces dames se lèvent. Nous devions, nous aussi, rentrer au village, comme nous faisions à la fin de chaque semaine, en raison des offices du lendemain. Ma mère demande le temps de mettre son chapeau, afin de faire route avec ses amies. Un quart de lieue au plus. Nous nous mettons en marche. Ces dames et ma mère, d'abord. Je les suis de quelques pas, cramponné à Sophie, mon jeune frère entre les bras de sa bonne Émilie, notre paysan Marius sur le même rang. Je trotte dans la poudre blanche de la route nationale, y plonge avec délices mes brodequins, pourquoi ? pour la raison que c'est défendu. Sophie m'en fait l'observation en montrant ces dames devant (ou derrière) lesquelles j'aurais eu un devoir particulier d'être sage :

— Madame la comtesse... dit-elle.

Je réplique, brusquement, tout bas :

— Pourquoi sont-elles comtesses ?

Sophie ne le sais pas, Émilie non plus.

Mais, originaire de Tourves, pays très rouge, et fille d'un proscrit du Deux Décembre, la républicaine Émilie remarque aigrement que leur nom de Cabre veut dire en patois « Les Chèvres »... Le mot, à peine ouï, un mauvais petit trait part et vole :

— Si elles sont des chèvres, il faut leur traire le lait.

... C'est de moi ! J'ai lancé cette lâcheté, cette méchanceté grossière. Rouge de honte et m'échappant des gros rires d'Émilie et de Marius, de Sophie elle-même, je prends un grand élan pour courir à ma mère, comme pour lui demander aide et secours contre mon démon. Elle n'avait rien entendu. On se garda de le lui dire, heureusement ! Mais si je comprends la promptitude de mon remords, je ne m'explique pas de quel fond avait pu jaillir ce coup d'ingratitude et de trahison. Mademoiselle avait bien refusé de jouer, mais j'avais été sans rancune. Alors ? Alors, j'avais cédé à la pression d'une évidence trop vive. Madame de Cabre portait des coques. Les coques argentées de Madame de Cabre, tordues et recourbées de chaque côté d'un petit visage aigu, délicat, tout en nerfs, semblaient bien l'encadrer d'une fine paire de cornes comme les chevrettes en ont : le démon de l'analogie avait fait le reste !

Aucune envie révolutionnaire ne m'habitait, j'avais toujours admis de bon cœur le sens supérieur d'un propos souvent répété, que la tradition faisait remonter à ma grand'mère paternelle :

— Mes enfants, il ne faut jamais regarder au-dessus de vous. Regardez au-dessous.

Mais justement j'avais pris l'habitude d'un petit monde d'amis inférieurs qui, à Aix, allait me manquer tout à fait.

Émilie s'était mariée à Roquevaire, Sophie restait à nous attendre à Martigues : nous avions bien amené provisoirement avec nous une excellente et brave fille, du nom d'Annette, un peu large et forte à mon goût, mais dont mon jeune frère fit ses délices entre sa quatrième et sa cinquième année. L'affection d'Annette et de mon frère dura d'ailleurs toute leur vie. Elle se fût jetée à l'eau pour le servir, il la traita toujours comme une espèce de parente. Homme mûr, médecin fameux, devenu l'un des grands chirurgiens français d'Extrême-Orient, il passait de longues heures de ses congés chez Annette et un pêcheur nommé Seguin qu'Annette avait épousé sur le tard, avec qui il aimait à fumer la pipe en silence.

Nous étions en moins bons termes, Annette et moi.

D'abord de crainte de donner ombrage à Sophie. Et aussi parce que j'étendais injustement à Annette la vague hostilité que m'inspirait son père ! C'était une espèce de colosse, un type de géant tyrien qui vendait, le dimanche, à la porte de l'église, des berlingots exquis, de délicieux bâtonnets de miel torréfié, et certain sirop de réglisse auquel assurément les mouches avaient trop de part. L'aristocrate Sophie m'avait défendu de toucher à cet étalage et, pour ruiner la marchandise, décriait le vendeur dont elle me faisait d'horribles peintures.

La marmaille qui sortait de messe ou de vêpres, aussi méchante que Sophie, faisait la ronde autour du bonhomme en lui chantant le sobriquet *Pierre-Peau* qu'on lui avait décerné je ne sais pourquoi, le tout sur un vieil air :

*Piaro-Pèu*
*Ti boutèu*
*Soun plèn de sarrio*
*Piaro-Pèu*
*Ti boutèu*
*Soun plèn de savèu.*[183]

Il les mettait en fuite du geste, mais les gamins ne manquaient pas de se venger en lui criant de loin : *Napoulitan ! Napoulitan !*
Ce reproche irritait Annette.
— Mon père n'était pas Napolitain, disait-elle fièrement. *Nimai bachin* (ni Piémontais). *Éro Ginouvès*. Il était Génois.
Curieuses distinctions entre les quartiers de noblesse des peuples de l'Italie ! Sur quoi les fondait-elle ?
Pour Annette, un Génois était plus qu'un Napolitain ou qu'un vulgaire Piémontais. Plus même qu'un « Bachin », quoique *Bachin* signifie Génois, en Provence. Nos vieux proverbes assurent que, s'il faut quatre chrétiens pour attraper un Juif, il faudrait quatre Juifs pour tromper un Génois. Je n'ai jamais ouï dire que « Pierre-Peau » ait trompé grand monde.

Sa fille nous quitta après dix-huit mois de séjour à Aix : la vie chère n'est pas d'hier, ma mère apercevait avec effroi la limite de ses moyens. Les amis de mon père et du sien lui offrirent de nous obtenir des bourses de l'État au collège Bourbon qui allait devenir le lycée Mignet. Elle refusa, tenant à l'enseignement ecclésiastique, si coûteux fût-il, et préféra congédier la pauvre Annette qui en pleura toutes les larmes de son corps. Une femme de ménage la remplaça. Notre mère se contraignit à préparer nos repas de ses belles mains. De tous les sacrifices de nos temps difficiles, il n'y en eut pas de plus dur, me confiait-elle plus tard.

La gêne assez pénible que j'en avais dut augmenter mon trouble de petit dépaysé, déclassé et dépossédé. La gentillesse, l'amitié, la distinction de mes nouveaux camarades n'y firent rien. Rien non plus, nos mois de vacances

---

[183] Soit :
    Pierre-Peau tes mollets
    sont pleins de sciure
    Pierre-Peau
    tes mollets
    de sable sont pleins...
La chanson provençale traditionnelle nomme Isabeau au lieu de *Pierre-Peau*.

que nous passions d'abord à Roquevaire, puis à Martigues, après le partage de famille qui nous attribua la maison d'été et le jardin de notre grand'mère, que j'habite aujourd'hui. Là comme ailleurs, je me disais que *ce n'était plus la même chose* ! Non, je ne me retrouvais plus : Aix, en changeant ma vie, l'obligeait à des efforts de tension, à des mouvements de repli, sans sauver l'équilibre et sans retrouver le niveau.

Par chance, j'étais bon élève. Si ma Huitième fut manquée, bien que j'eusse apporté un petit bagage d'histoire de France, d'histoire romaine et de latin, ma Septième fut très brillante : onze prix, treize nominations, dit un vieux palmarès, et les classes suivantes ne furent pas mauvaises, jusqu'à ma Quatrième, au-delà de laquelle je devins sourd.

La logique des choses aurait voulu qu'à ce moment le silence tendît à rétablir en moi ce qu'une transplantation physique et morale avait affaibli ou détruit : c'était l'occasion ou jamais de retrouver dans l'isolement matériel une vie intérieure approfondie, accrue. Il n'en fut rien. Le silence, la demi-mort de ma personne profonde se trouvèrent même aggravés. Ni les connaissances que j'acquérais par degrés, ni l'initiation régulière aux plaisirs de l'esprit ne m'empêchèrent de retarder, de plus en plus, sur ma pensée. Je me repliais, mais sur les livres ; je m'enfermais : dans les idées. J'achevais de me perdre de vue, cela fut littéral.

Grâce à des maîtres excellents, grâce au maître éminent dont le nom est inséparable de mes premiers progrès réels dans la vie de l'intelligence, celui qui devait devenir Mgr Penon, les passions intellectuelles, qui me saisirent, m'eurent bientôt pris tout entier. Mais le fait est que je n'y retrouvai rien, ou presque rien, du chœur des sentiments et des volontés qui avaient animé, pétri, configuré ma première enfance. Ce que j'avais senti de personnel alors ne subsistait plus qu'en sommeil et ne sortait que par hasard, il y fallait le choc d'une grave injustice ou quelque bataille violente avec un méchant compagnon ; mais alors j'éclatais en scènes farouches dont le collège retentissait, traitant un maître d'imbécile, ou arrachant les gonds de la pièce où l'on m'enfermait, quitte à me rendormir au ron-ron des prix de sagesse !

Timidité ? Non : loin de là. Simple repliement. L'autorité supérieure me reprochait alors de manquer d'expansion ; de n'être même pas communicatif. J'étais rentré dans ma coquille, où je fis un très long séjour sans y ruminer autre chose que ce qui grouillait au dehors.

Ce genre de mise au repos de l'être intime a-t-il été un mal absolu ? Et n'est-ce pas à la faveur de cette nuit du « moi » sentant et du « moi » voulant, que le rayon des connaissances extérieures put me traverser froid et pur ?... Sur un caractère assoupi, comme mortifié, les habitudes de l'esprit, les disciplines de l'étude purent mûrir leur fruit à l'abri des secousses.

Les questions et les doutes sur la religion, la curiosité des successions et des révolutions de l'histoire, surtout le culte des poètes, absorbaient, aspiraient, captivaient les parties essentielles du drame intérieur sous-jacent : LA POÉSIE emportait et sublimait tout, de sorte que je finissais par ne plus distinguer si tout n'était pas rêverie.

Et ceci représente neuf années d'une adolescence.

Mais, au terme de cette formation presque uniquement cérébrale, à l'avant-dernier mois de ma classe de philosophie, les Jésuites d'Aix, qui étaient les obligés du diocèse depuis les Décrets de 1880, lui firent leur politesse annuelle : un certain nombre de grands élèves, dont j'étais, reçut une hospitalité complète de trois jours, ou de quatre, dans la belle maison de campagne que l'Ordre possédait à Saint-Joseph du Tholonet.

En principe, il ne s'agissait que de retraite religieuse, mais avec les franchises et les égards dus à de petits hommes, selon un règlement très libéral que nous observâmes de notre mieux : le Manrèze tenait le fond de nos tiroirs, j'avais apporté mon Bourdaloue et, par-dessus, divers poètes, dont Musset, Ronsard et Chénier. Nous lisions et goûtions de tout. Je fus surtout sensible à l'exceptionnelle beauté du site.

À l'ample pureté des lignes d'horizon répondait, sur une étendue de plusieurs hectares, la profonde douceur des ombrages et des eaux vives. Non ces eaux recueillies dans la neige des Alpes qui accourent à travers un département pour baigner des rivages mourant de soif : de vives eaux, sourdant de la roche même, qui exhalaient dans l'air la fraîcheur de leur souterrain. Non ces arbres plantés d'hier, au vert jaunâtre et un peu sot, tant il est tendre, et qui sentent encore la rigole des pépinières : de beaux et larges troncs, noueux, rugueux, mousseux à souhait, souvent tout évidés, et qui portaient très haut de splendides couronnes de bronze vert, marronniers, cèdres vénérables, ou lauriers d'Apollon penchant la columelle de leur bois lisse et clair, toute sorte d'autres essences que j'oublie, sans être sûr de n'en point imaginer quelques-unes, tant ce domaine-type s'est agrandi et embelli dans mon souvenir ! Déjà brûlante, l'herbe embaumait et, bien que juin fût imminent, elle était verte encore, tirant à peine sur le gris de la sauge et du thym ; tout restait frais et neuf par les avenues droites ou les chemins tournants ombragés de sureaux et de noisetiers, ou les larges rotondes qu'inondait un maître soleil.

Par endroits, aux limites de la propriété, étaient ménagés des belvédères spacieux d'où s'épanouissait, jusqu'à la Montagne de la Victoire, comme un cirque lunaire d'immenses guérets nus, de croupes pelées, et de coteaux de pierre pâle, sous le sombre tachetage des chênes nains.

De ce grave désert qu'ont surtout déboisé les révolutions et les guerres sortait un muet témoignage qui valait la leçon des bibliothèques d'histoire, et nous le méditions du rebord de ce paradis, sauvegardé par les artifices d'une mainmorte que bénit la Justice et que proscrit la Loi.

C'est alors que, bercé des méditations variées, où je me plus toujours à prendre et à quitter les Idées pour l'Histoire, l'Histoire pour les Arts ou pour la Nature, nous regagnions l'ombreux couvert de masses végétales dignes du génie de Poussin ; nous gravissions les lents degrés des terrasses superposées en longeant des parterres où l'architecte n'intervient que pour mettre en valeur la figure et le mouvement d'un beau sol : tapis luxuriants, noirs bassins d'eau dormante, gradins de dalle grise, incrustés de mousse noirâtre, jours légers des balustres qui brodaient leur dentelle sur l'arête ou la pente des talus verdoyants gorgés de mystères vitaux.

C'est là, je veux l'inscrire, comme à l'entrée des grottes antiques où se sont opérées quelques rencontres immortelles, c'est là, et non ailleurs, que, à la sollicitation caressante d'un baudelairisme effréné, tel poète en herbe se mit en devoir de sonder, avec une piété naïve, quelques-un des secrets de sa vie profonde, afin d'y démêler, *loin des yeux du soleil*[184], et moyennant les tricheries, les petites fraudes autorisées dans l'opacité de cette ombre, quelle perle pourrait bien naître et laquelle voudrait mûrir du dépôt prolongé et quintessencié de ses peines et de ses joies ! Là, non ailleurs, sous le berceau du feuillage plein de mensonges, une Nuit artificielle, entreprenant sur l'Esprit clair, le combla et le satura d'erreurs aimées, mais moins aimables, qu'il accueillit avec une espèce d'ivresse, pour accroître et forcer, dès leur germe apparu, ses singularités d'enfant perplexe et d'adolescent tiraillé. C'est là, et non ailleurs, que Psyché perdue, retrouvée, et sa sœur la Princesse mal endormie, et plus mal réveillée encore, l'Âme amortie et renaissante de ce qu'il prenait pour Lui-même, de ce qu'il imaginait être Soi, sembla lui revenir d'une décade de silence, mais avec bien des masques, avec bien des grimaces, dont la plus folle lui semblait la pure expression de son cœur ! En

---

[184] Charles Baudelaire, *Les Fleurs du Mal, Tristesse de la Lune*. (n.d.é.)

les ranimant pêlemêle, il éprouvait une manière de bonheur à se méconnaître pour se mieux déguiser, et plus sincèrement. Ainsi témoignait-il, une fois encore, comme il est vrai que la jeunesse comporte un carnaval de l'esprit, du cœur et du sens.

— C'est là, c'est là !...

Disons plutôt que CE FUT LÀ.

Car la fausse Arcadie n'eut pas tout à fait le dernier mot. Et même elle essuya, dans cette soirée, un violent échec de principe, car elle y subit la première ou du moins la plus forte des réactions de ma vérité. Je parle de la vérité d'une nature, de la sincérité d'un cœur.

J'avais beau dire, j'eus beau redire !

Après Baudelaire exaltant la Loi en vue du Péché et vantant la Règle au profit de la Transgression, j'avais beau feindre d'écouter les versets haletants du pauvre Lamennais, dont la Foi devenait le stimulant de l'Anarchie : tant de fausses ténèbres, assemblées de main d'homme, eurent beau me rouler dans les ébriétés de la bacchanale commune, je ne sais quoi levait en moi comme un antidote, pour rétablir avec loyauté tantôt la nature des choses et tantôt la figure exacte de mon émotion : en art et en morale, en histoire et en politique je savais bien et, mieux encore, je sentais pourquoi les résistances utiles et les audaces nécessaires ont toujours différé de la basse doctrine de l'excellence propre de ces insurrections dont je voyais et avouais la menteuse fécondité. La fureur subversive pouvait déchaîner son système dans les imaginations mal lunées : je savais et voyais qu'il n'y avait ni commune mesure, ni même aucun rapport réglé, entre le fantasme libérateur et les fermes substances hors desquelles s'enfuit même la pensée du bonheur. Quelques subtiles apparences qui se pussent jouer dans le clair-obscur de l'Âme et de l'Heure, et de quelque intérêt que les honorât ma folie, un mouvement était plus fort et né du plus ancien et du meilleur de moi : le goût simple, l'appétit passionné du vrai.

Voilà donc qu'un beau soir planait, le soir réel qui vient du ciel et non de la voûte des arbres : l'enchantement, le charme universel de la Nuit. Cette Nuit vraie, la douce, la puissante, et l'égale, et la bienfaisante, s'étant bientôt fermée, surprit le cœur de grand enfant comme pour le glacer du fer froid d'une lance aiguë. Elle le contraignit à rentrer en lui-même pour le faire abonder dans sa nature véritable, qui lui rendit le bon, le chaud, le fort et le clair de sa vie.

Il remonta, en bondissant de marche en marche, jusqu'au balcon aérien de la chambre haute et, là, le vent d'été qui errait sous nos marronniers et recueillait aussi un dernier soupir d'aubépines, se saisit des autres parfums qui stagnaient ou rampaient en nappes profondes, du bas en haut des murs endormis, leur grand bouquet ouvert et s'élargissant vers le ciel. Qu'ai-je éprouvé alors ?... Troublé ? Enivré ? Apaisé plutôt. Et même fortifié dans la possession vague et dans la maîtrise diffuse de biens spirituels qui me promettaient le salut. Le *moi* ? et le *qui-moi* ? de l'ancien murmure d'enfance, ne revenait qu'au naturel, aussi dépouillé de jactance et de respect humain que des tristesses de la vanité offusquée : la légitime équidistance des prétentions sans règle, des rabaissements sans honneur !

— *Moi, moi ?* — Et puis après ?... À ton degré, et dans ta sphère ! Ta petite enfance s'était trop naïvement reflétée et trop mirée dans une étrange miniature de prince. Adolescent inopprimé, qu'as-tu subi depuis, que d'imaginaires revers ? Pour l'entre-deux, bientôt, la raison et la vie assigneront leurs grades dont chacun a son sens et même sa justice, où rien ne peut gonfler personne ni le désobliger, ce fameux *moi* se contentant, le beau premier, à meilleur compte, avec moins de regrets et de mélancolies qu'il ne s'en forgeait tout d'abord !

Des ténèbres égales s'étaient répandues sur la terre. Il en sortait, dans le lointain, de petites lanternes, contenant de faibles lueurs branlées au pas d'un chariot, ou qui tremblaient peut-être au poing d'un frère lai aussi noctambule que moi. Ce passant anonyme, domestique de prêtre ou paysan endormi, l'un abruti, peut-être ivrogne (ou lançant aux étoiles une belle chanson), l'autre cristallisé et confit dans l'obéissance (à moins qu'il n'y fût exalté et sanctifié !) ce quelqu'un, je ne sais qui, n'importe qui, était-il donc moins libre et plus heureux, ou, sinon, moins heureux, plus libre que le héros secret de ma rêverie concentrique ? Toutes les conjectures étaient possibles, toutes les explications et tous les hasards : nul cas sérieux de félicité ou d'infélicité ne me semblait devoir concorder nécessairement avec les postes de la fortune ou de son revers. D'ailleurs, quelle pitié que la fortune ou l'infortune, toutes les deux promises à la même borne de notre mort ! Les lieux inférieurs des tables de la vie comportent, au surplus, tant de stations et tant d'étages, et tant de pentes douces ou de talus abrupts, coupés de secrètes échelles ! Parallèles aux molles glissades, tant d'efforts ascendants, dont quelques-uns débordent les ouvertures du possible et n'en retombent point sans palmes ni trophées !

Le commun désir du bas monde enflait ainsi la Nuit jusqu'à la croisée du veilleur, qu'animait, lui aussi, la fureur d'aspirer et de respirer à son aise, afin de s'éclairer et de s'informer de plus haut.

Ainsi, sous la tenture de cet air sombre, la campagne se soulevait avec moi et tout comme moi : je la sentais monter comme si elle n'eût rien été que la suite de mon regard, que j'offrais tout entier, lisse, nu, grand ouvert, à tout ce qu'épanchaient de grave et que pleuvaient de beau les cataractes du firmament, pleines d'autant de vœux et d'appels que d'étoiles, et qui semblaient crouler du poids de leurs promesses, sous les innombrables configurations du vrai bien.

Ainsi versée et répandue, cette large Nuit de printemps dut remuer quelqu'une des semences de poésie dont rien ne m'a plus délivré : probablement aussi versa-t-elle un peu de raison. Sans conseiller ni suggérer un système de hiérarchies inflexibles, l'ordre supérieur de ces beaux cercles de lumière, *lucida sidera*, m'aura, textuellement, révélé les hautes maximes qui servirent depuis à me dégager, jusqu'à m'en dégoûter, de l'inextricable malaise qu'imposent ou suscitent l'enflure de l'orgueil, les fermentations de la brigue, les fumées des espoirs et des vœux de domination.

Cinq ans plus tard, la même réflexion fut poursuivie et complétée sur la terrasse du château de Pau : dès cette nuit du Tholonet, je nommai par leurs noms les bas lieux d'où m'avait chassé mon mouvement le plus naturel. Ce sont les lieux où l'on contracte, comme une maladie, l'habitude et le goût de se tenir pour mesure de soi et pour soleil du monde. Le soleil est là-haut, que nous ne créons pas, ni ses sœurs les étoiles. C'est à nous de régler au céleste cadran, comme au pas de nos idées-mères, la démarche de notre cœur et de notre corps. Nous ne nous possédons qu'à la condition d'acquérir la notion de nos dépendances pour conserver un sens de la disproportion des distances de l'Univers. Si, en présence de ces vastes éloignements, il nous était permis de nous contenter de nous-mêmes, ne serions-nous pas nos premières dupes ? Rien ne contente et ne rassasie que le Ciel.

Sans doute, l'Inerte, l'Immobile ou le Paresseux doivent être qualifiés misérables. Un parti décent doit être tiré des justes forces de chacun. Il est des chemins faits et des poids soulevés, de notables élévations surmontées et gravies méritoirement, dont il faut goûter le prix et l'honneur, sans les soumettre aux mensurations inhumaines. Il y a surtout les passions. L'Amour, la Curiosité, l'Ambition, selon leur flux et leur reflux, donnent, ravissent, rendent, à notre succès, comme à notre échec, une splendeur flottante, fugitive et immémorialement désirée. Il reste toujours vrai, et bon, et souhaitable que la vie des hommes s'accroisse à la chaude vertu de ces miroirs magiques. L'extravagance et la folie seraient de fermer notre petite âme aux passions. Mais il faut ajouter une mise en garde légère.

« *Défends-toi de changer leurs noms, ne leur permets jamais d'en usurper un autre, ni beau, ni laid, aucun. Ne les reçois point sous le masque, ou religieux, ou philosophique, ou moral. Ne crains pas de leur arracher barbe et manteau. Si tu ne veux pas être trompé sur elles, mets-les toutes nues ! Et surtout prends bien garde de ne les croire qu'à demi quand elles te racontent qu'elles sont le Bonheur. L'une, l'autre, la troisième, toutes trois ensemble n'en sont que la poursuite ardente. Tu pourras varier ton gradin sur l'amphithéâtre, y mieux voir, être mieux assis : pour le secret des béatitudes profondes, n'en attends rien qui soit supérieur de beaucoup aux pures inactions du sommeil.*

« *Surtout ne va pas croire que tout se réduise à lutter pour ton aliment. Le nécessaire est peu. Que ce peu nous contente ou non, c'est une autre affaire ! Mais, au vrai, que faut-il ?... Du feu, du pain, du vin. Des fruits, des viandes, quelque poisson. Le toit, le vêtement. Certains instruments de travail et, fût-il illusoire, le sentiment de disposer ainsi de toi-même. Des choses aussi simples n'ont pas à être costumées de trop grands mots : ils brouilleraient tout d'un faux sens.*

« *Ni l'excès de tels biens n'alourdit toujours, ni la pénurie n'est toujours à plaindre. Lucullus, subjuguant l'Asie, n'y perdit pas un coup de dent : des anchois, des olives, et quelques figues sèches régalèrent longtemps le très noble héliaste qui fut le juge de Socrate et l'ami de Platon.*

« *Sur le plan voisin, où l'on traite des honneurs du commandement, il faut aussi te délivrer des fades mensonges qui courent. L'autorité est une charge plus qu'une dignité. L'éclat du rang lui-même est lourd. Du reste, commander se rapporte au bien du foyer ou de la cité, non au tien, si tu entends par là ton plaisir. Le plaisir que prenait Sophie à te servir fut-il supérieur, fut-il égal, fut-il inférieur à celui que tu pris à être servi par Sophie ? Te voilà obligé de convenir que la priorité du contentement aura été pour elle et ta réponse détruit tout ce qui se colporte de l'inégalité sociale des cœurs, elle ruine du tout au tout ce que maint nigaud eût pensé des rapports de Sophie et de son petit prince.*

« *Le berger se plaint de n'être pas roi, le roi de n'être pas berger. Mais, à aucun moment, le Ciel ne fit le rêve d'attacher aucune ombre de ses Souverains Biens au sort du berger ou du roi : le genre d'utilité de l'un et de l'autre procède d'un genre de raisons tout à fait différent, qui fait et veut qu'ils servent, mais ne se servent pas.*

« Jette un nouveau regard sur le cirque du monde, dont les ordres s'étagent comme les cercles de la nuit. Observe et considère combien les affinités et les répulsions, les échanges et les mélanges, étant tous très divers, engendrent pêle-mêle la liberté de l'âme autant que sa servitude, et l'inquiétude autant que l'égalité de l'humeur. À moins de n'en vouloir retenir que les rares pointes extrêmes, les hauts et les bas de l'Être et de la Fortune paraissent souvent dignes de sourires équivalents : ils méritent, en somme, à peu près tout autant la déploration que l'action de grâces.

« Indifférent et large, divers et plan, tel est le chemin de la vie ! Quelque attention exagérée que le désir des hommes accorde à leur réussite ou à leur échec, ces vicissitudes ne tiennent à leur bien, ni à leur mal, que par un lien fortuit, lâche et léger. Peu importe à chaque personne son destin ! L'Esprit s'en affranchit : il peut même en jouer jusqu'au point d'exceller à tirer le bien de son mal, fût-ce du plus cruel, selon les deux leçons de l'Épreuve qui définit et du Sacrifice qui régénère. »

L'aurore me trouva affermi et concentré dans la vue claire de ces principes. Heureusement trop faible pour les suivre avec plénitude, je les ai toujours professés, car nul ne se repent d'adhérer à des idées meilleures que soi.

# Quatrième nuit
# Météores marins

Il n'y a pas plus de deux ou trois étés qu'entre la cinquante-neuvième et la soixantième année de mon âge, une certaine nuit, je fus tiré de mes habitudes de dormeur profond et complet. Autour de mes murailles une rumeur très insolite s'élevait, une étrange demi-clarté se jouait sur les vitres et, comme elle ne pouvait guère venir de l'aube, je voulus m'en rendre compte et allumai une bougie.

La pendule marquait minuit et demi. De la croisée mal jointe, les longs ruisseaux d'une eau rapide coulaient et accusaient une trombe extérieure violente. À mon oreille même, un lourd tonnerre ne cessait pas de gronder : ce jour grisâtre, étendu uniformément sur l'inondation, provenait donc d'une succession rapide de longs éclairs qui semblaient n'en former qu'un seul.

Si, par instant, quelque raie d'ombre, une pause d'obscurité, coupait d'un interstice la trame pâle de l'illumination continue, cet éclair noir passait plus vite que l'éclair enflammé : la terre et le ciel retombaient dans ce frémissement de lumière blafarde, pulsation électrique secouant et raclant les cordes, les nerfs de la Nuit. Cependant, à flots drus et durs, un déluge pleuvait des nues ; ses torrents se précipitaient de toutes les pentes, en large nappe oblique, avec une telle furie qu'il me semblait, à tout moment, que la maigre épaule de roche et d'humus qui soutient la maison allait céder, glisser, arrachant, entraînant, dans cette débâcle liquide, les arbres, le terrain, avec mes murs, mon toit, mon lit. Les cheminées pleines de vent frémissaient et hurlaient, les tuiles s'envolaient, charriées, concassées et mises en poudre, à la volonté du flot monstrueux d'où sortaient, en manière de balise ou d'épave, la plume obscure des cyprès et le bras d'amandiers tordus. Un certain battement de vague se gonflait aux marches du seuil avec une rumeur pleine de menaces : l'œil de l'esprit ne rêvait plus que de gouvernail et de rame, à moins qu'une ancre d'espérance nous retînt sur la déclivité de tout ce limon.

L'or égal des foudres livides enduisait toute chose. Nul détail ne restait dans l'ombre qui portât un signe alarmant. Rien n'échappait, et tout pendait, fallait-il être prêt à tout ?...

La menace dura plus que je ne saurai dire. Trois quarts d'heure ? Une heure ?... Ou bien deux ?... J'avais tiré ma chaise dans une embrasure laissée à sec et tendait mes curiosités. Qu'allait-il bien sortir du déchaînement ?... Cette fois, rien ne vint. Peu à peu, les longs éclairs se décomposèrent ; les rechutes dans la nuit noire, plus fréquentes, furent plus lourdes, jusqu'à ce que, l'averse enfin apaisée, l'ombre eût reconquis la campagne, qui néanmoins vibrait encore de secrètes fulgurations.

Vite recouché, rendormi, un ancien souvenir que j'avais tout à fait perdu revint me visiter alors, et mon sommeil fut soulevé et durement bercé du même mouvement de houle qui m'avait autrefois balancé, sur le même parquet de la même chambre, dans la même vieille maison, voilà plus de quarante années, au lendemain du naufrage et du sauvetage qui, à la table de famille, émut si longtemps nos veillées !

La nuit de Tholonet, relatée au chapitre qui précède, est des premiers jours de l'été 1885. Nous sommes au 3 août suivant.

On dirait aujourd'hui qu'il est dix-neuf heures moins un quart. Nous montons une petite barque (ou « barquet ») que l'on nous a prêtée. J'ai à bord mon jeune frère, treize ans, et l'un de ses camarades, fils de pêcheur et un peu mousse, plus âgé que lui de dix-huit mois.

Nous venons de nous baigner à la plage de la Charbonnière, aujourd'hui barrée et endiguée par les enrochements du Canal de Marseille au Rhône. Vers la petite ville qui sort de l'eau sur le couchant, nous ramons à longs coups, sans égard à l'avis qui a été donné au départ :

— Dépêchez-vous, il vient de l'orage...

Mais dans un air très calme, les enfants entendent au loin un coup de tonnerre, dont il me font part. Bah ! nous avons le temps.

Presque nu, je ne cesse point de m'habiller sans hâte, tout entier au plaisir de me sécher sous le ciel roux, où ne vogue pas un nuage.

Mais presque aussitôt, et très distinct pour moi, un second roulement me fait lâcher mes habits et sauter à l'avant, car les rames flottent dans la main de mes compagnons : la bourrasque est allée plus vite que nous.

Le vingtième d'une seconde : un voile gris couvre le zénith, l'eau inquiète et comme bouillante donne, par ses frissons de sens contraires, la pensée d'un partage entre deux courants qui hésitent à se former ; elle reste donc presque en place, bien qu'un vent suraigu ait commencé de siffler.

Je ne saurais traduire le trouble de cet instant.

— Avons-nous le temps d'arriver ? dis-je au jeune pêcheur que mon cœur vient d'élire pour capitaine : il a la formation, la compétence, l'hérédité.

Des yeux pleins d'effroi me répondent. Il ajoute, de bouche :

— Nous ne sommes pas bien.

Il avait repris une rame. Il l'abandonne brusquement. Je la saisis, mon frère tenant l'autre, d'un poing très ferme. Nous tentons de donner quelques impulsions régulières. Mais l'eau, comme devenue trop légère, a refusé le point d'appui.

Le ciel s'est assombri encore. Il pèse lourdement. De ce point du couchant où nos yeux viennent se poser sur le petit port où vivent nos maisons, nos parents et tout notre cœur, voici que se dresse, et accourt aux vitesses de chevaux emportés ou de trains rapides, une espèce de mur, d'un gris sale (liquide ou gazeux, qui savait ?), haut de deux ou trois mètres et dans lequel, tout aussitôt, nous nous trouvons pris, enfermés. Ce ne peut pas être une vague, nous n'en sommes pas recouverts, ni la pluie : même oblique, elle nous eût fouettés d'en haut. Banc de brume sans doute plus épais, et plus lourd que toutes les nuits ! Mon Baudelaire ayant chanté, d'un coin sournois de ma mémoire, que *le ciel et la mer sont noirs comme de l'encre*[185],

---

[185] Charles Baudelaire, *Les Fleurs du Mal*, *Le Voyage*, VIII.
Ô Mort, vieux capitaine, il est temps ! Levons l'ancre !

je ne puis m'empêcher de comparer leur ombre épaissie à une bouillabaisse noire, mais d'un noir absolu : quelle seiche géante a souillé la mer et le ciel ?

La nuit, la nuit. Bien assis, et même calés, mon frère et moi, sur le premier banc de la petite embarcation, d'où nous essayions quelques dérisoires efforts, c'est à grand'peine que nous découvrons l'arrière du bateau, qui finit par nous devenir invisible ; à quelques lignes devant nous, c'est à peine si nous voyons le visage ou les bras de notre compagnon cramponné sur l'avant. Mais nous n'échappons pas à la détresse de son cri. Il appelle son père, il appelle sa mère. Nous ne réussissons à l'apaiser qu'en lui conseillant un vœu à la Vierge. La prière vibrante qu'il tire de son cœur épanouit les répugnances d'une jeune vie à mourir.

... Nous nous sentions portés, comme maniés par une force sans mesure, mais sujette à des changements qui ressemblent à des retours. Après une course rectiligne de quelques minutes, notre barque, saisie par un mouvement de recul, laboure en sens inverse le même sillon. C'est peut-être ce qui explique que nous ne soyons pas allés nous briser contre quelque pierre du quai, auquel cette course furieuse semblait bien aboutir. La même raison dut nous épargner le choc contre les petits écueils du rivage vers lequel nous rétrogradions sans virer de bord.

D'autres fois, dans le flot qui nous emportait, nous sentions la barque tourner sur elle-même et recommencer à filer dans une direction nouvelle. Ou bien la coquille de noix, piquant droit au ciel, retombait le bec en avant ; elle tendait au fond, et jamais n'y toucha. Manquant dix fois d'être pulvérisée de la sorte, elle gardait son équilibre. Comment ? je ne l'ai jamais su.

Il ne m'était pas difficile de goûter, là-devant, un sentiment de sérénité lucrécienne. À contempler cette tempête sans la craindre, j'avais peu de mérite, traversant une petite crise morale où ma jactance intellectuelle de lecteur de Schopenhauer était multipliée par les âcres saveurs, abondamment ruminées, de quelques gros chagrins plus personnels. La vie ne m'était plus très douce. Elle m'apparaissait de moins en moins brillante. Tout avenir semblait fermé. Depuis trois ans, j'appliquais ce que j'avais de bravoure à prévoir sans révolte que le sens de l'ouïe ne me serait pas rendu, et j'en étais conduit à un état de détachement dans lequel les plus chères amitiés élues,

---

Ce pays nous ennuie, ô Mort ! Appareillons !
Si le ciel et la mer sont noirs comme de l'encre,
Nos cœurs que tu connais sont remplis de rayons ! (n.d.é.)

comme les plus puissantes affections naturelles, ne me paraissaient plus appelées à beaucoup compter.

Pour tout dire, j'étais aussi fort mécontent de mon année de Philosophie qui s'était mal terminée. Au rebours de l'année précédente où j'avais cueilli avec gloire les palmes du premier baccalauréat, je venais d'y subir un échec complet : en attendant que la session d'automne rendît avec usure les diplômes et l'honneur, cette mauvaise humeur était sans limite. À dix-sept ans les petites choses tournent volontiers au *rien ne m'est plus*. Qu'eussé-je regretté ? Donc, que redoutais-je ? J'aurais fait le dernier plongeon sans regret.

Et cependant, d'où me venait certaine ardeur contraire, qui me remplissait de surprise ?

De quelle cachette ignorée et de quelle poche secrète des instincts maîtres de la vie sortait l'élan rageur avec lequel ma volonté s'était mise en bataille contre l'abîme ? Car le fait est que je travaillais à survivre : je dévouais à nous défendre tout ce qu'il fallait pour tenir, pour durer et persévérer. C'était fort peu, sans doute, car il y avait peu à faire, mais enfin le poing adhérait à la rame, je prêchais l'espérance, je conseillais la foi : aux deux enfants qui l'épiaient, mon visage montrait la tranquillité qui leur était due. Contrairement à mes idées claires, à mes convictions conscientes, qui, elles, penchaient toutes au désir d'éternel repos, quel était donc ce réflexe supérieur ? Je repense aux instants de cette vie double lorsque je veux comprendre que tant d'antimilitaristes français aient pu faire la guerre en si braves soldats ! J'aimais la mort. Et quelque chose de plus fort que moi, mais en moi, tendait à la vaincre. Le sang. La vie. La force ! Cela était, parce que cela était. Ma volonté profonde déclarait qu'il fallait que ce fût mieux encore : s'il faisait nuit, retrouver le jour ; s'il y avait danger, y échapper jusqu'à la sécurité. Rien d'autre ne valait, ne brillait devant ma pensée.

Un seul cas, bien délibéré, m'ouvrait quelque licence de me résigner à périr : le seul cas où l'un ou l'autre des enfants dont j'étais l'aîné eût été ravi de mon bord.

Je ne me figurais aucun moyen de ne pas plonger après lui pour me soustraire au déshonneur de cet équipage diminué. Nous étions partis trois et nous reviendrions trois ou ne reviendrions pas. Je les couvais donc l'un et l'autre comme je n'ai jamais couvé d'autres biens, mes yeux les vissant à la barque, bien que leur présence ne me fût parfois attestée, à travers cette obscurité prodigieuse, que par l'éclat furtif d'un bouton de chemise ou le feu d'un jeune regard.

Tranquillisé par la décision prise, je pouvais revenir en paix à ma chère philosophie et discuter avec moi-même sur les preuves de l'existence ou de l'inexistence du monde extérieur, ardent et très puéril sujet des obsessions de ce temps-là. C'est que, la vue des choses me donnant des joies sans mesure, j'étais désespéré qu'elles pussent venir d'une illusion de mes sens. Le cauchemar kantiste et pascalien me tenait plus à cœur que l'ouragan qui nous ballottait. Je me murmurais le verset : *Notre âme est jetée dans le corps où elle trouve nombre, temps, dimension...* Les yeux ainsi rouverts sur la nuit de l'esprit lui accordaient pour le moins autant d'importance qu'aux ténèbres extérieures, bien que leur beauté me suspendît d'admiration, elle aussi.

L'épais brouillard physique parvint à se résoudre. Ce fut très lent. Du noir profond, puis du gris sombre, émergea tout d'abord une figure générale de la tempête que nous avions sentie, ouïe, plutôt que vue. Un cercle de clarté d'environ dix ou douze mètres se fit autour de nous, et bientôt, à notre joie, puis à notre horreur, y parut une tête d'homme nageant, vers qui nous eûmes la naïveté de crier au secours. Cet infortuné se noyait. Un foulard noué sous le menton encadrait sa face livide, il criait lui aussi, les enfants l'entendirent. Nous répondîmes : « Hé ! l'homme ! Hé ! Ho ! »

Presque à sec, sur nos bonnes planches, nous pouvions nous donner le luxe de ce cri.

Le malheureux rouvrit-il la bouche ? La vague qui l'avait rapproché l'éloigna. Ce fut pour toujours. Nous continuions à plaquer notre coup d'aviron qui, s'il ne faisait pas de bien, ne faisait pas de mal : nous nous maintenions, nous étions.

Le petit mousse, rassuré, s'était assis à l'aise, puis remis debout, pour aider mon frère à ramer. Un coup de vent rapide déblaya le haut de l'espace. Au beau ciel bleu, frais et sans pli, l'étang reparut à son tour, mais vert, démonté, parcouru de très hautes vagues qui nous soulevaient comme plume et nous laissaient retomber en pilant du poivre. Puis ce fut une longue houle glauque, frangée d'écume, mais plus riche d'espérance qu'un arc-en-ciel : elle nous poussait à la rive. Le vent très vif soufflait de même et ramenait au point où nous avait saisis le fléau.

Martigues était fort loin, il devenait bien plus facile de regagner la Charbonnière, ce qui fut l'affaire d'un bon nombre de coups de rame, magistraux, qu'assena le jeune pêcheur redevenu notre patron et notre chef. Mais cet effort fut long, il nous parut plus long encore. Dès que nous eûmes pied, nous nous jetâmes à l'eau tous trois, pour traîner la barque et la mettre à sec.

Alors, et alors seulement, nous regardâmes autour de nous. Deux hommes sortaient de la mer, harassés, et claquaient des dents. Partis à trois de cette plage sur un bateau comme le nôtre, ils avaient rêvé de se sauver à la nage et commis la folie de quitter l'embarcation. Leur camarade ne savait pas nager.

— Vous me soutiendrez ? leur dit-il

Un coup de vent les sépara, ils ne le revirent plus. Le noyé était mon aîné de trois ans. Bientôt majeur, il avait de l'aisance, un joli avenir, de l'intelligence et du goût, on ajoutait : l'amour. Le quatrième jour, son corps fut retrouvé, les yeux dévorés, et méconnaissable. Quand nous suivîmes son cercueil, mon frère me confia qu'il avait la sensation d'y avoir été enfermé.

Il est vrai qu'à Martigues l'on nous avait pleurés. Le père de notre compagnon s'était mis en mer : il n'avait détaché sa barque que pour chercher des corps. Nous revenions à petits pas le long du rivage, appesantis par la fatigue, dans la douceur du soir. Sur le port se tenaient, en groupe, tête baissée et bras pendants, nos familles et nos amis. Personne n'en croyait ses yeux. Après les larmes, quel triomphe ! Pour cacher leur émotion ou pour l'exprimer, les pêcheurs nous prenaient à part, l'un après l'autre, et nous assuraient que nous avions travaillé comme de vieux marins :

— *Avès travaia coume de viéi marin.*

Nous n'avions fait aucun travail et nous n'avions mérité qu'un éloge : nous n'avions pas quitté le bateau, et nous le ramenions sans avoir perdu un agrès.

Pour cet évènement, l'année quatre-vingt-cinq s'est longtemps appelée *l'année du cyclone*, à Martigues. Grand mot qui fait un peu sourire devant la bonne et belle petite cupule d'eau bleue. Mais notre sort s'était si bien joué là que, le soir du sinistre, dès que je fus couché dans la solitude et dans l'ombre, toutes les phases de la tourmente se représentèrent à ma pensée, une par une, et mon sommeil roula, tangua, renouvela les rapts verticaux de la vague, les chutes perpendiculaires à trois pouces du fond, et surtout cette horreur, que Racine a bien dite : *l'horreur d'une profonde nuit*[186], de cette fausse Nuit marine, la plus sombre que j'aie connue ! Retrouvée, revécue,

---

[186] Jean Racine, *Athalie*, acte II, scène 5. (n.d.é.)

ressentie, du fond de mon lit, sa simple image parvenait à m'infliger le sentiment hideux dont la réalité m'avait fait grâce entière : LA PEUR.

# Décernez-moi
# le prix Nobel de la paix

## 1931

# PRÉFACE

Il y a quelques années, moins de douze ans peut-être, une jeune et spirituelle femme de lettres, mariée à un spécialiste de la politique étrangère, me trouva des titres solides, et même incontestables au Prix Nobel de la paix. Elle persuada quelques jeunes confrères et les fit voter pour moi dans je ne sais quelle consultation de journal dont le nom ne me revient plus.

J'avais bien oublié l'initiative ! Elle remonte aux surfaces de ma mémoire depuis que je feuillette ce dossier de petites études sur la guerre et la paix avant et après 1914.

Chacun va pouvoir dire si je n'ai point donné les uniques recettes sûres de la Paix, la vraie Paix, celle qui n'est point de papier.

Si de telles recettes avaient été suivies par la République française dans les premières années du XXe siècle, jamais les Allemands, la trouvant armée et casquée, n'auraient prononcé leur attaque de 1914. La République n'a pas voulu tenir compte de ce précédent lumineux et sombre, elle a tenu à retomber dans sa vieille erreur.

Un risque de guerre tout neuf ne poindrait pas sur l'horizon, avec quantité d'autres maux, si le régime n'avait fait tout ce qu'il faut pour reparaître sans défense.

Je n'ai rien inventé ici, ni le témoignage des faits, ni la réflexion de l'esprit. Les vérités qui s'en dégagent sont d'une évidence grossière, et presque repoussante à force de clarté. Presque personne ne les voit. Si je ne suis plus absolument seul avec elles, je l'ai longtemps été. Mon droit majeur au prix Nobel de la paix n'est donc pas douteux et, si l'on calcule l'ancienneté de ces discours ou leur priorité certaine, il ne devrait pas être permis de me le disputer. Oh ! j'avoue de bon cœur n'avoir aucune chance de l'obtenir. Le bien qui m'est dû tombera dans la casquette ou la barrette du premier boutefeu qui passe ; mais la folie du siècle et de ceux qui le mènent n'en sera que plus tragiquement expiée. Par qui ? C'est là que l'iniquité recommence : les mauvais conseillers auront été payés, ils ne seront pas les payeurs.

# Première partie : avant 1914

## L'Existence de la guerre (1904)

Remontons aux « Principes ». Les loups ne se mangent pas entre eux, parce que les loups trouvent dans la faune environnante de quoi satisfaire abondamment leurs plus âpres besoins : le loup, qui a des agneaux sous la dent, n'a que faire de la chair des autres loups.

Mais l'homme est naturellement anthropophage. Né industrieux, ou devenu tel, il ne mange, il ne boit jamais, il ne consomme que produits de l'industrie et de la fabrique de l'homme. Au fur et à mesure que la civilisation se complique, ce besoin devient de plus en plus violent, il nous tyrannise. L'eau des sources elle-même nous est apportée en bouteilles, produit humain. La main de l'homme est devenue un intermédiaire inévitable entre l'œuvre brute de la nature et la bouche de l'homme. C'est là une magnifique source d'amour, par conséquent de haine ; de caresses, partant de coups.

Plus la valeur du monde augmente par les transformations qu'y ajoute la main de l'homme, plus s'accroissent les chances de conflits entre les possesseurs de tant de richesses. Ce qu'on possède, on peut le perdre. Ce que d'autres possèdent, on peut le leur ravir. Ceux qui possèdent plus, ceux qui possèdent moins, ceux qui ne possèdent presque pas, ceux qui possèdent autre chose que ce qu'ils voudraient ou devraient posséder, ils font une admirable série de carnassiers auxquels les progrès de l'industrie apportent tous les jours de nouveaux progrès dans la recherche des cas de guerre.

*Qui terre a guerre a*, cet ancien proverbe se vérifie de toutes les possessions, de toutes les transformations et de toutes les productions. C'est en vertu de sa noblesse et de son intelligence, en conséquence directe de son ingéniosité que l'animal humain est induit à ses brigandages.

Mais le brigandage n'est pas la guerre ou c'est la guerre, si l'on veut, mais tempérée par l'institution sociale.

Les sociétés sont sorties d'un besoin de paix inhérent, lui aussi, à la vie de l'industriel et du fabricateur. Les villes sont nées de l'amitié, dit Aristote ; amitié de quelques-uns, mais contre quelques autres.

Si l'on pouvait traduire une série de phénomènes naturels, qui ont duré un temps infini, par un brusque miracle, on pourrait dire que l'inventeur de la Société procéda comme l'ingénieur qui assainit une contrée marécageuse où l'eau ne peut être ni aspirée, ni écoulée ; il creuse des bassins et des canaux dans lesquels l'eau est rassemblée, ce qui solidifie le reste du territoire.

La condition et la nature profonde du genre humain ne change pas, mais l'institution des sociétés canalise les instincts belliqueux en les tournant contre le dehors, contre l'Étranger, et elle fait régner au sein de chaque groupe politique une paix relative, en réprimant, avec un minimum d'équité, tout perturbateur.

Toute violence à l'intérieur est perturbatrice. Les violences collectives exercées à l'intérieur, guerre de classes, guerre civile, sont impies parce qu'elles détruisent cette paix et cette justice qui est la raison d'être de la Cité. Il y a donc, en fait de luttes humaines, plus rudimentaire et plus barbare que la guerre entre nations : c'est d'abord la guerre au sein des nations, et, plus encore, ces attentats contre les personnes et les propriétés, ces cas de violences privées sur lesquelles l'institution de la Guerre réalisa jadis un terrible, mais incomparable progrès.

Quand ces barbaries naturelles auront tout à fait disparu au sein de chaque collectivité, quand il n'y aura plus besoin de tribunaux correctionnels ou de Cours d'assises, je serai tout prêt à admettre que la Guerre va disparaître faute de guerriers et que la nature de l'homme s'est définitivement adoucie. Il n'en est rien, je crois. Avec l'avance des industries et des arts, notre terre devenant chaque jour plus riche d'objets qui sont plus dignes de désirs, il est fatal que les convoitises augmentent, et les querelles, et les conflits à main plate ou à main armée. On se battra donc d'homme à homme et, tant qu'il y aura des nations, de nation à nation. Si, par un hasard ou un autre, les nations disparaissaient, leurs luttes cesseraient sans doute, mais aussi la police à l'intérieur de chacune d'elles, ce qui ferait la plus obscure des mêlées dans la plus sanglante des barbaries.

**Note** — M. Anatole France écrivait, en 1891, dans sa préface à une traduction de *Faust* :

> « Comme il est dit que rien d'humain ne lui sera étranger, Faust connaîtra la guerre. Même il la fait. Goethe l'avait seulement vue. Il ne l'aimait point. Aussi bien n'est-elle guère aimable. La question est de savoir si elle est nécessaire. Les vertus militaires ont enfanté la civilisation tout entière. Industrie, arts, police, tout sort d'elle. Un jour des guerriers armés de haches de silex se retranchèrent avec leurs femmes et leurs troupeaux derrière une enceinte de pierres brutes. Ce

fut la première Cité. Ces guerriers bienfaisants fondèrent ainsi la patrie et l'État ; ils assurèrent la sécurité publique ; ils suscitèrent les arts et les industries de la paix qu'il était impossible d'exercer avant eux. Ils firent naître peu à peu tous les grands sentiments sur lesquels l'État repose encore aujourd'hui : car, avec la cité, ils fondèrent l'esprit d'ordre, de dévouement et de sacrifice, l'obéissance aux lois et la fraternité des citoyens. Le dirai-je ? Plus j'y songe et moins j'ose souhaiter la fin de la guerre. J'aurais peur qu'en disparaissant, cette grande et terrible puissance n'emportât avec elle les vertus qu'elle a fait naître et sur lesquelles tout notre édifice social repose encore aujourd'hui. Supprimez les vertus militaires et toute la société civile s'écroule. Mais, cette société eût-elle le pouvoir de se reconstituer de nouvelles bases, ce serait payer trop cher la paix universelle que de l'acheter au prix des sentiments de courage, d'honneur et de sacrifice que la guerre entretient au cœur des hommes. »

## Sur le discours d'un Maître (1911)

Le discours prononcé par M. Anatole France à la commémoration de la première Conférence de la paix[187] provoquerait bien des réflexions et des commentaires, les uns et les autres en forme d'objections. Car enfin...

Mais lisons d'abord ce paragraphe :

« Nous faisons à la guerre la part assez belle. Mais, autrefois nécessaire, elle a perdu sa raison d'être. C'est un fait réel, certain, et qui n'échappe à beaucoup d'observateurs que parce qu'il est immense et que tous les yeux ne peuvent l'embrasser dans sa vaste étendue. Regardez pourtant : colons, terres et fruits de la terre, bestiaux, céréales, matières premières, produits manufacturés, numéraire, crédit, tout ce qui fait la prospérité des peuples et la force des races se gagnait jadis par la violence. C'est maintenant affaire d'entente entre

---

[187] En 1898, le tsar Nicolas II lança un manifeste inspiré par les écrits du banquier et philanthrope polonais Jean de Bloch, manifeste qui engagea vingt-six États à participer à une Conférence internationale de la paix à La Haye l'année suivante. Une deuxième conférence eut lieu en 1907. En outre avaient lieu des commémorations annuelles. (n.d.é.)

nations de civilisation égale. Il est vrai que les races inférieures en font trop souvent les frais ».

Cet *il est vrai* blesse dangereusement tout ce qui précède. Ainsi l'instinct guerrier n'est pas extirpé ? Il n'a même diminué qu'en apparence, il s'est seulement déplacé. Et d'une !

Secondement, *je regarde*, comme M. Anatole France m'y invite, je regarde les colons, la terre et les fruits, les bestiaux, les céréales, les autres produits, et le signe commun de toutes ces richesses, savoir l'argent et le crédit, et je me demande comment un philosophe aussi averti ne s'est point rendu compte que le dol, le vol, le rapt, la violence s'approprient ces richesses aussi communément qu'autrefois ! Seulement, les guerres s'étant raréfiées entre peuples, ces actes sont devenus singulièrement plus fréquents entre particuliers ; vous avez moins de guerres publiques, vous avez plus de guerres privées.

« Le bon Trajan », comme dit le poète, devait tirer l'épée contre les ennemis, de l'empire ; mais il imposait au dedans la paix romaine, qui était la justice. Ainsi le duc Rollon.[188] Ainsi quantité de souverains dont l'histoire est moins éloignée. Mais dès qu'ils se relâchent de cet esprit guerrier et que la Cité ou la Nation, ou l'État, pour une raison ou une autre, se trouve moins entraîné à la lutte collective, les instincts de vol, de fraude et de meurtre s'exercent au dedans, et quantité de gens qui auraient fait de braves soldats, ou même d'honnêtes pirates, tournent au misérable apache de faubourg et au flibustier de chef-lieu de canton.

De tout temps l'homme a produit, et de tout temps il a détruit. La question politique et même la question morale est de savoir quand et comment se fait le meilleur usage, la meilleure distribution de ce double instinct éternel. M. France déclare espérer que « les rapides développements du socialisme international de la fédération des prolétaires préparent invinciblement *l'union des peuples de tous les continents* ».

N'oublions pas les îles, et prenons garde aussi de nous demander comment il se fait que tant de races, tant de nations, grandes ou petites, les unes antiques, les autres nées d'hier, apparaissent de plus en plus entichées du caractère de leur race et tellement férues de leur langue particulière

---

[188] Chef viking. En 911, en contrepartie de l'arrêt de ses pillages, il reçoit du roi Charles le Simple le comté de Rouen qui est à l'origine de la fondation du duché de Normandie. (n.d.é.)

qu'elles la préfèrent hautement à celles qui leur donneraient la commodité des communications les plus étendues.

Je crois, comme M. France, aux fédérations de métiers. Mais l'histoire des Flandres lui montrera précisément de fameux tisserands et d'illustres drapiers admirablement fédérés qui furent, en même temps, de rudes guerriers. Je ne rechercherai pas si le fait est bon ou mauvais, je demande s'il est prêt de finir et encore et surtout si l'on peut procéder en France comme s'il était fini ou prêt de finir.

## Propos de Jean Jaurès (1912)

Usant de la langue allemande, qui est la langue naturelle de son esprit, et dont il prend la boursouflure pour de la « majesté », M. Jean Jaurès vient de déplorer devant les socialistes berlinois, les massacres de la guerre des Balkans.[189] Non seulement pour un Français, pour tout homme un peu policé, il y a quelque chose de plus horrible que la guerre turco-gréco-serbo-bulgare, c'est la guerre franco-allemande de 1870 ; mais, pour les mêmes spectateurs et les mêmes juges, il y a quelque chose d'encore plus affreux que la guerre de 1870, c'est la Commune de 1871. La plus sanglante et la plus meurtrière des guerres étrangères est vite effacée en horreur par le premier éclat d'une guerre civile. On s'épuise vainement à imaginer comment les partisans avérés et bruyants de la guerre civile, les sectateurs professionnels de la guerre sociale, peuvent gémir devant quelques ruisseaux de sang qui sont bien peu de chose au prix des torrents et des fleuves de la même liqueur que leur sophistique et leur rhétorique s'efforcent, matin et soir, de faire couler. Il n'y a de pacifiques vrais que les patriotes résolus qui, sans le moindre « pacifisme », estiment devoir tenir tête au fléau de la guerre et se préparent à la faire comme il faudra, quand il faudra, de manière à s'en tirer le plus vite possible, avec le minimum de dégâts ou de peines et le maximum de profit.

La « guerre à la guerre » est philosophiquement une pauvreté. En pratique, c'est un système digne de Gribouille. D'une part, il avorte toujours et ne peut atteindre son but, et, d'autre part, pour essayer de l'atteindre si peu que ce soit, il est obligé d'en passer précisément et complètement par

---

[189] Les conflits qui ont éclaté dans les Balkans dans les années 1912 et 1913 : les peuples européens de l'Empire ottoman ayant pris conscience de leur unité nationale secouent le joug turc et s'érigent en États. (n.d.é.)

l'objet de son anathème : cette guerre exécrée, il est obligé de la faire, et plus cruelle qu'aucune autre, et sans autre résultat que des destructions. Elle tue sans créer. Elle symbolise le sacrifice sans fécondité.

Les alliés balkaniques, vainqueurs de leur antique oppresseur turc, sèment le champ de leurs victoires d'une multitude de cadavres et les survivants savent qu'ils seront fauchés peut-être demain. Mais ils savent pourquoi et à quoi cela sera bon. Leur troupe peut chanter avec un héroïsme plein de raison :

> Demain sur nos tombeaux
> Les blés seront plus beaux.
> Serrons nos lignes.
> Nous aurons, cet été,
> Du vin aux vignes...[190]

Les campagnes pouilleuses de la Bulgarie ou de la Serbie hier esclaves seront couronnées de moissons. Leur terre délivrée, la race reprendra sa fierté séculaire, et, en s'ennoblissant, elle foisonnera.

Mais les lendemains de révolution sociale sont mornes. Les fumées qui s'élèvent des villes et des champs révèlent une civilisation dévastée, une avance nationale perdue, une immense portion du capital commun liquidée et qu'il faut refaire à grands frais. Les usuriers et les vautours y trouvent seuls leur compte. M. Jaurès lui-même aurait horreur de l'inévitable résultat de ses oraisons, s'il était seulement capable de le penser.

## LA PAIX, LES PROGRÈS, LES MERVEILLES (1913)

M. Gabriel Hanotaux vient de publier dans la *Revue Hebdomadaire* un article « pacifiste ».

« Non, dit-il, le pacifisme n'est pas une chimère. » Puis il ajoute précipitamment : « Le nationalisme n'est pas une régression... la nation est l'organisme le plus parfait qu'ait pu trouver, jusqu'ici, pour se soutenir et se perfectionner, la société des hommes ». Mais il se déclare prêt à mourir sous la hache plutôt que de laisser soupçonner un seul instant qu'il

---

[190] *La France bouge*, chant d'assaut des camelots du roi. (n.d.é.)

n'est pas homme de progrès et qu'il désespère du règne imminent ou prochain de l'universelle Paix.

Sans confiner à la vieillesse comme la génération de M. Gabriel Hanotaux, celle dont je suis n'est plus jeune. Elle a vu bien des choses, elle a eu sujet de réfléchir sur bien des changements dont quelques-uns véritablement extraordinaires et presque sans exemple dans l'histoire des hommes. Je le dis tout de suite, aucune de ces merveilles n'a été de nature à faire pressentir l'empire de la paix, et peut-être tout au contraire.

Nous avons vu, admiré, applaudi, et avec quel délire ! en 1889, les premières fontaines lumineuses. Qui n'a pas vu l'esplanade des Invalides, à certain soir féerique de cette Exposition, n'a rien vu. J'ai, pour la même année, le souvenir d'une petite scie chirurgicale, scie coudée, qui allait et venait le long de la cloison nasale du plus proche de mes amis avec une netteté admirable, il en pouvait compter chaque grincement, sans éprouver la moindre souffrance et se récitait à mi-voix les plus belles, les plus heureuses des odelettes de Ronsard, de La Fontaine et de Mistral, tandis que son sang ruisselait.

Cette conquête de l'anesthésie, sous la forme raffinée de l'analgésie, mérite bien d'être notée entre les merveilles du siècle qui allait se terminer. Une autre, moins brillante, un peu plus ancienne, mais autrement utile : l'antisepsie, achevait de faire ses preuves.

Enfin, au cours de la dernière année du XIXe, nous vîmes triompher le chariot magique, rapide, courant devant nous sans tracteur animal ni monstre soufflant de fumée. Peu d'années après, à l'automobile dévorant l'espace terrestre succédèrent l'aéroplane et le dirigeable, conquérants ailés du plein ciel. Là encore, on me permettra de redire : qui n'a pas vu certains atterrissages au champ de manœuvres d'Issy, n'a pas vu s'épanouir en frémissant une certaine fleur d'espérance.

Ah ! je crois au génie humain. Ce que je ne puis croire, c'est à la possibilité d'abolir les deux passions qui l'échauffent et qui l'inspirent, ces beaux feux alternés de haine et d'amour sans lesquels il se coucherait et mourrait sans avoir vécu. Ce qu'il est impossible de ne pas prévoir, c'est l'égale persistance et l'égale durée de ces passions humaines et de l'esprit humain. Nées avec lui, elles ne mourront qu'avec lui. Plus celui-ci exalte, ennoblit, enrichit les produits de notre race et de notre terre, plus il ajoute au nombre et à la qualité des objets de l'amour, du désir, de la haine et de l'aversion. Autant de possibilités de combats !

L'enjeu des guerres en devient plus précieux, comme leur matériel plus savant, comme leur esprit plus ardent et plus passionné. C'est, dès lors, un enfantillage que de former le moindre rêve de les abolir.

Religieuse, civile, sociale, internationale, la guerre est destinée à vivre autant que les hommes. Le ploutocrate éminent à qui nous devons le Palais de la paix, M. Carnegie[191], était bien placé au milieu de tant de richesse, pour sentir que la guerre économique moderne prendra fatalement une extension nouvelle, un essor sans pareil depuis l'origine du monde, et M. Hanotaux, qui le sait, eût été plus sage d'éviter de paraître ajouter foi à la fable contraire. Il était si simple de dire que la paix est le but, et de tous le plus désirable !

Mais la guerre en est le moyen. La paix est le bien souverain. C'est à main armée qu'on l'impose.

## LES ILLUSIONS DE M. CARNEGIE (1913)

Vivent monsieur Carnegie et sa femme ! comme disent, ou à peu près, les dépêches de La Haye. L'intervention de M. Carnegie à La Haye présente plusieurs caractères :

1. Il s'est exprimé sur le compte de l'empereur de Russie avec une rusticité que le tsar, espérons-le, voudra bien excuser : « Le tsar de Russie qui semblait deviner en 1898 l'imminence du règne de la paix mondiale... »

2. Il a fait sourire ses auditeurs en évoquant ce souvenir d'il y a quinze ans, car l'intervention pacifiste du tsar fut suivie à brève échéance d'une guerre longue et cruelle dont le tsar fit les frais. C'est là une espèce de constante historique. Par une loi mystérieuse, les États qui parlent de paix universelle ne tardent pas à être durement éprouvés par les armes. Le rêve d'Henri IV fut immédiatement suivi de la guerre de Trente Ans. Le rêve philanthropique des écrivains français au XVIIIe siècle annonça vingt-trois ans de la guerre la plus sanglante qu'eût vue l'Europe. Nos congrès pacifistes de 1869 précédaient d'un an la guerre franco-allemande. Le pacifisme dreyfusien, fin du XIXe siècle, a coïncidé avec l'ouverture d'une série de complications œcuméniques dont la guerre hispano-américaine, la guerre turco-grecque, la guerre anglo-transvaalienne furent les Propylées.

---

[191] Andrew Carnegie (1835–1919), industriel et philanthrope écossais naturalisé américain. (n.d.é.)

Il ne serait pas sans intérêt que la patrie de M. Carnegie, en délicatesse avec le Mexique[192], ratifiât de nouveau cette vue d'expérience. Je serais d'ailleurs bien surpris qu'avec son prodigieux canal interocéanique, l'Amérique ne se fût pas mis sur les bras des difficultés militaires. Répétons que le sage et savant moyen âge disait : — *Qui terre a, guerre a*. Un canal est une richesse qui participe de nos jours aux avantages et aux inconvénients de la terre.

3. En parfait illettré qu'il est, M. Carnegie a cru découvrir que le monde civilisé a enfin compris quel bien est la paix. Nous ne guérirons ni ignorance ni sauvagerie ! Bornons-nous à prier l'Iroquois de La Haye de repasser au même endroit dans une demi-douzaine de siècles. Il trouvera vraisemblablement, à la place du « beau palais » qu'il a payé et qu'il admire de tout le cœur de Mme Carnegie et du sien, quelque trophée, quelque souvenir militaire, qui rendra un nouveau témoignage à cette vérité bien connue des Anciens : L'état guerrier, père de tout... Dans la campagne environnante les humains de l'an 2 413 ou 2 513 élèveront le même regard, les mêmes vœux, les mêmes hymnes du côté de la douce Paix à laquelle le peuple athénien élevait déjà des autels il y a 2 500 ans en formant les prières que la force des choses a si rarement exaucées.

4. Enfin, M. Carnegie a argué du nombre et de la complexité des échanges internationaux.

On comprendrait à la rigueur que ces échanges fissent disparaître les nations, auquel cas la guerre nationale disparaîtrait faute d'objet, non sans être remplacée (et largement !) par des guerres sociales et civiles. Mais l'accroissement des relations matérielles et morales entre les peuples, loin de les fédérer, les excite visiblement les uns contre les autres. D'abord en leur rendant leur différence sensible : il y a vingt ans que Bourget a observé et énoncé cette loi, les événements ne lui ont pas donné tort. Ensuite en multipliant entre eux les sujets de litiges nouveaux : tout bien matériel est pomme de discorde. C'est trop évident.

Que conclure ? Qu'il est beau d'être riche, mais que la richesse, même milliardaire, ne produit ni des idées justes ni des discours sensés. Ce sont là deux ordres distincts. Il est fâcheux que les représentants de l'élite politique européenne aient écouté de sang-froid les divagations d'un quidam, pour la

---

[192] La Révolution mexicaine avait commencé en 1910. (n.d.é.)

simple raison que ce monsieur possède un gros sac. Cela donne une idée modeste de notre civilisation. On peut redouter pire ; mais on a connu mieux en Europe, à Paris, à Berlin, à Londres, et même à La Haye.

# Deuxième partie : après 1914

## Pronostic de la paix
### (*Action française*, 21 mai 1915)

La guerre risquera de recommencer au cas où l'Allemagne, vaincue et bien vaincue, serait ménagée par quelque traité nigaud. En laissant à l'Allemagne soit l'unité impériale, soit l'unité prussienne, double principe de sa force, on lui laisserait le moyen assuré et infaillible de recommencer les hostilités avant dix ans et d'y déployer des ressources qu'elle n'a pas encore aujourd'hui, du fait de l'immense supériorité de sa population en bas âge : au lieu que nous ne retrouverions peut-être ni autant d'alliés, ni les mêmes conditions d'unanimité et d'élan.

La menace de guerre subsisterait encore si l'on s'en tenait à des précautions diplomatico-juridiques contre le peuple du « chiffon de papier », qui trompa si bien la vigilance impériale après Iéna.

Et le même péril serait maintenu si l'on se bornait à la substitution d'une république unitaire à l'empire unitaire existant. Une organisation politique quelconque, assemblée ou présidence, succédant au Hohenzollern, commencerait par disposer d'une immense accumulation de ressources militaires, économiques, maritimes qui ne se gaspilleront qu'à la longue, au fur et à mesure des dissipations du régime. Une république allemande serait dans la même situation que les jacobins qui, après avoir coupé le cou du roi Bourbon, purent soutenir vingt-cinq ans de guerre au moyen des organisations séculaires créées par ces mêmes Bourbons. Une République allemande abuserait d'autant plus volontiers de ses ressources que : 1° l'abus lui promettrait une meilleure affaire et que 2° elle sentirait ses voisins moins capables de lui résister.

Est-ce que l'Union américaine, quoique République, quoique Fédération, s'est gênée pour faire une guerre de conquête en 1898, quand elle a vu la possibilité d'annexer Cuba et les Philippines, quand elle a senti l'impuissance de l'Espagne à lui tenir tête ?

Le péril de guerre sera surtout plus urgent que jamais si la consigne est de se fier soit au bon cœur de la Germanie, soit au progrès fatal de la vie moderne. Pendant vingt ans, depuis que Jaurès les menait, les socialistes français se fiaient ainsi à la bonté des Allemands social-démocrates. Et qu'est-ce que cela leur a rapporté ? La guerre ! Pendant les mêmes vingt ans, les mêmes socialistes français ont déclaré la guerre impossible de par l'évolution générale du monde : elle leur a été imposée par les gens qui professaient sur ce point la même idée qu'eux !

Certes, oui, il ne faut pas que cela recommence. Mais pour éviter que cela recommence, il faut user de moyens efficaces, précisément ceux dont les socialistes ne veulent pas.

Ces Français qui se sont fait blouser et berner par leurs frères d'Allemagne pendant vingt ans ne veulent pas que nous ayons des précautions et des défenses. Ils disent : *dernière guerre ! dernière guerre !* Se figurent-ils qu'en prononçant ce mot ou en l'écrivant avec de l'encre sur le papier, ils réaliseront la chose ? En disant pluie, tonnerre ou vent, fait-on pleuvoir, tonner ou tempêter ? Il n'y a pas de superstition plus grossière chez les sauvages.

Ajouter : « Nous ne faisons pas une guerre, nous faisons une révolution, nous visons à débarrasser l'Europe de ce qui reste de féodalité militaire », cela ne suffit pas non plus pour accomplir cette révolution ni opérer cette délivrance.

## GERMANISME OU CAPITALISME (1918)

Qui est coupable de la guerre ? Est-ce la folie et l'erreur du Germanisme, Islam des terres sans soleil, doctrine et passion des peuples arriérés de l'Europe centrale ?

Est-ce un régime économique particulier voué à engendrer les violences entre les peuples ?

Comme les peuples se violentaient les uns les autres bien avant que le capitalisme existât ou pût exister, comme on s'est battu sous tous les régimes économiques y compris les plus pastoraux, il est impossible de restreindre à celui-ci les causes de guerres. Mais les doctrinaires du socialisme qui nous servent de temps à autre cette antienne s'expriment mal. Ils veulent dire que la paix durera quand ils gouverneront seuls ; en termes moins arrogants, lorsque la classe ouvrière, ou prolétariat conscient, fera jouer d'un bout à l'autre de l'univers son instinct social et sa solidarité organique.

C'est une hypothèse à laquelle il ne manque qu'un fondement. Ce qui ne manque pas, en revanche, ce sont les objections. L'une d'elles sort des faits. Il y a soixante ans et même il y a quatre ans, beaucoup de libéraux, établis dans des positions intellectuelles symétriques du socialisme, estimèrent que le développement de l'industrie et du commerce capitalistes tendrait à rendre la guerre à jamais impossible. Une solidarité d'intérêts entre les grandes associations de capitaux aboutissait, prétendaient-ils, à garantir la paix universelle. On a vu l'échec de cette conception académique. La garantie n'a rien garanti ni essayé de garantir. Elle n'a pas joué. Les bourgeois n'y croient plus. Ce laissé pour compte du patronat international est maintenant offert au prolétariat qu'il s'agit toujours de berner. La classe ouvrière se laissera-t-elle faire ? Et va-t-elle gober ? Là où le jeu international des plus grands intérêts matériels a été dérisoire et inopérant, le jeu international d'intérêts purement moraux entre hommes qui n'ont en commun ni langue, ni mœurs, ni sentiment, ne pourra obtenir un résultat meilleur ; fera-t-on croire le contraire aux ouvriers français conscients ?

L'expérience du pacifisme de classe est faite et bien faite. L'internationale des classes capitalistes devait donner la paix et a donné la guerre. Il n'y a aucune raison de penser que l'internationale des classes ouvrières, faisant même promesse, soit capable de la tenir. Une seule réalité là-dessous : les chefs socialistes veulent se faire nommer conseillers municipaux, généraux, députés, sénateurs, ou garder les sièges qu'ils ont gagnés sur ce programme de sucre et de miel.

L'électeur avalera-t-il ? N'avalera-t-il pas ? Voilà le vrai fond de toute l'affaire.

# LA DÉMOCRATIE ET LA GUERRE (1917–1918)

I — À ne consulter que ses idées et ses instincts, la Démocratie n'aime la paix que pour mener plus tranquillement *à l'intérieur* une guerre à elle, cette « grande guerre des peuples libres ».

Promettre la paix perpétuelle au nom d'un tel régime de vie guerrière constitue déjà un bourrage de crâne assez beau. Mais il y a mieux. Le régime démocratique n'abolit pas les hommes, ni les intérêts et les passions qui les meuvent. Quel que soit son pacifisme de doctrine ou de sentiment, le régime n'empêche pas ces passions et ces intérêts de s'agiter au fond des âmes, et *nul système n'est plus mal armé pour y résister*.

On a vu Guillaume II tenir tête de longues années aux impulsions belliqueuses de ses militaires, de ses commerçants, de ses professeurs, d'un peuple entier : tous les ressorts de sa monarchie autoritaire ont été tendus fort longtemps en vue du freinage. La façon dont notre Législative fit déclarer la guerre à l'Autriche en 1792 montre l'extrême nervosité et irréflexion, la sensibilité aux intrigues, aux menaces, aux pièges d'un organe collectif disposant de l'autorité décisive.

L'un des traits du mouvement démocratique, depuis la fin du XVIIIe siècle est d'avoir substitué aux guerres d'États, petites guerres faites par des armées de métier et, en fait, peu meurtrières, ces guerres de nations qui ont débuté par de grands carnages et qui n'ont cessé de devenir de plus en plus sanglantes et coûteuses. Le mouvement démocratique et pacifiste européen depuis la fin du XIXe siècle s'est accompagné d'une recrudescence de tels sacrifices humains. Admettons que ce soit une pure coïncidence. On ne peut pas dire qu'un régime coïncidant avec le plus effroyable essor guerrier abolit la guerre. Il ne l'abolit pas puisqu'il coïncide avec elle. Il ne l'abolit pas puisque les progrès de la démocratie et les progrès de la guerre cheminent de pair. Il n'y a donc pas d'incompatibilité entre le fait de la démocratie et le fait (je ne dis pas l'art) de la guerre.

Que sert de dire : — Oui, mais les guerres des démocraties ont résulté des agressions conduites par les monarchies ; quand il n'y aura plus de monarchie dans le monde, quand tout sera en république, tout restera en paix...

Il n'y a plus de monarchie en Amérique et les républiques américaines n'ont cessé de se faire des guerres. Elles en ont même déclaré à des monarchies, comme l'ont fait les États-Unis à l'Espagne. Le développement militaire des États-Unis est devenu l'une des grandes curiosités de la vie du monde, l'un des problèmes critiques de son avenir. Écrire le mot *paix* là où les choses disent et crient *guerre* ou risque de guerre ne change rien à leur réalité.

II — Le régime est ici cause déterminante. Il ne faut accuser ni pacifisme, ni « bellicisme », ni la préparation, ni l'impréparation à la guerre, ce ne sont là que des causes subordonnées.

L'Assemblée législative qui en avril 1792 déclara la guerre à l'Autriche (afin de renverser la monarchie en France, Brissot l'a avoué) n'était pas pacifiste. Après vingt-cinq ans de guerres terribles, quel fut le parti guerrier en France de 1815 à 1848 ? C'était le parti libéral, le parti démocratique, le parti républicain. Un légitimiste au pouvoir, Lamartine, empêcha quelque temps la guerre, mais le suffrage universel ayant, en décembre 1848, élu son chef naturel Louis-Bonaparte, la série des entreprises extérieures provoquées ou décrétées par l'opinion ne tarda pas à recommencer.

Cela dure dix-huit ans. Après Sedan, l'opinion souveraine change d'orientation : de guerrière, elle devient pacifique. Sa destinée n'en est pas modifiée : les mêmes lacunes d'esprit en politique extérieure, en politique militaire, amenèrent en 1914 le même résultat : l'invasion. Qu'il cherche les querelles ou préfère les concessions, le gouvernement d'opinion a tout ce qu'il lui faut pour être touché à tout coup.

En revanche, le seul régime qui n'ait pas subi d'invasion depuis nos Révolutions, le seul aussi qui n'ait pas fait de grande guerre, la monarchie légitime de 1815, la monarchie élective de 1830, mais dans laquelle un Prince du sang de France assurait la continuité de nos traditions au dehors, cette monarchie nationale et réaliste n'avait pas attaché à ses fleurs de lys l'étiquette philosophique du pacifisme ou du bellicisme. Elle voulait sérieusement la paix comme tout gouvernement raisonnable, comme tout véritable gouvernement français. Mais elle se tenait en état de faire la guerre : diplomatie, armée, marine, elle s'attachait à tout restaurer après que tout eût été ruiné, et les organes de sa puissance ne la grisaient pas, ils n'entraînaient pas, à la manière boche, ce pouvoir éminemment personnel et humain. La vieille maxime : *Si tu veux la paix pare la guerre* ne le rendait pas le jouet des forces qu'il s'était données. Il créait d'imposantes ressources matérielles, mais il en restait le maître, de sorte que, si on ne lui déclarait pas la guerre comme on l'a fait à la République de 1914, il ne la déclarait pas comme la République de 1792.

Toutes les Coalitions républicaines du monde ne peuvent rien contre ce fait : ni le XIXe siècle, ni le XXe n'a rien donné de comparable à ce type d'équilibre vraiment pacifique, personnifié tour à tour par Louis XVIII, Charles X et Louis-Philippe. Règne éminemment français et européen. Règne rationnel et civilisé.

Mais comment les partis auraient-ils de la raison ? Le docteur Gustave Le Bon a comparé la foule à un animal. C'est encore faire trop d'honneur aux partis. Leurs réactions sont toutes mécaniques, ludion du bocal ou bille du billard.

III — « La rude et glorieuse histoire qu'écrivent nos soldats montre à ceux qui prédisaient leur incapacité de guerre [des démocraties] qu'elles trouvent en cette caractéristique de leur nature une de leurs principales forces. »

Je remercie l'écrivain militaire de *L'Humanité* d'avoir posé encore une fois le problème de la guerre et de la démocratie. Une opération d'arithmétique permet de le résoudre et de voir indépendamment de la valeur propre des peuples, la capacité et l'incapacité des régimes.

Voilà une nation mal née, mal venue, mal fichue à tous les égards, d'esprit lourd, de cœur bas, mais gouvernée monarchiquement (avec les libertés locales et professionnelles qu'une monarchie en règle comporte) et qui a le moyen de constituer ainsi une coalition dont elle est la tête, dont son chef est la tête et qui forme donc, elle aussi, une monarchie : cette coalition monarchique ne réunit pas 160 millions de sujets. Et pendant quatre années entières ce conglomérat disgracié de la nature et de l'histoire, ce quatuor boche-austroboche-bulgare-turc, après avoir attaqué et campé chez tous ses voisins, après avoir été lui-même attaqué de toutes parts, peut tenir tête à une Alliance (ou Entente) qui a compris à la fois la Russie et les États-Unis et n'a pas compté moins de 700 millions d'êtres humains pour approvisionner ses armées : mais celles-ci n'ont point de chef commun, c'est une simple république d'États, démocratie de démocraties, Douma de Doumas. Avant l'accession américaine, l'Entente représentait 600 millions d'hommes. Après la déroute russe, elle en comptait encore 520 millions recrutés dans la plus haute élite terrestre. Or, malgré la défection bulgare, le morceau boche reste coriace et dur à emporter.

On l'emportera, certes, nous le disions dès août 1914, nous n'en avons jamais désespéré, mais nous avons toujours pensé qu'il faudrait y mettre le prix. Prix en argent. Prix en efforts. Prix, hélas ! en humains sacrifices. On disait avant la guerre que la démocratie n'était pas un régime d'économie financière, et c'était pour cela que Nansen avait voulu un roi de Norvège. Nous savons aujourd'hui que cette prodigalité se retrouve dans tous les ordres : celui du temps, celui du sang. Elle implique de grands efforts et de grands dégâts. Son rendement est médiocre comparé à celui de la monarchie : c'est le rapport de 1,53 à 7,06.

Il n'est pas brillant.

Un membre de la démocratie universelle paraît devoir être l'élément décisif de la guerre : c'est la « démocratie » américaine.

Elle était déjà avant la guerre dans une forme monarchique : pour en intensifier le rendement guerrier, on n'a rien trouvé de mieux que de la rendre plus monarchique encore. M. Wilson a plus de pouvoir que Guillaume II. Cela fera réfléchir beaucoup de Français.

Ils se diront enfin : — Si nous avons l'alliance américaine, c'est grâce à un roi de France, Louis XVI. S'il se dresse une Belgique indépendante contre les armées germaniques, en août 1914, c'est grâce à un autre roi français, Louis-Philippe. Si cette barrière belge a tenu, c'est grâce à un troisième roi, le héros belge Albert 1er. Ces rois n'étaient décidément pas des monstres. Ni des zéros.

## LA GUERRE, LA PAIX, LA JUSTICE (1924)

Il faut éliminer la sauvagerie, mais garder le goût, si mâle et si humain, de défendre et de protéger. Il ne servira de rien de répéter aveuglément que la guerre est impossible et qu'il n'existe sur terre ni race de bêtes fauves ni peuple de méchants. On n'y arrivera point davantage en retranchant des jouets destinés aux petits garçons ceux qui leur parlent de l'éventualité de la lutte. Ce ne sont pas les sabres, fusils, épées, gibernes, panoplies qui créent l'instinct batailleur, mais c'est de cet instinct que procède le vœu de *jouer la vie des combats* avant de la vivre. Ce n'est pas la poupée qui prêche à la petite fille l'instinct maternel, mais cet instinct lui souffle l'amour de sa poupée. On ne détruira pas ces instincts premiers. Il reste à les régler, à les modérer, à les utiliser, comme tout instinct.

Voici des chimères bien dangereuses. À propos des petits enfants du Japon[193] quelqu'un écrit :

> « Un orateur leur raconta ensuite que les ouvriers (pour la plupart volontaires) qui reconstruisaient la ville avec l'argent du monde entier avaient souvent des querelles et des conflits, et que les chefs de reconstruction avaient l'ordre DE RÉGLER CES QUERELLES SANS JAMAIS DONNER TORT TOUT À FAIT À AUCUN DES DEUX ADVERSAIRES, l'erreur même étant un motif qu'il faut respecter : — Il doit en être ainsi, conclut l'orateur, entre les nations. »

« Régler une querelle sans jamais donner tort tout à fait aux deux adversaires », cela vous a un air de profondeur morale, de beauté philosophique.

---

[193] Un important tremblement de terre avait frappé Tokyo le 1er septembre 1923. (n.d.é.)

Tous les esprits superficiels de ma connaissance diront qu'avec cela la Paix est faite.

Elle est, au contraire, détruite. Car ce principe accorde une prime insensée à tous les mauvais coucheurs de la création. Les exigeants, les querelleurs, les chapardeurs, tous les brigands du monde sauront que, désormais, un principe tutélaire les assure de gagner à tout coup sans rien risquer.

Plus ils chiperont, plus ils garderont. Plus ils se montreront avides et persécuteurs, plus ils auront des chances d'étendre et d'améliorer leurs affaires. C'est à la solide Tyrannie des Pires que conduit ce principe-là. Étendez-le aux relations internationales, le résultat sera clair, il suffira à l'Allemagne de nous réclamer Besançon, Dijon, Troyes et Marseille pour lui valoir Metz, Toul et Verdun, sans excepter Strasbourg ni Colmar : entre ses réclamations et nos refus, l'arbitre ne voulant donner tout à fait tort à personne, aura coupé la poire en deux ! Notez que la guerre n'en sera pas écartée, car il n'y a point de moutons que la vexation redoublée n'enrage tôt ou tard. Mais cette guerre se fera dans des conditions d'infériorité telles que les pauvres moutons devront y consentir des sacrifices cent fois plus lourds que s'ils eussent résisté au bon moment. La victoire même les laissera pantelants, épuisés de peur, d'efforts et de sang !

Et prenons garde que ce principe n'est pas du tout variante du vieil adage : mieux vaut un bon arrangement qu'un mauvais procès.

Ce principe arbitral résout les litiges de second ordre dans un pays civilisé où l'essentiel des conditions de la vie humaine est garanti par la justice et la maréchaussée. En substituant *partout* l'arbitrage au jugement, l'on dérange et l'on détraque tout. Dans les matières graves, l'humanité civilisée croyait nécessaire de prononcer un jugement : *Tu as droit, tu as tort*. En des sujets supérieurs, elle estimait que la vie même valait la peine d'être donnée pour la victoire du raisonnable et du bon. Le système que l'on croit nouveau et qui n'est que la plus barbare des vieilleries supprime entièrement de l'esprit humain, des relations du genre humain, le jugement, le choix, la différence du vrai et du faux, du mal et du bien : « L'erreur » devenue un « motif qu'il faut respecter » il n'y a rien de plus rétrograde.

Tout reviendra au même. Tout, matière à transactions ! Comme une marchandise ! Comme un objet matériel ! Deux ou trois notions, les plus hautes, les plus pures, les plus saintes, les plus pieuses seront effacées et rayées ainsi de la conscience de l'homme. Il s'ensuivra une dégression radicale de l'espèce tout entière. Au profit de la paix, dit-on ? Mais c'est une illusion, on vient de le voir. La politique de la concession et du compromis pousse à la guerre, à la plus dévastatrice et à la plus cruelle des guerres : ce plat de lentilles pour lequel on cède le droit recouvre et signifie de nouveaux déluges sanglants, dans lesquels le sang le plus beau aura de fortes chances d'être abondamment sacrifié au plus vil.

## LA « GRANDE ILLUSION » (1924)

M. Édouard Herriot, président du Conseil et ministre des Affaires étrangères, au cours d'un voyage à Londres, a rendu visite à M. Norman Angell.

Norman Angell, dit un panégyriste, est un « écrivain prophète qui, dès le début du siècle, avait péremptoirement démontré (dans son livre *La grande Illusion*[194]) que la guerre ne payait pas, mais que les hommes continueraient de la faire jusqu'à ce qu'ils se rendissent bien compte de cette vérité devenue aujourd'hui banale ».

Ce résumé du livre de Norman Angell est aussi exact que la thèse en est fausse.

Voilà bien ce qu'on trouve dans *La grande Illusion*. Il est douloureux de penser que, dix ans après 1914, il y ait un président du Conseil des ministres français pour admirer et approuver *La grande Illusion*, un journaliste français pour approuver et admirer cette admiration et cette approbation. Les journaux sont décidément régis par de simples girouettes, les peuples sont conduits par de vrais étourneaux.

Un homme de bon sens, quand il lit ces extravagances ne peut s'empêcher de les arrêter et de les cribler au passage... Donc, en 1900, ce publiciste parlait de la guerre comme d'un effort général que faisaient, dans l'espoir d'être payés, « les hommes ». Quels hommes ? On connaît et on nomme, dans cette catégorie d'industriels de la guerre, les Allemands. Mais précisément, ces hommes-là la guerre les a payés, les a payés grassement. Les trois guerres qu'ils ont faites, de 1860 à 1871, campagne des duchés, campagne d'Autriche, campagne de France, demeurent dans l'histoire le type achevé de guerres productives, fructueuses, enrichissantes. Quelque léger malaise, quelque crise passagère qu'ait pu causer au nouvel empire un

---

[194] *The Great Illusion*, 1909, connu aussi sous le titre *Europe's Optical Illusion*. (n.d.é.)

brusque changement de condition, tout l'essor de sa prospérité date pour lui de son unification, de l'acquisition de l'Alsace-Lorraine et du versement des 5 milliards, dont une partie servit, d'ailleurs, à creuser le canal de Kiel. Si les campagnes de 1864, de 1866, de 1870 n'avaient pas payé, la campagne de 1914 n'eût pu être entreprise, on peut se fier là-dessus à l'imagination mercantile et cupide des Allemands. Ils ont fait cette guerre nouvelle. Ils n'ont pas été les seuls « hommes » à la faire. Entre ces « hommes » il y avait d'abord des Français. La considération de Norman Angell que la guerre ne paie pas aurait-elle dû nous détourner de prendre les armes pour repousser l'agression et l'invasion ? Fallait-il nous laisser conquérir ?

Là encore le bon sens dit que notre résistance guerrière nous a payés du moins à un degré : nous ne sommes pas devenus Allemands, nous avons gardé notre liberté civique et notre indépendance nationale. Ce n'est pas rien. Et, si l'on ne peut en chiffrer le prix en argent, c'est que la valeur en est incalculable. Il est vrai que ce résultat si important ne payait pourtant pas tout notre immense effort. Il était légitime d'espérer, d'attendre, d'exiger plus et mieux.

Les Roumains ont eu mieux : leur territoire n'a-t-il pas été doublé, comme celui des Yougoslaves ? Les Roumains et les Yougoslaves sont des hommes que la guerre a payés ! Et les Tchéco-Slovaques, et les Polonais ? Leur « paie » a été riche et belle : ils ont ressuscité des morts leur nationalité. Comment M. Norman Angell fera-t-il admettre son évangile à ces « hommes » ? Revenons aux hommes français.

Nous n'avons pas eu d'indemnité, les politiciens de la République devraient dire : nous ne l'avons pas voulue. Toute la politique de guerre française, surtout à dater du milieu des hostilités, s'est résumée dans l'aphorisme ni annexion ni indemnité.

Les doctrinaires de la démocratie ayant arrangé dans leurs cerveaux, dans leurs parlotes, que, désormais, la guerre ne devait plus payer, ils prenaient leurs dispositions pour fausser l'expérience et obtenir que la guerre ne nous payât pas en effet. Hélas ! la suite de l'histoire montre que si nous demeurons impayés, en dépit des conventions, accords et ententes, c'est que cette créance, fort mal vue de nos chefs politiques, a été constamment réduite, minimisée, disqualifiée par leurs soins. La conscience de notre droit régnait dans leurs discours, elle était absente de leur conduite. Une voix secrète, la voix du sanglant et sanguinaire pacifisme républicain, leur disait qu'il serait « immoral » que la guerre victorieuse nous payât ou seulement nous remboursât. Ceux d'entre eux qui ont fait exception à cette règle l'ont confirmée pourtant, car leur profond désir de paraître de vrais hommes de gauche les inclinait obscurément à la mauvaise honte et leur interdisait de persévérer dans les mesures d'énergie que la droite avait conseillées. Ils ne s'y seraient pas pris autrement s'ils avaient voulu préparer, pour le cas de la guerre prochaine, le désintéressement absolu des Français en matière de défense nationale. Aussi n'est-ce pas les Français qui renoncent à la paix et qui veulent faire la guerre.

On n'en entend pas moins des bruits d'armes qui sont sans doute maniées par « des hommes » et non par des singes.

Quels « hommes » ?

Les Allemands.

Des hommes qui ont déclaré, qui ont soutenu et conduit la guerre d'agression et d'invasion avec une ardeur, une fermeté, une volonté magistrales. La défaite ne leur a donc rien appris ? Rien. Pas même que la guerre ne payait pas. Il est vrai qu'elle les a payés en effet. Il est vrai que dans le désarroi et la ruine de ces dernières années, les Allemands peuvent se rappeler avec délectation tous les paiements qu'ils ne cessaient de prélever dans les pays qu'ils occupaient, depuis l'humble petit colis postal que les moindres de leurs combattants envoyaient chaque semaine à leurs ménagères, jusqu'à la puissante machinerie qu'ils arrachaient méthodiquement du sol des usines belges et françaises pour la transplanter au fond de leur sale pays, pêle-mêle avec les tableaux de maîtres, les statues, les meubles rares et toutes les merveilles qu'il leur était possible de découvrir et d'enlever.

Dans ce pays-là, du moins, « les hommes » savent que la guerre paie. C'est pour avoir ce qu'ils n'ont pas, ce que nous possédons, qu'ils ont de tout temps violé si effrontément nos frontières. Ils ont recommencé cette violation toutes les fois qu'ils n'en ont pas été durement châtiés. Ils recommenceront d'autant plus volontiers qu'ils nous sauront moins disposés à ce châtiment, à plus forte raison s'ils démêlent que les folies de M. Norman Angell et de M. Herriot nous ayant ou convaincus ou ébranlés, nous en sommes à nous demander si notre résistance n'était pas duperie et s'il n'aurait pas mieux valu en faire l'économie et laisser l'agresseur-envahisseur s'installer à jamais sur notre terre pour en déménager tous les biens.

# LA GUERRE, LES COFFRES-FORTS, LES PEUPLES (1927)

M. Masaryk[195], président de la République tchéco-slovaque, disait à M. Émile Vandervelde[196], chef socialiste belge, lors de leur rencontre à la Société des Nations :

« Péril de guerre ? Peut-être des guerres locales, et encore. Les peuples sortent d'en prendre et malheur à qui voudrait les y entraîner.

« Après la guerre franco-allemande, il y a eu trente ans au moins de paix en Europe ; après la guerre mondiale, c'est le triple d'années qu'il faut compter, simplement parce que l'argent manque, parce que les peuples sont épuisés, PARCE QUE LES GÉNÉRATIONS VIVANTES SE SOUVIENNENT DES TRANCHÉES. Or, bien avant que ce terme s'achève, j'ai le ferme espoir que les forces internationales qui agissent dans le sens de la paix prendront définitivement le dessus sur les puissances de haine.

« Je tiens que cet optimisme peut apporter un réconfort à ceux qui, quand on parle de la guerre prochaine, voudront s'y opposer. Quant aux autres, à ceux qui parlent de danger de guerre pour provoquer des armements qui, par eux-mêmes, risquent d'aggraver ce danger, leur pessimisme est trop voulu pour que l'on puisse espérer les contraindre. »

Relisons mot à mot ce discours et relevons-le point par point. C'est l'unique moyen de se rendre compte des choses.

D'après M. Masaryk, la grande guerre universelle n'est pas pour demain, et les guerres locales elles-mêmes lui semblent improbables. Les guerres de la Révolution et de l'Empire, qui ne mangèrent que deux millions d'hommes, durèrent vingt-trois ans, il a fallu un siècle avant de revoir la pareille. Il est vrai que notre boucherie de quatre ans aura suffi à consommer dix millions d'hommes. Mais, entre 1815 et 1914, la France, pour ne parler que d'elle, alla en Crimée, au Mexique, à Sedan, et ces guerres « locales » ne laissaient pas de coûter assez cher. Les trente ans (non, les quarante-trois ans) de paix qui vont de 1871 à 1914 n'empêchèrent pas en France quantité de petites guerres coloniales et l'Allemagne, tous les dix ans, menaçait de mettre

---

[195] Tomas Masaryk, 1850–1937, fut le premier président de la Tchécoslovaquie, de l'indépendance du pays en 1918 à sa démission en 1935. (n.d.é.)
[196] Émile Vandervelde, 1866–1938, député socialiste de Bruxelles en 1900, plusieurs fois ministre jusqu'en 1937. (n.d.é.)

le feu aux poudres : c'est en cédant sur tous les points que nous obtenions d'échapper à la guerre.

M. Masaryk dit que « les peuples sortent d'en prendre » : il s'agit précisément de savoir s'il n'y a pas un peuple, qui veuille en reprendre. Menacer de maudire « qui voudrait les y entraîner » est une figure de rhétorique : l'Allemagne ne maudit ni Hindenburg, ni Westarp[197], ni même Ludendorff. Qui les empêchera d'entraîner l'Allemagne à la guerre ?

L'épuisement du coffre-fort est-il un obstacle sérieux aux hostilités ? De tous temps des peuples auront voulu tenter la fortune des armes, afin de garnir un coffre épuisé.

Quant à l'épuisement des *peuples*, il conviendra toujours de dire : Quel peuple ? Cette question seule éclaircit le sujet. Car c'est précisément parce qu'un peuple se montre las qu'un peuple, qui se sent dispos, se jette sur lui. Si le vaincu d'hier garde le goût de la bataille et de la rapine, il ne sert de rien à son vainqueur d'être à bout de forces : cet état ne fait qu'aggraver le péril en aiguisant les tentations et les appétits du pillard. Celui-ci, justement parce qu'il a été repoussé hier, reviendra en force demain.

Les peuples « se souviennent des tranchées » ? Encore une fois, quel peuple ? Ce souvenir est aux Français dur, pesant, sanglant, fastidieux, odieux. Mais le souvenir allemand ? Beaucoup des anciens soldats du *kaiser* se souviennent avec une mélancolie orgueilleuse des entrées triomphales que suivaient des ripailles dans les villes vaincues.

Ces délices n'ont fait que passer ? Elles ont laissé trace dans l'imagination et, comme on est rentré en Allemagne avec armes et bagages, sous les arcs et les fleurs, comme on n'a pas été châtié, comme on n'a pas même eu à réparer, on est plutôt disposé à recommencer.

Rien de pareil en France : la froide et méthodique occupation rhénane n'a comporté qu'une petite part de ces plaisirs d'orgueil ; le profit de l'occupant militaire a été juste celui que donne une longue corvée. Les souvenirs de guerre doivent donc présenter, côté français, une assez amère couleur : c'est en la supposant pareille en Allemagne que l'on se trompe et que l'on fausse le tableau comparatif. Les Allemands n'ont pas besoin d'attendre la nouvelle génération pour allonger vers l'Ouest et le Sud les regards de la convoitise et du regret. Le travail des forces internationales dans lesquelles M. Masaryk met sa confiance pourra avoir pour résultat, s'il n'a

---

[197] Kuno von Westarp, 1864–1945, homme politique conservateur allemand, co-fondateur en 1918 du *Deutschnationale Volkspartei*.

pour objet, de diminuer, chez nous, l'esprit de défense, il ne rabattra rien des puissances de haine au camp opposé.

L'optimisme de M. Masaryk apporte un réconfort à qui ? À ceux qui empêcheraient la « guerre prochaine » ? Non. À ceux qui, quand on en parle, voudraient, dit-il, s'y opposer, mais, traduisons, s'opposer à ce qu'on en parlât.

Mais la parole ne fait rien à l'affaire. Il s'agit des faits matériels à venir. Hé ! M. Masaryk ne s'en occupe pas. M. Masaryk est dans la tribune, dans l'hémicycle, et songe à ses adversaires, aux adversaires de son parti, non de sa patrie.

Il leur décoche donc un trait deux ou trois fois empoisonné :
– Vous parlez du danger.
– Vous voulez des armements.
– Vous êtes payés pour cela.
– Vos armements sont dangereux, et risquent d'aggraver le risque.
– Et c'est de votre « volonté » pessimiste volontaire parce qu'elle est intéressée, que la guerre ainsi jaillira.

Cinq propositions, criant ou tendant toutes à crier à la folie des armements, c'est-à-dire à distraire et à désarmer les peuples les plus naturellement portés à la paix, et donc, à les offrir bêlant et nus aux crocs des « peuples de proie ».

Il convient de placer M. Masaryk parmi les fauteurs certains de la guerre. Si la catastrophe revient, si le toit du monde s'écroule de nouveau, il sera bon de ne pas oublier le politique bohémien qui s'est montré si préoccupé d'induire obliquement les siens (et les nôtres) à ouvrir la frontière pendant que les ennemis communs se préparent à la franchir.

## LA GUERRE ET LA VERTU (1927)

M. le maire communiste de Levallois-Perret ne se console pas du désastre de la guerre par le spectacle des vertus sublimes que suscitent le sentiment du devoir et l'amour de la patrie.

Et nous, croit-il que nous puissions nous en « consoler » mieux que lui ? Ceux qui ont le goût de confondre les idées et les choses pour troubler les esprits et les consciences imitent M. le Maire de Levallois, ils supposent gratuitement que les sublimités morales de la guerre nous en dissimulent la douleur et l'horreur. Joseph de Maistre, qui nommait la guerre « divine », parce qu'il la jugeait humainement incompréhensible, ne l'appelait point bonne pour cela.

Les vertus de la guerre, son action sur les sciences, sur les arts, pour le perfectionnement de l'intelligence et l'épanouissement des hautes vertus, cette secousse impérieuse et magistrale qu'elle imprime à l'ensemble du genre humain la font rentrer dans la catégorie des demi-biens qu'engendre l'épreuve. Parce qu'elle oblige et qu'elle contraint, parce qu'elle met à l'homme le parti en main et qu'elle le somme ou de valoir plus que lui-même ou de périr, la guerre apparaît une face du lourd marteau des NÉCESSITÉS créatrices, éducatrices et bienfaitrices. C'est l'âpre voie par laquelle s'acquièrent de grands biens relatifs, biens puissants, qui ne s'acquièrent pas d'une autre manière. Il serait souhaitable et délicieux qu'ils nous fussent accordés à meilleur marché ! Leur splendeur ne peut consoler de leur prix, sang versé, maux subis ; que cela plaise ou non à M. le Maire de Levallois, l'hommage que nous rendons à la vérité de l'histoire et de la nature nous laisse aussi désolés, peut-être beaucoup plus désolés que lui-même.

Mais il ne s'agit pas de savoir si l'on est consolé ou désolé, il s'agit de savoir ce qu'il convient de faire, pratiquement, contre le fléau, tel qu'il est.

Le pacifisme sentimental et protestataire, juridique et moral est jugé. C'était la plus haute fleur de la philosophie du XVIIIe siècle.

Il a précisément abouti aux vingt-trois ans de tueries qui vont de 1792 à 1815. Après une rémission de trente-trois ans qui vit en même temps la paix et la contre-révolution, la paix et le mépris ou l'oubli de l'idéologie pacifiste, cette philosophie humanitaire reparut : avec elle, des carnages nouveaux. Les trois quarts de siècle qui vont de 1848 à nos jours élèvent au pacifisme révolutionnaire un autel de sang et de ruines comparable à celui que les anciens Tyriens élevaient à Moloch. Il n'y a point d'exemple que les ondes propagatrices de la religion pacifiste n'aient été interférées, tout aussitôt, par la voix du canon. Nous le disions au tsar en 1904 : le tonnerre de

Chemulpo[198] répondait aux flonflons de son tribunal de La Haye ![199] Nous le disions à la République française et à l'écume de ses Léon Bourgeois, de ses Aristide Briand, de ses Joseph Caillaux : ils chantaient leur criminelle assurance de paix perpétuelle et brisaient dans la main du pays le seul outil capable de maintenir la paix, un armement proportionné aux menaces de l'ennemi. Ni les guerres philosophiques de Napoléon III, filles légitimes du Testament de Sainte-Hélène, ni les guerres nationalistes de la Prusse et de la Russie, ni les guerres économiques de l'Angleterre et de l'Allemagne n'auraient eu la cruelle ampleur qu'elles ont revêtue au XIXe siècle et au XXe sans les flots du pernicieux narcotique répandus tout d'abord par les orchestres et les chœurs des dévots d'une Paix abstraite et astrale.

Au lieu de concevoir la véritable paix concrète comme un bien difficile à créer, qui n'est gardé qu'au prix d'une vigilance de chaque jour, tous ces chanteurs, tous ces rhéteurs partaient du principe inexact qu'il n'y aurait qu'à faire concorder les bonnes volontés humaines et que par le moyen de cet unique talisman — le désir de la paix — une paix réelle naîtrait.

Ainsi les malheureux oubliaient-ils la véritable essence de la paix, s'ils l'avaient jamais vue et sue ! Ainsi prenaient-ils le plus difficile des chefs-d'œuvre de l'art humain pour un fruit naturel et sauvage que le premier fainéant, le premier ignare venu n'a qu'à se baisser pour cueillir ! Tu veux la Paix ? Tiens, la voilà !

On ne comprendra rien à rien, si l'on ne part de la réalité humble et triste qui nous montre combien le fléau guerrier tient aux conditions, les plus naturelles et les plus générales, de la vie de l'homme.

Autrefois, les Saint-Simoniens se figuraient que, l'âge agricole et pastoral de l'humanité étant générateur naturel de la guerre, l'âge industriel la ferait disparaître !

---

[198] Chemulpo, en Corée, est un épisode de la guerre russo-japonaise. L'article mentionné dans la note suivante, repris dans *Quand les Français ne s'aimaient pas*, date de février 1904. Il est écrit à l'occasion du centenaire de la mort de Kant. Maurras stigmatise le fait que les Japonais ont attaqué le 9 février 1904 des navires russes situés en zone neutre et ce préalablement à toute déclaration de guerre, alors que Kant dont on fête le centenaire avait envisagé la paix universelle entre les nations par le jeu de traités et d'engagements de paix fondés sur le culte universel du droit et de la Raison. En quelque sorte, l'actualité vient de rappeler brutalement le primat de la réalité de la force sur le moralisme pacifiste laïcisé propagé par les épigones français de Kant. (n.d.é.)

[199] Voir *Quand les Français ne s'aimaient pas :* À Chemulpo.

Une vue plus profonde leur eût fait sentir que le labourage et le pâturage étaient des industries modestes, mais que c'était leur caractère industriel qui avait fait leur profond caractère guerrier : il leur fallait défendre le croît de leurs troupeaux, le fruit de leur labour.

Et le paysan, le pâtre, toutes les fois qu'ils se sont défendus de la guerre, qu'ils ont fondé la paix, qu'ils se sont procuré une sécurité quelconque, y sont parvenus en opposant les armes aux armes, la défense à l'attaque, les munitions, les fortifications à l'invasion. Les industriels doivent se plier à la même méthode éprouvée. Ils doivent armer, ils arment. Aussi les accuse-t-on aujourd'hui d'amener la guerre par l'industrie de l'armement. Mais leur précaution n'inclut aucun reproche. Ils seraient criminels de désarmer devant un péril sensible et certain.

Qu'il y ait, d'autre part, un intérêt majeur à dissiper la haine, à modérer l'avidité, à museler l'injustice, à répandre un esprit chevaleresque et généreux à travers les nations, il n'est rien de plus évident. Mais une vertu, la prudence, prescrit de faire, de nos jours, le compte exact du résultat des actions de cet ordre. Personne n'a le droit de commettre dans un tel compte des erreurs que d'autres expieraient avec leur sang et avec leur vie. Les civilisations industrielles et commerciales telles que les nôtres ne se distinguant point par un sens prononcé de la modération et de la justice, il ne faut pas faire comme si l'on pouvait se confier à leur goût de l'idylle. Ou, encore une fois, comme toutes les fois que l'on a professé cette erreur tragique, ce serait la pauvre chair humaine qui payerait.

L'humanité nous dit : — Voilà ce qu'il faut faire…

La réalité dit : — Voilà qui n'est pas fait.

On doit faire ce qu'il faut faire.

Mais on doit aussi se garder de faire comme si ce qui n'est qu'à faire était déjà fait.

On doit se garder de procéder au politique comme si ce qui est de droit et de devoir moral était devenu fait réel.

On doit fuir comme la peste le raisonnement suivant : — Nous devons nous aimer, les Allemands et nous. Donc nous les aimons. Donc ils nous aiment. Donc il ne peut plus y avoir agression, ni invasion d'eux chez nous.

C'est avec ces cascades de sottises que l'on en vient à réprouver la guerre « même défensive » et que l'on se voue, soi et d'autres, corps et biens, âmes et choses, à l'oppression du suprême asservissement.

# La Guerre hors-la-loi (1928)

I — On connaît cette histoire. M. Briand, toujours à l'affût des manifestations oratoires, avait proposé aux États-Unis de s'engager désormais, eux et nous, à exclure à perpétuité tout recours à la guerre comme moyen de persuasion réciproque.[200] C'était beau. C'était niais. Une enfant de sept ans qui aurait accouché de la trouvaille en recevrait le fouet. Un orateur de la démocratie ne recueille en somme que des murmures favorables. Rendons justice au peuple français : il n'y eut ni enthousiasme, ni vivacité dans l'approbation, mais applaudissement poli et froid. Le froid augmenta, non la politesse, quand on sut la réponse des États-Unis :

— Qu'à cela ne tienne ! Pourquoi la guerre ne serait-elle exclue que des relations franco-américaines ? Généralisons, que diable ! Universalisons ! Que tous les États importants du monde désavouent et réprouvent la guerre en tant qu'instrument officiel d'action nationale !

Donc, désormais, on causera, on parlera, on criera même et l'on hurlera, pour souligner l'imposture des arguments de chacun : mais les plus atroces injures, les plus insoutenables passe-droit n'y feront rien, jamais plus ou ne se battra.

L'indifférence du public français ne fit qu'augmenter quand, au fur et à mesure des phases de la conversation de M. Kellogg, secrétaire d'État des États-Unis, et de M. Austen Chamberlain, ministre des Affaires étrangères de la Grande-Bretagne, avec M. Briand, certaines perspectives particulières au monde anglo-saxon, les unes déduites, les autres dérivées du principe de Monroe[201], commencèrent à se faire jour.

---

[200] Le *pacte Briand-Kellogg* est signé le 27 août 1928 à Paris. Les quinze pays signataires renoncent à la guerre « en tant qu'instrument de politique nationale dans leurs relations mutuelles ». *(n.d.é.)*

[201] Le 2 décembre 1823, lors de son septième message annuel au Congrès, le président américain James Monroe prononce un discours à l'intention des Européens, discours qui allait fixer les directives que devait adopter la diplomatie des États-Unis durant le XIXe et le début du XXe siècle. Il s'agissait de ce qu'on a appelé depuis, la *doctrine Monroe*, dans laquelle trois principes sont définis : le premier affirme que le continent américain doit désormais être considéré comme fermé à toute tentative ultérieure de colonisation de la part de puissances européennes, et le second, qui en découle, que toute intervention d'une puissance européenne sur le continent américain serait considérée comme une manifestation inamicale à l'égard des États-Unis. En contrepartie, toute intervention américaine dans les affaires européennes serait exclue. (n.d.é.)

— Supposons, disaient les interlocuteurs de langue anglaise, supposons qu'un différend éclate près des eaux ou des terres américaines ou anglaises ! Si, là, les gens, à force de crier, en viennent ou menacent d'en venir aux coups ; comme ces êtres mal polis, ces tribus mal instruites risqueront d'infliger quelque trouble et empêchement au commerce mondial, il va de soi que Londres et Washington garderont toute liberté d'envoyer des bateaux, avec des canons, et des régiments, avec des mitrailleuses, mais il faudrait être un sophiste d'Action française pour qualifier guerre les coups de canons ou coups de baïonnettes dont la crosse ou l'affût se trouverait à Londres ou Washington. L'incident serait à peine comparable à la salubre correction qu'une bonne mère ou un bon père donne, martinet haut, à quelque bon fils égaré. De tels châtiments domestiques, non contents d'honorer le peuple-enfant qui les reçoit, le corrigent, l'améliorent, le réforment, lui rouvrent les routes du Bien.

« Ne confondons pas la morale ni la simple police avec la politique. C'est dans l'ordre politique pur que le moyen guerrier est et reste désavoué. Est-ce clair ? »

Cela est si clair que bien des esprits simples seront disposés à conclure qu'il n'y a rien au fond d'une eau si limpide.

Le jour où les États-Unis d'Europe voudront faire la guerre à une France délinquante, ils n'auront pas à se gêner. Ils n'auront qu'à donner à l'agression et à l'invasion le sobriquet juridique d'exécution fédérale ; d'aucun côté de l'Océan il ne pourra y avoir de protestation. Il n'y aura plus qu'un vocable de moins, la guerre, dans le lexique où il sera d'ailleurs représenté par un « riche écrin » de périphrases plus ou moins neuves.

Donc, armées de la trompette et du clairon de la presse universelle, les démocraties font savoir par toute la terre que la guerre extérieure est désormais frappée d'illégalité. On peut faire toutes les réserves sur la force de cette loi au dehors. Mais on peut tenir pour assuré que, dès cette promulgation, au dedans, tous les partis traîtres, tous les partis radicalement et sincèrement subversifs, tous les partis désintéressés de la vie et de la durée de la Nation feront campagne contre tous les vestiges, contre tous les débris d'organisation militaire que ces États pourront avoir conservés.

— Si en effet la guerre est illégale, pourquoi payer pour elle, pourquoi servir pour elle ? Pourquoi payer des bureaux, des états-majors, des arsenaux, du matériel terrestre et naval ? Pourquoi mettre ces forces qui, honnêtement, moralement, légitimement, ne sont d'aucun usage, à la charge du pauvre contribuable, lequel, déjà, plie ? Pourquoi refuser aux écoles, aux hôpitaux, aux crèches, un argent qui est ainsi frappé de publique inutilité ? Et surtout, et surtout, pourquoi ravir à la charrue et à l'usine, au comptoir et à l'établi, les jeunes forces humaines représentées par le contingent annuel ? Jusqu'ici, elles figuraient une sorte d'assurance contre la chute du ciel de la paix. Cette paix ne peut plus être compromise qu'en violation de signatures que tous les peuples donnent, ont données, vont donner.

« Folie des armements ! Folie des conscriptions ! Tant que le brigandage militariste était légal, ce gaspillage de vies et d'énergie était tolérable. Voilà ce militarisme brigand mis hors la loi du monde ; comment la loi de la France comporte-t-elle un sou de frais pour agir contre ce fléau périmé ?

« Tous nos voisins, tous nos égaux le désavouent. Pourquoi l'avouerions-nous encore ? L'aveu ne serait pas seulement immoral, il serait stupide : partout où subsistent les loups, il faut maintenir et payer des lieutenants de louveterie ; mais, les loups disparus jusqu'au dernier, le lieutenant ne fait plus rien. Pourquoi gardons-nous celui-ci ? »

Économie, justice, paresse, goût du moindre labeur, confiance optimiste, plaisir de parier pour le plus simple et pour le moins ardu, esprit de contradiction, et, surtout, à la base et dans les profondeurs, lâcheté et peur de l'effort, comme de la mort, il y aura de tout dans ce plaidoyer.

Le sens en restera léger et la valeur modique. Autre chose est la « loi » de la paix, autre chose l'observation de cette loi. Autre chose est cette observation réelle, effective, autre chose les grimaces de démilitarisation et de désarmement dont l'Allemagne nous donne le spectacle depuis dix ans ! Mais les objections du bon sens, du patriotisme et du courage pèseront peu devant une thèse prise et reprise en chœur par tous les rhéteurs et tous les sophistes, d'une démocratie comme la nôtre, les uns intéressés à briller, qui tueraient père et mère pour le moindre succès de tribune ou de plume, les autres simplement payés par l'ennemi ou se payant eux-mêmes par des profits de carrière. Devant une telle campagne, le budget de la Guerre tiendra peut-être quelque temps. Mais il ne tiendra pas longtemps, hors au chapitre des pensions qu'un nombre important d'électeurs intéressés défendra. Il sera donc sacrifié, et les pays comme le nôtre, les pays qui bornent leurs vœux à garder ce qu'ils ont, seront bientôt à la merci de ceux qui veulent conquérir ce qu'ils n'ont pas.

Quiconque sait un peu l'histoire du monde ne peut douter de notre sort : il sera réglé.

Il y a même de fortes raisons de penser qu'il sera réglé plus vivement et par des lois plus expéditives, car le pacte Kellogg peut avoir, surtout en France, une seconde conséquence qu'il est facile de prévoir.

Jusqu'ici, depuis soixante ans, c'est-à-dire depuis qu'il n'existe plus de garde nationale en France, l'ordre social a reposé tout entier sur l'armée. C'est, en grande partie, parce que l'armée concourait si largement à l'ordre public qu'en 1898-1899 Jean Jaurès et la plupart des révolutionnaires prirent parti si violemment contre l'état-major, à propos de Dreyfus. Les agresseurs sociaux étaient et sont encore assurés de se heurter, en France, à une force publique de beaucoup supérieure, par sa masse et sa cohésion, à tous les effectifs de perturbation.

Ailleurs, les forces de la police, indépendantes de l'armée, ont été développées puissamment ; c'était le cas de l'Allemagne impériale, où Bebel disait à Jaurès (Congrès d'Amsterdam, 1904[202]) : « Chez vous, en cas de grève, on envoie contre l'ouvrier de l'infanterie, de l'artillerie, de la cavalerie. Chez nous, il n'en est pas ainsi. » Une police civile très militarisée remplaçait nos déploiements militaires français. Aujourd'hui, la République allemande a partiellement absorbé sa vieille armée dans son organisation de police. La vigueur des corps de police britannique est proverbiale. Au contraire, chez nous, si la police politique tient le haut du pavé au point de s'imposer aux ministres et aux magistrats, on peut dire que, sauf quelques grandes villes, les polices, municipalisées, sont tombées au-dessous de rien.

On peut poser en France l'axiome :

— Plus d'armée, plus d'ordre public.

Les maires radicaux, socialistes et communistes y seront les maîtres de tout.

Si donc le pacte Kellogg anéantit toute la raison d'être extérieure de notre armée, la sécurité intérieure sera de même anéantie : tout autant que devant l'Allemagne, nous serons découverts devant la Révolution.

II — C'est quand la chose sera faite, c'est quand le mal sera, une fois encore, appelé le bien et la loi, que tous les Européens dangereux se mettront à l'ouvrage pour exploiter, en fait, ce désarmement général que le pacte Kellogg aura inscrit dans les institutions.

Or, lorsqu'il s'agit d'arrêter les ambitions qui remuent, seules les mesures militaires sont efficaces.

---

[202] Le 14 août 1904 s'ouvrit à Amsterdam le congrès de l'Internationale socialiste. August Bebel, 1840–1913, est alors président du Parti socialiste allemand. (n.d.é.)

Mesures militaires, oui. Mesures analogues à cet alignement de 100 000 soldats de Napoléon III sur le Rhin qui auraient arrêté Bismarck en 1866 et sauvé l'Autriche de Sadowa, par suite la France de Sedan et de Charleroi, car sans la victoire sur l'Autriche, la victoire de 1870 est inconcevable, et sans cette victoire allemande, l'invasion allemande de 1914 ne l'est pas moins... La démonstration militaire de 1866 eût sauvé non seulement l'Autriche, mais la paix pour cent ans. Le pacifiste germanophile Napoléon III ne l'a pas voulu.

On imagine dès aujourd'hui le dialogue de Briand et de quelque naïf fonctionnaire du quai d'Orsay :

— Mais, monsieur le ministre, l'Allemagne est en train de tourner le traité de Versailles.

— Que l'Allemagne tourne le traité si elle veut. Est-ce pour nous une raison de violer le pacte Kellogg ?

L'Allemagne, dès lors, pourra oser se placer dans la situation d'une coupable. Nous resterons les innocents, les beaux, les dignes, les purs. Notre candeur de conscience sera d'ailleurs ce qui mènera nos neveux à la boucherie.

Une fois accrue de l'Autriche, on imagine sans difficulté quelle agression et invasion monstre l'Allemagne saura tirer de cet accroissement de forces !

Un sceptique (c'est un croyant) me dit :

— Oui, mais êtes-vous sûr de la réponse de Briand ? Il y a eu des interprétations, il y a eu des réserves, Briand n'est pas entré à pleines voiles dans le pacte Kellogg. Qui vous dit que Briand, devant la réunion de Vienne à Berlin, ne fera pas valoir une de ses réserves ?

Hé ! Laquelle ? Il n'y en a pas. La réunion de deux peuples qui s'aiment et qui ne veulent faire qu'un n'est pas un de ces phénomènes de violence brutale qui, *ipso facto*, déchirent le pacte. Les Anglais ont déjà fait entendre (et sauront de nouveau faire entendre) à leurs opposants travaillistes qu'ils ont, eux, à sauvegarder l'empire et l'approvisionnement de leur île, donc la route des Indes, donc leur règne sur toutes les mers. Les Américains, en proposant leur nouveau *covenant*, ont eu soin de réserver tout ce qu'ils pourraient décider d'entreprendre sur les terres, ou dans les eaux de leur Amérique : cela est à eux, et cela ne regarde qu'eux ; paix ou guerre, guerre ou paix, action militaire couverte ou non du sobriquet d'exécution fédérale, c'est le domaine américain où nul ne pénétrera. Nous n'avons pas procédé de même, quant à nous, pour ces régions rhénanes ou danubiennes, dont le statu quo est aussi précieux pour nous que les coudées franches dans le Nouveau Monde pour Washington ou le contrôle des mers pour Londres. Nos amis, alliés et associés ont stipulé pour eux la réserve du nécessaire et du primordial. En mauvais logiciens et en mauvais juristes, nos fonctionnaires se sont bornés à laisser jouer la réciproque de l'état de guerre ou de paix. Ils ont dit : le pacte sera déchiré si quelqu'un le déchire. La belle affaire ! Ce qu'il fallait prévoir, c'était non la déchirure matérielle, mais les conditions dans lesquelles notre ennemie, l'Allemagne, obtiendrait un tel accroissement de forces qu'elle n'aurait même pas à le déchirer et pourrait imposer par voies et moyens pacifiques toutes les volontés de son bon plaisir. Pourvu, donc, que l'Allemagne n'ait pas la sottise de détruire l'instrument qui la sert si bien, elle aura liberté de faire tout ce qu'il lui plaît contre la lettre et l'esprit des autres traités : à Vienne, à Dantzig, à Strasbourg et, sans doute, plus tôt que l'on ne croit, à Berne même.

Nous serons, quant à nous, logés dans une situation telle que l'unique moyen de salut qui nous soit laissé ouvert consistera à violer le fameux pacte, ce qui nous placera au ban de l'univers...

III — Ceci n'est que de l'ordre pratique immédiat. Peut-être y a-t-il un ordre théorique plus haut, plus vaste et dont, par conséquent, les effets doivent être encore plus puissants et plus nombreux dans l'ordre pratique éloigné.

De ce point de vue supérieur, la signature d'un tel pacte, la renonciation solennelle au moyen guerrier, comme facteur de politique internationale, signifie une abdication, je ne dirai ni de la nation, ni de l'État, ni de la patrie : ces entités n'y sont intéressées qu'en seconde ligne. La première intéressée, la première lésée sera la conscience du genre humain.

Le pacte Kellogg vient, en effet, rayer de la doctrine générale des sociétés humaines ce droit de contrainte collective que, de tout temps, l'idée de justice avait opposée aux cas de violence collective et de brigandage international.

Le pacte Kellogg prétend biffer la notion de la guerre juste.

Cela est très grave pour tous les hommes.

Cela pourrait devenir particulièrement grave, non pour les Allemands au profit desquels la petite cérémonie s'accomplit, non pour les Anglais, non pour les Américains qui ont pris leurs précautions ainsi qu'on l'a vu, mais pour ceux qui tirent les pétards les plus bruyants et les plus effrontés de ce feu d'artifice.

Les Français ?

Non. La plupart d'entre eux sont, je ne dirai pas dindonnés, mais indifférents et, comme aimait à dire La Tour du Pin, absolument ahuris dans l'affaire.

Je pense aux démocrates chrétiens des deux mondes, à ceux qui ne sont ni Boches, ni payés par Berlin ou par Briand, mais qui se croient de grands politiques en applaudissant au pacte Kellogg.

Il n'est pas difficile d'imaginer quelque situation européenne devenue analogue à celle du Mexique[203], mais à quelque degré d'atrocité supérieur. De bons et clairvoyants catholiques, des théologiens consommés, des casuistes savants, rompus à toutes les plus hautes finesses de l'argument moral essayeront peut-être alors de s'ingénier à prêcher une guerre sainte, une croisade nouvelle, contre les scélératesses d'une horde persécutrice...

La réponse sera trouvée :

— Vous avez signé le pacte Kellogg. Vous avez répudié la vieille notion théologique de la guerre juste. Vous avez renoncé à l'emploi de la guerre comme langage international. Ces canons, ces mitrailleuses, ces baïonnettes que votre Briand flétrissait comme le suprême moyen des rois, il n'est plus permis de les employer au service de personne, fût-ce de l'innocence désarmée.[204]

Mais comment croire à la bonne foi de ceux qui se prévalent du fait qu'une nouvelle guerre générale serait la fin du monde civilisé et qui applaudissent au pacte Kellogg. Le pacte Kellog désarme les peuples tranquilles et laisse la voie libre aux peuples agités, il n'y a pas de cause de guerre plus certaine que la conclusion du pacte Kellogg.

# LE MAL GUERRIER (1918)

> « Les Soviets, pour assurer le désarmement intégral, tendent à instituer une police à l'intérieur par l'armement des citoyens. Le revolver et la carabine pour chacun. On se demande jusqu'où franchement n'ira pas l'individualisme imprévu de la Russie soviétique ».

---

[203] Le Mexique est alors en pleine révolte des Cristeros, consécutive aux mesures anticléricales et anti-catholiques prises par les autorités révolutionnaires mexicaines depuis 1917. (n.d.é.)
[204] Ces lignes étaient écrites près de trois années avant les « persécutions » que l'Union Catholique italienne reproche à la « horde fasciste ». (1931)

C'est ainsi que lord Cushendun[205] a répondu non sans humour au représentant des Soviets, fieffé désarmeur, comme on sait. Mais sa plaisanterie va au fond des choses. Comme on doit s'en rendre compte en Allemagne, une police peut toujours devenir une armée. Il ne faut donc plus de police. La sécurité de chacun doit être assurée par chacun. Et, si chacun appelle ses voisins à l'aide, si des bandes ennemies se forment de cette manière, si ces bandes en viennent aux mains et que, à propos de tout, tous soient ainsi armés et organisés contre tous, croit-on que ce régime puisse déplaire à aucun esprit véritablement révolutionnaire ?

On décrit le régime auquel ils aspirent. Quand ils demandent la suppression de la guerre étrangère, c'est (plus ou moins nette dans leur esprit) aspiration à la guerre civile.

La prédication pacifiste courante, celle qui a de la portée et du succès n'est pas celle qui se contente de répéter qu'il est bien absurde d'aller tuer un homme qui ne vous a rien fait, dont le crime est d'habiter l'autre côté de l'eau ou de la montagne : le pacifisme persuasif est celui qui ajoute à cet argument ou qui y sous-entend que la tuerie internationale est d'autant plus ridicule qu'il y a tant de gens connus et habitant tout près de chez soi que l'on supprimerait de bon cœur et même avec fruit ! On déclare la paix, mais à l'ennemi éloigné, pour mieux faire la guerre à l'ennemi prochain. La guerre que l'on interdit de Royaume à Royaume, de République à République, on la prépare froidement de Maison à Maison.

Nous n'avons jamais fait l'éloge de la guerre.

Ce qu'elle a de bienfaits réels ressortit, on l'a vu, à une classe plus générale et plus dure : ceux que l'homme reçoit de la Nécessité dont la cruelle étreinte l'oblige, le contraint au génie, ou à la vertu, à la découverte ou à l'invention dans l'ordre des industries, des sciences, des arts. Ce qui jaillit alors comme une huile ou un vin mystique, sous la vis du pressoir quand la chair est serrée, c'est un degré d'activité, une force de production, une abondance et une variété de résultats imprévus et imprévisibles dont on ne se croyait ni ne se sentait capable. Un rendement physique et moral qui semble dépasser les ressources de la nature est opéré sous la menace de dangers capitaux et pour échapper à la mort. L'étendue et la gravité de ces risques sont telles qu'il n'est permis à personne ni de les désirer ni même de ne point les redouter. Cependant qui les brave doit savoir 1° qu'il dépend de lui de tirer du mal et

---

[205] Lord Cushendun sera précisément le représentant anglais chargé de négocier en 1927–1928 le Pacte Briand-Kellogg, dont il vient d'être question dans l'article précédent. (n.d.é.)

du pire un nouvel ordre de beautés et d'utilités ; 2° que pour créer ce bien, on ne peut consentir à susciter ce mal. Il y a, d'ailleurs, infiniment peu de cas, infiniment peu d'êtres qui aient à prendre une décision là-dessus. Dans la plupart des cas, dans la plupart des êtres, le mal est donné, imposé, ne dépend d'eux que très faiblement, si même il en dépend, ce qui est douteux. L'important est que, devant un tel mal qui lui tombe du ciel, l'homme ne se trouve pas désarmé ni dupé.

Le pire des désarmements, et la pire des tromperies sont venus à l'homme français des philosophes, rhéteurs et poètes qui lui disaient que le mal de la guerre était à jamais conjuré, et que dans l'avenir il n'y aurait plus de batailles. « Folie des armements » chantait le candidat socialiste au printemps de 1914, et l'on représentait dans une image populaire combien l'achat de livres d'école vaudrait mieux aux petits Français que l'acquisition ou la construction de canons. Trois mois après ce vote pacifiste, faute de canons et faute de munitions, il fallut bien offrir des poitrines humaines aux canons ennemis, et l'erreur s'expia par des centaines et des centaines de milliers de vies innocentes. Ces soldats payèrent pour l'élu, pour l'électeur et pour le grand électeur. Ces soldats payèrent pour les politiciens ahuris et fols qui, de 1900 à 1913, n'avaient cessé de réclamer et d'obtenir la réduction de crédits de matériel militaire pendant que l'Allemagne ne cessait de gonfler les siens.

Immédiatement après l'empereur allemand longtemps opposé au carnage, mais que débordèrent les faims et les soifs d'un peuple enragé, le premier responsable des massacres de la dernière guerre est donc notre régime qui n'a ni voulu les prévoir ni su s'y préparer. Sa faiblesse patente, son horreur flagrante des armes appelaient et attiraient l'attaque imminente. La paix, d'abord armée, lentement désarmée, avait fini par lui apparaître quelque chose de naturel et de spontané qui n'a pas besoin d'être édifié ni défendu par les offices de la force, de la bravoure et de la raison. Son esprit d'optimisme traditionnel vouait la République à cette conception d'aveugle ou d'insensé. Elle aimait en secret son agresseur désigné, son envahisseur historique, elle n'en attendait que l'amour. Des précautions solides eussent maintenu et contenu le dément, elles eussent limité sérieusement la zone de ses dévastations. Parce que celui-ci s'est cru et vu tout permis il a tout osé, tout tenté et, l'ineptie de son calcul ambitieux, quand on en pèse toutes les chances de réussite, est peu de chose auprès de l'erreur énorme et tragique commise par ceux à qui les cinq invasions de 1792, 1793, 1814, 1815 et

1870, souffertes en cinq quarts de siècle, les armements croissants, les menaces renouvelées, n'avaient pas suffi à rappeler le prix de la patrie et la nécessité de la défendre pour la garder.

On ne fera croire à personne que l'empereur allemand eût reçu en garde, le maintien de la paix française. Ce souci ne pouvait concerner que nous. Mais notre État républicain s'appliquait à n'y point songer. Son esprit lui faisait un devoir d'en détourner même la pensée de ses commettants. Sa diplomatie, ses armées étaient conçues, réglées, organisées de manière à produire cette amnésie et cette paralysie de la prévision, avec leurs conséquences : le pacifisme, le charnier.

# Napoléon avec la France ou contre la France ?

1932

# AVANT-PROPOS

La question des Bonaparte est traitée ici de sang-froid. L'auteur de ce livre est de ceux qui peuvent écrire :
— Nous ne sommes ni d'une coterie, ni d'une caste, ni d'un « monde ». Toutes les variétés du pays et de l'histoire du pays ont part à nos amitiés. Nous voulons qu'il en soit ainsi, et croyons que cela est bien.

Un ami, des plus chers, des plus éminents, nous disait vers 1904 :
— Mon prétendant est mort en 1878...[206]

Son deuil du petit prince ne l'a pas empêché de se rallier au duc d'Orléans quand sa raison lui a montré que l'intérêt de la nation était là et n'était que là. Un autre fondateur de l'Action française, Léon de Montesquiou, eût fort bien retrouvé des souvenirs de famille dans le dernier poème de Coppée sur le Roi de Rome :

... Il faut qu'il se souvienne
Que le pauvre petit pleurait les bras au cou
Du digne Menneval en criant : « Maman Quiou ».[207]

Et tous ceux d'entre nous qui sont hommes nouveaux, ceux dont les grands-parents n'exerçaient ni hautes fonctions de guerre, ni charges de cour, exhumeraient peut-être, de leurs vieux tiroirs, presque autant de médailles de Sainte-Hélène que les chefs bonapartistes en collectionnent à leurs propres foyers.

On me permettra d'ajouter :
— Cette manière de penser et de discuter par catégories de familles et par ondes de traditions est absurde. Nous sommes ce qui reste d'un peuple

---

[206] En fait, le Prince impérial a été tué l'année suivante, le 1er juin 1879, au combat contre les Zoulous. *Comme celle-ci, les notes suivantes sont des notes des éditeurs.*

[207] Tiré du poème de François Coppée *Une lettre de Christmas*, au début de la troisième partie :

D'un geste, l'Empereur interrompt la lecture.
Il est debout. Il pense à son fils, — ô torture ! —
À l'enfant dérobé qu'il ne reverra pas.
Les mains jointes au dos, tête basse, à grands pas,
Il marche. Qu'a-t-on fait du roi de Rome, à Vienne ?
Il l'ignore, et pourtant il faut qu'il se souvienne
Que le pauvre petit pleurait, les bras au cou
Du digne Menneval et criait : « Maman Quiou ! »
Quand on chassa ses seuls amis venus de France.

que d'énormes bêtises, accumulées, capitalisées, ont mené au plus bas. Ce qu'il nous faut, à tous, républicains, bonapartistes ou royalistes, c'est retrouver les conditions de la vie et les conditions de la force commune :

Millions d'oiseaux d'or, ô future vigueur ![208]

Nous recherchons les traditions, oui ; mais les traditions de puissance et non de défaite ou de ruine, les traditions générales de notre peuple et non celles de nos familles particulières.

Il ne discute pas en vue de l'accord, celui qui commence par déclarer : « Je vaux mieux que toi », « La tradition des miens doit l'emporter sur celle des tiens ».

Le b-a ba de la méthode nationaliste est de commencer par faire table rase des préférences de cette sorte, et de se placer au seul point de vue utile et pratique : celui de l'intérêt français. De là, on peut opter en toute impartialité et, en toute raison, sans avoir à rien sacrifier absolument, ni radicalement du passé. Un petit-neveu de conventionnel comme le fondateur de l'Action française Henri Vaugeois n'eut qu'à remonter au-delà des erreurs et des agitations révolutionnaires pour ne trouver dans sa lignée que des royalistes très purs, comme l'étaient tous nos Français de 1750 ou même de 1780.

Les mouvements de notre pensée sont parfaitement libres. Nous aurions conclu au bonapartisme si cette idée nous eût paru conciliable avec les intérêts nationaux qui nous guident seuls. Certains éléments nous auraient tentés. La légende d'un Brumaire accompli par l'union de l'Institut et de l'Armée n'est pas une vilaine page ; nous avons plus que des sympathies pour le coup de Décembre qui mit en prison les bavards. Mais il faudrait être bien ignorant pour croire que cette manière de conduire au poste les assemblées parlementaires a été inventée par les Bonaparte. La méthode autoritaire est aussi ancienne que notre royauté ; Henri IV, Louis XI, Charles VII, Charles V, n'ont pas mal su réaliser, en leur temps, des opérations de police plus ou

---

[208] D'après *Le Bateau ivre* de Rimbaud (strophe 22, sur 25). Dans le texte d'origine, le mot *million* est au singulier, et la phrase a une forme interrogative :
    J'ai vu des archipels sidéraux ! Et des îles
    Dont les cieux délirants sont ouverts au vogueur ;
    — Est-ce en ces nuits sans fonds que tu dors et t'exiles,
    Million d'oiseaux d'or, ô future Vigueur ?

moins rudes. Sans compter Louis XIV, dont la cravache a bien sifflé sur un tas de robins !

Seulement voici la différence : les coups d'État royaux servaient à quelque chose, ils assuraient l'ordre et la prospérité pour longtemps. Les coups d'État bonapartistes, ou n'ont rien fondé. Celui de 1851 ramena, dès 1860, au vomissement parlementaire et libéral. Celui de 1799 a créé le régime qui démembra la famille rurale et ruina la vie locale. C'est par les résultats que se juge une politique.

Nous ne serions pas des nationalistes si nous n'étions sensibles à la splendide histoire militaire du premier Empire, à ce beau son français des grands titres de Marengo et d'Austerlitz, d'Iéna et de Wagram, cas où jamais de répéter : « Tout ce qui est national est nôtre. » En tant que chose française l'empereur est à nous. Il est à nous par Choiseul qui acquit sa Corse natale, par Brienne où le jeune officier s'instruisit ; il est aussi à nous par les puissances de toute sorte tirées d'un sol que nos rois ont unifié, mais qu'ils n'ont pas créé de rien. En l'écrivant, je reste dans la véritable tradition royaliste. Joseph de Maistre se réjouissait des succès des armes de la Révolution et de l'Empire, car c'étaient des armes françaises. Qu'est-ce qui nous empêche de faire comme lui ?

Oui, ce fut un très grand général. Cela s'enseigne encore à l'Institut d'Action française, mais nos professeurs n'omettent pas d'ajouter que ce grand chef est mort. La France ne peut plus faire appel à ses talents. Sa mort certaine est aussi fâcheuse pour la France que l'a été sa vie de souverain qui ne servait que lui.

C'était un homme d'énergie et d'imagination. Mais il est mort. Il était actif, pénétrant, rapide dans ses conseils, foudroyant dans l'exécution. Il est mort. Quand on écraserait sa tombe de tous les adjectifs, aucun ne l'en éveillerait. Il est mort. Cet homme de guerre a tenu, brillamment après bien d'autres, mieux que personne, l'épée de la France, il n'en est pas moins mort et toute la rhétorique du monde ne nous le rendra point. Les hommages rendus à cette épée brillante sont des ingrédients du patriotisme, ils versent de la force dans le cœur de chacun de nous ; mais ils y verseraient une lamentable faiblesse s'ils nous faisaient perdre de vue la différence entre ses guerres à la gauloise, qui ne produisent que la fumée dorée de la gloire, et les guerres fécondes, les guerres-mères, les grandes guerres génératrices qui fondent, consolident, protègent ou étendent le domaine de la patrie.

Après l'énorme dépense morale et physique représentée par tant de campagnes, ce grand homme a laissé la France plus petite qu'il ne l'avait trouvée. Là est le grief national, inexpiable. On peut, à tort ou à raison, regretter quelques-unes des guerres de Louis XIV. Affaire de critique morale ou littéraire. Mais la Franche-Comté, la Flandre et l'Alsace réunies à la France, la constitution de l'indépendance et de la neutralité espagnoles sont des trophées qui subsistent, compensateurs durables de maux éphémères. On peut déplorer les malheurs du règne de Louis XV : l'accroissement de territoire vers l'Est et dans la Méditerranée établit que, même alors, la royauté restait nationale et poursuivait son vieux programme historique. Les splendeurs de la royauté nous furent utiles. Les splendeurs du bonapartisme le furent-elles ? Même dans ses revers la Monarchie aura su préserver ou reconquérir les frontières de la patrie. Les Bonaparte eurent-ils ce fidèle génie de la protection ? Les rois ont fait la France et les empereurs l'ont défaite. En deux mots, comme en cent, voilà la vérité.

# Chapitre I
# Un centenaire plein d'oubli

Lorsque, au 5 mai 1921, premier centenaire de la mort de l'Empereur, nos républicains ont fêté, bon gré mal gré, cette gloire et ce deuil, il a fallu leur dire une vérité redoutable qu'il faudra leur redire sans se lasser. Leur action, leurs paroles, surtout celles de leurs paroles qui tendent à l'acte, ont apporté des ratifications pleines de périls aux principes qui viennent de diminuer la France et de déchirer l'Europe.

Cela, sans exception, des républicains de la droite à ceux de la gauche.

M. Poincaré a abandonné la doctrine de Thiers, l'extrême gauche a désavoué la doctrine de Proudhon, sur les points où Proudhon et Thiers soutenaient la doctrine de la France ; une doctrine qui avait fait notre salut dans le passé et qui nous eût épargné de véritables catastrophes dans ce qui était alors l'avenir.

Mauvais signe que cette préférence napoléonienne à laquelle nos républicains se sont obstinés ! Comment pourraient-ils avoir raison contre une expérience millénaire et heureuse, vérifiée par les contre-épreuves de 1815, de 1870 et des premières conséquences désastreuses du traité de 1919 ?

Il était difficile de croire que la routine d'un Tardieu pût réussir où le génie de Bonaparte, servi par des circonstances exceptionnelles, avait lamentablement échoué.

Il y a pourtant quelque houle.

M. Édouard Herriot veut absolument qu'on sépare en tout l'homme de l'œuvre. Homme admirable, œuvre exécrable ; comme si l'un et l'autre ne se tenaient pas ! M. Albert Mathiez[209] veut opposer à l'empereur de la démocratie le dictateur de la République, à Bonaparte Robespierre ; comme si bonapartisme et robespierrisme ne s'équivalaient pas strictement dans les grandes lignes de leurs principes, abstraction faite des circonstances qui firent du Premier Consul un Robespierre à cheval, alors que l'avocat d'Arras n'eut que le temps et les moyens d'un Empereur à pied. De telles distinctions ou oppositions sentent le cabinet et même la faction.

---

[209] Albert Mathiez (1874–1932), professeur et historien franc-comtois, spécialisé dans la période révolutionnaire, lui-même ardent robespierriste. Après avoir été exclu du parti communiste, il évolua à la fin de sa vie vers le pacifisme.

On accordera plus d'intérêt à la protestation, véritablement énergique et motivée, que la Société d'enseignement populaire positiviste a voulu élever à son tour. Ce manifeste, auquel MM. Corra, Grimanelli, Keufer[210] ont apposé leurs signatures, se réfère en partie à l'élément révolutionnaire et primitif de la philosophie d'Auguste Comte. Cependant, entre autres considérations critiques assez curieuses, on invoque l'origine de l'empereur, né une année à peine après la réunion de sa province, et ainsi « homme presque étranger à la France », disait Auguste Comte, et « issu d'une civilisation arriérée ». Le même document fait aussi remarquer le résultat négatif de cette éclatante carrière, qui a finalement « laissé notre patrie envahie, amoindrie, épuisée et longtemps languissante ».

D'autres disent enfin :

— Malgré tout son génie, Napoléon n'a pas compris qu'une France robuste ne pouvait sans dommage se distendre de l'Elbe au Tibre. Tous les Français raisonnables avouent aujourd'hui qu'il y eut dans cette extension magnifique un réel excès d'irréflexion politique. Louis XIV avait connu un instant cette erreur quand il songea à unir France et Espagne sous son sceptre ou celui de son petit-fils. Il se reprit à temps lorsqu'il consentit aux sages renonciations de Philippe V.

Les cent trente départements du premier Empire étaient une erreur, même et surtout au point de vue national. Erreur, l'annexion successive de tant de provinces et de royaumes ! Un pays doit être homogène et cohérent. Ses parties doivent avoir l'habitude de tenir et de vivre ensemble ; on n'improvise pas cette difficile habitude pour quinze ou vingt millions d'hommes. Autant il est légitime que la rayonnante et paisible influence d'une monarchie protectrice et d'une grande civilisation puisse agglomérer peu à peu autour d'elle de petits pays attirés par des affinités de langue, de race ou de volonté réfléchie, autant il est absurde et dangereux de vouloir imposer, l'épée à la main, une manière de vivre ou de parler, une langue ou une culture.

De beaucoup moins grands hommes auront fait de bien meilleurs chefs.

---

[210] Peu après la mort de Pierre Laffitte en 1903, l'Église positiviste se scinda en deux branches rivales. Émile Corra (1848–1934) prendra la tête de l'une d'elles, la Société positiviste internationale. Il conservera cette position jusqu'en 1925. Auguste Keufer (1851–1924), secrétaire général du syndicat du livre, et Périclès Grimanelli (1847–1932), préfet et ancien directeur de l'administration pénitentiaire, furent deux de ses principaux collaborateurs.

Celui-ci avait lassé la France. Il l'avait brisée. Selon son mot, elle dit « ouf », comme le Monde. Pour comprendre cela, il faut se reporter à certains témoignages contemporains. Le jeune Lamartine, tel qu'il s'est rêvé et restitué dans les *Nouvelles confidences*, en garda la douleur toute fraîche, et aussi le jeune Thiers décrivant, en tête d'un des chapitres de son *Empire*, son port natal[211], jadis roi de la Méditerranée et maître du Levant, alors encombré de la cohue des navires qui y pourrissaient depuis des années, la quille au quai, comme les cadavres vivants du commerce, de la navigation, de la respiration de la France ! Le pays mourait lentement d'asphyxie économique et civique, toute sa jeunesse était exportée en Espagne ou en Russie pour des guerres que personne ne comprenait. Si quelque chose eût été capable de tuer le patriotisme français, c'était bien l'amplification romantique et révolutionnaire qu'en avaient faite le génie et le démon du grand empereur.

De tels griefs sont sérieux. Sont-ils exagérés ?

On pourrait y trouver certaines atténuations de la vérité. Ce n'est pas seulement pour les lendemains d'une bataille de vingt ans que Napoléon épuisa notre patrie ; l'histoire sociale de la nation lui sera bien autrement dure, le XIXe siècle français a souffert de bien autre chose que de sa saignée du début !

Le génie réalisateur de Napoléon fit passer dans la coutume et dans la vie tout ce que l'individualisme délirant du XVIIIe siècle comportait de viable et ainsi de mortel. La dénatalité française date de son Code civil. Ce qu'il a massacré d'êtres humains est peu de chose auprès de ceux qu'il empêcha de naître. On conçoit qu'en un jour d'abandon et de sincérité profonde il se soit laissé aller à confier au marquis de Girardin[212], après la célèbre exclamation « Rousseau et moi », ce jugement de haute philosophie :

— Il aurait mieux valu que nous n'eussions pas existé.

Les germes qu'il dépose dans notre politique intérieure sont ceux de la destruction. Au dehors aussi, c'est de lui que procède le coup de fouet donné à tous les élans nationaux. Par lui, ces perturbations sont promues à la dignité de principes. Les citoyens français qui voudront se faire une idée nette de ce grave sujet feront bien de se reporter au premier des grands livres

---

[211] Marseille, où Adolphe Thiers naquit en 1797.
[212] Louis-Stanislas de Girardin (1762–1827), préfet d'Empire, intime de la famille Bonaparte, qui eut comme parrain le roi Stanislas et comme précepteur Jean-Jacques Rousseau (voir la note 13 de notre édition de *L'Avenir de l'intelligence*).

de Jacques Bainville. Paru en librairie en 1906, composé d'études écrites durant les années précédentes, son *Bismarck et la France* prépare aux conclusions motivées du *Napoléon* qui est de 1931.

Ce *Bismarck et la France* montre déjà l'essentiel sur les rapports allemands et français, tels qu'ils furent altérés par les Napoléon. Car la vieille faveur témoignée à la Prusse, l'hostilité à l'Autriche, dont s'est ressenti notre traité de Versailles, avait été inspirées au neveu par toutes les traditions de l'oncle. Si le vaincu de Sedan n'ouvrit pas les yeux à l'évidente expérience de sa propre ruine, c'est (il l'avoue lui-même, dans la brochure Gricourt[213] analysée par Bainville), parce que Napoléon Ier, pouvoir spirituel présumé infaillible, avait fait disparaître de la carte d'Allemagne « deux cent cinquante-trois États indépendants ! » Comme dit Bainville, « le testament de Wilhelmshöhe[214] répétait le testament de Sainte-Hélène ». Conceptions inséparables : « Le système napoléonien souffre toutes les appellations : on peut le nommer libéral, révolutionnaire, cosmopolite, humanitaire, idéaliste. L'Europe, la vraie Europe, celle de l'équilibre et de l'ordre, proteste qu'il n'a jamais été européen. Ses principes et ses conséquences funestes montrent assez qu'il n'eut rien de français. »

Bainville ajoute dans une note précieuse sur la Nuée des « Nationalités » prises pour les Déesses d'un monde nouveau :

> Proudhon objectait avec raison : « Qui peut se flatter de jamais satisfaire ces vœux ? En posant le principe, vous rendez les nationalités insatiables. Toutes élèveront tour à tour leurs prétentions. Il n'y aura plus de tranquillité pour l'Europe ni pour le monde. »
>
> Et Proudhon prophétisait que le principe des nationalités, prétendu humanitaire, ferait couler des torrents de sang en Pologne

---

[213] *Des relations de la France avec l'Allemagne sous Napoléon III*. Cette brochure fut publiée à Bruxelles à la fin de l'année 1870. Elle est signée du marquis de Gricourt, sénateur de l'Empire et fidèle soutien de Napoléon III ; en fait tout laisse penser qu'elle a été écrite par l'empereur déchu lui-même.

[214] Le château de Wilhelmshöhe, près de Cassel, dans la province de Hesse, était au temps du premier Empire la résidence du roi Jérôme. C'est là que Bismarck envoya Napoléon III séjourner après Sedan. Le 8 février 1871, jour des élections en France, l'ancien empereur adresse depuis Wilhemshöhe une « proclamation au peuple français ». Mais seulement cinq députés bonapartistes seront élus, et le 1er mars, l'assemblée prononce la déchéance de Napoléon III et de sa dynastie. Le 6 mars, avant de partir pour l'Angleterre, Napoléon III fait sa seconde déclaration de Wilhemshöhe, qui est une « protestation auprès du président de l'assemblée nationale ». Bainville aura appelé « testament » la réunion de ces deux documents.

et dans les Balkans (voir sa brochure *Si les traités de 1815 ont cessé d'exister ?*, réponse au discours impérial d'Auxerre).

Le Principe blesse donc un intérêt européen, planétaire et humain. L'intérêt français n'en est pas moins meurtri :

> La chute de l'ancien régime marqua la fin de cette politique prudente et sage, constamment suivie par la monarchie française, et qui avait consisté à endormir le colosse germanique, à le diviser, à l'affaiblir, à profiter des querelles religieuses, des divisions territoriales, des rivalités princières, du manque d'argent, de l'état arriéré de la civilisation. Les guerres de la Révolution et de l'Empire sont glorieuses. Il serait absurde de dédaigner le lustre qu'elles jettent sur la nation française. Mais en fait de résultat positif, elles ont eu celui d'unir ce qu'il fallait continuer à tenir divisé, d'éveiller ce qu'il eût mieux valu laisser dormir. Napoléon commit imprudences sur imprudences et non-sens sur non-sens. Il ne profita même pas de ses victoires, ne sut pas briser la dynastie des Hohenzollern ni dépecer immédiatement son territoire quand il la tenait à sa discrétion. L'ouvrage des électeurs de Brandebourg et du grand Frédéric pouvait être anéanti après 1806. Or, Napoléon se contenta de le diminuer et d'humilier Frédéric-Guillaume. Et, qui plus est, il forma, il arrondit de ses mains, auprès de la Prusse, d'autres royaumes qui, simplifiant le chaos germanique, devaient, le jour venu, rendre plus facile l'unité. Telles sont les véritables conséquences que porta la Révolution en Allemagne.

La Révolution et Napoléon. Car, absolument, c'est tout un. Bainville dit encore :

> Bismarck, fondateur de l'unité allemande, a bien discerné le service que l'intervention napoléonienne rendit à l'œuvre des Hohenzollern. On pouvait croire que l'empereur avait à jamais anéanti la Prusse qu'il tenait sous sa botte la dynastie dont il avait le pouvoir de renverser le trône. Au contraire, il ouvrait à la Prusse et à l'Allemagne des destins inespérés. Bismarck en a témoigné en

prononçant ces paroles, le 31 octobre 1892, sur la place du marché d'Iéna :

— *Sans l effondrement du passé, le réveil du sentiment national allemand en pays prussien, de ce sentiment national qui tire son origine d une époque de honte profonde et de domination étrangère, n eût pas été possible.*

C'est la vraie morale politique du centenaire d'Iéna. Et les paroles de Bismarck seront singulièrement complétées par ce passage des *Mémoires* d'un soldat de Napoléon. Le brave Marbot[215], excellent cavalier, vaillante estafette et grand donneur de coups de sabre, n'était pas une intelligence de premier ordre. Pourtant, muni de bon sens, il jugeait la politique de son maître et en mesurait toute l'imprudence. C'est donc Marbot homme de cheval et de bivouac, qui écrivait ceci dans ses *Mémoires* :

« Quoique je fusse encore bien jeune à cette époque, je pensais que Napoléon commettait une grande faute en réduisant le nombre des petites principautés de l'Allemagne. En effet, dans les anciennes guerres contre la France, les huit cents princes du corps germaniques ne pouvaient agir ensemble. Au premier revers, les trente-deux souverains, s'étant entendus, se réunirent contre la France, et leur coalition avec la Russie renversa l'empereur Napoléon, qui fut ainsi puni pour n'avoir pas suivi l'ancienne politique des rois de France. »

Je crois qu'on ne peut pas mieux dire ni mieux résumer le résultat final de la brillante campagne de 1806.

Et toute la politique extérieure de l'Empire. Et toute celle de la Révolution.

Et toute celle qu'ont héritée de la Révolution et de l'Empire les Wilson, les Tardieu, les Loucheur et leurs camarades ; pour notre malheur !

Nos soldats se sont battus avec le sang, le cœur, le patriotisme et l'élan de la France éternelle.

---

[215] Marcellin Marbot (1782–1854) participa à la bataille de Waterloo, dont il fut l'un des chroniqueurs, avec le grade de colonel. Il poursuivit sa carrière et fut nommé général en 1830. Ses *Mémoires* ont été écrits à partir de 1847 et s'arrêtent en 1814 ; ils ne seront publiés qu'en 1891 et connaîtront alors un vif succès.

Nos négociateurs n'avaient que les idées d'une France fragmentée et transitoire, dissociée et décérébrée ; les idées qui reflètent notre décadence depuis plus de cent ans.

De notre point de vue, qui est le point de vue national, faudra-t-il donc marquer du signe moins toute commémoration napoléonienne ?

Non : Napoléon avait reçu la science et l'art militaire de la vieille France, et son âme de feu porta au sublime degré d'incandescence ce riche et puissant capital.

Ses Victoires sont au « Muséum », comme disait Bonald ; soit ! elles n'y sont pas restées infécondes.

Elles ont eu d'abord cette fécondité de la gloire qu'il serait misérable de négliger. Elles nous ont valu un prestige positif qui a longtemps couvert de très grands déficits. Et enfin, ces victoires savantes et belles, on l'a dit, comme des chefs-d'œuvre d'une raison que la passion multipliait, ont suscité des étudiants qui sont devenus des maîtres ; ces maîtres, les grands défenseurs, les sauveurs directs du pays.

Foch a été l'élève de Napoléon Bonaparte, voilà ce que la patrie ne peut oublier.

Elle a le devoir de tenir compte de toutes les blessures que l'idée et le fait napoléoniens lui portèrent ; mais la reconnaissance doit persister envers le brillant esprit militaire de la Campagne d'Italie, de la Campagne de France, œuvres fort inutiles en elles-mêmes, mais qui, après un siècle, auront servi, sur les deux Marnes, à sauver autels et foyers, libertés et drapeaux.

Il est une autre raison de ne pas nous excepter du chœur national ; c'est notre piété pour une France idéale à laquelle Napoléon n'est pas inutile et que son image décore, que son nom glorifie. Je songe aux Français de nos colonies éloignées, et j'imagine ceux qui vivent à Londres, à New-York, à Buenos-Aires, à Canton, à Yokohama, tous recherchant dans les écrits venus de France quelque son qui soit d'abord français. Ils ne sont pas plus que nous des impérialistes. Mais entre journaux et journaux, entre écrivains et écrivains, ils distinguent les défenseurs, les serviteurs de ce qu'ils appellent « la grande France » et ses ennemis. Eh bien ! ces Français-là sont comme le vieil historien Victor Duruy ; ils souffrent dans leur cœur, quand on leur dit trop de mal de Napoléon ou de Louis XIV.

Toutes les justes différentes doivent être établies entre le grand Capétien, héritier de Richelieu, qui laissa un royaume accru de quatre vastes provinces et qui nous légua, pour deux siècles, une sécurité entière du côté des

Pyrénées ; haute figure du classique génie national et royal, qui conduisit pendant plus de soixante ans la plus vaste harmonie de toutes les histoires, et le demi-dieu romantique dont la grandeur est faite de la consomption de la chair d'un peuple, Moi isolé, Moi dévorant qui dut se dévorer lui-même, conformément à des lois plus fortes que lui, mais qui laissa sur terre un grand bûcher aux belles flammes, diaprées aux trois couleurs, dans lequel s'entrecroisent, parmi des voix confuses, les plus magnifiques leçons d'escrime internationale, Tactique et Stratégie que l'ignorance ou la méconnaissance de la Politique avait seule stérilisées.

Faisons ces différences. Mesurons ces distances. Mais ne soyons pas insensibles aux termes ainsi comparés.

Connaître la hiérarchie des grandeurs n'anéantit aucun de leurs termes. Sentir la différence d'utilité de deux grands chefs ne supprime pas leurs valeurs, mais les fixe et les inscrit.

La France doit savoir que Napoléon s'est servi d'elle et que Louis XIV l'a servie ; mais devant celui de ces deux héros qu'elle juge et doit juger inférieur à l'autre elle doit aussi répéter la parole impartiale, la parole nationale de l'équité :

— Encore une fois, je le trouve grand.

# Chapitre II
# Une erreur napoléonienne

M. J.-M. Bourget, spécialiste militaire, est l'auteur d'un livre bien amusant, *Si Napoléon en 1914...* dialogue des morts entre le maréchal Foch et l'Empereur.[216]
Pendant quelque trois cents pages, le dieu de la guerre s'informe ; il interroge, tourne, retourne, apostrophe le vainqueur de 1918, qui a tout l'air d'un *apprentif*, comme dit Mathurin Régnier, devant ce seigneur et ce maître. On imagine bien que je ne vais pas intervenir entre les belles ombres de l'Art, de la Science et de l'Histoire militaires, et m'en tiens au très vif plaisir que donnent dix chroniques dialoguées sur tous ces thèmes successifs de la bataille des frontières ou de la course à la mer, de la victoire de la Marne, des assauts de Verdun ou de la bataille de Foch. Mais, au dernier chapitre, « l'amertume de la gloire », qui porte sur la mauvaise utilisation d'une guerre victorieuse, il ne sera pas défendu de chercher ma petite querelle.

Le ton de l'Empereur envers l'élève-maréchal est désagréable du commencement à la fin. L'auteur lui-même s'en aperçoit. Il fait de son mieux pour donner, tant bien que mal, à notre contemporain, un petit avantage sur la question des chemins de fer qui semble, en effet, avoir gêné autant que servi les stratèges de 1914-1918, et devant laquelle le grand homme semble avouer qu'il eût pu être embarrassé. On l'eût été à moins ! Ce n'est pas ce que je lui reproche, ni à M. Bourget... Mais arrivons au très curieux passage des coïncidences du Civil et du Militaire :

> *Foch* — ... Je vous ai envié, sire. Je vous ai toujours admiré. Mais, au montent où l'on se mit à travailler le traité de paix, je vous ai envié.
> *Napoléon* — Et pourquoi donc ?
> *Foch* — Dans un traité de paix interviennent des considérations politiques et aussi des considérations militaires. Vous avez toujours pu faire valoir les unes et les autres. Chez nous, les premières ont pris le pas. Car les secondes étaient traitées elles aussi par des civils peu familiers avec elles.

---

[216] Ouvrage paru en 1930.

> *Napoléon* — Je n'arrive pas à comprendre que des personnages qui se disent des hommes d'État négligent les questions militaires. Ils rougiraient de paraître ignorer quoi que ce soit de la finance ou de l'économie politique. Mais la stratégie est un domaine réservé, pensent-ils, où il ne fait pas bon s'aventurer.
>
> *Foch* — Pourquoi donc, alors, les négociateurs de la paix n'ont-ils pas voulu écouter davantage les militaires ? On m'a bien donné audience solennellement. Je n'ai trouvé que des visages fermés, des bouches cousues. On ne m'a pas fait l'honneur de discuter mes conclusions. On m'a écouté, puis on m'a jeté dehors.
>
> *Napoléon* — Quoi ? Les représentants de la France ont laissé faire cela ? Ils n'ont pas vu les ressources que leur apportait votre intervention ? L'intervention du commandant en chef des armées alliées. Que diable ! C'était un moyen de pression incomparable.

Tant de « moyens de pression incomparables » ont été négligés par les auteurs du Traité ! Ni Clemenceau, ni Poincaré, ni Tardieu n'ont même pensé à s'appuyer sur l'opinion publique de la nation française, alors que même tel royaliste les en suppliait. « Nous seuls », disaient-ils, « et c'est assez », quitte à montrer ensuite ce que leur suffisance avait d'insuffisant !

Revenons à nos *Morts*. L'empereur continue de gagner à tout coup :

> *Foch* — Voyez combien la situation de la France a été en diminuant depuis la paix ! combien de concessions elle a faites ! combien d'amputations elle a subies dans ses droits ! Il a fallu tout supporter sans rien dire, ou presque.
>
> *Napoléon* — Mais, Monsieur le maréchal, pourquoi n'avoir rien dit ? Surtout, pourquoi n'avoir rien fait ?
>
> *Foch* — Et que pouvais-je faire ?
>
> *Napoléon* — Imposer vos idées, tout simplement.
>
> *Foch* — Les imposer ? Comment ? Un coup d'État, peut-être ?
>
> *Napoléon* — Vous l'avez dit. Quand j'ai rappelé tout à l'heure que j'avais mis à la raison les ancêtres de vos parlementaires, vous m'avez répondu que j'avais derrière moi des victoires. Vous en aviez aussi. Et vous n'avez pas agi. Les récriminations ne servent à rien.

Duriuscule ! Même dur ! Mais j'ai entendu dire que le maréchal Foch avait mauvais caractère. A-t-il changé d'humeur chez les Morts ? Sa riposte eût été facile, sur la mauvaise qualité de l'enseignement politico-militaire donné par l'Empereur, sur les mauvaises traditions politico-militaires qui datent de lui. Depuis Napoléon, tous les généraux français ou presque ont été d'avis de régler la question de force entre l'Allemagne et son vainqueur, au moyen de conventions militaires. Le général Bonnal[217], au début de la guerre, enseignait encore que c'était la solution satisfaisante : *optime !* Foch, après la victoire, hésitait entre tel ou tel régime *militaire* à imposer à l'Allemagne ! Pas un de ces illustres spécialistes qui ait vu que ce type de solutions ne tenait pas debout, que *la meilleure ne valait rien*, que l'expérience des conventions imposées à la Prusse par l'Empereur après Iéna (après Iéna !) le démontrait péremptoirement, la politique prussienne ayant rongé et détruit, avec des ruses d'une extrême simplicité, toute la série des conditions du traité napoléonien, parce qu'elles étaient *militaires* et non *politiques.*

Mais, pour bien des chefs militaires, ce qui vient de l'Empereur reste enveloppé d'une sorte de brume dorée, fumée de gloire et de victoires qui les éblouit, jusqu'à les aveugler même sur les points ou la méthode du dieu a le plus complètement échoué.

Il y avait un principe de raison bien antérieur à Napoléon ; savoir que, en Allemagne, un élément est plus dangereux que l'élément militaire, et c'est l'élément politique. Il fallait s'en prendre, en 1806, à l'entité politique prussienne, comme il fallait s'en prendre, en 1918, à l'entité politique allemande. Napoléon avait couvert cette vérité d'un tel dédain qu'il n'avait pas hésité à simplifier, à unifier, à renforcer l'appareil politique allemand, au rebours des sages efforts de morcellement établis par les traités de Westphalie ; l'on peut dire de nos chefs victorieux qu'ils ont copié leur maître en cela. Ils ont voulu le Rhin, avec raison, comme ils ont voulu l'Alsace et la Lorraine. Ils n'ont pas vu que ni le Rhin ni l'Alsace ne seraient véritablement à eux tant qu'un certain degré de puissance *politique* aurait été laissé au Reich unitaire allemand.

Spécialistes demi-divins, ou même pleinement divins, si l'on veut, mais spécialistes, l'Empereur et ses disciples les plus fameux ont perdu de vue, en

---

[217] Le général Bonnal (1844–1917) fut entre autres l'auteur en 1911 d'un *Voyage d'histoire militaire de Mgr le duc d'Orléans en Bohême* qui contient une préface et une conclusion de Charles Maurras.

chaque matière, l'axiome général qui domine les applications militaires, maritimes, économiques : *Politique d'abord*.

Et l'axiome dédaigné se venge d'une façon que manifeste, en toute clarté, la conclusion très objective et, aussi, très vieille-France, très Richelieu, très Mazarin, de l'expérience courante ; le redressement politique de l'Allemagne enveloppe et stimule ses ambitions dans tous les ordres, flotte et armées, finances et diplomatie.

Les imbéciles, les intrigants, les farceurs, les moutons, diront ce qu'ils disent : nul coup droit porté à l'unité allemande n'eût été, en 1918, « possible », ce dont ils ne savent rien, ce dont ils n'ont pas la mesure, et tous les faits connus, ou reconnus depuis, viennent établir la possibilité du point contesté.

À quelqu'un qui reparlait de ce prétendu impossible à la date du 26 avril 1930, il m'est arrivé de montrer par les journaux du jour et par ceux de la veille qu'après douze ans, l'Allemagne en était encore à se débattre dans les inextricables difficultés de son unification ; un article de *L'Homme libre*, signé « Gaulois », le disait en toutes lettres. Et la *Revue hebdomadaire* racontait ainsi la crise allemande d'octobre 1918 où les instances pour obtenir la démission de l'Empereur avaient été faites au nom du danger que courait l'unité :

> Scheidemann[218] ayant suggéré d'imposer à Guillaume II son abdication, Erzberger[219] protesta de toutes ses forces. Sur quoi Scheidemann justifia avec énergie sa manière de voir :
> — L'abdication est devenue, s'écria-t-il, une nécessité historique. L'Allemagne du Sud est unanime à l'exiger. Déjà les paysans de Bavière parcourent les campagnes en criant : *Los von Preussen !* Guillaume II a pour devoir rigoureux de s'incliner devant le verdict populaire qui le condamne.

---

[218] Philipp-Heinrich Scheidemann (1865–1939), député socialiste puis ministre dans le dernier gouvernement impérial. C'est lui qui proclama la fin du Deuxième Reich le 9 novembre 1918. Brièvement chef du gouvernement, il démissionna pour ne pas avoir à signer le traité de Versailles.

[219] Matthias Erzberger (1875–1921), député au Reichstag depuis 1903, fut le négociateur et signataire allemand de l'armistice de Rethondes. Il devint ensuite ministre des finances et mourut assassiné par un groupe extrémiste.

« *Los von Preussen.* » Séparation d'avec la Prusse ! Rupture de l'unité ! Pas une heure critique où ces idées n'aient été agitées en Allemagne. Laissons donc la question des possibles ; la voie n'a même pas été tentée ! Il a manqué chez nous un homme d'État et une doctrine d'État pour y faire songer.

Les nôtres ont suivi la tradition napoléonienne. Il était possible, après Iéna, de défaire un État aussi artificiel que la Prusse. Il était possible, après la fuite de Guillaume II, d'exploiter en Bavière, en Hanovre, sur le Rhin, en Lusace, les sentiments les plus divers (révolutionnaires, légitimistes, catholiques) contre l'unité du Reich. Or, on ne l'a pas voulu. Ainsi Napoléon n'a pas voulu détruire l'unité de la Prusse. Il croyait faire mieux que ses prédécesseurs, et il a fait plus mal. Que son insuccès n'ait servi de leçon ni à nos civils ni à nos militaires, c'est prodigieux.

# Chapitre III
# Diplomatie de Bonaparte

Albert Vandal[220] connaît fort bien l'histoire des relations de notre France et de l'Autriche. Comme on va le voir par un vieux fragment, Albert Vandal donnait tout à fait raison à quelques-uns de nos goûts les plus prononcés et de nos dégoûts les plus vifs. Il collabora ainsi, sans le vouloir peut-être, mais non sans le savoir, à la réhabilitation générale de l'ancienne France, de son gouvernement, de ses traditions ou de ses mœurs politiques, même aux temps les plus décriés.

On ne dira jamais assez quel mal firent à la France, considérée dans ses intérêts extérieurs, les historiens et les polémistes de l'école révolutionnaire. Leur tort, leur égarement fut d'apporter, dans leur façon de concevoir et de traiter les questions internationales, des préoccupations de politique intérieure, l'esprit et les dogmes de leur parti.

*En haine de l'Autriche, ultramontaine, ils vantèrent continuellement la Prusse protestante, fille et élève du roi philosophe.* Cette conception aveuglante les conduisit à ériger l'anachronisme en système. Parce que l'Autriche de Charles-Quint et de Ferdinand, dont les États formaient à eux seuls une coalition, avait pesé formidablement sur nos frontières, ils en conclurent que l'Autriche restait en face de nous la rivale traditionnelle, l'ennemie de tous les temps, sur laquelle les coups devaient porter. C'est dans ce sens que nous avons appris l'histoire au collège, et c'est sous l'empire de cette hallucination que des générations ont vécu. Or, depuis le commencement du XVIIIe siècle, l'Autriche séparée de l'Espagne, contenue en Italie, contrebalancée en Allemagne, ne nous menaçait plus, et un accord avec cette puissance sur le retour, mais encore imposante, nous eût servi à réprimer de jeunes et dangereuses cupidités.

---

[220] Albert, comte Vandal (1853–1910), historien, élu à l'Académie française en 1896.

Au lendemain des traités d'Utrecht, après la liquidation de l'héritage espagnol, Torcy[221] écrivait, avec une merveilleuse prescience de l'avenir, que la rivalité des maisons de Bourbon et de Habsbourg devait être reléguée désormais au nombre des faits historiques, que la situation profondément modifiée appelait des combinaisons nouvelles. Il est vrai que la royauté française ne comprit pas d'abord cette parole de prophète. En 1741, pendant la guerre de la succession d'Autriche, Louis XV devança la faute de Napoléon III à la veille de Sadowa ; se laissant prendre aux avances de Frédéric II qui savait à propos velouter sa main de fer, il aida la Prusse à s'agrandir aux dépens de l'Autriche. Le maréchal de Noailles lui avait dit pourtant ce mot profond : « Sire, défiez-vous des États dont la fortune n'est pas faite. »

Nous avons souvent pris la peine de spécifier notre conception des erreurs royales. Le prince héréditaire n'est certainement pas infaillible. Mais, par position, par fonction, il est plus intéressé que personne à corriger ses fautes aussitôt qu'il les a découvertes, un acte contraire au bien national étant aussi un acte contraire à son bien propre.

Napoléon III, qui laissa se créer l'unité allemande, avait agi en philosophe humanitaire, en lieutenant de la Révolution européenne, en homme d'État romantique, non en prince, ni en Français. La faute de Louis XV était un accident, né d'une erreur matérielle ; la faute de Napoléon III, un système dynastique, né de sa propre illégitimité. L'assimilation de deux faits aussi différents est le seul point qui soit sujet à la critique dans cette juste page de Albert Vandal, vite corrigée en ces termes :

> La royauté française eut toutefois le mérite de reconnaître son erreur et elle essaya de la réparer, lorsqu'elle fit alliance avec Marie-Thérèse, en 1756, pour arrêter la Prusse et refréner les ambitions de son roi. Cet accord, conclu sous le principat de Mme de Pompadour, fut qualifié par l'école révolutionnaire de *politique d alcôve*. Il faut le dire cependant, les conseillers de la Pompadour, Bernis et Choiseul, *avaient raison* contre Voltaire, contre les philosophes et les encyclopédistes, contre ces maîtres de l'opinion qui organisaient une

---

[221] Jean-Baptiste Colbert de Torcy (1665–1756), grand diplomate, surintendant des Postes de 1699 à 1721, négociateur des traités de Ryswick (1697), d'Utrecht (1713) et de Rastatt (1715).

colossale réclame en faveur de Frédéric et de Catherine II bouleversant l'Europe au détriment de nos intérêts traditionnels. Les plus insignes représentants de l'esprit français se firent alors les grands ennemis de la puissance française.

Après 89, malgré Valmy, malgré le manifeste de Brunswick, les politiques de la Révolution s'orientèrent constamment du côté de la Prusse. Le préjugé était tel que le jour où Bonaparte se fit décerner le pouvoir consulaire, il donna aux troupes de Paris, comme premier mot d'ordre, ces deux noms *Frédéric II* et *Dugommier*.

En 1815, au Congrès de Vienne, Talleyrand eut le bon sens de revenir à la tradition qu'il avait recueillie des lèvres de Choiseul sous les ombrages de Chanteloup. La France était vaincue, épuisée ; il n'hésita pas cependant à lier partie avec l'Autriche et l'Angleterre pour protéger la Saxe contre la voracité prussienne. Il estimait que le meilleur moyen de se faire respecter quand on n'est pas le plus fort, c'est d'être le plus honnête. L'événement des Cent Jours et les exigences de l'opinion ramenèrent presque aussitôt notre politique dans d'autres voies.

Chez Louis-Philippe, l'alliance autrichienne était la pensée de derrière la tête ; les préjugés réciproques entre les deux pays la rendaient impossible.

La guerre de Crimée parut offrir l'occasion de la réaliser. Drouyn de Lhuys[222], qui avait hérité de Talleyrand la tradition reçue de Choiseul, la tradition des sages opposée à la tradition d'erreur, voyait dans les affaires d'Orient un terrain de rapprochement avec l'Autriche et un moyen de fixer la France à une politique de conservation européenne. Après la paix de Paris, en 1856, si Napoléon III avait eu le courage de s'ériger en défenseur de ces traités de Vienne qui garantissaient la sûreté de nos frontières en organisant le morcellement de l'Allemagne et de l'Italie, s'il s'était attaché à maintenir cette puissance autrichienne qui demeurait la clef de voûte de l'ancien édifice européen, il eût vraisemblablement rendu à la France des destinées normales et, en tout cas, il lui eût épargné des désastres. Le neveu eut alors la partie plus belle que l'oncle ne l'avait jamais eue au temps de sa plus prestigieuse puissance. Napoléon III

---

[222] Édouard Drouyn de Lhyus (1805–1881), plusieurs fois ministre des Affaires étrangères de Louis-Napoléon Bonaparte, puis du même devenu Napoléon III.

n'avait pas vaincu l'Europe, mais il était en train de la persuader, et tout le monde se fût incliné devant sa modération, s'il eût su montrer, après Napoléon le Grand, Napoléon le Sage.

L'empereur subit la *fatalité de ses origines*, et notre politique retomba dans l'ornière révolutionnaire. Nous allâmes à Solférino au profit de l'Italie, nous laissâmes la Prusse aller à Sadowa et rassembler l'Allemagne. Un homme que j'ai connu disait à Napoléon III avant 1866 « Sire, on vous parle toujours de la maison d'Autriche contre laquelle Richelieu luttait ; cette maison d'Autriche n'est plus à Vienne, elle est à Berlin ». Mais le parti avancé, ses journaux, ses orateurs, la majeure partie des intellectuels, restant sous l'empire du *préjugé protestant et révolutionnaire*, continuaient d'exalter la Prusse aux dépens de l'Autriche, force de résistance et de conservation ; ils furent les complices inconscients de notre déchéance. Sedan ne fut pas seulement l'effet de fautes immédiates, fautes de gouvernement, fautes de l'opposition ; *ce fut l'aboutissement de tout un siècle de politique révolutionnaire.*

Le témoignage d'Albert Vandal est d'une grande clarté et d'une gravité extrême. Sedan fut « l'aboutissement de tout un siècle de politique révolutionnaire ». L'empereur Napoléon III « subit la fatalité de ses origines ». Il existe une « ornière révolutionnaire ». Il existe également une « tradition de sagesse opposée à la tradition d'erreur ». Drouyn de Lhuys la tenait de Talleyrand, qui l'avait héritée de Choiseul, qui la tenait lui-même des Noailles, des Torcy et ceux-ci des plus fermes et des plus intelligents disciples de Richelieu ; vénérable cortège des meilleurs praticiens de l'histoire de France ! Quand « les exigences de l'opinion », comme dit encore Albert Vandal, se déchaînent contre le salut national, il faut donner un souvenir et demander un conseil à ces grandes ombres.

# Chapitre IV
# Génie de Napoléon
## et question napoléonienne

Un journal illustré a mis en scène dans un dialogue à l'antique deux de nos contemporains, fameux, que j'aime mieux ne pas nommer. Les extraits qui en courent m'étonnent beaucoup.

Jusqu'à la preuve du contraire, je ne croirai jamais que deux grands Français aient pu parler cinq minutes de Napoléon comme on le ferait de Shakespeare ou de Baudelaire, c'est-à-dire en lui-même, sans l'étudier par rapport à la France.

Certes, l'homme est enivrant. Il y a l'homme, a dit le maréchal Lyautey. Et là-dessus, on ne tarirait pas : mémoire immense, génie de l'organisation, esprit critique et psychologue, puissance de travail, étendue et ressort de la volonté, le sujet est inépuisable et, l'épuiserait-on, il resterait le charme, le charme romantique, d'une carrière unique par l'abrupte sauvagerie du point de départ, le vertige de l'apogée, l'éloignement du point de chute. Combinez au prestige d'une royauté militaire et civile l'humanité chaude et vibrante, la familiarité, les passions, la flamme, la fumée de l'âpre démon. On en peut raisonner et déraisonner indéfiniment.

Mais enfin ce n'est pas de cela qu'il s'agit !

Cet homme a tenu dans ses mains le destin de nos pères et le nôtre.

Il a possédé la France.

Qu'est-ce qu'il en a fait ?

Avec tous ses dons magnifiques, que lui a-t-il valu pour le bien, pour le mal ?

Si la question est posée dans lieu public, elle recueille des adhésions assez nombreuses qui témoignent des progrès de l'opinion française. Il est rare pourtant qu'une voix soupirante ne s'élève pas :

— Ah ! si seulement on avait *quelqu un* comme lui...

Et ceci semble aller de soi, si bien que tout le monde, ou à peu près, approuve. Cependant, autre signe de progrès, il y a des hésitations. Non à cause du despotisme. Ça, on s'en f... moque. L'autorité en vue de l'ordre promet de tels biens que chacun est disposé à lui sacrifier une liberté surtout théorique. L'autorité d'un tel génie paraît sans réplique. Ce qui rend le public songeur et tempère l'enthousiasme, c'est tout de même le problème de la direction. Gouverner soit, mais pour conduire ; conduire où ? Où ? C'est le problème ! La dictature, mais dans quel sens ? Pour quels projets ? Et quant au dictateur de 1799-1815, il y a, dans le public, ce sentiment confus que son bilan, s'il brille, brille assez faux.

Le bilan brille faux, et sa splendeur couvre un désastre. Voilà ce qu'il importe de démontrer sans trêve pour l'éducation générale. Aucun Français ne devrait parler ou écrire de Napoléon sans avoir dans l'oreille le mot fameux de lord Castlereagh[223] au moment des traités de 1815. Alors que le Prussien voulait achever de nous démembrer, l'Anglais répondit flegmatiquement :

— Laissez, laissez, la France est assez affaiblie par son système successoral. C'est au régime consulaire, aux institutions de l'an VIII, qu'elle doit le double fléau de la centralisation et de la dépopulation, ce ralentissement de la vie locale qui anémia l'esprit civique, ce morcellement des foyers qui tarit nos familles et tua dans leurs germes des millions d'individus, Français possibles, Français à naître et qui ne sont point nés parce que les conditions de l'être leur étaient refusées par ce code de lois dont parlait Renan, fait pour un citoyen idéal « naissant enfant trouvé et mourant célibataire ».

Aucun Français ne devrait parler ni écrire de Napoléon sans se représenter que les pires violences faites au corps et à l'âme de la patrie par la Constituante et la Convention, soit la centralisation administrative, soit la division départementale, n'ont pu durer que grâce à l'énergique main du Premier Consul.

Aucun Français ne devrait parler ou écrire de Napoléon sans se rappeler qu'il a été le premier auteur de la concentration et de l'unification de l'Allemagne.

Une politique générale qui, ayant gagné ses batailles, perd ses guerres et qui finalement paralyse un pays, le dépeuple, donne à ses plus redoutables voisins les moyens de grandir et de prospérer à ses dépens, ne mérite d'autres

---

[223] Robert Stewart, marquis de Londonderry (1769–1822), devenu lord Castlereagh en 1796, riche gentilhomme irlandais, ami de Pitt, ministre de la Guerre en 1805, puis des Affaires étrangères en 1812. Ennemi juré des idées de la révolution française, et de Napoléon en qui il voyait son continuateur, il fut l'inspirateur acharné de la coalition européenne contre la France, puis négociateur britannique au congrès de Vienne. Revenu ensuite au pouvoir à Londres, il y devint très impopulaire en raison de son caractère taciturne, de ses mœurs et de sa politique de répression, et finit par se suicider d'un coup de rasoir.

fleurs ni couronnes que les guirlandes mortuaires qu'on dépose sur les tombeaux. Des Français peuvent continuer d'avoir la fièvre au seul nom de Napoléon. La France, qu'il a laissée plus petite qu'il ne la reçut, doit se dire qu'en dernière analyse ce sublime esprit fonctionna au rebours de nos intérêts.

Il n'y a pas à juger ni à condamner les *intentions* ni les *sentiments*. Il y a à constater les résultats.

Prenons un exemple capable de tout éclairer. Napoléon avait reçu de la Révolution et aussi de la Monarchie, disons de la nature de nos territoires et de nos côtes, de graves difficultés avec l'Angleterre. La Révolution, par son désordre et son gaspillage, par la destruction préalable de la flotte de guerre, avait perdu la partie ; la Monarchie l'avait, au contraire, soutenue longtemps, puissamment, avec des hauts et des bas sans doute, mais les derniers engagements lui avaient été favorables, et sa guerre pour l'Indépendance de l'Amérique était une revanche heureuse de sa guerre de Sept Ans, ce que d'ailleurs nos historiens officiels oublient d'enseigner à leurs tristes lecteurs.

À peine eut-il mis de son côté quelques-uns des puissants moyens de la Monarchie, Napoléon voulut revenir aux grands jours de Louis XVI et du bailli de Suffren. C'est un fait ; il ne le put pas.

Il ne put pas avoir une flotte qui balançât la flotte anglaise. Il ne put vaincre définitivement sans une marine. Le peuple marin le poursuivit et le défit sur son continent. Les deux noms d'Aboukir et de Trafalgar jalonnent la grand'route de Waterloo.

Triple terme d'un juste effort de libération, et trois fois malheureux.

Nous ne sommes nullement de ceux qui réduisent toute l'histoire, toute la psychologie, toute la critique à la question de succès ou d'insuccès. Mais en histoire politique le succès est le juge. Si le théoricien doit avoir raison, le praticien doit réussir. Le praticien Napoléon, le plus grand des praticiens peut-être, a échoué.

Signe que l'entreprise (traditionnelle en France) qu'il avait honorée de son puissant labeur, était inspirée de principes faux ou conduite à rebours du sens national que le vulgaire lui attribue.

Je m'expliquerai en posant une question.

Ou Napoléon fit la guerre aux Anglais en artiste désintéressé, et il mania cette grande chose, les intérêts d'un peuple, avec le simple désir d'en jouer, grand joueur qui s'était oublié à dire : « J'ai cent mille hommes de rente. »

Ou bien, comme Jacques Bainville l'a établi, sans réplique possible, il était prisonnier de la conquête de la Belgique opérée par les Jacobins et que l'Angleterre sentait incompatible avec sa propre sûreté, et alors le robespierriste et le « roussien », l'idéologue romantique et révolutionnaire qui était en lui, si attentif qu'il fût à la loi des choses réelles, exigeait trop de la France et la violentait dans la ligne des principes fondamentaux.

N'en citons qu'un.

Pour faire la guerre à l'Anglais, on devait essayer d'improviser une marine. On n'improvise pas une marine. L'expérience en a été faite par un autre romantique, Guillaume II. La matière refuse l'œuvre, plus forte que le plus fort ouvrier. Cela s'est vu, se reverra. Les hommes devront se le dire.

Tout ceci est explication et, à certain degré, conjecture. Reste le fait. Il est immense. Le fait exemplaire et monumental, c'est l'échec du prodigieux labeur napoléonien. C'est sa stérilité ou sa malfaisance générale pour la patrie.

Généralité qui comporte l'exception d'ordre intellectuel et technique déjà marquée.

Étudiée avec désintéressement par un étranger comme Jomini[224], puis par l'état-major prussien, enfin pénétrée et creusée à fond par les maîtres de notre science militaire qui devaient être les vainqueurs de 1914–1918, la conception napoléonienne a livré le secret d'une manœuvre dont la pureté, la simplicité, la vitesse classiques éveillent forcément tous les grands souvenirs des chefs-d'œuvre de l'art. L'esprit de Bonaparte, nourri et pénétré de nos traditions de guerre, les a transformées et perpétuées.

Comme on l'a vu, en un certain sens, le pays a donc été sauvé par lui ; mais ce fut en dehors de sa personnalité, de sa volonté, et oserais-je dire, presque en dehors de son imagerie populaire, car si les sérieuses études des campagnes de Bonaparte étaient fort poussées en 1914, il n'en était plus de même de son culte dans le pays.

Les jeunes gens de Barrès, qui appartenaient à la génération de 1890, allaient demander leur excitant vital au tombeau de l'Empereur.

Les jeunes hommes de 1914 n'y pensaient plus.

---

[224] Antoine-Henri de Jomini (1779–1869), général d'origine vaudoise, servit dans de multiples campagnes jusqu'à devenir chef d'état-major du maréchal Ney. Après la défaite de Napoléon, il rallie l'armée russe et se consacre à l'écriture. Ses ouvrages d'histoire et de théorie militaires l'ont fait comparer à Clausewitz.

L'Action française forma toute la belle race de ses jeunes guerriers sans avoir eu à leur parler spécialement de la légende impériale ni de la légende révolutionnaire, de Valmy ni de Marengo.

Les ferveurs du sentiment national étaient puisées à des sources autrement vastes et profondes, que les noms de Bouvines et de Denain caractérisent suffisamment. Cette jeunesse nous en avait crus. Elle jugeait l'ancien napoléonisme malsain. Non pas qu'il faille le proscrire à sa dose et au point voulu. Tout sert, ou peut, ou doit servir. Mais le cyanure d'or utile aux photographes ne mérite pas d'être mis en tartine sur notre pain.

Lamartine est de nos poètes peut-être celui qui vit le mieux le jugement à rendre sur l'empereur lorsqu'il écrivit le fameux vers, rectifié depuis :

> Et vous, fléaux de Dieu, qui sait si le génie
> N'est pas une de vos vertus ?[225]

Napoléon ne se conçoit en termes dignes de lui qu'en dehors du cadre de cet intérêt français ou européen d'où il est nécessaire de le juger sévèrement. Comment parler, pour un fléau de Dieu, de vertu ou d'humanité, de patriotisme ou de droit national ? Il le faut voir comme une manière de libre force cosmique, à qui les jeux de la destruction et de la construction importaient dans leur mode, non dans leur résultat. Sorte de missionnaire du Chaos paternel. Apôtre armé, botté, de la Démocratie.

Dans une intéressante étude donnée jadis à la *Revue de la semaine*, sur « Napoléon et l'empire de la mer », Lacour-Gayet[226] a rapporté qu'un des

---

[225] Lamartine, *Nouvelles Méditations poétiques* (1823). La septième de ces méditations est consacrée à Bonaparte. C'est un poème de 30 strophes qui s'ouvre sur une évocation du tombeau de l'Empereur à Sainte-Hélène. La dernière strophe s'achève sur les mots cités par Maurras :
> Son cercueil est fermé ! Dieu l'a jugé ! Silence !
> Son crime et ses exploits pèsent dans la balance ;
> Que des faibles mortels la main n'y touche plus !
> Qui peut sonder, Seigneur, ta clémence infinie ?
> Et vous, fléaux de Dieu ! Qui sait si le génie
> N'est pas une de vos vertus ?

Le crime de Bonaparte, qui équilibre ses exploits sur la balance, est l'assassinat du duc d'Enghien, auquel sont consacrées les sept strophes précédentes, soit un quart du poème.

[226] Georges Lacour-Gayet (1856–1935), historien, notamment auteur d'un *Talleyrand* en plusieurs volumes dont seuls les premiers étaient parus au moment où Maurras publie son Napoléon.

officiers détaché à Corfou de l'armée d'Italie avait fondé un club constitutionnel à l'usage duquel il rédigeait des raisonnements égalitaires dans le goût de celui-ci : « À l'entrée et à la sortie de la vie, nous sommes égaux. C'est bien la peine de disputer de l'intervalle ! » *L'intervalle, c'est la vie.* Philosophiquement, la Vie est peu de chose. C'est la seule chose qu'on ne puisse pas négliger dans la Politique.

Mais la démocratie la néglige, parce qu'elle est étrangère à cette politique-là. Le philosophe de Corfou avait raison à son point de vue. La démocratie, c'est le cimetière. *Unus interitus hominum et jumentorum*, disait le moraliste hébreu.[227]

En couchant au tombeau des millions d'hommes, en tarissant les sources naturelles de l'existence, en organisant une conception de la vie civile strictement individualiste et égalitaire, en préparant au dehors et au dedans toutes les conditions d'une *petite France*, en aboutissant, après vingt ans de luttes, à la rapetisser *en fait*, ce grand homme d'action aura parfaitement illustré le cercle dans lequel est appelée à tourner cette doctrine de suicide national et social qu'épanouissent Rousseau et Robespierre : la politique de la Mort.

On peut ajouter à ce fond toutes les broderies du mot et de l'image. Célébrons la France Christ des Nations ou comparons Sainte-Hélène au bûcher d'Hercule, mais si le problème de la politique française comprend l'art de la vie et de la prospérité de l'État français, la démocratie révolutionnaire ou napoléonienne n'a rien à voir avec ce grand art.

---

[227] Tiré de l'Ecclésiaste, 3, 19 :
    *Idcirco unus interitus est hominis et jumentorum, et aequa utriusque conditio. Sicut moritur homo, sic et illa moriuntur.*
« Car le sort des hommes est identique à celui des bêtes ; ainsi que les uns meurent, les autres meurent de la même façon. »

# Chapitre V
# Napoléon et la Restauration

La meilleure façon de compléter pour la comprendre l'image politique de Napoléon sera peut-être d'ajouter à des critiques motivées et méritées le tableau de ce que fit après lui un Prince moins brillamment doué, mais beaucoup mieux placé : son successeur, Louis XVIII.

La difficile mission du roi de France était de réparer par la paix les ruines de la guerre et par l'ordre les désordres de la révolution. Craignons de nous exposer au grief de partialité. Citons la page, devenue classique, du maréchal Lyautey dans son éloge, à l'Académie française, de l'historien bonapartiste Henry Houssaye[228] :

> Il est de coutume lorsqu'on évoque les traités qui ont clos les guerres de la Révolution et de l'Empire, de ne parler que des traités de 1815. On oublie trop, me semble-t-il, qu'il y avait eu d'abord le traité de 1814...
>
> Le traité de 1815 c'est la rançon des Cent Jours.
>
> C'est donc le traité de 1814 qu'il convient d'examiner pour juger équitablement les conditions dans lesquelles la France se tirait, en somme, de ces vingt ans de guerres et de révolutions, et dans lesquelles semblait s'assurer l'équilibre européen. Après la guerre si complètement perdue, pouvait-on vraiment mieux gagner la paix ?
>
> Les Alliés étaient entrés à Paris dans l'ivresse du succès, avides de vengeance et de représailles, leurs revendications toutes prêtes. Bien entendu, les Prussiens, contenus d'ailleurs par la modération généreuse d'Alexandre, ne parlaient que de morcellement.
>
> Et pourtant, par le traité du trente mai 1814, nous rentrions dans nos anciennes frontières, celles du 1er janvier 1792, avec des accroissements qui étaient loin d'être négligeables, la Savoie, Landau, Sarrebrück. Nous gardions les trésors et les trophées conquis sur l'Europe, nous ne payions pas d'indemnité de guerre, et, moins de

---

[228] Henry Houssaye (1848–1911), historien prolixe, fut élu à l'Académie française en 1894 au fauteuil de Lecomte de Lisle.

deux mois après la capitulation de Paris, le dernier soldat étranger avait quitté le sol français.

C'est qu'une grande force historique et morale était là : le roi de France, le fils de la Race qui, depuis près de neuf siècles, avait formé pièce par pièce le domaine national, tellement identifiée avec la France que leurs noms mêmes se confondent. Alors que partout ailleurs, sans exception, les noms de famille des dynasties, toutes importées, étaient distincts de ceux du pays, elle, c'était la maison de France. C'était son nom patronymique, le nom de ses fondateurs, Hugues, duc de France, Robert, comte de Paris, et ce n'étaient pas des titres de courtoisie, mais le nom de leur domaine propre. Des rives de la Seine, dans le plus continu des desseins poursuivis sous les pires règnes mêmes arrondissant patiemment le territoire, cette race avait fait la France, en portant les limites, siècle par siècle, aux Alpes, aux Pyrénées, aux deux mers, les yeux désormais fixés vers la seule frontière naturelle qui lui restât à atteindre : le Rhin.

Et c'est par ce labeur tenace et continu qu'elle avait formé cet État de vingt-cinq millions d'habitants, le plus unifié, le seul unifié qui existât en Europe, le plus cohérent, le mieux administré même, malgré les abus que personne ne méconnaît et que la marche du temps devait fatalement réformer, et elle léguait à la Révolution, avec l'armée royale, tout un ensemble de forces organisées qui, certes, aidèrent grandement celle-ci à tenir tête à l'Europe...

Le roi, c'est Louis XVIII...

Qu'on songe à ce qu'il fût advenu dans le grand désarroi, alors qu'il n'y avait plus ni gouvernement, ni force organisée, s'il ne s'était trouvé quelqu'un pour s'interposer entre la France désarmée et les vainqueurs, leur parler d'égal à égal ; que dis-je ? de toute la supériorité de sa race.

Certes, Louis XVIII ignorait beaucoup de la France intérieure, mais il connaissait supérieurement l'Europe. Et cela n'est peut-être pas à dédaigner, dès lors que c'était avec l'Europe qu'on négociait. Il y fut d'ailleurs singulièrement aidé par le ministre qu'il eut la sagesse de choisir et à qui il sut faire confiance, le négociateur par excellence, Talleyrand. Là aussi, n'y a-t-il pas une révision de légende à faire ?

L'un de ceux dont votre Compagnie s'honore le plus, Albert Sorel[229], s'y était attaché, et la pensée qui s'inspire est toute nationale. Comme il l'écrit :

« L'histoire publique de Talleyrand est une partie de la nôtre ; tout ce qui relève en lui l'homme d'État élève l'État qu'il a servi. »

Si, au Congrès de Vienne, Talleyrand n'a cessé de négocier en bon Français, c'était parce qu'il était un grand Européen. Il avait le sentiment profond qu'assurer à l'Europe un équilibre durable, c'était la meilleure façon de garantir la sécurité de la France. C'est dans cet esprit qu'il entra au Congrès, et, si j'ose employer cette expression, qu'il le « manœuvra » avec une habileté supérieure.

Empêcher les forts de devenir trop puissants, maintenir entre tous un équilibre de puissance qui, tout en garantissant la paix, assurerait à la France, à côté de l'Allemagne morcelée, une influence d'autant plus efficace qu'elle serait plus modératrice, telles étaient les directions tracées par les instructions de septembre 1814, composées sous l'inspiration directe de Louis XVIII.

« En Allemagne, disaient-elles (dans un passage qu'aujourd'hui il n'est certes pas sans intérêt de relire), c'est la Prusse qu'il faut empêcher de dominer en opposant à son influence des influences contraires. La constitution physique de cette monarchie lui fait de l'ambition une sorte de nécessité. Tout prétexte lui est bon. Nul scrupule ne l'arrête. La convenance est son droit. »

Dès l'ouverture du Congrès, Talleyrand prenait position. Comme il invoquait le droit public « Que fait ici le droit public ? » s'écria le Prussien Humboldt.[230]

— Il fait que vous y êtes, répliqua Talleyrand.

Et le secrétaire du Congrès, Gentz[231], écrivait :

---

[229] Albert Sorel (1842-1906), historien spécialiste de l'histoire diplomatique, élu à l'Académie française en 1894 au fauteuil de Taine.

[230] Le baron prussien Friedrich Wilhelm von Humboldt (1767-1835) fut un lettré et un poète qui se révéla, en politique, un ennemi inexpiable de la France, où pourtant il avait séjourné de 1797 à 1801, et dont il revint pétri des idées de la révolution. Au congrès de Vienne, il réclama sans succès la cession de l'Alsace. Tombé en disgrâce quelques années plus tard, il consacra la fin de sa vie à ses études de philologie comparée.

[231] Friedrich von Gentz (1764-1832) était un Prussien polyglotte et lettré, doublé d'un grand séducteur. Libéral, mais à la britannique, peu à son aise dans le milieu berlinois, il se mit en

— L'intervention de Talleyrand a furieusement dérangé nos plans.

L'objet que se proposaient avant tout le roi et son ministre, c'était d'ouvrir la brèche par où la France pourrait rentrer en Europe et dissoudre la coalition formée contre elle. Ce but, ils l'atteignirent en concluant ce traité secret du 3 janvier 1815 entre la France, l'Angleterre et l'Autriche, cette dernière puissance devant nous servir de contrepoids et d'appui contre les ambitions prussiennes.

Ce n'est certes pas faire injure à la grandeur épique de Napoléon que de rendre justice à ceux qui s'appliquèrent à sauver la France des conséquences de sa chute. Sous des étiquettes diverses, il n'y a qu'une France. N'en renions rien. Comme le disait en recevant ici Albert Vandal, le bon Français traditionnel qui m'honore aujourd'hui de son parrainage[232] « Par une triste singularité, notre pays est le seul qui ait pris son passé en horreur et qui, ayant derrière lui la plus glorieuse histoire du monde, mette son orgueil à ne dater que d'hier ou d'avant-hier... »

Il y avait beaucoup de motifs pour écrire ces mots au temps où *les Français ne s'aimaient pas.*[233]

Les Français, qui s'étaient r'aimés, aux épiques journées de 1914-1918, se sont remis à se désaimer. Cela n'arrange pas leurs affaires dans le monde. Mais, si ce désamour est leur loi, que ne le comprennent-ils ! Que n'en tirent-ils la conclusion politique et pratique ! Qu'ils imitent leurs sages aïeux ! Qu'un spécialiste héréditaire, enchaîné par son égoïsme à l'intérêt public, les décharge d'un souci quotidien dont l'expérience les montre décidément un peu trop incapables !

---

1812 au service de Metternich dont il devint le principal conseiller pendant une dizaine d'années.
[232] Il s'agit de Paul Bourget.
[233] La première édition de ce livre de Charles Maurras, qui traite de la période 1895-1905, date de 1916.

# Chapitre VI
# De Napoléon à Lénine,
# ou le nerf des révolutions

Le Centenaire du 5 mai 1821 pourrait servir à quelque chose si les vivants de 1921 y trouvaient un sujet de méditation propre à éclaircir leur destin, celui de leurs pères et de leurs neveux.

Au signe de Napoléon correspond le fait de l'établissement d'un régime nouveau dans notre vieux pays. L'Empereur, le Premier Consul consolida l'esprit de la révolution qui, sans lui, se serait vraisemblablement évanoui comme un mauvais rêve. L'énergie violente et la ruse profonde de ce vaste génie parvinrent à rendre possible et durable un système d'administration qu'il n'est pas exagéré d'appeler contre nature. Avant lui, avant la Révolution qui l'engendra et qu'à son tour il régénéra, la France était gouvernée par un seul ; mais elle était réglée, elle était administrée par la diversité des coutumes et des lois particulières à chacune des communautés qui la composaient.

La monarchie introduisait un minimum d'ordre général qui était nécessaire ; et, de temps à autre, elle y ajoutait, à dose variable, ce qui convenait pour chaque moment. Cette monarchie administrative créait donc de l'autorité uniforme sans opérer une destruction trop forte des particularités du passé. Chaque partie s'étant organisée à sa guise avait son contingent de franchises et d'autonomies naturelles réclamées par le territoire et la race ; configuration du présent, mouvements du passé.

Familles, ateliers, paroisses, bourgs, villages, compagnies, provinces, corps et ordres d'État, c'étaient des unités vivaces, entre lesquelles l'égalité était nulle, mais qui jouissaient de libertés magnifiques. Cela n'allait pas sans froissements ni abus. Mais contre les abus et les froissements, il y avait une échelle de recours naturels et d'appels constants qui aboutissaient aux officiers du roi, à ses Conseils, au roi lui-même.

Ainsi les individus étaient-ils entourés de solides communautés qui les encadraient ; la vigueur de ces cadres, parfois trop raides, tenait à ce qu'il fallait y contenir des personnalités singulièrement énergiques et originales. L'excès possible en était, à son tour, tempéré par l'existence et le développement d'une police, d'une justice, d'une magistrature d'État, qui, intéressées au maintien des cadres, l'étaient plus encore à la protection des êtres qui y vivaient.

On n'écrira rien d'excessif en disant que ce système à la fois un et plural, comportant un degré élevé de vitalité sociale et de défenses personnelles, était susceptible de perfectionnements indéfinis.

Il pouvait même se perfectionner en dehors de la volonté de progrès qui anime parfois les hommes, par le jeu de la ventilation et des sélections de l'histoire.

Un règne, une génération, un siècle pouvaient donner l'avantage au contrôle royal, sous l'empire de nécessités telles que grandes guerres ou de vives secousses intérieures. Un autre âge, un autre régime pouvaient faire pencher la balance du côté des organisations génitrices et tutélaires. Sans atteindre la perfection, qui n'est pas de ce monde, on pouvait raisonnablement compter sur la durée du double élément de cette harmonie.

La maladie révolutionnaire survint. Elle eût pu n'être qu'une crise vite effacée. Encore une fois, le génie, la violence, la passion et la volonté du commandement napoléonien firent insérer dans les faits et courir dans l'usage une théorie, un système, une vue de l'esprit à laquelle les choses se pliaient mal. La France en est restée estropiée et tout étiolée.

Ce dernier point est si certain que, après l'oscillation séculaire, le cours naturel nous ramène sur toute la ligne antérieure aux institutions de l'an VIII. Selon l'expression de M. Gaston Morin[234], la loi, de jour en jour, s'est insurgée contre le Code. Raison : il fallait bien vivre !

Mais, sans la main de fer du Premier Consul, bienfaisante pour un jour, malfaisante pour un siècle, l'évolution eût été dix fois plus rapide. Une page fameuse de Renan a montré la différence de l'ancienne France et de la nouvelle. Il y faut toujours revenir :

> En ne conservant qu'une seule inégalité, celle de la fortune, en ne laissant debout qu'un géant, l'État, et des milliers de nains ; en créant un centre puissant, Paris, au milieu d'un désert intellectuel, la province ; en transformant tous les services sociaux en administrations, en arrêtant le développement des colonies et fermant ainsi la seule issue par laquelle les États modernes peuvent échapper aux problèmes du socialisme, la Révolution a créé une nation dont l'avenir est peu assuré, une nation où la richesse seule a du prix, où la noblesse ne peut que déchoir. Un code de lois qui semble avoir été fait pour un citoyen idéal, naissant enfant trouvé et mourant

---

[234] *La Révolte des faits contre le Code*, par Gaston Morin, ouvrage paru en 1920 chez Grasset.

célibataire ; un code qui rend tout viager, où les enfants sont un inconvénient pour le père, où toute œuvre collective et perpétuelle est interdite, où les unités morales, qui sont les vraies, sont dissoutes à chaque décès, où l'homme avisé est l'égoïste qui s'arrange pour avoir le moins de devoirs possible, où l'homme et la femme sont jetés dans l'arène de la vie aux mêmes conditions, où la propriété est conçue, non comme une chose morale, mais comme l'équivalent d'une jouissance toujours appréciable en argent, un tel code, dis-je, ne peut engendrer que faiblesse et petitesse.

Le tête-à-tête de l'État monstre et du citoyen nain vient de la destruction des sociétés intermédiaires qui faisaient équilibre à l'État, qui créaient, abritaient, protégeaient les personnes.

Mais, après qu'eut été accomplie cette destruction, comment a-t-il été possible de suppléer à quelques-unes des fonctions dont on avait brisé l'organe ?

Tel est le problème de notre révolution républicaine et impériale. Mais c'est aussi le problème central de toutes les autres révolutions.

Un parti promet l'égalité et l'uniformité à un peuple ; cela lui permet de remplacer les anciennes organisations et les anciens chefs. Mais l'uniformité ne comporte pas d'organisation ; dans l'émiettement général, comment maintenir ou rétablir le fonctionnement de l'État ?

Ils ont prêché l'absence de l'ordre. Ils ont établi dans une large mesure le désordre. Comment arrivent-ils à obtenir au moins une façade d'organisation ? La question est générale, on peut y faire une réponse générale.

Presque toujours, disons hardiment : toujours, les prédicateurs de l'égalité démocratique appartiennent personnellement à des groupes sociaux très fortement organisés. Si fortement organisés que, en dépit des lois destructives et des règlements prohibitifs, ils conservent entre eux ou maintiennent autour d'eux des liens sociaux qui, obscurs ou apparents, clandestins ou publics, leur permettent d'apporter avec eux un correctif vivant à leurs doctrines avérées. Ouvrez *Les Déracinés* de Barrès, ou reportez-vous à telle préface de Frédéric Masson[235] ; vous y verrez que le premier caractère, le caractère distinctif de Napoléon, tout jeune, à peine en voie de

---

[235] Frédéric Masson (1847–1923), historien spécialiste de l'ère napoléonienne, élu à l'Académie française en 1903.

percer, était d'être l'homme d'un clan, d'un petit clan très uni, très serré, très actif, très hiérarchisé, où l'aide mutuelle était plus que la loi : la coutume ; plus que la coutume : l'hérédité. Du clan corse, dont il émanait, à la société révolutionnaire, les transitions, les liaisons étaient fatales, quasiment obligatoires. C'est ce clan, ce groupe, ce parti, attachés à lui par les relations puissantes de l'esprit et du sang, qui lui permirent de créer de toutes pièces un gouvernement stable et fort dans la France dissociée et atomisée de 1799. Il le savait d'ailleurs fort bien. Et il savait que, si son Code civil dissociait et atomisait le pays, il devait, lui Pouvoir, lui État, lui Gouvernement nouveau, constituer autour de lui des éléments et des organes cohérents et agglutinants qui lui fussent attachés d'instinct, de cœur, de corps. Parvenu au sommet, il légiféra pour eux comme pour lui.

Ainsi que devait le dire Alfred de Vigny :

> Toute démocratie est un désert de sable[236],

mais l'on ne construit et l'on ne s'établit sur ce désert qu'à la condition de n'être pas, soi-même, une démocratie et de posséder les vertus et les propriétés les plus directement contraires à la poussière de ce désert. Napoléon a consigné cette vérité dans la fameuse lettre à son frère Joseph, alors roi de Naples, le 5 juin 1806 :

> Je veux avoir à Paris cent familles, toutes s'étant élevées avec le trône et restant seules considérables, puisque ce ne sont que des fidéicommis et que ce qui ne sera pas elles va se disséminer par l'effet du Code civil. Établissez le Code civil à Naples. Tout ce qui ne vous sera pas attaché va se détruire alors, en peu d'années, et ce que vous voudrez conserver se consolidera. Voilà le grand avantage du Code civil. Il faut établir le Code civil chez vous, il consolidera votre puissance puisque par lui tout ce qui n'est pas fidéicommis tombe, et

---

[236] Dans *Les Destinées*, le poème des *Oracles*, strophe 10 (sur 13) :
Maîtres en longs discours à flots intarissables !
Vous qui tout enseignez, n'aviez-vous rien appris ?
Toute Démocratie est un désert de sables
Il y fallait bâtir, si vous l'eussiez compris.
Ce n'était pas assez d'y dresser quelques tentes
Pour un tournoi d'intrigue et de manœuvres lentes
Que le souffle de flamme un matin a surpris.

qu'il ne reste plus de grandes maisons que celles que vous érigerez en fiefs. C'est ce qui m'a fait prêcher un Code civil et m'a porté à l'établir.

Diviser pour régner est une maxime.

Mais, pour conserver un règne, pour continuer de régner, il faut soi-même appartenir à un organisme cohérent et savoir le resserrer en conformité aux éternelles lois de la force et de la santé, dût-on en contredire ses propres principes. L'égalité sera pour la masse du peuple ; mais la différenciation, l'organisation, la hiérarchie seront sévères et puissantes au profit du petit nombre dans lequel on choisira ses agents.

Il serait facile de montrer que le procédé est contemporain des anciens âges, car l'histoire, comme la nature, varie fort peu ses procédés. N'en avons-nous pas eu sous les yeux des exemples nouveaux depuis Napoléon ? Moins éclatants peut-être, ils sont plus généraux et plus démonstratifs encore.

Je pense au mécanisme de la conquête juive. Chez tous les peuples du monde (voyez le livre de Bernard Lazare, *L'Antisémitisme et ses causes*, paru en 1894), le Juif est au premier rang pour demander l'égalité des individus, l'uniformité des institutions. Il est le tenant de la règle unique et du gaufrier universel. La démocratie n'a point d'artisans plus dévoués ni plus passionnés. Cependant, le Juif, lui, est d'un clan étroit, fermé, jaloux, il est d'une loi particulière très stricte ; et c'est parce qu'il est cela, et parce qu'il le sait, parce qu'il sent très bien que sa communauté juive, sa fraternité juive, son entr'aide juive, sa coutume juive résisteront, longtemps, par elles-mêmes, à l'uniformité des lois et à l'égalité des conditions, qu'il demande ceci et cela pour les autres.

Les autres en seront victimes, mais lui en sera gardé ; son particularisme demeurera indemne, et c'est par lui qu'il régnera.

Jamais la conquête juive n'eût entamé l'ancienne France, si solidement différenciée, comme elle a pénétré et exploité la nouvelle, qui est ouverte à tout venant ; mais c'est pour l'ouvrir de la sorte qu'une poignée de Juifs prêta un concours si ardent et si résolu à la Révolution d'abord, à l'Empire ensuite. Il en fut de même sous Bismarck. Le Juif comptait fort peu dans les États secondaires. Il devint tout ce qu'il voulut dans le Reich. La vérification de la même loi s'observe plus clairement encore dans la Russie bolchevisée.

Malgré tout, c'était une grande chose que l'Empire des Tsars.

Pour le ruiner d'abord, ensuite pour tenir en quelque manière la place des anciennes organisations gouvernantes, il fallait, dans l'éversion et le nivellement général, un groupe dont l'être principal fût uni et lié. Le monde juif a fourni ce groupe. Il n'est pas possible de nier l'énorme prépondérance de l'élément juif dans le gouvernement et l'administration des Soviets. La proportion des fonctionnaires juifs l'établit et le crie. Mais elle n'a été visible qu'une fois la révolution accomplie.

Tant que l'on était à la période des réclamations, des conspirations, des émeutes, ces « opprimés » faisaient figure de simples éléments explosifs. Il était difficile de distinguer le lien ténu, secret et fort qui unissait leur armée de destructeurs orientaux. Pour changer l'ordre naturel et national de la nation russe, ils apportaient trois choses : leur prédication d'anarchie, qui toujours tenta l'Homme, leur ordre marxiste destiné à forger une chaîne plus dure que tout ce qu'on avait vu sous les tsars, et enfin et surtout la solidarité de leur sang.

L'égalitarisme est un masque. Dès qu'on le voit paraître, l'expérience de l'histoire autorise à prévoir ce qu'il recouvre : une face de tyran qui le percera.

# Chapitre VII
# L'école d'État

Dans l'ancienne France, les universités étaient des institutions indépendantes les unes des autres, ayant chacune son statut. À la Révolution, il y en avait vingt et une. La plupart, nées de l'Église, avaient été dotées de terres et de privilèges par les particuliers, les communautés et les rois.

Les universités étaient une véritable association corporative de professeurs.

On conçoit qu'avec un tel centre d'activité chaque province ait eu sa vie intellectuelle propre.

L'Université de Paris s'empressa, dès l'origine de la Révolution, de présenter ses félicitations à l'Assemblée nationale, assurant qu'elle rappellerait sans cesse « à la mémoire de ses élèves les noms et les bienfaits des illustres représentants de la nation... et toutes les vertus dont ils étaient le modèle ». L'Université fut bien payée de cette flagornerie ! En fait, elle constituait une association, un corps libre ; or, ainsi que le disait Le Chapelier, « l'anéantissement de toutes espèces de corporations de citoyens de même état et profession était l'une des bases fondamentales de la Constitution française ». Les universités subirent la loi commune. Elles furent dissoutes. La Constitution de 1791 posa le principe qu'il serait créé et organisé une instruction publique commune à tous les citoyens. C'est celle que les contribuables payent depuis cent quarante bonnes années.

Napoléon rétablit l'Université, mais sur le type révolutionnaire, comme institution d'État et aussi comme moyen de gouvernement. Aujourd'hui on ne prêche plus dans les écoles le respect et la fidélité à l'empereur et à sa dynastie, mais, ce qui revient au même, le dogme et le culte de la République ; dans la moindre salle de classe est affichée la Déclaration des Droits de l'Homme, désavouée par la science et par la raison, mais symbole de la foi d'une secte. L'État se permet donc de faire enseigner ce qui lui plaît. Il colloque aux instituteurs et aux professeurs des ouvrages tendancieux, bourrés d'erreurs intéressées ; il entend façonner à son gré l'intelligence de la nation en lui imposant les programmes d'études qu'il définit. Ainsi, par la fantaisie d'un ministre, l'étude des classiques latins ou grecs a été sabotée ou bornée de façon ridicule en 1902.

On dira que l'enseignement est libre. Ceux qui ne veulent pas envoyer leurs enfants aux lycées de l'État n'ont qu'à les placer dans des maisons privées d'instruction. Mais, déjà, ces parents qui n'utilisent pas l'enseignement de l'État le payent de leurs poches. Aucune subvention n'est accordée aux maisons d'éducation ou d'instruction étrangères à l'État. Puis, l'État ne se contente pas d'établir les programmes d'enseignement, il s'est réservé le droit de donner la sanction de cet enseignement. Il exige, pour délivrer un diplôme, que le candidat justifie non pas qu'il est instruit, mais qu'il est instruit de ce que l'État veut que l'on sache, et comme il veut qu'on le sache ou qu'on le croie. Ainsi, les établissements privés sont-ils obligés de se conformer aux programmes officiels, et, comme ceux-ci sont extrêmement chargés, il n'est pas possible de les surcharger encore en y introduisant ce qu'ils ne prévoient pas.

Il est clair qu'un établissement privé qui ne réussirait à faire recevoir bachelier aucun de ses élèves serait réduit à fermer ses portes. En outre, comme cet enseignement est souvent suspect aux examinateurs officiels, il s'efforce de les fléchir en renchérissant sur l'esprit de l'École d'État. On pourrait presque dire que certaines écoles et collèges « libres » sont plus infectés de libéro-démocratisme que les lycées, car ils ont à se faire pardonner l'ombre d'indépendance qu'on leur a laissée.

Cette mainmise de l'État sur l'enseignement secondaire a de très graves conséquences. Elles sont pires pour l'enseignement primaire. L'instituteur, dans un village, est une puissance. L'État ne peut la négliger. Il s'en sert comme d'un agent électoral. L'instituteur, dépendant du préfet, étant nommé ou déplacé par le préfet, est, par la suite, à la discrétion du préfet.

Ou bien il accepte la servitude, et il se prête à tous les tripotages électoraux, à tous les actes de puissance administrative, ces derniers lui étant particulièrement facilités par la situation de secrétaire de mairie ; dans nombre de communes, le véritable maire est l'instituteur. Ou bien l'instituteur n'accepte pas le joug préfectoral, et alors il sera brisé. À moins qu'il ne fasse trembler l'autorité par le moyen dont il dispose quand il adhère à un syndicat révolutionnaire. Telles sont les deux voies ouvertes à l'instituteur sous notre régime : asservissement ou insurrection.

Une situation où la tyrannie ne peut être combattue que par l'anarchie serait incompréhensible si l'on n'évoquait point la cause de cette tyrannie.

On l'a vu, cette cause historique est napoléonienne.

Mais si l'idée démocratique coïncide avec l'action de Bonaparte, il faut savoir pourquoi. Qui dit Démocratie dit Étatisme, et ne dit pas le contraire de Césarisme. La démocratie, pour durer, a besoin du vote des citoyens ; plébiscitaire ou parlementaire, césarienne ou populaire, la démocratie n'est sûre du vote des citoyens qu'à la condition de leur pétrir l'intelligence et la conscience, à peu près comme les nourrices auvergnates pétrissaient la cervelle de leurs nouveau-nés. Le Gouvernement des partis, le Gouvernement d'opinion peut jouer au libre penseur et au neutre ; dans la réalité, il est moins neutre que tout autre, étant moins libre de se désintéresser de ce qui se passe dans le cœur et dans le cerveau de ceux qui sont ses maîtres, puisque sa loi le fait dépendre de leurs suffrages, qui sortent de leur sentiment et de leur pensée.

On a cru s'affranchir, par la démocratie, de tyrannies accidentelles et transitoires. Mais on est tombé, grâce à elle, sous une tyrannie nécessaire et durable. L'État démocratique doit ajouter à toutes les fonctions qui lui sont naturelles des fonctions qui ne le sont pas, et celle de l'école est une des premières qu'il doive remplir. Mais il ne peut s'en tenir là ; l'État maître d'école est forcé de se faire moraliste, historien et théologien, ou, indifféremment, contre-moraliste, contre-historien, contre-théologien. Il n'a pas le moyen ni le droit de s'abstenir. Il est incapable de respecter quelque doctrine spirituelle, quelque théorie philosophique, historique, morale, qui le menace dans son être de Démocratie. Ce libéral-né est condamné à se défendre au moyen d'autorités centuplées.

On conçoit qu'un tel autoritarisme n'est pas professé. Il serait immanquablement balayé s'il faisait l'aveu direct de sa prétention ; il n'en est que plus redoutable par les effets concrets de son action larvée : abaissement de l'intelligence, oppression des caractères, le nombre des illettrés augmentant comme la criminalité. L'État maître d'école ne fait pas ou fait mal son métier d'enseigneur, mais exerce trop bien ses fonctions d'excitateur et de corrupteur.

# Chapitre VIII
## La part de l'intérêt français

Il y a donc une espèce de citoyens qui sont préoccupés de l'intérêt public ; le XVIIe siècle les appelait « des républicains ». Ils ne se placent ni au point de vue de la gloire, ni à celui des grandeurs humaines, ni à celui de l'esthétique ou de la psychologie héroïque ; ces animaux essentiellement politiques aiment à raisonner du point de vue de la France.

Récapitulons leur pensée sur Napoléon.

La France a reçu de Napoléon un incomparable prestige ; l'année du centenaire, elle a considéré qu'elle devait porter son deuil.

La France a reçu de Napoléon d'incomparables leçons d'art militaire ; bien que déjà internationalisées en tant qu'œuvres de l'esprit, bien qu'elles aient d'abord été comprises et expliquées par des étrangers, bien qu'elles aient été retournées contre nous en 1870, elles portent la marque du génie critique, rationnel, simplificateur de la France, et c'est enfin la France qui en fut la plus récente bénéficiaire.

C'est assez, plus qu'il ne faut, pour justifier le murmure du consentement national. L'homme dont le nom fait une auréole à la France, l'homme dont la pensée étudiée de près contient une leçon d'armes immortelle peut inspirer sur d'autres points des jugements discordants qui seront sévères ; il n'y a pas de discordance possible sur son instrument de salut public, ni sur la gratitude qu'il s'est méritée ainsi par deux fois, en tant que grand artiste et plus grand professeur. Des Français médiocres en douteront seuls.

Au-delà des deux points posés, le champ des discussions commence.

Nous laissons déplorer Brumaire (ou Décembre) aux imbéciles qui se figurent le Consulat ou l'Empire comme des gouvernements plus tyranniques que celui du club des Jacobins ou de la Commune de Paris.

Nous nous gardons d'imaginer que toute la suite des guerres de Napoléon ait été le résultat de son ambition pure ou d'une volonté plus outrancière que son génie. Le livre d'Albert Sorel établit suffisamment l'excitation et la provocation étrangères ; celui de Bainville, la nécessité jacobine de garder la conquête des provinces belges. Le reproche adressé à la politique extérieure de l'Empereur n'est pas plus fondé que la plainte des libéraux, dans la mesure où l'on en fait un grief personnel et moral.

Mais cette double politique encourt au dehors et au dedans un autre reproche, purement politique, celui qui tranche et règle tout ; Napoléon, comme le Napoléonisme, a finalement échoué. Il a échoué partout, sur mer, sur terre, dans les institutions, dans les lois, dans les mœurs. À quel prix ! au terme de quel effort !

Effort de génie personnel. Effort tendu, extrême, d'une nation entière décimée, saignée, épuisée pour des générations. On a beau regarder l'éblouissant manteau de la gloire, il ne peut pas couvrir la disproportion des deux infinis ; dépense énorme, produit pire que nul.

Sans doute c'est la faute de la Révolution, de la démocratie. Mais il est impossible d'en séparer Napoléon empereur. De ses caractéristiques essentielles, aucune ne subsisterait sans la subversion sociale qui le porta comme son fruit.

Quand donc un peuple a jeté pendant quinze ans ses énergies sur les champs de bataille du continent et de la mer, sous la conduite du plus fulgurant esprit militaire que le monde ait connu ; quand, après ces quinze ans de lutte, ce peuple doit saluer, sur les flots qui battent ses rives, une puissance étrangère, l'anglaise, que, à dater de ce moment-là, et de ce seul moment, il n'égalera plus, ni ne rêvera plus d'égaler ou de balancer, étant absolument mis hors de combat de ce côté ; quand ce peuple, du côté des terres fermes, doit contempler une unité prusso-allemande en voie de se constituer par les étapes de 1803, 1805, 1813, et dont l'achèvement sera poursuivi en raison de l'impulsion démocratique et au nom des idées napoléoniennes en 1866, en 1870, puis en 1918–1919, ce peuple-là, le peuple français ne peut plus décerner au Napoléonisme le moindre brevet de satisfaction.

Il est bien obligé de lui dire :

« Vous êtes le plus grand capitaine de tous les temps, mais, en fin de compte, vous nous avez menés à Trafalgar, à Leipzig et à Waterloo, et c'est votre doctrine qui a réduit aux mêmes désastres vos successeurs, imitateurs, neveux, disciples, héritiers. Il faut donc qu'il y ait quelque chose de vicieux là dessous. En constatant ce vaste et complet recul maritime et continental, il est impossible de ne pas évoquer les progrès réguliers obtenus sous les rois de France. »

— *Vous faites œuvre de parti.*

C'est l'interruption rituelle que je connais bien.

Je ne fais pas œuvre de parti. Je me moque bien des partis. Mais vos partis se rebiffent contre l'évidence des idées et des faits.

J'aurais été plus impérialiste, plus bonapartiste que vous, si les données du bonapartisme aboutissaient à un bilan favorable à la nation. Les faits sont les faits. Je ne puis pas les changer. Les manuels peuvent déformer ces faits et surtout leurs rapports. Il suffit d'un peu de rigueur intellectuelle dans la réflexion pour les rétablir dans leur vérité.

Certes, la guerre de Sept Ans fut un revers grave, et le traité de 1763 fut très malheureux ; mais, quelques années plus tard, la revanche commençait, et quelle revanche éclatante, préparée par Louis XV (oui, par Louis XV), achevée par Louis XVI, couronnant par la séparation de l'Amérique et de l'Angleterre un effort long, tenace et heureux. J'ajouterai que la valeur de ces faits rapprochés est accentuée et multipliée par l'attitude des avocats du système adverse ; ce n'est pas une fois, c'est dix fois que les polémistes de la démocratie ont été de prétérition pour tout ce grand œuvre de Louis XVI et de Vergennes, de Grasse et de Suffren.

Voilà les hommes de partis. Pour nous, nous rendons justice à tout le monde et hommage à qui le mérite ; c'est un fils de France, le Prince de Joinville, qui, en 1840, a ramené aux Invalides les cendres du César malheureux. Mais, entre les honneurs dédiés au génie, à la gloire, à l'héroïsme, et le jugement réfléchi porté sur l'ensemble d'une œuvre par rapport au bien que la patrie en a retiré, il y a des différences que la nature impose et que la raison vérifie.

Nous les maintiendrons.

C'est pour les maintenir que nous ne saurions varier non plus sur les effets législatifs et administratifs de ce déploiement de l'autorité politique à l'intérieur. Supprimer l'anarchie sans en atteindre les causes, c'est, comme un de nos amis regrettés, Octave Tauxier, l'avait parfaitement senti et dit, fomenter, en secret, une anarchie nouvelle et plus redoutable.

Qu'il fallût des mesures de centralisation et d'autorité en 1799, personne ne l'a nié. Qu'il fallût leur donner cette violence, cette pesanteur, cette pérennité, on le démontrerait difficilement.

Que l'égalité et les autres chimères du *Contrat social* fussent à la mode en 1800, pas de doute non plus. Mais que l'autorité du plus volontaire des hommes ait servi à réaliser ces lois folles, à donner chair et vie à ces imaginations subversives et dépopulatrices, il est impossible de nommer cela un bienfait.

Un ami qui voulut bien m'écrire que ce ne fut pas la faute ni l'intention de l'empereur se trompait tout à fait sur le sens de nos réflexions. Répétons qu'il ne s'agit pas en tout ceci de fautes volontaires ni d'intentions méchantes.

Nous comptons des résultats. Ils sont désastreux. La France qu'il a anémiée par la guerre a souffert longtemps et profondément du régime napoléonien dans la paix. Que ce régime correspondît aux erreurs courantes, soit ! Mais, (refrain) ces erreurs n'eussent point passé dans les lois, dans les mœurs avec cette force, elles ne se fussent pas réalisées avec cette perfection douloureuse, sans le marteau d'airain de la volonté du « Titan » ; notre XIXe siècle, dont l'histoire sociale, administrative et législative, fait une longue réaction contre ces erreurs, n'aurait pas eu tant de peine à les surmonter s'il n'avait pas fallu vaincre en elles les énergies cristallisées de ce demi-dieu.

# Chapitre IX
# La dynastie

Les membres de l'Académie française qui ont jeté les dernières fleurs sur la tombe de Frédéric Masson ne pouvaient éviter le cénotaphe des Bonaparte. Et la principale intéressée à la haute mémoire, la haute intelligence de l'Histoire de France a gagné quelque chose au témoignage des orateurs.

Résumant les innombrables volumes de Fr. Masson, Georges Lecomte[237] a dit du grand Empereur et des siens :

> Ah ! quel bon frère, messieurs, et quel fils excellent ! Jamais affection plus vigilante et plus active, jamais plus mal placée et récompensée !
>
> Joseph, léger, paresseux, récalcitrant, vaniteux, tortueux et cupide, protecteur et jusqu'au bout des pires ennemis de Napoléon, toujours enclin à se dérober, à cabaler, à pousser la prudence jusqu'à la lâcheté, à invoquer la stricte obéissance pour colorer ses velléités de trahison.
>
> Lucien, dont on ne peut méconnaître ni les qualités ni, à certains moments décisifs, les services, mais brouillon, fanfaron, sec, ingrat, prodigieusement infatué de lui-même, convaincu que son génie le désigne pour le plus haut rang, ne connaissant ni règles, ni lois, ni devoirs, si ce n'est à l'égard des mères de ses enfants.
>
> Louis, si longtemps le préféré de Napoléon et qu'il aima comme un fils, rêveur taciturne, atrabilaire, inquiet et soupçonneux, égoïstement et douloureusement replié sur lui-même, changeant sans cesse d'idée fixe ; un malade au moral comme au physique, à la fois grotesque et touchant, proie anxieuse et crédule de tous les inventeurs de remèdes, mais à travers toutes ses fugues et fantaisies thérapeutiques, invariablement et sournoisement rétif à la politique de l'empereur.
>
> Jérôme, présomptueux, irascible, effronté, pusillanime, prodigue et libertin, qui ne racheta que sur le champ de bataille de Waterloo

---

[237] Georges Lecomte (1867–1958), romancier et historien, élu à l'Académie française en 1924.

l'exaspérante série de ses incartades, de ses désobéissances et de ses fautes.

Chacun garde sa physionomie propre. Mais ils ont un trait commun et le plus accusé : l'envie, la jalousie, l'ingratitude. Et envers qui ? Envers leur bienfaiteur. Pas plus que du viatique prélevé sur sa maigre solde de sous-lieutenant, ils ne lui savent gré des ambassades et des ministères, des duchés et des royaumes. « Je ne puis faire plus que je ne fais pour tous », avoue Napoléon dans une heure de lassitude, et il recommence à faire davantage. Il s'irrite parfois de cette outrecuidance :

— À vous entendre, on croirait que je vous ai volé l'héritage du feu roi notre père !

La drôle de galerie ! Et l'étrange famille ! On sourit. Même on rit. Cependant le spectacle doit avoir sa leçon. Elle est, je crois, assez sensible. Elle rend compte du rapide épuisement politique des Napoléonides. Cette race si forte, et qui a donné, depuis, tant d'originaux curieux et de personnages de premier plan, n'a pas tenu, en tant que dynastie, parce qu'elle ne pouvait pas tenir.

Il lui manquait les vertus fondatrices, les vertus cardinales, qui s'imposent à la marée humaine et qui seules permettent de la dominer. Lesquelles ? Tout simplement celles qui s'opposent au chapelet de vices plaisamment soulignés par Georges Lecomte : *à l'envie, à la jalousie, à l'ingratitude.* Désintéressement, générosité, fidélité, honnêteté enfin, ce sont les grands traits, généraux et distinctifs, des aînés des grandes races royales. Elles peuvent, à la longue, s'affaiblir ou s'atténuer ; alors, tout roule un peu par le seul principe de la vitesse acquise, laquelle fait un des grands bonheurs des lois de la vie et de l'être, le bienfait de l'institution monarchique compensant, et de beaucoup, les faiblesses ou même parfois les indignités du monarque. Mais, au berceau, à l'origine, il faut des bons hommes, il faut des prud'hommes, il faut, je le dis tout à trac, des héros et des saints, et peut-être des saints plus que des héros.

Ouvrez dans Auguste Longnon l'admirable étude des premiers Capétiens, vous y verrez comment leur honnêteté et leur dignité personnelle florissant dans un monde où elle donnait lieu à d'étonnants contrastes, fournirent les premières bases de l'influence et de l'autorité des descendants de Robert le Pieux. Leur prestige était là, et la confiance qu'ils inspiraient ;

de là sortit la forte impulsion donnée au sublime millénaire de leurs règnes constructeurs et générateurs.

Les *Leçons* de Fustel de Coulanges *à l'Impératrice*[238] confirment et prolongent ce point de vue ; la vertu de saint Louis a servi de caution religieuse et morale à sa descendance.

Si M. Georges Lecomte doit être remercié de nous avoir orientés vers cette réflexion sur la Dynastie, quelles félicitations refuser à Jean Richepin[239] pour l'idée supplémentaire qu'il nous a donnée des rêves du Dynaste ?

Oh ! une simple citation de Napoléon a suffi. Jean Richepin a cueilli cet extrait textuel des philosophies de Sainte-Hélène.

> La guerre va devenir anachronisme. Si nous avons livré des batailles sur tout le continent, c'est que deux sociétés étaient en présence, celle qui date de 1789 et l'ancien régime. Elles ne pouvaient subsister ensemble ; la plus jeune a dévoré l'autre. Je sais très bien qu'au bout du compte la guerre m'a renversé, moi, le représentant de la Révolution française et l'instrument de ses principes, mais n'importe ! C'est une bataille perdue pour la civilisation ; la civilisation, croyez-moi, prendra sa revanche. Il y a deux systèmes, le passé et l'avenir ; le présent n'est qu'une transition pénible. Qui doit triompher ? L'avenir, n'est-ce pas ? Eh bien, l'avenir, c'est l'intelligence, l'industrie, la paix ; le passé, c'était la force brutale, les privilèges et l'ignorance. Chacune de nos victoires a été un triomphe des idées de la Révolution. Les victoires s'accompliront un jour sans canons et sans baïonnettes.

Ainsi parla le promoteur de ces Guerres d'enfer qu'a fortement décrites Alphonse Séché ![240] Ainsi pensa l'homme qui ouvrait le XIXe siècle au déluge des guerres nationales qui n'ont cessé de l'ensanglanter. Personne n'aura pensé plus clairement contre l'avenir ; un avenir où l'industrie devait

---

[238] Les *Leçons à l'Impératrice sur les origines de la civilisation française* venaient d'être publiées, en 1930, chez Hachette. Fustel avait effectivement donné, aux Tuileries, des leçons d'histoire à l'impératrice Eugénie.

[239] Jean Richepin (1849–1926), l'un des principaux représentants du naturalisme littéraire, élu à l'Académie française — où il est reçu par Barrès — en 1909, son revirement nationaliste à la faveur de la guerre en fit une cible des milieux pacifistes.

[240] Alphonse Séché (1876–1964), poète, critique littéraire et moraliste, qui avait sans doute atteint vers 1930 le sommet de sa célébrité.

fabriquer surtout des canons ; où la paix ne devait fleurir que sous les trois rois Louis XVIII, Charles X, Louis-Philippe, donnés ici pour représentants du passé ; où l'intelligence devait subir, et justement par la guerre et par l'industrie, la plus profonde humiliation, le plus impur abaissement, le dernier recul.

Conclusion, qui ne varie guère : la monarchie royale des Capétiens s'était montrée, dès son aurore, l'initiatrice des temps nouveaux. Elle avait marché en avant des peuples, à la pointe du mouvement des esprits, et l'on peut dire que, de Louis VI à Louis XIV et Louis XV, jusqu'à Louis-Philippe, son occupation du présent s'est doublée d'une véritable et constante anticipation d'avenir. Elle était prévision, elle était mouvement, progrès, en même temps qu'ordre. En travaillant à rendre prospère et heureux ce qui était, la troisième dynastie s'efforçait de deviner et d'accentuer ce qui devait être, ce qui allait être. On ne peut accorder le même éloge à celui que nos petits traités d'histoire de France appellent le chef de la quatrième race. Il n'y a qu'un homme qui se soit plus mépris que Napoléon dans l'art de qualifier et de juger la suite des choses et c'est son poète, le poète de *Plein ciel*, c'est Victor Hugo.

Quels réactionnaires, tous deux !

# Chapitre X
# Ce qui reste vivant de la tradition napoléonienne

Le 5 mai 1921, M. Louis Barthou[241] a prononcé sous l'Arc de Triomphe son discours du Centenaire.

En même temps que de louables et banales maximes de continuité françaises, on a dû prendre acte des paroles précieuses par lesquelles un représentant du gouvernement de la République ratifia les rapprochements qui ont été faits par nous, Action française, entre la Prusse de 1807 et celle de 1918 :

> Il a cru, en septembre 1806, museler l'armée prussienne par une convention militaire qui limite ses forces. Mais il a compté sans l'hypocrisie prussienne et, il faut le dire, sans la ténacité d'un peuple qui ne s'avoue jamais vaincu. Scharnhorst[242], pour venger Iéna, s'était, dès 1807, mis à l'œuvre. Il fit si bien que, réduite à 42 000 hommes par les conditions du traité, l'armée prussienne n'en avait pas, en août 1813, moins de 280 000. Par quels moyens ? Il est inutile de le rechercher dans l'histoire d'hier ; celle d'aujourd'hui suffit. La Prusse a plus de ténacité que d'imagination ; elle ne met aucune coquetterie à ne pas se répéter, quand la répétition d'un procédé sert ses desseins. Ludendorff copie Scharnhorst ; il lui emprunte ses moyens de dissimulation, ses combinaisons obliques, ses instructions et jusqu'à ses expressions. La Prusse, vaincue, prépare, sous ses ordres, la revanche dont il fixera l'heure et dont elle acclamait, à Potsdam, la menace et l'espoir. Nous ne la laisserons pas recommencer. L'erreur de Napoléon doit nous être une suffisante leçon.

Cette leçon politique est souvent donnée par l'Action Française.

---

[241] Né en 1862, ce grand notable de la Troisième République n'est plus guère connu aujourd'hui que pour avoir perdu la vie en 1934 dans l'attentat de Marseille contre le roi de Yougoslavie.

[242] Gerhardt von Scharnhorst (1755–1813), originaire du royaume de Hanovre, se mit en 1801 au service de la Prusse dont il réorganisa les forces armées après Iéna. Il mourut à la bataille de Lützen, sans voir le triomphe de sa politique.

Seulement les rapprochements constatés par M. Barthou, ces imitations de Scharnhorst par Ludendorff étaient chez nous pronostiqués et annoncés bien avant la fin de la guerre, alors qu'il était temps de s'en apercevoir et de les prévenir.

Depuis, l'événement a vérifié ce que nous prévoyions. On a vu et touché la nullité certaine de toute convention militaire faite avec la Prusse. Mais comme Ludendorff a plagié ainsi Scharnhorst, l'inconsistante République qui ne rêve que d'inventions originales, aura plagié les conventions napoléoniennes, et cela suffisait à dispenser notre ennemi de se mettre en frais d'imagination. Nos fats à la Tardieu n'ont pas voulu écouter un avis raisonnable. Ils se sont rués dans le système d'idées dont le grand empereur, avec tout son génie, n'avait tiré que des déboires. Ce qui avait échoué, ce qui avait dû échouer, ils ont voulu l'essayer une fois encore, et l'on peut encore douter que ce piteux échec redoublé leur ait rien appris. En revanche, ils ont absolument refusé d'accorder un instant d'attention à une autre méthode, celle qui avait réussi depuis Jules César jusqu'à M. de Talleyrand.

Un grand spécialiste de l'art militaire n'est pas nécessairement un grand politique, malgré les ressemblances fréquentes de ces deux arts.

Ni Rome, ni le Capétien n'imposait à la Germanie de vains traités, limitant son pouvoir militaire ; on la divisait politiquement, la réduction de ses moyens belliqueux s'en suivait de façon presque automatique.

« L'erreur de Napoléon doit nous être une suffisante leçon », estime M. Barthou.

Doublée de l'erreur de Tardieu, la leçon est surabondante, en effet. L'erreur n'a pas cessé d'être recommencée de 1921 à 1930, jusqu'à l'évacuation de Mayence et même au-delà.

« Napoléon n'est plus une tradition politique », a dit M. Barthou. Je lui demande bien pardon. Napoléon est resté une tradition de politique extérieure. Cette tradition est la tradition de la troisième République. La tradition de M. Barthou. À la différence de M. Barthou, nous la voyons et nous la jugeons. Et plus que lui, nous la payons. Jusques à quand ?

# L'Amitié de Platon

1933

*Ce texte a paru en préface aux traductions du* Banquet *et du* Phédon *de Platon par Léon Robin, en 1933, a paru à part dans la* Revue universelle *des 1er et 15 février 1933, puis sous forme de plaquette, puis comme livre d'art en 1936, enfin dans le recueil* Les Vergers sur la mer *en 1937.*

Si l'on s'en tient au cercle des intelligences initiées, la richesse et la gloire de l'œuvre de Platon la font presque souffrir de la multitude des admirations, des sollicitations et des commentaires. Si l'on va au-delà et que l'on interroge ce vaste élément du public dont on peut dire qu'il n'est pas illettré, l'on est saisi de la fantaisie arbitraire ou de la disparate des conventions diverses associées aux titres du platonisme et de Platon.

Les uns y voient une doctrine de l'amour décharné. D'autres, la théorie ou même la pratique de l'amour dévoyé. Selon d'autres, il ne hante que des collines empyrées d'où s'épanche sur nous le plus irréel des éthers. On lui reconnaît une éloquence sublime, et l'on mentionne quelquefois un don de prescience, un génie de prophète, pour lequel l'épithète de divin est de droit. Les esprits avertis enragent. Cela contribue à les rendre justement difficiles, exagérément pointilleux ; tout les met en alarme, et ils prennent ombrage des avis les plus innocents, Ne nous attardons pas à trop louer la fraîcheur unique de la poésie de Platon : ils nous accuseraient de reprendre le triste lieu commun qui lui décerne la palme du « rêve » afin de réserver au seul Aristote le dur laurier de la « pensée ». En sens inverse, prenons garde de parler amoureusement du logicien et du dialectitien magnifique : nous deviendrions suspects de recruter et de racoler, pour le parti philosophique ou religieux qui cultive l'idéalisme, ici dogme intangible, là nuée et fumée.

On a donc quelque mal à parler du plus libre des êtres avec un peu de liberté.

# I

N'ajoutons pas à tant de difficultés préalables en craignant d'avouer qu'il y ait un peu de sa faute. Cette belle figure est extrêmement complexe, quelques grands traits, brillants et très purs, qui la définissent.

Véritable Ionien, authentique homéride, reconnaissable au son puissant que ses enthousiasmes nous rendent, un peu marqué de signes d'influence orientale, asiate, hébraïque même, cet eupatride et fils de roi[243] reste fidèle au type excellent de l'Hellène d'Europe. C'est un Grec d'Attique et d'Athènes.

Sa curiosité insatiable peut l'emporter, il peut succomber à la tentation de recréer le monde après l'avoir compris, les utopies du platonisme font encore briller leur caractère platonicien : ce contour, admirablement distinct, des idées ; leur arête fine et coupante ; la fière fermeté de l'énoncé de leurs rapports ; la rapidité de leur mouvement ; cette précision dans la flamme ; cette rigueur logique ; cette lucidité critique ; cette densité grave, nourrie d'emprunts chauds et directs faits à l'expérience ; cette force de vie, cette transparence idéale ; ce plaisir délicat et presque sensuel, fait de la mise au jour des évidences les plus abstraites !

Avant lui, et depuis, la sagesse s'est communiquée de diverses façons.

Tantôt l'essentiel de la conquête intelligible se trouve resserré en formules sans suite, ou bien liées par les vertus de la mesure et du rythme. Tantôt, la volonté de réfléchir l'ordre du monde a composé les aphorismes en des séries, étroitement, rigoureusement enchaînées. Le système le plus fréquent est celui de l'exposition continue : discours, traité dogmatique, développement d'analyses, énonçant, de maître à disciples, d'auteur à lecteurs, ce qu'on a découvert du monde et de ses dieux : sortes de miroirs lisses, comparables aux nappes des fleuves, à la vaste et plane étendue d'une mer qu'un vent paisible ne soulève que d'un côté.

Chez Platon le mode d'expression n'est pas si tranquille Comme tous ceux que l'Antiquité appela les enfants d'Aphrodite et de Mars, entre lesquels il est le plus grand, Platon arrache la doctrine, il la dégage de conflits, d'assauts, de combats, qu'elle couronne de son écume brillante. Une

---

[243] Une tradition antique fait de Platon un descendant, par son père, de Codros, le dernier roi légendaire d'Athènes. (n.d.é.)

discussion acharnée, quelquefois brutale, n'y fait pas plus de grâce à l'erreur que la tempête à la coque de noix égarée. C'est de ces rencontres de guerre que jaillit et surgit ce qui mérite le salut. Mais l'opération ne se fait pas toute seule : c'est le maître en personne qui en est l'opérateur et, dit-il, l'accoucheur, conscient et délibéré.

Cependant, on resterait dupe de trop belles images, si l'on négligeait de se demander, très précisément, si ce qui fut son grand moyen d'explication et de démonstration n'avait pas commencé par agir dans l'esprit de Platon lui-même comme instrument de connaissance et de découverte. Ce dialogue écrit, ce dialogue parlé n'est-il pas né, par sa logique naturelle, du trouble intérieur et du débat silencieux dans lesquels la question et la réponse, l'objection et la réplique, la contradiction et les divers efforts de conciliation, bref, tous les mouvements que suscite le dialogue, eussent d'abord joué, comme à fleur de pensée, pour en cerner l'objet et le circonscrire, afin de permettre de le pénétrer où il faut ? Le nom de *maïeutique* pris au pied de la lettre pourrait nous empêcher de sentir cela, qui est flagrant.

Ces conversations éternelles ne seraient pas ce qu'elles sont si l'on se contentait d'y admirer des échanges de vues ou des chocs d'opinions entre hommes mortels dont le plus sage n'aurait fait qu'un métier de guide et de maître. Nous devons y trouver aussi l'écho distinct, la trace claire d'une lutte qu'avait soutenue pour son compte, au mystère secret de sa personne intime, l'esprit même du maître, lorsque son verbe encore muet cherchait à se définir pour s'articuler. Le drame serait moins vif, l'action moins passionnée si, avant d'accoucher les autres, Platon ne s'était accouché lui-même, C'est pour s'en éclaircir et pour mieux arrêter son propre jugement qu'il confrontait ainsi aux lumières uniques d'une conscience attentive tant de thèses diverses, sur le théâtre intérieur.

Si l'on veut bien y réfléchir, peu d'instruments de recherche et de découverte égalent ce loyal usage et ce maniement désintéressé de la Discussions Sans doute le vieil *organum* est facilement corrompu dès que les passions s'en mêlent, ou les préjugés, ou les opinions ; à plus forte raison quand les idées servent d'engin de bataille aux intérêts, car cela dégénère en un parlementarisme philosophique de faible valeur. À l'état pur, quelle merveille ! Ceux qui l'ont assimilée à un jeu d'esprit lui font une injustice amère. On blasphème (et je connais trop le plaisant qui osa ce brocard impie) quand on se permet de se plaindre que les Dialogues ne « soient pas en vers ». Cela revient à en oublier la claire valeur cognitive, faiseuse de science, créatrice de certitude, Pour railler dignement Platon ou se donner le droit de le contredire, il faudrait éviter de commencer par le méconnaître. Hiérophante, soit ! Mage, si vous voulez ! D'abord et surtout, passionné du vrai : un héros de la Connaissance.

Personne ne méconnaîtra ni l'importance ni, en beaucoup de cas, la sûreté de ses réponses au questionnaire général de l'Esprit et de l'Âme. Quand sa solution n'est pas bonne, le problème subsiste, soit dans la forme où il l'a posé, soit fortement marqué de lui. Souvent il l'a vu le premier, c'est lui qui l'a inscrit en tête du Recueil des doutes, des questions et des curiosités. Il va de soi que l'on éprouve un malin plaisir à l'entendre développer, avec un sérieux augural, quelques-unes de ses erreurs les mieux établies. Nous aimons à le voir contredit, rabroué, corrigé de la main des disciples et des amis qui eurent le cœur de ne pas le préférer à la vérité. Mais, revers ou disgrâce, il n'en est point humilié ou diminué, semble-t-il. Et même le simple mortel reprend quelque courage quand il expérimente aux dépens d'un aussi grand homme que le Vrai soit, comme il le disait du Beau, d'une approche si difficile. Ainsi arrive-t-il de mieux comprendre et de mieux admirer tous les nombreux endroits où, les idées en lutte se posant, s'opposant, se disposant, se composant sur leurs propres vertus internes et d'après le degré de force que confère à chacune la mesure de l'évidence, l'intègre Vérité en sort au grand jour, toute claire.

Très précisément parce que Platon n'avait cessé de l'aiguiser et de la perfectionner au service des vrais amis de la Sagesse, cette belle arme du Dialogue n'a plus fait de progrès après lui. L'arc d'Ulysse ![244] Ses successeurs n'en ont tiré aucun avantage nouveau, cela a été avoué pour un Cicéron, un Joseph de Maistre, un Renan.[245] Entre eux et lui, la différence aura tenu, presque toujours, à ce qu'ils eurent l'air de poursuivre l'unique dessein d'une démonstration personnelle, sur un plan d'apologie ou de polémique. Mais, lui, qu'il attaque ou défende, semble dire aux idées qu'animent son souffle et sa vie : — Allez, luttez, mesurez-vous, c'est à chacune de vous de faire sa preuve ! et si, par un coup du hasard ou par sa perfidie de sophiste-poète, il nous a laissés dans l'incertitude quant au sens de l'issue accordée au duel,

---

[244] On sait que dans l'*Odyssée*, les prétendants ne peuvent manier l'arc d'Ulysse aussi bien que lui, à plus forte raison mieux que lui. D'où cette image quelque peu elliptique. (n.d.é.)

[245] Cicéron s'est essayé au genre du dialogue philosophique, Maistre aussi dont *Les Soirées de Saint-Pétersbourg* sont un long dialogue, Renan a également utilisé ce genre dans ses écrits philosophiques. (n.d.é.)

nous demeurons flottants entre l'irritation de l'incertitude et son charme, tant la demi-lumière elle-même fait encore entrevoir de belles dépouilles et convoiter de plus douces proies !

Ce dernier inconvénient a été ressenti avec vivacité par nos écoles du Moyen Âge, toujours attentives à l'autorité d'une solution et qu'imprégnait à fond l'autre Maître, celui du Lycée.[246] Cependant, si mal connu qu'y fût Platon, l'intérêt de son processus et de sa méthode n'y était pas ignoré ni contesté. À voir les choses d'un peu haut, l'exposé thomiste en dérive en quelque manière : avec son alternance de négation et d'objection (*ad primum sic proceditur*[247]) et de réponses dogmatiques appuyées sur le *sed contra*, le mécanisme de la Somme transcrit dans une sorte de musique réglée le libre cours du rythme des argumentations platoniques : l'opposition et la réplique ont été mises au pas, mais elles luttent pour l'existence aussi loyalement et aussi vivement que les personnages vivants de *Phédon* et du *Banquet*. La perte pour l'art y est compensée par un gain de la connaissance.

On ne conteste aucun progrès ultérieur quand on tente d'imaginer ce que la première méthode, toute guerrière, procura de clarté, limpide ou trouble encore, au plus humain et au plus divin des esprits.

Tout le monde en a profité. À la lettre, le monde entier. Païens et chrétiens, juifs et arabes, schismatiques et catholiques, classiques et romantiques se sont instruits, nourris de lui ; il serait donc assez ingrat de limiter la dette morale de l'univers à la zone de l'imagination et du sentiment. Platon demeure au premier rang de ceux qui personnifient ce qu'il y a de plus dépouillé, de plus simple et de plus général dans les catégories de la pensée pure.

## II

Ce nonobstant, l'histoire reste curieuse, ample et touffue, des prestiges de l'Enchanteur et de leur influence sur l'âme distraite des hommes, En ce sens, il faut l'avouer, deux ou trois esprits de sa race auront eu plus de vogue et de chance que lui. Le simple poète Virgile a fini par être promu docteur de l'Église, prophète du Christ, prêtre et

---

[246] Aristote, bien entendu. (n.d.é.)
[247] C'est la formule qui introduit les articles de la *Somme théologique* de saint Thomas d'Aquin (*Ad primum...*, *ad secundum...*) suivie du *sed contra* qui y oppose le contre-argument qui fera progresser le raisonnement. (n.d.é.)

sorcier.[248] Un lai médiéval, pris et repris par les imagiers de nos cathédrales, a popularisé la figure de maître Aristote, à quatre pattes, chevauché par la belle petite princesse indienne, qui le bride et le fouette, sous les yeux du grand Alexandre, pour enseigner la préséance de l'amour ou le règne de la beauté.[249] Platon n'aura eu ni l'une ni l'autre de ces fortunes. Le renom purement populaire lui a manqué. Le bon peuple l'ignore autant que possible. Il y a quelque cinquante-cinq ans, deux bonnes femmes devisaient à la porte de notre église :

— De quoi nous parlait donc tout à l'heure monsieur le curé ? *De que moussu lou curat toutaro nous parlavo ?*

— *Charravo a un pichot platoun.* Il nous parlait d'un petit plat...

Douces dérisions de la gloire ! Le pseudonyme d'Aristoclès[250] a perdu son sens en chemin...

La popularité platonicienne est limitée au monde des clercs : des plus grands aux plus petits clercs, la haute influence les a rejoints, touchés, élevés, polis, pénétrés et régénérés.

D'âge en âge, à toutes les hauteurs et les profondeurs intellectuelles du monde habité, quelque chose qui n'est plus très exactement la leçon ou l'école de Platon, mais que l'on pourrait comparer à l'indication de sa main, au chant de sa voix, à la respiration sublime de sa pensée, tantôt seule, tantôt en composition avec d'autres souffles, paraît envelopper, régler et dominer des royaumes entiers de l'éloquence, des lettres, de la religion, de la poésie : alors, en Grèce, en Égypte, à Rome, dans l'Afrique grecque et latine, dans les Gaules, presque à chaque pulsation de la vie de l'Église, tout ce qui est éducation ou culture, imprégné et teinté de lui, ne peut s'expliquer que par lui. Cela est parfois (souvent même) indirect, diffus, sous-jacent. De temps en temps, l'une ou l'autre de ses idées expresses fait irruption et, dans cette atmosphère trop préparée, à la faveur d'un immense crédit préalable, elle s'impose, devient reine, et tout lui est soumis, c'est une vie nouvelle qui

---

[248] Un passage célèbre de Virgile, la quatrième églogue, est longtemps passée pour annoncer la naissance du Christ. (n.d.é.)

[249] Voir notre édition du poème fait par Maurras sur ce thème traditionnel du *Lai d'Aristote*. (n.d.é.)

[250] Il ne s'agit pas de l'Aristoclès précepteur de Septime-Sévère dont Eusèbe de Césarée nous a conservé quelques extraits, mais bien du nom que, selon la tradition athénienne, Platon aurait dû porter, puisque son grand-père s'appelait Aristoclès. D'où le terme *pseudonyme* employé un peu abusivement par Maurras pour parler de *Platon* tel qu'on le désigne habituellement. (n.d.é.)

recommence pour lui, et la mémoire du genre humain s'étonne du miracle de sa propre docilité ! Je ne rapporte point de fable. Ce que je dis s'est vu aux temps alexandrins et augustiniens, revu en des temps médiévaux, retrouvé aux diverses phases d'épidémies communistes qu'un platonisme plus ou moins digne de ce titre a toujours secrètement animées.

Pour l'ensemble de cette action moins spirituelle que morale, et que l'on pourrait dire physique, le Moyen Âge provençal est mentionné plutôt qu'étudié. Mais Dante, Pétrarque, leurs disciples, sont très bien connus comme clients et tributaires du platonisme. Je ne crois pas qu'il y ait un bon traité de *La Fontaine chez Platon*. Est-il seulement attendu ? Ce serait un livre assez beau s'il était d'esprit libre et garé des propos tout faits.

Ni Racine ni Bossuet ne furent étrangers au sacrement platonicien. Après eux, quelque chose de sa dignité fut perdu, comme il devait être naturel à toute époque où les systèmes de Platon tendent à devenir des instruments, presque des machines de controverse sociale. Tout se paie ! Cette intelligence d'aristocrate avait trop cédé à son péché mignon de passer outre aux justes confins de la nature humaine, de la croire indéfiniment modelable, de conférer au législateur, à son autorité, à ses vœux, une puissance d'efficacité absolue. Pour le succès d'un commandement, il faut que le besoin d'y obéir ait, de lui-même, fait la moitié du chemin. Le petit-fils des rois d'Athènes n'en doutait pas, il le savait : le sentait-il ? En fait, il ne tenait presque aucun compte de ce dont l'être des choses est tissé, de la tension et de la résistance de cette étoffe, de la réaction de cette matière. La *nécessité de l'arrêt* ne lui était pas aussi sensible qu'à Aristote. Néanmoins, sur le plan politique, il avait fait des expériences qui avaient été malheureuses, bien qu'appuyées sur de puissantes tyrannies. La Cité de Platon ne vit pas le jour. Comprit-il pourquoi ? Ou plutôt peut-on supposer qu'il n'ait pas compris la leçon et qu'elle n'ait pas dissipé, en les éclairant, telles parcelles de candeur pour lesquelles notre fabuliste l'appelle, sans vergogne, « le bon Platon » ? Mais s'il admit des correctifs, cela reste naturellement inaccessible au grand nombre : toutes les fois que ses lecteurs seront recrutés dans une moyenne ignorante, parmi des autodidactes ou des Barbares, chez les hommes qui n'ont qu'une idée à la fois et en sont fanatiquement possédés, les remembrements trop sévères proposés par Platon pour le cadastre politique et social universel ne pourront qu'entraîner des erreurs farouches, de tragiques déceptions.

Après tout, il en est de lui comme de la Grèce. Si l'on suit la philosophie qu'elle pratiqua, c'est souvent l'anarchie. Si l'on commente la cruelle histoire des épreuves que cette anarchie apporta, il n'y a pas de plus pure leçon des conditions de l'ordre. Théoriquement, un retour rapide aux avis de l'expérience eût dû prévenir et guérir telles crises d'Antiphysie ; le remède n'était pas loin : d'Athènes à Stagyre[251] ou des convives[252] de l'Académie aux promeneurs[253] du Lycée.

Dans les temps modernes la même leçon est inscrite partout : sait-on la lire ?

Le carnaval jean-jacquiste et révolutionnaire ne favorisa point la pensée qu'il vulgarisait. Quand même il est prêché par les princes de la Culture ou en leur nom, l'anarchisme commence par porter des effets qui détruisent le patronage dont il s'est d'abord réclamé. Plus encore que ses enfants, la Révolution sacrifie ses parents : et ce n'est pas pour s'en nourrir comme faisait le vieux Saturne ! L'influence de Platon, comme son étude, comme toutes les études antiques, fut détournée, interrompue, ruinée, par la ruine des disciplines, l'interruption des doctrines et des travaux, les dures distractions forcées qui furent assénées aux Français de la fin du dix-huitième siècle et du commencement du dix-neuvième : vingt-cinq ans de convulsions à l'intérieur et de guerre au dehors ! Nous savons ce qu'ont fait ou défait, dans cet ordre, les quatre années qui ont couru de 1914 à 1918. Multiplions quatre par six nous aurons idée du premier fléau…

Ce qui avait été détruit si vite ne se refit que lentement, de façon imparfaite, et peut-être pour un temps court.

Qu'est-il donc arrivé de Platon et du platonisme courant, pendant la centaine d'années où se sont succédé les dernières générations ? Nous sommes-nous éloignés du noble maître ? Nous est-il redevenu plus ou moins fraternel ?

---

[251] La ville natale d'Aristote. (n.d.é.)
[252] Allusion au *Banquet*. (n.d.é.)
[253] Allusion au sens littéral du terme *péripatéticiens*, qui désigne les disciples d'Aristote. (n.d.é.)

## III

Plaçons-nous au moment où la France et le monde recommencent à respirer. À la suite de dégâts dont tout se ressent, les cœurs, les têtes, autant que les institutions et les mœurs, nos grands-parents assistent et participent, à moins que d'y bouder, à une très belle entreprise réparatrice qui s'appelle fort bien la Restauration. Pour commencer, une mode intellectuelle puissante s'applique à tirer du platonisme ce qu'il contient d'élévation religieuse, de haute aspiration morale. C'est un enthousiasme auquel manque peut-être l'entière clarté du motif, On n'en est pas moins utilement ébloui par la première traduction de Victor Cousin. Toutes les pentes coulent au même sens. L'impulsion de Chateaubriand, les directions du *Génie du Christianisme*, orientent vers la substance de la conclusion platonienne. Ainsi Platon est-il commencé par la fin et par la couronne : on prend contact avec lui par le dogme de sa croyance, salué et sacré une fois pour toutes comme une préface à la Religion. On connaît moins, on fréquente à peine les chemins montants, les paliers gradués de sa philosophie. Un messianisme expéditif fait le fond de cette adhésion à ce qu'il y a d'exaltant et de consolateur dans certains dialogues. Tel est l'état d'esprit dans lequel le Lamartine de 1823 transpose *Phédon*. Sans s'arrêter à découvrir la nature de l'âme, il lui décerne, vite, la palme de l'immortalité ! Sans un regard au monde sublunaire, cette *Mort de Socrate*[254] évoque premièrement les dieux d'en haut :

> Quand vient l'heureux signal de cette délivrance
> Amis, prenons vers eux le vol de l'espérance,
> Que de joie et d'amour notre âme couronnée
> S'avance au-devant d'eux...

Là ! Comme cela ! Tout de suite ! Et tout ! Ces grands poètes qui voulaient arriver avant d'être partis auraient suivi exactement de même manière le premier thaumaturge fondateur d'une secte et docteur d'une foi.

C'est dans un sentiment assez pareil, quoique moins sommaire, qu'il fut platonisé autour de Lamennais. Mais là, une foi positive préexistante réglait, orientait, revivifiait la lettre immortelle. Le principal disciple de l'École,

---

[254] Ce poème de Lamartine, poème fort célèbre en son temps, date de 1823. (n.d.é.)

futur évêque, l'abbé Gerbet, fut amené par les circonstances de son ministère à écrire comme une seconde « Mort de Socrate » sur des données fort extérieures aux croyances du monde antique mais qui sont au plus vif des préoccupations de notre âge. Un incident contemporain est pris et copié au naturel, Sainte-Beuve l'expose ainsi :

> C'était, dit-il, avant 1838 ; l'abbé Gerbet s'était lié avec le second fils de M. de la Ferronnais, ancien ministre des Affaires étrangères. Le jeune comte Albert de la Ferronnais avait épousé une jeune personne russe, Melle d'Alopéus, de religion luthérienne, et il désirait vivement l'amener à sa foi. Il se mourait à Paris d'une maladie de poitrine, à l'âge de vingt-quatre ans, et semblait arrivé au dernier période, lorsque sa jeune femme, à la veille d'être veuve, se décida à embrasser la communion de son époux ; et dans cette chambre, près de ce lit tout à l'heure funéraire, on célébra une nuit, – à minuit, heure de la naissance du Christ – la première communion de l'une en même temps que la dernière communion de l'autre (29 juin 1836). L'abbé Gerbet fut le consécrateur et l'exhortant dans cette scène si profondément sincère et si douloureusement pathétique, mais où le chrétien retrouvait de saintes joies. C'est le sentiment vif de cette incomparable et idéale agonie qui lui inspira un *Dialogue entre Platon et Fénelon* où celui-ci révèle au disciple de Socrate ce qu'il a manqué de savoir sur les choses d'au-delà, et où il raconte, sous un voile à demi soulevé, ce qu'est une mort selon Jésus-Christ :
> « Ô vous, qui avez écrit le *Phédon*, vous, le peintre à jamais admiré d'une immortelle agonie, que ne vous est-il donné d'être le témoin de ce que nous voyons de nos yeux, de ce que nous entendons de nos oreilles, de ce que nous saisissons de tous les sens intimes de l'âme, lorsque, par un concours de circonstances que Dieu a faites, par une complication rare de joies et de douleurs, la mort chrétienne, se révélant sous un demi-jour nouveau, ressemble à ces soirées extraordinaires dont le crépuscule a des teintes inconnues et sans nom : vous en citerai-je une, ô Platon ? Oui, au nom du Ciel ! je vous la dirai. Je l'ai vue il y a quelques jours, mais dans cent ans je dirais encore qu'il n'y a que quelques jours que je l'ai vue. Vous ne comprendrez pas tout ce que je vais vous dire : je ne peux vous parler de ces choses que dans la langue nouvelle que le Christianisme a faite ;

mais vous en comprendrez toujours assez. Sachez donc que de deux âmes qui s'étaient attendues sur la terre et qui s'y étaient rencontrées, etc. »

Lamartine disait que ce n'est pas autrement qu'eût parlé un Platon chrétien.

Vers le même temps, le jeune Maurice de Guérin faisait voir de quel ton aurait pu s'exprimer un autre Platon qui eût hésité entre le mirage panthéistique et le mystère polythéiste. Les mythogonies du *Centaure* et de *La Bacchante* attestent un esprit mieux formé et renseigné, de connaissances plus exactes. Les arts de la lecture et de l'intelligence ont été r'appris. Le foyer rallumé autour de Platon a gagné des flammes nouvelles. Une paix déjà longue a créé des loisirs aux hommes. C'est pourquoi, le dix-neuvième siècle n'ayant pas encore atteint son milieu, le jeune Laprade peut terminer un poème de son premier recueil par un salut adressé au divin Platon couché sur les fleurs, entre ses disciples. On l'évoque, on l'invoque presque :

> Ainsi qu'un vin bénit que l'on boit à la ronde
> Vous répandez sur eux un discours embaumé
> En flattant sous vos doigts la chevelure blonde
> D'un jeune Athénien immobile et charmé,

Nous avons su, depuis, que Phédon était probablement un adolescent assez monté en graine. Platon ne « flattait » pas sa blonde chevelure, mais il s'en amusait et même la raillait, comme une mode laconienne indécemment produite à Athènes. Mais, quelque complément d'information qui ait été donné par la suite, les idées de Laprade apparaissent beaucoup moins flottantes que celles de Lamartine. Sa génération est plus cultivée que la précédente, elle a eu le moyen de s'instruire et de méditer. À leur tour, les enfants qui naissaient vers ce moment, 1840, 1845, allaient utiliser, outre la trentaine d'années de trêve entre les peuples européens, une lente réorganisation de l'enseignement national, un retour régulier aux lettres anciennes ; on avait trouvé le temps de remonter aux sources pour en nettoyer l'orifice engorgé ; la carrière se rouvre aux poètes savants qui auront pu écouter Platon, se familiariser avec lui, l'entendre à livre ouvert et l'aimer autrement que par ouï-dire incertain.

Les images que l'on se fait de lui cessent d'être bâclées. Ceux qui s'y appliquent travaillent, sous la surveillance d'un esprit critique en défense, dressé à la méfiance et même à l'agression. Quelques-uns des fils de Ballanche gribouillent-ils, sur la foi du Maître de leur maître, leurs formules un peu confuses quant à l'absolu, à l'infini, au beau dans la morale ou dans l'art, Sainte-Beuve est là pour reprendre l'utile refrain : « Est-ce vrai ? Est-ce faux ? À cette hauteur, on n'a que des nuages. » Mais le vertige des hauteurs n'empêche nullement Sainte-Beuve de classer Platon au point juste, dans le « principal » de ses « Temples du Goût », au « centre » avec Sophocle et Démosthène. Pourquoi ? — Hé ! pour ce qui paraît en eux « de beauté, de mesure dans la grandeur et de cette perfection d'harmonie qui ne se présente qu'aux jours de la pleine jeunesse du monde... » Quand Platon, Sophocle et Démosthène seraient ensemble, ajoute Sainte-Beuve, « pas un quatrième, si grand qu'il fût, n'aurait l'idée de venir se mêler à leur entretien ni à leur silence ». Les trois noms « de ces demi-dieux » sont devenus « l'idéal de l'art ». À la bonne heure. Ces beaux et dignes jugements, qui suivaient une mise en garde, ont sonné, élancé, armé, purifié une génération qui mûrit pour d'autres progrès. Le beau verbe platonicien a recouvré enfin l'honneur et la force de son sens juste : là même où il paraît le plus lointainement éthéré, on s'habitue à en extraire ce qu'il comporte d'allusions substantielles au tissu des choses réelles, à la structure vitale de l'âme et de l'esprit ; ainsi l'on aperçoit que ses principes empiriques ne sont ni omis ni même laissés à l'état de sous-entendu chez Platon. Il part toujours de là. Et, par-là, sa dialectique n'est point arbitraire. Le reçu, le donné, ce qu'il surpasse ou qu'il survole est cependant ce qui l'élance et le soutient : l'analyse qu'il en compose légitime l'essentiel de l'essor transcendant.

Si l'on veut un exemple, que l'on considère l'étroit rapport du premier instinct physique de l'homme, le Désir, avec les spéculations que Platon en a dérivées pour notre aventure immortelle. Ce n'est en somme là qu'un atome de l'Amour, et brut encore : un petit amour à l'état naissant, et si faible qu'on peut lui reprocher beaucoup de présomption quand il ose souscrire son illustre hypothèque sur les neuf cieux ! À ce point, véritablement,

Le cœur est seul, désarmé, nu et tendre.[255]

---

[255] Charles d'Orléans, *Comment se peut ung povre cueur deffendre...* (n.d.é.)

Quelle très petite chose dans l'univers ! Que peut-elle ainsi toute seule ? Elle peut ce qu'elle veut, si, imperceptible éphémère, elle soutient une pensée de se perpétuer par le sang : la nature devient son associée, sa complice, ou plutôt son inspiratrice secrète. Dès le pauvre berceau où vagit cette enfant trouvée, Platon se persuade qu'elle est aussi *l'enfant déchue d'une race divine...*[256] Métaphysique ? Poésie ? Fantaisie ? Oui, sans doute, si l'argument est isolé de la physiologie qui le fonde, si on l'abstrait du sombre et puissant point de départ naturel. Mais cela redevient tout le contraire d'une fantaisie et il en résulte une vraisemblance, et très forte, autant qu'une très belle et très haute probabilité, si l'on restitue à cet élan vers l'Immortel sa racine vivace : les réalités de la chair qui l'ont suggérée, inspirée.

La filière de ce travail de réflexion, irisé et auréolé de maint rêve, ne se laisse pas mal saisir dans la tentative brillante d'un poète qui avait juste dix-neuf ans en 1863, lorsqu'il composait une méditation intitulée *Le Désir*, à laquelle une référence platonicienne expresse fait seule défaut :

> Je sais la vanité de tout désir profane.
> À peine gardons-nous de tes amours défunts,
> Femme, ce que la fleur qui sur ton sein se fane
> Y laisse d'âme et de parfums.
> Ils n'ont, les plus beaux bras, que des chaînes d'argile
> Indolentes autour du col le plus aimé...
> Mélancolique nuit des chevelures sombres,
> À quoi bon s'attarder dans ton enivrement,
> Si, comme dans la mort, nul ne peut sous tes ombres
> Se plonger éternellement,
> Narines qui gonflez vos ailes de colombes...
> Lèvres, vivantes fleurs, nobles roses sanglantes,
> Vous épanouissant lorsque nous vous baisons,
> Quelques feux de cristal en quelques nuits brûlantes
> Sèchent vos brèves floraisons.
> Où tend le vain effort de deux bouches unies ?
> Le plus long des baisers trompe notre dessein...

---

[256] Alphonse de Lamartine, *L'Homme*. (n.d.é.)

Ainsi son inquiétude, digne de René ou de Werther, rapatriait le jeune Anatole France chez l'Académus[257] du quatrième siècle d'avant notre ère, et il n'y retournait aucun autre problème que celui de nos destinées ; est-ce que, par le simple indice de leur trame et de leur structure, le Désir et l'Amour ne nous donnent pas à penser que les choses font un service qui s'étend beaucoup au-delà d'elles-mêmes, et qu'elles sont lancées comme le trait de l'arc, le caillou de la fronde, vers une cible située bien au-delà de leur enceinte ? Ne sont-elles pas dévouées à surpasser ce qu'elles sont, puisqu'elles tendent à sortir de leur être, de cet être où personne n'est jamais en repos, comme si nul n'y était capable de se contenter le moins du monde de soi ?

Platon ne parle pas très différemment.

Une sorte de post-scriptum donné à ce petit poème de l'Inquiétude semble même vouloir réveiller la vénérable théorie des Réminiscences :

> Mais la vague beauté des regards d'où vient-elle
> Pour nous mettre en passant tant d'espérance au front ?
> Et pourquoi rêvons-nous de lumière immortelle
> Devant des yeux qui s'éteindront ?
> Femme, qui vous donna cette clarté sacrée
> Dont vous avez béni la ferveur de mes yeux ?
> Et d'où vient qu'en suivant votre trace adorée
> Je sens un dieu mystérieux ?

Le cercle dialectique se referme, et c'est au point juste. Les trois termes du temps ont été mis en mouvement tour à tour : le présent doute et interroge, le passé offre d'expliquer, l'avenir se fait fort de justifier. D'arrière en avant comme d'avant en arrière, la voie supérieure, *sublimior*[258], sera ainsi déterminée. De confuses Mémoires gonflent la sombre voile de leur souffle de feu, tandis que l'Espérance ouvre les bras, *les vastes bras*[259], du port proche et lointain où la flamme des phares et le cri des sirènes élèvent l'attraction et l'appel du Divin... Cela ne prouve rien ? Rien du tout, Mais cela définit

---

[257] *L'Académie*, nom traditionnel de l'école de Platon, vient du fait qu'elle s'était établie dans un gymnase non loin d'Athènes qui était connu comme celui d'un certain Académos, ou Académus en latin. (n.d.é.)

[258] Comparatif de supériorité de l'adjectif latin *sublimus*, dont le sens principal est *haut, élevé*. (n.d.é.)

[259] Expression prise à la *Chevelure* de Baudelaire, sans doute pour faire écho aux derniers vers cités d'Anatole France. (n.d.é.)

quelque chose, les dignes rapports et les justes convenances d'un monde mis à l'optatif, d'un univers supposé ami et bon, d'un Tout imaginé et désiré comme régulier et beau, Ce qui vient de l'amour ne veut-il pas, partout, retourner à l'amour ? Ce qu'émeut la Beauté ne rêve-t-il pas d'y puiser toutes les jeunes forces qui fassent souhaiter de vaincre la mort, Mistral osera dire :

> Et les hautes jouissances
> Qui se moquent du tombeau ![260]

C'est ainsi que, au dix-neuvième siècle, Platon a reformé et recruté sa nouvelle école éternelle dans une Élite affranchie des préjugés et des lieux communs, et qui s'exerçait au Savoir comme aux figures cachées du plaisir, élite comparable aux premiers platonisants dont parle l'humaniste-poète :

> Florence de Laurent, Florence de Marsile[261]
> Qui goûtais le savoir comme une volupté.[262]

Cette veine d'érudition et d'intelligence était déjà très suivie et très fréquentée, lorsque, vers 1885, un jeune homme d'un beau génie qui n'avait plus que quatre jours à vivre, car il devait mourir à vingt-six ans, Jules Tellier, s'essayait à serrer de plus près son Platon : animé d'un grand esprit de synthèse, il voulait en retrouver aussi la couleur avec l'ordre, en saisir et en rendre le charme avec le sens ; il tenait même à le rajeunir en le revivant pour son compte. Relisons le fameux sonnet du Banquet[263] :

> Au banquet de Platon, après que tour à tour,
> Coupe en main, loin des jeux du vulgaire profane,
> Diotime, Agathon, Socrate, Aristophane,
> Ont disserté sur la nature de l'amour,
> Apparaît, entouré comme un roi de sa cour,
> De joueuses de flûte en robe diaphane,
> Ivre à demi, sous la couronne qui se fane,

---

[260] Ces deux vers proviennent du cinquième couplet de *Coupo Santo*, devenu hymne du Félibrige sinon de la Provence. (n.d.é.)
[261] Laurent de Médicis et Marsile Ficin. (n.d.é.)
[262] Pierre de Nolhac.
[263] Jules Tellier : *Reliques*, Paris, 1890.

> Alcibiade, jeune et beau comme le jour,
> Ma vie est un banquet fini, qui se prolonge ;
> Seul, parmi les causeurs assoupis, comme en songe,
> J'ouvre et promène encor un regard étonné ;
> Les fronts sur les coussins ont fait de lourdes chutes,
> Verrais-je survenir, de roses couronné,
> Alcibiade avec ses joueuses de flûte ?

Bien que Diotime, première nommée, n'ait pas compté au nombre des convives d'Agathon et des interlocuteurs d'Aristophane[264], la peinture est si vive que l'inexactitude légère n'enlève rien à la justesse du ton, ni à la profonde intelligence diffuse. Mais quelle étrange disparate quant à la pensée essentielle ! Quelle transcription mélancolique, désespérée, de la plus brillante de toutes les doctrines que le monde antique ait opposées aux découragements de la vie et aux destructions de la mort ! *Phédon* en exalte le terme, le *Banquet* en définit le point de départ : y a-t-il plus beau chez Platon ? Il n'y a pas plus net, ni plus clair comme hymne de l'espérance.

— Nous sommes, chante-t-il, les compagnons des cygnes et, comme eux, serviteurs d'un dieu de lumière et d'amour. Puisque ces beaux oiseaux peuvent élever vers l'autel d'Apollon une sublime voix au pressentiment de leur fin, ce ne peut être que de joie, comme tout le peuple des airs. Que vaut, dès lors, l'effroi qui opprime et obscurcit la pensée des hommes ? Les ombres de la mort, les demi-ombres qu'elle porte, maladie, chagrin, adversité et autres épreuves, ne sont de rien, ne comptent pour rien, auprès des compensations qui s'annoncent, conformément à un instinct dont nous ne sommes pas les maîtres d'accorder ou de contester l'esprit de foi et l'âme de lumière...

Le pessimisme romantique d'un Jules Tellier négligeait de grandes portions du réel. La nature de l'homme, la nature des choses ne sont pas incapables de produire elles-mêmes plus d'un remède à leurs propres épreuves. Il est des amertumes qui ne tardent pas à se résoudre, automatiquement, en de vagues douceurs :

> L'injustice, la mort, ne dépitent les sages.
> Aux yeux de la raison le mal le plus amer

---

[264] Dans le *Banquet* de Platon, le discours de Diotime est en effet rapporté par Socrate aux autres convives. (n.d.é.)

> N'est qu'une faible brise à travers les cordages
> De la nef balancée au-dessus de la mer.
> Et mon ami sait bien...
> Que c'est des jours heureux qu'il faut se souvenir,
> Que même le malheur comme humain doit mourir...

Les inflexions de cet optimisme semi-platonicien ne sont plus de Jules Tellier, mais d'un aîné qui lui survécut : Moréas.

Hellène de naissance, très porté à ces mélanges de moralités réalistes et de spéculations propres à l'esprit de son sang, le poète, qui rencontra cette première consolation naturelle, était encore à mi-chemin de l'austère Portique[265] des *Stances* où il accéda peu après.

Platon seul lui parlait aux temps où il disait :

> Qu'avais-je à m'enquérir d'Éros fils de la terre ?
> Éros fils de Vénus me possède à jamais.

Ces années 1892-1896 avaient été décisives pour Moréas. Les dernières gammes du *Pèlerin passionné* étaient finies, le sombre et splendide recueil suprême n'était pas commencé. C'est la plus belle époque de son génie : *Ériphyle*, *Sylves*, *Sylves nouvelles*, et, là, nous pouvons relever de véritables paraphrases, non de *Phédon*, mais du *Banquet*. Les vers qui suivent, formés d'une trame subtile d'états psychologiques très consistants, font, en même temps, reconnaître de véritables traductions, quasi littérales :

> Énone, j'avais cru qu'en aimant ta beauté
> Où l'âme avec le corps trouvent leur unité,
> J'allais, m'affermissant et le cœur et l'esprit,
> Monter jusqu'à cela qui jamais ne périt,
> N'ayant été créé, qui n'est froidure ou feu,
> Qui n'est beau quelque part et laid en autre lieu ;
> Et me flattais encor d'une belle harmonie
> Que j'eusse composée du meilleur et du pire,
> Ainsi que le chanteur que chérit Polymnie,
> En accordant le grave avec l'aigu, retire
> Un son bien élevé sur les nerfs de sa lyre.

---

[265] *Le Portique* désigne l'école stoïcienne, comme *l'Académie* désigne les platoniciens. (n.d.é.)

> Mais mon courage, hélas ! se pâmant comme mort
> M'enseigna que le trait qui m'avait fait amant
> Ne fut pas de cet arc que courbe sans effort
> La Vénus qui naquit du mâle seulement,
> Mais que j'avais souffert cette Vénus dernière
> Qui a le cœur couard, né d'une faible mère,
> Et pourtant, ce mauvais garçon, chasseur habile,
> Qui charge son carquois de sagette subtile,
> Qui secoue en riant sa torche, pour un jour,
> Qui ne pose jamais que sur de tendres fleurs,
> C'est sur un teint charmant qu'il essuie les pleurs,
> Et c'est encore un dieu, Énone, cet Amour...

Un Dieu ? C'est ce que Platon niait avec fermeté. Il n'a reçu l'Amour qu'au grade de démon, et les raisons qu'il en a produites sont les plus fortes et les plus belles que ce prétendu fauteur d'anarchie ait jamais formulées pour traduire l'ordre du monde, l'expliquer et le conserver. C'est là qu'il nous faut confesser avec précision comment les hommes de notre âge et de notre esprit ont tiré de lui leur substance. Parce qu'il a été ce que Dante eût nommé notre *maître d'amour*, nous lui devons un tribut d'honneur très particulier.

## IV

Platon est l'auteur d'un mot composé pour dire la rencontre et l'accord du beau et du bon. Il n'a pas usé du même artifice pour unir le beau et le vrai. Sans doute estima-t-il que cela allait sans dire, rien n'étant beau que le vrai, ni vrai que le beau.

La preuve, jugée superflue, est remplacée par une illustration décisive dans le *Banquet*.

Toutes les formes de l'Erreur ont été conviées autour de la table fleurie, sans excepter les plus spécieuses, les mieux reçues, les plus courues. Demi-vérités décevantes, fables tout à fait mensongères, mythes tâtonnants, approximatifs, tous et chacun finissent par se rencontrer face à face avec une Vérité qui les désarme et les terrasse avant de se dévoiler pour leur confusion. L'un après l'autre, un médecin, un auteur comique, un poète lyrique, les convives mettent en avant leur doctrine de l'amour, et ces aberrations quelquefois grossières ne laissent pas de traîner, parcelle ou lambeau, leurs clartés : comment toute raison serait-elle absente des vieux songes que l'homme a conçus ou reçus à propos de l'invariable obsession que lui impose le problème du Générateur infini ? Un dîneur appelé Pausanias évoque la double nature, uranienne et terrienne, céleste ou populaire, d'Aphrodite et d'Éros, et son court esprit manifeste l'ignorance des distinctions élémentaires entre ce qui aime et ce qui est aimé ou digne de l'être. Le dîneur Aristophane brode sur l'extraordinaire invention de l'androgynat primitif au milieu de scories sans nom, ce qu'il dit de l'Être de l'Âme semble étoilé des suprêmes révélations. Depuis, dit-il, que l'homme-femme a été scindé en deux êtres qui se recherchent, « l'amour mutuel nous a été inné ». Et cela, parce qu'il nous ramène à notre nature première, s'efforçant à « refaire un seul être de deux et ainsi à guérir leur commune blessure... » *Aeterno devictus vulnere amoris !*[266] Ainsi l'amour imprime, à moins que de les mettre à nu, ses indices vivants et ses traces, presque saignantes, de l'amitié et de la parenté des êtres, des vœux ardents qu'ils forment pour la réunion et pour la fusion. « Nous étions d'une seule pièce, et c'est de regretter cette unité perdue, de chercher à la retrouver, qui est ce qu'on appelle l'amour... » « Nous étions un... » « En conséquence de notre méchanceté, nous avons été dissociés d'avec nous-même par le Dieu... » Ce vif accent donné à la peinture des mélancolies éternelles est souligné et tempéré par quelques traits de bouffonnerie qu'y doit semer un poète comique, soit qu'il raconte comment nos premiers parents furent résséqués dans le sens de la longueur, soit à la manière de poissons tels que la sole ou la plie, soit qu'il relate une menace de Jupiter qui, ma foi ! pourrait bien réduire encore nos tristes moitiés d'être à la portion congrue du suprême quart et nous contraindre à sauter sur un pied, unijambistes, mi-manchots, si nous venions à nous montrer exagérément économes des sacrifices sur lesquels le roi du ciel a le droit de compter !

Mais ces libres discours ne sont pas en l'air, Colorés du feu des natures et des passions, variant avec les métiers et avec les goûts, ils tendent (et c'est aussi le cas des éloges de l'amour que prononcent Éryximaque et Phèdre au cours de la même symposie), tous tendent au même grand objet qui attire et

---

[266] Citation de Lucrèce, au premier livre *De rerum natura* : c'est à Vénus que les hommes doivent la paix, car si Mars préside aux activités guerrières, souvent il retombe dans le giron de Vénus, « vaincu par l'éternelle blessure de l'amour ». (n.d.é.)

qui fuit : *le vrai et le vrai seul*[267], retenu en paillettes, entrevu par éclairs. C'est cette bonne foi profonde, c'est le sérieux latent des divers interlocuteurs qui les sauve du terrible censeur par qui ils sont guettés. Il s'appelle Socrate dans le dialogue. C'était surtout Platon, le souverain esprit critique de Platon, lequel rentra ses griffes ou les aiguisa en secret, jusqu'au moment où le maître du logis, jeune et beau, mais fat, Agathon, prit la parole pour faire applaudir, que dis-je ? acclamer un chapelet de mots absolument creux.

Cependant ces mots creux sonnent et resplendissent. Nouveau sujet d'admirer la force d'âme de Platon. Lui-même en devait convenir ! Lorsqu'Agathon couronne de toutes les ressources du vocabulaire le nom, l'image de l'amour, ce n'est pas le seul Agathon qui divague, mais le genre humain tout entier et, presque unanime, l'esprit humain ! Pour célébrer cette nature heureuse, cette délicieuse présence, ce merveilleux épanchement des plus magnifiques bienfaits ; pour appeler l'Amour le plus heureux des dieux, le plus beau, le meilleur et pour lui décerner la jeunesse éternelle, bien qu'il soit salué, en même temps, la plus fragile et la plus délicate des choses, la plus vite flétrie ; pour honorer en lui les ondoiements et les flexibilités de la Grâce, avec cette fraîcheur de fleur qui ne lui fait élire ni goûter, en tout, que la fleur, qu'est-il besoin d'un Agathon ! Il n'est pas nécessaire d'avoir pris, comme lui, tous les grades du sophiste et du rhéteur dans la noble Athènes la rhétorique du désir universel, la perpétuelle sophistique du cœur humain parle comme lui. Elle en dit même bien plus long. Lorsqu'Agathon, comme épuisé, arrête sa litanie à la gloire de cet ouvrier des mondes : — *Que n'est-il ? Que ne ferait-il de digne de lui ? De quel bienfait ne couronne-t-il les Sages qui le contemplent et les Dieux qui l'admirent ?* eh bien ! l'Univers tout entier amplifie le même cantique. Bien au-delà des dernières outrances auxquelles Agathon a dû finir par s'arrêter, mais, fouettées, stimulées par leur propre bacchisme, la nature et l'humanité poursuivent l'utopie dont rien ne les dégrise, et c'est, de siècle en siècle, la même Diônysie trois fois folle, le même insigne Carnaval, pour déchaîner un identique dithyrambe menteur.

— Langage de poètes ?
— Éternel langage d'amants !

Les temps peuvent couler sans y changer beaucoup de choses. Il faut voir comment, dans un poème postérieur de plus de deux mille ans, la jeune

---

[267] Écho, sans doute, à l'*Art poétique* de Boileau : « Rien n'est beau que le vrai, le vrai seul est aimable. » (n.d.é.)

*Nerte*, mistralienne, posera au jeune Rodrigue les questions qui sont au *Banquet*. La réponse répétera celle d'Agathon :

« Qu'est-ce que l'amour ? dit-elle, il n'est bruit que de lui dans les chansons et les nouvelles... Mais qui peut dire où il se trouve !

— Je pourrai peut-être vous y conduire », répondit Rodrigue enflammé. Pour la renseigner, il ajoute :

« L'amour est un bouquet au sein... L'amour est une source qui naît et qui soupire dans une conque... L'amour est un trouble suave c'est un émoi grave et léger, c'est un rêve où l'on vit dans le ravissement des dieux. L'amour est un jet de soleil dans lequel, enivrées, deux âmes s'élancent jusqu'à la pleine lumière et se confondent inséparablement ; l'amour est une flamme exquise qui se devine dans les yeux, qui remplit le cœur et l'embaume, et qui se donne avec la main. »

... On dira que Rodrigue se hâte vers un dénouement qui est sur les lèvres closes de Nerte. Et, sans doute, Agathon ne répand, lui non plus, ses libations de discours capiteux et vains qu'afin de se faire mieux voir du Maître qui l'aime ! Cependant, il doit se douter que le goût de la vérité forme la seule voie d'accès de ce grand cœur. Agathon n'aurait pas eu recours à des prestiges aussi grossiers s'il ne se fût obscurément senti soutenu par le chant de multitudes humaines qui vieilliront sans se corriger : Agathon utilise en secret tout le poids physique de leur influence. Partout, toujours, le préjugé se prononce pour Agathon. Partout, toujours, l'opinion lui est favorable. Toute la race d'Iapet[268] veut concevoir l'amour comme un jeune homme, beau, bien fait, fort et bienfaisant comme un dieu, qui ne peut faire qu'un avec le Souverain Bien. Quiconque se permet de lui refuser ce visage passera pour l'ennemi du bonheur des hommes. Un esprit envieux et jaloux pourra seul nous tourner contre cet *amour de l'amour* qui a droit aux hommages de tous.

Bah ! ne contestons plus. Ces lieux communs, en circulation toujours renaissante, ne manquent ni de charme ni d'éclat.

On veut qu'ils soient beaux. Ils le sont, qui le nie ? qui en aurait le cœur ? Seulement il y a plus beau, tellement plus beau !

Et quoi donc ?

— La vérité, mes amis, La vérité, que Platon, qui l'a découverte, fait rayonner. Nulle armée rangée en bataille ne jette de feux plus puissants, ni,

---

[268] Japet, le père des Titans, lointain ancêtre de l'humanité par Atlas, Prométhée et Épiméthée. (n.d.é.)

couchée et rampante, nulle amoureuse prête à développer tout son cœur. Regardons, entendons, vivons cette belle rencontre où la Vérité pure va se mesurer avec son Mensonge immortel. Agathon s'est trompé de camp, il le paiera : qui l'aime bien va le châtier d'autant mieux.

— Viens ici, mon cher Agathon, qui as si bien parlé de l'amour ! L'amour, l'amour... C'est vite dit ! Carmen le chante. Mais dis-moi, cet amour-là est-il l'amour de quelque chose ? ou de rien ?

— Oh ! pas de rien ! De quelque chose.

— De quelque chose qu'il veut avoir ? De quelque chose qu'il désire ?

— Sans doute, comment ne pas désirer ce qu'on aime ?

— Mais Agathon, ce qu'il désire, il ne l'a pas ; on désire ce dont on manque. Cet amour manque donc ?

— C'est cela : il manque, il n'a pas...

— Courage, ami ! Ainsi l'Amour veut ce dont il manque. Quand il veut la beauté, quand il veut le bonheur, quand il veut la bonté, cet Amour ne doit pas être bon, ni heureux, ni beau... Tu auras dû confondre ce qui attire l'amour et le fascine, ou le mérite, ce qui l'appelle et le couronne, avec ce qu'il est, quant à lui : malheureux et simple désir de tout cela, pure aspiration aux délices des biens sur lesquels il n'a qu'un droit, celui de se croire prédestiné à les conquérir. Tu le prétendais riche, il n'est qu'un aspirant à la richesse ! Beau, simple prétendant à la couche de la beauté ! Tu prends le siège de l'archonte pour celui qui veut s'y asseoir. Erreur, erreur, mais très commune : ne l'ai-je point partagée, moi ?

Platon ici fait l'humble. Et peut-être l'est-il. Devons-nous hésiter à le prendre au mot ? Croirons-nous qu'il ait fait, de lui-même, la distinction fondamentale entre ce qui aime et ce qui est aimé ou mérite l'amour ? Ou croirons-nous qu'il l'aura reçue toute faite, sans y avoir été pour rien ? Assurément il semble feindre. Mais s'il ne feignait qu'à demi ? S'il avait adhéré à l'erreur d'Agathon, qui est celle de tout le monde, jusqu'à cette heure d'initiation au mystère, où, savante en amour et en beaucoup d'autres choses, lui apparut cette prêtresse de Mantinée[269] qui le détrompa et l'illumina ?

Il faut insister sur ce point, car il concerne toute une génération, la nôtre, dont Platon fut la Diotime. Bien des expériences et des réflexions nous avaient aussi préparés à recevoir son enseignement. Une méditation précoce des esprits de la vie, une pensée curieuse, la saturation radicale des orgies et

---

[269] Diotime ; voir *supra* note 22. (n.d.é.)

des défaites du Romantisme devaient aider à la rénovation morale qualifiée par le beau cri lyrique de Raymond de la Tailhède :

> Je veux plus que l'Amour admirer la Beauté
> Pareille à la mer blanchissante.

Autant dire que le poète veut substituer au culte des troubles bas-fonds du *Sujet* l'adoration des sphères où le bel *Objet* trône, et l'Essence immuable, Règle de tout cerveau, Terme éblouissant de tout cœur.

« *L'amour n'est pas un dieu, enseigne la sagesse antique, l'amour n'est qu'un démon* », c'est un de ces médiateurs dont le vol hésite toujours entre terre et ciel, Sa mère est l'Indigence, la pauvre Penia. Son père est Poros. Le nom de ce Poros était autrefois entendu comme synonyme de l'abondance. Ainsi Amour était le fils de l'abondance et de la pauvreté. Abondance voulue et pauvreté de fait. Cela avait un sens. Il paraît que ce n'est plus ça. De nos jours, les hellénistes traduisent diversement Poros, les uns par *Savoir-faire*, les autres par *Expédient*, et sur cette pente, on aurait presque envie de lui décerner le surnom de Truc. Il sait tous les moyens de se procurer des ressources, mais, par lui-même, il en a peu ou ne les détient qu'en puissance. D'après M. Mario Meunier, Plotin fait pourtant de Poros la raison finale de toute chose. On peut y voir aussi l'industrieuse activité de l'Esprit artiste et du Rêve plastique, une fois mariée au vide et au nu du Désir. Cette traduction de Poros a le défaut de rapprocher, presque à l'excès, le fils du père, de trop confondre Poros et Éros. Mais qu'est-ce que cela fait ?

Ainsi né, ainsi fait, le jeune Amour est promis à dure existence, Pauvre, rude, grossier comme un enfant de la nature, Platon le veut même malpropre. Il en fait une manière de va-nu-pieds sans feu ni lieu, qui ne dort qu'à la belle étoile, par rues et par chemins. Mais l'indigent est à l'affût de tout ce qui est beau et bon, il est mâle, et hardi, il a un esprit vif, un cœur tendu à l'action violente ; âpre chasseur, subtil machinateur de pièges et d'embûches, il invente, médite, raisonne et philosophe du matin au soir, aussi ingénieux et redoutable quand il lui plaît de jeter un sortilège que lorsqu'il roule ses sophismes ou broie dans la nuit ses poisons. Le voilà donc errant très en deçà (et peut-être au-delà) du doux ou de l'amer, du pénible ou de l'agréable, du bien et du mal, Il n'est pas une règle, puisqu'il a un très grand besoin d'être réglé lui-même, et redressé, et consolé, et soulagé de tant d'affreuses lacunes ! Âme de mécontentement, esprit d'insatisfaction éternelle, il souffre du malaise et cherche l'occasion de secouer son faix et de déposer sa douleur.

Notre vieille critique de l'Amour romantique[270] a été soutenue de ces observations, conduites jusqu'à l'orient de la vérité.

> — L'amour ne chante pas, il ne sourit jamais, dit un poète de notre âge[271],
> L'amour ne chante pas, l'amour ne sourit pas,
> Il vient comme un voleur de nuit, à petits pas,
> Retenant son haleine et se cachant des mères.
> L'amour ne chante pas, ne sourit pas.
> Ses yeux Brûlés de trop de pleurs sont lourds de trop d'adieux
> Pour croire qu'ici-bas quelque chose persiste.
> Nul ne sait quand il vient, ni comment, ni pourquoi,
> Et les cœurs ingénus qu'emplit son vague effroi
> L'attendent qu'il est loin déjà, le Passant triste.

Charles Le Goffic, poète celte, de tradition mixte, d'art très pur, appuie sur cette corde de la désolation et de la tristesse. Sans doute l'élégie native y retrouvait sa voie, elle rentrait dans l'immémorial gémissement des Bretons. Mais il ne faut pas douter que, chez ce poète universitaire, savant et cultivé jusqu'à l'érudition, Platon soit bien intervenu ici, pour ôter à l'amour quelques-uns des oripeaux dont l'affublaient les Agathons du romantisme et pour lui rendre son cœur vrai, éternellement indécis, flottant, tourmenté. Que veut-il ? Où va-t-il ? Son élan le qualifie sans doute ! Moins, cependant, que la direction de son vol, du côté des choses qui ne varient point ! Moins que l'attrait qu'exerce la beauté des choses divines !

Puisque son monde change, il lui faut l'immuable. Puisque tout meurt autour de lui, il lui faut l'immortel. Cette horreur de mourir l'exclut des parages où l'on meurt. Mais il n'est pourtant pas immortel. Il l'est si peu qu'il voudrait l'être. La beauté dont il brûle lui a fait désirer sa présence à jamais. Ainsi engendre-t-il pour se perpétuer en elle. Ainsi travaille-t-il à se rendre conforme à ce qu'il n'est pas, mais veut être génie de la transformation, papillon qui voudra et saura fuir le ver.

---

[270] Voir *Les Amants de Venise*.
[271] Charles Le Goffic, *Le Passant*. (n.d.é.)

L'immortalité est ainsi découverte dans les suprêmes fonds des blessures d'Amour. L'amour est le démon qui veut posséder la beauté, car il souffre de son absence : qu'il la mérite, qu'il y tende, il obtiendra comme un titre à ne plus mourir ; qu'il engendre en elle, il se survivra.

On ne résume pas cet incomparable thème platonicien de la beauté, loi de l'amour et principe du perfectionnement indéfini des âmes et des corps. Jamais l'impétueuse et l'impitoyable poursuite d'une critique apollonienne, qui dissout les erreurs et qui les met en poudre, n'aura conduit à des vérités de cette douceur. Le dur rire du dieu solaire épanouit dans le seul Platon ses bienfaits.

## V

Vers les derniers temps de sa vie, Marcel Proust m'écrivit un jour pour me copier les lignes suivantes de mon vieux petit conte le *Miracle des Muses*[272] : « ... le jeune Pantarcès et la belle Polydamie... qui, aimant Phidias, étaient tous deux aimés de lui... » Le subtil confident de M. de Charlus[273] ajoutait en substance : — Comment se fait-il qu'on ne vous ait jamais reproché cette image, alors que mes tableaux font le scandale universel ? — C'est, répondis-je par retour du courrier, que vous y croyez et que je n'y crois pas. L'éphèbe de mon conte y figure à titre d'ornement, couleur historique et locale. Et le lecteur se doute bien que j'en parle sans y croire et le peins sans le concevoir, en quoi il a raison.

En effet, pour tout homme moderne, qui soit un peu normal, voilà bien l'un des aspects le plus mystérieux de la vie antique. Quelle chose inintelligible que cet amour, qualifié supérieur, par lequel Virgile et Horace, Platon et César s'étaient détachés du contact avec le corps, le cœur et l'esprit de la femme ! L'erreur du goût physique apparaît bien tout à fait flagrante. Mais l'on n'admire pas seulement que ces illustres connaisseurs aient pu outrager à ce point le trésor des charmes et des biens de la vie,

> Corps féminin qui tant es tendre,
> Poly, souef, si précieux.[274]

---

[272] Dans *Le Chemin de Paradis*. (n.d.é.)
[273] Rappelons pour mémoire que c'est un personnage de Marcel Proust, homosexuel mondain emblématique du « côté de Sodome ». (n.d.é.)
[274] Citation de Villon, au dernier huitain du *Testament*. (n.d.é.)

Le plus surprenant est encore que, lorsqu'ils ont tiré tous leurs fameux plans de l'affection sublimisée, ils aient expressément tenu à se passer de l'être affectif par excellence ; celui qui apporte à la vigueur, à la rigueur viriles les complémentaires sacrés, venus de l'esprit de finesse, pour envelopper et développer tour à tour les lucides secrets de la suggestion, les magistères ténébreux de l'inspiration. Sans tourner au femmelin, ni rien changer à la hiérarchie naturelle des vertus morales et des sereines intellections, mais bien en maintenant ou en rétablissant cet ordre vital, les deux termes mâle et femelle nous sont révélés aussi clairement nécessaires à l'élaboration de la pensée qu'à la génération de la chair. La plus solide tête philosophique du dix-neuvième siècle corrigea toutes les tables de ses valeurs, il les renversa même un peu, pour retrouver les vraies substructions d'un positivisme durable, quand il eut rencontré son amour-principe, incarné et vivant dans Clotilde de Vaulx. Avant elle, il n'avait conçu que des approximations incomplètes ou les semences de nouvelles révolutions, et c'est lui qui nous le confesse !

On se tromperait du tout au tout, si, au surplus, l'on imaginait qu'Auguste Comte n'aurait procédé de la sorte qu'en héritier du Moyen Âge catholique et chevaleresque. Certes, en beaucoup de points, il sentait et pensait, presque malgré lui, en fonction de l'ère chrétienne. Mais cette réaction amoureuse de l'âme tenait chez lui à des tendances autrement anciennes, primitives et voisines du plus antique fond humain ! On n'aurait que l'embarras du choix entre les raisons qui le montrent. Celui qu'Auguste Comte appelait son « prédécesseur Aristote », cet « incomparable Aristote », éleva des autels et fit des sacrifices à sa propre épouse, Phythias, sœur ou fille adoptive du tyran d'Atarne, Hermias. L'hymne à la Vertu d'Aristote compose un chant d'amour aux mânes d'Hermias pour leur rendre grâces de l'avoir si heureusement marié ; le testament du Stagyrite rappelle que les os de sa chère Phythias doivent être mêlés aux siens. Légende ? Tradition ? La moitié du monde antique y a cru. Le plus grand élève direct de Platon ne sentait donc pas autrement que nous. Il avait choisi une inspiratrice et non un inspirateur. Comment Platon put-il ignorer ou omettre cette certitude que l'homme né de la femme, nourri d'elle, instruit par elle, est aussi gouverné par elle sur tout le trajet de sa vie ?

De la cime de l'Être jusqu'à son degré le plus bas, cette action morale ne varie pas beaucoup. Les lieux communs sur la condition inférieure de la femme grecque ou latine ne sont pas recevables ici. Il suffit de relire les

Élégiaques, de parcourir quelques Épitaphes conjugales d'une si noble et si émouvante tendresse ! La littérature universelle produit de bonnes belles-mères ; il y en a qu'une de délicieuse et elle est sur le théâtre gréco-latin de Térence : l'*Hécyre*[275]... Que les goûts de Platon soient imputés à une secte, à une maladie ; ils ne sont ni d'un peuple ni d'une civilisation.

Aussi bien, la lecture attentive relève-t-elle des indécisions dans son jugement ; les moins insaisissables sembleraient condamner, même par la bouche d'interlocuteurs du *Banquet*, les amours purement, impurement viriles. Mais dans l'ouvrage entier, dans son cours essentiel, une atmosphère de faveur et de privilège enveloppe ces anomalies dégoûtantes, puisque ce n'est qu'à leur propos que Platon articule le grand nom de vertu ou décrit ses itinéraires de perfection.

Malgré le texte formel des *Lois* que m'a objecté Jules Véran, la pensée de Platon fait donc peu de doute. Et si elle est bien telle, il faut avouer que, dès lors, les plus fortes et les plus belles pages du livre posent un problème plus difficile que le premier. L'admirateur le plus résolu à n'y point sentir de contradiction ne peut manquer de s'arrêter, plein de surprise, à l'endroit où Platon fait parler sa sainte Diotime : quel contraste violent, autant qu'imprévu, entre les louanges effrénées et constantes données à l'amour d'Agathon, la liberté de ces louanges, l'obscène effronterie de leur naturel, l'absence totale de réserve, de pudeur, de regret ou de correctif, et, tout à coup, ce rôle éminent, ce rôle unique, d'initiatrice et de suprême institutrice de l'Amour qui est, au bout du compte, déféré à la simple femme.

C'est de quoi se récrier, non sans malaise :

— Eh ! quoi, Platon, les seuls éphèbes ont été trouvés dignes d'être emportés dans vos hautes sphères de l'âme ! Quand vous nous décrivez comment le jeune homme embellit et s'accroît d'esprit et de corps, ce n'est jamais, et ce ne peut, selon vous, être jamais que par l'attraction idéale de compagnons masculins ? Les amours naturelles sont des amours inférieures. Elles conviennent à la Bête, vous les classez au voisinage de la Bête. L'accès de vos temples sereins n'est ouvert qu'aux êtres virils ayant cheminé deux par deux ? L'être de la femme se retranche tout seul (et comme s'il allait sans dire !) du programme ascensionnel recommandé à vos élus, et voilà que soudain, sur le point où vous vous occupez d'atteindre aux vérités les plus profondes de l'Amour essentiel, quand vous essayez d'en approcher et d'en investir le principe pur, ô Platon ! voilà que ce secret suprême n'a été déposé

---

[275] *Hecyra*, comédie de Térence. (n.d.é.)

en vous que par les mains, le cœur, les lèvres de la créature que vous aviez qualifiée indigne, inapte et impure ! C'est à ces mains brûlantes, à ce cœur enflammé, à ces lèvres de pourpre folle, que, maintenant, vous confiez ou plutôt vous reconnaissez une autorité dont vous attendez l'affermissement de votre doctrine ?

Ô Platon, vous n'en appelez ni à un Ancien, ni à un Prêtre, l'un ou l'autre mûris dans la pratique de mystères, ni à quelque Étranger, d'Égypte, d'Arménie ou d'ailleurs, qui apportât, de loin, un plus beau titre au respect et à l'audience. Vous n'en appelez même pas à quelque grand sage plus sage que vous. Sur ce point décisif, vous n'osez laisser la responsabilité de la révélation générale, ni à votre maître Socrate, ni au Socrate platonicien, votre prête-nom ; cet amant d'Agathon, cet aimé d'Alcibiade, se voit retirer le gouvernement du dialogue, que vous remettrez tout entier sous la coupe d'on ne sait quelle inconnue et faible Thébaine ! Votre oracle premier et dernier est porté par votre *Étrangère de Mantinée :* par elle et elle seule sont dites les plus belles choses !

Que les auditeurs, les anciens lecteurs de Platon n'en fussent point surpris, cela se comprend bien ; dans l'esprit des cultes antiques, le génie féminin tenait le rôle capital, non seulement, comme Cérès et Aphrodite, pour les symboles de fécondité et d'amour, d'intuition et de pitié, mais, comme Pallas et Diane, au plan supérieur de la sagesse et de la vertu. Tous les oracles helléno-latins ont parlé par de rauques voix féminines. Platon s'accordait avec eux, sans se donner la peine d'y songer, lorsqu'il introduisait dans le *Banquet*, en l'y faisant sonner avec cette vigueur, l'esprit divin de la grande Médiatrice. Mais, en cédant à la mode religieuse de son temps et de son pays, est-ce que Platon s'accordait avec Platon lui-même, ou avec le Platon du *Banquet ?*

C'est la question, l'autre question. C'est la question qui nous confère le droit de souligner la différence et le contraste de la théorie avec la pratique. Celui qui ne raisonnait que de l'amour mâle n'aurait rien connu de l'amour, en fait, s'il ne l'eût appris de la Femme.

Je ne tire de là aucune conclusion. Mais comment ne pas souligner une singularité qui mérite tant de réflexions ?

Or, dans le droit fil du même sujet, il y a plus singulier encore ! Il y a la conséquence, disons au net la *suite* même, la *suite historique*, qui a été donnée, après un millénaire et plus, à la règle d'amour que Diotime a dictée. Elle a dit, elle a vu qu'une inquiétude généreuse existe dans tous les hommes, comme un désir impatient de créer, d'engendrer ; mais toute fécondité leur est difficile dans la laideur, et c'est la Beauté qui la favorise. En présence de la Beauté, l'amour se dilate et s'épanouit, il s'ouvre, il se répand, cela est dit avec une crudité médicale. Ainsi la Beauté seule appelle à la vie. L'amour aspire à fleurir, à fructifier, à produire dans la Beauté, pour y vaincre la mort, afin de s'y survivre ! Il l'imite pour la rejoindre, il la copie pour s'y conformer, lui ressembler, la posséder. De là, un affinement graduel, un perfectionnement progressif des portions de l'humanité qui auront compris, obéi, pratiqué la beauté. Le goût d'engendrer dans le Beau est ce qui perpétue la race des hommes, comme toute race vivante. Mais c'est aussi ce qui relève et exalte la nôtre.

L'*alma Venus* préside au *genus omne animantum*[276], nulle autre ne le fait surgir aux lumières ; le fugace désir, le vague élan vers une immortalité naturelle est ainsi avoué, stimulé, couronné, c'est tout ce que peuvent, pour faire durer un être, les faibles forces mises à la disposition de la vie !

Mais auprès de la vie physique est la vie de l'âme. Eh bien ! l'âme navigue aussi sur « la mer immense du Beau ». La nature de l'âme est de s'élever de l'amour des beaux corps à celui des âmes plus belles, afin d'y concevoir, à son tour, dans le Beau, afin d'y enfanter belles idées, belles paroles, belles vertus, toutes magnificences qui seront capables d'obtenir et de recueillir, à leur manière, une autre immortalité, celle de la gloire. L'homme bien né ne peut que s'en éprendre, encore plus vivement que d'un beau visage, ou s'y attacher plus passionnément qu'au détail des félicités d'une longue vie. L'âme se donne ainsi une postérité d'un ordre nouveau, et plus digne d'elle, qu'on l'appelle Sagesse, Prudence, Justice, Politesse, Civilisation, car Platon n'omet pas, dans son monde idéal, que le genre humain est distribué en corps de cités ; les cités seront affinées et polies comme l'homme même, au fur et à mesure que le myste d'amour s'y imprégnera mieux de l'influx immatériel des Beautés éternelles, alors que parvenu, de degré en degré, au souverain sommet de l'initiation, il les connaîtra toutes pures.

Dans la merveille de sa nature incréée et de son essence immuable, le Dieu du Beau dévoilera et révélera son bienfait. Bienfait auquel ont pris leur source tous les bons changements de la vie de l'homme. Améliorations, nées d'une envie ardente. Progrès, issus des appels de la Perfection.

---

[276] *Vénus nourricière* préside à *toute l'espèce des êtres animés*, citation tronquée du premier livre *De rerum natura* de Lucrèce. (n.d.é.)

Telle était la thérapeutique que Platon proposait aux *maladies du genre humain*. Peut-on en saisir le sens exact ? Tant qu'il vécut, il recommanda de ne pas s'en tenir à son enseignement écrit ; on ne connaîtrait sa pensée véritable qu'à la condition de l'avoir entendu la développer. Son souffle éteint, nous ne tenons plus que des cendres. Elles volent de toute part, plus ou moins refroidies.

Ce qui semble en avoir été perdu de vue le premier, c'est l'agile mise en rapport des idées et des choses, l'art des rapides ascensions verticales suivies de retours en flèche sur l'horizon, le mélange intime et profond de l'induction physique et morale avec le calcul logique, mathématique, déductif. Peut-être les vastes constructions encyclopédiques d'Aristote durent-elles absorber, puis offusquer cette partie des édifices platoniciens, de sorte que platoniser équivalut à se nourrir, principalement, des mythes du maître. Ses disciples orientaux montèrent dans sa tête et n'en bougèrent plus que pour dévider, comme une suite de processions éternelles, de nombreuses séries de généralités homogènes, filles de la même abstraction.

Cependant, ces extraits concentrés d'un Platonisme aérien devaient produire cet effet de libérer, en les séparant du système, quelques-unes de ses plus brillantes compositions, Idées subtiles, et par là propres à se faire ouvrir les esprits et les cœurs. Idées vives et chaudes, ce qui favorisait encore leur succès. Mais, par là même et en dépit de leur précision, idées animées d'une tendance à se dilater à l'extrême et à se fondre dans les images similaires, même à se confondre parfois avec des voisines un peu plus simples. En outre, le tour symbolique de leur poésie les incitait à revêtir une forme charnelle et personnelle, humaine ou divine, ce qui devait hâter la marche autant que faciliter les déviations, Tel dut être le succès de la dialectique de l'Amour, Sous le nom de Beauté, elle déifiait aussi la Sagesse. Une doctrine qui donnait à la philosophie le sceptre du monde put facilement tendre à former un recueil de préceptes d'éducation beaucoup moins généraux. On peut penser, rêver, quelle put être la fortune du merveilleux et très mystérieux *Objet* manifesté au terme de l'initiation : bel *Objet* qui tente et appelle le *Sujet* douloureux et troublé, qui répond. L'effort que celui-ci tente sur soi et sur le monde compose, à grand labeur, sa réponse, triste ou joyeuse, à l'idéale image dont les rayons excitent et inspirent les tâtonnements de sa vie, Une loi morale s'éveille donc ainsi, puis un système de réforme politique et sociale : pourquoi pas un code de courtoisie ? L'entité du Beau attractif et régulateur aura peu de peine à redevenir Beauté sensible, et bientôt Dame de Beauté. Le Principe se costumera en Princesse, et celle-ci, en rencontrant l'idée de la Vierge Marie, deviendra, sans grandes difficultés, cette Reine du choix, arbitre de la direction, motrice de l'assomption, qui prescrit l'escalade et conduit au Parfait.

Dès lors l'appareil de la chevalerie amoureuse, né des lyriques provençaux, déférera-t-il tout empire du cœur et de l'âme, de l'esprit et des mœurs, au sourire d'une Suzeraine assez accomplie pour animer ses serviteurs, les enflammer, les élever décidément au-dessus de tout ce que frappe son déplaisir ou son dédain. Les vertus de la terre, distinguées et rectifiées par Elle, seront mises en route vers la sphère supérieure. Ensuite, elles feront le parcours, canonique et théologique, des hauteurs graduées que révèle une Grâce, qu'entr'ouvre une Faveur : l'accès définitif du suprême Beau sera intercédé par la même médiatrice, *éternel féminin qui nous conduira jusqu'aux cieux.* Ces idées se tiennent entre elles. Engendrées lentement les unes des autres, elles semblent, à peu près toutes, provenir de la trace que l'esprit platonicien avait laissée, comme son empreinte, sur l'esprit humain, alors même que les textes initiaux étaient perdus ou déformés : à la longue, le mythe de la pédagogue Diotime suggéra une sorte de Maîtresse d'amour, Lycénion[277] morale, qui suscita le rêve de Béatrice[278], celui de Laure[279], et de tant d'autres, sans en excepter Dulcinée de Toboso[280], ni la dame des Belles Cousines, mères d'épuration et d'ennoblissement, héroïnes des infinis romans-poèmes, en prose ou en vers, qui remplissent encore la Renaissance et notre dix-septième siècle, Corneille et Racine compris (non comprise, bien entendu, la sale maman de Warens![281]). Le thème de l'amour instruit par la beauté est devenu irrésistible, inextinguible. Le sourire de Cervantès n'en peut venir à bout ni le rire insultant de Schopenhauer et, par Goethe, voilà que Diotime, Hélène et Pallas sont restées les maîtresses du champ de bataille, Cette veine sublime est perpétuée dans les triomphes de Calendal et d'Esterelle[282] : « L'amour suprême est dans le sacrifice extrême », mais ce

---

[277] Personnage de Longus, auquel sont attribuées les *Aventures de Daphnis et Chloé*, Lycénion est l'initiatrice à l'amour de Daphnis au livre III. Diverses œuvres, de Rodin à Ravel, avaient rendu le thème familier. (n.d.é.)
[278] De Dante. (n.d.é.)
[279] De Pétrarque. (n.d.é.)
[280] Dans le *Don Quichotte* de Cervantès. (n.d.é.)
[281] Allusion cette fois aux *Confessions* de Jean-Jacques Rousseau. (n.d.é.)
[282] Héros du *Calendau* de Mistral. (n.d.é.)

sacrifice est heureux, « le grand soleil monte, illumine, en procréant sans limite ni fin de nouveaux enthousiasmes et de nouveaux amours. »

Ainsi les plus fameuses contemptions[283] de la Femme, faites de maladie, d'artifice ou d'orgueil, auront conduit, en fin de compte, à la diviniser ou tout au moins à la placer, pendant mille ans et plus, sur un trône qui n'est pas très différent d'un autel. Ce retour de justice en Gai-Savoir fera la merveille des siècles.

Platon l'a-t-il prévu ? Peut-on imaginer que cet esprit, si combattu et déchiré de tels contrastes, sous le voile brillant de sa fausse sérénité, n'ait pu tout au moins entrevoir cet effet du provignement[284] de ses belles images ?

S'il est aventureux de rien affirmer de positif, la souveraine imprudence serait encore de nier.

Ce qui plane sur cette œuvre et sur cet esprit, n'est pas, à proprement dire, un doute. C'est un sourire. Un sourire mystérieux qui n'est pas ambigu. Ce qu'il nous laisse à présumer n'est peut-être pas ce qui importe le moins. Il nous conseille d'en assumer les risques : comme il dit, les beaux risques. Pour bien parler de lui, essayons de penser, s'il se peut, comme lui : ni il ne nous *embarque*, ni il ne *s'embarque* avec nous, quoi qu'on en ait dit ! Mais les naufrages qu'il a vus, et ceux qu'il a soufferts, ne le détournent pas de nous souhaiter des traversées meilleures, entreprises et mesurées sur de sages divinations. Le pilote est l'Amour. Un Dieu de beauté fait l'étoile. Si les îles heureuses[285] ont été englouties, pourquoi la fortune propice ne les ferait-elle émerger quelque jour à l'avant d'un navire bien construit pour y aborder ? Tout va et vient, tout se défait pour se refaire, sans qu'il soit légitime de rien opposer d'un peu sûr aux destinées platoniciennes, pleines de signes favorables. Dans toute la longue succession des purs philosophes, il n'y en a pas un qui ait conçu des mondes où tourne un plus grand nombre de Possibles amis.

---

[283] Dédains. (n.d.é.)

[284] Littéralement, *provigner* c'est marcotter la vigne en entaillant ses branches et en les couchant ou les fixant à terre pour qu'elles donnent de nouveaux pieds. (n.d.é.)

[285] Les *îles Fortunées* de l'antiquité, fabuleuses terres d'utopie par excellence où régnerait encore l'Âge d'or, et que certains humanistes voulurent localiser aux Canaries, ou que d'autres confondirent avec le Paradis terrestre. (n.d.é.)

# Pour le centenaire du marquis de La Tour du Pin

## 1934

## Pour le centenaire
## du marquis de La Tour du Pin

> *Charles Maurras a bien voulu nous autoriser à reproduire et revoir pour L'Étudiant français l'étude sur le marquis de La Tour du Pin qu'il a publiée dans L'Action française.*[286] *Nous le prions d'en accepter notre gratitude. Ainsi, certain « faux » dont parlait Maurice Barrès, lors de l'érection de la statue d'Auguste Comte, n'aura pas pu être commis à l'endroit du fondateur de l'École sociale catholique, malgré tout le désir que l'on en avait.*

Qui fera connaître aux nouvelles générations la figure vivante du marquis de La Tour du Pin ! C'est un grand docteur, oui. Et c'est notre maître. Nous tenons de lui toutes les lumières d'ordre social qui ne coulaient pas des hautes sources de Comte et de Le Play. Et nous savons aussi de lui des traits de fidélité royaliste, de tentatives de coups d'État qui mêlent son nom aux plus grands secrets de l'histoire, restés insolubles sans lui. Mais, malgré tout et avant tout, il y avait lui. Un homme d'une culture si raffinée, d'un goût si gracieux et d'un cœur si charmant que le moindre billet signé de lui en portait trace. Nous l'avions surnommé *marquis de Sévigné*... Mais ces lettres restent inédites encore. Comment donc l'introduire, lui ? Qui fera son digne portrait ?

## I L'HOMME

Nous avons un témoin, sa pupille, sa disciple, sa secrétaire, Mlle Élisabeth Bossan de Garagnol, fille de l'un de ses anciens compagnons d'armes, et qu'il s'est chargé de nous faire

---

[286] Notre texte est celui de *L'Étudiant français*, 14e année, no 9 daté du 25 avril 1934, d'où ce paragraphe introductif. Le texte a été assez profondément modifié par rapport à celui du journal, qu'il reprend en amalgamant plusieurs passages, mais il ne reprend pas tout ce que Maurras a écrit sur La Tour du Pin entre le 1er avril 1934, où il annonce une série d'articles, et le 18, dernier numéro où La Politique quotidienne évoque La Tour du Pin avant la parution de notre texte. En outre certains passages de notre texte ne proviennent pas du journal. On peut donc considérer comme un tout original cet article dans *L'Étudiant français*, même s'il reprend des articles déjà parus. (n.d.é.)

connaître par la citation testamentaire suivante, sorte de discours d'outre-tombe adressé aux héritiers quels qu'ils soient.

> Lausanne, 15–01–18. — Note. — « Si, après moi, vous devez vous associer pour faire œuvre commune, il faut que vous connaissiez l'associée que je vous lègue sous le jour particulier auquel la guerre l'a fait voir.
>
> Quand la guerre a éclaté et que j'ai réclamé du service, en indiquant, dans la mesure où je le pouvais, un poste avancé dont j'avais été titulaire jadis, le commandement de la place de Laon, Élisabeth Bossan n'a pas essayé un instant de m'en détourner. Et quand, me voyant laissé de côté, à l'approche de l'invasion, et décidé à rester à demeure pour y maintenir la population apeurée par les massacres de Belgique, je l'ai engagée à retourner près de sa mère, ni l'une ni l'autre n'y ont prêté l'oreille un instant : la première colonne ennemie l'a trouvée sur la porte du château, comme moi sur celle de la mairie. Quand je suis rentré, elle avait eu le pistolet sur le front et ne bronchait pas ; huit jours après, c'était le reflux de la Marne : on tirait le canon de dessus la terrasse du château, les combattants, les ambulances s'y accumulaient. Ma belle ferme était pillée à blanc, nous n'avions plus de pain. Elle, ferme, tranquille, mettait de l'ordre, répondant à chacun dans sa langue — si bien que huit jours après — et toujours depuis, à chaque changement d'occupant, les états-majors prenaient la tenue de parade pour lui rendre visite, quand elle n'était pas au village pour soigner les malades, leur amener le médecin, à l'église pour la faire respecter. Trente longs mois se sont passés ainsi à soutenir mon moral, souvent près de défaillir, à force de tendres soins et de noble exemple.
>
> Quand il a fallu tout quitter, c'est encore elle qui a pris les derniers soins, qui a trouvé moyen de me faire réclamer par une cour, au lieu d'un camp de concentration, et de me ramener ici, chez sa mère, sans avoir fait pour cela une courbette.

Ces belles lignes, simples et fermes, font une belle citation à l'ordre de l'avenir. On peut croire la confidente qui nous est présentée en ces termes.

Mais, dans notre désir hâtif de voir, d'aborder simultanément l'essentiel, quelles paroles allons-nous choisir à travers le témoignage volumineux que Mlle Bossan a distribué en un texte de trois cents pages ?[287]

Connaissons ce grand homme par le point décisif auquel se trahira tout homme. Je vous connais, tu me connais, si nous disons qui nous aimons et détestons, surtout si nous complétons le renseignement en ajoutant ce qui nous aime et ce qui nous hait. Armés de ce critère de l'amour et de son contraire, nous pouvons assembler en quelques minutes tout le principal du portrait que nous peint Mlle Bossan.

Le jeune officier est ou se croit hors de page. Sorti de Saint-Cyr, reçu à l'école d'état-major, il habite avec quelques camarades rue de Bourgogne :

> Ils sortent volontiers, La Tour du Pin comme ses camarades, sans qu'il perdît pour cela certaine sauvagerie que lui inspira toujours le monde « quand il n'avait rien à dire ».
>
> Il se décida même, après d'humiliantes expériences, à prendre des leçons de danse. Le cours avait lieu le soir, et il prit l'habitude de raccompagner jusqu'à sa porte le professeur, — une femme encore jeune et agréable. Le cours terminé, il adressa à la dame un léger souvenir avec cet envoi : « À une fleur que je n'ai pas cueillie ». Il reçut en échange ces simples mots : « Ce n'est pas de ma faute ».

Et d'une !
Mais voici l'Autre, avec le grand *A :*

> Au même moment, il trouvait grand accueil dans le cercle de famille où l'introduisait son père. C'est ainsi qu'il est présenté au général de La Tour du Pin Montauban et à sa fille Marie-Séraphine : belle, charmante, inaccessible cousine qui allait, peu après, épouser le comte de Chabrillan.
>
> Il conserva le doux parfum de cette rencontre et, dès lors, une lampe brûla dans le sanctuaire qui s'ouvrait...

---

[287] Élisabeth Bossan de Garagnol, *Le Colonel de La Tour du Pin par lui-même*, 1934. (n.d.é.)

Il a vingt ans. Il fait campagne. Crimée, Italie. Puis Paris, au Quartier aujourd'hui Palais d'Orsay.[288]

Le quartier de cavalerie était voisin de l'hôtel Chabrillan.

De tous les salons que ses attaches de famille lui ouvraient alors chaque soir, celui, qui, aussitôt, l'attira et fixa, fut celui de la comtesse de Chabrillan : Marie-Séraphine de La Tour du Pin, par son mariage, était devenue deux fois sa parente. Sa grâce, l'élévation de son esprit, la sûreté, le charme de son amitié faisaient de cette jeune femme le centre d'une société d'élite : élite brillante par tout ce que la naissance et la fortune y groupaient de gens du monde, mais surtout élite morale. Très vite, elle était devenue le lien de ceux qui, nombreux, composaient cette petite cour, l'entourant de dévouement, d'admiration… parfois d'un sentiment plus tendre — tous d'un respect que n'entamait ni l'envie ni la médisance. René de La Tour du Pin porta en secret les couleurs de cette *Dame*, inaccessible à nouveau ; il lui fallut, suivant son expression « avaler sa langue et piétiner son cœur ». Du moins, sous la loyale amitié des deux cousins, se soudèrent doucement plusieurs anneaux de cette longue Chaîne de cœurs de femmes qui, du berceau à la tombe, soutient l'homme qui sait s'en rendre digne…

La Tour du Pin était de ceux-là, et devait idéaliser cette douce et forte « chaîne » en faisant sienne la devise, chevaleresque : « toutes honoré, toutes servi pour l'amour d'une ». Et l'on ne savait plus très bien si cette dame élue était Marie-Séraphine, ou la Vierge Marie pour qui sa dévotion était ardente et tendre…

---

[288] Deux édifices voisinaient sous l'Empire sur l'emplacement qui accueillera plus tard la gare d'Orsay, devenue depuis musée : le quartier de cavalerie, dit *le Quartier*, et le Palais d'Orsay édifié entre 1810 et 1838 par Jean-Charles Bonnard, puis par Jacques Lacornée. Après avoir été destiné au ministère des Affaires étrangères, il fut affecté à la Cour des Comptes et au Conseil d'État. Il fut brûlé comme beaucoup d'édifices officiels du même secteur durant la Commune, et les ruines restèrent en place près de trente ans, marquant durablement les Parisiens, au point que même quand la gare fut construite pour l'exposition de 1900 et les ruines du palais effacées, on parla du « Palais-d'Orsay » fort longtemps pour désigner l'endroit entier et ses abords. C'est sans doute ce qui explique que Maurras parle encore dans les années trente de deux édifices disparus en même temps soixante ans auparavant en situant l'un par l'appellation survivante de l'autre, appellation qui ne correspondait même plus à des ruines depuis longtemps. Ou encore cela explique qu'il omet de corriger une formulation reprise d'un texte plus ancien, la jugeant encore compréhensible par le lecteur. Outre ses édifices d'État, le quartier avait une vocation aristocratique et huppée depuis la construction de l'Hôtel de Salm, aujourd'hui Palais de la Légion d'Honneur. (n.d.é.)

Où sommes-nous ? Chez Dante ? Le Dauphinois s'est-il souvenu des vieux Maîtres d'amour ?[289] Mais nous irons plus loin et plus haut qu'une *Vita nova*.[290]

Passons, pour ne pas rompre une si belle suite, sur l'étonnant épisode de certaine princesse arabe, devenue chrétienne et Française, et qui, devant La Tour du Pin, fit perdre contenance à une princesse allemande... Poussons du seuil de jeunesse à celui qui va fermer l'âge mûr.

La Tour du Pin a quarante-huit ans. La belle, la terrible, l'inaccessible cousine devient veuve... Elle s'accorde... Tout est prêt. Il va s'en ouvrir à sa mère, qui habite le domaine patrimonial d'Arrancy :

« C'est fort bien, lui est-il répondu dans ce cas, je me retirerai, moi, à Notre-Dame de Liesse...

— Et, dit Mlle Bossan une fois encore, fils tendre et respectueux, il avait *avalé sa langue et piétiné son cœur*, en plein accord avec la femme généreuse et chrétienne qui lui avait donné sa foi. »

Leurs fiançailles mystérieuses durèrent douze ans. Ils allaient avoir soixante ans quand ils s'épousèrent enfin. Je dois ce portrait :

> La nouvelle châtelaine presque blonde encore, sous la mousse légère de ses cheveux poudrés, avait conservé le port et la tournure de sa jeunesse : un beau front lisse, une fossette au menton. De ses yeux rieurs et bleus, du charme d'expression de la bouche à laquelle le nez court et spirituel ne contredisait pas, se dégageait une bonté enveloppante. Rayonnante fiancée de soixante ans, elle avait d'avance gagné les cœurs dans le petit pays. « Bonjour mademoiselle ! » lui avait dit la vieille nourrice du marquis, Rose Carria, chez, qui « Monsieur René » l'avait conduite.
>
> « Mais, ma bonne, tu ne te doutes pas que cette *Demoiselle* est neuf fois grand-mère ! »
>
> Et la petite vieille aux yeux clairs, sans se déconcerter :
>
> « Quand on est aimable et jolie comme Madame, on est toujours jeune ! » Elle le fut jusqu'au bout.

---

[289] René de La Tour du Pin était né dans l'Aisne, à Arrancy, mais le Dauphiné était la province d'origine des La Tour du Pin. Cela permet en outre à Maurras de le rapprocher géographiquement de la Provence de Pétrarque et de l'Italie de Dante. (n.d.é.)

[290] Le recueil de poèmes de Dante qui nous renseigne le plus sur son amour pour la Béatrice historique. (n.d.é.)

Cependant, le page, le chevalier, le poète était condamné à survivre à ce bonheur.

Elle mourut la première, et bien avant lui.

## II La vie publique

Page ou chevalier aux pieds de sa dame, un tel homme valut la peine d'être rencontré sur les grandes routes de l'action.

De l'action libre et personnelle, menée en volontaire, sous sa seule responsabilité, pour le service de son roi, — et dont le dernier fruit sera de rendre à ce roi aimé et servi le caractère véritable de sa grandeur.

Le 15 février 1877, le commandant de La Tour du Pin fut appelé au poste d'attaché militaire en Autriche-Hongrie. Il ne l'avait accepté qu'à la condition de pouvoir fréquenter éventuellement « la petite cour de l'exil », Frohsdorf, à deux heures de Vienne. Laissons parler son mémorial :

> Au printemps 1877, je fus admis, sur ma prière, à l'honneur d'une présentation à M. le comte de Chambord...
>
> ... J'avais une chambre au château et je devais y passer la journée du lendemain. Mais je n'eus pas à attendre jusque-là une parole vraiment royale qui éclaire nettement l'événement capital de cette époque-là — l'échec de la restauration — alors que tous la croyaient accomplie.
>
> On venait de passer à la table du dîner ; dans le silence, le Prince éleva sa voix haute et bien timbrée :
>
> *« Le drapeau, le drapeau ! personne ne m'a compris... Il y a maintenant une manière de gouverner bien commode : le matin, avant de partir pour la chasse, on signe les décrets que vous présentent vos ministres sans les lire et sans se demander s'ils conviennent à votre conscience et au bien de vos peuples. Puis on part pour la chasse et le soir, si cela n'a pas marché, on signe le contraire de ce qu'on avait signé le matin. »*
>
> Le Prince fit une pause, puis ajouta :
>
> *« Si c'est ainsi que les Français veulent être gouvernés, ils n'ont pas besoin de moi pour cela. »*
>
> Le silence se refit.

C'est ainsi que la présence autorisée d'un officier français à la table du Prince, venait de réveiller dans sa pensée la question du drapeau.

... Le soir, au fumoir, j'entendis de la bouche du Prince cette maxime :

« *Ce n est pas au roi de France à désigner son successeur ! C est à la loi du royaume ! ainsi l on a eu tort de faire abdiquer Charles X en ma faveur ; il devait simplement abdiquer.* »

Je me rappelai plus tard cette parole, quand, à la mort du Prince, la question faillit se poser.

Il ne l'avait probablement pas dite ce soir-là sans intention. Mais dans la suite je ne m'aperçus jamais qu'il songeât à l'éventualité d'une autre succession que celle de la branche cadette de la Maison de Bourbon...

Je rentrai à Vienne sous le charme de cet accueil, et j'y demeurai en contact avec la résidence de l'exil qui gardait la fortune de la France. J'avais été élevé à le croire ; je venais de le toucher.

Dans ce contact n'entrait aucun rapport politique qui n'aurait pas été conciliable avec ma condition de serviteur d'un autre gouvernement... Mais j'éprouvai de sa part une bienveillance, et je peux dire, les marques d'une confiance croissante, dans les entretiens qu'il m'accordait sur les questions sociales auxquelles il savait que je m'attachais. Il s'en ouvrait à moi soit dans son cabinet, soit en m'emmenant seul avec lui dans sa petite voiture au rendez-vous de chasse.

Le dernier jour venu,

... le Prince m'ayant admis à l'entretenir dans son cabinet de travail, s'était levé vivement en m'ouvrant les bras avec ces mots :

« *Venez que je vous embrasse, car je vous aime et vous estime infiniment.* »

Ce fut un bien beau jour pour moi !

Le fond de ces entretiens était triste, amenant souvent cette parole par laquelle il avait résumé sa fameuse lettre de Salzbourg :

« *Mes amis sont bien bons, mais ils ne me comprennent pas.* »

Le prince avait été formé à l'école de l'exil et y avait beaucoup appris de ce que le Français ignore généralement — *la manière dont le monde est fait* ; j'en avais acquis quelque idée dans des conditions analogues à celles de l'exil, par le séjour en divers pays et la fréquentation de sociétés diverses. Je me sentais encouragé par ses bontés à mettre ce quelque acquis à son service, au lieu de rester à celui d'un gouvernement dont je touchais tous les jours davantage l'imbécillité et la nocivité ; l'alliance austro-allemande — celle qui nous écrase aujourd'hui — était son œuvre qui venait de s'accomplir sous mes yeux.

[Soit dit entre crochets, le livre de Mlle Bossan contient le récit complet de la fameuse rencontre avec le chancelier d'Autriche, le jour de la signature de l'alliance austro-allemande, et le grand mot d'Andrassy à La Tour du Pin : « C'est trop ridicule, quand on est la plus ancienne monarchie d'Europe, d'être en république ! » Ces lignes, que de fois La Tour du Pin nous les a « parlées » ! Que de fois nous nous sommes figuré les avoir lues dans tel ou tel de ses livres ! Il n'en était rien. Ma mémoire se reporte soit à des articles du *Réveil français*, soit à des notes dactylographiées qu'il me faisait l'honneur de me communiquer, soit à ses admirables conversations. J'ai cité jadis, heureusement sans erreur de mémoire, le mot décisif de Frohsdorf, redit plus haut ; j'ai fait également au moins une allusion ici au fait très important dont on va lire le témoignage invarié.]

... Il fut convenu que, sans prendre de caractère officiel, je serai à la main du Prince dès que j'aurai été relevé de mon emploi militaire, selon la demande que j'en faisais, avec celle d'un congé, en attendant la retraite, dont l'heure légale n'avait pas encore tout à fait sonné pour moi.

Je devais être muni — et je le fus en effet dans la suite — d'une lettre qui m'accréditerait au besoin, moyennant que je ne la produirais qu'avec circonspection...

La lettre convenue me rejoignit plus tard, à la suite d'un rapport que j'adressai au Prince, elle était de la main du R. P. Bole, le jésuite confesseur de Monseigneur et de Madame, qui m'était très sympathique. Elle reproduisait par ordre ces termes dictés par le haut mandant :

*Toutes ses pensées sont les miennes, ses vues mes vues, ses sentiments mes sentiments.*

(Goritz, 5 novembre 1881.)

Je n'ai jamais eu l'occasion de produire cette lettre, ou plutôt, j'en aurais eu une, mais elle ne m'y fut pas nécessaire. En soi, elle suffit à ma plus haute ambition, comme d'y avoir correspondu par l'acte que je vais dire suffit à ma conscience.

Les choses allaient en France de mal en pis, quand je fus mandé par le plus haut et plus intime représentant de M. le comte de Chambord (le comte Xavier de Blacas) pour m'entendre demander si je croyais le ministre de la Guerre accessible à une proposition de coup d'État en faveur du rétablissement de la monarchie.

Je répondais que oui : le général Billot[291], avec qui j'avais eu de bons rapports de camaraderie, était intelligent, brave, ambitieux : il avait quitté le ministère une première fois plutôt que de souscrire à ce que les princes de France fussent rayés des cadres de l'armée. Il fut alors conclu qu'un de ses collègues du Sénat les plus notoirement royaliste lui en ferait la proposition et lui donnerait l'assurance que le Roi serait à la frontière prêt à apparaître du premier appel.

Je redis ceci, pour mettre à néant *l opinion que le Prince n aurait eu que de l éloignement pour les risques et les peines d une restauration.*

Mandé de nouveau à peu de jours de là, j'entendis que l'intermédiaire en question renonçait à la tâche.

Cela me fut dit les larmes aux yeux comme étant le renoncement à la dernière chance, si faible qu'elle fût, de rétablir, avec le trône, la fortune de la France.

Je m'offris à remplacer le défaillant, en faisant seulement remarquer que je n'étais pas aussi qualifié que lui pour donner au général les assurances, nécessaires — car il me demanderait probablement de qui j'en tenais le pouvoir — et qu'il y avait là un gros risque.

« Qu'à cela ne tienne ! » me fut-il répondu avec élan. « Nommez-moi et dites au général que je serai à lui un quart d'heure après vous. »

---

[291] Jean-Baptiste Billot (1828–1907), brillant officier, général à titre temporaire en 1870, il est élu en 1871 député de la Corrèze, dont il sera sénateur inamovible à partir de 1875. Général de division en 1878, il est ministre de la Guerre du gouvernement Freycinet en 1882 et dans le gouvernement Méline entre 1896 et 1898. Il est membre du Conseil supérieur de la Guerre de 1883 à 1896. (n.d.é.)

> Je ne dis pas que l'élan me gagna, mais la résolution me suffit, et je marchai.
>
> Le général me reçut et m'écouta amicalement, me tint un beau discours pour me démontrer que la France n'avait pas besoin d'un homme pour la sauver et termina par ces mots : « Maintenant, vous comprenez qu'un officier qui est venu apporter une pareille proposition au ministre de la Guerre n'a plus qu'une chose à faire : passer dans les bureaux et s'y faire mettre en retraite. »
>
> C'était déjà fait, et là finissent les souvenirs de Frohsdorf.

Ces textes historiques vont peser d'un grand poids sur le jugement de tous les Français sincères. Il faut y ajouter les lignes que voici, sur le même Prince, tirées de la page suivante :

> Je peux dire qu'il se tint encore une fois prêt à passer la frontière, si l'armée voulait l'y accueillir — cela sans avoir renouvelé la condition du drapeau. Il avait refusé de se la laisser imposer en principe, mais il s'était engagé publiquement à la solutionner d'une façon digne de la France comme de lui-même.

Et ce témoignage ne serait pas complet si l'on n'y ajoutait le corollaire suivant, c'est Mlle Bossan qui parle, appuyée sur des notes dont elle ne s'écarte pas. Nous sommes au lendemain des funérailles du comte de Chambord :

> Rentré au foyer l'âme en deuil, il faut aussitôt reprendre — compléter la campagne commencée à Goritz ; le programme de M. le comte de Chambord reste debout. Le comte de Paris est le Prince légitime et l'a fait sien. La Tour du Pin le proclame publiquement.

Et, plus haut, ce récit, de la main de La Tour du Pin, qui nous ramène à sa belle vie de Vienne et Frohsdorf :

> ... L'œuvre de la mission française aux manœuvres de 1877 allait être reprise dès mars 1878 par une production d'un bien autre éclat : celle du duc de Chartres, accompagné cette fois encore, de deux miens amis, et arrivant de Frohsdorf... j'y avais un peu contribué.

Sa fière mine en colonel de dragons faisait ressortir le prince français en même temps que son coup d'œil militaire, se portant sur chaque détail, convenait au futur chef de notre cavalerie.

... Le prince était vraiment reçu en fils de France et en plus haut représentant d'une nation alliée et amie.

J'avais été au-devant de lui en Hongrie ; je ne le quittai pas d'un jour, et ces jours furent pour moi bien beaux, et pour le pays, de bien heureux augure.

Tel était le loyalisme éclatant de ce légitimiste fidèle. Telle était sa religion du droit national et royal.

## III LA DOCTRINE

Voulant commémorer avec ses ligueurs le centenaire du marquis de La Tour du Pin, notre ami L. Gonnet, président du VIe, m'a demandé de lui adresser quelques souvenirs relatifs aux phases par lesquelles la doctrine du maître a passé.

*Les voici :*

Mon cher ami[292],

Comme l'a fait remarquer le marquis de Roux dans l'admirable petit livre qu'il a consacré à la défense de nos idées et de mes intentions[293] — lorsqu'il s'est agi de compléter la doctrine politique de l'Action française par une doctrine sociale, j'ai adopté *en bloc* celle de La Tour du Pin.

### I

Il n'y a jamais eu le moindre doute, ni la moindre difficulté sur ce point. Non, certes, comme on l'a dit, que le goût des études sociales m'ait manqué ou que j'en aie contesté la haute importance, mais parce que la solution de La Tour du Pin m'avait paru, dès l'origine, la seule exacte, notamment pour les questions ouvrières, en ce qu'elle se référait, seule, à la *bonne coutume des sociétés prospères*, selon la méthode essentielle de mon maître Le Play.

---

[292] Ici commence une longue auto-citation qui se poursuit jusqu'à la fin du texte. (n.d.é.)
[293] *Charles Maurras et le Nationalisme d'A. F.* par M. de Roux, Grasset.

La Tour du Pin procédait de Le Play, qu'il avait connu, écouté, pratiqué. Je n'ai jamais eu ni cet honneur, ni ce bonheur, et pour cause ! Mais enfin, dès 1886, à dix-huit ans, je collaborais à *La Réforme sociale*, organe de l'École de la paix sociale, la principale fondation de Le Play.

Six ans plus tard, au temps où j'amorçais, avec Amouretti, une longue (et vaine) campagne en faveur de la décentralisation sous le coutumier de la République, c'est à La Tour du Pin, aux bureaux de son journal, *La Corporation*, rue de Solférino, que nous allâmes tous les deux demander des conseils théoriques et pratiques sur ce difficile sujet.

Enfin, lorsque, en 1899, le même ami et moi, nous mîmes par écrit les principes qui devaient présider plus tard à toute notre action, à toute notre « Action française », et rédigeâmes la déclaration intitulée *Dictateur et Roi* (voir aux appendices de l'*Enquête sur la monarchie*), c'est au colonel de La Tour du Pin que nous en donnâmes la première lecture. Il voulut bien nous féliciter du morceau, — en s'étonnant de sa *raideur*, — et quand il sut qu'une trentaine d'écrivains royalistes se déclaraient prêts à l'appuyer publiquement de leurs signatures, son étonnement devint stupeur et sa stupeur joie, une joie sans mélange.

Il y voyait le premier grand signe de la marche en avant.

Je dois dire que c'est à dater de cette communication que jaillirent les plus hautes sympathies de sa pensée à notre égard.

Quelques années plus tard, M. de La Tour du Pin voulut bien me permettre de l'appeler publiquement *mon maître direct* (à la page 7 de l'*Enquête sur la monarchie*).

Maître, je le répète, de notre politique sociale. Maître, au même degré, en politique générale et pure.

## II

L'ignorance, la mauvaise foi purent seules, attribuer aux premiers fondateurs de l'Action française la dureté et la sauvagerie d'un nietzschéisme à peine français. Mais il importe de noter chez M. de La Tour du Pin, dont la bonté, la charité, la serviabilité immenses ne furent jamais en question, une absence totale de cette sensiblerie romantique et révolutionnaire qui a faussé tant d'esprits et dont nous sommes aussi exempts que lui.

Ce n'est pas à lui que l'on eût fait admettre que les hommes sont égaux parce qu'ils sont des frères. « Eh ! quoi, répondait-il, mais les familles modèle donnent souvent l'exemple de l'inégalité dans la fraternité ; que faites-vous du droit d'aînesse ? »

Il n'avait jamais été démocrate, bien que quelques mots malheureux du comte de Chambord et de Le Play eussent paru autoriser à ses yeux l'emploi de ce vocabulaire dangereux ! Je m'accuse d'avoir mis, autrefois, une âpre indiscrétion à « pousser », là-dessus, l'auteur des *Aphorismes de politique sociale* où la démocratie est définie et exécutée magistralement. Le dossier de cette intervention a été recueilli dans le premier volume du petit livre que j'ai intitulé *De Démos à César*. Les curieux pourront voir que l'Action française naissante (ou plutôt qui était encore à naître) aura peut-être aidé à donner à ce grand esprit confiance et espoir dans ce qu'il élaborait de plus pur.

Les *Aphorismes* avaient paru d'abord sans nom d'auteur. Ces beaux enfants perdus eurent bientôt l'honneur d'une glorieuse reconnaissance.

## III

À l'époque ancienne dont je parle, un point, un seul, pouvait encore nous séparer, en politique, du marquis de La Tour du Pin et de son école, de ses amis du premier degré : le Père de Pascal, le colonel de Parseval, le colonel de l'Église, etc.

Ils se représentaient l'État politique, la Monarchie, *comme le couronnement naturel de l'ordre social*. Nous répétions, nous, qu'elle précéderait cet ordre au lieu de le suivre, *parce qu'elle aurait à le faire*, parce qu'elle en serait la cause, le facteur, son action politique préalable étant absolument nécessaire.

Avant de confronter ces deux idées, il faut rappeler l'origine de la première. M. de La Tour du Pin appartenait à ce groupe de royalistes profondément déçus, scandalisés, même écœurés par l'échec de la restauration monarchique entre 1871 et 1873. Leur analyse des causes ne s'arrêtait pas aux responsabilités des personnes ; ils étaient trop philosophes et trop généreux pour ne pas épurer leur passion par l'examen des facteurs impersonnels et du premier de tous : les institutions. Cette impuissance d'une assemblée royaliste à faire la royauté devait avoir des causes profondes. Elle en avait. Ils les dégagèrent. Ils se rendirent compte de l'incompétence inconstitutionnelle du suffrage individuel et du produit individualiste de ce suffrage. L'étonnant n'était donc pas l'échec. C'est d'une éventuelle réussite, c'est d'une durée quelconque de cette réussite qu'il eût fallu s'étonner ! La Tour du Pin se redisait avec anxiété l'aphorisme du comte de Chambord : « Où il eût fallu des citoyens, la Révolution et l'Empire n'ont laissé que des administrés. »

Cela était juste, absolument.

La conséquence qu'ils en tirèrent n'était pas moins juste, bien qu'elle dût subir le choc des événements.

Ils se disaient : « Puisque nous n'avons pas pu restaurer l'État, restaurons la Société. Rétablissons particulièrement dans leurs droits l'Église, la Famille, l'École, la Commune, la Province, les disciplines des Professions, l'union corporative de Métiers... Opposons à l'émiettement révolutionnaire et socialiste une évolution réorganisatrice et vraiment sociale. Par notre action personnelle, démettons en fait l'État de tout son domaine usurpé, rétablissons-y les justes libertés du bien, du vrai, du sain, du national, du social, du religieux, du domestique et du fraternel. Reprenons par en bas l'œuvre qui a manqué par en haut. » L'apostolat des classes ouvrières et paysannes était compris dans ce programme d'où étaient déjà sorties la belle œuvre des Cercles et l'œuvre parallèle des Syndicats agricoles.

Le succès de ce plan était-il impossible ? Qui le dira ! Le fait est que, sur le plan de la question ouvrière, les premiers réfractaires que rencontra La Tour du Pin se trouvèrent dans cette classe supérieure dont il eût fallu pouvoir mobiliser toutes les ressources, toutes les influences, tous les moyens d'action matériel et personnels.

Le libéralisme politique doublé du libéralisme économique régnait alors presque sans partage, il était arc-bouté à des intérêts très consistants, très liés, très puissants. Sauf quelques unités fort rares, ni la haute industrie ni le haut commerce, ni (certes !) la haute finance ne marchèrent à la voix de La Tour du Pin. Cette voix, si profondément sage, ne fut pas comprise, bien que très âprement discutée...

Le succès fut meilleur pour les Syndicats agricoles, en ce sens que les intérêts des diverses classes rurales, haute, basse, moyenne, furent très sérieusement associés dans un grand nombre de régions ; même sur beaucoup de points, les agriculteurs amis de La Tour du Pin réussirent à garder une part d'influence ; mais c'est un fait qu'elle ne fut ni assez étendue, ni assez intense, (*exceptis excipiendis*[294]) pour animer autre chose que des intérêts professionnels. Le moral, le social, surtout le politique se dérobèrent trop souvent.

Pourquoi ?

À mon avis, M. de La Tour du Pin et ses amis avaient, au départ, sous-estimé l'influence de la démocratie, de son irréligion, de sa centralisation, de son étatisme et de l'individualisme philosophique forcené qui l'inspire.

## IV

Devant ce puissant adversaire, l'École sociale catholique a certes pu maintenir un certain nombre de positions, disputer le terrain et, comme disent les militaires, y faire une guerre de chicane très savante, souvent héroïque. Que pouvait-elle de plus contre le plan officiel, servi par un budget énorme, que secondaient encore toutes les tentations inférieures, toutes les sollicitations naturelles de l'animal humain ? Les défenseurs sociaux de la famille reçurent de l'État la loi du divorce et les taxes successorales, qui, ajoutant aux dispositions funestes du Code, venaient crever le toit de toutes les maisons. Les défenseurs sociaux de l'école reçurent sur la tête les lois, de laïcité ! Les défenseurs sociaux de la religion, les lois anticongréganistes.

Et ainsi de suite.

Le premier calcul, de l'école sociale supposait un État vraiment neutre, un État inerte, comme la République aristocratique de Mac-Mahon et du duc de Broglie. Mais une autre République, la vraie, remplaça vite celle-ci. On eut affaire à un État singulièrement actif dans ses passions sectaires, et qui, non content de défaire à l'avance ce que faisaient, ou voulaient faire nos sociaux, disposait contre eux toutes les batteries d'une action en sens inverse, bien plus efficace et plus rapide que la leur.

Les ressources matérielles de la France, l'autorité morale d'un État dit français, servirent méthodiquement à décomposer le cœur et le corps du pays.

Cela apparut même sur le point privilégié, celui qui semblait, le mieux défendu de l'offensive républicaine : l'Église.

---

[294] « Ce qui doit en être excepté en étant excepté », formule calquée sur *mutatis mutandis*. (n.d.é.)

On nous dit quelquefois que l'État républicain de 1885 ou de 1890 était plus avisé que le nôtre dans la gestion des intérêts extérieurs. C'est faux et c'est stupide. Dès l'origine, la politique extérieure républicaine mérita les mêmes mépris que celle de Briand ou de Paul-Boncour. Elle fut dindonnée aux premiers jours de l'alliance russe, comme, elle l'avait été aux premières tentatives d'entente directe avec Berlin. Mais sur un point, sur un seul point, la diplomatie de la République fut tout à fait sérieuse, allante, habile et, à son point de vue, heureuse ; c'est dans ses relations avec le Vatican. Là, pour ses avantages de secte, elle sut ruser, manœuvrer, voler de succès en succès. Là, vers 1880, elle remportait certains avantages : le nouveau pape lui servait à décourager et à troubler des légitimistes tels que le jeune capitaine Lyautey. En 1890-92, ce fut le succès complet : elle obtint le conseil pontifical du ralliement à la République. Le vieux pontife Léon XIII devait, dix ans plus tard, s'éteindre en gémissant *qu'il avait été trompé*. Mais les effets de cette tromperie n'en suivaient pas moins leur brillante carrière. Les lois votées frappaient leurs coups. *On s'y habituait*, sans qu'elles devinssent moins pernicieuses : au contraire ! Par ces mesures très générales, la décomposition ne cessait pas, mais elle allait s'aggravant !

L'œuvre sociale pâlissait donc singulièrement devant ces explosions de l'activité politique ennemie. Bien mieux : elle en était frappée elle-même au cœur, puisque l'un des contre-coups du Ralliement prêché de Rome séparait son orateur, M. de Mun, de son chef doctrinal, M. de La Tour du Pin.

Que devenait le rêve doctrinal ?

Que devenait le rêve de refaire le pays par un effort spontané des citoyens alors que les énergies restauratrices étaient ainsi divisées et diminuées ?

Oh ! l'on ne perdait pas courage. On ne se séparait « QUE » sur la politique.

M. de Mun restait un ami personnel. La division était encaissée, mais canalisée et comme couverte. Cependant, les idées, les forces, les actions politiques du régime continuaient comme un travail de sape, comme un effort d'intoxication.

Auguste Cavalier a entendu dire à M. de Mun que celui-ci ne se fût jamais rallié s'il eût pu prévoir les abbés démocrates et la démocratie chrétienne. Était-il si difficile de le prévoir ? « Un développement démocratique malsain est lié au nom de la République » : ce n'est pas parce que cela a été dit par Renan que cela doit être forcément inexact.

Il suffit de se mettre en face des réalités.

Ces réalités, je les ai un peu vues. J'ai vu les Anciens de l'Œuvre sociale, les Meignen, les Parseval, les Père de Pascal, sous la présidence toujours amicale et indulgente de La Tour du Pin ; je les ai vus fort inquiets du tour que prenait leur entreprise de salut social ou de salut public. Attaquée et demantelée par l'État républicain, divisée par Rome, l'École assistait aux effets irrésistibles de la logique interne du régime électif.

On avait attiré des prêtres jeunes, zélés, ardents. On avait mobilisé de jeunes avocats à la parole facile, colorée et enthousiaste. Les uns et les autres étaient couverts des plus flatteuses acclamations par les Congrès que l'on multipliait.

Ces jeunes gens rendaient des services qu'il ne faut pas minimiser, dans les revues et journaux sociaux, dans les secrétariats du peuple, dans les œuvres d'apostolat et de syndicats, mais comment ces disciples effervescents ne se seraient-ils imaginé leur action à la tribune d'Assemblées, défendant leurs idées, l'Église, leur programme. Comment ne se seraient-ils pas rêvé députés et sénateurs ? Comment ces rêves de candidature ne les auraient-ils pas entraînés sur le terrain de l'ennemi ? On leur avait dit *d aller au peuple* dans certaines conditions, dans une certaine mesure : comment ne se seraient-ils pas dit qu'il fallait y aller totalement, se faire les porte-parole du peuple, ses tribuns, comme le faisaient les socialistes d'en face ?

Mais ces socialistes, pour promettre des lunes de toutes couleurs, exploitaient l'antagonisme des classes, provoquaient à la haine des riches, des moins riches, de tous les possédants. Est-ce que *l'École sociale catholique*, école de paix sociale et soif d'union de classes, pouvait se permettre cette exploitation des jalousies et des envies de la démocratie ?

C'est ce que *les Anciens* demandaient.

## V

Ils tentaient de crier casser-cou. En vain ! On leur rappelait tel ou tel chapitre du programme de l'École. L'École n'édictait-elle pas de justes sévérités contre les seuls mauvais riches ? L'École ne s'élevait-elle pas contre le « droit d'user et d'abuser » chez le propriétaire, ne blâmait-elle pas l'inhumanité certaine de la loi de l'offre et de la demande qui traitait le travail comme une marchandise ? L'École n'avait-elle pas très justement qualifié d'ennemie toute l'économie libérale ? Est-ce que ces portions de la doctrine ne faisaient pas de bons matériaux dont il était facile de tirer parti dès qu'on irait au peuple comme il fallait y aller ? Alors on verrait ce qu'on verrait...

On a vu ! Ce qui devait être fait par le Roi de France, ce qui supposait l'autorité et des autorités, ce qui impliquait des hiérarchies et des harmonies sociales, était découpé, détaché, traité en article de marchandage électoral. Pour quel résultat ? Jamais les démocrates chrétiens, jamais leurs sillonistes n'avaient pu, malgré tout, promettre autant de *lunes* que Jules Guesde ou que Jean Jaurès. Aussi leurs conquêtes rouges furent-elles maigres. Ni l'idée du juste salaire, ni les autres thèses de justice sociale n'ont sérieusement porté sur des foules de gauche, et ce sont les foules de droite que l'on a, simplement, troublées, démoralisées, révolutionnées, non, certes, par ce qu'il y avait de haut, de légitime, de profondément social dans les idées de La Tour du Pin, mais par la contamination de l'idéologie révolutionnaire à laquelle le plan incliné de l'élection menait fatalement. Le suffrage individualiste fait souscrire à un individualisme secret. La quête du suffrage, à laquelle on glissait, devait glisser aux pièges évidents de cet individualisme pernicieux. Les réformes sociales qui se complètent, s'équilibrent, se composent moyennant une législation puissante de la Famille, de l'École, de la Vie locale, du Métier, des mœurs, de l'État, ces réformes générales qu'il sera possible de faire, un jour *de haut*, avec le concours des intéressés, offraient des bribes de programme politicien où, par le désir d'être élu, l'essentiel était concédé et sacrifié. Ces concessions à l'adversaire, accidentelles d'abord, en vinrent à dégrader tout. L'affreuse race des *Pédés*[295] est née de ces impulsions et répulsions naturelles au glissement parlementaire et électoral.

Les idées de La Tour du Pin étaient-elles niées ? Pas même ! On les mettait de côté, on les laissait au coin ! Les idées ne possèdent ni voix, ni bec, ni ongle. Il n'y a pas de créatures moins gênantes. Celles-ci se laissèrent traiter par prétérition. Un véritable anarchisme socio-religieux, c'est-à-dire antisocial et antireligieux, s'établit.

Sans en être où nous en sommes et sans que le colonel de La Tour du Pin eût à souffrir dans son cœur de soldat ce que souffre le général de

---

[295] Ce n'est pas ici l'apocope de *pédéraste*, mais la désignation par les initiales lexicalisées de leur parti, et dont la dernière est tombée pour éviter la répétition, des membres du PDP. Le Parti Démocrate Populaire avait été fondé en 1924, regroupant l'aile « gauche » du catholicisme social, devenue largement dominante. La plupart des sensibilités qui y étaient réunies se retrouveront après la guerre au sein du MRP. (n.d.é.)

Castelnau, sans avoir à constater que « l'objection de conscience » pratiquée par des catholiques est motivée par ce que les *Pédés* appellent « l'éternel ferment révolutionnaire de l'Évangile », on voyait, déjà vers 1902 ou 1904 les causes du mal commencer à produire leurs premiers effets.

Notre ami regretté René de Marans en montrait le début dans la belle lettre prophétique recueillie au premier chapitre de mon *Dilemme de Marc Sangnier*. On peut y voir l'École sociale catholique étouffée, à demi confondue avec cet individualisme néo-chrétien du Sillon que Pie X devait foudroyer, mais que nous avons vu renaître et qui foisonne impunément.

## VI

Cette chaîne d'événements, de sentiments, d'idées, n'avait nullement échappé à La Tour du Pin. Il voyait à quelles issues révolutionnaires devait mener l'exploitation unilatérale de quelques-unes de ses thèses, isolées de leur branche, coupées de leur tronc. C'est ce qui le rapprocha de plus en plus de l'Action française. À la vérité, le visage de cette nouvelle venue lui semblait un peu bien rébarbatif ! Son cœur charmant souffrait de certaines de nos violences. Mais le fait est que, de jour en jour, il se déprenait de la chimère si belle qui avait fait miroiter aux yeux de sa jeunesse le tableau d'une France reconstituée par ses libres enfants et leurs si libres organisations en dépit du mauvais souffle démocratique et de la funeste étoile républicaine. Il devait voir la Centralisation et l'Étatisme à l'œuvre. Il se rendait compte de notre vieil apologue : on ne bâtit pas des hôpitaux, des écoles et des ouvroirs à une place où il tombe, toutes les minutes, un obus. Avant de bâtir, il faut enclouer le canon, prendre la mitrailleuse, détruire l'instrument de la destruction. Si le destructeur s'appelle l'État démocratique et républicain, il faut détruire cette Démocratie et cette République. Impossible de rien faire de durable si l'on omet cette précaution :

— *Politique d'abord.*

Mon cher ami, cette échappée d'histoire, de l'Histoire de France et de notre histoire, fera peut-être comprendre comment l'aphorisme *Politique d'abord* n'a jamais eu chez nous la portée absolue et universelle qui lui a été prêtée sans raison : il veut dire simplement qu'en 1875, en 1904, en 1919, en 1934, dans la situation morale et sociale de tel pays appelé la France, il faut commencer par le débarrasser de cet *appareil à détruire* qui s'appelle l'action politique de la République démocratique — cette action ne pouvant d'ailleurs être détruite que par l'action de la monarchie.

Ce sont là des observations contingentes tirées de l'histoire. Elles sont vraies parce qu'elles sont conformes à ce qui a été et à ce qui est ; mais elles pourraient être fausses si l'Histoire de France avait pris un autre tour, si les événements avaient été orientés ou conduits d'un autre côté. Ailleurs, en d'autres temps, on peut commencer par autre chose. Ici, de nos jours, il faut d'abord passer par *l'action politique*, nulle autre ne peut tenir sans cela.

## VII

Quoi qu'il en soit, le *Politique d'abord* satisfit M. de La Tour du Pin, et c'est en un moment où ce principe de nos actes fut le plus attaqué qu'il écrivit la lettre fameuse que je vous prie de vouloir bien relire avec moi :

Arrancy, le 21 janvier 1909.

Mon cher Maurras,

Je reçois ce matin une publication anonyme composée d'extraits de *L'Action française* auxquels on oppose le langage que je vous ai tenu un jour sur l'œuvre pacifique de Le Play. J'ai été mal compris de l'auteur anonyme, s'il croit, qu'en prônant le soin de ne pas blesser les gens, j'ai voulu dire qu'il ne fallait pas le faire par devant comme vous, mais par derrière comme lui.

Il n'y a pas d'œuvre humaine qui ne souffrirait de l'épouillage auquel se voue cette publication dépouillée de fierté. Mais puisqu'on y a voulu tirer de mes faibles ailes de quoi faire voler une flèche contre *L'Action française* j'y prends l'occasion de m'expliquer sur cette action vraiment bien française, que vous menez au grand soleil.

Je constate d'abord que vous n'y engagez d'autre responsabilité, que la vôtre et celle de vos associés, sans ménager vos personnes, et cela déjà commande le respect. Ensuite, quelques coups plus ou moins assurés que vous échangiez dans une mêlée inévitable en pays « ahuri », comme disait Le Play, vous tenez haut le drapeau sur lequel vous avez inscrit non seulement la restauration du trône, c'est-à-dire de *la liberté de l'État*, mais celle de toutes les autres libertés publiques qui ont disparu depuis la proclamation de la liberté individuelle : la liberté de l'Église, celle de la Province, celle de la Commune, celle de la Profession, celle de la Famille. En cela, vous montrez une conception du bien public plus complète que ne le font *toutes les revendications particulières de l'un ou l'autre des ces biens essentiellement solidaires ;* et pour cela vous avez rompu avec le principe absurde et souverainement antisocial de la souveraineté du nombre, dont la masse de ceux qui en pâtissent ne sait encore se dépêtrer. Aussi j'aperçois *dans votre œuvre, et dans elle seulement, la voie du salut bien repérée,* et je ne saurais me laisser associer à une complicité anonyme contre cette œuvre, n'ayant jamais manqué de signer tout ce que je produis du nom de votre serviteur affectionné.

La Tour du Pin-Chambly.

Cette voie de salut bien repérée comporte une monarchie conçue comme l'ouvrière et l'artisane, la motrice et la directrice de la Réforme sociale et *non simple couronnement d'une œuvre sociale déjà accomplie.* Le Roi ne fait pas tout, mais comme il remplace la République, qui défait tout, le principe de son autorité est déjà un principe de liberté et d'organisation *possible ;* ensuite il y ajoute la sanction, le concours, l'aiguillon, l'encouragement nécessaires et, aussi bien, selon les cas, la modération utile et le juste frein.

Ce n'est pas un vain amour-propre qui me conduit à rétablir, dans le droit fil de nos origines, que nous tirons de La Tour du Pin, cet élément particulier que l'expérience nous faisait un devoir d'y apporter.

À l'occasion de ce beau centenaire, il importe de prévenir les sophismes et de les déjouer. Il importe aussi de montrer que les progrès d'un grand esprit ne consistent pas à s'enfermer dans sa logique interne et à repousser la leçon critique des faits. Nous aurions été, en fin de compte, moins parfaitement d'accord avec M. de La Tour du Pin si nous avions été moins libres avec lui dans l'exposé de nos difficultés, de nos doutes, de nos questions. Et nous n'aurions pas eu l'honneur de son adhésion plénière à l'itinéraire essentiel par notre « voie de salut bien repérée », la « seule » qui lui parût juste !

Depuis, nous avons été longtemps presque les seuls à parler de lui. Son nom d'abord, puis sa mémoire furent longtemps jugés oiseux, importuns et intempestifs. Mais quand il n'est bruit dans le monde que Corporations et de Corporatisme, il est devenu difficile de passer sous silence le Grand Français qui, le premier chez nous, conçut l'idée claire de l'organisme d'entraide et d'accord social destiné à dissoudre les haines de classes, à concilier des intérêts qui ignorent leur nature vraie, à pénétrer d'un sentiment de communauté fraternelle les diversités essentielles des personnes, des biens, des états. La notion de *la propriété du Métier*, l'autre notion (inverse, mais complémentaire) du *Patrimoine corporatif*, sont des idées de génie. On les reconnaît comme telles. Une lente ascension intellectuelle s'est faite et, sans négliger la noble part qu'y ont prise, avec leurs Cercles La Tour du Pin et leur Union des Corporations, les admirables compagnons. de notre merveilleux Firmin Bacconnier, par qui l'« actualité de La Tour du Pin » a été rendue si sensible et si manifeste chez nous, il faut dire que la grande part de ce retour de justice appartient aux événements :

Mort du libéralisme,

Crise de l'étatisme,

Crise du socialisme.

Entre des constructions qui menacent ruine et des édifices ruinés, il ne reste de place, une place que chaque heure élargira, que pour ces vérités bienfaisantes que l'on a tant feint d'ignorer, mais qui ne cessaient pas d'étinceler dans le coin où les avaient reléguées l'égoïsme des mauvais amis du peuple et l'arrogance de ses faux docteurs.

Le centenaire de La Tour, du Pin, célébré par les hommes, le sera plus encore par les choses, par les évidentes confirmations que ce cours des choses va lui apporter.

Mille amitiés.[296]

---

[296] La mention s'explique parce qu'ici prend fin la longue auto-citation de la lettre de Maurras à L. Gonnet ; voir note plus haut. (n.d.é.)

## « LA PLUS GRANDE FRANCE »

## 1935

*Ce texte, signé* Charles Maurras *bien qu'il se présente comme le compte rendu d'une conférence donnée par lui, est paru dans l'*Almanach de L'Action française *pour l'année 1935.*

Pour la première fois, le 1er septembre 1934, l'Action française organisait un banquet à la gloire de « la Plus Grande France » destiné à resserrer les liens intellectuels, moraux et politiques qui unissent les diverses parties de notre Empire colonial.

À l'issue du banquet, Charles Maurras prit la parole après l'amiral Schwerer et Me Roure, du barreau de Blidah, et prononçait un discours dont les lecteurs de l'*Almanach* liront avec intérêt et avec fruit le résumé.

— Comment la parole m'est-elle donnée ?

À l'Action française, j'ai rôle de quêteur et de collecteur. Cela me vaut d'ouvrir un courrier très volumineux, tout bigarré de timbres sur lesquels on lit *Noumea, Madagascar, La Réunion, Tonkin, Pondichéry* ou *Chandernagor* ou Djibouti, etc. Nous avons des amis merveilleux partout. À Cayenne, il existe un généreux souscripteur plus régulier que les astres du ciel. Ce concert de sympathies effectives où l'île Maurice, le Canada, Haïti, la Louisiane, l'Égypte et même Cuba font également leur partie, manifeste sur un grand nombre de points du globe, une fermentation des idées de l'Action française et des amitiés qu'elle a éveillées. On les trouvera jusqu'au Pérou et au Chili. Cela fait comme une « plus grande France » morale qui pense et qui sent avec nous.

Et Charles Maurras, aux applaudissements de l'auditoire, prie l'amiral Schwerer de transmettre les remerciements chaleureux de l'Action française à Melle Schwerer, qui assure avec un infatigable dévouement la correspondance avec ce monde d'amis dispersés.

— Vous avez, Amiral, traité en maître, avec l'expérience de votre longue carrière de marin, la psychologie du Français éloigné de son pays... C'est bien cela. Un sentiment aigu de la gravité des événements politiques qui se déroulent dans la métropole et autour d'elle, lui permet de voir les choses d'ensemble avec un recul instructif.

Ces esprits attentifs, leurs regards convergents composent un public immense. La grande France, la voilà ! Nous ne sommes pas des conquérants affamés de territoires continentaux et coloniaux, mais nous ne pouvons oublier quelle haute mission semble dévolue à la France, depuis des siècles, dans le monde.

« L'Internationale sera le genre humain », dit un chant affreux de guerre civile.

Non, l'Internationale, si elle était possible, ne ferait pas le genre humain ; en introduisant partout la guerre civile, elle le diviserait.

Si le genre humain doit être unifié, ce sera par l'action de l'esprit français. Nous ne cédons pas à un nationalisme puéril, trop répandu chez d'autres nations, lorsque nous affirmons que la France est appelée à cette grande tâche. Son destin est lié à l'idée qu'elle se fait de l'Homme, de l'Esprit et aussi d'elle-même.

Charles Maurras touche alors au problème des races. L'humanité, malgré les différences ethniques, a partout les mêmes grands traits intellectuels et moraux. Son unité est évidente. Cependant, il y a des races, et c'est une affaire aussi malaisée que nécessaire, aussi complexe que naturelle d'en assurer la communication.

La République (qui d'ailleurs à l'égard des colonies a de très graves insuffisances congénitales : pas de marine, pas d'État...) ne saurait avoir sur ce chapitre une politique sage et cohérente. Charles Maurras cite en preuve un discours prononcé à la Chambre par un député noir de la Guadeloupe, M. Boisneuf, il y a une douzaine d'années. M Boisneuf disait, par exemple :

« Le mal tient à ce que la République n'a pas de programme colonial d'ensemble. Seuls les régimes monarchiques se sont préoccupés de l'organisation coloniale, les ordonnances de la Restauration de 1825 et 1828, dans la belle loi du 24 avril 1833 et dans les sénatus-consultes du 3 mai 1854 et 10 juillet 1856. Depuis la Troisième République, on ne trouve aucune grande loi organique coloniale. »

Ou encore :

« Depuis douze ans, la Guadeloupe a presque chaque année changé de gouverneur, tandis que l'île Dominique, toute voisine, qui est une possession anglaise, c'est depuis douze ans le même gouverneur qui est en fonctions. Ce gouverneur a fait dernièrement un voyage en Angleterre. Lorsqu'il est revenu à la Dominique la population l'a reçu par des acclamations et, après avoir dételé sa voiture, l'a triomphalement conduit jusqu'à sa résidence. »

M. Boisneuf rappelait la politique de nos rois en ces termes :

« De 1830 à 1848, la France n'a-t-elle pas, elle aussi, préparé l'abolition de l'esclavage ? N'inscrivait-elle pas à son budget des crédits pour construire aux Antilles des chapelles, des écoles ? En ce temps-là, la France songeait, avant tout, à sa mission de nation civilisatrice !

« Voilà la véritable politique coloniale de la France, la politique d'assimilation...

« La politique coloniale française, dès son début du XVIIe siècle, fut une politique d'assimilation. C'est ainsi que l'édit de mars 1645, si cruel en certaine de ses dispositions, octroyait aux indigènes affranchis les mêmes droits dont jouissaient les personnes nées libres. Où en sommes-nous aujourd'hui, sous notre République égalitaire et démocratique, de l'application de ces principes ? Y a-t-il progrès ou recul ?

« Aux temps de la monarchie, tout ce qui intéressait l'organisation des colonies était délibéré par le roi en son conseil. »

En ce temps-là, Daudet était à la Chambre. Il disait son mot sur tout. Aussitôt éclata sa parole d'or :

M. Léon Daudet. — Cette procédure n'était pas mauvaise. Elle était plus rapide que la procédure actuelle. Nous y reviendrons. (Interruptions à gauche.)

M. Boisneuf. — Aujourd'hui, le souverain, c'est le Parlement.

*Pauvre, pauvre souverain !*

Politique d'assimilation, dit M. Boisneuf.

Qu'elle soit d'assimilation ou d'association, cette politique de notre ancien régime heurte à angles droits tout ce qui se rabâche dans les groupes prétendûment réactionnaires de l'Europe moderne : leur racisme occupe une position tout à fait contraire à l'esprit de nos traditions.

Eh bien ! c'est le racisme qui a tort ; c'est nous, réactionnaires français, qui le déclarons.

Procédons du connu à l'inconnu. Prenons ma Provence. Une des personnes les plus instruites de l'histoire de Provence et qui (par parenthèse) appartient à l'une des plus illustres de nos anciennes familles, me disait un jour que les caractéristiques du peuple provençal, sa finesse, sa fierté, sa rapidité de pensée et de sentiment s'expliquent peut-être par la facilité avec laquelle les plus hautes races du pays se sont alliées aux classes moyennes par une coutume de dérogation par le mariage qui était dans les mœurs.

Ces mésalliances fréquentes et constantes sont la cause répétée et durable qui a fait pénétrer à toutes les profondeurs du pays les plus précieuses et les plus fines des acquisitions morales et mentales de la vie civilisée.

L'hypothèse me semblait juste. Mais quelques mois plus tard, son auteur me dit : — Me suis-je trompée ? Ou faut-il étendre à tout le peuple de France ce que nous observions du peuple provençal ? J'ai écrit dans toutes les directions, chez mes parents et amis du Nord et de l'Ouest, pour savoir si le degré des mésalliances était plus fort en Provence qu'ailleurs... Non. On m'a répondu de toutes parts qu'il en était de même d'un bout du royaume à l'autre... Les plus grandes familles n'ont cessé de contracter d'innombrables unions avec le Tiers-État, qui, lui-même, tout naturellement, avait des communications très directes avec le peuple ouvrier des villes et des campagnes.

N'est-ce pas ce qui as le plus contribué à l'unité française, après la politique des Rois capétiens...

— Messieurs, dit Maurras, je vous prie de comparer cette, vue d'une des personnes les plus qualifiées de France, à l'idée *troup-allemande*, toute physique et matérielle, que l'on se fait de la noblesse de l'autre côté du Rhin. *Nous, disent les hobereaux, nous sommes nobles par nous-mêmes, vous, c'est le roi qui anoblit.*

Ce paralogisme grossier donne la mesure de deux pensées.

Il y a des familles, il y a des familles de familles. Ou des races. Il y a des inégalités profondes entre les unes et les autres. Il n'y a pas d'abîme infranchissable, de différence morphologique absolument tranchée entre celles-ci et celles-là.

L'abus est certes possible dans tous les sens : dans les mélanges, comme dans les restrictions.

Tout le monde connaît cette histoire devenue légende : dans une de nos vieilles colonies, au cours d'une révolte de noirs dont les sangs-mêlés tenaient la tête, une dame créole, blanche cent pour cent, se tourna vers ses frères, beaux-frères et cousins et peut-être osa-t-elle lever les yeux sur son mari, son beau-père, son père même, et, leur montrant l'incendie des sucreries ou des plantations :

— Messieurs, dit-elle, ce sont vos petits péchés qui flambent là-bas. Cependant, les péchés, si graves fussent-ils, n'étaient que des péchés d'amour. Il y en a d'autres. Quand, par exemple, on considère, dans l'histoire de l'Amérique du Nord, l'anéantissement complet de toute la race indigène par les Anglo-Saxons, on est bien obligé de songer à des péchés d'orgueil, à des péchés d'avarice et d'avidité, à des péchés de cruauté et de haine, aux innombrables homicides qui en ont dérivé.

On ne se mêle pas aux races inférieures, soit ! c'est de la vertu. Mais on les massacre : n'est-ce pas du vice ?

Je ne reproche rien à personne. Chacun a fait ce, qu'il a pu ou cru devoir faire. Mais on peut dire que deux systèmes de colonisation sont sortis de l'épreuve historique. L'un a bien des défauts, que la démocratie, n'a pas manqué d'aggraver en le systématisant, en donnant à ce qui est exceptionnel ou naturel les allures d'un absurde devoir : que les races *puissent* se mêler d'accord ! qu'elles le *doivent*, pourquoi ?... Mais, face aux excès et aux abus du système français, il faut voir de près ce qu'il y a d'erroné dans l'essentiel du régime anglo-saxon ou germanique : dur, farouche, distant, systématiquement opposé à tout rapprochement, fût-il imploré par le plus légitime amour !...

Ainsi en ont disposé les événements, les tendances, les goûts, les tempéraments et les coutumes de peuples divers. Encore un coup, je ne critique pas. Je constate, compare et qualifie.

Cependant, voulez-vous que nous égayions cette enquête et ce parallèle sévères d'une pointe d'ironie et de paradoxe ?...

Allons-y !

Quand une coutume naturelle, historique, est créée, ceux qui la vivent aiment à la justifier par des maximes et des doctrines. Cela est arrivé à nos amis anglais. Ils pratiquent un certain système colonial. Ils en ont cherché la philosophie. Il est réjouissant de voir que, pour trouver la justification du *noli me tangere*[297] appliqué aux peuples vaincus, ils se sont faits les écoliers, disons les disciples de ces inférieurs. Leur admirable école indianiste où brilla un Allemand qu'ils anglicisèrent, Max Muller, et un Anglais qui se germanisa, Houston Stewart Chamberlain, cette école, qui a rendu de très beaux services à la critique de la démocratie, l'école de Sumner Maine et d'Alfred Lyall, les a, peu à peu, pénétré d'une notion de la race tellement voisine de l'idée de la caste que la différence s'est pratiquement évanouie entre les deux conceptions.[298] Ce que les Allemands disent brutalement sur

---

[297] « Ne me touche pas » parole du Christ ressuscité à Marie-Madeleine venue au tombeau. Il s'agit ici d'exprimer le fait que la colonisation anglaise laissait une large autonomie aux peuples colonisés dans l'administration de leurs affaires internes, s'appliquant officiellement à avoir sur leurs us et coutumes la moindre influence possible.
*Les notes sont imputables aux éditeurs.*
[298] Maurras résume ici à grands traits et en ne citant que quelques noms un courant très vaste qui, depuis Schlegel essentiellement, vit dans l'Orient la source d'une régénération possible de l'Europe. Ce courant, largement appuyé sur l'étude de l'Inde, dans une moindre mesure sur celle de la Chine et du Japon, eut ses branches anglaises et allemandes, une large partie du mysticisme aryen national-socialiste en procède. Il a aussi eu une certaine audience en

l'incompatibilité charnelle des races humaines ; ce que les nazis de Hitler redébitent d'après Gobineau et Chamberlain, les Anglais sont trop courtois, ils sont bien trop gentilshommes pour l'articuler ou même pour convenir qu'elle est une des pentes favorites de leur esprit. Mais, tout bas, dans le secret de leur cœur *ils le pensent : Il y a des Aryas, il y a des Parias, certaines races sont « intouchables », alors que d'autres sont physiquement prédestinées à l'empire et à la domination.*

N'est-ce pas pittoresque ?

N'est-il pas amusant de voir l'esprit anglais, et le plus authentique, et le plus aristocratique, celui de la haute Église et des grandes Universités, adopter en secret le point de vue de ses serviteurs indiens !

Vous savez tous les vers d'Horace :

*Graecia capta ferum victorem Cepit...*[299]

Sans rompre la mesure, on peut chantonner :

*India capta...*

Seulement, prenons garde ! Le Romain avouait. L'Anglais n'avoue pas. Le Romain avouait, et cela se comprend : il avait reçu de la Grèce l'épopée, le lyrisme, la philosophie, la sculpture, l'architecture, la morale, la science, enfin tout l'acquis civilisateur, de quoi élargir indéfiniment la vie et la pensée des hommes. Les Anglais ont reçu de l'Inde quoi ?

De quoi tout rétrécir ! Il faut approuver le silence des Anglais : il est fait de pudeur et de modestie.

Combien cela nous ressemble peu ! De François Ier à nos jours, le vrai colon français ne s'est jamais embarrassé des ridicules nuées de l'égalité, ni des rêves de liberté démocratique et républicaine : mais il a toujours reconnu son devoir de fraternité, — la fraternité d'un aîné !

Maintenant, la grosse question :

---

France, et l'on en trouve des héritiers jusque dans le maoïsme ultérieur de certaines *élites* intellectuelles françaises restées durablement fascinées par les totalitarismes et le mythe de la régénération orientale.

[299] Horace, *Epist.* II, 1, 156 : « La Grèce vaincue a vaincu son féroce vainqueur » citation fameuse répétée pour dire que Rome, ayant vaincu la Grèce, fut si influencée culturellement par cette dernière qu'elle devient presque grecque à bien des égards.

— Y a-t-il un droit et un devoir d'aînesse constant dans la famille humaine ?

Ou le droit et le devoir d'aîné passent-ils tour à tour d'une nation à l'autre, en sorte que chacune ait son heure et, comme disait Dante, son cri, le cri, *il grido* ?

Ce sont des hypothèses entre lesquelles nous n'avons pas à opiner.

Mais retenons la grande condition générale : pour que des frères aînés remplissent un rôle et fassent leur devoir, le prestige brillant de l'esprit et du cœur ne saurait suffire, il leur faut, en outre la force.

Jamais une grande nation ne remplira sa mission civilisatrice, jamais elle n'aidera les peuples assimilés ou associés, si la force politique, militaire, navale vient à manquer à cet État.

Cette force, la France en a donné de récents témoignages. Mais, peut-être, loin d'elle, plus souvent que dans la conduite de son État métropolitain.

Voyez nos très grands chefs coloniaux. Ils ont fait des miracles là-bas, chez vous.

À Paris, n'ont-ils pas été plus ou moins vaincus ?

Voyez Marchand[300], il avait traversé le continent noir, surmonté toutes les difficultés du Congo. Sur le Nil, la nature des choses ne lui interdisait pas le triomphe. Mais le triomphe ne lui était pas permis de Paris. La nation française, divisée par la cause éminemment républicaine du traître juif Alfred Dreyfus, ne pensait pas au sublime effort africain. Elle ne pouvait l'appuyer : quel désespoir pour un Marchand ! Celui-ci, grand esprit, fiévreux, chercheur d'une haute originalité, s'est longtemps débattu contre l'évidence. Il avait fini par tourner sa juste rancune contre le suffrage universel inorganique, auquel il voulait substituer un suffrage « familial ». Quelles admirables campagnes il mena là-dessus ! Elles n'ont pas abouti. Elles ne pouvaient pas aboutir.

Un autre grand colonial, le conquérant de Madagascar, Gallieni, fut, un moment, sous les murs de Paris, plus heureux que ne l'avait été le soldat-poète Marchand. Il sauva notre capitale. Il décida de la bataille de la Marne. Mais quelques mois plus tard, quand il eut accès au gouvernement, quelles

---

[300] Jean-Baptiste Marchand, dont l'expédition, dite « Mission Marchand », aboutira à l'épisode bien connu de Fachoda, point culminant de la rivalité coloniale franco-anglaise dans l'est de l'Afrique.

persécutions horribles put lui infliger un Briand[301], comme pour lui faire expier ce service central, cet exploit métropolitain ! Deux écrivains coloniaux, natifs de La Réunion[302], MM. Ary et Marius Leblond, dans un beau livre, ont raconté le supplice du chef adoré. Là, se vérifie l'axiome : l'autorité de ce proconsul génial n'a pu résister à l'assaut de la démagogie métropolitaine.

Enfin Lyautey ! Lyautey, ce royaliste ! Lyautey créateur du Maroc français ! Lyautey à qui notre ami le colonel de Corta écrivait :

— *Je n'ai voulu servir au Maroc qu'un monarque absolu. Vous partez : je pars, pour ne pas servir un simple fonctionnaire républicain.*

Lyautey, dont tous les actes indochinois, algériens, marocains, furent des victoires. Eh bien ! Lyautey à Paris fut mis en échec par la République. Humiliation dont il ne supportait même pas le souvenir, car il disait à quelqu'un que je connais bien :

— *Voyez-vous, il y a un mal qui me ronge : toujours le même. C'est de voir que la France a eu de Clemenceau ce qu'elle attendait de Lyautey.*

Lyautey comparait la République à la syphilis : quand on l'a attrapée, on se fait sauter le caisson, ou l'on essaie de vivre avec son mal...

Marchand, lui, ne croyait d'abord pas à cette malignité du régime. Cependant, vers sa fin, dans la préface écrite pour le livre de Max Elmer, *La France en danger*, il envisageait l'hypothèse d'un retour de la Monarchie. Retour possible. Retour lointain. Lointain ? Lointain ? Sait-on jamais ? Et qui sait si, devant les dernières démonstrations de la honte et de l'horreur du régime, devant la renaissance croissante du sentiment royaliste, Marchand ne se serait pas embarqué avec nous sur le *Campana* ?[303]

Maurras ajoute :

J'ai commencé d'écrire dans un journal royaliste, *Le Soleil*, dirigé par ces monarchistes modérés dont l'espèce est en voie de disparaître : ils témoignaient hautement de leur humble espérance que la France contracterait quelque jour avec la royauté « un mariage de raison ».

---

[301] Ministre de la Guerre du cinquième gouvernement Briand en 1915, Gallieni démissionna rapidement, en butte à l'hostilité du monde politique.
[302] La Réunion où Gallieni avait commencé sa carrière coloniale.
[303] Le même numéro de l'*Almanach* où a paru ce texte rapporte longuement la croisière organisée cette année-là par l'Action française sur le *Campana*, croisière destinée à promouvoir les thèses de l'A. F., à lever des fonds et aussi à aller rencontrer à Gênes le duc d'Orléans alors en exil.

Messieurs, voilà qui change, semble-t-il, voilà même qui est changé. La France et ses colonies sont en train de faire avec la Maison royale de France un mariage tout différent : extrêmement raisonnable, certes, mais (tant l'idée monarchiste enflamme les cœurs et éclaire les esprits dans la métropole et par toute la France d'outre-mer), il se prépare un véritable mariage d'inclination, et même beaucoup mieux. Lâchons, tout à trac, le seul mot qui convienne à propos du Prince-Charmant que nous allons saluer à Gênes : ce sera un mariage d'amour. Levons nos verres à cette double fête où la France et le fils de ses Rois vont se retrouver.

Vive la France et vive le Roi !

# Le « Lecteur » Jacques Bainville

1936

*Ce texte fut d'abord publié en 1936 dans la* Revue universelle, *puis en préface à* Lectures, *1937, ouvrage posthume de Jacques Bainville.*

Les aînés de Jacques Bainville, qui ont eu le malheur de lui fermer les yeux, se comparent eux-mêmes à des porteurs de gerbes et de couronnes qui, dans la foule qui le pleure, ne peuvent avancer qu'avec lenteur sous le poids de trop de regrets. Nous considérons successivement toutes ces magnifiques valeurs éteintes. Chacune appelle et nous retient. Nous ne nous résignons à passer de l'une à l'autre qu'avec effort. Il est plus difficile encore de nous en reculer pour essayer de ressaisir, dans sa clarté, le bel ensemble des puissances arrachées et évanouies. Que si l'on parle autour de nous, la discussion nous importune. Et presque la louange ! Sait-on bien ce que nous savons ? A-t-on reçu les éblouissements de cette jeune apparition et de cette croissance, l'une et l'autre si merveilleuses ? Nous-mêmes, trop de souvenirs nous oppriment. Nous accueillons, puis repoussons les vieilles remarques d'admiration faites autrefois, et surtout celles qui affectaient de rendre compte de tout : *Jacques Bainville était ceci, cela, ceci encore ! L'essentiel ou le principal tenait à telle faculté maîtresse, le reste en serait expliqué...* Non, non. Ici, toute « clef » prétendue aurait exactement ce qu'il faudrait pour faire manquer le réel, le chaud, le vivant. Un avenir prochain ferait grêler la correction, le démenti.

Ce premier livre posthume, si beau et surtout si neuf, doit en faire prévoir beaucoup d'autres, pareils et différents. Ne peut-on désirer quelque recueil de lettres, dont l'intérêt serait très haut ? Peut-être aussi y aurait-il lieu de retrouver certaines notes prises en courant et dont beaucoup de pages vaudraient de gros Mémoires ! Il n'est pas téméraire non plus de compter sur le reliquat de telle et telle œuvre laissée en plan, et sur tels copeaux rejetés, qui étaient réservés... Ceux qui ont admiré et aimé Jacques Bainville ne renonceront pas facilement à ces renouveaux successifs de survie accessoire, apparue à la marge de son autre vie immortelle, celle où depuis longtemps l'ont fait entrer ses grands livres achevés. D'un tel esprit, à qui était inné et toujours présent le parfait, aucun vestige n'est sans prix : tout vaut, tout compte.

Ce qui sera sauvé apportera nécessairement, avec le charme du naturel et du familier, cette pure nappe de lumières égales dont il nous a donné le goût et qui faisait sa marque, ensuite ces échappées, ces vives sorties de détail au sens net, dur, définitif, enfin quelque chose de plus secret qu'il faut bien appeler « la divine surprise », qui était sa poésie même.[304] Du tiroir visité, du battant d'armoire tiré doit voler immanquablement une cendre très riche en nouvelles révélations. Elles n'ont même pas manqué à la réédition que voici.

C'est en 1929, pour sa chère *Revue universelle*[305], qu'à la manière des professeurs de notre moyen âge, Bainville a inventé de se faire « lecteur » et de publier, chaque mois, en alternant avec Massis, l'impression qu'il avait de ces grandes « lectures », qu'il faisait à longs traits.

De loin, d'en bas, cela peut paraître simple : lire, annoter, commenter, parfois transcrire. Mais ce « lecteur » va tout changer. Parce qu'il la tient dans sa main, cette feuille devient fourmillante de signes et de sens inconnus. À son tour, elle imprimera au visage de son lecteur des traits et des accents, inaperçus jusqu'ici, quelques-uns tout neufs. De ressemblances approfondies en contrastes inattendus, ce Bainville inespéré se développe et se complète d'une page à l'autre. La matière est multiforme. Comme il est né Protée, elle l'aide à varier la métamorphose.

Le beau livre ! Et le grand esprit !

Nés du choix ou de l'aventure, ou de l'un et de l'autre, ces brefs regards en plongée rapide ramènent quelquefois un fait brut ou bien certains faits travestis et défigurés, que notre « lecteur » rend, d'un seul mot, à leur vraie nature. Le plus souvent, il s'agit d'idées générales, surtout de celles que la gangue des choses tient prisonnières et qu'il faut délivrer, extraire, mettre au point : opération où ce « lecteur » est passé maître. En voilà un, pour qui s'est vérifié le grand mot de Sainte-Beuve : *La critique est une création perpétuelle !* Sans oublier son humble et prudent avis préalable : « Le critique n'est qu'un homme qui sait lire et qui apprend à lire aux autres. » Mais les trois quarts des autres savent-ils se lire eux-mêmes ? Sentent-ils tout ce qu'ils

---

[304] Cette citation de la fin de 1936 prouve à l'évidence que Maurras n'a pas inventé cette formule de la « divine surprise » le jour de l'arrivée au pouvoir du maréchal Pétain. Bien qu'il soit fort vraisemblable que de nombreux auteurs aient pu l'employer au cours des siècles antérieurs, Maurras se réfère sans doute ici à Jean Moréas, qui l'utilise dans *Le Pèlerin passionné* à propos du vers libre.
*Les notes sont imputables aux éditeurs.*
[305] La *Revue universelle* existe depuis 1920. Jacques Bainville en était directeur, et Henri Massis rédacteur en chef.

ont écrit ? Si le quatrième quart est aimé des dieux, on peut confronter au texte de n'importe qui le commentaire de Bainville ; on ne fera de tort à personne en confessant que les plus brillantes décades de nos Tite-Live pâlissent au Discours de ce Machiavel. « Livres nouveaux, livres vieux et antiques » ouvrent des perspectives si étendues, font jaillir tant de mystérieuses sources de réflexions, que l'on se défend mal de rêver des livres entiers qu'il eût pu en écrire et que son départ nous refuse. À cinquante ans, il continuait à décevoir, par la vigueur de la maturité réalisatrice, autant que par un feu de jeunesse en ébullition. Que l'on songe, de grâce, à ce que pouvait murmurer le vieil habitué de *Louis II de Bavière*, ou de *Bismarck et la France*, ou de l'*Histoire des deux peuples*[306], se rebiffant, s'indignant presque :

— Eh quoi ! chez lui ce goût ? Quoi ! ce dégoût ? Faut-il qu'il ait aimé et senti cela ?

Certes ! et encore bien d'autres choses, et pour de très vives raisons ! Il n'a jamais cessé d'étendre le clavier des nerfs, le champ des visions cérébrales. Plusieurs n'en sont pas revenus. Un bon juge, Lucien Moreau, disait « C'est le développement personnifié, dans une culture de tous les jours. » Mais nous riions tous deux des jaloux qui, trente années auparavant, avaient fait le célèbre pronostic : « Il est fini parfait, noué ! Il ne se développera plus ! »

Ce progrès de toutes les heures fut cause que Bainville ne perdit jamais la fraîcheur de ses réflexes. Si affermi que fût son jugement, quelque chose allait plus fort et plus vite, c'était la belle course, de son *Plaît* et de ses *Plaît pas*.

La cruauté du deuil récent arrête le sourire au bord de la lèvre. Sinon, il y aurait un petit jeu de société à imaginer sur ce que Bainville aimait à prendre et à laisser. Oh ! le rejet était moins rare que l'élection, mais celle-ci toujours exquise :

Le seigneur Pococurante[307]
Reçoit à salons ouverts...

---

[306] Ces ouvrages sur l'Allemagne datent respectivement de 1900, 1907 et 1915, dans leur première version.
[307] Littéralement « qui ne se soucie de rien ». Ce personnage apparaît dans le *Candide* de Voltaire.

Ce sobriquet à la Voltaire qu'il tenait de ma main l'avait diverti autrefois. M'en autoriserai-je pour aventurer ici comme un crayon sommaire du système de ses options ? D'après ce dernier livre que je viens de fermer, on pourrait faire demandes et réponses :

— Qu'est-ce que Jacques Bainville aimait le plus ?
— Le vrai.
— Après le vrai ?
— La langue française.
— Et qu'est-ce que Bainville mettait au-dessous de rien ?
— Le faux.
— Et immédiatement au niveau du rien ?
— La démocratie.

Il faut bien commencer par ce dernier terme.

Le plus gros mot de « Lectures », ou plutôt l'unique gros mot qu'on y trouve, la démocratie en a l'étrenne : la démocratie européenne de 1918, soulagée de la pression des trois Empires, libre de la longe prussienne et de la laisse germano-russe, s'y trouve admirablement comparée à un « veau lâché » !

Ce n'est pas à Bonaparte qu'en a l'auteur du *Napoléon*[308] ; c'est à la démocratie couronnée.

Qu'est-ce que l'histoire de la Troisième République ? Le simple combat entre les forces de nature ou d'histoire, qui soutiennent, tant bien que mal, un peuple orphelin, et la bestiale logique de la Souveraineté du peuple, de son suffrage-roi (un vote, un homme). Pareil combat comporte un risque perpétuel des soubresauts révolutionnaires attachés à l'incontestable et solennelle légalité de l'anarchie. Plus d'une fois, la République manqua de subir cette dictature du Niveau, véritable épée de Damoclès suspendue sur sa tête. L'épée tomba sur le régime de 1793 et de 1848. Par grâce et chance, l'arme fabuleuse et réelle est restée en l'air de 1871 à 1936... Encore depuis le 6 février 1934, Bainville la voyait-il distinctement s'abaisser, s'abaisser, et par degrés rapides... Mais quel destin pour un régime, que cette menace perpétuelle !

Il ne devait pas être nécessaire de prouver les désastres qui sont ainsi inhérents à l'absurde. La raison les dénonce, l'expérience les confirme. Inertie, agitation, confiance folle, simplification barbare, inconscience, mort de la mémoire, liquéfaction des volontés, régime de sommeil de brute coupé

---

[308] Ouvrage publié en 1931.

de convulsions de fauve, autant de truismes sur la démocratie. Pour quelles têtes bourrées, pour quels esprits bornés, sera-t-il besoin de les mettre au clair ? Hélas ! Pour presque tous. Jacques Bainville le vit bien ; il se mit courageusement à dire et redire l'oiseuse vérité première. Mais il le fit d'un ton de dégoût inexprimable.

Un point aggrava l'amertume. C'est le contraste relevé entre la prévoyance et l'économie des Français dans leur vie personnelle, à la maison, aux champs, au bureau, à l'atelier, et cette démocratie toujours murée dans le présent ! Il n'en peut aller autrement. L'institution dénature notre peuple ? Soit ! Elle se devait de le dénaturer. Fils ou petit-fils de rustiques, nous venons tous de la charrue, comme disait le bon Coulanges à Mme de Sévigné. Nous restons attachés à l'argent, à l'argent-signe, tout autant qu'à l'argent qui tinte dans les cassettes. Eh bien ! le propre de la démocratie est de perdre à coup sûr le bon argent des Français. Elle en a besoin, étant fort dépensière ; elle est envieuse, il ne faut donc pas que les gens en aient. Elle sait que le capital est né, plus ou moins, du labeur, de l'épargne, du sacrifice. L'idée de ces mérites lui est insupportable, car elle vit du moindre effort. La paresse démocratique déteste naturellement un peuple alerte, actif, industrieux, que toutes les passions et toutes les fonctions de la République démocratique tendent à mettre sur la paille.

En le pressurant tant et plus, elle lui impose un *Tout à l'État* qui se charge de lui découper toute sa destinée en petites tranches, comme de lui distribuer outils, machines, lopins de terre et troupeaux. La vue de cet énorme État, engraissé de tant de dépouilles, fait écrire à Bainville le mot de gigantisme. Et ce géant penche au néant. Quelle autorité aurait force et moyen de le tenir ? L'étendue et la complexité de ce grand corps distendu ôtent tout ressort à son centre. Il est insaisissable, il est ingouvernable, il est voué aux luttes civiles ; l'invasion étrangère guette tous ses points cardinaux. C'est un cataclysme vivant. La démocratie, c'est la mort, la démocratie, c'est le mal.

Bainville admettait sans peine qu'un vulgaire profane, aveugle, sourd, perclus, ne comprît rien à cette vérité criarde. Mais des possédants ! Des bourgeois ! Des gens ayant pignon sur rue ! Étant censés avoir fait leurs études ! Qu'ils en soient encore à fourbir de creuses distinctions entre la démocratie et la démagogie ! Simplicité ? Distraction ? Notre ami qui avait de la dent, et dure, aimait à le faire payer. Un conservateur du régime, homme politique teinté de positivisme, ayant un jour brodé en songe de vagues festons d'espérance gratuite et de foi sans objet, Jacques Bainville se borna à l'avertir qu'il courait le risque d'être fortement dérangé. Le même chimérique ayant vanté l'esprit modérateur qui pénétrait certains éléments ouvriers et les détournait de la Révolution au profit de l'Évolution.

— Bon ! dit Bainville, c'est cela l'étatisation lente, le régime progressivement socialisé !

Mal d'autant plus profond qu'il est indolore et que le patient n'en est pas averti ! L'anarchie brute est moins funeste que la dissociation graduelle et l'érosion légale du *morbus democraticus*.

De quel doigt léger, fin et vif, Jacques Bainville suit les détails de ces cas privilégiés pour dégager la chose vraie du mot trompeur ! Il le fait sans colère. Il ne le fait pas sans passion.

Aussi son horreur de toute démocratie s'explique-t-elle, presque en entier, par cette immense horreur du faux qui l'anima toute sa vie. Quelque petit nom complaisant que l'on employât, Jacques Bainville ne faisait grâce ni à la Fable, ni à la Blague, ni au Mythe, ni à la Nuée. Néanmoins cet esprit profondément juste n'en venait à détester l'erreur qu'en raison directe de son volume et du dommage de ses effets. Plus le faux était général, plus il en voyait le ravage étendu et répété. Parfois même indulgent aux préjugés particuliers, ou curieux de leur forme, de leur structure et de leur origine, il ne pardonnait pas à l'idée générale vide, au principe ambitieux posé et dressé sur le rien.

Né paradoxe, devenu hypothèse ingénieuse ou hardie, bientôt promu dogme de foi, avant de tourner au poncif, tel Système, si on l'utilise avec modestie, retenue et prudence, a bien pu aider à penser ; pourquoi ne tarde-t-il pas à empêcher de penser ? Bainville nous le dit. Un jour qu'il a rencontré le mot très portatif de Renan, sur l'Histoire et ses pauvres sciences conjecturales, Bainville le transcrit comme tout le monde l'a fait mille fois ; mais, ce que personne n'a fait avant lui, il demande à l'ombre de Renan :

— En va-t-il autrement des sciences naturelles ? Sont-elles moins conjecturales ?...

Les évolutionnistes en prennent pour leur grade. Ceux qui les plaindraient oublieraient que nous sommes à peine sortis d'un siècle où le nom de la Science a été pratiquement réservé à la Biologie et à ses contrefaçons variées, où le champ entier des connaissances lui a été subordonné, où il n'a été permis à aucun langage que le sien, à aucun principe que les siens, d'intervenir pour interpréter le passé ou l'avenir, heur ou malheur du genre humain, toutes les autres disciplines étant ainsi détroussées et exhérédées, au point que la poésie lyrique en devenait l'humble sujette de Lamarck par la grâce de Brunetière. Une histoire néo-romantique comportait l'application de mainte rêverie bio-sociologique, non sans s'exempter de toute critique des textes et même de leur connaissance ! Fustel y mit bon ordre, restaurant la suite naturelle des choses, la délivrant du moule de gaufriers de hasard, car les lois véritables de tout objet lui sont propres, et elles s'en dégagent au lieu de leur être imposées par la fantaisie du dehors !

La nature de ces vieilles lois n'autorise guère à en espérer de variation radicale. Bainville ne croyait que très modérément aux hégires, aux ères nouvelles, aux aurores de temps nouveaux, grands matins ni grands soirs. Jeune, je l'avais vu sourire du calendrier d'Auguste Comte. Son âge mûr ne s'était pas défendu de quelque étonnement à s'éveiller contemporain de l'an X ou de l'an XII, de la marche sur Rome, la Ville Éternelle pourtant !

Disant : *Révolution française*, comme tout le monde, le mot lui écorchait un peu la langue, il eût mieux aimé dire : l'une des révolutions de la France, il y en avait eu tant d'autres ! Sans le savoir, je crois, il rejoignait l'opinion de mon cher et vieil ami regretté Frédéric Amouretti, que M. Charles Benoist a corroborée et d'après laquelle l'importance de notre crise de 1789–1799 est exagérée fortement ; la révolution religieuse du seizième siècle lui paraissait avoir donné au monde une secousse beaucoup plus forte et plus importante. Mais nos convulsions du quatorzième et du quinzième siècles ne sont pas à mépriser non plus.

> Il ne jugeait pas moins absurde de tout mettre au chapitre de la discorde, comme l'a fait, dans un bien mauvais livre, Henry de Jouvenel.[309] De la cime des choses où l'on cueille le mieux la fleur de la vie, Jacques Bainville, on le verra, faisait ce calcul que, pour qu'un Français vécût en 1939, onze millions sept cent soixante-huit mille cent soixante-quatre ancêtres ont dû être mobilisés, sans remonter plus haut sur cette échelle que le règne de Louis VI dit le Gros. Cette arithmétique amusante, où les doubles emplois sont ironiquement

---

[309] *Huit cents ans de révolution française 987–1789*, publié chez Hachette en 1932. À cette date Henry de Jouvenel est ambassadeur à Rome, après avoir été tour à tour sénateur, ministre et haut-commissaire en Syrie et au Liban. Dans ce livre, cet homme de gauche qui fut le second mari de Colette défend la thèse que pendant huit siècles les classes moyennes ont tenté de prendre le pouvoir et qu'elles ont enfin pu le faire à la faveur de la Révolution.

négligés, donne d'ailleurs une fière idée de ce que remueraient les problèmes de la race si on les posait avec soin ! Mais ces nombres astronomiques ont un sens, ils comportent le règlement implicite de bien des litiges, la pacification de beaucoup de conflits ; il faut que la part de l'amour ait été plus efficace que la haine, le facteur d'entr'aide plus actif que la concurrence. Puisque, en définitive, la synthèse s'est faite et non le démembrement. Elle est là, et par elle, nous-mêmes nous sommes là ! Pour émerger ainsi de cette longue houle d'êtres vivants, que de batailles séculaires auront été coupées de plus longues trêves, la guerre et la paix alternant, pour tendre à l'harmonie des âmes et des corps ! Nul monisme rigide ne rend compte des larges vues que donnèrent à l'esprit de Bainville ces spectacles de l'histoire de la nature et des sociétés ! Mais si leurs contradictions ne sont pas irrésolues, pourquoi n'en pas tomber d'accord ? Que sert de parler et de trancher si haut ? Pourquoi ne pas sacrifier bon train des explications verbales et fautives ? Car le Faux, le Douteux, le Suspect et le Controuvé, tout ce monde indiscret d'erreurs prétentieuses, prennent trop vite le masque et la voix de l'autorité ; il importe de faire la police de ces fantômes. Cela est surtout nécessaire si l'on veut assainir et purifier les sauvages abords de l'autel reculé sur lequel le poinçon aigu du grand Sainte-Beuve inscrivit : *Le vrai, le vrai seul !* Courtois, dans sa politesse glacée, Bainville n'entendit jamais plaisanterie sur les charlatanismes du siècle. D'esprit sociable, ce diplomate-né, qui aimait le monde et y vivait volontiers, y découvrait des coins subits d'agressive férocité. Je ne vois que le courtisan, historiographe et satirique Boileau-Despréaux à lui comparer là-dessus ; une conscience, servie par des accès de rage froide, travaille au bien des hommes beaucoup mieux que les cruelles miséricordes accordées à des poisons de sucre et de miel.

La vérité, qu'il aimait tant, saura-t-elle guérir les hommes ? Bainville eût répondu, en stoïque, qu'il l'aimait bien sans cela, pour son remède spécifique aux obscurités et aux perplexités de l'esprit. Né plus sensible qu'on ne l'est à ce noble médicament (parce que son contraire, le doute, la question, était amèrement ressenti au point de le faire souffrir dans sa chair) Jacques Bainville, dont je vois encore le front parfois brouillé, les yeux contractés par la résistance des problèmes, disposait de ressources incomparables pour leur solution générale et rapide. Peu d'hommes surent mieux démêler le même dans le différent, ni mieux exterminer de la fausse *unité* une *différence réelle*. L'agilité radieuse de son esprit s'appliquait sans effort sensible, et cette course, qui se frayait ses propres voies, tenait de la trouvaille et de l'invention.

On n'oubliera pas la manière dont il explique l'un des nœuds vivants de notre histoire : ce fatal engrenage par lequel Bonaparte fut emporté de guerre en guerre, voulant s'arrêter et ne le pouvant pas, parce que, ses prédécesseurs jacobins ayant conquis la Belgique, un pouvoir révolutionnaire comme le sien n'avait pas le moyen d'abandonner cette conquête... C'est de l'histoire. Et c'est de la géométrie. Et c'est aussi du drame moral, enfin tiré au jour. Dans la lutte violente que le génie de la guerre et celui de la paix se livrèrent en lui, l'esprit de César n'en était que le théâtre, sans être en mesure d'intervenir... Bainville avait le goût de ces faits choisis qui, à leur tour, en ont choisi des milliers d'autres. Les uns sont de grande taille et d'autres tout petits, comme cette histoire du pont de Suresnes que Bainville a exhumée de Rivarol. Le pont avait été construit pendant la Fronde, en bois, et il était resté toujours en bois pour cette raison définie qu'il devait pouvoir être détruit dans l'espace d'une heure si quelque parti de Parisiens hostiles à la Cour essayait d'y passer pour atteindre Versailles. Mais, au long du siècle suivant, tout le monde avait oublié ce sage calcul, si bien qu'aux cinq et six octobre 1789, les poissardes et leurs poissards empruntèrent sans difficulté une voie expressément construite pour leur être coupée. Rivarol fait admirer tant d'incurie et de bêtise. Bainville sourit, mais il s'attache à quelque chose de plus général ; sa méditation favorite sur le rôle éminent que joue dans la marche du monde cette force d'oubli qu'il lui arrivait de personnifier dans une manière de dieu.

Les Grecs étaient moins pessimistes : « Mémoire », disaient-ils, « Mémoire et Oubli, combien de grâces vous sont dues ! Quand l'une fait durer le bon de notre vie, l'autre en emportera les chagrins ! »

Ainsi cet homme de tant d'esprit jouait-il quelquefois des causalités minuscules. Mais l'ample chœur des raisons qui distribue leur fort et leur faible aux choses humaines va reparaître à chaque instant de ces commentaires, comme à toute page des grands livres de Bainville, où le passé propose ses expériences d'une physique rationnelle, que l'intelligence a conçue et qu'a vérifiée la vie. Il ne faut pas hésiter à confesser que ces exercices supérieurs composent une haute idée de l'Esprit, car l'homme, alors, cesse de ramper ; il s'élève jusqu'aux incidences sacrées de l'universel et du contingent. Alors, et à seule condition que l'on garde son bon sens, la connaissance réelle est aiguisée, vérifiée par l'usage de la raison. Certains anciens naturalistes voulaient qu'au-dessus des minéraux, végétaux, animaux, il existât un quatrième règne de la nature qu'ils appelaient l'humain, revêtu ou paré de certains privilèges irréductibles. Mais, à leur tour, nos animaux à deux pieds sans plumes se révèlent si curieusement inégaux entre eux que l'on vient à se demander s'il ne faut pas refuser d'appeler des hommes certains esclaves de la sensation et de l'imagination romantique, ou bien si, au-dessus de ces anthropoïdes, il ne conviendrait pas de mettre à part un type d'êtres raisonnables constitués par l'Homme classique, apte à tirer des nerfs et du cœur la véritable essence d'une idée générale. N'en disons point davantage. Plus de trois cent mille intellectuels ont été massacrés en Russie pour avoir témoigné d'ambitions moins égalitaires. Cela n'empêche pas Jacques Bainville d'avoir vécu ce haut degré de perfection que réalisèrent, pour les délices du monde, les élites d'Athènes, de Rome et de Paris.

À pareil temps de l'an dernier, la ville de Vincennes entendit s'élever de la bouche de Jacques Bainville un hommage, reconnaissant et tendre, au génie paternel de son Parisis. N'est-ce que pour cela et pour des raisons personnelles qu'il avait toujours entretenu en lui, autour de lui, dans ses amitiés et sous son influence, un culte pieux et un amour violent de la langue française ? Il n'aurait point cédé à la seule piété. Il avait un désir naturel de savoir juste et beau ce qu'il aimait à fond. Ainsi excella-t-il à motiver, à éclairer, pour les augmenter, ses plaisirs. Nos écoliers réciteront un jour par cœur la page de *Jaco et Lori*[310] où sont données les raisons suprêmes. Elles apparaissent sur le marché de Rio de Janeiro, quand « l'oiseau vert et or » a la surprise d'entendre sur des lèvres de jeunes filles, des sons qui n'avaient jamais frappé ses oreilles : « Nous avions, dit l'oiseau, rencontré des hommes de divers pays. Ils parlaient des idiomes différents par le vocabulaire, semblables par une sorte de chant dû à l'accentuation de certaines syllabes, semblables aussi par des aspirations qui appelaient des efforts du gosier et des grimaces de la bouche. La parole coulait des lèvres de ces femmes sans altérer leurs traits. Leur phrase était vive, harmonieuse et nette. La musique en était comme intérieure et spirituelle et ne tenait pas à une gamme montante et descendante, mais à une intonation donnée par le sens des mots.

---

[310] Ouvrage publié en 1927.

Bref, ce langage était aussi différent des autres que peut l'être des grognements animaux la voix des oiseaux parleurs. Nous ne tardâmes pas à savoir que c'était celui des Français... »

Tout le monde peut faire un beau compliment. Mais un compliment juste ! Celui-ci, qui va droit au cœur de la langue française, en dit le premier charme et la belle vertu, qui est de ne point chanter, elle qui chante comme pas une quand elle le veut bien et qu'on lui en donne le goût ! Dans son vers, dans sa prose, c'est au seul sens d'élever la voix et de la conduire ; très légère cadence, flûte idéale qui ne peut déformer la joue de la déesse. Bien peu ont vu cette beauté rare et unique. Il était encore plus difficile de la décrire. C'est fait.

Bainville n'a cessé d'approfondir sa théorie de ce charme. Critique, grammairien, lexicographe, étymologiste, il était d'abord un amant. On verra de quel soin il a pressé et exprimé le sens exact de l'adjectif *morose* dans *délectation morose*, lequel n'a rien de triste, les casuistes le savent bien, simple signe d'une application prolongée[311], conformément à la seule bonne racine, *mora*. On verra aussi quels grands ménagements sont apportés aux sérieuses réserves que mérite la gloire surfaite de Flaubert ; certes « les grosses chevilles de bois » ne sont pas dissimulées ni excusées, non plus que le style « forgé à la sueur du front », ni l'absence de naturel, ni peut-être surtout l'affreuse rime intérieure dans *Un Cœur simple*, ce « vol des cinq sols », sur lequel[312] le sobre Bainville multiplie les constats du scandale de son horreur ! N'importe. Tout cela nous est rapporté sur un ton, bien insolite, de conciliation presque amie. Pourquoi ? Parce que Flaubert a été bon artisan, bon amoureux de la langue, notre « lecteur » ne peut

---

[311] Réflexion de Jacques Bainville issue d'une Lecture de 1929 :
> Il y a deux adjectifs morose. L'un vient de *morosus*, où le *mô* est long, et Quicherat donne cet exemple d'Horace : *canities morosa*, la vieillesse chagrine. L'autre, qu'on ne voit employé qu'avec délectation, vient de *morari* (tarder, arrêter, retenir), où le *mo* est bref. De là notre mot *moratoire*, ou *moratorium*, que tout le monde a appris en 1914 lorsque les payements ont été suspendus.

Et plus loin Bainville cite Saint-Simon qualifiant le prince de Conti de *morosij*, voulant exprimer par-là que ce personnage jovial et boute-en-train arrivait toujours en retard.

[312] De la dernière « Lecture » de 1936 avant la mort de Bainville, à propos de la dernière édition du *Gustave Flaubert* d'Albert Thibaudet.

l'oublier. Il en va de même du petit père Faguet et, pour des raisons différentes mais très voisines, de La Bruyère.

Oh ! pas d'illusions. Jamais ! « Un auteur qui est un bon auteur, brillant, mais de la seconde lignée, qui annonce les pseudo-classiques... nous avons nommé La Bruyère. » Ce goût sourcilleux ne pardonne rien. Et Bainville n'en salue pas moins avec honneur un homme du métier, qui, travaillant dans sa partie, a su y démontrer une « main d'ouvrier ».

La dernière en date de ses « Lectures » est consacrée à cet auteur. Et l'aiguillon darde au plus vif. Quelle page ! Elle m'avait vivement frappé. À peine lue, j'en avais écrit à Bainville, ce qui arrivait rarement, parce que, au bon temps, nous nous voyions tous les jours. Mais, le lendemain ou surlendemain, de mauvaises nouvelles m'étaient arrivées. On m'avait parlé d'une crise. Avant donc d'aller au journal, je passai chez lui, mais sans demander à le voir. M'entendit-il ? M'attendait-il ? Il me réclama. Je le trouvai dans cet étroit petit lit qui devait recevoir l'empreinte de son dernier mouvement. Comment oublierai-je le profil si pareil, ce soir-là, à la belle gravure de Girieud, et découpant entre les pointes de l'oreiller, son mince trait décharné, simple signe du pur esprit, que fonçait, d'une ombre légère le magnifique mouvement de la chevelure, à peine ternie par l'âge moins que par le mal... Quelque dix-huit heures plus tard, j'allais assister à l'assaut de l'agonie finale, défaite et défense de tant de vigueur !... Tout semblait résister encore. Seule la voix, naturellement un peu sourde, avait faibli. Non la volonté. Non la pensée. Il voulait me répondre sur La Bruyère, les ancêtres de La Bruyère, et, parlant seul, d'affilée, sans une question qui l'interrompît de ma part, avec la liquidité et la limpidité d'un flot de cristal. Politique de la Bruyère, psychologie de cette politique ; la physiologie, peut-être, de ce fond secret d'opposant. L'aveu du côté peuple avait retenu Bainville. Il s'était reporté à la famille, aux traditions, à l'éducation probable ; un aïeul républicain catholique, l'un des Seize de la Ligue, obligé de sortir du royaume pour se dérober aux premières représailles, un foyer fondé hors de France... Faits, dates, citations textuelles coulaient dans un ordre parfait. Madame Jacques Bainville avait la bonté de tout me redire ; pour un mot oublié, qu'il eût lui-même mal choisi ou articulé de travers, ce prodigieux malade, ce mourant inouï rectifiait ou complétait. J'étais glacé par l'épouvante du pénible effort que rien ne nécessitait, et qu'au surplus rien n'avait trahi. Ce monologue sur La Bruyère dura près d'un quart d'heure.

L'admiration faisait trouver le temps trop court. L'angoisse l'allongeait effroyablement. Lui, alla jusqu'au bout. Il épancha toute la veine merveilleuse : critique, politique, moraliste, historien. Je mourais d'inquiétude. Il se tut. Je me retrouvai ivre d'espoir.

— À demain, dis-je.

Nous n'avons pas eu de demain.

# Le Nationalisme français et le Nationalisme allemand

1937

# I Les Encycliques

On ne saurait trop le dire, les deux dernières encycliques[313] sont des événements. La condamnation du communisme va contribuer puissamment à rétablir une unité profonde entre les défenseurs de l'ordre, et dans l'état présent du monde il n'y a rien de plus désirable.

La condamnation, formelle et directe, de l'hitlérisme apporte enfin le trait de lumière souhaité aux esprits qui hésitaient sur les terrains vagues du nationalisme modéré ou du nationalisme exagéré, ces adjectifs qualificatifs n'ayant dit rien de net à personne, sinon que le premier était licite et le second interdit. Comment, jusqu'ici, se débrouiller là-dedans ?

On sait maintenant ce qui est interdit, c'est l'hitlérisme, c'est le germanisme d'Hitler, c'est la métaphysique religieuse du sol et du sang.

Il ne s'agit pas de renier sa race ni sa patrie. Il s'agit de distinguer entre des notions morales, des sentiments naturels, des idées humaines et ce qui fait l'objet d'une sorte de monothéisme historique, temporel et terrestre tout à fait aberrant.

# II Trente ans avant Hitler

Les Français qui, par comparaison à l'hitlérisme, voudront s'informer de la véritable nature du nationalisme de leur pays ont à leur disposition des textes décisifs.

Qu'ils ouvrent, tout d'abord, l'avant-dernier livre de Jacques Bainville, si précieux, *Lectures*[314], à la page 220. Ils liront :

---

[313] Encyclique *Divini Redemptoris* sur le communisme (19 mars 1937) et encyclique *Mit Brennender Sorge* sur la situation de l'Église catholique dans l'empire allemand (14 mars 1937), de Sa Sainteté le Pape Pie XI.

[314] L'article repris dans *Lectures* est une note publiée par Jacques Bainville en 1933, peu après la prise de pouvoir par Hitler, sous le titre *Prestige de la pensée allemande*. En voici les principaux extraits :

> Le numéro de la *Nouvelle Revue française* consacré aux doctrines nationales-socialistes est hautement significatif, par lui-même et par son seul contenu. D'emblée, l'idéologie hitlérienne trouve une audience, est accueillie avec un désir d'étude, avec un sérieux que l'idéologie mussolinienne n'a pas eus. Pourquoi ? C'est vous qui l'avez dit. Parce que Hitler est allemand. Il n'y a pas de doute. L'ironie française s'en est

donné à cœur joie des faisceaux, des chemises noires, du salut à la romaine et du déguisement de César. Le bel Adolphe, le peintre en bâtiment beau parleur a été raillé tant qu'il n'a été qu'un chef de bande, un énergumène de réunion publique. D'ailleurs, les Français refusaient de croire que trois hommes réunis un jour autour d'une table de brasserie et jurant de sauver leur pays pussent réussir (...)
En dépit des haussements d'épaules, Hitler est devenu le maître. Tout change. La légèreté fait place à une gravité émue, déjà parente de la sympathie. Le national-socialisme n'est plus une mascarade de chemises brunes. C'est une philosophie. Et puisqu'elle est allemande, elle ne peut être superficielle. Il faut qu'elle aille aux racines de l'être.
Nous n'en sommes que là encore. C'est pourtant très différent déjà de la vogue du bolchévisme (...) Le national-socialisme est examiné dans un autre esprit qui permet de déceler chez lui une attraction naissante. On lui trouve des profondeurs de pensée. Pourquoi ? Répétons-le : parce qu'il est germanique et qu'il faut que tout ce qui est germanique soit pensé.
Les éléments de la doctrine hitlérienne, à l'analyse, sont pourtant pauvres. Il n'y a rien chez elle qui ne soit connu et même que des livres français n'aient fourni. Gobineau est à la source du racisme. Le ministre hitlérien de l'instruction publique a cité l'autre jour comme une bible le livre d'un professeur d'anthropologie à la Faculté de Rennes, Vacher de Lapouge. Je me rappelle très bien que ce livre, *L'Aryen, son rôle social*, avait paru dans les environs de l'année 1900 et que Charles Maurras avait mis le très jeune lecteur que j'étais en garde contre ces rêveries de race pure. Un autre élément du national-socialisme c'est une sorte de naturisme, d'âge d'or agricole, d'artisanat élevé sur les débris des machines. C'est même en cela et par son refus d'accepter la conception matérialiste de l'histoire que ce socialisme est anti-marxiste. Mais qu'est-ce, sinon du Rousseau et George Sand, peut-être seulement remis à la mode de Gandhi et de son rouet ?
Oui, mais ces vieilleries, ces pauvretés sont dites sur le ton qui fait la musique, une musique allemande sur laquelle tant d'esprits français aiment à s'envoler. La germanophilie de deux générations dont l'étrange Lucien Herr est digne de rester comme le témoin nous a valu la diffusion en France d'un socialisme conçu en Allemagne. Par elle, Karl Marx a été préféré à nos propres utopistes, à ce Proudhon qui était si fortement du cru. Chose remarquable, elle avait toute entière versé de ce côté-là, après le coup rude de 1870 qui avait effacé l'image des Hohenzollern, despotes éclairés et libéraux, chers aux germanophiles depuis Frédéric. Renan lui-même, quelque temps, n'avait-il pas vu dans les militaires et dans les hobereaux prussiens des types d'humanité supérieure ? Peut-être, même après sa célèbre lettre au docteur Strauss, n'en était-il pas tout à fait revenu. Mais enfin il n'y a jamais eu de Français formé à l'admiration de l'Allemagne qui aient adopté Treitschke et les philosophes du bismarckisme. Au germanisme, c'était le socialisme qui servait de véhicule.
Le grand souffle hitlérien a renversé Karl Marx et Kant. La social-démocratie a disparu en un jour comme une poussière. Est-il sûr que le goût du germanisme se soit éteint en France ? Est-il sûr que, faute d'aliment, ce n'est pas vers les doctrines des nazis qu'il se tournera ? (...) (n.d.é.)

Le ministre hitlérien de l'instruction publique a cité l'autre jour comme une Bible le livre d'un professeur d'anthropologie à la Faculté de Rennes, Vacher de Lapouge. Je me rappelle très bien que ce livre, *L'Aryen, son rôle social*, avait paru dans les environs de l'année 1900, et que Charles Maurras avait mis le très jeune lecteur que j'étais en garde contre ces rêveries de race pure.

Bainville écrit dans la même page :

*Gobineau est à la source du racisme.*

Si, donc, les fondateurs du Nationalisme français avaient eu le moindre penchant pour ces basses sottises, Bainville l'observe avec raison, les livres français y auraient abondamment pourvu. On avait la bible, la source. Et l'on était à l'origine du mouvement ; la liberté de direction, la liberté de choix étaient absolues pour nos amis.

Écoutez-les parler de M. de Gobineau, dès les premières années du XXe siècle :

> Analysant un livre ingénieux et pénétrant que M. Seillière[315] a consacré au comte de Gobineau, M. Paul-Boncour a remarqué à différentes reprises que je ne me référais point à la doctrine de l'*Essai sur l'inégalité des races humaines*.
> M. Paul-Boncour m'en a demandé la raison.
> Elle est très simple. Je n'admets pas cette doctrine.

Telles sont les premières lignes de la page 1 de mon récent *Devant l'Allemagne éternelle*.[316]

Plus loin, étudiant un livre fort intéressant d'un disciple très original de Gobineau, et, selon nous, bien supérieur au maître, le comte de Leusse[317],

---

[315] *Le comte de Gobineau et l'aryanisme historique*, livre publié en 1903 par Ernest Seillière (1866–1955) aux éditions Plon. (n.d.é.)

[316] Ouvrage publié en 1937, quelques mois avant le présent article. (n.d.é.)

[317] Il s'agit du comte Paul de Leusse (1835–1906), châtelain et maire de Reichshoffen sous le Second Empire, et non de son fils, plus connu, Jean de Leusse (1867–1963), lequel réintégra Reichshoffen en 1918 et en fut député, puis sénateur, pendant toute l'entre-deux-guerres. L'ouvrage de Paul de Leusse qu'évoque Maurras a paru en 1899 sous le titre *Études d'histoire ethnique depuis les temps préhistoriques jusqu'au commencement de la Renaissance*. (n.d.é.)

j'écrivais, et ce compte rendu de cette « lecture orageuse » est vieux de plus de trente ans :

> ... J'ai, pour mon compte, toujours pris garde de séparer les réflexions sur l'hérédité politique et économique d'avec ces généralisations vagues, aventureuses et captieuses sur la stricte hérédité physiologique.
>
> Une aristocratie peut être formée de sangs assez divers et, ce nonobstant, accomplir toutes ses fonctions les plus hautes, si d'autres conditions s'y prêtent favorablement. Il y a aux débuts de l'histoire de France une aristocratie franque, une aristocratie scandinave, une aristocratie gallo-romaine.[318] Toutes trois, surtout la première et la dernière, ont concouru à l'admirable système féodal. Ont-elles été inférieures dans ce rôle à l'aristocratie teutonique ou mieux à l'aristocratie danoise, qui, pour M. de Leusse, représentent une veine plus pure du sang des « Aryans » ?...
>
> ... Nous savons qu'un État ne peut être prospère sans un pouvoir héréditaire, ou simple ou collectif, résidant dans une dynastie ou dans une aristocratie ; nous le savons, parce que nous savons pourquoi cela est. Mais nous ne pouvons pas dire que nous sachions que ces races régnantes ou gouvernantes régneront et gouverneront d'autant mieux qu'elles seront plus pures. S'il n'y avait qu'une race supérieure, on comprendrait que tout mélange l'abâtardit ; mais, aux époques historiques, quand les races sont en présence, c'est une question de savoir s'il y a des premiers et quels sont les premiers !...
>
> Un critique malin et qui aurait le temps de contenter sa malignité aurait à détacher des *Études d'histoire ethnique* plus d'une ligne assez plaisante, toutes les fois que M. de Leusse est forcé d'enlever quelque vertu à ses chers Germains ou de faire sur leur dos quelque concession. En un endroit où le conflit se montre entre l'humilité chrétienne et l'impertinence germaine, ce chrétien fervent ose parler d'un ton presque piqué du christianisme. Arrivé à l'époque de la Réforme, ce catholique résolu écrit qu'il n'en parlera point.

---

[318] Tout au long de sa vie Maurras n'aura de cesse de rappeler cette croyance tenace dénoncée par Fustel de Coulanges, selon laquelle la noblesse française serait d'origine franque alors que les roturiers seraient descendants des Gallo-Romains, et d'en moquer la naïve absurdité. (n.d.é.)

> « C'est par parti-pris, déclare-t-il, et pour des raisons dont je n'ai à rendre compte à personne que je ne traite pas dans mon travail la question de la Réforme de Luther. » Si les *Aryas* sont la fleur du monde et si les Germains sont eux-mêmes la fleur de l'*Arya*, il semble, en effet, difficile d'expliquer que ces êtres supérieurs aient mis toute leur âme à se couper d'avec la chrétienté entière et à détruire l'admirable unité catholique.

Car c'est un autre caractère distinctif du Nationalisme français ; il est fort éloigné de présenter la nécessité pratique et moderne du cadre national rigide comme un progrès dans l'histoire du monde ou comme un postulat philosophique et juridique absolu. Il voit au contraire dans la nation une très fâcheuse dégradation de l'unité médiévale. Il ne cesse pas d'exprimer un regret profond de l'unité humaine représentée par la République chrétienne.

On en trouvait une formule, parfaitement nette, dans la déclaration de novembre 1899 qui servit de départ au mouvement des idées de l'Action Française ; ce dont Fichte et ses successeurs ont fait gloire aux siècles nouveaux, nos amis ont déclaré en porter le deuil. En d'autres termes, ce qui, dans le Nationalisme français, a été une mise en garde indispensable contre la rigueur des temps, était au contraire, dans le Nationalisme allemand, présenté, constitué et systématisé comme un bien en soi.

Au nationalisme officiel des Allemands nous avons opposé une doctrine de défense, comme il le fallait bien, à moins de tout livrer, de tout sacrifier, au pire, foyers, autels, tombeaux, la haute humanité.

En défendant la France, en préservant de nos mains étendues « le flambeau de l'esprit » de notre nation, ce sont des biens traditionnels, éternels, universels que nous avons travaillé à défendre. Plusieurs de nos compatriotes ont pu s'y tromper ; leur erreur (il faut le noter) n'a pas été commise par un Allemand intelligent et cultivé, M. Ernst Curtius[319], qui a vu clairement quel « schisme » nous reprochions à l'Allemagne et comment la cause de l'intérêt français coïncide, point par point, ligne à ligne, avec le génie d'une civilisation pure et libre des conditions de temps et de lieux.

---

[319] Ernst Robert Curtius (1886–1956), né à Thann, auteur en 1931 de l'ouvrage *Die französische Kultur*, et non son grand-père bien plus connu, l'archéologue Ernst Curtius (1814–1896). Voir à ce sujet la note 31 de notre édition de *Dante et Mistral*. (n.d.é.)

Volume VI – Chemin de paradis

# Plus que jamais...
# Politique d'abord !

## 1937

# *Introduction de* L'Étudiant français[320]

*I*l est de vieilles vérités qui ne dépendent de personne. Elles s'imposent à tous. L'Action française les a fortement établies ; elle a montré que, à les méconnaître, c'est à soi-même que l'on faisait d'abord du mal.

La monarchie en France est le moyen nécessaire de l'ordre, du progrès, et, par conséquent, des réformes réelles, de toutes celles qui ne sont pas des trompe-l'œil.

Ordre social, ordre national, ordre économique et moral, il y faut d'abord la monarchie installée, le roi régnant et gouvernant.

Qui renverse cet ordre se moque du public et tue la propagande.

Que, au surplus, ce renversement de l'ordre des facteurs naturels puisse être l'œuvre de royalistes, il y a de quoi en tirer des réflexions assez amères ; car, si l'ordre et la conservation, le progrès et les réformes, la satisfaction des travailleurs et les nécessités générales de la production étaient réalisables en démocratie républicaine, la monarchie ne servirait plus à rien et les royalistes ne proposeraient plus au pays qu'un ornement inutile, parasitique et coûteux.

Toute application réelle d'un programme social sérieux comporte donc d'abord *une réorganisation politique* réelle *ayant éliminé la démocratie et rétabli* en fait *la monarchie*.

*Politique d'abord.*

Le véritable fondateur de la doctrine sociale catholique, le marquis de la Tour du Pin, avait un moment douté de la priorité du Politique :

C'était en 1892, quand les instructions pontificales conseillaient le ralliement à la République. Mais la réflexion et l'expérience détournèrent la Tour du Pin ; elles lui firent voir et toucher du doigt l'erreur de son doute transitoire. Le 21 janvier 1909, il écrivait à Charles Maurras : « J'aperçois dans votre œuvre, et dans elle seulement, la voie du salut bien repérée. »

Enseignement auquel il est indispensable de se référer aujourd'hui. Aujourd'hui, en effet, quelques sots, manoeuvrés par des intrigants suspects, prônent une « propagande sociale » qu'ils opposent au « Politique d'abord ».

— Sans doute, disent-ils, « Politique d'abord » est une bonne position doctrinale, mais dans la pratique doit lui être substituée une savante propagande

---

[320] Nous reproduisons notre texte à partir du numéro de *L'Étudiant français* daté du 25 avril 1937, où il est précédé d'une introduction, sous le titre « Plus que jamais... Politique d'abord ». Nous la reproduisons ici en italique. La lettre de Maurras elle-même est sous-titrée dans *L'Étudiant français* « Lettre de Charles Maurras à un de ses amis ». *Les notes sont imputables aux éditeurs.*

*« sociale » en vue d'atteindre les « masses », fin du fin, suprême objectif des habiles !*

*Question de tactique, de manœuvre encore, ajoutent ces malins ; et, ce faisant, assurent ces messieurs, s'ils ne sont plus d'accord avec l'Action française, ils sont fidèles au « maurrassisme ».*

*Le « maurrassisme » a bon dos, mais Charles Maurras ne se laisse pas grimper sur l'échine.*

*Nous avons la bonne fortune de pouvoir publier la lettre que, voici deux mois, Charles Maurras adressait à un ami ; cet exposé familier, tout de bons sens, d'expérience et de calcul rationnel, fera peut-être réfléchir.*

*L'Étudiant français.*

Mon cher ami,

Votre lettre et celle de M. X... me causent surtout de l'étonnement.

Ne me prenez pas pour un adversaire de la Corporation. J'ai été un des premiers à tenter de la mettre à la mode.

Quand personne n'en parlait plus, j'ai été le premier à mesurer le parti que l'on peut et que l'on doit en tirer, et l'effet que l'exposé de ce régime produit sur certains auditoires, les uns populaires, les autres bourgeois.

Mais je sais aussi par expérience ce que *l'on ne peut pas* en tirer. Tant que la révolution royaliste n'est pas faite, *tant que le roi n'est pas l'État*, le groupement professionnel est très limité dans ses effets, quand il n'est pas un simple adjuvant à l'action politique. Encore ne peut-il pas convenir et ajouter à tous les genres d'action.

Au fond, il n'y a pas d'illusion à se faire, la propagande corporative est surtout une affaire d'élite — d'élite ouvrière, d'élite rurale — plus que de peuple, plus que de « masses ». Si l'on s'y trompe, on se prépare d'étonnantes surprises !

Mais les plus étonnés devront être les hommes de mon âge qui ont vu la même méprise naître, grandir, donner lieu à un écho éclatant, puis ce fiasco ne servir de rien, ayant été totalement oublié !

Car enfin, Z... peut être éloquent, il ne l'est pas autant que M. de Mun, et son éloquence ne vaut pas celle de l'Église, qui, d'ailleurs, était *tout entière* derrière M. de Mun. Vous avez certainement entendu parler des Cercles catholiques d'ouvriers. Beaux départs ! fanfares ! discours ! sermons ! bénédictions ! Adhésions de socialistes révolutionnaires comme vous en avez eu ces temps-ci ! Fête et refête de la corporation — simples déjeuners de soleil ! Quelques saisons en ont vu la fin. Pourquoi ? Parce qu'il était matériellement impossible de *réaliser* la corporation en République. Le bon ouvrier, le bon patron, ont été déçus, et vite !

Les uns ont filé, les autres ont passé à la démocratie chrétienne, aux abbés démocrates, à ce catholicisme révolutionnaire qui a désespéré les derniers jours de M. de Mun. Un abbé qui l'horripilait, l'abbé Naudet[321], tenait un journal rouge-rouge qui s'appelait *La Justice sociale*... Il a fait tous les communistes qu'il a voulus ; les Florimond Bonte[322] ont pullulé de ce côté.

Encore une fois, ceux qui, comme Z..., se prétendent les hommes de l'avenir, devraient connaître le passé pour ne pas recommencer des vieilleries archi-condamnées par l'expérience.

Et ce n'est pas sur ce plan ridicule que l'Action française eût réussi à opérer la renaissance de l'idée monarchiste !

Ce qu'il y a de plus fort et même de plus violent dans cette *tentative de déraisonnement,* c'est le moment choisi. Un moment où chacun risque de s'éveiller assassiné dans son lit, ou entouré des flammes de l'incendie de sa maison ; alors qu'il faudrait passer tout son temps à aiguiser et à redire le « Politique d'abord » ; quand il faudrait se donner tout entier à l'organisation locale et régionale de l'auto-défense, en liaison *réglée* avec tous les nationaux, nous efforçant de leur donner notre âme et notre cœur (comme on le fait déjà bien à L., à M., à N. par exemple), quand il faudrait se dire tous les matins, tous les soirs, la mise en garde régulière contre la *révolution* et contre la *guerre,* il serait démence pure d'aller prêcher, comme Z..., l'empêtrement et l'enlisement dans le corporatif et dans le social !

---

[321] Paul Naudet (1859–1929), l'une des figures importantes de la démocratie-chrétienne à l'époque.
[322] Florimond Bonte (1890–1977) est emblématique de ce que dénonce ici Maurras, puisqu'il fut successivement militant démocrate-chrétien, puis socialiste, pour se retrouver, mené par ses préoccupations sociales, au Parti communiste français en 1920. Dirigeant de la Fédération du Nord, il est membre du Comité central et du Bureau politique. Déchu de son mandat de député en février 1940, il est emprisonné en France puis en Algérie. Libéré en mai 1943, il est nommé en novembre de la même année, par le général De Gaulle, à l'Assemblée consultative provisoire où il est l'un des représentants du groupe communiste. Il assure également des fonctions importantes au sein de la presse communiste. Après guerre, il redevient député PCF de la Seine jusqu'en 1958.

Le plus fort, c'est que je lis avec vous dans la lettre de X., le blâme au colonel de La Rocque ! Mais c'est le programme du colonel de la Rocque que Z. va chercher !

L'œuvre du fameux colonel a consisté, pendant trois ans : 1° à retirer de la rue, de la politique active et militante, du « politique d'abord », quelques centaines de milliers de bons Français ; 2° à les jeter dans le *social ;* pour les noyer (bientôt) dans l'électoral qui viendra aussi pour Z. comme il est venu pour La Rocque !

C'est fou, fou, fou.

La situation est *sérieuse*, elle est *grave*, et c'est un langage *grave* et *sérieux*, tel que l'Action française le donne, que le pays veut entendre. Ce qu'il y a de *masses* populaires avec nous, et il y en a beaucoup, n'a pas besoin qu'on lui démontre la nécessité *d'élites* pour les encadrer et les conduire, *les empêcher de partir sur un faux signal,* les grouper et les commander *au bon moment*. Jamais il n'a été plus nécessaire de se retrouver auprès de chefs éprouvés.

Jamais d'ailleurs, les désordres de la démagogie oratoire n'ont eu moins de chances de succès pour un programme comme le nôtre, national et royal. La preuve suit :

Il faut voir les masses d'abord comme elles *sont*, puis comme elles *seront*.

Comme elles sont : on leur a donné depuis dix mois beaucoup de choses : des salaires nominalement plus élevés, des congés, des promesses nouvelles. Tant que cet état de demi-contentement et de demi-espérance durera, il est ridicule de courir derrière les masses en leur faisant des offres de sous-enchère.

On leur a donné un cochon entier et vous leur proposez une tranche de jambon ! Elles rient et riront, et, ma foi, de leur point de vue, elles auront raison de se ficher de vous !

Elles ont reçu cent francs en acompte sur mille qu'elles espèrent encore recevoir. Vous vous frappez la poitrine en vous déclarant leur seul véritable ami, mais en leur donnant deux sous et en leur en promettant dix : là encore la démarche fera rire de vous !

Sur ce terrain, pour le moment, le Blum est imbattable. Si vous voulez le battre, attaquez-le sur un autre terrain : par exemple *la guerre qu'il prépare*. Là, sauf quelques milliers de syndicalistes fanatisés, l'immense majorité veut la paix. Là vous pouvez avoir Blum. Mais la paix, c'est du politique, ce n'est pas du social. L'action sociale, telle que *nous* pouvons la mener, n'aura jamais été plus inefficace, *auprès des masses*, qu'en ce moment.

Mais voyons les masses telles qu'elles seront d'ici quelques temps, quand les sottises financières auront opéré et que la déception sera venue, *totale et presque unanime*. Il faut pour cela que Blum ne soit pas parvenu à esquiver ses responsabilités et à les rejeter sur les bourgeois. Je crois qu'il y échouera, en effet. Mais alors, si ce moment de juste colère du peuple se produit, nous aurons autre chose à faire qu'à *prêcher* la corporation, nous aurons à la *faire* après avoir fait la monarchie, qui en est la condition.

Nous ferons la monarchie par l'action politique sur les masses furieuses contre ceux qui les ont trompées ou trahies, et la monarchie récompensera les masses de leur concours en leur donnant la corporation.

Mais, au nom du ciel, ne mettons pas la charrue avant les bœufs et ne nous figurons pas que le tableau de l'idylle corporative, la peinture du bonheur corporatif à venir, soit un moyen d'action bien puissant et bien pénétrant ! Parlons-en, certes. Ne nous figurons pas qu'il y ait là le « Sésame ouvre-toi » de l'heure et du jour !

Je vois que l'anarchie des nationalistes de... inquiète nos amis X. et Y. Ils ont bien raison en effet. C'est le mal courant, sensible partout. Mais pour guérir[323] le pays d'un rhume, même grave, ne lui donnons ni la peste ni le choléra ! et l'intempestif recours aux orgeats et aux guimauves du « social » est plus redoutable que la peste et le choléra. Pourquoi ? *Parce que c'est un abandon de terrain !* Du terrain politique et des victoires qu'il permet.

Je conclus :

Toutes les *études* sociales du monde ! Toutes les études corporatives ! Et tant qu'on voudra ! Et encore ! Et toujours ! Elles peuvent prendre, chemin faisant, d'utiles services. Mais ce sont des *études*. Que l'étude soit sociale !

Mais l'action doit être politique, et j'oserais dire, maintenant, non plus *politique d'abord*, mais *politique uniquement*.

Que l'on ne voie pas cela aujourd'hui, c'est à crier de douleur ! Surtout que l'on ne sente pas que tous les souffles policiers du régime tendent à nous précipiter dans une fausse direction, il faut être un orateur à tête légère, et encore plus légère que celle de la plupart des orateurs « sociaux » pour faire honnêtement la besogne de Z.

---

[323] Notre texte porte ici le verbe *conquérir*, qui ne semble pas avoir grand sens dans la phrase. Lapsus ? erreur de retranscription ? — on sait combien l'écriture manuscrite de Maurras était difficile. Nous lui substituons *guérir*, plus vraisemblable.

À moins que ce ne soit moi qui radote et qui, en prison, aie laissé moisir le principe du « maurrassisme »... Cependant, là, je suis assez tranquille ! Car il n'y a pas de « maurrassisme », il n'y a que du bon sens. Comme il n'y a pas de « monarchie maurrassienne » ainsi que le croit X., il y a la monarchie tout court, seul moyen de parer à la culbute définitive de la Patrie, mais une monarchie réelle, et non sur le papier ou dans la bouche d'orateurs tourneboulés et tourneboulants.

Je n'ai eu, quant à moi, jamais qu'une ambition : cette monarchie. Pour la faire ? Non ! Pas même ! *Pour la voir.* La voir faite, par de plus habiles, de plus heureux et de plus forts que moi. Mais je ne veux pas voir défaite, je ne veux pas voir défaite l'œuvre de 40 ans par un petit groupe d'idiots qui retournent, sans même le savoir, à tous les plus abjects vomissements de 1875 et de 1885. Je ne veux pas voir détruite l'œuvre de notre vie et j'ai le devoir de mettre nos amis en garde contre cette destruction où l'imbécillité n'a pas moins (mais pas plus) de part que la canaillerie.

La France peut se réveiller un de ces matins dans un cercle de massacres et d'incendies auprès desquels ceux de la Commune n'auront été que de la Saint-Jean ! Mais, soit en avant de cette catastrophe, soit après, *les chances de la monarchie ne font que monter.* Qui donc a intérêt à les faire descendre ? Qui ? Je ne crois pas à avoir à donner l'adresse du no 11 de la rue des Saussaies, ni du no 79 de la rue de Grenelle.[324]

J'ai refusé de voir Navachine.[325] Tel des mais de Z. et du fameux colonel n'en pourraient pas dire autant.

Puissent ces derniers mots éclairer vos amis sur les formidables périls auxquels les exposent le verbiage, en apparence innocent, d'hommes sans réflexion, sans information, sans relation, sans expérience, comme Z. et ses pareils. Ce dont ils font le jeu dans l'ombre s'appelle la Police, la Révolution, l'Étranger.

Le nationalisme intégral continue. Du point de vue de l'intelligence comme du point de vue de l'action, il faut choisir entre la trahison et nous.

---

[324] *11, rue des Saussaies :* alors l'une des adresses principales du ministère de l'Intérieur, elle abritait entre autres la Sûreté générale ; *79, rue de Grenelle :* l'Hôtel d'Estrées, qui abritait l'ambassade d'Union soviétique.

[325] Dimitri Navachine (1889–1937), journaliste et économiste russe, représentant officieux de l'U.R.S.S. auprès des milieux d'affaires parisiens, directeur de la Banque commerciale pour l'Europe du Nord de 1925 à 1930 et ami personnel du ministre Anatole de Monzie, lequel fit reconnaître l'U.R.S.S. par la France et négocia le remboursement, très avantageux pour l'Union soviétique, de l'emprunt russe. Il avait été assassiné par la Cagoule le 23 janvier 1937.

Ce n'est pas en trahissant la Nation, la Doctrine, l'Ordre, le bon sens, que de faux monarchistes avanceront les affaires de la Monarchie.
Amitiés.

Charles Maurras.

# Discours de réception à l'Académie française

1939

*M. Charles Maurras ayant été élu par l'Académie française à la place laissée vacante par la mort de M. Henri-Robert[326], y est venu prendre place le 8 juin 1939 et a prononcé le discours suivant :*

Messieurs,
En raison même du très grand honneur que j'ai reçu de vous, permettez-moi de faire précéder mon remerciement de ce qui le motive : l'émotion du plus vif des étonnements.

Votre règlement peut défendre à un simple récipiendaire de déclarer l'admiration que lui inspirent ses collègues vivants, rien ne lui interdit d'exprimer ce qui le prend au cœur lorsque, de sa place nouvelle, devant la rangée illustre des fauteuils légendaires, il voit aussi se relever et flotter dans votre air tant de belles et chères ombres de conseillers, de maîtres, de compagnons, d'amis : Jacques Bainville, Paul Bourget, Maurice Barrès, Anatole France, Jules Lemaitre. Pour les uns, les traces de l'action vivante brûlent encore, et tous nous ont laissé leur souvenir florissant. Ils sont encore là pour nos cœurs et nos yeux. Près d'eux, il convient de le dire, je revois les deux hommes qui furent nos communs initiateurs à la vie de l'esprit : écoutés, rejetés, repris, quittés, toujours présents et discutés au fond de nous, M. Taine, M. Renan. Du moins les avions-nous entrevus dans notre jeunesse ! Au contraire, de trop grandes différences d'âge nous avaient empêchés de rejoindre trois autres bons pasteurs de notre pensée : ce vaste Sainte-Beuve, le plus pénétrant et le plus complet des esprits ; Bonald, le précurseur en tant de matières, et qui fut si mal entendu ; enfin, le plus grand de tous, le malheureux, magnifique et mélodieux Lamartine, en qui il faut bien saluer, comme le fit Mistral, une source puissante de poésie céleste. À me dire et à me redire qu'ils ont été de cette assemblée, toujours pareille et nouvelle, je sens bien qu'ils y sont encore.

Le même pieux mouvement porte plus loin, plus haut et finit par me faire revoir, parmi vous et les vôtres, le premier cortège des pères de nos lettres et de notre art, celui qui va et vient de Racine à La Fontaine ou de Corneille à Bossuet... Merveilleuse réunion de morts immortels ! Devant elle, rien ne peut plus nous séparer de nos racines et de nos raisons.

---

[326] Henri-Robert, 1863–1936, avocat et historien. Enfant naturel, il reçoit les prénoms de baptême Robert Henri, mais il adoptera plus tard le nom composé Henri-Robert, le plus souvent écrit avec un trait d'union. (n.d.é.)

J'entends par là que, près de vous, Messieurs, doit naturellement s'effacer un certain goût de séparation, de division, de schisme, qui est le mal de notre temps. Ici, l'on ne peut plus renvoyer le Génie au désert ni lui assigner pour ennemie la Société. La preuve du contraire est trop bien établie aux lieux où se déploient les plus hautes facultés personnelles, mais où se donnent cours les plaisirs et les forces du lien social. Ainsi le veut la nature quand elle est saine : un être exceptionnel, capable de créer quelque pensée ou quelque chant, se sentira toujours pressé du désir de rencontrer des êtres de son âge et de son métier, pour leur communiquer ses projets et ses rêves, leur montrer ses premiers essais ou délibérer avec eux des règles saintes de la langue ou des honneurs de quelque beau style nouveau. Il n'y a rien de plus humain, les ermites eux-mêmes éprouvaient le désir de se visiter. Ce que tout homme a de plus secrètement « sien » doit se développer au contact délicieux d'esprits fraternels. Les poètes en sont témoins comme les philosophes et les savants. Ronsard eut sa Brigade. Le Moyen Âge avait connu de tels rassemblements, au nord et au sud de la Loire. Il en fut de même sur l'Arno, jadis, pour le « cercle de Dante » avec Brunet Latin, Cino de Pistoie, Guide Cavalcant. De même, de nos jours, le subtil et savant Carducci travaillait en « équipe » avec sa *Société des amis pédants*. Telle est non la contrainte, mais la joie de l'entr'aide. Celui qui sait, trouve plaisir à enseigner ; celui qui veut savoir, à interroger. Cela est vrai du vieil Homère au jeune Moréas, d'Aristote et Platon à Descartes et aux derniers élèves de Comte.

... Mais quel tumulte de grands noms ! ils accourent d'eux-mêmes dans l'esprit de quiconque se trouve convié par votre Compagnie : aussi ne peut-il se défendre d'une confusion accablante, et la leçon de fière humilité qui s'en dégage est aggravée encore si la pensée s'arrête à un autre caractère essentiel de l'Académie.

Car elle semble avoir été fondée surtout pour marquer le point, un point précis et éminent, auquel les meilleurs de nos politiques ont voulu que fussent placées et estimées, chez nous, les valeurs de l'esprit. Quelle estime ? Quelle place ? Vos fondateurs ont répondu que c'étaient les premières. Le Cardinal, son Roi, nos Rois ont pris les mesures utiles pour que les bons serviteurs des Lettres françaises fussent logés non loin des sommets de l'État pour y rencontrer toute la fleur de la Nation : dignités de la religion, distinctions de la naissance, grandes charges civiles, splendeurs incomparées de la victoire militaire, ce qui vient du passé, ce que la vie contemporaine unit d'intense et de brillant... On demandait un jour à l'un de vos collègues de quel droit vous portiez l'épée... — *Sans doute, répondit l historien-poète, de ce qu un Roi de France aura voulu égaler de simples clercs aux plus grands seigneurs du royaume...* Et quand même l'histoire en rapporterait le mérite à la Restauration, au Consulat ou au Directoire, c'est toujours à une véritable Pairie que tendait, de sa nature et par son esprit, la fondation commune de ce Richelieu et de ce grand Roi que l'on serait bien sot de se figurer comme d'augustes momies emmaillottées d'une tradition.

Non, non, la vie ardente qui les anime donne une attention forte à tout ce qu'ils voient naître autour d'eux. De là leur intention de délivrer son titre de noblesse à toute pensée nouvelle : de ce cabaret de banlieue où se tient la belle école des poètes de 1660, la voilà convoquée au Louvre, dans le palais du Roi.

Je n'invente rien. Esclave de l'histoire, je dois mesurer la hauteur à laquelle accède, en un tel jour, le moindre de vos élus. Telle est la puissance de votre choix, et l'heureux bénéficiaire commence par être tenté de se sauver au fond d'une Thébaïde ou de quelque Carmel. Comme dans la tragédie, il se murmure : « où suis-je ? » tant se mêlent en lui les surprises et les pudeurs ! Peut-être aussi que, malgré tout, il voudrait imiter cette *Vergognosa* de Pise qui cache ses yeux dans sa main et qui l'entr'ouvre de deux doigts pour avoir quelque chose du plaisir que tout lui défend. Mais, puisque voilà confessé ce plaisir ou plutôt cette grande joie de l'immense honneur qui m'est fait, le meilleur n'est-il pas de vous dire, en toute bonhomie, le plus simple et le plus ému des *merci*. S'il a tardé, je m'en excuse ; le définir serait difficile, l'expliquer serait vain.

Mais je dois aborder une autre complication inhérente à ma tâche aujourd'hui. Elle est liée à l'expression des tristes regrets de l'Éloge funèbre. Vous avez bien voulu m'appeler au siège d'un homme éminent et bon, spirituel et passionne, homme d'action, de réflexion et d'éloquence, qui, de son vivant, a joui de la plus juste, de la plus populaire et de la plus étincelante des gloires. Plaideurs, plaideuses auditeurs, auditrices, simples badauds, même les pauvres diables qui allaient prendre un air de chaleur à la Cour d'assises, tous montraient dans le regard un certain rayon que je connais bien quand-ils disaient : *Henri-Robert !*

*Henri-Robert*, c'était le sauveur. *Henri-Robert*, c'était le vainqueur.

C'était celui dont la volonté faite verbe créait des innocents, titrait des scélérats et, pour tous les cas difficiles, promettait le succès ou justifiait son espoir...

« *Allez à lui*, disait et redisait toute la sagesse courante, celle des salons et des rues, des cafés, des prétoires et des salles de rédaction... — *Vous n'êtes pas raisonnable de ne pas vous adresser à Henri-Robert...* »

Que de triomphes, en effet ! que de parties difficiles, même impossibles, hardiment jouées et gagnées ! J'ai la liste de ses victoires... Le malheur est qu'il ne m'est pas très commode de concevoir et d'énoncer la véritable économie de triomphes pareils. J'en ai étudié de mon mieux les traces écrites, je les ai admirées, elles sont admirables. Mais de tout cela l'on me dit : « Ce n'est rien »... et l'on ajoute, en variante, au mot fameux : « Il fallait l'entendre, le monstre... » Entendre, ce n'est pas mon fort. La nature m'en avait déjà retiré le moyen bien avant mes premières années d'études à Paris.[327] C'est pourquoi l'analyse exacte, et surtout complète, de ce pouvoir immense de la seule éloquence vraie, – celle qui est parlée, – rencontre en moi de telles difficultés ! Faudra-t-il me borner à croire ce que l'on en a dit ?

Les souvenirs visuels ne me manquent certes pas. D'innombrables visites – souvent forcées – au Palais de Justice furent matières à des réflexions profitables : presque toutes tournèrent au doute, à la question. Un homme, en robe noire et en rabat blanc, parle debout sur un parquet inférieur. Il s'adresse à des auditeurs, trois ou cinq, placés sur une sorte d'échafaud, en robe, eux aussi, mais silencieux et fermés. Si, pour une seconde, ils trahissent l'émoi de la conscience, adhésion ou contestation de l'intelligence, s'ils donnent un signe d'étonnement, mes yeux sont prompts à le saisir. Mais, d'où cela vient-il ? À propos de quoi ? Il faut que je l'ignore. De même, pour la brusque décharge du rire (car le rire brise les masques et ouvre les cœurs), je la vois aussi, sans pouvoir saisir la cause de cet éclair, ni son rapport éventuel avec les décisions que j'attends.

Ces décisions une fois conquises, à quoi sont-elles dues ? Un argument a-t-il percé ? Ou bien tel fait, mis en lumière ou dans une lumière neuve ? Question et question ! Insolubles pour moi. À plus forte raison l'étaient-elles quand l'orateur en épitoge parlait aux douze citoyens tirés au sort pour statuer d'un point majeur... Qu'est-ce qui forme en eux le mystère d'un jugement ?

---

[327] Et j'habitais alors une ville qui compte parmi les temples de l'éloquence judiciaire, Aix-en-Provence ! (Note de 1944.)

Très peu philosophique serait le parti de répondre qu'il s'agit là d'une balance naturelle, *le plus fort motif*[328] devant l'emporter. Qu'est-ce qui l'a rendu le plus fort ? Il ne serait pas moins inique de tout accorder aux forces sous-jacentes du cœur ou de la chair. Non, là se fait, car là doit se faire, l'un des plus beaux mélanges ou des plus brillantes combinaisons de ce que peut la nature angélique de l'Homme quand elle est parvenue à commander à sa passion, à son mouvement, à son geste, à sa voix ; quand, surtout, cette voix de chair et d'esprit est belle, et que sa beauté est *née*, exactement *née*, pour insinuer le libre charme de sa persuasion. Tout y est rassemblé, du physique et de l'humain, du pathétique et du raisonnable, les merveilles d'un mouvement qui vient d'en haut, et le puissant effet des ressources du corps, avec ce qu'elles ont de familier ou, pourquoi pas, de trivial... Les hauts, les bas de l'éloquence sont tels. Tout y a sa place, et l'orateur romain qui en a élaboré la règle, fait leur part, variable, tant aux extrémités qu'à leur juste milieu.

Mais, tout cela n'est que vérité générale. Quelle qu'en soit la justesse, comment en faire une application à Henri-Robert avec les précisions et les distinctions qu'il y faut ? Ou bien dois-je éluder la difficulté ? Je ne puis me résoudre à ce renoncement. Contre toute sagesse, j'essaierai de vous apporter l'image ressemblante d'un grand magicien de la barre. Un souvenir très personnel ajoute à l'obligation d'honneur qui me vient de vous. Henri Robert m'a donné un signe d'amitié d'esprit qui ferait honte à la négligence. Le voici. Un jour entre les jours, il m'arriva d'être appelé à l'une des Chambres correctionnelles de ce Palais, que votre regretté confrère avait enchanté de sa gloire et honoré d'un bâtonnat que la guerre fit durer sept ans. L'audience devait s'ouvrir à midi ; autant dire avant l'aube pour des journalistes qui passent la nuit entière à l'imprimerie.

Nous avions été exacts. À peine arrivés, nous apprîmes que nous ne pourrions être assis sur le banc d'infamie qu'après la neuvième heure. Un sommeil invincible s'empara alors de mes sens. Juste ou injuste, ce sommeil profond, venant à point, j'en goûtai le bienfait réparateur, la nuque mollement appuyée au bois d'une banquette, sans même prendre garde au défilé de nombreux délinquants tombés du panier à salade ; mais peut-être rêvais-je à eux, dans le murmure des vers de Verlaine :

> Allons, frères, bons vieux voleurs...

---

[328] Sully Prudhomme, *La Justice*.

Filous en fleurs,
Mes chers, mes bons...

quand un coup de coude me réveilla. L'audience était suspendue, un ami me disait : « Vite, voici Henri-Robert, il vient pour vous serrer la main !... » Il est difficile de dire avec quel plaisir je me frottai les yeux pour rendre au Maître bienveillant les saluts de sa courtoisie. Les plus grands criminels ne peuvent faire honte à l'avocat digne de ce nom ; cependant, ce jour-là, la démarche du bâtonnier montrait une indépendance d'esprit dont le souvenir ne m'a pas quitté.

Encore une fois, ce souvenir m'oblige. En remontant aux sources, en consultant les compétences, en faisant les efforts d'imaginations nécessaires, j'irai d'analogies en approximations pour que la peinture ne soit pas trop incomplète. Et, pour tous ceux des traits qui ne peuvent que m'échapper, je les dessinerai indirectement. Tel l'aveugle classique interrogé sur l'idée qu'il pouvait se faire des rayons du soleil ou de la couleur de la pourpre : « Cela doit ressembler au bruit des cymbales », répondait-il.

De longtemps, je m'étais intéressé, dans Henri-Robert, à l'historien, à l'écrivain, à l'homme. Certains intermédiaires y avaient contribué, je dois le noter. Mais ses livres avaient stimulé ma curiosité. Car ils attestaient une culture, un goût et un choix des idées qui ne pouvaient qu'accentuer ma grande question préalable : — *Comment l'être doué d'un tel pouvoir sur les têtes et les cœurs de ses concitoyens, n'a-t-il pas étendu ses conquêtes au-delà de la barre et du livre ? Tous les champs de la politique s'ouvraient à lui. Comment n'y est-il pas entré ?...*

Maître du prétoire, il n'aurait eu qu'à marcher sur des traces brillantes, qui étaient toutes fraîches, il y aurait couru, emporté par le vent, par le feu de sa parole ! Et que n'eût-il été, une fois entré au forum ? Ministre ? Président du Conseil ? Pourquoi pas le chef de l'État ? Mais dans le *cursus honorum* du régime, il n'a jamais rien ajouté au modeste chevron de délégué sénatorial du département de la Seine, mandat qu'il n'avait pas brigué. Même, nous le verrons, le grand amour de son art et de son métier le rendait singulièrement rebelle à tout échange de service entre le judiciaire et le politique, De l'Île de la Cité au Palais-Bourbon, au Luxembourg, surtout à la place Vendôme, les communications trop personnelles lui déplaisaient.

Et voilà donc une merveille ! l'avocat qui n'est qu'avocat ! l'avocat qui ne fait pas de politique ! On l'a bien remarqué ici : quand, le 12 juin 1924,

Henri Robert vint prendre séance et remplacer un personnage aussi considérable que M. Alexandre Ribot[329], son premier mot fut pour sa « robe d'avocat », le second pour son illustre et lointain confrère de 1640, Olivier Patru[330], presque aussi éloigné que lui de tout Sénat, de toute Chambre.

Olivier Patru ! Henri-Robert ! Les ressemblances manquent-elles ? Sans vain archaïsme, on peut relever plus que des sympathies dans la manière dont l'un et l'autre conçurent le service supérieur que l'avocat rend à la société, à l'État.

Ce que l'un des livres d'Henri-Robert nous montrerait au naturel, « le Palais », leur Palais, dans ses affinités et ses contrastes avec « la Ville », forme un des cinq ou six piliers que l'architecte de la patrie française éleva autour du Trône fondateur et conservateur : la Cour, la Ville, l'Université, le Théâtre, le Palais sont des institutions qui étonnent pour ce que chacune d'elles montre de force, de liberté, presque d'indépendance, bien que le chef-d'œuvre commun ait été de savoir dépendre et ainsi concorder ! Le Palais, surtout, avec son Parlement, avait les traditions d'une grande puissance républicaine, qui vivait et se mouvait sous le Roi – *sub rege, respublica* – patriciat plus attentif à se maintenir qu'à subir les nouveautés trop vigoureuses, qu'elles vinssent du Roi ou qu'elles fussent même élevées de son propre sein. Une dure lenteur à consentir les changements est ce qui a permis de soutenir également une mue graduée ou de brusques métamorphoses.

Henri-Robert ! Olivier Patru ! Amusons-nous à confondre les temps. Il serait presque gai de nous demander quelles émotions, quels mouvements divers, quelles indignations, peut-être, auraient suscités au Palais de 1640 les diableries nouvelles apportées par un Henri-Robert aux contemporains de la Fronde. Le nôtre aura déterminé une telle révolution dans le Palais de la fin du dix-neuvième siècle, qu'on lui voit faire son entrée dans les prétoires avec

---

[329] Alexandre Ribot, 1842–1923, ministre des Affaires étrangères en 1890 il est l'un des promoteurs importants de l'alliance russe. Il a été trois fois président du Conseil entre 1892 et 1895. (n.d.é.)

[330] Olivier Patru, 1604–1681, avocat amoureux des lettres, il fut l'une des grandes figures de la vie littéraire de son temps. Il a été élu à l'Académie française au fauteuil 19 le 3 septembre 1640 avec la protection personnelle de Richelieu, dont il fut le dernier à profiter. Peut-être faut-il noter qu'à l'époque où Maurras prononce ce discours de réception c'est Maurice Paléologue qui occupe depuis 1928 ce même fauteuil 19 : on sait que l'animosité était tenace entre Charles Maurras et Maurice Paléologue depuis l'affaire Dreyfus. L'éloge de Patru pouvait donc sonner aux oreilles les plus sensibles comme une critique implicite de son lointain successeur. (n.d.é.)

les bottes et le fouet du révolutionnaire royal.[331] Que ne l'ai-je un peu fréquenté ! Il eût été bien agréable de lui demander s'il pensait, comme la vieille Rome, que les armes dussent céder à la toge ? Peu d'hommes de paroles ont mieux correspondu au type des grands combattants. Oui, il eut du guerrier. La cause à soutenir était imaginée comme une campagne, le plaidoyer comme une charge rapide, d'ailleurs mesurée et savante. Pourtant les choses les plus fortes restaient dites sur un ton simple, uni et naturel, pur des conventions, libre des adjectifs qualificatifs. Dans l'art de l'action, l'art classique. Il abondait en surprises et en stratagèmes ; mais l'essentiel était donné à la verve de la bataille. La bataille ! Et quelle bataille ! De quelle véhémence ! pour ne pas prononcer le nom flétri de la *violence* ! Que voulez-vous ? La guerre n'est pas une messe ! Ceux qui la regardent de loin ont le droit de se récrier sur quelque coup trop vif. Mettez-vous à la place de ceux qui la font. C'est la réponse qu'il faut faire à certains censeurs doublés de mauvais plaisants, quand ils veulent bien observer qu'*il ne faisait pas bon a avoir été assassiné par quelque client de Me Henri-Robert, car la mémoire de la victime y passait tout entière, elle payait au double, au triple, la grande peine que l on s était donnée pour la supprimer.* Sans doute y a-t-il là du vrai et du moins vrai. Ce que la critique a d'excessif, ce qu'elle garde de juste, mais surtout ce qui la dépasse de beaucoup sera mieux vu, je crois, s'il m'est possible de mettre sous vos yeux quelques-unes des grandes causes où Henri-Robert s'est particulièrement ressemblé à lui-même. Il en est de très pittoresques, et qui seraient presque comiques, si le sens social n'en était, vraiment, trop amer.

Il était une fois une bande ou une tribu d'escrocs, mais d'escrocs magnifiques, et que l'on peut louer en accordant qu'ils avaient eu « l'intention des grandes choses qu'ils ont faites ». Puissants de la vie et du monde, même puissants de l'État, c'étaient, en outre, des escrocs savants, dont les escroqueries comportaient la possession de rares diplômes et impliquaient une science du Droit, un art de la procédure qui ne peuvent courir les rues. Le succès de cette aventure fut rapide, elle tourna en véritable fascination.

---

[331] L'anecdote du jeune Louis XIV se précipitant au Parlement de Paris en tenue de chasse, le fouet encore à la main, pour faire enregistrer des édits bursaux en 1655, épisode qui aurait été l'occasion de prononcer le fameux « l'État c'est moi », est très suspecte. Maurras ne l'ignorait sans doute pas, mais la puissance d'évocation de la scène est telle qu'il l'utilise à plusieurs reprises dans diverses œuvres. (n.d.é.)

Le coffre-fort de ces escrocs[332] est passé en proverbe pour avoir justifié le vers romantique :

Plus vide, plus profond que vous-mêmes, ô cieux.[333]

Ce coffre était réputé contenir cent millions de francs, oraux et verbaux : mais, pendant vingt années entières, autour de ce contenu de féerie, il fut versé un nombre merveilleux de millions réels. On les prêtait sur la centaine imaginaire. La descente de police tarda un peu. Seule, elle devait rompre une longue attraction que l'idéal trompeur exerçait sur de très palpables réalités. Or, comme approchait l'heure où le charme d'une telle poésie prenait fin, il arriva que ces escrocs volumineux furent à leur tour, escroqués. Oh ! par un tout petit bout d'escroc et dont le personnage serait sans intérêt aucun, s'il n'eût présenté une particularité curieuse : tout autant que ses illustres victimes il n'avait pas cessé de trouver ou il le fallait, dans l'État, au Palais, dans le Monde, le patronage clandestin de tous les protecteurs capables de faire réussir sa petite opération, elle aussi ! – Et cet escroc numéro 2 n'était

---

[332] Maurras fait ici allusion à l'affaire Humbert-Crawford, l'un des scandales financiers de la IIIe République : Thérèse Humbert, 1856–1918, est à l'origine de l'héritage Crawford, une escroquerie qui secoua le monde politique et financier. Thérèse Daurignac naît d'une famille paysanne à Aussonne en 1856. Elle épouse en 1878 Frédéric Humbert, fils de Gustave Humbert, maire de Toulouse qui deviendra ministre de la Justice dans le deuxième gouvernement Freycinet en 1882. En 1879, elle prétend avoir reçu de Robert Henry Crawford, millionnaire américain, une partie de son héritage. Dès lors, les Humbert obtiennent d'énormes prêts en utilisant le supposé héritage comme garantie. Ils emménagent à Paris, avenue de la Grande Armée. Ils achètent le château des Vives-Eaux à Vosves (Dammarie-lès-Lys). *Le Matin* publie dès 1883 divers articles doutant de la réalité de l'héritage, mais la personnalité du beau-père qui a introduit sa belle-fille dans le monde politique couvre l'escroquerie qui dure au total près de vingt ans jusqu'à ce qu'un juge ne se décide à faire ouvrir le fameux coffre-fort où sont censés se trouver les documents prouvant les droits de Thérèse Humbert, et sur lesquels elle a emprunté des sommes considérables, dont la presse rapporte qu'elles ne seront jamais couvertes par l'héritage si même il existe. Le coffre ne contient qu'une brique et une pièce d'un penny. Le milliardaire américain se révèle parfaitement imaginaire. Les Humbert fuient alors la France, mais ils sont arrêtés à Madrid en décembre 1902. Thérèse Humbert, qui a comme défenseur Fernand Labori, est jugée et condamné à cinq ans de travaux forcés, tout comme son mari Frédéric. Ses deux frères, qui s'étaient déguisés en tant que neveux Crawford pour figurer les adversaires disputant l'héritage à Thérèse Humbert, sont condamnés à deux et trois ans chacun. À sa libération Thérèse Humbert émigre vers les États-Unis. Elle meurt à Chicago en 1918. L'affaire a ruiné plusieurs sociétés financières et parfois leurs clients, dont le père du peintre Matisse. (n.d.é.)
[333] Baudelaire. [*Les Fleur du Mal*, *L'Amour du mensonge*. (n.d.é.)]

même pas notre concitoyen : simple *habitant*, hôte passager de notre pays ! Des personnages consulaires avaient permis à son usure de bénéficier d'ordonnances, dites de justice, sans grand rapport avec le bon droit.

Je viens de vivre de longs jours en tête à tête avec la pensée d'Henri Robert, je comprends sans difficulté par quelle rageuse allégresse ce maître du Palais courut à la défense des premiers escrocs : les indigènes, – contre le second : l'allogène, l'intrus. Ce que fut sa plaidoirie, Me Chenu, qui parlait après lui, la qualifia de « vertigineuse » : elle donne bien le vertige, par ses prouesses d'audacieux équilibre, nonchalamment promenées sur la corde raide, tout comme s'il se fût agi du plus simple et du plus banal des procès.

Le récit des faits y était beau comme une fable. Henri-Robert donnait à admirer un juge d'instruction excellent mais né Français, sans grande ouverture sur la vie internationale. À cet homme raisonnable et droit, un banquier d'origine assez nébuleuse fait aisément admettre que toute perquisition à sa banque pourra gêner ses affaires. La thèse est défendable, elle est logique, le bon juge se borne à répondre : « J'ai besoin de votre comptabilité, apportez-moi vos livres, de bonne volonté. — Ma parole, dit l'autre, ma parole d'honneur et la plus solennelle ! tous mes livres seront remis à l'expert désigné tel jour, telle heure, quatre heures et demie du soir. »

Après tout, ce juge, et cette parole, et cet honneur, sont des idées, des choses, des gens de chez nous. Elles comptaient infiniment moins pour notre escroc numéro 2 ! À peine rentré chez lui, il se met en devoir de tromper le bon juge.

Heureusement les escrocs numéro 1 sont vigilants ! L'un deux pense que, malgré tous les sacrements, l'allogène a quelque intérêt à faire disparaître des livres accusateurs. Il va se promener rue Lafayette devant le domicile de l'escroc numéro 2, près d'un magasin de charcuterie où il fait un achat de *queues de cochon fourrées*, dit l'Histoire... Là, que voit-il ? Devant la banque, six grandes caisses en chargement. Le voiturier interrogé répond qu'elles contiennent des livres de comptabilité qui partent pour l'Égypte. Cette *fuite en Égypte*, comme dit Henri-Robert, est empêchée. Le juge hypersensible à l'honneur levantin a fait le nécessaire, il l'a fait un peu tard : Henri-Robert lui reproche de n'avoir pas pris garde à certain *accent... égyptien*.

Ce reproche est aussi de notre pays ! Curieux des hôtes voyageurs, le Gaulois antique l'était autant que nos Français. Mais, comme lui, nous perdons toute patience devant l'abus. On enrage d'apercevoir que l'Étranger obtienne la faveur des pouvoirs nationaux.

Or, que découvre Henri-Robert dans l'entourage immédiat de l'usurier d'Égypte ? D'abord un Bavarois. Était-ce là sa place ? Puis des Français fort bien casés, entre lesquels un sénateur, et même *mieux que ça !* comme dit le prince de Ligne...

*Mieux que ça !* Nous voici contraints de nous rappeler que, à l'arrière-plan de l'escroquerie numéro 1, chez la propriétaire du fameux coffre-fort, un portrait de famille évoquait des fonctions augustes : celles d'un politique important qui avait tenu une très haute place dans la judicature. Cette charge, ce nom avaient beaucoup contribué à accréditer la fable des millions. On disait : « Pensez ! la belle-fille d'un Garde des Sceaux, d'un ancien grand juge de France ! » Avec le temps, ce prestige s'est affaibli. Le doute était venu. La situation se retournait peu à peu, Cela va-t-il gêner Henri-Robert le moins du monde ? Sans perdre son temps à blanchir un ministre de la Justice défunt, il en attrape un de vivant. Le malheureux se trouvait avoir été « l'ami personnel » de l'escroc numéro 2 et, naturellement, l'avait un peu servi. Plus vite qu'on ne peut le dire, il est mis dans ce que notre argot de journalistes appelle : le bain. Disons : dans le barathre.[334] Un barathre *ex aequo !* Dure exécution. Mais qu'y redire ? C'était vrai.

Et d'une vérité qui touchait à l'universel.

D'un bond, Henri-Robert quitte son affaire, escroc d'Égypte, escrocs français, et ce sont les nécessités de l'hygiène sociale qui lui dictent sa plainte, une plainte si noble qu'Olivier Patru l'eût contresignée :

> ... *Je considère, s'écrie-t-il, qu'à l'heure actuelle, la politique est une des plaies du monde judiciaire...*[335]
>
> *Pourquoi tel plaideur riche – je suis bien désintéressé pour en parler – dans les grandes affaires financières va-t-il chercher un ancien ministre, voire même un ancien président du Conseil pour soutenir ses intérêts ? Parce qu'il fait ce calcul abominable que ce n'est pas le talent de l'avocat, mais l'influence de l'homme politique qui lui fera gagner son procès.*
>
> *Nous avons vu des hommes qui ont été la gloire de notre ordre, des anciens bâtonniers, vieillards chargés d'ans et d'honneurs, abandonnés*

---

[334] Précipice où l'on jetait les criminels à Athènes. (n.d.é.)
[335] Selon un usage toujours en vigueur, un ancien ministre peut devenir avocat par voie dérogatoire, sans avoir à en suivre la formation. La IIIe République fit un grand abus de cette facilité douteuse mais légale, et quantité d'anciens ministres devinrent avocats. (n.d.é.)

*par leurs clients terrifiés de voir se dresser contre eux un ancien ministre et choisissant pour les défendre un autre homme politique en vile.*

En effet, l'avocat de l'Égyptien était sur le point d'arriver à la place Vendôme, et il y arrivait en fait.

Alors, Henri-Robert jette ce cri plein de défi : « *Quand on est Garde des Sceaux de France, il ne faut pas rester le gardien de tels intérêts.* »

On voudrait donner une idée de la portée de ces paroles et de leur retentissement. Ceux qui les entendirent en ont été émus pour longtemps. La leçon fut telle que beaucoup en rêvent encore de dresser des cloisons entre la Barre et la Politique, d'interdire le prétoire aux anciens ministres ou, inversement, tout accès du Barreau à la Politique !

Ici, pourtant, l'esprit non prévenu doit réfléchir que le Barreau constitue une préparation sérieuse aux assemblées, aux administrations, au gouvernement. Laissons ce qui est de parole pure. Par l'étude rapide et approfondie des dossiers les plus variés, l'avocat se familiarise avec tous les aspects de la vie civile, avec tous ses ressorts publics ou secrets. Rien ne peut mieux initier au métier de législateur. Le souple réalisme des rois de France employa de bonne heure ces chevaliers ès lois parce qu'ils étaient naturellement attentifs à saisir les points d'incidence de la règle et de la vie. Henri-Robert ne dénonçait que l'abus d'un bon usage. Il devait en voir le rapport avec un ensemble d'institutions malheureuses.

Mais j'ai perdu le droit de vous parler de lui comme d'un simple combattant. Et c'est le moment d'ajouter que, rompu aux plus savants paradoxes de la défense, sans excepter les plus hardis, cet avocat-né était aussi doué d'un autre sens, supérieur.

Ceux qui l'ont vu dans le Conseil de l'Ordre s'accordent à dire :

— C'était un autre Henri-Robert.

Car, là, personne ne parlait plus sereinement. Ce faiseur de révolutions, qui venait en bécane au Palais, se distinguait par la notion aiguë des usages et des traditions de l'Ordre. La douceur qui était dans son caractère accusait aussi le désir de tempérer ce que la lettre ou l'esprit des règles peut avoir de trop dur. Le cœur y trouvait donc une place, et choisie… Voyez ce qu'en a dit quelqu'un qui me paraît l'avoir fort bien connu.

On nous fait assister au retour des victorieux de la Grande Guerre :

L'un de ces poilus redevenus avocats m'a raconté un jour son histoire. Grièvement blessé sous Verdun, encore mal guéri, il revient. Son cabinet est désert : on peut vivre encore aujourd'hui. Comment fera-t-on vivre demain la mère et les enfants ? Le Bâtonnier est là : on lui confie son angoisse. Une demi-heure après, le plus ancien, le très fidèle collaborateur d'Henri-Robert – j'ai nommé Achille Raux – accourt auprès du confrère malheureux : — *Venez, un client vous attend chez le Bâtonnier...* Le client est là, en effet. Le Bâtonnier tient à la main un dossier et une enveloppe : — *Tenez, voici ce que cet homme m'a remis pour vous. Sa cause sera appelée demain. Je lui ai dit que je connais votre dévouement et votre talent : défendez-le, sauvez-le !* De quel cœur cette défense fut présentée, je n'ai pas besoin de le dire. L'enveloppe était bien garnie ; le spectre de la misère s'évanouit pour un mois ou deux. Mais ce n'est que bien plus tard que notre confrère apprit, tout à fait par hasard, que c'était la main même du Bâtonnier qui avait rendu l'enveloppe si lourde et le don si généreux.

Le guerrier naturel, loin d'être implacable, apparaît bien souvent le plus généreux des hommes. Henri-Robert vérifiait cette belle loi. Mais la bienveillance envers les êtres exclut-elle, comme on l'a dit, le dévouement aux réalités qui dépassent l'individu ?

Le témoin que je viens de citer[336] mérite d'être suivi dans une déposition nouvelle. Il n'a aucune de nos idées, raison de plus de l'écouter :

« Un jour, a-t-il écrit, Henri-Robert connut jusqu'au vertige et jusqu'aux larmes ces triomphes de la barre, c'est celui où, à la Cour d'assises de Colmar, il fit autour de lui l'union politique de tous les Français. »

Il la fit sans plaider. Il gagna ce prix magnifique par le seul pouvoir de l'action.

L'un de nos plus grands journalistes, Édouard Helsey, « avait mené une vive campagne contre certain parti alsacien », le parti de l'abbé Haegy[337], dont il « avait frappé de soupçon l'attachement à la Patrie ». « Le prêtre s'était jugé diffamé et avait attaqué en justice le journaliste. Les passions se

---

[336] M. Appleton.
[337] François Xavier Haegy, 1870–1932, prêtre, journaliste et homme politique alsacien. Francophobe quant à la langue, militant alsacien, intransigeant sur le dogme et soutien indéfectible du syndicalisme catholique en Alsace. En hommage à son attitude antifrançaise les Allemands donnèrent son nom à une rue de Colmar pendant l'Occupation. (n.d.é.)

heurtaient dans le prétoire. » Henri-Robert avait su tirer un tel parti des incidents d'audience qu'il amena l'abbé Haegy à retirer sa plainte.

Je dois citer encore :

> Mais, ce n'était pas assez. Le défenseur de la partie civile s'écria au nom de son client :
> 
> — La France peut douter de tout : elle ne peut douter de notre cœur.
> 
> Henri-Robert prend alors la parole :
> 
> — Une dernière fois, monsieur l'abbé Haegy, voulez-vous vous lever avec moi ?
> 
> L'abbé se lève. Henri-Robert reprend : « Maintenant, monsieur l'abbé Haegy, regardez-moi bien dans les yeux, Voulez-vous crier avec moi : *Vive la France !* »
> 
> D'une voix forte, avec un tremblement d'émotion, l'abbé Haegy répète le cri.
> 
> Henri-Robert exalte en trois phrases magnifiques « l'Union nationale retrouvée ».
> 
> À ce moment éclate l'immense clameur : « Vive la France ! » « Indicibles minutes ! »
> 
> Un bouquet de fleurs aux couleurs françaises est tendu à l'abbé Haegy, il le prend et, avec un sourire, l'offre à Édouard Helsey.

Comme dit l'auteur de cette belle page, l'instant prodigieux qui fut une heure de grande politique alsacienne, *nous le devons à Henri-Robert.* Admirons-en le bienfait qui vient d'un grand cœur. Sachons y retenir aussi le coup d'œil du victorieux, l'art de la victoire. Un mot courant, trop peu compris, désigne cette faculté de la décision lucide : c'est le jugement, et, peut-être, de tous les dons, c'est celui qui importe le plus à l'avocat. Le véritable grand avocat est à peu près nécessairement un grand juge.

Ce don souverain a été admiré dans une autre occasion délicate et presque tragique : le procès des officiers généraux et supérieurs qui, en 1914, avaient dû renoncer à défendre Maubeuge. Henri-Robert avait affaire à la justice militaire, justice armée, casquée, et qui passe pour être dure. Je la crois, au contraire, la plus humaine, la plus paternelle de toutes. Des vrais soldats que j'ai fréquentés, beaucoup m'ont émerveillé et charmé par une si exacte connaissance de la loi qu'ils en remontraient aux maîtres du genre ;

mais l'étude des textes n'avait pas émoussé en eux les plus fines antennes de l'intelligence et de la bonté.

C'est que, chez l'homme de guerre, qui vit dans le réel, le légitime prend le pas sur le légal.

Un exemple en est historique. Des officiers irréprochables avaient été frappés d'une accusation infamante, mais, s'ils pouvaient être accusés, on ne pouvait plus les juger : une amnistie s'y opposait. Que fit le Chef de la justice militaire du ressort de Paris ? Comme si la loi d'amnistie n'eût pas existé, il ordonna poursuite, mise en jugements et débats, de sorte que les innocents se justifièrent, et que les accusateurs abandonnèrent publiquement leur triste partie » Sur le cas de Maubeuge, Henri-Robert se trouvait aux prises avec des spécialistes pleins d'autorité. Mais il fit prévaloir la vérité la plus générale : peu de temps avant la guerre, les crédits destinés aux fortifications de Maubeuge avaient été détournés de leur usage national pour les utilités du culte des factions ; ces crédits avaient fait les frais du transfert au Panthéon d'on ne sait plus quel coryphée de nos luttes intérieures. De braves combattants étaient ainsi frustrés des armes défensives et offensives qu'aurait employées leur vaillance...[338] Certes, à la guerre le succès dépend d'autre chose que de l'acier, des pierres, du ciment et, comme l'a proclamé un maître : au matériel perfectionné, il faut un moral renforcé.[339] Ici, le matériel était tellement éloigné de la perfection que toute responsabilité morale s'en trouvait affaiblie. Avec Henri-Robert, une voix pathétique, une critique impitoyable, une logique sans défaut, emportèrent au galop cette position disputée.

En avançant ainsi dans la connaissance d'Henri-Robert, il faut avouer que j'en ai subi le grand charme. De ce charme très vif, il s'est formé, de lui à moi, une amitié d'esprit qui peut me rendre partial. Je n'imaginais pas qu'il eût opté pour une hostilité aussi résolue aux fantômes d'idées qui avaient troublé sa jeunesse et la nôtre, et que notre génération a rejetés dès l'âge mûr. Les plaidoiries que j'ai résumées parlent haut. Mais les livres ! Leur témoignage est encore plus net. Voyez ce *Louis XVI*, un peu sévère pour Louis XV, mais clairvoyant, pathétique et d'une admiration dénuée de

---

[338] Il est en outre établi que plusieurs rapports durant les années 1911–1913 furent sans effet au ministère de la Guerre alors qu'ils soulignaient la faiblesse des moyens utilisés au regard du rôle important que les plans de bataille attribuaient à la place de Maubeuge. (n.d.é.)

[339] Maréchal Franchet d'Espèrey, préface au *Drame de Maubeuge* du général Clément-Grandcourt.

réticence pour le martyr. Ouvrez ce *Malesherbes*, empreint du même respect pour les mêmes vertus, et peut-être d'une indulgence excessive pour certaines aberrations de l'intelligence. D'ailleurs, le choix de ces héros en dit plus long que leur louange. Ce qui en dit encore beaucoup plus long, c'est le goût du passé qui mena Henri-Robert chez les Ombres. Les vivants énergiques ressemblent aux héros qui aimaient à descendre aux Enfers : l'étude d'Henri Robert sur *Les Grands Procès de l'histoire* nous montre ce plaideur insatiable, tout appliqué à ranimer les cendres des causes éteintes par le rayon que sa mémoire et son expérience y faisaient abonder de vibrante lumière.

De tant de plaidoyers rétrospectifs, le joyau est, sans comparaison, la page extrêmement neuve qu'il y a consacrée à Voltaire, défenseur de Calas. La réhabilitation de Calas fut la grande Affaire du dix-huitième siècle. Henri Robert nous la révise, mais contre les révisionnistes du temps, contre les Philosophes, contre leur chef. — Calas était-il innocent ? Calas n'avait-il pas tué son enfant ? Y avait-il eu, vraiment, une « horrible erreur judiciaire » ? Henri-Robert estime que cette innocence était inventée. Il nous fait assister au travail des écrivains qui la fabriquèrent, avec des subsides où l'étranger eut bonne part : Frédéric II de Prusse, Catherine II de Russie. L'opinion fut empoisonnée. Il se créa un dogme. Un dogme fabuleux, qui devint sanguinaire : plus de trente ans après le supplice de ce faux innocent, le petit-fils de l'un de ses juges devait monter sur l'échafaud révolutionnaire pour l'unique motif de son péché originel. L'analyse d'Henri-Robert était forte. Savez-vous tout ce qu'a pu y répliquer un répondant autorisé du dogme officiel ? Ces mots, inscrits avec la plume, sur le papier : *Calas*, virgule, *innocent*, virgule. Et voilà. Cela règle tout.

Cette condamnation posthume de Calas a fait dire qu'Henri-Robert se transformait, qu'il devenait, de défenseur, accusateur. Nullement : il était resté fidèle à sa profession, car ici, l'accusé n'était plus Calas, mais l'appareil judiciaire, tout ce que les Philosophes y dénigraient et y discréditaient, la Société elle-même… Le parlement de Toulouse, avant de condamner Calas, l'avait vu, interrogé, entendu ; faillibles comme tous les hommes, ces premiers juges gardaient une supériorité de position, position d'intelligence et de conscience, sur l'imagination de folliculaires injurieux. Pour condamner l'Arrêt et ses auteurs, il aurait fallu des raisons. Ces raisons n'existant ou ne valant pas, quelque chose s'imposait : le respect de la stabilité indispensable aux actes de la Justice. Sans quoi, on l'exposait aux *révisions sans fins* que Joseph de Maistre nommait *plus injustes que l'injustice*. En prenant la défense de la justice, Henri-Robert défendait l'intérêt universel, il plaidait pour la France et pour le genre humain. S'il est bon de parler pour l'*Un*, il est meilleur encore de parler pour *Tous*, alors que ce *Tous* comprenait, avec les Français qui vivaient, ce flot des Français à naître qui ne naîtrait jamais si les garanties sociales étaient trop affaiblies.

Cette tête brillante était donc tout à fait solide. Cependant, et voici qui est grave, elle vous apparaît de plus en plus réactionnaire. Mettons qu'il y ait de ma faute ! Ce mot de réaction eût-il fait peur à Henri-Robert ? Il n'ignorait pas qu'un malade se condamne à mourir, s'il ne réagit point jusqu'à la santé. Rien, je crois, dans les origines, ni dans l'éducation, ne prédisposait votre confrère à ce que les partis entendent par la « Réaction ». Semblable à beaucoup de réactionnaires nouveaux, peut-être comptait-il, à nombre égal, dans sa famille, des légitimistes, des orléanistes, des impérialistes, des libéraux, des radicaux, des communards, comme c'est un peu mon cas. Au terme de nos divisions séculaires, un tel cas vient ouvrir une ample liberté aux choix de l'esprit. Ce Parisien, né en 1863, s'était nourri, comme il convient, des grands livres de la seconde moitié du dix-neuvième siècle ; il avait pris sa forte part à ce printemps sacré des idées nouvelles qui, alors, conduisaient à deux réactions importantes.

D'un côté s'exprimait et se développait l'impatience que donnait à des têtes bien faites la croyance au *progrès fatal du genre humain*, qui avait déjà déterminé plus d'un fâcheux retard dans notre esprit public. De nos jours encore, alors que le monde entier retrouve, étudie et restaure ces institutions corporatives qui firent la force de notre peuple, il reste difficile d'en parler, chez nous, à ce que l'on appelle « peuple » dans ses comices, sans être soupçonné de vouloir arrêter le soleil, comme Josué, ou même rebrousser le char d'Apollon ! Ce qui est d'hier, pense-t-on, ne peut plus reparaître aujourd'hui, ni demain ! *Il doit y avoir mieux. Toujours mieux ! Et forcément de mieux en mieux !* Pourquoi ? Comment ? L'assertion étant gratuite, peut être niée gratuitement, mais elle eut vite la vertu de retourner contre elle tout ce qui voulait penser librement.

Seconde réaction, plus grave... Les biographes d'Henri-Robert disent que, tout jeune homme, s'étant rendu à Notre-Dame, il avait écouté avec émotion le Père Monsabré[340], et le prestige de la chaire avait failli l'incliner

---

[340] Jacques-Marie-Louis Monsabré, 1827–1907. Dominicain, l'un des plus grands orateurs religieux du XIXe siècle, il prêcha les sermons de l'Avent à Notre-Dame de Paris en 1869

à la vie religieuse. Un si noble appel des hauteurs demande à être interprété. Non seulement il ne faut pas le rappeler d'un certain ton cavalier, mais il est permis d'en déduire qu'Henri-Robert s'était référé aux principes d'un mouvement qui venait de loin et de haut, — à ce qui commandait tout le reste.

Dès la fin du premier Empire, l'esprit européen avait commencé une crise. Après un doute séculaire, on s'était mis à douter du doute lui-même. Des comparaisons s'étaient imposées. La critique de Pascal apparaissait plus forte que les reconstructions pascaliennes : la critique de Kant apparaissait plus forte que les reconstructions kantiennes. L'échafaudage neuf comportait autant et plus d'objections, de difficultés que l'ancien ; il en suscitait même de toutes nouvelles... Nos farouches démolisseurs ne voulaient point les voir. On comprenait bien leurs indulgences paternelles : naturelles, injustifiées ! Malgré eux, l'on se demandait si la raison, chose humaine, et bien imparfaite, mais, telle qu'on la voit exercée dans Aristote ou dans saint Thomas, ne soutient pas beaucoup mieux la Divinité, l'Âme, sa liberté, ses points de rencontre avec l'Univers, que les plus ingénieuses combinaisons du Fidéisme ou du Moralisme... Ces constructions sur pilotis, ces cabanes lacustres valaient-elles nos Palais du commencement ? Question, sans doute ! Simple question ! Seulement, lorsqu'il arrive que de telles questions soient posées par la Philosophie, l'Histoire, qui se décide rarement la première, se hâte de la suivre. Et alors, elle court ! Et cette grande maîtresse d'expérience entraîne à sa suite la Politique, qu'elle illumine et qu'elle excelle à retourner. La Politique française fut merveilleusement retournée quant à ses idées directrices. Si l'on me demandait où marquer le point décisif de cette Contre-Révolution des esprits, j'ai le droit de le saluer dans les paroles suivantes qui furent articulées sous cette coupole, le 21 février 1889, à propos de la célébration du centenaire de 1789 :

> Si, dans dix ou vingt ans, la France est toujours à l'état de crise, anéantie à l'extérieur, livrée à l'intérieur aux menaces des sectes et aux entreprises de la basse popularité, oh ! alors, il faudra dire que notre

---

après avoir débuté à Lyon. Il prêcha ensuite régulièrement à Paris, mais aussi dans toute la France et jusqu'à Rome. Il mena en parallèle une œuvre monumentale d'exposition exhaustive de la théologie catholique en quarante-huit volumes. À la mort de Mgr Freppel, on lui proposa la députation, qu'il déclina. Il mourut chassé de son couvent par les lois prises contre les congrégations. (n.d.é.)

entraînement d'artistes nous a fait commettre une faute politique, que ces audacieux novateurs, pour lesquels nous avons des faiblesses, eurent absolument tort. La Révolution, dans ce cas, serait vaincue pour plus d'un siècle. En guerre, un capitaine toujours battu ne saurait être un grand capitaine : en politique, un principe qui, dans l'espace de cent ans, épuise une nation, ne saurait être le véritable.

Ainsi parlait M. Renan. Et, le principe qu'il condamnait déjà étant aujourd'hui vaincu dans le monde entier, de telles paroles doivent être pieusement recueillies pour attester et pour certifier que l'École française a marché la première dans la voie de cette Critique supérieure.

Henri-Robert était-il ici, ce jour-là, sous cette coupole, parmi les auditeurs de Renan ? Il ne pouvait pas ne pas y être, du moins de cœur ou d'esprit, et nous y étions tous, auditeurs ou lecteurs, ravis d'un beau carnage, enfin fait des grands carnassiers, enchantés d'une belle destruction des grands destructeurs.

De même, Henri-Robert assista comme nous à cette redécouverte du Moyen Âge, qui avait commencé au XVIIIe siècle, mais que le XIXe poursuivait, à une cadence accélérée par la curiosité ardente des poètes et des chartistes, des artistes et des savants. Comme nous, il voyait nos bons travailleurs médiévistes, parfois un peu trop disposés à sacrifier le XVIe siècle ou le XVIIe à leur cher, et beau, et doux XIIIe, mais finissant par rencontrer d'autres bons travailleurs, d'une piété égale à la leur, qui réhabilitant Louis XIV ou François Ier, substituaient comme eux, aux ténèbres de convention une égale et pure lumière.

Avant nous, comme nous, Henri-Robert avait donc senti sourdre et renaître en lui les nouvelles raisons d'être fier de la France. Il eût ri des fausses aurores qui ne voulaient nous accorder qu'un cent cinquantenaire de vie nationale ! C'est, au bas mot, plus de mille ans. Et l'on peut les doubler ! Il faudra les tripler, au fur et à mesure que sortiront des profondeurs de nos archives ou des entrailles de notre sol les indices ou les preuves de la part immense que prirent nos pères à l'ordre et au progrès humains.

Henri-Robert connaissait donc le « nouvel état d'esprit » analysé dès 1904 par Jules Lemaitre. Mais sa méditation sur la dignité de la France eut l'occasion d'être accentuée et approfondie par la dure épreuve qui fut infligée à ses derniers jours. Il perdait lentement la vue, sans perdre le courage de soutenir aucun des poids de sa fonction. Soucieux des devoirs de la vie, voulant les remplir jusqu'au bout, il se faisait lire les dossiers, puis, aidé par une mémoire incomparable, parlait, plaidait, sans une note, l'œil clos, le verbe lumineux. Devant les récents malheurs nationaux, cette clarté d'esprit ne pouvait que le ramener, par les mélancolies du souvenir heureux, à ce « vive la France ! » qu'il avait si brillamment inspiré au prêtre alsacien.

Oui, *vive la France !* Oui, que la France vive ! Mais, c'est un optatif.

Vivra-t-elle ? Il le faut.

Cela dépend de qui ? De nous.

Alors se pose la question : — Avons-nous été assez fiers de la France ? Devant les renouveaux enflammés des nations voisines, n'avons-nous pas trop facilement accepté certains propos de dédaigneuse calomnie que l'on semait sur nous ?

Notre prétendu manque de vigueur ? Ou de profondeur ? Notre légèreté ? Notre inconstance ? Ceux qui ont vu le paysan de France tenir quatre ans dans la tranchée, et avec lui, toutes nos classes de bourgeois, d'intellectuels et d'aristocrates bien confondues, n'en sortir avec lui que pour la victoire ou la mort, tous ceux qui se rappellent notre épopée d'hier ne peuvent plus rêver d'inconstance française.

Mais d'autres traits sont méconnus. Cette terre paysanne remuée et creusée contre l'envahisseur, est-ce que, pour une grande part, ce n'était pas le même paysan soldat qui l'avait façonnée, engraissée – et construite, c'est bien le mot ? Ces jardins, ces vergers, ces vignobles, ces champs de blé et de pâture sont nés, pour l'essentiel, du grand labeur des hommes, conduit de pères en fils, qui y incorporaient, avec leurs sueurs, le capital issu d'une épargne héroïque. Et cette belle terre, indéfiniment cultivée et humanisée, ne se limite même plus à l'ancien pré carré d'Europe. Des essaims de Français sont partis d'âge en âge pour se remettre à défricher, irriguer, féconder d'autres terres sur le modèle de la leur. C'est le chef-d'œuvre de l'empire colonial et, en particulier, de cette Afrique où les deux maréchaux Bugeaud et Lyautey établirent nos colons et nos marchands après nos soldats.

L'Homme français s'unit si aisément à la mère-nature que rien ne lui fait peur, sable, forêts, glaciers. Nos Canadiens l'ont bien montré, car, non contents de pulluler dans leurs foyers fidèles, ils se sont répandus sur la Nouvelle-Angleterre. Leurs frères d'Acadie, longtemps exilés, rentraient à peine dans leurs premières maisons : on les vit se remettre à peupler de lointaines campagnes aux bouches du Mississippi, comme pour rallumer une flamme du sang français qui passait pour languir et décroître à la Nouvelle-

Orléans. De longues fondations prospères, ainsi faites de main d'ouvrier, expriment clairement une race inventive et persévérante, et le creux des beaux songes ne lui a jamais fait négliger les lois du réel.

Restent la promptitude de son esprit, la liberté ou la politesse du goût, l'élégance du mouvement : faut-il les lui compter pour des fautes ? Ou cela exclut-il méthode et réflexion ? Il existe, dit-on, des espèces animales qui mettent leur armature et leur ossature au dehors. Il en est d'autres qui les tiennent cachées sous le brillant de l'épiderme : celles-ci n'en possèdent pas moins un squelette solide, une musculature bien innervée. Il en doit être ainsi des diverses races humaines ; le Français n'étale point ses dons d'application et de diligence : est-ce qu'il en est dépourvu ? Nullement ; il remise cette carapace à l'intérieur.

Ouvrons le livre que l'on tient pour notre Bible populaire, ce recueil des *Fables*, qui a tant contribué à la diffusion de notre langue classique au milieu des dialectes provinciaux : parce que les communes vertus des provinces les plus distantes s'y sont rencontrées, reconnues, saluées ; parce que tel conte provençal et telle fable champenoise sont comme frère et sœur. Livre simple, fort, un peu dur, et toujours référé aux lumières de la raison. Pendant la guerre, nos amis regrettés Capus et Bainville tiraient des *Fables* un véritable code de politique et de diplomatie. Le Fabuliste est le plus réaliste des hommes, il montre même un sens de l'utile qui fait trembler.

Eh bien ! chez le même homme, la poésie de la sagesse et de la raison se trouve accompagnée du don puissant de l'émotion, de la tendresse, et même du goût de la plainte. On a parlé, et bien parlé des armes de Racine : celles de La Fontaine les égalent bien ! Du roc dur et du gras humus de ses apologues jaillissent des sources de sensibilité que le Bonhomme Système peut contester, mais qui s'imposent aux regards francs comme aux yeux frais. Le cas de ce poète est celui de son peuple. La volonté de construire et de durer n'a jamais soustrait le Français au feu des passions, même corrosives. Pendant qu'il faisait les Croisades, fondait ses empires, royaumes, seigneuries, que chantaient ses poètes ? Sans doute sa guerre et sa foi. Mais de toute part fusait aussi le lyrisme des plaisirs et des peines d'amour ! Surtout des peines. Au point que nos troubadours disaient de leurs émules trouvères : *La cansoun de Paris, la plus grand pietà dou mounde*, « la chanson de Paris, la plus pathétique du monde » : racinienne, déjà !

Un caractère si marqué a fait faire à la France un très beau compliment. On l'a dite la Nation-Femme. Mieux vaudrait l'appeler le peuple androgyne.

C'est l'Androgyne de Platon.[341] Même les profondeurs de sa conscience religieuse tiennent également de l'Homme et de la Femme, comme son esprit et son cœur. Voyez d'abord, voyez surtout la place faite aux pures saintetés du génie féminin ! On sait que nos premiers Gaulois élevaient l'autel de leurs vœux à l'espérance de la Vierge qui devait enfanter. Du fond de l'Orient, nos Grecs et nos Romains lui ont apporté cette Vierge, comme une Étoile du matin, et elle est bientôt devenue le flambeau de nos arts, de notre poésie et de nos prières.

On l'a saluée Reine de France, elle l'a été de tout temps. C'est pour elle que furent taillées et jetées dans les airs toutes ces grandes merveilles de pierres dures, où de viriles mains inscrivaient le même cantique tendre et violent :

> Notre-Dame
> Que c'est beau ![342]

Ce qui est vrai de sa maison l'est aussi de son culte. Cette beauté couvrit la France. Elle la couvre encore. Un Français a de la peine à comprendre comment, au XVIe siècle, la moitié de l'Europe a pu laisser tomber le culte de cette beauté. Les plus radicaux de nos incroyants gardent à Notre-Dame un repli secret de leur cœur.

Sous l'étoile de Notre-Dame, devaient donc briller parmi nous, comme un chœur régulier de belles planètes, les Saintes Maries de la Mer, acclamées en Camargue par des multitudes de pèlerins ; la pénitente solitaire, sainte Marie-Madeleine, que nos rois sont allés visiter dans sa Baume ; sainte Anne d'Auray, l'éternelle duchesse de nos Bretons ; sainte Odile, impératrice de l'Alsace et de la Lorraine ; sainte Geneviève, protectrice et libératrice de Paris, et sainte Jeanne d'Arc, la Vierge, la Guerrière, la Fondatrice, Mère féconde des enthousiasmes et des dévouements nationaux : c'est pour elle que la jeunesse parisienne conquit, au prix de milliers de jours de prison, le droit, la joie, l'honneur de lui porter des fleurs en interminables cortèges, dans nos rues et sur nos boulevards.

Je ne raconte pas des histoires du Moyen Âge.

Celle-ci va de l'hiver 1908 au printemps 1912. Et c'est aussi du ciel contemporain qu'une sainte Thérèse enfant a jeté la fraîche pluie de ses roses

---

[341] Dans le *Banquet*, au discours d'Aristophane. (n.d.é.)
[342] *Odes et Ballades*, Victor Hugo.

divines. Or, de quelle terre française est sorti ce tendre rosier ? De la plus vigoureuse. De la plus âpre aux travaux de la campagne et de la mer, aux échanges et aux industries. La province qui passe pour intéressée, processive, gagneuse, prompte à la malice et aux railleries ! Il est vrai que tout y fut surpassé encore par les hardiesses de l'esprit d'entreprise : après les océans du nord, elle a couru la mer latine, colonisé les îles de l'Asie, la Sicile, même une frange de ma Provence ! Néanmoins, en dépit de ses belles églises, de ses abbayes sans pareilles, de ses pèlerinages au péril de la mer, notre Normandie n'avait pas la réputation d'être mystique pour deux sous : et voilà que, de cette surabondante nature, a doucement jailli la grâce la plus haute du surnaturel le plus pur.

Comme on comprend qu'une telle Patrie de Saintes ait vu fleurir et prospérer tout ce que la religion comporte d'élans de charité et d'œuvres de miséricorde ! Et cependant l'esprit du catholicisme le plus mâle et le plus ordonné y est aussi remarquablement prononcé. L'anticléricalisme lui fait un cortège assez particulier. N'en soyons pas surpris. Cela tient à de très curieux mouvements, qui révèlent un sens ombrageux, pointilleux, et comme une pudeur, scrupuleuse ou féroce, de l'intégrité religieuse dans chacune des occasions ou la misère humaine peut transparaître sous la sainteté de l'Église. Pourtant, notre pays n'a jamais coupé l'amarre avec Rome. Ses chefs légitimes s'y sont toujours refusés. Et même ses autres chefs ! Dans la galerie de ces rois de France, qui ressemblent, de si près, au pays qu'ils organisèrent, on admire, aux points vifs, trois médaillons que l'on pourrait tenir pour les armes parlantes de leur romanité et de la romanité nationale : Clovis, seul roi barbare baptisé qui ne fût pas arien, mais romain ; Henri IV, à qui la plus dangereuse, mais la plus énergique et la plus motivée des oppositions interdit de régner tant qu'il ne fût pas rentré dans l'ordre romain ; Louis XVI qui dut le principal de son martyre à sa fidélité au Pape romain... Cela n'est pas difficile à mettre d'accord avec certain gallicanisme, car unité n'est pas uniformité. La turlutaine[343] gallicane ne me fera point prendre pour des contradictions ces complémentaires divers, assez conformes à l'esprit de synthèse qui m'a toujours défini l'âme de mon pays.

Comme chantait le poète divin,

---

[343] Mot forgé au dix-neuvième siècle et qui n'a guère passé la première moitié du vingtième sinon par une occurrence chez Céline, une turlutaine est une rengaine, un propos sans cesse répété. (n.d.é.)

> — Âme de mon pays,
> Toi qui rayonnes, manifeste,
> Et dans sa langue et dans son histoire...[344]

Henri-Robert a-t-il pu se réciter l'invocation mistralienne quand de sombres pensées venaient assaillir le patriote aveugle, courageusement résigné à sa nuit ? Des ténèbres épaisses auxquelles il ne se résignait pas tombaient sur la France et la menaçaient durement au meilleur et au vif de sa claire synthèse. Il arrive aux plus belles choses de se défaire comme des fruits. Le sentiment de leur perfection ne les sauve pas. Cependant, Henri-Robert avait le droit de se dire qu'il n'en peut être ainsi d'une nation comme la France, car la courbe ondulée de sa suite historique comporte des remontées constantes et presque indéfinies. Quand elle paraît au plus bas, on entend éclater tout d'un coup la clameur virile : — *Retrouvons-nous, rassemblons-nous, unissons-nous !* Voilà qui devait rendre espérance et confiance à un national de la trempe d'Henri Robert.

Certes, il avait raison : — *Unissons-nous !* Mais, permettez à un autre national d'ajouter : — *Connaissons les causes de la désunion si nous voulons en voir la fin.* Nous voyons bien que les partis n'ont jamais été plus appliqués au jeu diviseur, mais nous ne devons plus ignorer que ces partis, autrefois tenus pour des malfaiteurs, ont fini par obtenir d'être proclamés le Roi et la Loi, et chacune de leurs royautés éphémères a été couronnée de riches dépouilles : il leur devient très difficile de renoncer à cette promesse, à cette tentation terrible de primes qui sont si nombreuses et si puissantes ! Il faut réfléchir à cela, – parce qu'il faudra remédier, d'abord, à cela.

On voit, on sent, on plaint aussi le trouble de la volonté générale. D'où cela provient-il ? Il ne semble pas que la France soit atteinte d'un mal moral. Le cœur est resté bon. C'est la tête qui souffre. J'admire, pour ma part, qu'elle ait résisté à la confusion babélique de son langage. C'est avec une pitié triste qu'il faut considérer ce canton de notre vie publique. On n'y appelle plus *liberté* la liberté des bonnes choses et des braves gens, mais le débridement du Mal, l'émancipation des Mauvais. L'idée de la justice y est accablée presque enterrée sous les mortelles inventions de l'envie, de la jalousie, des haines sociales, et cela fait rêver d'une égalité funéraire, quand tout ce qui veut vivre revendique les hiérarchies de la nature et de la charité :

---

[344] Mistral, *Calendal.*

*la protection du fort au faible, le dévouement du faible au fort.*[345] Certes, on salue avec raison les drapeaux émouvants de la fraternité, mais on est obligé de se demander si ce beau symbole n'est pas une fable, quand il ne traduit plus que les noms de la tendresse et les simulacres de la douceur. La vraie Fraternité est celle qui saura et qui voudra rendre à notre monde les énergies lucides d'une Chevalerie nouvelle, au service du Beau et du Bien.

Mais ce qui mérite d'être sera. Qui voit clairement le mal où il est, mesure et délimite le champ de l'effort, et en assure le succès. Après tout, cette grave affaire de l'épuration de l'intelligence est une des questions où la France ne pourra pas être vaincue. Comme l'a écrit un Anglais perspicace[346], le Français est dans le privé la créature la plus ordonnée de la terre. Ne lui sera-t-il pas plus facile qu'à d'autres de revenir aux justes lois de l'esprit, du langage et de la cité ?

Déjà dans une élite nombreuse, ce retour est fait : il continue, continuera, l'emportera. Les Français comprendront que leur générosité naturelle est trahie par l'état de désordre qui a trop duré. Dans l'Ordre seul, les Forces et les Vertus trouvent le poste d'élection où donner tout leur plein sans se laisser conduire à faire le contraire de ce qu'elles ont conçu ou voulu.

Que la confiance aille donc à l'esprit ! À peu près comme pensait le vieil Hellène, l'esprit vient et il met toute chose à sa place. Dès qu'on s'affranchit du chaos, il n'est plus difficile de revivre et de repartir. Dès que le cœur, roi de la vie et roi du monde, a pris la raison pour ministre, il s'avance, allégé, il marche, libéré, dans la pure lumière qui lui permet de retrouver, de rallier le mouvement des bonnes volontés universelles, avec son capital de bontés et de bienfaisances, franches de tout passif, et qui travaillent à reconstruire un noble avenir.

Lourd de mystère, l'avenir ne se conçoit pas sans la protection et la médiation d'appuis mystérieux. Mais nos « Puissances de sentiment »[347] ont été purifiées par une haute civilisation : une fois rétablies dans la sphère natale, elles y sont manifestement soutenues, enhardies de saintes promesses. Pour ma part, s'il faut l'avouer, je les entends chanter, et même rechanter, ces belles Puissances, dans un vieux Noël du XVIIe siècle, œuvre d'un chanoine avignonnais nomme *Sabòli* ou, comme on doit prononcer à Paris, Saboly. Ses poèmes n'ont pas cessé d'être l'honneur de nos églises, l'amour

---

[345] Auguste Comte.
[346] M. Bodley, dans son livre *La France*.
[347] Barrès.

de nos champs et de nos foyers. Écoutez son cantique de la délivrance de l'homme :

*E leissen doun*
*E leissen doun*
*Li causo vano*
*E que nosti cor*
*E que nosti cor*
*Sanon plus fort*
*Que tóuti li campano.*

Et laissons donc,
Et laissons donc
Les choses vaines
Et que nos cœurs
Et que nos cœurs,
Battent plus fort
Que toutes les cloches.

*8 juin 1939.*

## La Bénédiction de Musset

### 1938

*Le Secret de l'aventure de Venise*, que vient de publier M. Antoine Adam[348], est un livre de valeur que j'ai lu avec intérêt. J'y ai trouvé beaucoup de choses, car l'auteur a bien travaillé. Le prix de ses recherches, représenté par des résultats positifs, sera particulièrement sensible à tous ceux qui ont voulu voir et suivre d'un peu près les amours de George Sand et d'Alfred de Musset. C'est mon cas. Je me suis passionnément attaché, voici plus de quarante ans, à ce curieux mystère qui semble donner raison au vieux dicton de Provence : *ils se sont pris d'amour, et ils se sont quittés de rage*. Voilà trente-cinq ans, j'ai publié mon étude clinique des *Amants de Venise* avec un examen des idées générales qui s'y réfèrent.

Si, dans l'ordre des idées, l'apport de M. Antoine Adam est à peu près nul, ou même négatif, l'énergie de l'attention qu'il a déployée lui a permis d'apporter au récit de la liaison, des brouilles, des raccommodements, des brouilles nouvelles, un tel degré de précision qu'on ne sortirait pas de la vérité en disant qu'il y est parvenu à chronométrer tous les moindres incidents de la passion et de l'humeur. M. Antoine Adam sait et dit, à un jour près, que dis-je ! à une heure du même jour, quelle tête ont bien pu se faire et se défaire ses Amants de Venise. Il peut écrire, pièces en mains, que « ce qui était vrai le matin du 4 février ne l'était pas le soir… » Telle flamme de sentiment s'est allumée vers le 25 avril ; le 15 mai, la voilà qui tombe et s'éteint, il n'est plus permis d'en douter.

L'un des effets certains de ces précisions excellentes aura été de réduire à rien une pétarade connue d'Émile Faguet : « On les appelle les Amants de Venise parce qu'ils n'ont jamais été amants à Venise. » Ils l'ont été bel et bien. Nous le croyions, M. Antoine Adam le démontre.

Les mêmes analyses minutieuses permettent de voir et de toucher le génie artificieux de George Sand, elles font admirer la céleste naïveté du poète, que, d'ailleurs, ses folies furieuses n'ont jamais tout il fait éloigné du bon sens.

Un autre point bien établi est que Musset à Venise n'avait pu ni tout voir ni tout savoir de l'essence de ses malheurs. Cela fut de toute impossibilité en

---

[348] Antoine Adam, professeur à la Sorbonne, éditeur et critique, dix-septiémiste à qui l'on doit une monumentale *Histoire de la littérature française au dix-septième siècle* écrite dans les décennies 1940 et 1950, et qui fut aussi un des éditeurs critiques importants des œuvres de Rimbaud. Il ne faut pas le confondre avec son homonyme, journaliste et sénateur inamovible de la IIIe République mort en 1877. (n.d.é.)

effet. Il a été berné supérieurement, M. Antoine Adam le met hors de conteste.

Sur maint autre détail, j'aurais à exprimer des assentiments analogues. M. Adam a très bien vu le mal que l'aventure vénitienne fit à George et le dommage moral, infiniment supérieur, qu'en souffrit son ami : le poète en tomba au rang d'*automate*, écrit justement notre auteur.

Avant de mentionner où l'on se sépare de lui, on voudrait dire encore ce que l'histoire des Amants de Venise doit d'original et de neuf à son chapitre de Marie Dorval.[349] Une page brûlante du journal de George (que je ne lirais pas tout à fait comme lui) lui sert à déterminer avec exactitude l'une des heures de cette aberration. Elle était connue, mais personne ne l'avait localisée aussi bien.

M. Adam a raison de se plaindre que les initiatives amoureuses de Pagello[350] aient été trop réduites, parfois réduites à rien, par divers chroniqueurs et historiographes, entre lesquels il se peut que je sois compté : la déclaration écrite au *stupide Pagello* a failli faire totalement négliger les premières assiduités du médecin, ses manœuvres de séduction, ses privautés qui sont certaines. Ne fait-on pas l'erreur inverse en nous montrant la belle George épouvantée, comme une vierge, par d'audacieux baisers du docteur ? Elle avait vu le loup, plus d'une fois, M. Adam lui-même nous en fait un bon compte ; les situations difficiles ne pouvaient pas lui faire peur. Eût-elle pris Pagello pour un Turc (Le Turc d'*En Morée* ![351]) ce n'était pas pour la faire reculer : au contraire.

---

[349] Marie Dorval, née Marie Amélie Thomase Delauney, 1798–1849, fut l'une des plus célèbres actrices françaises du XIXe siècle, dont le nom reste lié à la révolution romantique du théâtre. Énumérer ses amants célèbres, prouvés ou supposés, allongerait démesurément cette note. En 1832, elle collabore à l'écriture de la *Cosima* de George Sand, dont elle joue le rôle principal au Théâtre du Gymnase. La pièce fut mal reçue et ne connut que sept représentations. La liaison de George Sand avec Alfred de Musset est-elle des années 1833–1835. (n.d.é.)

[350] C'est pour le médecin italien Pagello que George Sand quitta finalement Musset, à Venise. L'histoire de cette rupture et de ses finesses psychologiques a été longuement analysée par Maurras dans *Les Amants de Venise*, parus en 1902. (n.d.é.)

[351] *En Morée* est le titre d'un texte d'un lyrisme passionné remis par George Sand à Pagello, qui soignait alors Musset, où elle avouait au médecin son amour pour lui. La Morée désigne le Péloponnèse. Les années 1828–1832 ont vu une expédition militaire française « de Morée » pour aider la Grèce, alors encore aux prises avec les Turcs ottomans ; d'où la parenthèse de Maurras. (n.d.é.)

En cette matière, il est vrai que M. Antoine Adam a trop aimé à dire comme en sa page 24 que : « tout est clair », alors même qu'il vient d'accumuler ou de foncer les ombres. Encore lui arrive-t-il de commettre en pleine clarté d'invraisemblables fautes d'arithmétique : après nous avoir décompté avec soin les années du héros, il nous assure brusquement que son Musset, né en 1810, n'a que vingt-trois ans en 1835. C'est l'oubli des mois de nourrice. Mais le poète tarde-t-il à faire timbrer un passeport, c'est qu'un feu d'amour le dévore. Va-t-il enfin au consulat ? C'est « la preuve » que Musset s'ennuie. Diable ! Diable ! Les scrupules critiques dont M. Antoine Adam se montre assez coutumier devraient le rendre moins coulant en matière de « preuve » ! Lui aussi, fait des conjectures, bien qu'il écrive aussi bravement que Newton : *hypotheses haud fingo*.[352]

Au surplus, le scrupule ne l'étouffe pas toujours. On lit, page 97 :

> Il existe une poésie de Musset datée du 3 février, parfaitement gaie, sans allusion à une tristesse quelconque, elle contredit si fort la version ordinaire que Charles Maurras est obligé de refuser à ces vers toute *valeur de témoignage*. Et, dans l'hypothèse courante, il a raison. Mais ne serait-ce pas plutôt l'hypothèse qui serait fausse ?

Voilà une étrange façon de me lire. Il suffit de jeter les yeux sur mon livre pour y voir que « l'hypothèse courante » y est frappée de doutes constants, réguliers, nécessaires. Qu'avais-je écrit ? Voici :

> C'est cependant aux premiers jours de Venise que plusieurs critiques ont placé la grande rupture des deux amants. Il ne faut donc rien croire de la jolie chanson qui est datée de Venise : – 3 février 1834 – dans les *Poésies nouvelles* et qui respire le bonheur : *Vivre et mourir là !*

Le point d'exclamation à la fin du poème cité m'enlevait toute possibilité de terminer ma phrase par un point interrogatif, mais le ton du discours laisse bien peu d'incertitudes sur l'objection que j'adressais ainsi à « plusieurs critiques », les Maurice Clouard et les Émile Faguet, dont je me séparais à tout coin de page.

---

[352] « Je ne fabrique pas d'hypothèses. » (n.d.é.)

Deux feuillets plus loin, lorsque je transcris ces mots de Mme Sand : « *la porte de nos chambres fut fermée* », je ne manque pas de les faire suivre de cette vérité première : *elle avait donc été ouverte !* Mon lecteur est averti par là qu'il ne faut accorder aucune gravité à tant de menues brouilles, que la version courante exagère à plaisir. La porte s'ouvrait, se fermait, se rouvrait encore. Si j'avais pu croire à la clôture définitive, le livre n'eût pu être écrit.

M. Antoine Adam me met du parti que j'ai combattu. Par mégarde et méprise, je l'ai bien cru, par quelque accidentelle faute de lecture que j'ai d'abord attribuée à la distraction de la hâte. En fait, il y a autre chose, dont j'aurais dû m'aviser dès les premiers mots de M. Adam. Quoi ? L'influence d'un système. Un système qui devait exclure deux choses : l'essentiel de l'explication que j'ai proposée du drame de Venise ; l'essentiel de la méthode que j'ai employée pour y suivre et montrer le jeu des acteurs.

M. Antoine Adam tient en mains comme un jeu de cartes, ou comme un livre de prière ou comme un procès-verbal de gendarmerie, les *Lettres* que se sont écrites les amants. Et, croit-il, tout est là. Hors de là, rien ou presque rien. En principe, il ne connaît ou ne reconnaît que cet ordre de témoignages. Les actes de George et d'Alfred sont inscrits, simples, dépouillés et nus, dans la *Correspondance* de ces deux animaux à deux pieds sans plumes.[353] Mettons : de deux animaux raisonnables. Ils sont cela, ne sont que cela : des êtres humains, sans plus. À quoi bon s'occuper de les mieux décrire, d'après les particularités de leur époque ou de leur profession commune ou d'après les oppositions de leurs idées. Pour M. Antoine Adam, il ne peut y avoir beaucoup de romantisme dans l'affaire (page 206), il n'y a même pas de « littérature » (*ib.*). Alfred et George sont (page 8) comme *tant d'autres*, dont ils n'ont guère différé que par le volume et le degré de leur infortune.

La relation très détaillée que l'on nous apporte fera donc le possible et l'impossible pour enlever à la rencontre de George et Alfred tout sens exceptionnel, distinctif, singulier. Si M. Adam dit, et dit bien, que ses personnages déclament, il dit pourtant le moins qu'il le peut quelles sont leurs déclamations, quel en est l'objet et le fond, sur quoi elles portent, ce que ces deux êtres, qui s'aiment comme on s'aime, pensent, *eux*, de l'amour, de ses libertés, ou de ses contraintes, ce que n'en pense pas toujours le commun des autres amants. Les lieux, hauts ou bas, sur lesquels ils s'isolent

---

[353] La définition de l'homme comme *bipède sans plumes* est déjà chez Platon, où déjà elle se veut humoristique. (n.d.é.)

et se dénudent, l'idée plus ou moins forte qu'ils se font l'un et l'autre de la dignité de l'amant, de l'honneur de l'amante, cet air du « siècle » qui fut actif et vivace dans un certain nombre de cas spirituels, à cette même heure et à ce même moment, les excentricités qui devaient en résulter pour ce couple déjà bizarre... non, il faut biffer tout cela : il faut premièrement que ces malheureux soient *comme les autres*. Voudrait-on les distinguer pour ne pas les confondre ? Inutile !

Cependant, leur malheur a porté certaines marques de différences fortes et rares.

Bien qu'exclusivement appliqué à classer et à dater ses pièces, le critique ne peut manquer de rencontrer tels faits qu'il est bien obligé de trouver très particuliers. Donc, ces faits sont là. Ils sortent, en tumulte, des rangs du droit commun : ils se classent d'eux-mêmes dans la règle courante de l'irrégularité romantique. Que faire de ces faits ? M. Antoine Adam les traite un peu comme il m'a traité. Il leur demande d'avoir été autres qu'ils n'ont été. Comme l'auteur des *Amants de Venise* est faussement rangé parmi ceux qui n'ont pas voulu qu'ils fussent amants à Venise, tel épisode décisif est estompé, altéré, mutilé.

La réalité objective de leur histoire montre un Alfred de Musset quittant Venise et laissant la place à son rival, après avoir joint les mains de George et de Pagello, et innocemment béni leur union.

Comment traiter ce réel objet-là, sans en noter le caractère extra-classique ou anti-classique ?

Mieux vaudra s'en débarrasser.

M. Antoine Adam n'y va pas par quatre chemins. Le parti qu'il a pris est d'une extrême commodité. Celui de nier. Ce qui le gêne, il ne l'admet pas, nous dit-il. Majestueusement, il écrit : nous ne l'admettons pas. *Sit pro ratione...*[354] Ainsi l'affirme une volonté toute pure. Et puis après ? On pourrait l'énoncer jusqu'à la fin des temps, cette volonté arbitraire ne peut suffire à faire que la bénédiction donnée, reçue, formellement attestée, ne l'ait pas été. Les faits n'ont pas besoin de l'aveu de leur historien, ils s'en passent royalement.

Cependant, ce qui veut être rejeté ne peut être passé tout à fait sous silence. M. Adam en parle donc. Comment ? Écoutez : — La bénédiction ? Peuh !... Il ne s'agit, assure-t-il (page 126), que de « quelques mots arrachés

---

[354] *Sit pro ratione volunta mea*, locution latine qui signifie : « que ma volonté tienne lieu de raison ». (n.d.é.)

au poète ». Quels mots ? « Un soir, trompé sur la conduite véritable des deux amants » (on n'a jamais dit le contraire), « convaincu que l'un et l'autre avaient héroïquement résisté à leur penchant, Musset a parlé de mettre la main du docteur dans celle de la femme... » *Parlé*, seulement ? Rien de plus. Pourquoi ? C'est qu'« il n'a pu bénir ». « Il n'eût pas béni, s'il eût su. » Sans doute. Mais il ne savait pas ou savait mal, on en est d'accord avec M. Adam : alors qu'est-ce qui l'eût empêché de bénir ?

C'est très vrai, qu'il ne savait pas ! Il avait vu ou cru voir, puis cru s'être trompé. Mes *Amants de Venise* exposent comment ses accusations, ses fureurs et ses cris avaient été retournés et rebroussés, comme rétorqués contre lui, pour lui en faire honte : ce fut l'artifice de la bonne George, dont *La Confession d'un enfant du siècle* reste le monument durable. Cela est fermement inscrit, de la main du poète, d'autant plus véridique que le pauvre garçon ne pouvait mesurer alors que la plus petite moitié de son ridicule.

M. Adam vient d'accorder que Musset avait vu. Et « son esprit se révoltait », ajoute-t-il, « il s'est demandé s'il n'avait pas rêvé ». C'est bien cela. De toute évidence ! Mais, alors, s'il avait rêvé ? Comment et pourquoi ? Le feu de ces questions était diligemment attisé par quelqu'un qui lui représentait qu'un rêve aussi malsain ne pouvait être que la vapeur ou le parfum de la flore d'un cœur gâté : — *Débauché que tu es, tu vois l'univers comme toi !* Cette suggestion était assez forte en lui pour détruire le témoignage de ses yeux. Ôtez-la, comment expliquez-vous qu'Alfred ait pu se défier si fort de lui-même ?

M. Adam écrit que « toute cette histoire est fausse ». Il s'avance beaucoup. Il pourrait la déclarer insuffisamment fondée. À quoi l'on ne serait pas en peine de répondre. Elle est si vraie que, *primo*, il est obligé d'en raconter un morceau et *secundo*, pour en taire l'autre morceau, il doit mettre dans sa poche le texte authentique où il voit bien qu'elle est consignée.

Mais, ce texte qu'il est forcé de résumer, il ne le cite pas. Il ne peut le citer. C'est une lettre de George. On y voit la bénédiction toute pure. Vous pourrez feuilleter, jour et nuit, M. Antoine Adam, *nocturna versate manu, versate diurna*, vous n'y trouverez point cette narration expresse et directe de ce qu'il appelle une « minute » d'exaltation, mais qui, d'après la narratrice, est dite, en français, « une nuit ».

Pour qu'il n'y ait point de « romantisme », pour qu'il y en ait « seulement » le moins possible, ce beau texte est mis à la porte du livre de

M. Adam. Or, si M. Adam était sûr que la fameuse bénédiction ne fut pas donnée, s'il eût vraiment douté de ce mariage mystique, il n'eût pas hésité à citer textuellement, pour les discuter, les lignes dont il tient à nier l'importance. Mais non : il ne faut pas que son lecteur *voie* George écrire à Alfred, en réponse aux reproches dont il la presse, aux chaudes questions qui la gênent, ceci :

> Adieu donc le beau poème de notre amitié sainte et de ce lien idéal qui s'était formé entre nous trois, lorsque tu lui arrachas à Venise l'aveu de son amour pour moi et qu'il te jura de me rendre heureuse. Ah ! cette *nuit* d'enthousiasme où, malgré nous, *tu joignis nos mains* en nous disant : *Vous vous aimez et vous m aimez pourtant, vous m'avez sauvé âme et corps.*

M. Antoine Adam juge que Mme Sand a exploité cette phase du drame. Parbleu ! Et d'autant mieux qu'elle avait fait tout ce qu'il fallait pour la faire naître ! Avant M. Adam, nous nous sommes tués à le dire et à le montrer. Mais que l'histoire soit réelle, que la bénédiction ait été donnée et reçue, M. Adam n'a pu le contester qu'à la condition d'expurger son livre de la page qui porte en soi toute sa suffisance de claire vérité.

Quelle apparence y a-t-il en effet que, à Paris, dans sa passion de se disculper et de se justifier devant l'amant qui s'est remis à l'aimer et qu'elle s'est remise à aimer, Sand ait rien pu inventer, ni exagérer, ni avancer rien qui sortît du vrai, rien enfin qui n'éveillât de très exactes résonances dans le souvenir de son ancien et nouvel amant ? Son premier intérêt était de ne courir aucun risque de la moindre dénégation, et de ne s'exposer au moindre doute chez son partenaire. De semblables souvenirs ne pouvaient être appelés en témoignage qu'à la condition d'être absolument irréfragables dans les moindres détails, même du ton et de l'accent. Faute de quoi, quels cris du poète ! Quels flux de reproches nouveaux ! Quelles accusations de mensonge et de perfidie, celles-là même auxquelles il s'agissait pour George de se soustraire, en leur opposant de son mieux échappatoire ou réfutation. George a bien menti partout ailleurs. Non là : le salut de son plaidoyer lui commandait absolument la véracité absolue. La nuit d'enthousiasme a brillé telle que George le relate, les mains ont été jointes et la bénédiction du poète, donnée comme elle dit.

Au surplus, le correspondant de George a-t-il esquissé la moindre protestation ? Il n'y a pas trace d'un mot, public ni privé, de Musset, qui ressemble à une contestation là-dessus. Non : pas un. Il n'a pas protesté. Jamais. Bien mieux. En cette même année 1835, il a voulu expressément confirmer le dire de George, contresigner la thèse qu'elle avait été unie et mariée à Pagello par lui, Musset ; que c'était lui encore qui avait formé ce *lien idéal* à trois ; et qu'enfin, s'ils étaient restés là-bas, dans les bras l'un de l'autre, pendant qu'il s'éloignait, c'était lui qui l'avait ainsi désiré et réglé. Alfred de Musset en a conçu et écrit les trois cents longues pages de *La Confession d'un enfant du siècle*, en d'autres termes que ceux de George, mais dans le même sens, il y a dépensé toute l'encre et toutes les larmes de ce gros livre, « *livre* » qui « *n'est qu'à moitié une fiction* », suivant le mot de Musset lui-même, dans la lettre à Liszt qu'a citée M. Émile Henriot.

Certes, abandon, sacrifice, bénédiction n'allèrent pas sans reprises ni retours d'amère lucidité, et cela comporte aussi bien les adieux assez « secs » au *signor* Pagello, notés par M. Adam, que les regrets ardents donnés aux beaux yeux noirs de l'amie perdue dans le *Souvenir des Alpes !* Sainte-Beuve, qui sut lire mieux que personne, disait avec raison que rien ne garantissait que le héros de la *Confession* n'allait pas reseller des chevaux pour revenir tourmenter sa belle maîtresse. Cela est dans l'histoire. Je l'y ai mis. Pourquoi M. Adam en efface-t-il ce qu'il y trouve ? Il n'y réintroduit qu'une fausse logique, une logique linéaire, tout entière tournée contre la psychologie réelle de personnages qui ont vécu.

Le thème de la *Confession* est ce qu'il est. Écrivant une histoire dont il ignorait encore le fin mot, Musset y jette tout ce qui lui était présent à l'esprit pour l'avoir senti et souffert. Son dernier chapitre revient à se représenter en train d'administrer le sacrement que l'on conteste. Certes, Musset transpose, il insère les atténuations dues au vaste public qu'il y mettait en tiers. Il évite les crudités de sa sauvage amie. Mais le schéma vénitien est reconnaissable. Pour la dernière fois, Octave-Alfred[355] se met à table auprès de George-Brigitte ; ayant rompu le pain, il la conduit chez un joaillier, choisit deux bagues pareilles et, les anneaux bien échangés, le jeune homme et la jeune femme se séparent après s'être serré la main : Brigitte George rejoint Smith-Pagello : Alfred-Octave monte en chaise de poste, en remerciant Dieu

---

[355] Octave, Brigitte et Smith sont les noms des héros de *La Confession d'un enfant du siècle* d'Alfred de Musset. (n.d.é.)

« d'avoir permis que de trois êtres qui avaient souffert par sa faute, il ne restât qu'un malheureux ».

Voyons ! ces pages lues, comprises, peut-on dire que Mme Sand ait pu « exagérer » ! Il n'est que de relire sa lettre.

À un autre endroit de son livre, notre critique aux yeux de lynx nous a donné le spectacle de l'intelligence pure, concevant, inférant et certifiant l'existence d'une pièce qui manque à la *Correspondance* : tel le calculateur découvrant un astre à la pointe de ses calculs, bien avant que la flamme en palpitât dans les télescopes. On en félicite M. Adam. Mais quand la même *Correspondance* lui offre un texte éloquent, utile, pittoresque et probant, pourquoi se garde-t-il de le recueillir ? Hé ! ce texte lui donnait tort.

Encore, là, sans renier ouvertement le témoignage, se borne-t-il à lui infliger des limites arbitraires qu'une citation complète eût vite effacées. Mais comment, en dépit de l'affirmation explicite de Musset, lui est-il possible de dénier toute valeur historique à la *Confession* ? Ni la moitié, ni le quart d'une valeur. Aucune. Il déclare ne lui accorder « aucune importance », « même légère ». Quant à l'histoire, la *Confession* ne lui apprend « exactement rien ». Peu de critiques auront jamais tranché avec cette autorité de pacha. Mais la vérité se moque de ces turqueries. Il suffit d'ouvrir la *Confession* pour y voir que tel épisode important de « l'histoire », celui de l'unique tasse de thé où ont bu George et Pagello, s'y trouvait déjà rapporté en un temps où personne n'en pouvait avoir la moindre connaissance. Plus tard, longtemps plus tard, des confirmations décisives ont été tirées des papiers de Buloz par Mme Marie-Louise Pailleron, cela est très récent. Les notes de Paul de Musset sont postérieures à la mort d'Alfred (1857). Les révélations de Pagello ont été publiées en 1896. Si M. Antoine Adam eût été contemporain de la *Confession*, cette page d'un livre écrit en 1835 eût suffi à orienter son flair de chercheur, sa conscience de censeur. Et le même livre l'aurait instruit d'autres points, s'il eût voulu y regarder. Mais je le crains, non plus qu'aujourd'hui il n'aurait consenti au sacrifice d'un préjugé pour n'avoir pas à toucher à l'arche sainte, à ce romantisme dont la *Confession* déborde, il est vrai.

La *Confession* lui paraît-elle un document trop littéraire ? Soit. Mais il y est question d'autre chose que de littérature, ou d'états d'âme, ou de motifs moraux. C'est le cas de tous les écrits des Amants, de 1834 à 1842. S'ils éclairent l'histoire, ils ont aussi contribué à la faire. George et Alfred ne s'étant pas contentés d'échanger des lettres, ils se sont envoyé à la tête des poèmes et des romans, George remaniait des chapitres de sa *Lélia*, antérieure à Venise, pour les faire entrer dans le dialogue public qu'elle soutenait avec Alfred. De ces répliques entre-croisées sortaient des actes. Par elles, les griefs s'enflaient ou s'atténuaient, rapprochaient les amants ou les éloignaient. De « l'histoire » encore, cela. À vouloir tout circonscrire à la *Correspondance*, on est conduit non seulement à la mal comprendre, mais à en mutiler la matière et l'esprit.

L'étude de la vie ne dispense pas de l'hypothèse qui l'explique. À son tour, l'hypothèse du romancier et du poète, ce qu'il ajoute d'imaginations à la vie rêvée, concourt aux mouvements de la vie elle-même.

Je ne pense plus au cas de la bénédiction de Venise où ma preuve est faite, mais à un autre point sur lequel M. Antoine Adam triomphe à trop bon marché.

Lui-même avoue parfaitement (et il le faut bien) que Musset craignit d'être enfermé comme fou. M. Adam ne nie même pas que cette idée ait pu ou dû traverser l'esprit de George et de son ami, il donne en outre des motifs assez sérieux de penser que le médecin et sa maîtresse auraient pu en venir à cette action terrible sans forfaire à la vérité ni à l'amitié, car M. Adam parle, avec plus de précision que personne, de la faiblesse cérébrale d'Alfred de Musset. Voilà donc trois points établis. Le quatrième tient à une question que je pose, moi : peut-on relire, dans la vieille *Revue des deux mondes* de 1834, la « lettre d'un voyageur », envoyée de Venise et dédiée à Alfred de Musset, sans y être frappé de l'insistance et l'affectation du ton et de l'accent de George quand elle parle de l'aspect des aliénés de San Servilio ? Cette page éloquente n'éclaire-t-elle pas comme par dessous, le document historique découvert bien plus tard ! Et si la *Lettre* évoque ce que craignait Alfred, ce qu'on lui faisait craindre, si elle l'y faisait penser, n'y a-t-il pas lieu de juger que George et Pagello avaient pu promener avec intention leur ami du côté de l'île des fous ? C'est elle-même qui lui en parle. Et elle a soin d'ajouter, pour « l'enfant superbe », qu'on lui a vu perdre la raison et que la raison peut être perdue pour bien des sujets... Ainsi s'étaient-ils servi de son inquiétude et de son angoisse pour lui inspirer la plus salutaire des craintes ?

Non, tranche M. Antoine Adam, *cette promenade a eu lieu, mais elle est de janvier...* Elle peut être de janvier et avoir été refaite plus tard, et, sans même avoir été refaite, être utilisée de mémoire pour la même évocation menaçante. Le fait est (le document le dit) qu'entre sa maîtresse et son médecin, Alfred redoutait quelque chose : or, ils avaient intérêt à l'en menacer. « *C est tout, et c est vraiment peu de chose* », dit M. Antoine Adam. Vraiment, qu'est-ce qu'il lui faut ? Il ajoute : « *Crainte d un moment qui n est attestée nulle part ailleurs.* »

Alors ce sont les « attestations » et les certificats qui vont régler le sort de choses d'ailleurs certaines ? Admettons-le pour faire court. Car cette crainte-là est attestée, et bien. Et fameusement bien. Ce que savait Musset de sa santé mentale, ce qu'en savaient Pagello et George suffirait à donner au *risque* tout son poids, à le faire peser et agir violemment sur le poète. Car il était ce qu'il était et se savait tel. Que l'on relise, au début et à la fin de la *Confession*, les deux épisodes ou Octave-Alfred s'accuse d'avoir voulu tuer ses deux maîtresses successives, l'une se sauvant par la fuite et l'autre, laissant voir, dans les mouvements du sommeil, un petit crucifix pendu à son cou, ce qui la sauva. Un être aussi nerveux et ne s'ignorant point, pouvait et devait être manœuvré supérieurement par les deux gaillards d'amoureux qu'il encombrait à fond...

Suppositions ? Hé ! J'ai pris soin de dire et de redire que c'était une supposition, en effet. Si l'affaire de San Servilio, avec la menace du cabanon, n'ont pas suffi à composer la péripétie du drame de Venise, soit ! qu'on en trouve une autre, et meilleure : mais il en faut une, et il la faut supposée, il la faut hypothétique, si les textes ne donnent rien. Ma supposition a pour elle, d'être amenée et constituée par un ensemble de réalités morales concordantes. On ne peut lui régler son compte en disant : *c est beaucoup*, ou « *c est peu* », ou en criant au « *romanesque* », comme si le romanesque faisait défaut aux positions les mieux établies de tout ce roman vécu !

Ce serait un autre tort que de vouloir y éluder, réduire ou supprimer l'analyse littéraire ou la synthèse historique ; on ne s'en passera point en ce livre des mœurs littéraires d'un certain siècle. En traitant de rêverie tout complément qui ne soit pas déduit de la *Correspondance*, que fait-on ? Ce qu'a dû faire, malgré tout son talent et toute son application, M. Antoine Adam : ôter au récit de l'aventure elle-même les clartés qui la dominent, les faits qui la caractérisent.

Il se peut, certes, que l'affaire n'ait pas été ordonnée aussi exactement que je l'ai cru deviner. Pourtant deux choses sont claires et certaines.

La première est que notre « vue » générale des *Amants de Venise* date, comme leur premier manuscrit, de 1896, cela est attesté par des pièces imprimées à cette époque et par notre premier conflit avec Paul Mariéton[356] : or, depuis cette année-là, tout ce qui a été exhumé des poussières d'archives est venu confirmer l'une ou l'autre de mes conjectures ou de mes déductions, telles que les recensent de volumineux appendices. M. Decori n'a publié la *Correspondance* complète qu'en 1906, l'incomparable contribution, tirée des archives de Buloz[357] par Mme Marie-Louise Pailleron, est encore postérieure de plus de vingt ans. Les thèses approfondies de Melle Vincent, thèses de doctorat ès lettres, sont du même âge très récent. Nul document, nul témoignage contemporain ne nous a apporté l'ombre d'une contestation. Le premier, M. Antoine Adam vient dire : *je n admets pas, je ne veux pas*. L'on se moque de ses volontés. Ce qui est ainsi gratuitement nié subsiste avec ses apparences, ses indices, ses preuves, et tout ce qui l'a mis debout. Notre conjecture se trouvait accordée d'avance à des faits alors inconnus. Et c'est des faits et des textes fort mieux connus que se désaccorde la thèse de M. Antoine Adam. Nous avions, tant bien que mal, pressenti les pièces cachées. Il doit faire abstraction des pièces publiées.

Une seconde certitude permet de repousser des doutes confus, vagues, sans grand objet. Dès qu'on l'assimile, d'office et comme par ordre, au trantran de toutes les autres affaires d'amour, et qu'on l'a dépouillée de sa draperie littéraire et de son âme romantique, il arrive que l'affaire perd aussi de sa vérité matérielle. Francisque Sarcey aimait à étudier les héros de la tragédie du grand siècle en changeant leurs conditions princières pour des petits métiers d'épicerie, de crémerie et de conciergerie. L'humanité très générale de *Phèdre* et d'*Andromaque* permettait ces transpositions. Elles ne sont pas possibles à l'égard des *Amants de Venise*. Pour s'expliquer leurs pensées, leurs paroles, leurs actes, il faut se rappeler les tendances de *Lélia*, d'*Indiana*, de *Jacques*[358], celles de la *Confession*, il faut tenir compte des paradoxes sentimentaux qui courrent 1833, 1834... Bref, si l'on ne veut pas parler de littérature romantique, il faut, ce qui revient au même, y penser, et il faut avouer, comme le fait (ou presque), M. Adam, qu'il veut en mettre de côté l'idée et l'esprit. Mais alors le corps lui-même ne peut plus

---

[356] Paul Mariéton, 1862–1911. Félibre lyonnais, fondateur de la *Revue félibréenne* en 1885, il avait fait paraître en 1896 son ouvrage *Une histoire d'Amour, George Sand and Alfred de Musset*. (n.d.é.)

[357] François Buloz, 1803–1877, fondateur de la *Revue des deux mondes*, où écrivit Musset, et éditeur de George Sand. (n.d.é.)

[358] Romans de George Sand. *Lélia* en 1833, remanié en 1835 comme l'a déjà noté Maurras, *Indiana* est de 1832 et *Jacques* de 1834. (n.d.é.)

tenir, il demeure incomplet et incohérent, par l'exclusion des textes et l'élimination des faits dont on n'a pas voulu. En décapitant l'aventure vénitienne, on a cru assurer le parfait équilibre du tronc et des membres inférieurs. On s'est trompé. L'ensemble fait plus que de boiter. Il menace ruine. Si le dommage n'est pas plus vif, c'est grand miracle, ou cela est dû au savoir-faire de M. Antoine Adam.

Toutes ces remarques enlèvent peu à la valeur propre et au mérite de son labeur. On se demande seulement pourquoi il s'est refusé aux couleurs de la vie, aux signes éclatants de la réalité. Méthode bizarre à laquelle j'entends fort peu.

Paul de Musset raconte qu'il montrait un jour à son frère quelques échantillons d'une façon d'écrire qui commençait à se répandre sous le règne de Louis-Philippe :

— *Elle est fort à la mode*, répondit le poète, comme à la comédie.

Je crains que la méthode de M. Antoine Adam ne suive aussi la mode. Mais cette mode a pénétré des régions plus hautes et plus sérieuses que celles où nous agitons des modalités d'un simple conflit d'amoureux. La règle de critique et d'histoire à laquelle se plie le plus volontiers l'arbitraire fantasque de nos contemporains peut se définir en deux mots : *c'est l'ablation de l'essentiel.*[359]

---

[359] En 1944, dans *Poésie et Vérité* où ce texte est repris, Maurras ajoute ce paragraphe en petits caractères :
> Je n'ai pas été le seul à m'étonner de cette méthode. En rendant compte à ses lecteurs du livre de M. Adam, notre cher et grand ami André Bellessort fit observer que l'amour romantique mis à l'écart, on perdait la clé de tout ce mystère amoureux. (n.d.é.)

## Louis XIV ou l'homme-roi

1939

*Ce texte est d'abord paru comme un article dans* Candide *le 8 septembre 1938. C'est en 1939 qu'il est publié aux Éditions du Cadran sous la forme d'un ouvrage illustré par Jean-Vital Prost.*

par Jean-Vital Prost

C'était au milieu de la Fronde, le jour où la reine-mère et son cardinal s'occupaient de faire mener le grand Condé à Vincennes.

... Le petit roi, qui avait douze ans, se doutant de quelque chose, rôdait, tournait, allait des jupes à la robe, attentif, curieux, inquiet... Que se passait-il ? On lui cachait quelque chose.

— Allez ! Allez ! lui répétait Anne d'Autriche.

J'ai toujours aimé l'historiette. Elle prendra un sens plus vif et pourra paraître révélatrice si l'on se souvient de lignes écrites soixante-cinq ans plus tard dans le testament où furent prévus les « Conseils de la Régence » :

> *Aussitôt que le roi aura dix ans accomplis, il pourra y assister comme il voudra, non pour ordonner et décider, mais pour entendre et prendre les premières connaissances des affaires.*

« Dix ans accomplis », stipulait le vieux roi. Les rois de France étaient majeurs à treize. L'aïeul ne pouvait viser le droit, mais il songeait au fait : l'intérêt, le désir, la secrète ambition d'un petit prince qui grandissait. Il en prêtait les obscures agitations au futur Louis XV. C'étaient les siennes. Elles lui revenaient dans leur verdeur et leur violence. D'autres enfants jouent au soldat, font des chapelles, seront guerriers ou clercs. Celui-ci, obsédé du démon politique, n'y jouait même pas, et c'est en toute gravité qu'il repensait plus tard à ce qui avait causé une si sérieuse impatience à ses années de minorité.

« J'étais roi, né pour l'être... », disent des confidences de son impérieuse jeunesse. Ses tuteurs, la reine, Mazarin, l'avaient bien servi, ils avaient gardé et sauvé son royaume ? Il leur en était reconnaissant, les aimait peut-être, leur rendait en tout cas tous les offices de l'affection : sur le point délicat, sur la plus dure épreuve du cœur, le cardinal, oncle de Marie Mancini, avait su élever l'État et l'intérêt du trône au-dessus de tout. Louis dut s'en rendre compte, et cela explique le ton de certaines paroles dont bénéficie Mazarin. Mais il n'en aspirait pas moins à la seule indépendance qui compte : au commandement. S'il respectait le premier ministre, l'idée du Ministère lui était odieuse. Il respira quand il en fut délivré : « Si vous m'en croyez, mon fils et tous mes successeurs après vous, le nom sera pour jamais aboli en France, rien n'étant plus indigne que de voir d'un côté toute la fonction, de l'autre le seul titre de roi. »

De ce moment, la royauté n'est plus un titre, c'est une action, il n'y a plus de place pour un maire du palais. L'activité du nouveau roi égale et passe tout ce qu'ont pu tenter les meilleurs fondés de pouvoir de la monarchie.

Pour la honte éternelle de ceux qui imputent à la royauté des sentiments d'étroite jouissance privée, Goethe disait du prince qu'il avait servi :

— Ce maître, quand j'y pense vraiment, qu'a-t-il été de tout temps, sinon un serviteur ? Le serviteur d'une grande cause : le bien de son peuple ! S'il faut donc *à toute force* que je sois le serviteur des princes, au moins ma consolation est-elle d'avoir été le serviteur d'un homme qui était lui-même serviteur du bien général.

Ainsi, le roitelet de Weimar est montré homme du devoir dans l'exercice régulier de sa magistrature.

Le cas de Louis XIV est un peu différent. Ce qui fut ou qui put être vertu en lui participe du caractère d'une passion avouée, et vivace, et pleine d'honneur.

Entendons-le conter comme il a travaillé quand il en eut la liberté, dans les dix années qui ont suivi la mort de Mazarin pour rappeler tout ensemble la persévérance de son effort et le doute que l'on faisait sur la durée de ce beau zèle. Les uns pensaient qu'un bon serviteur finirait par s'emparer de l'oreille et de l'œil du maître. D'autres ajournaient tout jugement à l'issue de l'expérience.

Mais lui :

> *Le temps a fait voir ce qu il en fallait croire, et c est ici la dixième année que je marche, comme il me semble, assez constamment dans la même route, ne relâchant rien de mon application, informé de tout, écoutant mes moindres sujets ; sachant à toute heure le nombre et la qualité de mes troupes, et l état de mes places ; donnant incessamment mes ordres pour tous leurs besoins ; traitant immédiatement avec les ministres étrangers ; recevant et lisant les dépêches ; faisant moi-même une partie des réponses et donnant à mes secrétaires la substance des autres ; réglant la recette et la dépense de mon État ; me faisant rendre compte directement par ceux que je mets dans les emplois importants ; tenant mes affaires aussi secrètes qu aucun autre l ait fait avant moi ; distribuant les grâces par mon propre choix et retenant, si je ne me trompe, ceux qui me servent, quoique comblés de bienfaits pour eux-mêmes et pour les leurs,*

*dans une modestie fort éloignée de l'élévation et du pouvoir des premiers ministres.*

Ce gouvernement personnel signifiait les extrêmes vigueurs d'une intelligence et d'une volonté, il y fallait le gouvernement de soi-même.

Car, si l'action royale appuie naturellement sur des ministres, des courtisans, des sujets, la pointe la plus vive en doit être retournée et appliquée sur le monde secret, trouble, tumultueux que l'homme porte en lui. La vie intérieure du roi venait de loin. Les années de minorité ont servi à le creuser, à le modeler, à lui donner le sentiment de ce qu'il devait être. À quarante-et-un ans, ses maximes continuent de refléter une pensée en travail continuel, poursuivant et fouillant tous les moindres replis qui pouvaient donner un asile à la paresse, à la distraction ou à l'indulgence. Un soin particulier, une application universelle, aboutissait à l'examen de conscience, pour le contrôle et la contrainte de soi. Je voudrais bien savoir dans quelle Salente[360] démocratique, aristocratique ou bourgeoise un citoyen-roi ou un seigneur-prince put jamais se complaire à multiplier ces duretés contre son cœur :

> *Il faut se garder contre soi-même, prendre garde à son inclination et être toujours en garde contre son naturel. Le métier de roi est grand, noble, délicieux quand on se sent digne de bien s'acquitter de toutes les choses auxquelles il engage ; mais il n'est pas exempt de peines, de fatigues, d'inquiétudes. L'incertitude désespère parfois, et quand on a passé un temps raisonnable à examiner une affaire, il faut se déterminer à prendre le parti qu'on croit le meilleur.*

Voilà le sacrifice essentiel. Il consiste à résoudre enfin et à se détacher de l'étude, de la réflexion, de la délibération, pour arrêter une décision ; c'est donc le renoncement aux oscillations si douces, mais stériles, de la pensée. Le choix seul permet d'agir, si pénible qu'il soit de s'y résigner ou de s'y contraindre !

Son espèce de plainte obscure laisse bien voir que pour ce grand esprit il n'existait pas de grâce d'État infaillible, le risque d'erreurs à courir était toujours senti et présent, mais quoi ! l'application, la bonne volonté, le

---

[360] République utopique du *Télémaque* de Fénelon. *(Comme celle-ci les notes suivantes sont des notes des éditeurs.)*

travail (encore !) doivent aider contre la surprise ou la malchance. En dépit des mauvais destins, le tenace labeur royal paie, comme tout labeur.

Et alors… oh ! alors, lisons ceci :

> *Quand on a l'État en vue, on travaille pour soi ; le bien de l'un fait la gloire de l'autre. Quand le premier est heureux, élevé et puissant (l'État), celui qui en est cause en est glorieux et, par conséquent, doit plus goûter que ses sujets, par rapport à lui et à eux, tout ce qu'il y a d'agréable dans la vie.*

Cependant l'esprit politique est en garde. Par une méfiance digne d'Ulysse, on ne s'endort pas dans les agréments du pouvoir ; se rappelant la condition d'homme, on ajoute vite :

> *Quand on s'est mépris, il faut réparer la faute le plus vite qu'il est possible, et que nulle considération l'empêche, pas même la bonté.*

Ce trait aigu avoue une âme : — *D'abord l'œuvre, d'abord l'État* ; tout y est soumis, et, le beau premier, lui-même, travailleur que rien n'arrête dans ce qu'il doit à sa tâche, pas même une apparence de dureté.

Nous sommes loin de Télémaque ! Et même du bon duc Charles-Auguste de Weimar.

Étant et devant être « le plus grand roi du monde », comme le voulait Mme de Sévigné, le roi de France écoute d'autres conseils que l'impératif absolu des moralistes. Sa voix intérieure n'est pas immorale, mais n'omet pas de lui chanter les conditions du devoir qu'il a consenti : — Si tu veux ceci : la prospérité de tes peuples, la dignité de ta puissance, la gloire de ton règne, il faut aussi te plier à vouloir cela : cet effort.

Et, jour par jour, heure par heure, Louis XIV a voulu et fait cet effort. Non en moine, non en ascète, ni en exécutant d'un théorème de doctrine. Se mouvant dans le cadre de sa foi religieuse, de ses traditions de famille, de ses goûts personnels, il se livre ardemment, sciemment aux arts de l'action, à sa poésie enivrante.

Quelle action ? Celle qui a prise sur la matière humaine pour la sauver, la préserver, l'améliorer — l'action que veut l'état de roi.

Cela est clair et ordonné. Cela se suit. Mais il ne faut pas en conclure que ce soit affaire de raison pure ou simple obéissance à la raison pratique. On a beaucoup abusé de ces mots pour Louis XIV, pour son siècle. Aussi les comprend-on assez mal. Il nous faut voir que leurs mobiles les plus élevés n'en excluent pas de plus humbles, qui sont fort complexes : corporels autant et plus que spirituels.

Dans le vrai sens du terme, le rationnel est quelque chose de mathématique et de juridique, de légal et de régulier, qui, donné en partage à toutes les personnes humaines, ne peut ni monter, ni baisser, ni flotter, ni varier comme les valeurs individuelles. Or, s'il y a des maximes universelles pour faire des comptes justes, s'il y a des principes éternels pour conseiller des actes moraux, il n'existe pas de recette pour régler, à coup sûr et heureusement, la conduite des intérêts publics ou privés. Savez-vous ce qu'en disait lui-même ce roi « si raisonnable » ? — *Cela s'apprend, cela ne s'enseigne pas.* Si c'était raison pure, cela s'enseignerait. Non, ce n'est pas affaire de raison. Ni, moins encore, de fantaisie, de passion ou de sentiment. Cela dépend d'une faculté singulière, qui est mixte, tenant du corps, tenant de l'âme, éclairée par en haut des rayonnements de l'esprit, nourrie des résidus les plus subtils et les plus volatils de l'expérience charnelle, se perdant et se retrouvant, sans cesse, au jour le jour, dans le va-et-vient des images, chargées et colorées des peines et des joies de la vie. Cette faculté mystérieuse s'appelle le jugement. C'est, par excellence, le don des chefs, des maîtres et des rois. Il leur est inné.

Par une symétrie secrète, le pouvoir judiciaire est la pièce essentielle de la royauté : ainsi le jugement fait le point central de ce qu'il y a de plus vif dans la personne, l'âme, l'esprit d'un chef. Qu'il s'agisse de la connaissance et du choix des personnes ou de l'option entre les vues, desseins, idées, plans et programmes, ce nom de « jugement » revient sans cesse dans les commentaires que Louis XIV donne de son règne et de son action. Si l'on en pénètre bien le motif, on délivrera son portrait de toutes les vaines réminiscences cartésiennes ou fictions scolastiques dont on l'a barbouillé. Louis Bertrand[361] a dit avec une vérité souveraine que le grand roi incarnait toutes les idées de son siècle, la somme de ce qu'ont voulu et pensé alors les élites françaises. Mais cela ne signifie rien qui ressemble au moindre parti pris d'incarner un système. Sa foi catholique était forte et simple comme sa conscience de prince chrétien, responsable devant Dieu seul, et soumis à toutes les rigueurs de son commandement. Dans ce cadre fort étendu, où il

---

[361] Louis Bertrand, 1866–1941, professeur de lettres, écrivain, élu à l'Académie française en 1925.

s'en remettait de la théologie aux théologiens, il se tenait pour un juge indépendant (ou absolu, *ab-solutus*) qui n'était lui-même tenu qu'à remplir ses devoirs d'enquête, d'étude, de réflexion, de méditation. Là donc, toutes ses idées sont concrètes : qu'est ceci ? que veut celui-ci ? Politiques, juridiques, domestiques, morales, elles vont au-devant des hommes et des choses pour s'imprégner de leur nature et savoir ce que, répartiteur et ordonnateur, il peut et doit en tirer. Certains cas sont typiques. D'autres sont cas d'espèce. Les uns et les autres doivent être appréciés. Cela n'a rien de commun avec une application machinale de principes ou de textes. Point de gaufrier rigide à plaquer sur une molle et humide argile. Toute pâte humaine est résistante, elle comporte des degrés et des modes contraires. Ce qu'il lui faut est quelque chose qui soit humain. Disons : la main royale, fine, forte, ferme, capable de prendre la mesure des êtres et des événements et d'y rencontrer à tâtons le point sensible, sur lequel elle pourra peser, agir, imprimer une direction.

Le secret, s'il existe, est là. Rien ne sert de le connaître à qui ne le possède pas. Mais on peut s'en consoler si l'on comprend bien que la judiciaire du chef fait le nerf de son action, le principe de son bonheur.

Pour les formules toutes faites, le roi les connaît assez bien pour s'emparer de celles qui peuvent convenir. Sans même en adopter aucune ou en en inventant de neuves, c'est au réel qu'il pense et qu'il soumet d'abord sa pensée. Le marquis de Roux[362] a fait un beau livre de la manière dont le roi s'est conduit envers les provinces conquises. Manière très diverse. Un but, invarié, national et royal, la construction d'une France forte. Pour y aller, tous les chemins ! Encore faut-il apprécier le plus court, le plus doux, le mieux approprié à ce qui est voulu et visé. C'est devant le fait et sur le terrain que l'on se prononce. Parfois, des serviteurs zélés accourent apportant à leur maître des modèles d'action régulièrement conçus, engrenés, enchaînés. Que voilà des schémas théoriques ! Mais ils vivent surtout dans le ciel évidé de leur abstraction. Louis qui voit et lit tout écarte d'un revers de main tout ce qui se recommande d'impératifs rigoureux. Sans qu'il en tire une doctrine, ni une méthode, il veut le flexible, le vivant, le modelable et surtout le souple. C'est le terme auquel revient toujours l'historien. Le marquis de Roux nous montre comment l'assimilation, l'unification a varié du Nord au Midi. Les opiniâtres flamands, les narquois et remuants Alsaciens font

---

[362] Marie de Roux, 1878-1943, avocat, historien et journaliste. Il était l'avocat et l'un des collaborateurs réguliers de l'*Action française*.

respecter en partie les mœurs, coutumes, lois privées auxquelles ils sont attachés. L'administration royale aborde, tente, n'insiste pas. Ailleurs, comme en Roussillon, les populations vont d'elles-mêmes au-devant des désirs du centre. Alors on stimule autant que l'on peut ce penchant.

Je me rappelais, en lisant ces pages lumineuses, que des provinces plus anciennement réunies ont bien subi l'épreuve du même rayonnement attractif. Le Soleil fixe au milieu des planètes, disait l'astronomie du temps ! Est-ce autrement que les beaux hôtels d'Aix-en-Provence furent construits au goût versaillais ? Les harmonies logiques de l'esprit français y rencontrèrent cet esprit latin qu'elles ne possédaient qu'à demi. On peut se demander ce qu'eût inspiré au grand roi une renaissance provençale comme celle dont Mistral fut le conducteur. D'abord, de l'humeur à coup sûr ! Puis, devant l'énergie d'un tel mouvement, de la curiosité. Devant sa beauté bienfaisante, de la sympathie. Et, d'un regard plus appuyé, peut-être aussi qu'en présence de toutes les vertus morales, domestiques, sociales et politiques dont un livre comme *Mireille*[363] était nourri et gonflé, le roi eût écouté, compris, exaucé le vœu qu'éleva Lamartine et qui ne fut écouté ni de Napoléon III, ni des républicains successeurs : sa royale souplesse l'eût induit à faire la grande édition populaire du Poème, à la distribuer par tout le royaume, ce qui lui eût été royalement rendu au centuple, nul grand poète n'ayant jamais été en reste sur un véritable bienfait !

Laissons ce rêve extrême et, si l'on veut, paradoxal. Il sert à concevoir un Louis XIV aussi différent que possible de certains théorèmes vivants que dévidèrent, d'après Rousseau, des hommes comme Robespierre ou Napoléon. Si forte que fût leur nature, elle était l'esclave d'un dogme. Ici, tout exprime une libre adaptation personnelle à des objets bien aperçus.

Science alors ? — Pas tout à fait, répond le roi :

> *Il ne faut pas vous imaginer, mon fils, que les affaires d'État soient comme quelques endroits obscurs et épineux des sciences qui vous auront peut-être fatigué, où l'esprit tâche à s'élever avec effort au-dessus de sa portée, le plus souvent pour ne rien faire, et dont l'inutilité, du moins apparente, nous rebute autant que la difficulté. La fonction des rois consiste à laisser agir le bon sens qui agit toujours naturellement et sans peine. Ce qui nous occupe est quelquefois moins difficile que ce qui nous amuserait seulement. L'utilité suit toujours......*

---

[363] L'ouvrage de Frédéric Mistral, 1859.

L'utilité pour elle-même ? L'utilité pour la gloire. Cela permet d'exclure tout stoïcisme. Ce grand homme ne se fût point arrêté aux aridités d'un devoir qu'on remplit pour le remplir. Chrétien, il entendait que ses mérites fussent récompensés dans l'autre monde. Roi, son royaume de ce monde devait rendre à la mesure de ses efforts. Son application ardente ne finissait qu'aux points que la faiblesse humaine cernait.

Ni stoïque, ni ascète, ni disposé aux sacrifices supérieurs d'aucun martyre, c'était un grand vivant. Ses passions le tiraient en tous sens. Il aimait tout, le jeu, l'amour, la danse, la musique, la ville, la campagne, enfin tout, sans parler de la poésie, de l'éloquence et des autres arts comme celui de peindre ou de bâtir. Il en a suivi et subi les penchants. Avec quelle fureur ! Dans quelle frénésie que toute la chronique de la jeune cour manifeste ! Le cortège des femmes ! L'éclosion des chefs-d'œuvre ! La suite fastueuse et la gerbe de feu des plus belles amours ! Certes, la morale, la foi élévèrent, à leur heure, plus d'un barrage. Mais un autre terme régulateur apparaît aussi, moins ferme, plus mouvant et toujours présent : c'est le goût. Sur le plan du plaisir, le goût rend les mêmes services que le jugement à la vie pratique. Il sort des mêmes fonds secrets de la vie personnelle, il trahit l'être et le définit : c'est le frein spontané et irraisonné, l'instinct mystérieux qui protège la nature contre elle-même, permet de mesurer et de distribuer sa grandeur.

Goût, jugement, organes essentiels de l'homme-roi, nous n'aurons pas l'enfantillage de les appeler infaillibles. On fait toujours des fautes de goût et des fautes de jugement. Le gynécée versaillais eût pu connaître plus de réserve, les bâtards auraient pu et dû se passer de légitimation, et l'on aurait pu leur épargner le précaire héritage politique dont le Parlement dut les priver. Telle ou telle grande querelle religieuse eût pu être épargnée à Port-Royal, aux calvinistes, au pape lui-même. Mais tant d'activités successives et simultanées devaient affronter le risque vital. Les erreurs n'éprouvèrent pas une pensée vide, un cœur amorti.

L'homme roi n'a cessé de vivre, de marcher, d'entreprendre ; le front haut comme l'âme, il abordait les difficultés réunies de l'Ennemi contemporain et du ténébreux avenir. Jeu terrible, il est matériellement impossible d'y gagner à tout coup ! Mais si l'on convient, une fois pour toutes, que le positif compte seul et que l'on s'y tienne, on est ébloui. Et non pas de l'action, ni de la pensée, ni même de leurs fruits répandus dans toutes ces œuvres de l'homme-roi et projetés fort loin dans le temps, mais de la grandeur immatérielle inhérente à leur style.

Cela peut se sentir par la simple différence entre la plus sincère emphase jacobine ou napoléonienne et les sept lignes de la fameuse lettre au duc de Savoie :

> *Monsieur, puisque la religion, l'honneur, l'alliance et votre propre signature ne sont rien entre nous, j'envoie mon cousin, le duc de Vendôme, à la tête de mes armées, pour vous expliquer mes intentions. Il ne vous donnera que vingt-quatre heures pour vous déterminer.*

Propriété. Justesse. Choix. Cela est beau sans doute. Comme pour tout ce qui s'est fait sous le grand règne plus beau encore est ce dépouillement simple, ce rejet naturel de ce qui ne concourt pas au sublime.

Un tel style portait tout droit vers les hauteurs. Encore fallait-il le défendre, dans la mesure du possible, contre les puissances d'affaiblissement.

Et le juge se juxtapose à l'amant quand il parle des erreurs magnifiques de sa jeunesse. Oui, il a eu des favorites. Il s'est efforcé de ne pas manquer de justice envers elles, comme envers qui que ce soit. Son exemple « n'est pas bon à suivre, mais peut servir », En des pages incomparables, le roi dit dans quelle mesure il s'est abandonné, mais aussi surveillé, tenu et gardé.

Deux précautions ont été toujours pratiquées, et il les maximes :

> *La première, que le temps que nous donnons à notre amour ne soit jamais pris au préjudice de nos affaires, parce que notre premier objet doit toujours être la conservation de notre gloire et de notre autorité, lesquelles ne peuvent absolument se maintenir que par un travail assidu, car, quelque transporté que nous puissions être, nous devons, pour le propre intérêt de notre passion, considérer qu'en diminuant de crédit dans le public, nous diminuons aussi d'estime auprès de la personne même pour laquelle nous serions relâchés.*

Voici les Belles intéressées elles-mêmes à l'œuvre du Roi. Leurs couleurs, portées en écharpe, obligent à l'honneur et (plus difficilement) au devoir d'État.

Ce qui suit est beaucoup plus délicat. Cette psychologie de la femme peut paraître sombre. Mesdames, patientez :

*La seconde considération, qui est la plus délicate et la plus difficile à conserver et à pratiquer, c'est qu'*en abandonnant notre cœur, il faut demeurer maître absolu de notre esprit, *que la beauté qui fait nos plaisirs n'ait jamais part à nos affaires, et que ce soit deux choses absolument séparées.*

*Vous savez ce que je vous ai dit en diverses occasions contre le crédit des favoris, celui d'une maîtresse est bien plus dangereux. On attaque le cœur d'un prince comme une place. Le premier soin est de s'emparer de tous les postes par où on y peut approcher. Une femme adroite s'attache d'abord à éloigner tout ce qui n'est pas dans ses intérêts ; elle donne du soupçon des uns et du dégoût des autres, afin qu'elle seule et ses amis soient favorablement écoutés, et si nous ne sommes en garde contre cet usage, il faut, pour la contenter, elle seule, mécontenter tout le reste du monde.*

*Dès lors que vous donnez à une femme la liberté de vous parler de choses importantes, il est impossible qu'elle ne vous fasse faillir.*

*La tendresse que nous avons pour elles, nous faisant goûter les plus mauvaises raisons, nous fait tomber insensiblement du côté où elles penchent, et la faiblesse qu'elles ont naturellement leur faisant souvent préférer des intérêts de bagatelles aux plus solides considérations, leur fait presque toujours prendre le mauvais parti.*

*Elles sont éloquentes dans leurs expressions, pressantes dans leurs prières, opiniâtres dans leurs sentiments, et tout cela n'est souvent fondé que sur une aversion qu'elles auront pour quelqu'un, sur le dessein d'en avancer un autre ou sur une promesse qu'elles auront faite légèrement.*

*Le secret ne peut être chez elles dans aucune sécurité, car, si elles manquent de lumière, elles peuvent, par simplicité, découvrir ce qu'il fallait le plus cacher, et si elles ont de l'esprit, elles ne manquent jamais d'intrigues et de liaisons secrètes.*

*Elles ont toujours quelques conseils particuliers pour leur élévation ou pour leur conversation, elles ne manquent point d'y étaler tout ce qu'elles savent autant de fois qu'elles en croient tirer quelques raisonnements pour leurs intérêts.*

Donc, même au lit, disons le crûment, s'imposent la réserve, la discrétion, le silence, « chose difficile », dit-il lui-même. Il n'y manque jamais.

Du temps de Fontanges, de La Vallière, de Montespan, nulle des plus brillantes n'est entrée dans l'État.

Or, cette précaution n'était pas un système. Elle l'était si peu que le jour où lui fut révélé un esprit féminin sans légèreté, ni faiblesse, libre d'attache particulière, sans autre intérêt que le sien, si ferme enfin qu'il l'appela « votre Solidité », Louis XIV fit de Mme de Maintenon la confidente et la collaboratrice de tout ce qu'il y eut de plus royal dans sa vie. Ce qui n'empêcha ni la tendresse, ni le plaisir, comme en témoigne la douce galanterie de quelques billets que le grand public ne peut lire sans agrément dans l'heureux choix des Lettres de Louis XIV que nous devons à Pierre Gaxotte.[364]

Ainsi, sous le roi perce l'homme.

Ainsi devant cette révélation du roi humain, ou bien plutôt de l'homme royal, fond, s'efface ou se dilue le mécanique, l'emprunté d'une imagerie hostile et menteuse. La passion de cet homme aura été de tendre et de bander tous ses ressorts pour se soumettre aux plus hautes règles de son État, et réussir à être ce qu'il voulait être : cet arbitre intelligent, consciencieux, paternel, responsable, qui doit se prononcer, tout seul, dans les hautes matières que ni la coutume ni la loi ne règlent jamais.

C'était une tâche d'artiste, passionné pour son art et se complaisant dans son œuvre. On en trouve le signe à chaque ligne des mémoires qu'il a dictés. Nous nous y sommes référés longuement parce qu'ils y font leur preuve, et sans réplique. On y voit les volontés, les intentions, les scrupules, les règlements de vie d'un homme qui eût pu se moquer de toutes ces choses. Direz-vous que c'était grimace ? Vous sera-t-il suspect d'insincérité ? Retournons-nous. Quittons les écrits, voyons l'œuvre. Ce qu'il a dit ou qu'il a écrit, il l'a fait.

Nous l'avons vu rejeter la rigueur des plans trop généraux, comme peu pratiques. S'il n'a pas eu de politique de libertés municipales et provinciales, s'il a conservé les États de l'Artois et prorogé ceux de Franche-Comté, c'est en vue d'un même résultat, et il l'a atteint : ses acquisitions ont été moralement conquises et séduites par les avantages que leur offraient les jours de prospérité glorieuse. Les nouvelles provinces lui restent fidèles dans les jours de malheur.

Donc, il avait bien manœuvré, quelque compliquée qu'eût été la manœuvre conseillée par son jugement. C'est tout le contraire de la méthode des jacobins et de l'Empereur à qui le mythe rhénan et l'appât des Flandres

---

[364] Pierre Gaxotte, 1895-1982, historien et journaliste, il dirigea *Candide* avant-guerre et collabora à l'*Action française*.

ont imposé pendant vingt-trois ans une guerre malheureuse, sans autre fruit que des ruines pleines de sang. Le grand roi a usé plus d'une fois du privilège de pouvoir s'arrêter, heureux de composer à temps. Il composa pour Philippe V, il consentit que son petit-fils ne régnât point à Paris et à Madrid, il lui fit céder l'Italie : le reste fut sauvé. Une juste appréciation des forces en jeu se vérifiait.

Louis XIV nous tient par-là : le succès, et qui dure. C'est ce que nos démocrates ont peine à concevoir parce qu'ils sont de grands innocents. Sans prise sur hier, ils ne pensent pas à demain. La liaison du temps leur échappe, ils n'en voient que les variations incoordonnées.

L'un d'eux, l'autre jour, se croyait bien malin d'écrire que le « roi-soleil » était bien « éloigné de nos mémoires si l'on se réfère à des fins *pratiques* », Ce patois voulait dire que trois siècles font trois cents ans, et qu'un homme situé comme Bonaparte à moitié du chemin est naturellement plus près de nos affaires, de nos intérêts et de nos besoins. Le grand Empereur pourrait être encore un peu « actuel ». Non le Grand Roi. Or, c'est tout le contraire. L'Empereur ne nous est présent que par toutes sortes de maux dont nous portons les plaies saignantes ou les cicatrices mal fermées : je ne parle pas seulement de Trafalgar, de Leipzig ou de Waterloo, mais de son principe des nationalités qui a érigé près de nous cette monstrueuse et dévorante Allemagne, mais de sa spécialité de grand militaire qui vicia notre armistice ; notre traité de 1919 est sorti de là.

Toutes les diminutions qui nous grèvent viennent de l'Empereur, et les accroissements qu'il avait cru nous apporter sont perdus depuis longtemps sans retour. Mais le Roi nous a donné l'Alsace et nous avons l'Alsace ; le Roussillon et nous avons le Roussillon ; les Flandres et nous avons les Flandres ; l'Artois, la Franche-Comté, nous les avons : ces points d'accroissement étaient si bien choisis qu'en peu de temps ils ne firent qu'un avec l'être de la nation. Ces conquêtes étaient durables, ces extensions viables et les directions dans lesquelles sa politique s'était avancée sans aboutir encore étaient aussi les bonnes : le règne bourbonien en Espagne a duré aussi, il s'est étendu à l'Italie, à Naples, à Parme, et il a fallu l'étonnante sottise de nos révolutions et de nos empires pour sacrifier un état de choses dont les débris nous rendaient encore service à Madrid il y a vingt ans !... Si l'auteur du testament de Sainte-Hélène se montre absolument ignorant du mal certain que sa dogmatique nous destinait, on peut lire en revanche dans le testament de Louis XIV des recommandations à son arrière-petit-fils qui sont ainsi conçues :

> *Que le sang et l'amitié vous unissent toujours avec le roi d'Espagne, sans qu'aucune raison d'intérêt ou de politique mal entendue vous en sépare jamais ; c'est là le seul moyen de conserver la paix et la balance de l'Europe.*

C'est, définie par avance, la politique de salut public. Tout ce qui nous manque. Tout ce qu'il nous faudrait. Tout ce qui donne au souvenir royal la force du regret, du désir et de l'espérance. Le moindre regard sur notre situation, avec les retours comparatifs qu'elle entraîne, tend à nous rapprocher politiquement de l'esprit et du cœur du grand roi.

Cela est subjectif ? Peut-être. Et voici qui peut le paraître aussi : la langue que nous parlons, quand nous ne parlons pas trop mal, est celle des poètes et des écrivains du règne. Nous ne pouvons nous détacher des modes d'expression, de sentiment, de jugement qui sont propres à Racine et à La Fontaine. Par une rencontre plus singulière encore, les termes de sa langue politique n'ont pas bougé. Patrie, État, Empire conservent l'acception courante que leur donnait Bossuet dans son discours de réception à l'Académie française. Cependant, de profondes révolutions se sont accomplies ; la vie sociale, la vie civile se sont transformées, la vie de famille elle-même a subi de profondes altérations, le paysan, l'artisan, l'ouvrier, le bourgeois, l'homme de loi, croient avoir de la peine à se reconnaître dans leurs aînés d'il y a trois cents ans. Eh bien ? malgré cette coupure, les colonnes du vocabulaire civil n'ont pas bougé. Dans sa lettre au maréchal de Villars après Denain, le roi dit : « La nation, la valeur de la nation... » Le plus contesté des termes en cours est gravé où il le faut, de la pointe de diamant qui servit de plume à Louis.

Nous rêvons ? — Non, nous ne rêvons pas. On se tromperait gravement en consentant à l'injustice et à l'ignorance, un rabais quelconque sur cette gloire. Il n'y a point de rêve à prendre conscience de l'identité profonde de la nomenclature des idées politiques françaises aujourd'hui, et en 1670 ou 1680. Il n'y a point de rêve, il y a calcul légitime et calcul exact dans notre aspiration à une politique Louis quatorzienne et Louis bourbonienne, devant la crise de notre temps, car les alarmes d'aujourd'hui ressemblent à celles d'hier, elles sont sur la Méditerranée et le Rhin.

Mais, si l'on veut sentir, voir et palper quelque chose qui ne puisse être comparé en rien à un rêve, et qui atteste pourtant quels soucis d'avenir et de notre avenir inquiétaient encore la vieille tête de Louis mourant, il faut retourner à son Testament, ce Testament que des Robins cassèrent, que des Grimauds ridiculisèrent, sur lequel on ne veut plus retenir que l'infâme barbouillage d'un Saint-Simon, il faut lire en ce testament une page émouvante qui tient aujourd'hui debout comme son grand objet.

> *Entre les différents établissements que nous avons faits dans le cours de notre règne, il n'y en a point qui soit plus utile à l'État que celui de l'Hôtel royal des Invalides. Il est bien juste que les soldats, qui, par les blessures qu'ils auront reçues à la guerre ou par leur long service et leur âge, sont hors d'état de travailler et gagner leur vie, aient une subsistance assurée pour le reste de leurs jours. Plusieurs officiers qui sont dénués des biens de la fortune y trouvent aussi une retraite honorable. Toutes sortes de motifs doivent engager le dauphin et tous les rois nos successeurs à soutenir cet établissement, et lui accorder une protection particulière ; nous les y exhortons autant qu'il est en notre pouvoir.*

Pouvoir qui n'a pas été éteint par la mort.
Les Invalides ont duré.

> *La fondation que nous avons faite d'une maison à Saint-Cyr pour l'éducation de deux cent cinquante demoiselles donnera perpétuellement, à l'avenir aux rois, nos successeurs, un moyen de faire des grâces à plusieurs familles de la noblesse du royaume qui, se trouvant chargées d'enfants, avec peu de bien, auraient le regret de ne pouvoir pas fournir à la dépense nécessaire pour leur donner une éducation convenable à leur naissance. Nous voulons que si de notre vivant, les cinquante mille livres de revenu en fonds de terre que nous avons données pour la fondation ne sont pas entièrement remplies, il soit fait des acquisitions, le plus promptement qu'il se pourra après notre décès, pour fournir à ce qui s'en manquera et que les autres sommes que nous avons assignées à cette maison sur nos domaines et recettes générales, tant pour augmentation de fondation que pour doter les demoiselles qui sortent à l'âge de vingt ans, soient régulièrement payées ; en sorte qu'en nul cas, ni sous quelque prétexte que ce soient, notre fondation ne puisse être diminuée et qu'il ne soit donné*

*aucune atteinte à l union qui a été faite de la mense*[365] *abbatiale de l abbaye de Saint-Denis.*

Saint-Cyr s'est transformé, mais la maison d'éducation pour filles d'officiers, a duré et s'est même étendue et accrue ; ce nom de Saint-Denis ne permet pas de l'oublier.

Mais, les deux établissements que le roi léguait ainsi à toute sa descendance se fussent-ils évanouis avec lui, Versailles même, son incomparable Versailles se fût-il abîmé dans quelque vil remous de nos sottes révolutions, il nous faudrait encore admirer, honorer dans ce coin de la pensée testamentaire de l'homme-roi, la manifeste, l'éclatante et la radieuse obsession des temps qu'il ne devait point voir, des sujets qu'il ne devait point avoir et des victimes de malheurs qu'il voulait prévoir et tenait encore à pourvoir et à soulager.

On l'a cru et dit égoïste. Un tel suprême usage des prévoyances et des largesses de la Puissance nous montre l'altruisme même. Goethe l'a dit : c'est la fonction générique de l'homme-roi.

---

[365] Terme désignant un revenu ecclésiastique.

# Aux mânes d'un Maître

# 1940

Tout ce mois des Morts, j'ai songé au petit cimetière où repose[366] mon vieux maître Anatole France. S'il m'eût été possible de rentrer à Paris, c'est là que j'aurais couru tout d'abord, pour essayer de remuer dans son tombeau le Poète, le Philosophe, le Moraliste ou le Politique, en faisant arriver jusqu'à lui la folle, la sinistre et époustouflante nouvelle :

— Mon Maître, vous n'y croyiez pas, vous nous disiez : *jamais ! jamais !* Eh bien ça y est, c'est fait : ils l'ont déclarée, cette guerre !

Et qui sait si, redressée d'un bond, la vieille Ombre n'en eût pas retrouvé un souffle de vie pour me dire : — *Pas possible !* et me traiter de jeune imposteur.

La paix, et son amour, c'était pour lui l'excuse de la République.

Il n'aimait guère le régime ni ses hommes, mais il comptait qu'ils ne feraient jamais la guerre et, dans la vive opposition de son libre esprit aux Maîtres de l'heure, il existait une confiance dans leur sincère désir de paix.

Tout ce qu'il savait de l'histoire classique et moderne lui enseignait pourtant que les Peuples livrés à eux-mêmes étaient infiniment plus belliqueux que les Rois, mais il l'oubliait ; il songeait aux intérêts immenses que lui semblait avoir notre République Trois à ne jamais tirer l'épée.

Ce dogme de sa raison atténuait beaucoup ce qu'il y avait de réactionnaire dans son art et dans son génie.

Car c'était un réactionnaire fieffé. Ni ses funérailles qui ne furent qu'un défilé du Bloc des gauches au lendemain du Dimanche noir (11 mai 1924), ni les feuilles de calligraphie très soignée qu'il avait dédiées au combisme et au socialisme, ni ses fréquentations du temps de la Commune et de l'Affaire Dreyfus, ne correspondaient à rien de personnel et de profond en lui.

Il brocardait Jaurès, qu'il appelait « Mademoiselle Jean Jaurès », il écrivait son vers du *Juif immonde*[367] et ses dures pages de prose sur les « politiciens pillards » de Panama. Le premier pamphlet contre-révolutionnaire du siècle est de lui : *Les Dieux ont soif*. Il préconisait la politique internationale de Servien[368] et de Mazarin. Son idée de la France était plus voisine de *L'Action française* que de *L'Humanité* ou même du *Temps*. Drôle d'homme ? Il était ainsi. Son vrai fond se montre à l'œil nu dans l'étonnant morceau de *L'Orme du Mail* où il a mis aux prises, dans le jardin public de la petite ville, le

---

[366] À Neuilly. *Comme celle-ci les notes suivantes sont des notes des éditeurs.*
[367] Premier vers de la trentième strophe (sur 36) du poème *Leuconoé* d'Anatole France.
[368] Adjoint de Mazarin, négociateur du traité de Westphalie.

professeur d'éloquence au grand Séminaire et le professeur de Belles-Lettres à la Faculté. Jamais France ne s'était tant amusé peut-être !

Comme dirait l'autre c'est, à toute ligne, la rondeur de Bossuet et la pointe de Voltaire. Il n'y a rien de plus parfait.

M. l'abbé Lantaigne commence par déclarer que la République c'est le Mal parce que c'est le régime qui répugne à toute Unité : « Il lui manque, avec l'unité, l'indépendance, la permanence et la puissance, il lui manque la connaissance et l'on peut dire de lui qu'il ne sait pas ce qu'il fait. Bien qu'il dure pour notre châtiment, il n'a pas la durée. Car l'idée de durée implique celle de l'identité... Des hontes, des scandales qui eussent ruiné le plus puissant empire ont recouvert la République sans dommage. Elle n'est pas destructible, elle est la destruction. Elle est la dispersion, elle est la discontinuité, elle est la diversité, elle est le mal. »

Et, sous les grandes généralités de cette Philosophie première, aussi vieille que l'esprit humain, voici l'acte d'accusation de l'Histoire :

> En vingt ans, quel progrès dans la décomposition ! Un chef de l'État dont l'impuissance est l'unique vertu, et qui devient criminel dès qu'on suppose qu'il agit ou seulement qu'il pense ; des ministres soumis à un Parlement inepte, qu'on croit vénal, et dont les membres, de jour en jour plus ignares, sont choisis, formés, désignés dans les Assemblées impies des Francs-Maçons ; un fonctionnariat sans cesse accru, immense, avide, malfaisant, en qui la République croit s'assurer une clientèle, qu'elle nourrit pour sa ruine ; une magistrature recrutée sans règle ni équité, et trop souvent sollicitée par le gouvernement pour n'être pas suspecte de complaisance ; une armée que pénètre sans cesse, avec la nation tout entière, l'esprit funeste d'indépendance et d'égalité, pour rejeter ensuite dans les villes et les campagnes la nation tout entière, gâtée par la caserne, impropre aux Arts et aux Métiers et dégoûtée de tout travail ; une diplomatie à qui manque le temps et l'autorité et qui laisse le soin de notre politique extérieure et la conclusion de nos alliances aux débitants de boisson, aux demoiselles de magasin et aux journalistes ; enfin tous les pouvoirs, le législatif et l'exécutif, le judiciaire, le militaire et le civil, mêlés, confondus, détruits l'un par l'autre ; un règne dérisoire qui, dans sa faiblesse destructive, a donné à la société les plus puissants

instruments de mort que l'impiété ait jamais fabriqués, le divorce et la malthusianisme...

Quelle page ! Écrite en 1897, tout y est défini de ce qui n'a cessé de mûrir et de pourrir jusqu'en 1940. L'alliance russe que réclamaient alors les débitants de boisson, les journalistes et les demoiselles de magasin, après nous avoir valu la guerre de 1914, aura été l'un des mirages forts qui nous auront entraînés au suprême désastre. Maçonnerie, étatisme, désertion des campagnes, dénatalité, tout y est. M. l'abbé Lantaigne avait l'œil bon, belle la voix, l'un et l'autre portaient aussi loin que l'époque du Maréchal Pétain.

Quarante-quatre ans à l'avance, il n'omet rien de ce qui stimula notre décadence.

Devant la charge de ce fougueux ecclésiastique, un professeur dont la chaire est entretenue par l'État se devait de soutenir le régime. M. Bergeret le soutint comme la corde le pendu :

> Ce régime, dit-il, est peu s'en faut tel que vous le représentez. Et c'est encore celui que je préfère. Tous les liens y sont relâchés, ce qui affaiblit l'État, mais soulage les personnes et procure une certaine facilité de vivre et une liberté que détruisent malheureusement les tyrannies locales. Le défaut de secret et le manque de suite rendent toute entreprise impossible à la République démocratique. Mais...

Or, ce « Mais... » marque le grand point : en République, il n'y a pas de guerre ! On parlait encore de revanche sous la présidence de M. Félix Faure, eh bien ! il n'y aura pas de revanche. On avait une armée, jamais on ne s'en servira. M. Bergeret ne dit pas cela ainsi. Tout ce qu'il dit veut y venir, et ses plus belles antiphrases, ses plus savantes circonlocutions énoncent le même espoir absolu, la même aveugle foi dans la paix par la République.

Il dit :

> Ce qui me réjouit surtout dans notre République, c'est le sincère désir qu'elle a de ne point faire la guerre en Europe. Elle est volontiers militaire, mais point du tout belliqueuse. En considérant les chances d'une guerre, les autres gouvernements n'ont à redouter que la défaite. Le nôtre craint également, avec juste raison, la victoire et la

défaite. Cette crainte salutaire nous assure la paix qui est le plus grand des biens.

Le Second Empire avait bien dit qu'il était la Paix, mais son premier soin avait été de déclarer des guerres ; la République, non. Contre le maréchal de Mac-Mahon, contre le général Boulanger, et bientôt contre l'État-major dans l'affaire Dreyfus, sa constante avait donné (ou allait donner) raison à M. Bergeret. Et lorsque, après ses désarmements tapageurs, entre 1900 et 1912, quand, par force, elle dut réarmer, quel luxe de précautions aura été pris contre l'influence politique des militaires !
Était-ce simple culte de la suprématie du pouvoir civil ? Ce fut aussi intention, volonté et ferme propos de la paix, toujours ! Si donc M. l'abbé Lantaigne fut un grand prophète, M. Bergeret en était un petit.
Le régime, disait-il encore, n'est brillant ni en femmes, ni en chevaux...
« Dépensier... » « Gaspilleur... », soit ! Mais il veut la paix et il la veut bien !

J'ai été nourri sous l'Empire dans l'amour de la République, ajoute M. Bergeret. Elle est la justice, disait mon père, professeur de rhétorique au lycée de Saint-Omer. Il ne la connaissait pas. Elle n'est pas la justice. Mais elle est la facilité... La République actuelle, la République de 1897 me plaît et me touche par sa modestie... Elle se défie des princes et des militaires... Elle n'a point d'amour-propre, elle n'a point de majesté. Heureux défauts qui nous la gardent innocente ! Pourvu qu'elle vive, elle est contente... Les peuples ont tant souffert, au long des siècles, de leur grandeur et de leur prospérité, que je conçois qu'ils y renoncent. La gloire leur a coûté trop cher pour qu'on ne sache pas gré à nos maîtres actuels de ne nous en procurer que de la coloniale.

C'est le refrain de M. Bergeret. Il peut conclure : « Toute réflexion faite, je suis très attaché à nos institutions. » Elles nous enchaînent à la paix, Anatole France en avait la conviction ; or, ce sceptique prétendu tenait beaucoup à ses idées.
Mais il les choisissait. Il avait dit un jour à son plus jeune disciple : « Mon grand souci est d'être en règle avec les évidences. Je m'arrange pour avoir raison mille fois. »

Or, sur ce point, mon maître n'aura pas eu raison. Ni une fois, ni mille.

Son tort est démontré par les faits, les énormes faits, qui broient et qui confondent toute sagesse ; l'inouï, et le monstrueux de la déclaration d'où sort cette déroute, quatre armées françaises entourées en moins de six semaines, près de deux millions de prisonniers, de nombreuses populations chassées et errantes, le triste ruban de nos routes pleines de fuyards en civil et en uniforme, nos campagnes jonchées d'un matériel jeté et perdu, la longue muraille chinoise que l'on avait garnie de tous les perfectionnements de la technique occidentale, retournée à l'usage de l'ennemi et, malgré le sang et les morts, malgré le sacrifice de tant de héros, les deux tiers du territoire recouverts, occupés, le reste vaincu, les domaines publics et privés réunis aux mains étrangères, une défaite cent fois pire que Sedan et Waterloo, oui, pire même qu'Azincourt ! Tous ces coups redoublés sur le cœur de la France, tels qu'ils ont résulté de l'initiative incontestable du gouvernement de la République, parfaitement !

De la déclaration de guerre, qu'il contresigna dans les règles, tout ce dont le crédule pyrrhonisme de mon vieux Maître et de son Bergeret n'admettait même pas l'idée ni le soupçon !

C'est pourquoi, dans ce pèlerinage idéal aux mânes d'Anatole France, il ne fallait pas avoir l'oreille très fine pour percevoir quelque murmure, prudent, mais net, de l'étonnement d'outre-tombe :

— Vous m'en direz tant ! Mais cette République bizarrement guerrière était-elle bien la même que la nôtre ?

— C'était bien la même, mon Maître.

— Alors... Corneille l'avait dit, j'en demeure stupide. Mais, avant de s'établir boutefeu, n'avait-elle pas à subir quelque dictateur ?

— Non, aucun. C'était le même régime, et sa doctrine, et sa routine.

— Son personnel n'avait donc pas changé ?

— C'était le même aussi, ou sa postérité directe. Sans doute, Jaurès, en nous désarmant, Rouvier et Caillaux en nous humiliant, avaient bien attiré sur nous la guerre de 1914 ; ils ne l'avaient jamais voulue. Ils ressemblaient à leur maître, ce général ministre nommé Brun, qui, en 1908, disait que la guerre était devenue mathématiquement impossible dans le nouvel état du monde.

— Alors, vous prétendez que l'on a formellement consenti à cette guerre ?

— Dites, mon Maître : on l'a voulue avec passion.

— Comment ! Après Genève ! Après Locarno ! Après le pacte Kellog-Briand ? Car on nous a parlé de tout cela chez les Ombres ; le ciseau de Céphisodote[369] n'avait pas caressé plus amoureusement les formes de la douce Paix. Comment a-t-on quitté la flûte de l'idylle pour la trompette du combattant ? Et qu'en ont pu dire alors vos partis avancés ?

— Les plus rouges étaient ceux qui braillaient le plus à la guerre.

— Eux qui refusaient la caserne ! S'abstenaient au vote du budget de la guerre ! Ou conspuaient les galonnards et les gueules de vache... Mais qui sait ? Peut-être leur influence avait-elle baissé...

— Ils n'ont jamais été plus puissants.

— Mais pour faire une guerre, il faut pourtant la préparer. Chantaient-ils toujours l'*Internationale* ?

— Ils la chantaient.

— Quoi ? La chanson qui accuse les sergents recruteurs de cannibalisme ou promet la balle des recrues à leurs généraux ?

— Vers la fin, on avait essayé de l'atténuer un peu. Peine perdue ! Ces mœurs dataient de longtemps, elles ne pouvaient pas changer en une heure. Quand le chef d'un gouvernement socialiste prescrivit des exercices de défense passive, ses propres fonctionnaires soulevaient dans Paris leurs quartiers respectifs contre ce retour scandaleux au militarisme.

— Alors, pas d'exercices militaires ? La conséquence était : pas de guerre ?

— Pis encore : pas de fabrication de matériel ! Les usines au ralenti ! Et la guerre !

— Vous êtes fou, ou je le suis, à moins qu'ils ne le fussent tous ?

— Mon bon Maître, on ne vous a pas fait la liste de leurs folies. Écoutez. Nous avions affaire à un peuple deux fois plus nombreux que le nôtre. Pour balancer cet avantage, l'évidence voulait que les moins nombreux puissent tenir des positions supérieures et s'entourer d'un puissant réseau d'alliances. Eh bien ! l'on a commencé par abandonner les positions les plus solides, en les qualifiant de boulets de notre victoire. Une fois ces postes de sûreté complètement évacués, on s'est appliqué à détacher quelques-unes de nos alliances : plus de Belges, plus d'Italiens avec nous...

---

[369] Sculpteur athénien du IVe siècle, auteur d'une célèbre statue de la *Paix* dont une copie romaine est visible au Musée de Naples.

— Mais ne disiez-vous pas que l'on voulait pourtant les Russes ?

— Oui, ceux-là parce qu'il était utopique de le souhaiter. Bref, il s'agissait de nous mettre nus comme de petits saint Jean...

— Et quand nous le fûmes bien ?

— Ce déshabillage, conscient et organisé, avait duré quinze bonnes années. Quand il fut achevé, nous nous sommes retrouvés, pour ainsi dire, en rase campagne, à 40 millions de continentaux contre 80. Devant cette disproportion...

— Devant elle, c'est là, n'est-il pas vrai, que vous avez cueilli à brassées tous vos oliviers et couru proposer la paix à Berlin ?

— Pas du tout ! Et tout le contraire ! Car tel est le moment dont on a profité pour courir aux armes...

— Avec des armes que l'on n'avait plus, quel conte !

— Parfaitement : on a attendu d'être faibles pour hurler à la guerre comme on bêlait à la paix du temps qu'on était forts.

— Qu'est-ce que vous chantez ?

— La vérité. Nous la vivons. Nous avons failli en mourir.

— On ne vit pas l'absurde. On ne meurt pas de l'impossible.

— Trois fois, mon Maître, aux années 1935, 1936, 1938, nous avons pu contenir ces absurdités va-t-en-guerre, mais tout jute ! La première fois, au moyen d'un certain *couteau de cuisine* ; celui qui le brandit contre elles mérita 250 jours de prison, qu'il fit, et cette guerre n'eut pas lieu.[370] La seconde fois, la paix fut maintenue par les solides amitiés qui unissaient les bons citoyens de la France aux nationaux espagnols du général Franco. À la troisième alerte, la Rue et l'Opinion firent comprendre leur volonté à M. Daladier, qui partit pour Munich. Mais, à son quatrième essai, le belligérant, le Parti qui chantait la Paix, le Pain, la Liberté, y mit plus d'adresse et plus d'énergie ; il s'avisa de museler la presse, ce qui permit à M. Daladier de recommencer l'aventure d'Émile Ollivier et de déclarer cette grande guerre sans en avoir les moyens.

Chaque fois que lui était lancé ce rude nom de la guerre, le cœur du vieux Maître en recevait visiblement un coup droit, qui faisait sursauter son maigre

---

[370] Allusion aux menaces proférées par Maurras contre Blum décrit comme le pire des « assassins de la paix » en 1935, au moment de la colonisation italienne de l'Éthiopie, dont la critique par la France valut un brusque regain de tension entre les deux pays, préfigurant l'alliance à venir entre l'Allemagne nazie et l'Italie fasciste, alors que la politique française avant Blum avait consisté à tenter d'empêcher cette alliance. Maurras fut condamné à huit mois de prison, du 29 octobre 1936 au 6 juillet 1937.

thorax. Mais une chose lui était bien plus pénible encore, c'était le retour du mot de « déclaration », la déclaration de guerre par la République ! Cela lui entrait au cerveau comme la lame d'un stylet, ses yeux en demeuraient éblouis de trente-six mille lumières. Oh, certes, il avait jugé ces gens-là ! Il savait combien l'inintelligence et la déraison leur étaient naturelles. Mais il se redisait que les êtres, même rudimentaires, ont d'immenses ressources pour persévérer dans la vie. Comment l'œuvre de l'instinct vital avait-elle été annihilée à ce point ? Il se le demandait avec une véritable douleur.

Le vénérable visage était bouleversé. Des sillons s'y creusaient livides. La bouche laissait échapper des *je ne comprends pas*, de moins en moins distincts, qui semblaient consentir à la mort de l'esprit.

C'est pourquoi, peut-être, pour le soulager ou le consoler, deux légères ombres s'étaient dressées à ses côtés. La soutane verdie de l'un, la redingote élimée de l'autre, faisaient reconnaître les deux protagonistes du *Mail*, le premier toujours sévère, mais en plus sombre, l'autre irrité et dégoûté, en beaucoup plus amer. L'un et l'autre avaient souffert. Ils se saluèrent :

— Monsieur Bergeret, dit l'abbé, votre paix républicaine est défunte. Mais le Ciel me préserve de vous écraser, comme un corps sans âme, sous le poids brutal d'un fait sans honneur. Les événements ont pu se coaliser indignement contre vous, mais il vous reste la raison et vous aviez, je le proclame parfaitement, le droit de calculer que tous les freins, les uniques freins du gouvernement de cette République auraient dû suffire à conjurer toute guerre.

— Oui, Monsieur l'Abbé, et même je vous le concède, ils eussent bien joué, en fait, contre la plus juste des guerres, la plus utile, la plus nécessaire.

— C'est cela. Contre une guerre de salut qui eût été pleine de fruits, certainement, Monsieur, la République aurait dit non.

— Elle n'a malheureusement pas dit non à celle-ci qui, étant folle, absurde, perdue d'avance, n'a pu être arrêtée par personne ni empêchée par rien.

— C'est cela qui confond, cela qui humilie ! Car cela a été possible ! Cela a même été. Comment ?... Or, la Bêtise et la Folie n'expliquent pas tout, Monsieur Bergeret, il faut chercher ailleurs.

— Malentendu ? Fatalité ? Ce ne sont que des mots.

— De simples mots, Monsieur... Cependant, croyez-vous que la trahison ne soit qu'un vain mot ?

Les yeux de M. l'Abbé Lantaigne étincelaient. Ils fulguraient. Sa voix tonnante s'élevait et s'enflait comme de l'embouchure d'un masque tragique, surgi des profondeurs de l'antre de Trophonius.[371] L'âme, plus douce, du vieux Maître en fut effarouchée, et, laissant ses héros, elle glissa obscurément entre deux pierres blanches. Une fissure lui rouvrit les champs de la paix.

## *Note complémentaire : Anatole France, Maurras et Leuconoé*

Leuconoé est la courtisane à qui Horace a dédié son fameux

> *Carpe diem quam minimum credula postero*
> *(Odes, I, 11)*

L'épisode se passe cinquante ans environ avant la mort du Christ. Horace est célèbre, il entre dans la vieillesse et trouve consolation auprès de cette jeune beauté. Cependant il s'agace de la voir soucieuse, languissante, inquiète de l'avenir et de la mort, alors qu'il la couvre de faveurs. Il la voudrait plus frivole, plus insouciante, plus heureuse de son sort ; mais que lui faut-il donc de plus ?

Cueille le jour présent, ne penses pas au lendemain !

Quelques vers plus haut, il la met en garde :

*Nec babylonios temptaris numeros...*

---

[371] Divinité antique apparaissant dans de nombreux mythes. Architecte du temple d'Apollon à Delphes, Trophonius alla se réfugier et mourir au fond d'une grotte après avoir tranché la tête de son frère, pris dans un piège alors qu'ils allaient piller le trésor du temple dont ils étaient seuls à connaître l'entrée secrète. Apollon qui voulait que le bâtisseur de son temple soit honoré, plongea la Béotie dans une sécheresse terrible jusqu'à ce qu'un essaim d'abeilles retrouve son cadavre près de la ville de Lébadée ; alors la pluie revint, Trophonius fut transformé en dieu et se mit à rendre des oracles, rivalisant ainsi avec la Pythie de Delphes. Il n'était pas commode ; ceux qui le consultaient devaient rester bloqués au fond de la sinistre grotte plusieurs jours durant et parfois n'en ressortaient pas. Quand ils en réchappaient, ils étaient à jamais privés du rire.

> Prends garde aux astrologues venus d'Orient...

Anatole France paraphrase l'ode à Leuconoé en la situant dans une perspective biblique que naturellement Horace ne pouvait anticiper ; Leuconoé annonce Marie-Madeleine.

Rome est alors comme envahie par une multitude de charlatans, de diseurs de bonne aventure, d'astrologues venus de Syrie, de Chaldée... et ils y trouvent une clientèle prête à les écouter, à les suivre. Cette fange trouve en particulier des disciples parmi les femmes. Renonçant à leur beauté, à leur jeunesse, elles s'offrent à ces illusions délétères et c'est sur ce climat de pourriture que s'épanouiront les premières fleurs du christianisme. Tel est du moins le sens que l'on peut donner à la conclusion du poème d'Anatole France, car pour l'essentiel celui-ci décrit la langueur morbide qui s'empare de la belle courtisane, lasse de tout et surtout de sa vie de plaisir, en quête d'un sens qu'elle ne trouve nulle part, prête à suivre les prédications du premier mage de pacotille qui se présentera.

Dans un long développement attenant au poème, Anatole France explique qu'il ne voit pas Horace en épicurien, interprétation classique du *Carpe diem*, mais en bon Romain serviteur des Dieux officiels, effrayé et dégoûté par le mysticisme oriental, et n'imaginant pas qu'un jour le Pontife doive céder la place à un Dieu levantin, synonyme de saleté, de désordre et de perversion de la raison. Ce faisant, il se pose en inspirateur direct de thématiques développées par Maurras dans ses contes du *Chemin de Paradis*.

Voici les strophes 27 à 32 de Leuconoé, encadrant le fameux vers du « Juif immonde » et se terminant par une première invocation à la future Chrétienté :

> Elle voudrait savoir dans quelle ombre divine
> Sous quel palmier mystique, en quel bras endormi
> Brille l'Enfant céleste et doux qu'elle devine,
> Le maître souhaité, l'incomparable ami.
>
> Ce Roi mystérieux qui console et qui pleure,
> Ce second Adonis et plus triste et plus pur,
> Ce nouveau-né qui doit mourir quand viendra l'heure,
> Quel lait l'abreuve encor dans la maison d'azur ?

Cherche, ô Leuconoé ; va d'auberge en auberge
Voir si le Mage errant passe et n'apporte rien.
En quête de ton Dieu, visite sur la berge
Le Chaldéen obscur et le vil Syrien.

Courbe ta belle tête aux pieds du Juif immonde,
Ces impurs étrangers, humbles agitateurs,
Que travaille en secret la haine du vieux monde,
Sont tes bons conseillers et tes consolateurs.

Va demander ton maître à leur race exécrée.
Oh, ne te lasse pas ; désire, espère et crois ;
Cours épier la nuit quelque lueur sacrée,
Aux bouches des égouts et sous l'ombre des croix.

Tes sœurs et toi, cherchez, saintes aventurières,
La plus noire caverne où se cache un devin.
Des fanges des faubourgs, des sables des carrières,
Au milieu des sanglots, monte un souffle divin.

# Le Théorème du cyprès

## 1941

*Sans la muraille des cyprès est un ouvrage composite publié en 1941, non sous la direction effective de Charles Maurras mais sous celle de sa secrétaire Jacqueline Gibert, et sous le nom de cette dernière en tant qu'éditeur. Il se compose de trois parties, non titrées, et d'une préface dont les cinq premiers mots ont donné son titre au recueil. Rien ou presque ne distingue ni ne structure les trois parties de l'ouvrage ; on y trouve aussi bien des maximes, parmi les plus célèbres de Maurras que des hommages funèbres, des considérations sur l'état de la France un an après la débâcle, des lettres adressées au Vatican, des retours sur Dante et Mistral… tandis que la préface, toute martégale d'inspiration, semble faire suite de celle de* La Musique intérieure *et des* Quatre nuits de Provence.

*Maurras désavoua à demi l'ouvrage en demandant expressément qu'il ne soit jamais réimprimé sous cette forme.*

*Nous avons dès lors choisi de publier d'une part cette préface, dont il serait absurde de priver le lecteur d'aujourd'hui, et de nous réserver de faire paraître ultérieurement quelques extraits du livre, mais regroupés par thèmes précis et convenablement référencés. Ainsi serons-nous fidèles aux volontés de Maurras : pas de réimpression, mais une sélection critique et enrichie.*

*Nous avons réintégré dans la préface le tout dernier paragraphe de la troisième partie, qui lui fait écho et referme l'ouvrage sur une note de cohérence bienvenue ; ainsi est né ce* Théorème du cyprès.

Sans la muraille des cyprès que nos jardiniers, laboureurs, vignerons, plantent d'un bout à l'autre de leur plaine battue des vents, qu'est-ce qu'y deviendraient les myrtes et les roses, les souches et les blés, l'herbage des prairies et tout le petit peuple des fraisiers et des fèves, des oignons, des aulx, des piments ? De son rempart de feuille noire, ce guerrier protecteur doit sauver ce qui pointe des précoces végétations, voilà son utilité principale. Les poètes et les sages se sont bien efforcés de surprendre et de définir quelques autres symboles exprimés par ce beau tronc odoriférant, ce style fier, ce branchage plein d'harmonie : détourner les coups de la foudre, marquer l'heure au soleil, porter haut dans le deuil l'intérêt donné à la vie, avertir que tout est mortel... Soit ! Mais cela ne vient que fort loin après le grand devoir, qui est de monter la faction contre l'intempérie. Le cyprès dure, endure, il se tient immobile et fort contre tous ces esprits d'éternelle mobilité qui courent nos espaces et déchaînent le trouble sur les frêles semences de l'espérance et de la foi ; quelle loi ne serait caduque, quelle constante naturelle ne céderait à l'incessante variation, si le gardien inébranlable ne s'élevait de dures racines qui ne tremblent point ?

Solide et sûr, il permet ainsi l'éclosion des plus tendres promesses, il les défend de flotter à vau-l'eau, à même le vent...

De pareils bienfaiteurs ne sauraient être appelés de simples amis. Ce sont des maîtres.

Et c'est pourquoi, selon les usages de la jeunesse, il se trouve que j'ai débuté dans ma longue vie en offensant ces maîtres sacrés.

Cette offense mortelle succédait, il est vrai, au plus bel exploit de mon adolescence.

Je n'avais pas mes quatorze ans. On procédait à un partage de famille qui avait tardé. Selon l'usage établi chez nos bons bourgeois de Provence, notre grand'mère avait légué à ses enfants une maison de ville, une « campagne » et un jardin. La sœur aînée de notre mère annonçait l'intention de se réserver la maison. Sa cadette voulait prendre le champ de vignes, d'olives et de blé. « Prends le jardin, maman ! disais-je, prends le jardin. » Elle hésitait. Cette petite propriété, deux hectares et demi de fleurs, de fruits et de légumes, était moins de rapport que d'agrément ; elle avait ceci d'onéreux qu'il fallait dédommager d'autres héritiers. Mais je voulais le jardin, et le voulais bien. Jadis, quand nous étions plus jeunes, avant d'aller à Aix pour nos études secondaires, on nous conduisait au « jardin », pour le moins tous les jeudis et les dimanches, et nous en revenions armés de ces grands roseaux verts qu'on appelle chez nous des cannes, et qui tournaient, comme nos têtes, à tous les vents. Puis j'aimais, au jardin, le jardinier, la jardinière qui me faisaient boire le lait de leurs brebis et manger « le pain de maison » qu'ils pétrissaient eux-mêmes. Et j'aimais plus que tout le pavillon carré assis au-dessus des parterres, et qui m'avait ri de tout temps par l'or de sa façade, la broderie de ses fenêtres et les denticules de sa corniche ; n'avait-il pas été bâti au XVIIe siècle, avec le reste des pierres de l'église de l'Île ? La tradition le disait, c'était un nouveau lien de cette vieille pierre à moi.

Au fond, le vœu de notre mère allait d'accord. Seulement mon désir s'exprimait tout haut avec une force d'insistances qui finirent par l'emporter. On paya ce qu'il fallut, le jardin fut à nous, et bien nous en prit.[372]

Lorsque, ses soixante ans sonnés, un peu meurtrie par dix années de Paris brumeux, notre mère eut vu partir son second fils pour les colonies et, me laissant dans la grand'ville, revint seule en Provence, cette maison rustique, ce jardin sec et chaud, cette terrasse ensoleillée et embaumée que purifient les vents qui passent, lui auront dispensé une trentaine d'années tranquilles. Nous l'aurons gardée jusqu'au bout, saine, lucide, gaie, en pleine possession de ses facultés, enfin digne d'elle et de son pays. Les « prends le jardin, maman » n'auront pas fait conclure une mauvaise affaire, ni donné un mauvais conseil. J'en triomphai, mais ce triomphe fut suivi d'une lourde chute.

Aux premières vacances, celles de 1882, on s'était tant bien que mal installé en procédant à quelques accommodations très rudimentaires. « Réformer pour conserver... », c'était déjà le bon programme. Or, parallèle à la maison, perpendiculaire à l'allée centrale, il existait, comme un petit jardin dans le grand, complètement effacé du sol aujourd'hui : quelques pauvres carrés d'iris, d'œillets et de roses, abondamment tendus de toiles d'araignées, bornés par des demi-lunes de pierre grise et – écoutez-moi bien ! – complantés de puissants cyprès, de neuf grands cyprès plus que beaux qui passaient pour avoir deux siècles. On disait au juste : cent quatre-vingt-dix ans. Notre malchance voulut qu'un nouveau fermier vint d'entrer en charge, excellent homme, mais maniaque : il détestait nos cyprès parce que leurs

---

[372] On l'appelait aussi l'Enclos ; dénomination malheureuse pour un espace qui, de mémoire humaine, n'avait jamais été clos. Jardin est le terme le plus ancien. Je vois encore la maîtresse de pension de ma mère, Mademoiselle Gal, qui enseignait à Aix, mais venait de Martigues, secouer les belles coques blanches qui encadraient sa grande figure rose, en disant à son élève favorite : — Ainsi, Valérie prend la maison, Mathilde la campagne et toi le jardin ? C'est parfait.

racines énormes lui mangeaient de la bonne terre arable et, disait-il, empiétaient sur le verger, sur le fruitier. Ses premières réclamations furent mal reçues, il les répéta, il osa parler d'abattre nos arbres...

— Les plus anciens ! les plus grands ! les plus beaux ! c'était un péché !

Ma mère et mon frère en étaient indignés. Quel mauvais démon me fit prendre le contre-pied ? Je plaidai pour l'ennemi des arbres et sur un ton de fausse raison, si persuasif que peu à peu j'obtins le plus triste et le plus honteux des succès. On peut trouver comme un écho de ma faute flagrante et de mon repentir gêné dans un petit poème de ma *Musique intérieure* qui a pour titre *Les Témoins* :

> Le sort et ses coups, la Vie et ses songes
> Ne sont pas obscurs,
> Disent les cyprès que la lune allonge
> Au ras de ton mur.
>
> Devant la maison que trois siècles dorent,
> Fuseaux ténébreux,
> Nous recommençons le rêve d'enclore
> Votre jardin creux...
>
> Tu dis que la loi les a fait renaître ?
> Mais je vois encor
> Quel rustre acharné qui te dit son maître
> Nous porta la mort.

Si la jeunesse est folle, l'adolescence l'est bien plus. Dans ses dix ans, mon jeune frère était bien plus sage que moi. Il existait entre nous cette autre différence que j'aimais à contrarier ma nature et qu'il suivait la sienne bonnement et candidement avec une santé joyeuse. « Veux-tu venir, lui disait-on, chez le pâtissier ». Il répondait : « Allez » ou « tirer les macarons à la foire ? », « au bain ?... », « en classe ?... », « à table ?... », « Allez ! allez !... ». Nous l'appelions Monsieur Allez... Le plaisir qu'il prenait à ne rien refuser de l'avance des choses, ou de celle des gens, faisait ainsi du plus joyeux des compagnons le plus sensé des conseillers. Ah ! ce n'est pas à lui que l'on eût donné le chagrin pour la joie, ni la peine pour le bonheur. J'ai cru le voir revivre un jour dans le « Bref de sagesse » mistralien : « Écoute mes paroles, disait mon oncle Guigue, mieux vaut un bon conseil, mignon, qu'un bon soufflet. »

Ainsi, ne lui était-il jamais arrivé de céder à la détestable habitude de se faire de l'opposition à soi-même pour bouder son plaisir ou pour le contester, comme c'était mon cas perpétuel.

Plus donc j'y réfléchis en y appliquant toutes les ressources de la mémoire et de l'expérience, et plus il me semble certain que je ne pris parti contre nos beaux cyprès qu'en raison de leur charme mystérieux et de cette beauté contre laquelle je voulais me mettre en garde, au nom de quelque chose de meilleur encore, pour y faire un sacrifice dont la peine me semblait avoir aussi sa beauté. Tout est dit contre l'erreur de cette Antiphysie stoïcienne. Il me fut dur et long de m'affranchir de ce préjugé de raison appauvrie ou dénaturée. Alors que le paysan avait réagi suivant ce qu'il croyait son intérêt, moi, nouveau philosophe scythe[373], je m'étais plu au conformisme de cette barbarie.

Elle eut donc le dessus, et les cyprès furent abattus. Je vois encore saigner entre leurs ramures d'un vert bronzé la chair rose de leurs aubiers... Le dernier tronc à peine couché au sol, tout aussitôt, sans intervalle, j'eus la claire conscience de la faute, et le deuil du malheur, et le désir de réparer l'irréparable ou de le compenser. Quelques saisons après ce crime, quand de médiocres labours eurent occupé toute la place du jardin de notre grand'mère, je fis planter en sens inverse (où et comme je pus), du nord au sud, le nombre double de celui des cyprès sacrifiés : dix-huit. Un seul est mort depuis. Le reste me murmure les versets et les répons de l'expiation méritée. Au surplus, leur croissance ne m'apporta qu'un faible repos d'esprit. Je caressai longtemps le rêve de dédier d'autres satisfactions aux ombres des premiers martyrs, mais la vie à Paris et mes rares retours ne le permirent pas.

---

[373] La Fontaine, *Fables*, XII, 20 : un philosophe scythe, voyant un sage grec tailler ses arbres, détruit les siens à force de tailles excessives et hors de saison. La morale :
...Ce Scythe exprime bien
Un indiscret Stoïcien :
Celui-ci retranche de l'âme
Désirs et passions, le bon et le mauvais,
Jusqu'aux plus innocents souhaits.
Contre de telles gens, quant à moi, je réclame.
Ils ôtent à nos cœurs le principal ressort ;
Ils font cesser de vivre avant que l'on soit mort. (n.d.é.)

Ce fut plus tard, beaucoup plus tard, que je pus construire à la bordure du Chemin de Paradis ma double « Allée des Philosophes » ; 18 cyprès par ci, 18 cyprès par-là, répétés de chaque côté, ce qui fit les 72. Plus récemment encore, apparurent les 11 qui dominent terrasse et jardin d'est en ouest, mais ces derniers ont une histoire.

Ils avaient été commandés dans l'hiver 1927–1928 et n'étaient jamais arrivés du village d'horticulteurs où ils m'avaient été promis. Un petit accident de santé survenu en juin me retint à la campagne pendant tout l'été, et je voulus mettre à profit cette occasion de les planter.

— Mais, dirent les compétences, on ne plante pas en été...

Mon ami Henri Mazet, l'architecte, dont l'érudition légendaire s'étend à toute chose, m'avait raconté un jour, d'après un professeur d'arboriculture de lui connu, que l'on peut parfaitement planter des arbres en n'importe quelle saison, pourvu que ce soit la nuit, avant le lever du soleil, tant que dure, paraît-il, le sommeil des plantes. Que risquait-on à essayer ? On prit date.

Le pépiniériste de Saint-Andiol jura de nouveau qu'il livrerait ses plants, tel soir, à telle heure sonnée, ce qui permettrait à mon camion de me les remettre avant minuit. Quelle angoisse ! Nous étions réunis à quelques-uns sur la terrasse pour bien recevoir et pour vite planter ; les onze trous avaient été creusés, garnis d'une eau fraîche et limpide avec tout ce qu'il fallait pour les reboucher sans retard... Minuit arrive. Une heure sonne. Puis deux. Enfin, les mélancoliques coups de trois heures : le jour approche, et pas de camion ! Accident ? Manque de parole ? Les deux ouvriers réquisitionnés bâillaient, voulaient partir, et nous trompions nos impatiences sur lesquelles tournait l'implacable ciel de la nuit en égrenant des souvenirs, en récitant des vers, en chantant des chansons, ou en les écoutant.

Le côté de l'aurore pâlissait vaguement. Trois heures et demie ! Bientôt quatre, et le désespoir... quand un gros œil rougeâtre s'ouvrit dans le chemin : camion ! cyprès ! tout !... ils furent débarqués en cinq minutes, placés dans les ronds d'eau, dressés et enterrés en moins de temps qu'on ne l'écrit. Les dernières façons étaient administrées au sol foulé et aplani quand, du Pilon du Roi, l'astre allongea quelque lumière. La nuit cessait à peine. Mais tout était fait avant jour, nous étions en règle avec le professeur de Mazet. Le serions-nous avec la nature ? Les onze cyprès prendraient-ils ? Ils ont pris, grandi, prospéré. Ils ont même, on aura tout vu, subi les épreuves du feu, dans un grand incendie champêtre qui, en les roussissant, n'a mordu qu'à la feuille ; on ne peut même dire qu'ils en aient été abîmés.

Les Onze que voilà ne furent pas mes derniers nés. J'en ai planté encore quelque huit dizaines de l'autre côté de la maison, d'ouest en est, et tous, ils manifestent une énergique volonté de vivre. Infiniment plus sage que son prédécesseur de 1882, mon paysan d'aujourd'hui a planté pour son compte, en avant de son potager, plus de cent autres braves cyprès utilitaires. Arrivons-nous au demi-mille ?

On peut y arriver, car il en est bien d'autres, et beaucoup plus beaux, qui n'existent encore que dans mes rêves, et rien ne peut me délivrer du cher souci de voir grandir leurs fantômes légers en un endroit où je médite de les aligner, juste à notre limite du nord-couchant, sur cette arête de colline qui aboutit près du moulin.

Sans doute, ainsi plantés, les arbustes naissants seront-ils longtemps invisibles. Mon âge ne me permet pas d'espérer de les voir dépasser la masse des autres végétations et découper leur noble dentelle sur mon horizon. Mais avec moi, comme sans moi, le temps fera son œuvre, les fûts puissants prendront racine, ils grandiront et peu à peu la forme sublimée atteindra, quelque jour, aux libres espaces du ciel. À la condition qu'il n'y ait ni invasion barbare, ni abattage insensé, que le feu les respecte et qu'une terre favorable ne manque pas à ses coutumes et à mon espoir, il naîtra dans ce lieu choisi, sur cette côte, déjà parfaite de lignes, quelque chose de comparable, et peut-être supérieur, à l'admirable allée, gloire et honneur de Malaucène, que j'ai vue non loin de Vaison, cette double montée de cyprès qui fait oublier tout ce que la Toscane, l'Ombrie et la Grèce ont pu donner de graves, d'élégants et fiers décors forestiers.

À mi-côte j'aurai pris soin d'élever une stèle en pierre du pays, qui portera ces mots du vieil Olivier de Serres, seigneur de Pradel, dans son *Théâtre d'agriculture et mesnage des champs* :

> LES PLUS DIGNES ARBRES DE TOUT LE GÉNÉRAL DES AUTRES,
> VESTUS ET DESPOUILLÉS, ET PLUS PROPRES AUX COUVERTURES,
> SONT LES CYPRÈS ET LAURIERS, DESQUELS LES BONNES QUALITÉS
> DE COULEURS, DE SENTEUR ET D'OBÉISSANCE, RENDENT LES
> OUVRAGES MAGNIFIQUES.

Mais le laurier est ambitieux. Il convient de nous en tenir à nos fiers cyprès dont la majesté est simple et humaine. Puissent-ils, très vieux et très hauts, pointe aiguisée, large poitrine, sans rien de maigre ou de fluet, justifiant leur beau nom de pyramidaux, prodiguer l'ombre, la vigueur, la paresse, la fierté, la confiance, la sécurité à maint arrière-neveu qui se soit rendu digne d'une pareille « couverture ».

Quels neveux ? Ceux de l'âme ou ceux du sang ? J'ai des uns et des autres. En vérité, lors que je reviens en arrière et repense aux êtres que je continue, il m'est difficile de dire ce qui me possède le plus, de mes antécesseurs selon la nature ou de ceux qui m'ont ouvert les voies de l'esprit.

Ceux de la chair me tiennent à un degré que je ne saurais dire. Bien que fort inconnus de moi, mes quatre aïeux étant morts avant ma naissance, ils m'ont été rendus présents, directs et vivants, par les transmissions du langage. Ma mère était la plus étonnante des évocatrices. Ce qu'elle me disait se peignait dans mes yeux, comme si je le voyais. Ce qui avait passé en elle passait ainsi est moi, même ce qu'elle ne tenait que de la bouche de mon père dont le père et la mère étaient morts avant son mariage. Son propre grand-père, qui me précéda de cent ans dans l'ermitage du chemin de Paradis, je le rencontre, je le vois, le salue dans l'allée familière, et j'écoute ses soliloques, fort éloquents, paraît-il, de vieil avocat, et je ne peux oublier, sur son lit de mort, un corps dont la blancheur émerveilla longtemps les ensevelisseuses. Cette ronde d'images qui n'a cessé de tournoyer en moi le long de ma vie n'a rien de commun avec ce que l'on peut appeler la voix du sang. Mais le sang peut aider à l'imaginer et à le concevoir, lorsque des paroles fidèles ont donné à l'esprit leur secousse précise, pour ressusciter en quelque manière, comme dit Mistral, « les aïeux que nous n'avons pas connus ». Cette transmission vibrante exerça un long pouvoir de reviviscence sur tout ce que j'ai de tête et de cœur.

Mais, à ce point de constance et de permanence, l'obsession du passé détermine un égal intérêt pour les images de l'avenir. Aucun petit enfant n'est venu de moi. Ceux de mon frère vivent et déjà ils revivent. Mon rêve habituel ne peut s'empêcher de leur dire quelque chose comme ce que chantait Mistral des aïeux.

Eux aussi, ils vivront, ils tiendront.

Ils se défendront à leur tour contre les choses, selon la vieille loi que l'on subit sans la comprendre et sans la discuter. Qu'ils soignent comme moi les arômes de mon jardin ! Qu'ils les respectent mieux que moi ! Qu'ils y laissent grandir la chère essence mystérieuse ! Et puissent mes cyprès, devenus plus grands que des chênes, former dans un bois sacré semi-circulaire l'ombrage qui abrite leurs jeunes filles et leurs jeunes gens ! Rien ne m'est plus doux à considérer d'ensemble, de loin et d'en haut.

Mais il convient aussi que d'autres hôtes puissent également venir rêver dans ce chœur végétal, embelli par sa vétusté. Je ne descends pas seulement de femmes de Martigues, d'hommes de Roquevaire, d'Auriol, d'Avignon, de La Ciotat, et de ces lointains ancêtres gavots qui vécurent des siècles sur notre piton des Maurras.[374] D'autres pères et mères, d'autres aïeux et aïeules ont déterminé la règle de ma pensée, sa méthode, son rythme, son élan et ses freins ; comment oublier tous ces maîtres qui m'ouvrirent les étendues de l'espace où tournent les idées et qui m'y composèrent mon refuge, mon armement, mon espérance ? Les uns sur les gradins de l'Église de l'Ordre ; les autres dans les cercles de la Poésie ou de la Sagesse ; d'autres me distillant le doux et l'amer des expériences de la Vie ? Que ne dois-je à tous ? Comme, de tous côtés, l'on ose m'assurer que d'autres nouveaux hommes seront aussi redevables en quelque mesure à la trace que je puis laisser, il est difficile de rejeter toute hypothèse de ces neveux spirituels, ils pourront exister et par eux, avec eux, leur propre postérité, naturelle ou mystique.

Ce que je laisse n'est rien au prix de ce que j'ai reçu. Mais puisque j'aurai donné de la vie et du mouvement à certains esprits, ceux-là auront un titre à venir dialoguer sous mes arbres pour en goûter l'âpre et chaude salubrité.

Aux derniers, comme aux premiers, je veux dire aujourd'hui : qu'ils soient les bienvenus ! Mes cyprès ont été plantés en pensant à eux. Mes successeurs de droit ou de fait sont priés de les accueillir comme leurs frères naturels. Je leur en ferai au besoin un devoir, à défaut d'une loi.

Car il faut le redire, en terminant cette page, qui introduit un recueil de pensées fort générales et abstraites, leur sécheresse ne doit tromper ni rebuter qui que ce soit ; c'est apparence pure. Jeunes gens, jeunes filles de ma double

---

[374] Les gavots désignent en Provence des paysans venus travailler la terre, le plus souvent originaires des Cévennes, en tout cas venus d'une région montagneuse. Jusque dans les années 1960, *gavot* comporte une note de mépris pour quelqu'un de peu reluisant, un plouc ou un bouseux dirait-on ailleurs. Voir en particulier René Domergue, *La Parole de l'estranger*, Paris, L'Harmattan, 2002, p. 19–37.
Qu'est-ce que ce piton des Maurras dont il est question ? Il existe encore un lieu appelé « Les Maurras » non loin de Manosque, à Saint-Julien-le-Montagnier, dans une région qui, comparée à la grande plaine provençale, peut passer pour de la petite montagne. (n.d.é.)

postérité[375], il ne serait pas juste de vous figurer que rien ait pu vraiment m'abstraire de votre pensée vivante et prochaine, c'est le contraire qui est certain... Je l'écris dans une espèce de testament.

Leur parler de ces hautes généralités revient à dire ce qui convient à tous les hommes et à toutes les femmes, dans ce qui leur est le plus commun et ce qui se retrouve pour chacun et chacune dans toutes les moindres parcelles de l'espace et du temps ; ainsi répétons-nous les mêmes vérités élémentaires dans chaque opération de l'arithmétique.

On dit : la Vie, la Vie. La vie ! Elle est dans deux et deux font quatre comme dans un premier baiser ou un dernier soupir. On s'imagine ne pouvoir saisir au juste la vie que dans les cas particuliers qu'on isole du reste. Or c'est dans ce reste très général que la vraie vie est rassemblée le plus puissamment et s'exerce le plus profondément.

La vie m'est échue comme une surprise extraordinaire, je ne m'y suis jamais bien accoutumé, ni parfaitement reconnu. Mais j'ai toujours cherché, comme unique moyen de m'y adapter, les lois suprêmes qui la règlent pour cadencer le mouvement de cette aventure inouïe.

Le peu que j'ai pu y comprendre apporte une évidence claire. Nous sommes des « nous » bien plus que des « moi » ; ces « nous » font une chaîne très longue, mais très serrée, et c'est en nous efforçant de la concevoir que nous avons chance de reconnaître notre nature et pouvons la saisir dans ce qu'elle a de simple et de sûr.

Le bienfait des bienfaits, comme le bonheur des bonheurs, serait donc d'accéder à l'expression la plus large possible de l'être humain. Ainsi seraient réunies les lumières les plus complètes sur sa condition et sur son destin. N'en croyez jamais les pauvres esprits qui accusent de froideur et d'aridité soit la haute philosophie, soit la grande poésie, et nommez insensé quiconque se refuse à comprendre ou hésite à sentir comment c'est là et non ailleurs que bat le cœur du monde et flambe ce qu'il a d'amour. Ainsi vous rendrez-vous un compte clair du principe qui, dans l'ordre des temps, passe avant tous les autres, celui de la défense et de la protection, le Principe du rempart, le Théorème du cyprès, le plus humain de tous, puisque tout

---

[375] Sans doute Maurras se laisse-t-il aller à les souhaiter nombreux, comme la multitude biblique, au moins pour sa postérité d'esprit... ce que vient brutalement contredire l'interdiction de réimprimer qui ouvre le livre. Il semble bien, d'après cette phrase, que ce soit après l'écriture de sa préface et l'examen de l'ensemble des épreuves que Maurras ait pris, à contre cœur, cette décision malthusienne. (n.d.é.)

homme doit être d'abord défendu, et par conséquent gouverné : *Politique d'abord*.

Rien n'est plus nécessaire au champ et à celui qui le travaille, à la maison et à celui qui l'habite, que le lointain rempart qui doit les protéger, rien n'est plus important que de maintenir ce rempart en bon état, bien garni de guerriers et de munitions, lui-même posé, défendu et éclairé par une politique vigilante.

Qui n'y prend pas garde livre tout, immeuble, meubles, et se condamne soi-même aux plus douloureuses des migrations.

# La Gourmandise natale

## 1944

## Préface à l'ouvrage
## de M. Maurice Brun Groumandugi,
*Réflexions et Souvenirs d un gourmand provençal*,
ouvrage de grand luxe tiré à 1000 exemplaires
aux bons soins de l'auteur en 1949.

Depuis le beau printemps de 1895[376], jusqu'à l'été, beaucoup moins beau, de 1940, soit près d'un demi-siècle, ma vie de garçon à Paris me ramenait deux fois le jour à des restaurants qui n'étaient ni de premier, ni de second, ni de troisième ordre, et pour cause : *res angusta domi* ![377]

À mon moment le plus prospère, j'ai surtout fréquenté les buffets des grandes gares, parce que j'y trouvais, à toute heure, un service propre et sain. Sans être indifférent au reste, le temps d'y penser me manquait ; j'avais sous le bras mes journaux, c'est-à-dire tous les journaux, la pile du matin, de *L'Œuvre* à *La Libre Parole*, du *Figaro* à *L'Humanité*, et la pile du soir, du *Temps* et des *Débats* à *La Gazette de France* et à *La Liberté*. À peine assis, je les déployais en avant du pain et du sel. Accordez-moi que les meilleurs plats du Palais d'Orsay, ou les pires, auraient difficilement lutté d'intérêt avec les articles de Drumont, de Capus, de Jaurès, de Téry, de Bracke, de Bainville et de Janicot ! J'avais même pris garde que les plus hostiles à mes idées, les plus âprement polémiques, étaient ceux qui fouettaient mes activités nourricières. Cela faisait rire et gronder notre Léon Daudet : « Vous préparez à vos vieux jours de beaux cancers à l'estomac », me disait-il du haut des tables magnifiques où il traitait ses compagnons d'armes.

Est-ce l'action compensatrice de cette table, et de quelques autres d'excellents amis parisiens ? Leurs beaux extra balancèrent-ils les ravages de mon train quotidien ? Plus simplement fut-ce ma chance ? Toujours est-il que les vieux jours sont venus, mon quinzième lustre est couvert ; en ce mois de mars 1944, le seizième commence, j'ai l'estomac de mes vingt ans... « Si jamais cet organe vous pèse », m'avait prescrit un grand médecin, grand ami,

---

[376] Madame Maurras et ses deux fils se sont installés à Paris le 30 novembre 1885. Charles Maurras situe donc le début de sa « longue vie de garçon à Paris » dix ans plus tard, à l'âge de 27 ans.
*Comme celle-ci les notes suivantes sont des notes des éditeurs.*
[377] « Les moyens étaient limités chez moi », citation de Juvénal, *Satires*, VI, vers 357.

le docteur Charles Fiessinger[378], « vous mangerez une pomme »... Ce remède préadamique n'a pas été appliqué trente fois ces derniers vingt ans. Le Mépris, qui passe pour bon médecin, n'est donc pas mauvais aubergiste, ma vie de Paris en fait foi... Mais, par exemple tout changeait quand je débarquais dans ma vieille maison de Martigues. Dès l'air natal flairé et le premier coup d'œil donné aux cyprès, aux myrtes et aux roses, je me préoccupais de ce qu'il y aurait à dîner, et n'oubliais plus que les bonnes choses sont pour les braves gens.

À cela trois raisons.

D'abord je n'avais rien à faire à Martigues, n'y ayant emporté du travail qu'assez rarement.

En second lieu, je me sentais très doucement repris, à la bouche, comme à tout le reste, par les habitudes de mon enfance : elles me refaisaient avec tout ce qui m'avait fait. Ces flots d'huile d'olive substitués aux beurres du Nord, ces anchois écrasés sur la rôtie brûlante, le simple riz à l'eau ou au lait, ces pots-au-feu à triple base rituelle de bœuf, de mouton et de porc (celui-ci représenté par sa saucisse salée), tant de saveurs coutumières simultanément retrouvées me racontaient quantité de bonnes vieilles histoires chéries, à peine démêlables du goût de mon mistral et de l'odeur de violette sortie de nos salins, sous les brusques passages d'un ciel rarement au beau fixe. À peu près comme chaque pas, chaque bouchée me ramenait le petit monde antique et florissant qui avait plu ou pu plaire à la jeune déesse

Qui porte dans ses mains la force et la santé.[379]

Les pâturages du souvenir rendaient ma vieille bête à sa gourmandise natale.

Mais, troisième raison, je n'étais pas seulement dans ma province, j'étais en Provence, métropole de *Groumandugi*, comme vous dites bien. Si frugale que fût ma table, elle était plantée là, là et non pas ailleurs. Je m'attendais à y voir tomber, d'un ciel de possibles heureux, telles et telles réalités délicieuses, comme des oursins en hiver, en été de la poutargue, et à l'automne, si pluie et soleil jouaient bien, des champignons qui ne sont pas

---

[378] Le docteur Charles Fiessinger, membre correspondant de l'Académie de médecine, était chroniqueur régulier à *L'Action française*. Auteur de plusieurs ouvrages, dont divers de vulgarisation, il fut l'organisateur des « Banquets des médecins de l'Action française ». Il mourut en 1942.

[379] Citation d'Alfred de Musset, *La Nuit d'août*, vers 102.

les premiers venus, car nos *pignen* sont mieux que des champignons de couche, ou même de dignes giroles ou d'excellents cèpes, ce sont, bel et bien, de ces *lactaires* délicieux qui font honneur à leurs noms et à leurs prénoms. Pareillement, l'air de Provence me promettait, avec son mouton parfumé et son tendre agneau des collines, cette magistrale charcuterie du type arlésien, pour l'amour de laquelle on vendrait York et Mayence, car le jambon y est salé à point, le saucisson et le cervelas conduits aux justes termes, ainsi que cette petite saucisse dite « de Toulouse » à Paris, mais que, sauf le respect dû à Clémence Isaure[380], nos artistes de Martigues et de Roquevaire exécutent en perfection. Ajoutez ces perdreaux de Grau dont s'avise toujours quelque chasseur ami, et nous pénétrons enfin cette arche de gloire, nous accédons à ce trésor des Étangs de la Grande Mer, aux deux pêches du Grand Art et du Petit Art[381] qui ressemblent à la maison de Jupiter, où rien ne peut être vil. On n'y peut faire petite bouche de rien ; les menus crabes en bisque ou en pilau, les petites seiches à la poêle, les sardines frites de même y méritent attention et admiration presque à l'égal des majestueuses grillades dont vous parlez avec un si digne lyrisme, soles, turbots, rougets et loups.

Voilà bien dépassés nos paradis de l'enfance et de la jeunesse, et le charme ingénu de leurs allusions subjectives. Déchaussons-nous, baisons le sol, nous sommes introduits au sacré parvis des biens en soi et des valeurs universelles ; ce n'est pas qu'elles puissent naître de toute patrie, mais toute patrie les honore, leur place légitime est inscrite dans les sommets de *Groumandugi*, d'où s'excommunie forcément le Parisien distrait qui ne veut manger que pour vivre. Nos littoraux fournissent à l'art culinaire une si précieuse contribution qu'il n'est pas possible de l'oublier sans ingratitude, et je remplis mon devoir de m'unir à vous là-dessus, en traduisant le très beau quatrain de Paul Arène que vous avez mis en exergue :

> Si comme on le dit, quelque part là-haut
> Nous devons retrouver les jours de jeunesse
> Nous chanterons aux Saints que notre Provence
> A été pour nous l'avant-paradis.

---

[380] Personnage inventé de toutes pièces au début du seizième siècle pour servir de patronne aux Jeux floraux de Toulouse.
[381] Voir *Les Secrets du Soleil*, au chapitre IV.

Hélas ! que de paroles, mon cher Maurice Brun ! il eût fallu commencer par m'en excuser. Car vous êtes un maître. J'aurais dû dire tout de suite que vous me l'avez fait voir de la bonne manière, quand vous m'avez traité, avec votre faste, dans la claire et riante maison que vous aviez ouverte sous le signe du Cyprès, au plus bel endroit de Marseille, sur le Vieux-Port, face à la Mairie de Puget, et dans un arroi si particulier, dans un style si rare, que certains traits y peuvent prêter à la discussion, mais vous tenez le coup, et vos explications restent sans réplique en ce sens que l'on peut garder son opinion, la vôtre s'impose et l'intelligence en a respect. Vos aphorismes tombent, en langage d'oracle (c'est la règle du genre) pour établir un classicisme de la table, où il ne fait pas bon de se sentir en contradiction avec vous.

Mais écoutez ce qui redouble l'inquiétude de conscience de l'objecteur que je vais être.

Vos intransigeantes et inflexibles prédilections pour le rôti, votre « point de salut hors de la broche et du gril », vos malédictions fulminées sur « l'artificieuse cuisine », concordent très exactement avec tous les principes qu'a professés chez nous, tant qu'elle a vécu, ma vieille Sophie, que mon père avait formée à la loi des Maîtres. Si la pauvre était là, elle me ferait honte d'affronter votre orthodoxie. Elle serait capable d'appuyer vos blasphèmes contre la bouillabaisse !

Vous me direz :

— Eh ! quoi, une Martégale ?

Sophie n'était pas de Martigues. Elle venait du pays étrange et lointain où l'on ne dit pas « *de pan* » pour du pain, mais « *de pèn* », non « *la man* » pour la main, mais « *la mèn* », là-haut, là-haut sur la montagne du pays de Die, qui n'est plus de Provence, mais du Dauphiné. Elle en était descendue toute jeune ; errant de place en place jusqu'à nos rives, Sophie avait vu, comme Ulysse, les villes et leurs mœurs, et elle en jugeait fort librement. Sur la bouillabaisse, le fond de sa pensée était que ce mets populaire n'était point du tout ce qui convenait aux messieurs et aux dames qu'elle s'honorait de servir. Cette aristocrate pouvait condescendre, de temps à autre, à ébouillanter aussi le poisson, elle laissait volontiers ce procédé élémentaire aux « barbares d'en bas », comme dit le réactionnaire anglais Macaulay.[382]

Or, vous, mon cher Maurice Brun, ne déclarez-vous pas que la bouillabaisse a été inventée par des pêcheurs désireux d'écouler plus

---

[382] Thomas Babington Macaulay (1800-1859), poète, historien et homme politique écossais.

facilement ce qui ne pouvait se frire ni se rôtir ? Cette formule me paraît bien noircir sans sujet nos pêcheurs, car leur bouillabaisse traditionnelle fait un même et égal accueil à toutes les proies de la mer... Au fond, je vous comprends. Vos duretés ou du moins vos sévérités se légitiment par certains abus de l'Hôtellerie. Vous les critiquez sans faiblesse. Il faudra beaucoup perfectionner les frigidaires connus pour consommer, encore frais, à Marseille, le maquereau que l'on a pêché à Royan. Et pour en faire respecter le goût naturel, il faudra modérer l'usage inconsidéré des épices d'or du safran. Votre éblouissante analyse fait la preuve par neuf que la langouste est inutile, importune et même nuisible à la bouillabaisse, ce royal crustacé étant prédestiné à de bien plus nobles emplois ! Il ne vous échappe pas que nous ne commettons pas cette faute. Vous confessez que le vain colifichet du « cardinal des mers » est absent de la bouillabaisse de Martigues ; malgré tout, vous lui préférez sa sœur marseillaise ! Mon patriotisme municipal, qui n'est jamais à court, m'oblige à demander pourquoi.

Vous réprouvez notre usage de la pomme de terre. Sans contester votre autorité, je réponds dans l'abstrait ; la bouillabaisse n'a aucun besoin absolu de la pomme de terre, mais ce tubercule béni a besoin de la bouillabaisse pour abonder en lui-même et se surpasser. Son cas est celui de la carotte, conduite à sa perfection, et qui se transcende, grâce à la daube vertueuse, concentrée, aromatisée, qui lui incorpore des succulences qu'elle n'eût jamais connues de son chef. Une alliance, ici de chair, là de poisson, ouvre à ces deux humbles racines des moyens d'expression, des forces d'éloquence, dont on ne peut pas les frustrer. Songez, mon cher ami, que le palais de l'homme ignorerait à tout jamais une belle nuance du goût de la pomme de terre si (osons le dire !) la bouillabaisse de Martigues ne l'avait reçue dans ses bras.

Permettez-moi de compléter vos informations sur un autre point. C'est à la bourride que nous réservons le poisson de seconde classe ; encore un coup, nul digne enfant de Martigues n'écarte de la bouillabaisse une variété quelconque de poisson, si haute et si chère soit-elle. Rien n'est de trop pour elle, ni l'onction sacrée de la sole et du turbot, ni la moire aiguë du rouget, et ce n'est pas un meurtre, et ce n'est pas du gaspillage ; la présence des pièces d'élite n'est pas étouffée, obscurcie ni diminuée par les autres. De ce chœur bien réglé s'élancent des *soli* très purs ; quoique fondues, les voix restent distinctes et limpidement personnelles. Par quel mystère ? Constatons, si l'on ne peut pas expliquer. En revanche, mon cher ami, si vous prolongiez vos rares séjours sur nos bords, vous verriez quelquefois courir un nuage sur le front de nos commensaux, et leur bouche esquisser la grimace connue, à l'annonce de bouillabaisses de sardines ou de « muges », bien qu'elles ne soient pas sans mérite, et vous verriez rayonner les mêmes visages pour une bouillabaisse de rougets. Le croiriez-vous ? rien que des rougets ! l'âme du foie, subtile et forte, étant seule à tremper les tranches, belle âme innée à chaque goutte du bouillon glorieux... Je ne saurais non plus vous taire la « bouillabaisse noire ». Léon Daudet la poursuivit en vain dans Marseille. Il la trouva, comme il convient, dans mon Chemin de Paradis, faite selon l'art, avec ces fines seiches que l'on appelle les *Sepioun*, de sépia, pour leur noir, mais auxquelles des Provençaux déracinés ont collé le sobriquet burlesque de « Scipions ».

Ce fut également au Chemin de Paradis qu'eut lieu le dîner des trois soupes, mémorable expertise qu'il ne faut pas confondre avec une débauche. Nos pères auraient appelé cette séance *un plaid*. On y fait comparaître, dans le même repas, pour bien juger de leurs vertus, la purée de petits poissons aux pâtes, la bouillabaisse classique et cette bourride qui s'enveloppe d'un léger voile d'aïoli. Je ne sais laquelle eut la palme. Mais bien plus haut que cette palme, comme vous le dîtes, frémit le vert laurier dont fut alors diadémé, pour son estomac sans pareil, le roi de ce banquet, premier gourmet de France, notre thaliarque[383] Léon Daudet.

Naturellement, ce soir-là, la bouillabaisse était escortée de sa rouille, sauce au piment, à l'œuf, à l'ail. Mais attention, mon cher ami ! et gare à ma bombe ! La rouille ne fait corps avec la bouillabaisse des bourgeois de Martigues que depuis un temps assez court. Mes premiers vingt ans l'ignorèrent. J'en avais vingt-trois lorsque j'y fus initié. C'est un grave point d'histoire locale qu'il faut que je débrouille avec les nuances sociales qu'il a revêtues.

Donc, aux temps pastoraux, aucune des tables de la classe moyenne ne connaissait la rouille ; ni la nôtre, ni celle de mes oncles, tantes, cousins, cousines, ni celle d'aucun fonctionnaire, propriétaire ou négociant du pays, qui nous faisaient des politesses, que nous rendions. C'est le futur docteur Maurras, mon jeune frère, alors étudiant en médecine, qui eut l'honneur de la découverte, le jour entre les jours où il alla dîner chez notre ancienne servante Annette, qui avait épousé, sur le tard, un pêcheur appelé Seguin.

---

[383] L'ode I, 9 d'Horace est dédiée à Thaliarque, l'engageant à passer l'hiver dans les plaisirs, dont ceux de la table.

Annette, qui avait autrefois succédé à Sophie, s'était occupée de la petite enfance de mon frère, comme Sophie de la mienne. Il l'aimait beaucoup. Elle l'adorait. Selon le vieil usage qui rend très heureuses, mais un peu fainéantes, les femmes de nos pêcheurs, Seguin avait fait le dîner, c'est-à-dire la bouillabaisse, avec le cortège de rouille que les pêcheurs lui donnent de temps immémorial ; mon frère revint transporté. En me confiant son enthousiasme, il se demandait comment me faire goûter à la merveille. Il ne pouvait être question pour moi d'aller dîner chez Annette. Sophie avait pris sa retraite, mais habitait avec nous pendant les vacances ; elle ne l'eût jamais pardonné et, selon les probabilités, fût morte d'indignation. On arrangea, entre hommes, une partie de pêche avec déjeuner au bord de la mer. Seguin construisit en plein air un foyer de pierres plates, il y mit le trépied de fer, le couronna de la marmite bourrée de ses prises, et le mystère du piment bouillant me fut révélé avec son arôme de feu. Honnies soient les cruelles séparations de classes qui nous avaient retranchés de cette merveille ! Il ne restait plus qu'à l'introduire et à l'acclimater chez nous. Mais la difficulté était là. Notre mère se souciait fort peu de curiosités qu'on boit ou qu'on mange et s'en remettait à Sophie ; celle-ci, au premier mot, jeta les hauts cris. Qu'est-ce que c'était que cette nourriture de pêcheurs ! Elle était bonne aux gens du peuple ! Notre table, sa table, se respecterait... Toute la question sociale était ainsi posée. Sophie n'entendait pas déserter notre classe ; tant qu'elle serait là, on ne tomberait pas à ces niveaux inférieurs. Nous insistions, sans grand succès, mais un bon hasard vint à notre secours.

Pour fixer vos idées, mon cher ami, rappelez-vous, en consultant la mémoire des contemporains de vos parents, l'année lointaine où fut inaugurée à Marseille la fontaine Victor Gelu[384] sur la place du même nom. C'était moi, tout blanc bec, qui avais eu, au Félibrige de Paris, l'initiative de ce monument que j'aurais voulu plus beau ; du moins témoigne-t-il de mon admiration juvénile pour le poète de *Fainéant et Gourmand* et du *Credo de maître Cassien*. Cette inauguration eut lieu le 12 août 1891. Eh ! bien, la veille, donc le onze, la grande caravane composée des félibres de Paris, des Cigaliers, des félibres de Provence et de tout le pays d'Oc, soit le Midi entier, sous la conduite de Mistral, passa vingt-quatre mémorables heures à Martigues. Elle y venait accomplir quatre actes distincts :

---

[384] Né en 1806, le poète marseillais Victor Gélu, qui ne voulut pas entrer au Félibrige, mourut le 2 avril 1885.

- élire à la présidence générale de son association le successeur du bon patriarche Roumanille qui venait de mourir ;
- inaugurer une plaque de marbre, assez tardive, à la mémoire du fameux Gérard de Martigues, le fondateur des Hospitaliers de Saint-Jean-de-Jérusalem. Venu en Orient avant la première Croisade, il vécut entre 1040 et 1120 ;
- fêter le centenaire de notre Prud'hommie ou tribunal de pêche, légalisée au moment même où, par toute la France, les institutions de ce genre étaient supprimées ;
- enfin donner son grand banquet annuel de Sainte-Estelle, la belle symposie réglementaire du félibrige, dans la salle verte de la Cascade, à l'abri de tout vent et de tout soleil...

Une fête de nuit sur les canaux et dans les îles devait obliger nos pèlerins à dîner et à coucher ; aussi les notables du pays s'étaient disputé le plaisir et l'honneur de les avoir pour hôtes, qu'ils fussent de Paris, de Provence ou du reste de l'Occitanie. Mistral étant invité chez le maire François Mandine ou le conseiller général, Jules-Charles Roux, nous attendions à la maison, outre Paul Arène, le futur élu de la journée, déjà désigné *in petto*, l'admirable poète avignonnais Félix Gras, et le poète parnassien du *Rameau d'Or*, Raoul Gineste, plus quelques journalistes et poètes amis... Mon frère et moi saisîmes cette chance de resserrer nos manœuvres autour de Sophie, en lui représentant qu'elle allait couronner sa carrière par le plus beau dîner qu'elle eût jamais servi. Avait-elle le droit de priver nos convives d'une curiosité locale comme la rouille, un jour de fête des pêcheurs ? Qu'allaient dire nos Parisiens et nos Avignonnais, M. Arène, M. Gras, M. Gineste, si d'aventure (tout arrive) l'un ou l'autre de leurs compagnons de voyage était régalé d'une rouille en quelque autre maison ? Ils se plaindraient à moi de les avoir laissés dans l'ignorance absolue du plat national, et qui sait si M. Gras n'irait pas le dire à son Jacquemart ? Sophie, qui avait servi dans Avignon, eut-elle peur de ce Jacquemart, qui sort comme un diable de son haut cabanon pour frapper les heures papales ? Elle se dégela peu à peu, puis se rendit, et ce même onze août, dont la date est gravée en lettres de feu sur la façade de la Mairie, pour la gloire du bienheureux Gérard, fut aussi la journée illustre où, vers les huit heures et demie du soir, fuma sur notre table la première rouille bourgeoise confectionnée dans le pays. Encore me souvient-il que Sophie avait cru devoir la doter d'un ornement de sa façon, peut-être l'œuf qui lie la sauce... Et je vous prie, ici, de bien vouloir considérer quelle harmonie préside à toute cette histoire ; d'une source très sûre, et d'une bouche aussi gourmande qu'elle est judicieuse, je tiens, à n'en pouvoir douter, que, vous non plus, ne vous êtes pas défendu de ce démon de perfectionnement qui conduit vos travaux. Ayant à produire une rouille dans votre Marseille (et quelle rouille !) il ne vous aura pas suffi d'y ajouter l'œil du maître et le tour de main, vous avez voulu la revoir, la corriger, la compléter, l'embellir encore, par on ne sait quelle addition mystérieuse au Codex primitif et brut. Dans la suite des âges, vous donnez ainsi la main à Sophie ; mes compliments ! J'en mettrais bas les armes si j'avais osé les porter contre vous. Mais, vous l'avez bien vu, j'ai fui les vôtres, tout le temps.

J'ai rudement bien fait de fuir, ou plutôt, non ! d'apercevoir, par-dessus nos menus litiges, cet immense flot d'amitiés qui m'a littéralement submergé dans tous vos chapitres. Bouillabaisse à part, que puis-je donc leur reprocher ? D'être un peu dur pour le poisson de Paris, et de ne pas excepter du juste anathème cette sole qui arrive souvent très fraîche au bord de la Seine ? D'ignorer, vous ! vous ! vous ! nos olives farcies ? De faire bénir la Mer aux Saintes-Maries par un simple « évêque », alors que la Mer est si grande et qu'elle exige, évidemment, à défaut du pape d'Avignon, tout au moins un archevêque, celui d'Arles ou d'Aix, qui est maintenant celui d'Arles et d'Aix ? Quoi encore ? Vous conservez votre thon mariné dans des boîtes de fer, à la parisienne ! qu'avez-vous fait de nos bocaux ? La liste des points d'arrêt et de critique (mes époques, dirait Pyrrhon) s'arrête là. C'est tout. Ce n'est donc rien. Fors en signe de ma sincérité totale, cela ne peut compter au regard des délices où vous me faites me vautrer à votre suite quand vous me contraignez (avec quelle douceur) à reconnaître, à tout instant, mes lumières lointaines et leurs petits flambeaux ; je veux dire non seulement cette splendeur des anciens jours qui n'est qu'en chacun de nous, mais ce qui les portait et les allumait, leurs cierges et leurs lampes, leurs mèches et leurs cires, avec leur huile sainte et les autres matières génératrices... Voici que je monte avec vous dans votre grenier, et qu'est-ce que j'y vois ! De longues grappes d'or enfermées dans des sacs de papier huilé, qui attendent Noël, tout comme le blé des soucoupes ! Près d'elles, sur des claies de roseaux, le melon d'hiver translucide, et, tout auprès, brunes et blondes, les molles figues se dessèchent à l'arrière-soleil. Comment voulez-vous que s'appellent de tels souvenirs ? Vôtres ? Miens ? Disons fraternels. Mais voici encore que, pendu aux jupes de madame votre mère, vous me mêlez à l'opération fantastique où l'on flambe volailles et gigots, avec un dé de lard tenu entre des pinces, d'où pleuvent des langues de feu comparables à celles des tableaux de la Pentecôte... Halte-là ! mon cher Brun. Êtes-vous vous, êtes-vous moi ? J'ai en tout cas, dans l'âme, la même vision, à ceci près que je me cramponnais au tablier de Sophie et que celle-ci répandait quelquefois les mêmes pluies de feu, au moyen de morceaux de sucre flamboyants, promenés sur des jattes de crème d'or. Ainsi encore me faites-vous assister à la fabrication du coulis de pommes d'amour !

> Cette pomme d'amour qu'en son langage impur
> Le barbare nomme tomate !

et, par vous, avec vous, je vois les paquets de toile appendus d'arbre en arbre et gonflant leurs mamelles blanches de la pourpre de cette crème de soleil. Là vous parlez aussi, cher Maurice Brun, d'une soupe de courge que je n'aimais pas et que j'aime. Vous parlez du « *façun* », de ce digne « *façun* » que Sophie ne manquait jamais de m'annoncer, pour se moquer de moi, comme un « dindon farci », mais que je préférais à la soupe de courge. Vous chantez et vous rechantez la bonne nouvelle des progrès du marché de notre truffe montagnarde. Vous ramenez à sa mesure exacte notre réputation très exagérée, il me le semble comme à vous, de gros mangeurs d'ail ; vous nommez l'azerolle acide et douce ; vous chantez la brousse de Rove et ses hautes finesses. Et toujours dans cette manière qui n'est qu'à vous d'évoquer une herbe et un fruit, qui en fait tout de suite mon herbe et mon fruit, et qui se met à me bercer de secrètes chansons. Exemple, votre salade de céleri se présente ; il suffit, elle me transporte dans la Grand'rue de Roquevaire où je n'en suis qu'à ma sixième ou septième année au lieu de la soixante-seizième. Une belle Roquevairienne, notre locataire, balance à bout de bras le petit panier de fil de fer où s'égoutte la fraîche feuille à découpure d'acanthe, mais comme elle vient d'appeler cette herbe d'un nom que j'ignore, il faut m'en éclaircir :

« Comment appelez-vous votre salade, madame Roux ?

— Nous lui disons de l'àpi, répond-elle, et je réplique avec fierté :

— Maman l'appelle du céleri. »

Mais cette fois, maman, quoique infaillible, était dans son tort, madame Roux avait parlé comme Virgile, je ne l'ai su que quelques années plus tard :

> *Et virides apio ripae, tortusque per herbam...*

*Floribus atque apio crines ornaius amaro*[385]

Ainsi, par vous, mon cher Maurice Brun, foisonnent les poètes et leur poésie même, qui est la « florissante jeunesse du monde », autrement dit le temps béni de notre propre nouveauté. Mais, là-dessus, votre abondance, votre luxuriance tient du prodige. Vous répercutez tous les chants de la Mère Provence et, comme Mistral nous l'a dit,

> Notre Provence est tellement belle que s'en ressouvient
> Tel qui ne le croit
> Elle nous remplit d'amour et de larmes
> Et supplante même
> Les filles de roi...[386]

Aussi le vers répond-il au vers, la stance à la stance, le poème au poème ; les temps, les lieux s'en mêlent, histoire et géographie sont coalisées et même unifiées pour nous combiner leurs enchantements, il n'y a plus d'autre réalité au monde,

*Junctaeque nymphis Gratiae decentes*[387],

---

[385] Le premier vers est tiré des *Géorgiques*, livre IV, vers 121 (et non livre VI, vers 71 comme indiqué par erreur dans les *Œuvres capitales* ; il n'y a d'ailleurs que quatre livres des *Géorgiques*). Le second vers est tiré des *Bucoliques*, églogue VI, vers 68. Le mot latin *apium* se traduit par ache, variété de céleri sauvage :
> *quoque modo potis gauderent intiba rivis*
> *et virides apio ripae, tortusque per herbam*
> *cresceret in ventrem cucumis...*
« [Je dirai] également comment les endives se plaisent à boire l'eau des ruisseaux, comment l'ache s'épanouit sur les rives vertes, comment le tortueux concombre fait grossir son ventre au milieu de l'herbe... »
> *ut Linus haec illi divino carmine pastor,*
> *floribus atque apio crinis ornatus amaro*
> *dixerit : [...]*
« [Il chante] comment le berger Linus, le front couronné de fleurs et d'ache amère, lui dit d'un ton de divine poésie : [...] ».
[386] Mistral, *Lis Isclo d'Or*, *Lou Renegat*, cité ici dans la traduction française.
[387] Citation d'Horace, *Odes*, I, 4 (dédiée à Sestius), vers 6.
> *Jam Cytherea choros ducit Venus imminente luna*
> *Junctaeque Nymphis Gratiae decentes*
> *alterno terram quatiunt pede, dum gravis Cyclopum*

les Muses et les Grâces se mettent à danser à tout bout de champ. Nous parlez-vous de cette auberge de Moustiers-Sainte-Marie, dont il me semble que, le commandant Dromard[388] et moi, nous avons bien connu le patron (nous avons même échangé avec lui les présents de l'hospitalité, deux paires de cannes rustiques) ; ni ses truites, ni ses perdreaux, ni ses truffes exquises, ni le parfum brûlant de ses alambics à lavande ne nous retiennent bien longtemps si vous êtes là, car Mistral est derrière vous, derrière lui le grand Blacas, et la Chaîne entre les deux roches, et l'Étoile à la Vierge, tendue contre le vent, comme dit la chanson :

> À tes pieds, Vierge Marie
> Ma chaîne je pendrai
> Si jamais
> Je reviens
> À Moustier dans ma patrie...

Venez-vous de conter la fin merveilleuse et sinistre du poète Charloun Riéu, le premier effet du beau récit est un nouveau plongeon dans ma vieille jeunesse ; j'ai vingt ans, j'arrive en retard au banquet de la Barthelasse, le premier banquet de félibres auquel je me sois assis, et ma bonne fortune me case auprès de Charloun Riéu, et, le dessert venu, je peux entendre, ce qui s'appelle entendre, à la douce et lente scansion de ses mains ailées, les strophes de son *Moulin d'huile* :

> Au moulin d'huile du mas d'Escanin
> Nous faisons l'aïoli
> Tous les matins

Que voulez-vous qu'on fasse contre cette embuscade perpétuelle du même couple charmant : une phrase de *Groumandugi* et une chanson ?

---

*Volcanus ardens visit officinas.*
« Déjà Vénus la Cythéréenne conduit les chœurs sous la lune montante ; les prudes Grâces, jointes aux Nymphes, frappent la terre d'un pied alterné, tandis que l'ardent Vulcain allume les sombres forges des Cyclopes.
[388] Dirigeant historique des sections royalistes provençales. Voir dans la *Tragi-comédie de ma surdité* l'éloge appuyé qu'en fait Maurras.

Cela ne veut pas dire que chanter soit frivole. Moréas, qui avait des parties de grand sage, appelait les poètes « maîtres » et « pères ». Ceux qui sont bons enseignent bien. Vous les avez suivis sur le chemin de la vérité politique, étroit sentier, le seul qui soit sûr ; il sauve les cités au lieu de les perdre, et je serais impardonnable de ne pas vous féliciter de vos considérations sur l'essentielle erreur moderne, celle qui sacrifie au Nombre la Qualité, comme à la Richesse la Justice ou la Vertu. Hélas !... n'avait-on pas commis l'égale erreur inverse de les opposer ? Le divin Platon prétendait que le Juste, gigotant au bout de son pal, s'y trouvait plus heureux que le roi de Perse sur son trône, dans toute sa gloire. — Ne jugez-vous pas, lui demandait paisiblement Aristote, que le même Juste serait plus heureux encore sur le trône du roi des rois ? Nos charlatans nous forgent couramment de ces fausses antinomies, et ce n'est pas avec le désintéressement de Platon, car ils en tirent leur fortune.

La politique de la qualité que vous recommandez peut seule nous rendre le Nombre perdu, et le Nombre, à son tour, permettra de combler les vides effarants de nos élites, appauvries, décimées ou découragées. N'opposons pas ces hautes entités dominantes. Composons-les. Une Patrie comme la nôtre, étendue d'un Empire, peut, sans contradiction, associer à l'immense champ parisien les capitales de ses provinces historiques et ses chefs-lieux d'arrondissement ; par la distribution rationnelle et sensée des moyens d'action les plus modernes, cette Patrie, en renaissant, peut rendre sa vie propre à l'élémentaire paroisse rustique où le travail artiste de ses familles-souches peut doubler et tripler sa population en l'enrichissant par l'extension prospère de ses cultures de qualité, à la condition de n'y pas oublier cette fleur de froment dont vous parlez si bien ! Mais cela n'est pas possible sans un État français. Cet État veut un Chef, et ce Chef, en pays de France, ne sera qu'un fauteuil inerte ou oppressif disputé entre les compétitions s'il a le malheur d'être livré au régime électif. Il faut que le Chef de l'État soit héréditaire ; mais une monarchie héréditaire et centralisée ne tiendrait pas huit jours sans tourner au bonapartisme le plus débile. Elle n'est donc pas possible, non plus, sans une très forte tendance à toutes les décentralisations, anti-étatistes et libératrices, à la décentralisation locale, plus encore que syndicale. Il lui faut le vivant appui des petites villes, nombreuses, actives, instruites, savantes même ; il lui faut des provinces puissantes qu'animent et conduisent les franches libertés de nos deux bourgeoisies réconciliées, l'ancienne et la nouvelle, celle-ci formée des patriciats ouvriers enfin dégoûtés de la démocratie qui les exploite, en ruinant leur travail et en faisant envahir leur patrie, celle-là, appuyée sur l'honneur et la grâce des siècles, mais rajeunie par la conscience de ses devoirs envers son passé et notre avenir général.

# Déjà parus

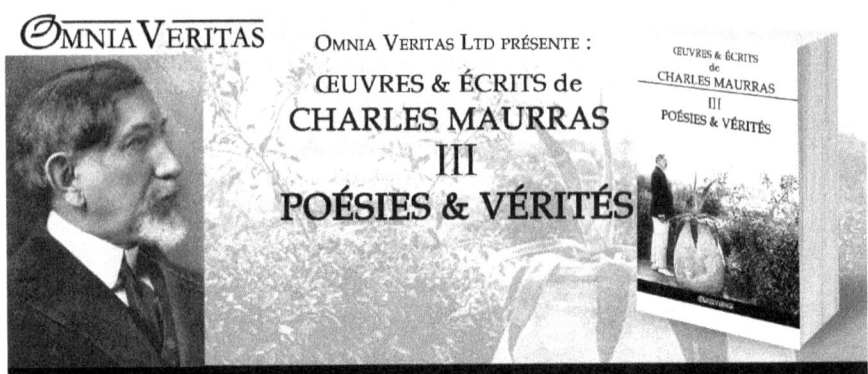

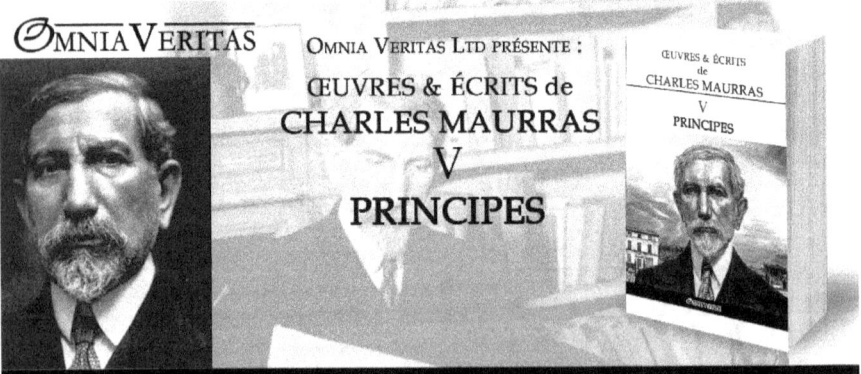

www.omnia-veritas.com